山右叢書·二編

山右歷史文化研究院　編

上海古籍出版社

二

目　録

戶部奏議

〔明〕王　瓊　撰

張志江　點校

晋溪本兵敷奏

〔明〕王　瓊　撰

張志江　點校

户部奏議

〔明〕王　瓊　撰

張志江　點校

點校説明

《户部奏議》二卷，明王瓊撰。

王瓊（1459—1532），字德華，號晋溪，別署雙溪老人，明山西太原人。成化二十年（1484）進士及第，授工部屯田司主事。弘治六年（1493），署都水司郎中。治理漕河，整肅人員，習以專職，稽核資財，杜絶貪耗，并實地勘查，編著《漕河圖志》八卷，《明史》云"繼者按稽之，不爽毫髮，由是以敏練稱"。弘治九年，改户部陝西司郎中。歷任山東、河南參政，河南右布政使等職。正德元年（1506），升任整理兩淮鹽法、都察院右副都御史。正德二年，任户部右侍郎。次年，改吏部右侍郎。後任職南京。正德七年，回京復任户部右侍郎。次年，任户部尚書。《明史》云："瓊爲人有心計，善鈎校。爲郎時悉録故牘條例，盡得其斂散盈縮狀。及爲尚書，益明習國計。邊帥請芻糗，則屈指計某倉、某場庤糧草幾何，諸郡歲輸、邊卒歲采秋青幾何，曰：'足矣，重索妄也。'人益以瓊爲才。"正德十年，任兵部尚書。正德十四年，寧王宸濠叛亂。瓊任人唯賢，薦王守仁平叛，調度有方，順利粉碎叛亂。正德十五年，轉吏部尚書。嘉靖元年（1522），以"交結内侍"下都察院獄，論死罪。瓊力辯，改謫戍綏德。嘉靖四年，還籍爲民。嘉靖七年，因西北邊事緊急起復，以兵部尚書兼右都御史提督陝西三邊軍務。其時西北邊防安定，甚賴其總制三邊之力。《明史》云："其督三邊也，人以比楊一清云。"嘉靖十年，回京任吏部尚書。次年，病逝於任所，贈太師，謚恭襄。著有《漕河圖志》八卷，《掾曹名臣録》一卷、續集一卷，《户部奏議》四卷，《本兵敷奏》十四卷，

《武舉奏議》一卷，《西番事迹》一卷，《北虜事迹》一卷，《環召新疏》（卷數不詳），《雙溪雜記》二卷，《晋溪約言》（卷數不詳）等書。

《户部奏議》爲王瓊正德年間任職户部期間所上的奏疏。明焦竑《國史經籍志》、清黄虞稷《千頃堂書目》及《明史》等書均著録爲四卷。現存明正德刻本，孤本藏臺北故宫博物院，2013年國家圖書館出版社《原國立北平圖書館甲庫善本叢書》據以影印。該書分爲卷之上、卷之下二卷。卷之上僅收一篇，且有闕文，約一萬字；卷之下收二十一篇，約二萬六千字。由此看來，該書卷之上不僅有闕文，可能篇目亦有佚失，目前只能付之闕如。

現存明正德刻本《户部奏議》雖然不是全本，但内容涉及鹽務、賦税、軍餉、糧草、漕運諸多方面，既是研究明代財政、經濟以及軍事、邊防的珍貴史料，也是研究王瓊生平和思想的第一手資料。此次點校，即以明正德刻本爲底本，參校以明朱廷立《鹽政志》等書所引部分篇目。

爲整理鹽法事^{〔一〕}

欽差整理兩淮長蘆等處鹽法、都察院右副都御史王瓊題：爲整理鹽法事。臣欽奉敕諭："國家設立鹽法以濟邊餉，所係甚重。近來法令廢弛，奸弊日滋，鹽徒興販而巡捕不嚴，課額損^{〔二〕}虧而侵欺罔治，勢要占中而商人支買不前，小竈貧難而豪强吞噬不已，草蕩盡歸於富室，鹽價乾没於總催，加以公差人員假托夾帶、漫無紀極，各該官司盤詰秤挈、全不用心，如此弊端，難以枚舉。運司官吏既多姑息逢迎，巡鹽御史亦或因循玩愒，通關每年申繳，實數全無完足，以致鹽法大壞，商賈不通。即今各邊多事，供餉浩繁，開去^{〔三〕}引鹽減輕價值，而出榜召商全無告中，弊至于是，可不痛爲清革！今特命爾前去兩淮及長蘆等處，公同巡鹽御史，督同都、布、按三司并運司、府州衛官員，查照舊制及近年節次奏行事例，將彼處鹽法逐一整理。詢訪民瘼，禁革奸弊，撫恤小竈，鋤治豪强，緝捕私販，嚴謹秤挈，查盤遞年鹽課，追究侵欺、虧折。勢要占中奏討者照例裁革，商人見在守支者依期撥給。其一應公差人員假托名目、夾帶私販者，依法盤詰參究，私鹽入官。其餘利所當興、弊所當革，敕内該載未盡者，悉聽爾便宜處置^{〔四〕}，事體重大者具奏定奪。各該司府州衛官員勤能幹濟、事有成效者具奏旌擢，怠惰曠職、推奸避事者指實參奏。爾受兹委^{〔五〕}，尤須秉公持正，殫心竭力，務俾宿弊盡革，鹽法疏通，課額不虧，邊餉得濟。如或因循鹵莽，徒具虛文，責有攸歸。爾其欽承毋忽。故諭。"欽此。欽遵。臣聞鹽之爲利，三代之前與民共之，未嘗征榷。管仲相齊，始興鹽策，國以富强，後世因之，卒不能廢。宋慶曆間，議弛茶、鹽之禁。范仲淹以爲今國用既不可缺，必須取之於民，與其害民，孰若取之於商賈，其議遂寢。臣嘗以仲淹所言爲確論。今天下大一統，遼東、薊州、宣府、大同、榆林、寧夏、甘肅諸鎮，延袤數萬里，兵食之費以億萬計，誠使鹽政修舉，芻粟有備，以佐百姓之急、奉軍旅之費，豈不重哉！今議者多謂鹽法弊壞，難以興復。臣嘗考求其故，知其因革大概、利弊所關，要在遵復舊制，隨事修舉，以救其弊而已。苟爲不然，事必難成，非惟不成，弊或乘之而起，故曰“失之毫厘，謬以千里”。今陛下聖明，勵精初政，輔弼之臣竭忠圖報，乃舉臣於衆，委之鹽法，責其成效。臣以爲度支財賦，天下之大事，經制有術，財用不匱，而後萬民安。常賦出於民，用度不足，榷鹽以濟之，然後民得以安也。臣雖學術淺陋，敢不仰體聖諭，殫竭心力，以平生之所熟計而深思者見於施爲，以圖報稱於萬一。今將整理事宜畫一條陳，伏乞睿覽，特敕戶部會官詳議。係干舊制者申明遵守，毋輕變更，係隨時處置者早賜允行，該載不盡事務，聽臣遵照原奉敕諭，悉得以便宜從事，諸非臣所節制者毋得有所掣肘。鹽利之興，一年之內當有次第，三年之後大獲其效，臣決不敢爲苟且目前之謀，以誤國家大計也。

具題，奉聖旨：“戶部知道。”欽此。

計開：

一、重邊餉以防大患。臣惟鹽利以供邊爲急，供邊以芻粟爲重。考之前代，榷鹽多取緡錢，以助邊糴、充百費。惟我太祖高皇帝神謀聖斷，度越千古，即位之初議立鹽法，即令商人運米於邊塞，不勞民而兵食自足。乃建鹽運司，編置竈籍，立批驗所以掣鹽而斤重有則，設分司以催課而私販有禁。開中以鹽糧爲名，召天下商賈，捐之厚利，令其樂從輸芻於邊，以寬百姓輓運之勞。邊儲既足，鹽課尚多，間於各衛所屯聚軍馬之處，開中以補缺乏。鹽法行於天下，財利散在四方，而其經費領於户部，初未嘗中銀錢入内帑，聚京師以供私用。今觀《諸司職掌》開載鹽法有云：凡遇開中鹽糧，務要量其彼處米價賤貴及道路遠近險易，明白定奪[六]則例，具奏，出榜，召商中納。此祖宗之成憲，删定成書，頒布天下，不可變亂者也。自天順以前，俱是户部出榜，定立斗頭、則例，開中糧草，官有定規，商有定志，趁時豐熟，收積米豆以備開中。成化年間，始有納銀之例。弘治元年，校尉胡餘慶建言，其略曰：召商上納糧草，易以鹽課，商人獲利而不憚勞，此祖宗立法備邊深意，萬世不可易者。前年户部奏准，將淮浙額辦鹽課，委官去彼召商中納，止收價銀解邊，殊失祖宗備急美意。而不察饑寒之時，雖富有銀貨，亦將焉用。古有遇凶年，抱金玉而餒死者。《兵法》亦曰："軍無糧食則亡。"乞榜諭天下商人，照舊上納糧草。胡餘慶之言既未及行。其後開賣滋甚，年年賣銀解京，貯之太倉銀庫。雖曰解邊備糴，而別項支用實多。取目前之近功，忘久遠之大計，榷鹽不用於邊，不異於桑、孔之聚斂。遂使商人廢棄趁熟沿邊糴買之規，習慣坐守運司納銀之例。及至邊方有警，用糧緊急，不論年歲豐凶，方纔召納本色糧料。商人觀望，多不中納，縱有中者，所入甚微。嘗考正統年間，寧夏開中淮鹽，每引米豆一石二斗。前歲寧夏聲息，每引止上三斗六升，甚至三斗三升。又有先中本色，因無人報中，改收折色者。推究其弊，皆納銀之例一開故也。弘治十四年，巡鹽御史馮允中奏，稱開去邊方引鹽不肯趨納，皆由運司開賣銀兩，故商人舍遠就近。户部議得，今後照舊，各邊開中，召商上納本色糧草，不許收受銀兩、布貨，不得再於各運司、提舉司開賣銀兩，阻壞鹽法，誠知本之論矣。豈期題奏未久而旋復廢格，蓋祖宗舊法壞之甚易、復之甚難如此。或謂邊方賣鹽得利少，運司賣鹽得利多，若以運司所賣之銀解送邊方，趁時糴買，亦無不可。但邊方官自和買，不若通商轉買，事體既便，收利亦廣。況有各處折糧折草年例，解邊銀兩，自可召糴，何待鹽價？近因各邊本色糧草素無蓄積，一遇虜賊大舉入寇，命將出師，整理軍餉，倉卒無措。或逼大戶運納本色，或遍行州縣富民乞運，河南、山東、山西、陝西、北直隸畿內之民深被騷動不寧，多致失業。幸而不久虜賊北遁，官軍罷歸，事稍寧息。設使半年住札在邊，不敢班師，轉輸必急，加以中原凶荒，內變將作，勢至於此，雖有智者，不能爲謀。慮及於此，然後知邊餉不可不預爲之備。欲備邊餉，不可不開中本色糧草。秦人三十鍾而致一石，誠以遠致爲難，不論其費也。況鹽乃天地自然之利，取之無窮，捐之於商而得之於邊，又何惜也？今兩淮歲額鹽七十萬引，以每引中米五斗計之，歲可得米三十五萬石，可穀三萬人一歲之食。以各運司一歲所辦額鹽，量其虛實，布與各邊，一歲一中，雖所入芻粟多寡不同，課有逋欠，而累歲中納不已，必漸有積蓄，視積銀者利害相萬也。但舊法久壞，遽難興復，又恐規制不定，商人觀望。如御史馮允中所言，必須申明定制，示以永久。若遇各邊寧靖、成熟，一二年之後，商人趨中，可見成效。此整理鹽法根本大要，舍此不議，皆末務矣。乞早議定，永爲遵守。其雲南、四川等處鹽課不多，就彼供邊，人不願中者，量准折納，不拘兩淮之例。如此，邊餉有備，虜患無虞，天下幸甚。

一、復舊制以清鹽法。臣聞爲治之道，有萬世遵行而不可變更者，舊章是也；有因時制宜而不必拘泥者，權變是也。善爲治者，於舊章守而不失，遇事之變而通以濟之，二者並行而不相悖，而政無不舉矣。苟非明習故典，深識時務，而輕易變更，斯弊不可勝言矣，故曰：“不愆不忘，率由舊章。”我太祖高皇帝創業之初，延攬英賢，考求故實，參酌時宜，定制立法，至精至密。考之鹽政一事，凡開中之時，定立斗頭、則例，但云某處某倉開中兩淮官鹽若干萬引，每引上納米豆若干，初不定立年分。商人納完米豆，填給勘合，投到運司，比對底簿，半印、字號相同，以投到月日、時刻爲次序，附寫流通文簿。勘合內所填商人非止一名，到有不齊，若一概派場，恐其日久不支，積滯鹽課，乃定例每歲十二月初一日，照流通底簿挨次叫名，到者給與引目，行場支鹽，不到者以待來年再派。商人務審正身，不許中途轉賣。父子、親屬得相代支，亦須告部行勘方准。其派場之法，流水挨陳放支。如派盡正德元年鹽課，方派正德二年鹽課。又每歲以七十萬引爲則，是以課無積滯，商得實鹽，而天下大商巨賈爭利趨中，邊儲賴焉。厥後中者多而鹽課少，有守支數年挨次不到不得支鹽者。以此每遇出榜開中，不過萬石，商人計算資次久遠，皆不報納，此所謂事之變者。若通變以處，但當住中以待守支商少，定爲撙節之法，再中而已。計不出此，正統五年，始議變法，乃令兩淮、長蘆、兩浙三處運司以每歲鹽課十分爲率，八分派與守支商人，二分存積在倉，以待各邊開中，不拘資次，人到便支，其後遂有存積、常股之名。正統十四年，邊餉急缺，存積四分。景泰元年，增至六分。又每以常股作存積開中，名爲借撥。蓋存積之法使後中商人壓於先中商人之上，以取近功速效。然存積既速，常股益遲，守候窮困，有至數十年不得支鹽者，以此常股人皆不願報中，至有每引中銀一錢四分，或米二斗者，由是存積雖行，而常股壞矣。蓋議者取效目前，而不思造化乘除之理、朝四暮三之術，得之於此，未免失之於彼也。成化七年，復改存積四分，常股六分。至今雖有存積、常股之名，實則一例支鹽無異。而各邊不知，每中存積定價多，常股定價少。即今商人願中常股，反不願中存積。蓋至是不惟祖宗挨陳放支、年終叫派之例盡廢不存，而存積、常股之法亦廢不行矣。及考其初，立存積之法也，出榜開中，惟存積定有年分，常股猶仍舊不定年分，天順以前皆然，挨陳之法尚未盡變也。自成化以來，始亦定常股年分。又今年鹽課未曾中絕，復中明年鹽課，至有十數年鹽課並中未絕者。各年商人投到勘合，運司因有中定年分，不得挨陳叫派，惟據中定年分派場支鹽，不復問其年之先後，是以有近年鹽課先支，而遠年鹽課反後支者，及先年中剩并隔過未中鹽課，歲久無支，往往虧耗。乃立例，三年一次，委官查盤，不顧妨廢有司政務，於是遂有殘鹽之說、風雨消折之名。奸人射利，假挾勢要，巧求開賣，乞減價直。司鹽政者不悟其奸，反謂良法。據籍冊之虛數，持空額以取微利，或倚勢奏討，不納一錢，於是買補、夾帶之弊起，已開中者無課，有見課者未中，而鹽法至是大壞矣。然究其弊源，皆由挨陳之法不行故也。至於轉賣之禁、代支之法，徒有文具，一切不行。向使守祖宗之法而不變，隨事修舉以救其弊，豈至今日之難爲哉！然此鹽政條貫至繁，其法深隱，自弘治以來論者皆謂鹽法廢壞，而未有能考求其故者，是以雖嘗整理，而積弊不除，實效未著，不獨居官者不知，臣嘗詢之舊商老竈，亦鮮能言。蓋挨陳之法久廢不講，遂泯滅難尋如此。臣愚乞自正德二年爲始，盡復祖宗之舊，罷存積、常股之虛名，舉行挨陳之法。各邊開中榜內，但云開中兩淮官鹽幾萬引，商人投送勘合，運司依所到月日、時刻，附寫流通文簿，候至年終叫派，一如舊法，挨陳放支施行。即今兩淮運司尚有已中鹽二百餘萬引，計至正德二年終支出將盡，此時叫派新中鹽課，接續放支，尤爲得法。且挨陳之法既行，商人到場關支無鹽，即將鹽場官問罪追究。其三年委官查盤事例，徒見勞擾，無益於事，亦不必行。及運司給領引目，務須審實正身，毋得因循宿弊，聽從店戶作保，許令冒名代支，阻壞鹽法，輕廢國典。以上舊法乞早施行，則數十年紛擾雜出之弊可盡革除，清理鹽法，莫先於此。

一、因民情以收鹽利。查得正統十三年，巡鹽御史蔣誠建言，海濱居民以魚鹽爲利，立法愈嚴，犯者愈衆，饑寒所逼，甚可哀憐。乞於各場設倉，每年將江南折收稅糧銀兩量存一二萬兩，於揚州、淮安二府官庫收貯，令有餘鹽竈户將鹽自送到倉。每鹽一小引給與銀二錢五分，每銀一兩可收鹽四引，每引中納邊儲一石二斗，則是每銀一兩可積邊儲五石，一萬兩可積邊儲五萬石，二萬兩可積邊儲十萬石。或將附近場分南直隸府州縣秋糧，每年量撥五七萬石，分撥富安等場，置立囤圈。每收餘鹽一引，支米一石，則是江南糧米一石可易邊糧一石有餘，等因。户部會官議得，銀兩買鹽一節難准，合行御史蔣誠，委官相看地方利便，酌量竈户多寡，置立倉囤，將揚州、蘇州、嘉興三府所屬附近州縣及淮安倉并兌軍餘剩糧米內量撥收受，聽令竈户除正額外，若有餘鹽送赴該場，另項收貯，出給通關，每鹽二百斤爲一引，給與糧米一石食用，年終運司奏報開中。仍留御史蔣誠在彼整理一年，候正統十四年終，本院奏請，差官替換。及照兩浙運司，松江、嘉興二分司，仁和、許村等場，事體相同，宜從户部行移巡撫侍郎周忱，與同兩浙巡鹽御史提督施行，等因。具題，節該奉英宗皇帝聖旨："都准議行。"欽此。景泰年間，户部尚書金濂亦曾奏行給米收買。臣竊見各場該納鹽課竈丁多有貧難消乏，及至有力煎辦者却不該納鹽課，以致官課累年逋欠，私鹽遍場販鬻。若復膠柱鼓瑟，於逋欠之課必責見丁倍補，於私鬻之鹽嚴立禁例杜絕，則民情不堪，必至流亡爲□□□□□□，自然之理，御史蔣誠所言誠得變通之術。但撥蘇州等處糧米運赴各場，未免不便納户。又官民交易，亦有不便。以此前例雖行，不能經久。訪得遞年中鹽客商預先下場，憑地主、店户、經紀人等作保，將銀錢、貨物借與竈户，寫立文約，陸續取鹽，以充官課，互相交易，習熟成風。但官不爲制，任意自買，所買分數不等，混亂官課，假公濟私，無所查考，奸弊百出。今若因民之情而爲之制，每年出榜開中兩淮無課鹽二十萬引，召商報中，比與有課官鹽量減斗頭，納完填與勘合，投到運司，斟酌派場，封與引目，下場收買完畢，就令所買場分驗引截角封回運司放掣。待二十萬引中盡，再中二十萬引。比與御史蔣誠所議用銀、米收買餘鹽在官開中者，迹異而理同。蔣誠所言難行，臣所言斷可行也。乞依臣所議開中，必有成效，且足以補逃亡、拖欠之課，又貧竈得濟，私販自無，一舉三得，誠爲良便。《易》曰："黃帝、堯舜氏作，通其變，使民不倦，神而化之，使民宜之。"此之謂也。

一、量開中以通鹽法。查得兩淮鹽課歲額七十萬引，今以行鹽地方里分、户口計之，大約一歲用鹽不過七八十萬引，必須量其所出以爲所中，鹽法乃得流通。先因各邊急缺糧草，開中無節，以致壅滯，即今見有二百餘萬引，支賣未盡，行鹽地方有限，鹽出太多，安得不賤？故與其多中以致價賤，盍若節約以平其價？又每邊一歲所產［七］米豆不過十餘萬石，若開中過多，亦不能完。往時差官整理鹽法，皆謂開中太多，奏乞停止，以待急缺，然後開中，爲是故也。但邊方寧靖，召商報中，乃可得利。若待急缺，然後開中，譬如待病餒而後飲食，孰與食於未餒之前。況急缺而後中，米價必貴，每引有止中二三斗者，所損益多，未爲得計也。臣愚乞仿舊法，將兩淮鹽課度量所出，以爲開中之節，自正德二年爲始，每歲開中各年見在有課官鹽五十萬引、無課自賣鹽二十萬引，臣請分爲四股，先於宣府、大同、榆林、寧夏四鎮開中。照依舊制，户部出榜定價，發各邊并兩淮運司張掛，令所在巡撫、管糧等官以定去價值，合彼處時估定立斗頭則例，召商報中本色糧草。其糧草先後、貴賤不同，隨時斟酌定擬，不必拘泥一法，但在至公，不失原定價值之數。計至正德二年秋成後中完，陸續填給勘合，赴運司比號挨次，附寫流通文簿，年終叫派，行場支鹽。以七十萬引爲則，住叫不派。各邊亦於年終將報中過鹽、糧數目具奏，限十二月以裏到京。户部查照有無中剩，於缺糧去處斟酌定數，接續再中，每歲正月具奏出榜。其明年開中，雖以七十萬引爲則，若以後鹽法流通，商人各邊積有米豆，或地方豐凶不同，隨時增減，不必拘定原派之數。雖彼此增減數目不同，先後接續開中不一，務須總計一歲所中，不得過百萬之數。如此度量開中，撙節盈縮，得平準之法，邊方米價不至騰涌，儀真鹽價亦無甚貴甚賤之時，商賈有常例，而鹽法疏通矣。其每年開中鹽課，悉於總鎮或分守、守備城內上納本色糧草，蓋以總鎮等處用糧必多，動調官軍必多總鎮等處住札，況城郭完固，倉厫便益，又有郎中監督收放，可防奸弊。其十分偏僻城堡合用糧草，却以解去年例折糧折草銀兩，召商糴買，庶使鹽、糧歸一，開中易完。若長蘆鹽於遼東，河東、兩浙鹽於甘肅等處開中，各不相妨。今將明年開中兩淮官鹽則例開具于後：宣府、大同、榆林、寧夏每鎮開中兩淮各年見在有課官鹽一十二萬五千引，每引價銀肆錢，照依彼處時估，上納本色糧草。以上四鎮共開中鹽七十萬引，共該價銀二十六萬兩，以每銀五錢糴米一石計之，可得米五十二萬石。

一、定勘合以一事體。查得洪武年間，建都南京，茶鹽引由契本銅版一百一十一版，俱在南京户科收貯。每遇開中，南京户部印刷勘合，發去各邊，填寫商人姓名并所中米豆、鹽引數目，俱用印蓋，不許洗改。每勘合一張，或填寫一萬引，或三五千引，不拘定數。又編置底簿并流通文簿，發去運司收候。商人齎到勘合，比對相同，派場支鹽。及印刷引目，運司關領，給付商人，照鹽發賣。永樂年間，建都北京，鹽法庶務俱行在户部掌行，惟獨鹽糧勘合、引目銅版仍於南京收貯，及勘合底簿并流通文簿亦由南京户部編置轉發。正統六年，鑄換印信，始定行在户部爲户部，改户部爲南京户部，而鹽引勘合、文薄仍舊南京户部印編。正統七年，户部因無繳到中過鹽糧數目，恐客商將勘合增添洗改，無憑查考，奏令每年終，各邊將收過糧數、填給過勘合字號，各運司將客商齎到勘合字號、納過鹽糧數目，各造册繳部，比對查考。又因造册難憑，正德十二年户部又奏令南京户部編造勘合底簿完備，送北京户部，抄謄字號，轉發各邊。又因往返遲誤難行，至今俱是南京户部徑自編發。臣到兩淮運司，吊取南京户部發來勘合底簿查勘，有四五年甚至十餘年未曾中足比對完銷者，以此各場積課年久消折。及吊客商投下勘合查看，內開所收糧數，有用布政司、都司及衛印鈐蓋者，有洗改字樣、不用印蓋者，有雖用印蓋、印色脱落不明者，有開寫中過斗頭、價值、倉口明白者，有止混開銀錢、米豆，總數不明者。年歲久遠，倉口不一，中間奸弊難保必無。又查得弘治十六年遼東開中兩淮運司弘治十年常般[八]鹽課，至今正德元年九月內方纔投到勘合。審問商人王昊等，説稱南京户部印編勘合，每鹽一萬引止編給號紙一張，昊等報中弘治十年常股鹽課，每引納銀四錢一分，當年納完，因不敷一萬之數，不得填給勘合。守候間，不料又開弘治十二、十三年鹽課，每鹽一引納銀三錢七分，比前減輕四分。商人爭中後鹽，不肯中納前鹽。昊等因候日久，將情具告巡撫馬都御史處，每引減去價銀三分，各商方肯上納，輳填丸字十九號勘合，前來運司投下。不料該年鹽課拖欠蠲免，並無斤兩關支，又要借錢自買，并雇覓船脚等項，用銀一兩以上，方得鹽一引出場，等因。臣竊思，户部經制財用，度量多寡，開中鹽糧，乃至勘合底簿却委南京户部印編給發，以致兩難查考，實臣之所未喻也。且茶鹽引由及各項銅版數多，仍在南京户科收貯，南京户部印給，猶之可也。其鹽糧勘合銅版止是一版，及底簿、流通文簿亦在南京户部印編給發，實有不便。所以先年户部奏要造册查對，又奏要將勘合印完并底簿送北京户部抄謄字號，事體不順，終有難行。查得南京見收鹽糧勘合銅版有"南京户部"字樣，臣愚乞敕户部行移工部，除去"南京"二字，照樣鑄造鹽糧勘合銅板一版，送户科收貯。如遇奏開鹽糧，户部差官帶領人匠赴科印刷。每鹽五千引印刷號紙一張，回部轉發開中去處，或布政司，或都司、衛分，有印信衙門收掌。每號紙一張，填寫鹽三五千引，或七八千引，或萬餘引，不必拘定一萬引之數。所填商名、貫址并米豆、鹽引數目俱用印鈐蓋，印色如法製造，毋致脱落，因而洗改字樣。如有填剩號紙，年終繳送户部塗銷。仍置内、外號半印勘合底簿二扇，内號一扇户部收掌，外號一扇發運司收掌。商人赴邊納獲勘合，投到運司，比對外號。運司派鹽完畢，將勘合類繳户部，比對内號。又與各邊歲報錢糧文册磨對有無相同，然後注銷。又每年置流通文簿一扇，計紙一百張，用印鈐縫，發各運司收掌，挨次附寫商人姓名、鹽數，以憑年終叫派，各開前件，派鹽下場記"派訖"二字，支鹽出場記"支訖"二字。若今年終派場遇有事故、明年終不支出者，將原派鹽課改派別商，免致積滯，待本商到另派。仍乞照兵部前職方司、工部繕工司事例，就於各司員多主事内改注一員，或改員外郎職銜升用，專一掌管鹽法文簿册籍，計量鹽課高下，追理通關完欠，考究各邊虛實，斟酌開中多寡，并比照勘合、查革奸弊等項事宜，俱稟堂定奪，三年交代。如有閒暇，不妨原委，兼管別事。如此，鹽課得清，邊儲無弊。整理鹽法，此亦先務。

一、行實惠以蘇竈困。臣聞盈虧消長，物理自然，順時通變，乃可長久。兩淮運司，國初之時鹽課有常額，竈丁有定數，及其久也，不能無變。有司慮其破額，乃令見在人丁陪補逃亡之課，日積月累，轉相負累，流移益多，課亦終不能完。先年刑部侍郎曹宏奏，乞將兩淮竈户全家死絕及充軍、逃移等項遺下鹽課，照依逃民停徵糧草事例蠲免。巡鹽御史史簡奏，乞將兩淮運司逃户竈丁八千九百三十丁虧欠鹽課，聽令商人自買餘鹽，補作官課。近年兩浙巡鹽御史饒榶奏，乞將各場竈户虛掛逃絶名、鹽驗實開除。兩淮巡鹽御史曹來旬奏，乞將逃移竈丁免令總催陪納。此建議者皆灼見竈丁陪補之弊，户部亦深信建議者之言，皆已覆奏，准令開豁矣。但各邊開中及運司榜派，務儘一年之額，各場出給通關，亦務足原額，方敢填繳，以故雖有開豁之例，而實未施行。先年整理鹽法者，因課額不除，陪補艱難，定爲分數，准納折色，不拘銀錢、貨物，俱聽折納。每銀二錢，或布一疋，准鹽一引，頭畜、器具估價折算。商人到場關鹽，依所定分數折准放支。所得布疋、物貨復又減損價值，易買餘鹽，輳補正課。蓋折色之例一開，而真僞相亂，官吏、總催貪緣爲奸，任意增減，那移出納。商人既不知其分數，運司亦難察及錙銖。况陪本色者多在貧竈，陪折色者支出富丁，坐是益爲貧竈之累。弘治十八年五月十八日，遇蒙恩例，將弘治十六年以前拖欠鹽課盡行蠲免，兩淮運司自弘治十年起至十六年止，七年之内，共免過拖欠鹽課二百萬八千餘引。及查前項陪補准納折色鹽課，每歲一十一萬四千餘引。若歲免逃亡鹽課一十一萬餘引，不猶愈於通免見在人丁鹽課二百餘萬乎？逃亡者不得常免，而見在爲人所侵漁者或幸得免，誠可痛惜。臣已遵照欽奉敕諭内便宜處置事理，行令運司通行各場，不許仍前擅收折色，及催徵弘治十七年以後鹽課，内有逃絶人户該辦鹽課，暫且停徵。及行鳳陽等府，推委廉能官員推官馮顯等，會同分司官，將竈丁逐一清審，應僉補者僉補，應除豁者除豁，并查盤鹽課、清理草蕩事宜俱另行外。臣愚乞自今運司年終叫派場分，惟儘見在鹽數，不許將開除無鹽空額一概作數榜派。先年收過銀錢并折色物貨盡行變賣，銀錢貯庫，或折放賑濟等項支用。各場竈丁，待候臣委官清審的確，造册在官。課額或有增減，依實作數收除通關，內明開某總原額鹽課若干，奉例新除若干，實徵完若干，既不迷失原額，又得通變增減。以後五年一次清審，永爲定例。如此，開除之實惠得行，竈民之困苦可息。

一、停開中以除虛課。查得兩淮運司弘治十年起至十六年止，每年額辦鹽課，除水鄉竈丁外，實辦鹽課六十九萬六千三十引一百斤，七年共該鹽四百八十七萬二千二百一十三引一百斤。已徵完二百八十六萬三千九百五十八引九十八斤，內風雨消折一十三萬四千六百一引六十六斤，拖欠未徵二百萬八千二百五十五引二斤，共二百一十四萬二千八百五十六引六十八斤，俱遇例蠲免，止有見在鹽二百七十二萬九千三百五十七引三十二斤。各年鹽課，內除弘治十一年七十九引一百一十四斤、弘治十二年一十二引四十斤、弘治十六年一十七萬二千六百二十引一百斤，共一十七萬二千一百五十四引未曾開中，已開中過四百五十九萬八千八百四十三引四十六斤，開賣過一十萬一千二百一十六引，共四百七十萬五十九引四十六斤，不分見在、蠲免，盡數派支，已派過三百九十八萬六千九百二十二引五十斤，止得見在鹽二百二十三萬三千四百三十一引一百六十斤，未派七萬六千五百一十一引，并未投勘合六十三萬六千六百二十五引一百九十六斤，共七十一萬三千一百三十六引一百九十六斤，止有見在鹽一十六萬九千六百九十八引九十斤，不彀派支。竊詳商人中納有課官鹽，今查七年之內無課者幾半，皆自買補，今又遇例蠲免，計算將來支鹽者得有課鹽不及十分之三。此鹽法廢壞，商人所以不樂中也。查得天順元年七月十二日欽奉詔書內一款："景泰七年十二月以前拖欠未完鹽課悉與蠲免，原派守支客商引鹽改派別場，天順元年以後課內關支。"欽此。臣已遵照欽奉敕諭內便宜處置事理，行令運司，將前項已投到勘合商人該支鹽課七萬六千五百一十一引，先儘見有鹽課場分派支外，尚有六十三萬六千六百二十五引[九]九十六斤俱已開中，未投勘合，以見在鹽課九萬三千一百八十七引九十斤計之，内有五十四萬三千四百三十八引[一〇]六斤俱蠲免無課之數。乞敕户部通行各邊查勘，但係開中兩淮弘治十六年以前未盡鹽課，已經蠲免，俱各住中，將原發勘合、號紙繳回塗銷。若未住中之先有已納米豆、未填勘合者，即便截數填與勘合，或先已納獲勘合，在路未到，俱候投到運司之日，先將弘治十六年以前見在鹽九萬三千一百八十七引盡數派支盡絶，就於弘治十七年見在課内接續派支。如此，虚課開除，鹽法清矣。

　　一、重監掣以絶夾帶。切照洪武、永樂年間，鹽政修舉，商人中鹽不敢夾帶，批驗所官吏自行秤掣。景泰年間，始委運司官一員監掣。成化以來，又委有司同知、知州、知縣等官監掣。弘治二年，户部因千户譚英建言，奏准今後掣鹽，止許批驗所官吏從公秤掣，本所無官，方許運司官公廉者秤掣，不許仍委有司官員監掣。其後買補例開，割没餘鹽解價，以多爲利，遂使禁例廢弛，商人縱恣，夾帶大包，盛行無忌，乘機賄賂，多賣取利，鹽一過所，無迹可究。蓋官中一引，私得二引，既損官課，又滯鹽法，以此未免仍委廉慎有司以任監掣。然州縣正官職司民牧，百責所萃，掣鹽不過一事，因而妨廢政務，百姓受害。況路遠者未必便到，或别有事故，展轉申請，文移往來，動經數月，以致商人久守，不得過掣發賣。及至監掣官到，衆鹽擁過，鹽多價賤，商人怨嘆。如今歲聽掣商鹽積至一百餘萬引，船户有數月占裝鹽包不得卸載者，有搬運上岸堆垜被人盜竊者，皆秤掣不常之所致也。臣初到兩淮，詢知其故，雖見有運司官監掣，又要下場催督鹽課。臣又速行各府，推委廉能有司，與運司官分投上緊秤掣，五日一報，稽考勤惰。及較勘天平，鑄降鐵摯，出榜嚴禁，以後打鹽出場務遵舊例，將來夾帶之弊可保必無。但臣思之，鹽以二百五斤爲則，法非不定；問罪没官，禁非不嚴；前此清理鹽法者屢嘗申明，非不修舉。然而弊不旋踵，視昔尤重者，則以弊政成風，無人久守，是以難成而易壞也。今臣固已禁革前弊，若一二年後無專官監掣，似前委官不常，因往知來，弊將復作，前功盡棄。查得各處鈔關，錢糧不過萬餘，尚委户部主事一員監收。今此鹽法之大，錢糧以數十萬計，豈不尤重？況用一部官，免委府州縣官，不獨鹽法有益，而郡縣政務亦不妨廢，實爲良便。乞敕户部行移南京户部，每歲選委廉慎主事一員，前來儀真批驗所，依法監掣，禁革奸弊，但容夾帶，即爲不謹，從本部堂上官訪察參究。待後數年，法令久行，宿弊盡銷，人心已定，再議停罷。其淮安批驗所，坐委運司同知、副使輪流常川，在彼監掣，就帶家眷於批驗所公館居住。臣等加意訪察，如容夾帶，必置之法。如此，委用部屬，專一監掣，商賈自然流通，法度自然修舉。整理鹽法，此亦要務。

一、禁越境以通商販。伏睹《大明律》內一款："凡將有引官鹽不於拘該行鹽地面發賣，轉於別境犯界貨賣者杖一百，知而買食者杖六十，不知者不坐，其鹽入官。"欽此。及查見行事例，越境興販，官（下闕）

校勘記

〔一〕本書每篇題目均爲點校者所加。

〔二〕"損"，明嘉靖刻本明朱廷立《鹽政志》卷五《制詔》作"寢"。

〔三〕"去"，《鹽政志》作"中"。

〔四〕"處置"，《鹽政志》作"從事"。

〔五〕"委"後，《鹽政志》有一"任"字。

〔六〕"奪"，疑當作"立"。

〔七〕“产”，據文意似有誤，待考。

〔八〕“般”，疑當作“股”。

〔九〕“引”後，據文意當有“一百”二字。

〔一〇〕“引”後，據文意當有“一百”二字。

户部奏議卷下

爲宣府原減去納過糧草價銀一體給還事

户部題：看得趙隆等奏，要將原減去納過糧草價銀八萬兩一體給還一節。緣前項本部原議，商人多係慣納，更名復報人數，得利已多。查照兵部量減宣府給還賒買馬價事例，斟酌通減，大同減五萬兩，宣府減八萬兩，遼東減二萬兩，共減一十五萬兩，給還五十八萬兩，題奉欽依，事體已定。今若依趙隆等三人所奏，又要照數補給，其餘商人必來比例奏擾。不惟見今錢糧缺乏，無從補支，抑恐先減後添，致生物議，所奏難以准行。正德八年十二月二十三日具題，本月二十七日奉聖旨："你部裏再議了來説。"欽此。欽遵。臣等再議得，各邊商人報中糧草原欠價銀，遇蒙詔書事例，陸續補給。後因本部比照兵部給還馬價事例，將原欠各商銀兩量減支給，內宣府商人量減八萬兩，已經題奉欽依通行遵守，以此臣等前議不准補給。今奉聖諭，令臣等再議，緣前項事理已明，別難議擬。伏乞聖裁。

正德九年正月初十日具題，本月初十日奉聖旨："既商人使過力本，減半與他。"欽此。

爲通查各布政司直隷府州起運京庫拖欠該徵并已徵未解各項銀兩事

户部題：先該本部查得見在太倉庫銀數少，會議得，本部通查各布政司、直隸府州起運京庫拖欠該徵并已徵未解各項銀兩，不拘常例，議擬具奏，差官督催起解。浙江等清吏司查得，浙江、江西、河南并應天府、南直隸府州，自正德三年起至正德七年止，共拖欠兌軍米折銀一百三十九萬六千四百九十九兩二錢五分。及查浙江、湖廣、江西、福建、廣東等布政司并直隸蘇、松、常、徽等府，正德八年坐派京庫米折銀共九十四萬四千八百餘兩，見今過違限期，俱未解到。及查河南布政司借用過大同麥價銀三萬兩，未曾補還。又查得兩淮、兩浙該解京鹽課折色銀兩，見差主事于範在彼查催起解。其廣東鹽課提舉司每年鹽價折銀并引價銀二萬五千一百六十八兩，海北鹽課提舉司每年折色正耗銀三千四百五十九兩，福建鹽運司每年折色并依山價銀八千八百七十五兩，俱該年終類解，查無解到。推選得署員外郎等官宋以方等俱各素有才幹，堪以委任。合無各請敕一道，付各官馳驛賫捧，主事李重前去浙江，主事鄭玉前去江西、湖廣，主事丁致祥前去福建、廣東，主事何文邦前去河南并應天、池州、太平、安慶、徽州、鳳陽六府，署員外主事宋以方前去蘇州、松江、常州、陽〔一〕州四府并徐州，督同司府州掌印、管糧、分守等官，查勘各年拖欠免軍米折銀，果係小民拖欠者，遵奉詔書事例，保勘除豁。但有已徵捉作未徵，或已徵未曾起解，及已起解日久，未獲批迴，內有侵欺情弊，應問人犯就便拿送所在問刑衙門究問明白，依律照例盡其家產變賣，追陪完足，差委有職役人員管押，定限赴京交納。內已起解日久、未獲批迴者，雖查無侵欺情弊，亦要將的親家屬收監杖併，獲有批迴之日方許疏放。其未解正德八年京庫米折銀例不該免，并河南布政司借過麥價，廣東、福建該解京鹽課銀兩，查勘明白，俱要守催完足，嚴立限期，委官管押，依限解部。司府以下官吏人等，敢有坐視不理，及不服差委，違慢誤事，或有通同糧長、大戶侵欺、埋沒等項情弊，六品以下拿送所在官司問理，五品以上并方面官指實參奏處治。差去官員各須秉公持正，殫心竭力，綜覈有法，委用得人，務使當徵者徵而下不敢欺，當免者免而民不受害，斯稱委任。如或按籍冊而失真，圖急速而乖處，致生物議，俱難辭責。合用書辦吏各一名，行移吏部取撥。事完之日，將催完起解過各項銀兩數目備細造冊，回京復命，仍各造青冊送部查考。

正德九年七月二十二日具題，本月二十四日奉聖旨："是。"欽此。

計開：

浙江、江西、河南、湖廣、福建、廣東六布政司，應天府，直隸蘇州、松江、常州、池州、太平、安慶、鳳陽、揚州、徽州十府并徐州，自正德三年起至正德八年止，拖欠兌軍米折銀并未解京庫米折銀及麥價、鹽價銀兩，共二百四十萬八千八百七十六兩二錢五分一厘一毫七絲五微五塵。

浙江布政司拖欠并未解銀六十四萬九千五百五十兩九錢五分二厘九毫七絲六忽五微五塵。

正德三年分拖欠兌軍[二]折銀七萬三千六百四十二兩四錢七分七厘四毫七絲六忽五微五塵。

正德四年分拖欠兌軍米折銀二十一萬兩。

正德五年分拖欠兌軍米折銀一十五萬兩。

正德六年分拖欠兌軍米折銀四萬二千六百三十三兩四錢七分五厘五毫。

正德七年分拖欠兌軍米折銀二萬三千一百五十兩。

正德八年分未解京庫米折銀一十五萬一百二十五兩。

以上浙江布政司差官一員。

江西布政司拖欠并未解銀三十四萬一千五百二十八兩五錢。

正德六年分拖欠兌軍米折銀八萬五千九百九十三兩五錢。

正德七年分拖欠兌軍米折銀三萬五百三十五兩。

正德八年分拖欠兌軍米折銀二十二萬五千兩。

湖廣布政司未解正德八年分京庫米折銀一萬八千兩。

以上江西、湖廣二布政司差官一員。

福建布政司未解正德八年〔三〕京庫米折銀九萬一千兩。

鹽運司未解每年折色并依山鹽價銀八千八百七十五兩。

廣東布政司未解正德八年分京庫米折銀十萬兩。

鹽課提舉司每年鹽價折銀并引價銀二萬五千一百六十八兩。

海北鹽課提舉司每年折色正耗銀三千四百五十九兩。

以上福建、廣東二布政司差官一員。

河南布政司拖欠正德六年分兌軍米折銀一萬五千兩，又借過正德五年起運大同麥價銀三萬兩。

應天府拖欠正德七年分兌軍米折銀四萬二百兩。

直隸池州府拖欠正德三年分兌軍米折銀二千五百兩。

太平府拖欠正德三年分兌軍米折銀五千九百五十兩。

安慶府拖欠正德四年分兌軍米折銀二萬一千兩。

太平府拖欠正德三年分兌軍米折銀五千九百五十兩。

鳳陽府拖欠正德六年分兌軍米折銀五千兩。

徽州府未解正德八年分京庫米折銀一萬七千七百五十兩。

以上河南布政司并應天、直隸池州、太平、安慶、鳳陽、徽州六府差官一員。

蘇州府拖欠并未解銀七十三萬八千六百一十五兩二錢九分八厘一毫九絲四忽，正德四年分拖欠兌軍米折銀二十八萬五千兩，正德五年分拖欠兌軍米折銀二十三萬七千四百二十九兩六錢七分六厘六毫，正德六年分拖欠兌軍米折銀二萬四千六百八十五兩六錢二分一厘五毫九絲四忽，正德八年分未解京庫米折銀一十九萬一千五百兩。

松江府拖欠銀一十七萬七千二百三十七兩五錢，正德四年分拖欠兌軍米折銀四萬九千兩，正德五年分拖欠兌軍米折銀五萬八千二百三十七兩五錢，正德八年分未解京庫米折銀七萬兩。

常州府拖欠并未解銀七萬九千兩，正德三年分拖欠兌軍米折銀一萬五千兩，正德八年分未解京庫米折銀六萬四千兩。

揚州府拖欠正德六年分兌軍米折銀一萬兩。

徐州拖欠銀一萬一千五百四十二兩，正德四年分拖欠兌軍米折銀六千五百四十二兩，正德六年分拖欠兌軍米折銀五千兩。

以上直隷蘇州、松江、常州、揚州四府并徐州差官一員。

爲各衙門每歲坐派物料解納事

戶部題：看得給事中王良佐奏，稱各衙門每歲坐派錢糧，官價數少，陪補數多，官司不爲區處，該部不爲分豁。乞要以後計應支之數量派各省，或作本色，或作輕賫，係輕賫者給與鋪户買辦，係本色者給單送庫驗收，不得仍送包攬之家展轉留難。如開收本色不堪、數目短少，告明儘力完納，掣取長單送部，准與分豁，等因。除禮、工二部每年坐派物料該部查覆外，查得本部每年坐派絹布、絲綿并一應顏料俱係稅糧折徵本色解納。内絹布俱要兩頭用印鈐記，長闊、斤重各有定式。及光禄寺該用厨料、果品，每年預派産有地方，支給官錢，收買本色解納，并起運京庫户口食鹽錢鈔，各有定數。各項解户徵完起解，投文到部，照依來文札付該庫出給長單，及具手本關領勘合，照數填寫，責付原解收執，將所解物同原領長單并勘合於内府各衙門照進各庫，本部委官公同巡視科道等官驗收。内有不堪、短少，送問追陪，經該官吏行巡按御史提問，俱遵依《諸司職掌》定制及節年奏准事例施行。但各處州縣官員多不得人，凡遇起解官物多不辯驗印記，聽從奸頑營充解户，侵剋花費，濫收不堪絹布解京。及物料不解本色，賣價到京，交與攬頭，轉買上納。或遇原價不敷，加以分外抑勒索騙，以致物料不堪，數目短少。或單已給付而物不隨進，或物先送進而不告給單，及至不完，往往棄批逃回，積弊相承，因循未革。給事中王良佐奏，要本部委官驗看明白，方纔給單照進，又須定與方便去處，庶便關防一節，深爲有理。合無依其所擬，行令本部委官督同該城兵馬司官，相視近門方便去處，動支各處解到籤榷銀兩，置買修蓋廳房一所。凡遇給單送納官物，除顔料、雜物并厨料、果品等項數目繁碎，不必本部委官點看，差吏押同原解人并物料隨單進庫，守取回照外，但係絹布、絲綿、錢鈔，務要經由本部委官廳房前照單點過數足，方許隨單押赴内府西安門照進交收。若點看原物數少，或全無解物，就連原領長單、勘合呈送本部追究送問。其西安門官吏務驗單、物相隨，方許照進。若有單無物，或有物無單，俱不許放進。本部仍申明禁例，通行在外司府州縣，自正德十年爲始，起解本部坐派税糧折徵絲綿、布、一應顔料并買辦厨料、果品，但係内府庫交納錢糧，務照舊例徵收本色，辨驗堪中，交付大户領解。絹布兩頭用印鈐記，批文内止開本色物數，不許似前開寫價銀數目，原奉明文折徵者不在此限。敢有故違，仍踵宿弊，將應解本色擅解輕賫，到京收買，以致攬頭、鋪户作弊，指勒負累解户包陪；及絹布絺鬆紕薄，不及丈尺，本部委官會同巡視庫藏科道官驗收退出；及本部委官照單點看物數短少：俱將解人并攬頭參送法司提問，經該官吏，直隸行巡按御史，在外行按察司提問，果有通同故縱情弊，依律從重罷黜。若解輕賫銀兩到京，未曾交與鋪户收買，本部委官驗出，將所解銀兩隨批帶回，亦行巡按御史、按察司官將故違官吏、解户提問，仍徵本色，另給批文解納。如此，點看有法，禁例必行，宿弊漸可革除，庫藏庶得清結，等因。

正德九年八月初三日具題，初五日奉聖旨："是。准議。"欽此。

爲定限兑運糧米事

户部題：應議事一件，兑運糧米，浙江、江西、湖廣、山東、河南布按三[四]司，應天，直隸鎮江、淮安、太平、寧國、蘇州、常州、安慶、池州、松江、鳳陽、廬州、揚州十三府并徐州，各委堂上佐貳官一員催儹，定限該年十二月以裹到於原定水次，較勘斛斗相同交兑，完日方許回任。若轉委屬官，并糧米濕碎粗糙、過期誤事，及民運糧米依期前來交兑，其官軍生事，刁蹬留難，勒要財物、酒食者，俱聽本部及南京户部監兑委官懲治參究，及分守、分巡、各府州并漕運委官具呈總督、總兵、巡撫官斟酌處置。前件，會官議得，監兑官請敕，限十一月終到於水次催兑，完日將兑完日期具本赴京復命。若次年正月終不完，或民糧納遲，或軍船到遲，或軍、民船糧俱遲，明白參奏。

正德九年八月二十五日具題，本年九月初一日奉聖旨："是。今後各處軍民兑運糧米，俱限正月終交兑完足，有違誤的，監兑官明白參奏，從重治罪。其餘都准議行。"欽此。

爲將靈州鹽池舊引鹽斤
暫且停止召商上納事

戶部題：看得右侍郎馮清奏，要不爲常例，將靈州鹽池舊引鹽斤暫且停止召商上納，本年分并借正德九年分引鹽俱於甘肅上納，隨到隨支一節。查有巡撫陝西都御史楊一清奏准事例，訪得彼時舉行此法，公取甚寬，待商甚恕，獨嚴私販之禁，人爭趨赴，得利最多，今甘肅邊儲急缺，相應照例舉行。但要於甘肅上納糧草，誠恐人不願去，反致耽誤。合無本部移咨督理糧餉右侍郎馮清，依其所奏，將靈州鹽課司正德七年以前已中鹽課暫且停止，將正德八年、九年鹽課每引定價三錢五分，出榜召商報中，照依時估，定立斗頭，於蘭州等處倉分上納糧料，轉運河西供軍，或止收價銀，轉發河西糴買糧草。仍依前例，照鹽一車以六石爲則，外有多餘，依律挐挐追問。此外，臥引、門鹽等項名目並皆革去。所中靈州引鹽，除西安、延安二府地方不許到彼販賣，許於鳳翔、漢中二府與河東鹽相兼發賣。三處鹽池原有添設監理鹽課通判一員，但二池相離隔遠，誠恐顧理不周。合無令原設通判專一監放大池鹽課，再選委各府廉幹同知等官一員，專一監放小鹽池鹽課，環慶兵備兼理鹽法副使往來提督稽考。凡遇商人報中引鹽，俱赴督餉侍郎處告報，置簿編號，批發鹽法副使，轉行監放委官，挨次放支。若上名不到，即放下名，毋令阻滯。應該立法關防事宜，悉聽督餉侍郎斟酌施行。再照舊引雖暫停止，誠恐興販之徒通同奸商，仍用舊引照賣私鹽，無從辨驗。合行督餉侍郎，將今給新引逐張編號，用關防鈐蓋，先行各批驗所及各該軍衛有司巡捕官知會，但無督餉侍郎關防鈐記引目，即係私鹽，依法追問。開中畢日，將中過鹽銀數目具奏查考，仍將前項開中事宜應否、經久緣由一併議奏定奪。其奏要查兩浙、河東并兩淮鹽課，再給一百萬引，及太倉發銀二三十萬兩一節。查得兩浙正德九年以前鹽課開盡以後，未開者例該巡鹽御史開賣解京，轉發各邊。河東正德九年以前鹽課開盡，額外又多中過鹽六十餘萬引，專供宣府邊儲。兩淮正德九年以前鹽課開盡，正德十年鹽課先開蘭州二十五萬引。近又聞宣府、大同三十萬引俱無人報中，及查太倉庫銀止勾折放今年冬衣布花支用，再無多餘可以給發。臣等竊詳右侍郎馮清所奏，蓋欲多方區畫銀兩以濟河西之急，固為有見。但運送銀兩，理難久長，勸課屯田，似為急務。合無行令右侍郎馮清，會同甘肅鎮巡等官計議，將該解送甘肅官銀糴糧支用，不盡之數，選委廉幹官員，給與缺少牛隻軍餘，令其置買以備春耕，因田致穀，事可經久。其委官務要坐併買牛，完日督令所在官司備細造冊，要見某軍領銀若干，買到是何顏色，或犍牛，或牸牛，逐一點視停當，通將買過牛隻、用過銀兩具由回奏查考。不許將銀兩散與勢要之家，却將自己牛隻抵數，耕種私己田地，致令貧軍不沾實惠。若彼處缺乏牛隻，或於腹裏收買，運糧到彼，給軍屯種，俱聽便宜施行。

正德九年九月初四日具題，本月初六日奉聖旨：“是。准議。”欽此。

爲各總糧船分撥京倉通倉上納事

戶部題：查得先該總督漕運右都御史張縉等奏，要自弘治十六年爲始，將各總船隻不分衛所，但三四月以前先到通州及張家灣水次者，通撥京倉，趁時完納，然後將五六月續到軍船盡數撥發通州倉上納。其前幫合用車脚銀錢，各總把總官自行議貼，事畢造册，繳報臣等查考。如此，不但京儲易完，船隻早回，車脚省費，而軍士之困憊亦可以少蘇矣。該本部會官議得，前件照舊，蓋因彼時議，將合用車脚銀錢各總把總官自行議貼，恐有難行，以此不准。近該户科都給事中周金等題准，各該運糧官收完脚價，到於通州，送户部委官驗收給發，又令漕運衙門委官專管收支脚價銀兩，前項弘治十五年總督漕運都御史張縉等所擬，各總船隻不分衛所，但三四月以前先到者通撥京倉，後到者俱撥通州上納事宜，似應舉行。查得宣德八年，漕運糧儲以三分爲率，通州倉收二分，京倉止收一分。正統二年，以十分爲率，通州倉收六分，京倉止收四分。俱是通倉收多，京倉收少，以此交糧易完，軍船早回。見今改作京倉七分，通倉三分，不論船隻遠近、道路乾濕，拘執一例，分撥運納，以致遲誤，誠有如弘治年間總督漕運都御史張縉、總兵官都督同知郭鋐等所奏者。先因脚價不收在官，以此未行。今既官給脚價，若不查照舉行，似昧通變之宜。合無本部鋪馬賫文交與總督漕運都御史陶琰，公同總兵官顧仕隆、參將梁堅，查算見今每年該運京倉糧若干、通倉糧若干，却以近就近，分派近處衛所俱撥京倉上納，遠處衛所俱撥通倉上納，務要不失原會京倉七分、通倉三分之數，將擬定衛所該運糧數并合處置支給脚價等項事宜通行定擬，查議明白，星馳具奏定奪。中間若有窒礙難行事理，亦要明白聲説，毋拘原議，務要公同評議，互相可否，事體穩當，經久可行。既不可膠執故常，因襲舊弊，亦不可輕易更改，致有窒礙。

　　正德九年十二月十五日具題，本月十七日奉聖旨："是。"欽此。

爲糧運臨期定撥交納事

户部題：准總督漕運右都御史陶琰咨，會同提督漕運、鎮守淮安地方總兵官、鎮遠侯顧仕隆等議得，糧運到通州者，惟以先到之七分趁道路晴乾運赴京倉上納，後到之日，三分赴通倉上納，縱遇天雨，路近可達，脚價亦省，完納亦易。此宜臨期處之。若以衛所遠近爲差而預定倉分，但各處地方年歲有豐凶，則交兌有遲速，近者到未必先，遠者到來[五]必後，不無有失原擬，未得齊一。查得近准户部咨，爲議處糧運以裨國計事，欲委一官前去通州，公同户部委官議支脚價。合無行令本官，不妨原委，就於彼處將今年先到糧儲，不分衛所遠近，盡數撥赴京倉上納，扣計已勾七分之數，却將以後到者截改通倉上納。其議貼脚價事宜正隸本官所管，亦聽計算通融支給，務使二倉糧數兩無虧累，官軍亦得專心趨事，不致顧彼失此矣。糧完之日，類造文册，繳送漕運衙門查考。如此，庶事體相應，漕運有濟，等因。既該各官查議明白，事體相應，合無依其所擬，行令漕運衙門委官臨期定撥交納。如果事體穩當，漕運便益，永爲遵守。若有計慮不盡事宜，候今年八月各官議事到京。再行從長議處。

正德十年二月該本部具題，本月十五日奉聖旨："是。"欽此。

爲漕運衙門委官計處脚價事

户部題：准總督漕運右都御史陶琰題，會同提督漕運、鎮守淮安地方總兵官、鎮遠侯顧仕隆等議得，添差一官，統四百萬之錢糧，爲十二總之綱紀，必得操履端莊、才識通敏者委之，方克有濟。臣等體訪得，湖廣把總運糧、署都指揮僉事聶欽，公勤素著，處事有方，堪以委任。所據湖廣一總，道路險遠，兌運艱難，亦須有才智者爲之把總，庶不廢事。臣等又訪得，守備歸德等處地方、以都指揮體統行事指揮僉事周正，熟知運事，素有才名，堪任湖廣把總。如蒙乞敕該部，再加詢訪，如果各官堪以任使，將聶欽授以敕書一道，令其前去通州，公同户部委官計處腳價。周正量加署職，把總湖廣運糧，庶各便於行事，等因。既該各官會奏前來，必有所見。合無准其所奏，本部請敕一道，賫付署都指揮僉事聶欽，上緊前來張家灣等處，公同本部委官計處腳價，行令各衛所運糧指揮、千百户等官，將原兌正糧耗米折收價銀，并臨時該用腳價數目開報在官，查訪的確，通融區處，支領應用。如有餘剩，作正支銷。若該運京倉米多，見收耗米折銀不勾腳價支用，具呈本部，於太倉銀庫借支，待候兌軍耗米折銀通收完足，照數補還。運糧軍官人等，敢有侵欺隱匿耗糧折銀，不服查理，及有無籍之徒指稱勢要、攔截包攬、用强把持等弊，輕則量情責罰，重則應拿問者拿送通州收問，應參奏者指實參奏施行。事完之日，通將收支過耗米折銀數目備細造册，具本赴京復命，仍造青册，送本部并漕運衙門查考，待後下年一體施行。如遇聶欽遷轉別用，漕運衙門即便推委相應官員更替管理。若後事體已定，不必差官，另行議處。及看得奏稱守備歸德指揮僉事周正熟知運事，素有才名，要將周正更替聶欽湖廣把總運糧一節，合行兵部照例定奪施行。

正德十年二月十三日該本部具題，本月十五日奉聖旨："是。"欽此。

爲太監南京織造支鹽撥船事

兵部題：會同户部查得，先年南京織造不係常例，間一舉行，但遇灾傷，即便停止。近正德九年五月，太監史宣織造，支鹽六千引，撥船七十八隻。正德十年閏四月，太監吴經織造，支鹽四千引，撥船五十六隻。各官連年織造，段定頗勾供用，見今天旱至極，河道乾淺，又大木將到，比常不同。合無將今年織造暫且停止，不必差官，亦候糧船并大木到日另行議處，庶不有負前旨，糧運得以疏通，窮民得以蘇息，天下幸甚。如織造必不可已，止令太監崔通量撥船十數隻前去，長蘆運司引鹽不必支領。户部查有兩淮各運司該收鹽價支兑四千兩，或量加添銀兩，准作四千引之數，彼此兩便，事無騷擾。仍乞敕太監崔通，經過河道務要鈐束下人，不許分外生事擾害。其南京下半年聽守船五十隻，仍照兵部原擬照例放回，候太監劉允啓行之日，將續到上半年聽守船并各項船隻照數撥給應用。

正德十一年四月十五日具題，本月二十三日奉聖旨："供用朝廷急務，長蘆鹽領四千引去用。船隻照前數撥給，但沿途經過不許騷擾，好生鈐束下人。"欽此。

爲陝西地方連年凶荒百姓缺食事

户部題：陝西清吏司案呈，該巡撫右副都御史陳壽題，據西安等府、醴泉等縣申，稱地方連年凶荒，二麥蟲灾，百姓缺食。臣等再議得，陝西地方近年以來兵荒交作，賦役太繁，沿邊有番虜之侵凌，腹裏有流賊之騷擾，轉輸莫繼，供給倍增，公私匱乏，倉廩空虛，該支郡王禄米經年拖欠，應放官軍俸糧累月遷延，軍民漸不聊生，老稚愈加失所，將來之患，豈可勝言！乞敕下部議集廷臣，合無將本鎮今年夏稅通免，俾得有無相資，均蘇民困，惟復止將被災夏稅量免，以安所在人心。仍乞查照成化年間鎮守太監歐賢、巡撫都御史鄭時等奏討錢糧并准行過條例，再加斟酌損益，上請定奪，早賜施行，等因。奏奉聖旨："該部知道。"欽此。欽遵。查得本年五月内該巡撫都御史陳壽奏，西安、延安、臨洮、鞏昌等府并靖虜等衛夏田旱災。本部查得各處奏報災傷、覆勘分數是實，止許於存留糧内照數蠲免，不許將起運之數一概混免。若無災有收，糧草不足起運之數，聽各該巡撫官通融撥補。今奏夏災未經覈實，難以施行，已經案候外。今該前因，案呈到部。看得陝西巡撫等官右副都御史陳壽等題，稱陝西地方蟲旱災傷，二麥無收，軍民缺食，乞將本鎮地方今年夏稅通免，惟復止將被災夏稅量免一節，緣彼處邊儲缺乏，難准通免。其奏要照先年太監歐賢、巡撫都御史鄭時奏討過錢糧并准行過條例再加斟酌損益，上請定奪一節，查得見今京庫銀兩給發各邊尚且不足，再無多餘可撥賑濟。及查成化年間，雖曾撥發漕運糧米前去陝西賑濟，彼時創尋水道，不得通達，運至河南偃師縣孫家灣等處。收貯顧脚搬運，緩不及事；糶賣銀兩解運，事體不便。處置乖方，難再踵行。及查各項納銀事例，近因甘肅用兵，該給事中王江建議，本部會官議擬，見今施行。及看得各官奏稱，陝西地方近年以來兵荒交作，賦役太繁，沿邊有番虜之侵凌，腹裏有流賊之騷擾，轉輸莫繼，供給倍增，公私匱乏，倉廩空虛，郡王等禄米經年拖欠，官軍等俸糧累月遷延，人不聊生，流移失所，將來之患，豈可勝言一節，關係地方重大事情，鎮巡等官既以會奏，急當議處。合無請敕陝西鎮守太監、總兵官、巡撫都御史、都布按三司官，同心協力，加意撫安。除不係灾免及起運錢糧照舊徵納以備邊儲，其被灾該免存留糧草并正德九年以前小民拖欠錢糧上緊勘實，具奏蠲免。今後非奉朝廷明文，一錢不許擅科，一夫不許擅役，以蘇民困。貪官污吏敢有犯者，巡按御史、按察司務要舉劾拿問。被灾缺食貧民，查支本處倉庫見在無礙錢糧設法賑濟，務俾得所，毋致流移。凡可以救荒安民之事，悉聽各官公同計議，從宜施行。其預備甘肅用兵糧糧轉運一事，尤須與差去官員從長計議，處置停當，毋致一概騷擾，逼民逃移，激成他變。各官均受朝廷重托，若互相推諉，坐視不理，處置乖方，地方不安，國典具存，皆難辭責。伏乞聖明裁處。

正德九年七月十三日具題，奉聖旨："是。這地方兵荒相仍，軍民十分困苦，便寫敕着鎮巡官督同三司等官加意撫安，一錢一夫不許擅科擅役。有違犯的，巡按及按察司官指實劾奏，拿問治罪。貧難人戶設法賑濟，其被灾該免存留糧草并正德七年以前小民拖欠之數上緊查勘的確，具奏蠲免，不許虛應故事。"欽此。

爲宣府聲息緊急糧草缺乏
河東亢旱鹽花未生事

戶部題：山西清吏司案呈，照得先該本部會官議擬，河東都轉運鹽使司自正德九年爲始，每年變賣鹽課銀八萬兩，俱於當年九月內差官徑解宣府管糧郎中處交割，不許遲誤，等因。正德八年九月初五日題，奉聖旨："是。都准議行。"欽此。欽遵通行外。近據河東運鹽使司申，稱前項銀兩責限完解，甚是急迫。奈何今歲亢旱，池水乾渴，鹽花至今未生，此後天時雨暘未可測度，鹽花有無實難期必。倘或萬一撈辦不出，則官吏坐以遲誤之罪，法所宜然，而邊鎮已缺急緊之供，事竟未濟。欲行就彼開中，定擬價值，招商[六]上納，申乞照詳，等因。到部，又經參駁，節行催解外。即今宣府等處地方節報聲息緊急，調兵征剿，糧草缺乏。前項會官議准，變賣河東鹽價銀八萬兩，係正德九年歲用之數，若候河東運司變賣銀兩至日解用，誠恐遲誤，呈乞議處，案呈到部。看得本部會議，河東運司正德九年鹽課變賣銀八萬兩，扣算宣府正德九年歲用之數。今該司申，稱鹽花未生，萬一撈辦不出，誠恐誤用，必須通融調撥。合無本部將各處見解到折糧等項銀兩稱對八萬兩，委官馳驛解送宣府管糧署郎中秦偉處，驗發該庫收貯。應用箍鞘車輛并沿途護送官軍，行移兵、工二部，照例應付。其河東運司鹽課撈有之日，變賣銀兩仍解宣府，准作正德十年歲用之數。

正德九年七月十四日具題，奉聖旨："是。"欽此。

爲宣府虜寇擁衆犯邊勢甚危急事

戶部題：山西清吏司案呈，近該宣府守臣節次奏報，虜寇擁衆犯邊，勢甚危急，調集各路人馬防禦，不能支持。該兵部議調京營軍馬前去征討，費用浩繁，料草缺乏，無從計處。查得成化二十等年，軍餉缺乏，俱曾會官計議，呈乞照例施行，案呈到部。照得宣府一鎮，見在食糧官軍七萬七千九百四十七員名、馬騾四萬九百八匹頭，大同一鎮見在食糧官軍五萬六千七百七十五員名、馬騾一萬七千一十九匹頭，平時歲用尚有不足，遇警調兵，必難支持，不獨今日爲然，先年亦皆如此。其處置常法，如督催民納、召商糴買、添送銀兩、中納鹽課、開行事例，本部俱已施行外。查得軍民乞運一事，先年雖曾舉行，得少費多，事擾人怨，況今軍民窮困，尤非昔比，似難再行。又有就糧屯兵、裹糧自隨、因便牧放、撙節糧餉肆事，俱在總制、總兵等官隨宜相機斟酌采擇，及兵部掌行事理，本部未敢擅擬，乞敕廷臣會議，具奏定奪。

奉聖旨："是。便會議了來說。"欽此。

計開：

一、催督民運。每年山東、河南、山西、直隸等處起運宣府稅糧五十二萬石、草八十萬束，每年山西、河南起運大同稅糧四十二萬石、草三百五十四萬束。正德八年糧草催納將完，正德九年糧草見今題准，行各該巡撫都御史，嚴緊督催，不必等候秋成，預期徵完，各差司府堂上官總部起運。

一、召商糴買。係是舊例，近年節次申明舉行。見今運去銀兩，俱聽總督軍餉官上緊委官，分投糴買，以備支給。

一、運送銀兩。宣府該送正德九年分年例銀一十萬兩，大同該送正德九年分年例銀五萬兩，俱預於正德八年九月內運送去訖。去年宣府、大同爲因聲息，節次添送銀一十五萬兩。彼時宣府見在銀積有一百一十餘萬兩，今俱費盡。近又題准，於太倉銀庫內轉支二十萬兩，見差主事楊鏓等秤收運送。查得太倉銀庫見在止有銀三十餘萬兩，除支二十萬兩，及賞賜每軍銀二兩，約該用銀五六萬兩外，所餘不多。除不時支用不算，遼東、宣府、大同、延綏、寧夏、甘肅六邊，今年共該用年例銀四十五萬兩，不可缺少，見今議處，計無所出。今宣府、大同用兵，除見運二十萬兩外，再無銀兩可以運送。

一、開中鹽課。查得天下鹽課，每年大約總計不過得銀四十餘萬兩。今查各運司正德八年以前鹽課多已開中盡絕。內兩浙、福建得利不多，山東、長蘆人不樂中。惟有兩淮鹽課每年可得銀二十餘萬兩，正德九年以前俱已開盡，正德十年開去陝西、蘭州二十五萬引，因無見課，亦不肯中。近又題准，開去大同、宣府三十萬引，減價召商，別無鹽課可以再開。

一、開行事例。近因甘肅調兵，奏開吏典、承差、農民等項納銀事例，通行天下，限一年，方可得銀二十餘萬兩，即今一時難以應急。近該本部題准，將宣府并山西地方開納事例銀兩不解甘肅，俱留宣府、大同支用。

以上五件，本部俱已施行。

一、景泰元年六月內，該鎮守宣府等處右少監柏玉題，查得永寧、懷來糧料止勾三個月餘支用，合無撥京軍量運，赴各衛收貯備用，等因。奉景皇帝聖旨："戶部、兵部看。"欽此。該太子太保兼戶部尚書金濂等議得，欲准所擬，行移總督軍務、少保兼兵部尚書于謙量撥官軍，就於京倉般運黑豆二萬石，先於懷來衛倉收貯，其永寧衛續後價運二萬石前去供給，仍行鎮守居庸關右僉都御史王竑量撥官軍，各帶器械，哨探防護。題奉景皇帝聖旨："是。"欽此。

一、成化十七年十一月內，戶部尚書翁世資等題准，差官三員，各請敕前去山西、山東并北直隸催徵糧草。如有災免不足，起倩軍民人夫、車輛，各委的當佐貳官管領。人夫日給口糧一升，車輛量貼腳價。將所屬收有糧料倉分，或動支官銀糴買，山東乞運一萬五千石赴宣府，山西一萬石，北直隸并順天府二萬四千石，每府各三千石，赴大同，俱糧、料中半兼運，聽從巡撫及管糧官分撥軍馬駐札月久去處備用。

一、成化十九年十二月內，戶部尚書余子俊等題准，順天并直隸保定等八府共該三千九十六里，每里於通州倉平斛領運新鮮粟米一百石，共該運三十萬九千六百石，上戶運二石，中戶一石，下户五斗，到彼平斛上納。順天、永平摘撥五萬石，於近京邊倉上納，每石給與腳價銀二錢，大同上納，每石給與腳價銀三錢，仍於本户該納存留糧內免其五斗，通作腳價之費。

一、成化二十一年三月內，該總督軍務兼督糧儲、户部尚書余子俊奏，要乞運京、通二倉糧料二十萬石，或長運至大同，或短運至宣府交收。該户部會官議，撥京營軍士三萬名，共乞運京倉粟米一十萬石前去宣府交割，每石加與折耗米一升，到彼兩平收受。每軍一千名，委把總官一員，各帶識字人一名、跟隨人六名，往來提督。每隊選差的當官旗二員分管領運，仍差武職大臣一員，奉敕總制其事。又差户部司屬官二員，各奉敕，一員沿途關防禁約，一員會同宣府管糧郎中監督收受。

以上四件俱軍民乞運糧料事宜，所運不多，軍民受累，似難再行。

一、就糧屯兵。凡督軍征戰，隨賊向往，難拘定所。若屯駐軍馬未曾出戰，必須就有糧草城堡駐札，庶免匱乏。

一、裹糧自隨。照得沿邊地方廣闊，軍馬所出無定，難以處處積蓄糧草預備。須要自備一二日乾糧、炒麵及口糧，多則勾三日之用，或令各軍馱馬自隨，或撥步軍齎帶，一遇出兵追剿，隨處食用，可免困乏。

一、因便牧放。查得軍士口糧每人日支一升五合，所費不多，料豆每馬日支三升，所費爲多。至於草束，所費尤多，平時多積，必至腐爛，臨時收買，出産有限，雖有銀兩，亦買不出。若軍馬入城，料賊退遠，近城看有草場，就令各軍因便牧放，或間日關支折色，聽其自買。且如虜賊馬匹，俱自牧放，不喫陳草，以此膘壯得用。

一、撙節糧餉。自古老師坐費，兵家所忌。今料虜寇之多寡，度我軍之强弱，添調精銳京軍若干，分爲幾路出邊，會合某處邊兵，前去截殺，可以取勝，剋期班師，謀算預定，然後啓行，庶幾糧草勾用，不至缺乏。

以上四件俱該總制、總兵等官相機隨宜，斟酌采擇，及該兵部掌行事理，合無行移各官并兵部計議，采擇施行。如不可取，徑自從長定奪。

爲將原有采草湖場據圖
按籍逐一清查事

户部題：該刑科給事中邵錫題，一件"清湖場以濟邊用"。竊照甘、凉等處馬、步軍人原有額定湖場，采納年例秋青草束。奈何内外鎮守、副參等官，上不畏法，下不恤軍，將前項湖場相承占據。雖清查之令屢下，而因循之弊難除，遞年撥軍采取，派軍運納，准作各軍年例該徵之數，往往扣支糧銀，略無忌憚。或又假挽商人，詭名報納，銀易草束。每年動支官銀，多則四五千兩，少亦不下二三千兩。利歸權貴，害及貧軍，罄竭公私，莫此爲甚，人心抱恨，莫敢誰何。乞敕該部，轉行彼處撫按官員，將甘、凉等處湖場查照先年清出畝數，分撥各軍名下，照湖采草，仍舊上納，以備官軍戰馬支用，不許各官挾勢仍前占據。每年終將各官有無采納緣由具實奏報，以憑查考。如此，則邊用不缺，國計可省，而軍士亦得以休息矣。前件，該本部查得，洪武二十四年，欽奉太祖高皇帝聖旨："山西、陝西臨邊衛分用的馬草，年年都着百姓於陸路數百里運納，好生艱難。户部行文書，到來年將山西、陝西臨邊近草場衛分不應付馬草，只教衛家於秋青時月多打下秋青草喂馬。"欽此。又查得，洪武二十五年，欽奉太祖高皇帝聖旨："遞年供給馬草，有司好生擾民。且如秋青時月，軍人牧放馬匹，就塲打草曬晾，每晚馬上馱回，一日的草，豈不可用五七日？若將夏秋積的草數算來，一冬盡用不了。"欽此。切詳采打秋青草喂養馬匹，係是祖宗舊制。今給事中邵錫奏，言甘肅鎮守、副參等官將采草湖塲相承占據，撥軍采取，扣支糧銀，詭名報納，動支官銀，乞行清查，撥軍采草一節，切中時弊，不獨甘肅爲然，誠恐各處亦有此弊。若不通行清理，誠恐積弊日深，愈難復舊，未免加派穀草，貽患小民。合無通行遼東、宣府、大同、延綏、寧夏、甘肅各邊巡撫都御史、巡按御史，督同都、布、按三司守巡等官，將原有采草湖塲據圖按籍逐一清查，但有占據者即便退出，照舊撥軍采草，運納堆積，照例年終將采過草束具奏查考。若有仍前挾勢占據，及將所采草束扣支糧銀，及作自己草束詭名報納，冒支官銀者，指實劾奏，治以重罪。其見有聲息，動調官軍戰守地方，待候事寧之日清查。各將清查過草塲四至、頃畝數目并有無占據緣由回奏查考，不許虛應故事。

正德九年七月二十日具題，本月二十二日奉聖旨："是。准議。"欽此。

爲大同虜賊擁衆不退催督山西該解宣大二鎮糧草事

戶部題：該總理大同糧儲、署郎中鄭選題，查得大同一鎮城堡，除草束近來召買，頗勾目前支用外，見在止有糧二十四萬三千九百三十六石有零、料六萬一千七百八十三石。及查得銀億庫見在銀六萬二千一十二兩零，內除總制都御史叢蘭分給預備客兵京運正附銀二萬五千一十九兩一錢，見今會發差官分投糴買料豆，其餘銀三萬六千九十二兩九錢，即目折放各衛所旗軍冬衣布花並八月分糧，尚不敷用。切照前項見在糧料，若在無事之時，延候山西布政司陸續徵解接濟，本鎮兵馬猶可支持。今又加以京兵二萬六千，延綏、宣府奇遊二兵并本鎮奇遊援、老家及調來防守土兵等項兵馬，總計不下五萬，以一日計之，該支行糧七百五十七石、正馱馬料一千八百餘石、草五萬餘束。倘此賊擁衆不退，前兵駐扎日久，一月之間，費用無窮，難以計算。況賊情譎詐，一月之後難以必其遠遁，以月繼月，其費萬倍，臨期有誤，罪累非輕。臣等日夜憂思，計無所出，雖節催民屯拖欠及河南麥價，又恐民力窮困，一時解納不前，緩不及事。目前事勢窮迫，委難調度，如蒙伏望皇上軫念邊方重地糧料急缺，乞敕該部從長計處，合無查照先年達賊擁衆犯邊事例，改撥山東、河南等處糧料，及早發太倉并各省解到折糧等銀，聽臣等趁時召買，多方措置，庶幾軍餉有備，供給不乏，兵馬可以精強，邊疆可保無虞矣。具本，該通政使司官正德九年七月二十三日奏，奉聖旨："該部看了來説。"欽此。欽遵，抄出送司。

查得近爲緊急聲息預備軍餉事，該本部照得，宣府等處節報聲息緊急，該兵部議題動調京、邊官軍。宣、大二鎮開報糧料雖頗勾用，但添調官軍，必須多買積畜，庶不誤事。合無本部行移總制右都御史叢蘭，將該用軍餉先於各城堡見在糧草及近送銀五萬兩糴買過糧草內支用。本部再將各處解到折草等項銀兩秤對二十萬兩，如有不敷，於太倉銀庫內轇支，差官運送前去，交與管糧署郎中秦偉收貯宣府庫內，聽右都御史叢蘭查撥宣府、大同二鎮緊要用兵城堡，督令各該管糧郎中等官，上緊召商，糴買糧料、草束，與前項見在糧草接續動支，務要勾用，毋致缺乏。正德九年七月初五日具題，奉聖旨："是。"欽此。又查得，爲預防虜患事，該本部查得，山西布政司起運宣、大二鎮糧草有無完納，未見咨報。即今達賊犯邊，急用糧草，合無本部鋪馬賚文交與巡撫山西都御史王玒，嚴督布政司掌印、管糧官，查勘正德八年起運宣府、大同稅糧，若有未完，先儘司府官庫收貯官銀借支，照依原擬，委布政司堂上官一員，總部嚴限，親詣大同、宣府查納。本部仍行巡撫宣府、大同都御史并管糧郎中，查勘前項年分邊糧未曾完解，指實參奏，將管糧、分守等官，不爲常例，從重處置，以警將來。仍通行山東、河南、山西、順天、保定等五處巡撫都御史，各要體念邊儲至重，將今正德九年坐派起運宣府、大同等邊夏稅、秋糧、馬草，嚴督管糧、分守、分巡等官，各分地方催督徵收，預委的當官員，部運各邊交納，以備軍餉接續支用。內今年秋糧，律限雖該十月開倉收受，但今聲息緊急，出師征討，費用浩大，亦須不拘常例，預早徵收。其司府官員敢有坐視不理，指稱灾傷，任意延緩，聽各該巡撫都御史指實參奏，本部臨時具奏，就令各司府總部官親詣各邊交納，完日參奏，照依先年山西部運參議楚麟等事例降黜施行。若各該巡撫都御史不行督催，亦聽本部參奏，取自上裁。正德九年七月初八日題，奉聖旨："是。山西起運邊儲未完的，着巡撫都御史嚴督所司上緊依擬完納，還將各該地方起運糧草，都着不拘常限，及早徵收，以備邊用。有延緩誤事的，照例降黜。"欽此。又查得，爲大舉達賊動調客兵急缺糧草事，該宣府管糧署郎中秦偉題。該本部查得，各項納銀事例，近因甘肅用兵，本部會同各部計議題准，通行開納，內山西布政司并北直隸府州原擬俱徑解陝西布政司并直隸隆慶、保安二州。前項事例上納銀兩俱聽督理軍餉官查取，轉發宣、大各城堡，收買料草支用。再將兩淮正德十年分鹽課宣府開中一十五萬引，大同開中一十五萬引，亦聽督理軍餉官督同各該管糧郎中定擬時價、斗頭，召商上納糧草，或折收價銀，俱聽便宜施行。正德九年七月十一日題，奉聖旨："是。兩鎮鹽引各依擬開中，務要處置得宜，以濟邊用。"欽此。又查得，爲酌事宜以裨國計事，該山西布政司造繳，正德四年起至七年止拖欠各邊已解未獲通關稅糧四十三萬一千三百二石五斗、馬草一百八十五萬一千三百四十八束，俱係已徵在官該解之數。合無本部移咨巡撫山西都御史王珝，嚴督布政司掌印、管糧及分守、分巡等官，將册報拖欠大户提問，轉發所在官司牢固監追，儘其財産追陪，務要完足，銀兩俱解本布政司收庫，以待定奪。及查已徵未曾起解者，督令給文起解，限一月不完，就將的親家屬一名監候比較，獲有通關，方許疏放。并查小民拖欠，例該蠲免者，保勘是實，具奏定奪。正德九年七月十四日題，奉聖旨："是。這起運糧草都是小民脂膏，各該大户拖延不納，顯有侵欺情弊，着巡撫都御史嚴督所屬，但係已解未獲通關的，都提了，依擬監追，務要完足。已徵未解的，嚴限起解。小民拖欠之數，例該蠲免的，保勘是實，具奏蠲免，不許擅徵。該管官員再有違慢的，參奏罷黜。"欽此。又查得，爲會議處置軍餉事，該本部等衙門會議，將順天、保定等八府上納甘肅事例銀兩改送宣、大二鎮交納。若事寧勾用，仍解甘肅，等因。正德九年七月十五日具題，奉聖旨："是。准議。"欽此。通行欽遵外。

又查得，爲邊務事，該兵部題，兵科抄出，總兵官、武清侯石亨題，欽奉會同彼處總兵等官計議，挑修溝塹，擺布營陣，築立墩臺，撥哨隄備，但見倉場糧料數少，馬草全無。今雖要官僱運，爲因虜寇犯邊，聲息不絶，糧道阻滯，大同并應州等處糧草纔勾三萬餘石束，恐被大軍食用消費，大同官軍日後缺乏，愈難存住。臣會同太監裴當、右僉都御史任寧計議，將原領官軍於内挑選次等馬、步官軍共一萬五千餘員名，委都指揮田貴等管領，前去易州、保定等處牧放住扎，已行具奏外。乞敕該部計議，合無將前項官軍調取回京，惟復只在保定等府有糧去處操守，遇有賊寇過山侵犯京師，臣等就便調領，往衝要路口隄備，會合京軍夾攻剿殺，庶保萬全。倘欲再添調大兵前來，大同糧草十分欠缺，不可輕易。及山西民壯亦合暫且存留代州，令都指揮翁信提調操練，候有警急調取策應，庶爲兩便。係干邊情，具題，該本部官欽奉聖旨：“兵部看，計議停當來說。”欽此。欽遵，抄出到部。參照武清侯石亨奏，稱彼處糧草不敷，已將原領馬、步官軍挑選一萬五千餘員名，令都指揮田貴等率領，回還保定、易州有糧草去處操守牧放，遇有賊寇侵犯，會合夾攻一節。切詳足食者足兵之道，治內者攘外之本。今既本處糧草供給不前，而京師亦當增兵操守，合無將前項退回官軍不必在於保定等處屯駐，令該府差人沿途催趕田貴等，就令率領赴京操練隄備，不許在途延緩。及照大同地方係西北重地，合當嚴謹守備。今本處所積糧儲有限，日逐支用無窮，又兼馬草全無措辦，而虜情譎詐，倘聞知石亨等率領大軍在於大同城內住扎，分遣虜眾剽掠，牽制我軍，使其內外隔絕，應援不繼，意在乘虛寇襲。趁此青草未發之時、賊人馬匹瘦弱之際，若不設法處置，非惟師行日久而財用匱乏，抑且京師有警而缺人調用。合無請敕石亨，令會同彼處總兵、鎮守等項內外官員定襄伯郭登、左都御史沈固、僉都御史任寧、太監陳公等從長計議，如果彼處邊備整理已有次第，見在糧草委實不敷，其石亨所帶官軍應合回京，就便會本差人馳奏，將石亨取回。其所帶官軍內挑選精壯者一二千或三五千，俱與遊擊將軍、都指揮石彪，兼同原帶官軍五千員名，仍在大同協同郭登等巡哨，相機行事，候邊境寧謐，另行具奏取回。其餘官軍一同石亨回還，不許猶豫不決，致貽方來之患，等因。緣奉欽依“兵部看，計議停當來說”事理，具題，景泰元年四月十五日奉景皇帝聖旨："是。"欽此。通查，案呈到部。

看得大同管糧署郎中鄭選奏，要查照先年達賊擁衆犯邊事例，改山東、河南等處糧料，及早發太倉并各省解到折糧等銀一節。緣山東、河南起運京倉糧料尚不勾用，若又改撥赴邊交納，京師軍馬將何供給？查得本部常年奏派供送宣、大二鎮邊儲一百萬計，難以悉數。近日爲因虜賊入寇，倉卒調兵，見送銀二十萬兩，庫藏所餘無幾。又開淮鹽三十萬引，又改甘肅事例銀兩送宣、大二鎮應用，又將正德九年邊糧及早預徵。又行山西巡撫都御史，嚴督布、按二司官，將各年拖欠糧草併徵。又行山西布政司，查在庫銀兩預借。又差官五員，領敕查催天下拖欠錢糧，嚴限起解。催科之令急於星火，庫藏之積搜括無遺。今署郎中鄭選惟恐以月繼月，罪累及身，不知本部前項所處計策已窮至論，臨軍征討合用行糧、草料已有處置。違期不完，臨敵缺乏，又因而失誤軍機，罪當從重。若財困力竭，計無所出，亦當審度時宜，量入爲出，豈可自分彼此，諉罪於人？且如近日宣府失利，損將折軍，縱賊入境搶掠人民，非因糧草缺乏所致，罪又誰歸？景泰年間，總兵官石亨因大同糧草缺乏，奏要將官軍退回易州、保定地方駐牧，兵部尚書于謙題准，即令回還，不許猶豫不決，致貽將來之患。前項所查，故實具存，蓋非不知急歛以給軍，誠恐內郡虛耗而激生他變也。臣等切慮，當今財用已竭，民力已困，虜賊入寇不可不討，而老師坐費不可不戒，所有合行撙節事宜已會多官計議，行兵部等衙門采擇施行，荷蒙聖明准擬外。合無本部再行巡撫山西都御史王玙，行委山西布政司右布政使臧麟總理催督太原、平陽二府，澤、潞等五州該解宣、大二鎮糧草，分守、管糧官照舊分管，不許推托，其大同府所屬就令見分守大同參政王崇文催督，各要上緊徵完。每州縣三千石以上者，委官一員部運，不及三千石者，本府委官帶運，仍委布政司才力有爲官一員總部，務要依期完納，接濟軍餉。如有視常遲延，查照本部節次題准事理提問，參奏罷黜。各官亦須彈[七]心竭力，處置周詳，委用得人，綜核有法。毋或鹵莽忽略，圖塞己責，任意苛刻，激變地方，責有所歸。

正德九年七月二十五日具題，本月二十七日奉聖旨："是。着巡撫山西都御史分委司府等官，上緊催督運解，毋致遲延取罪。"欽此。

爲稅糧不完照依律限提問事

戶部題：該總制陝西等處軍務、右都御史鄧璋[八]奏，查得先爲及時催徵事，該戶部侍郎叢蘭題准，陝西起運各邊糧草，次年三月不完者，州縣管糧官住俸，六月不完者，降一級；州縣正官及管糧府官，六月不完者住俸，九月不完者降一級；管糧方面及知府，九月不完者住俸，年終不完者降一級。各邊衛所屯糧，次年三月不完者，管屯所官住俸，六月不完者，監併的親兒男；管屯衛官六月不完者住俸，九月不完者，監併的親兒男；都司官九月不完者住俸，年終不完者革去見任。立法可謂嚴矣，然錢糧之拖欠如常，而所司之怠緩自若，蓋雖有例，實無舉行故也。必欲照例責成，亦恐難於盡法。姑以有司論之，如拖欠無處不然，則降級無處不有，一歲之間，三季起送，合省缺官，舊者已去，代者未來，拖欠相因，起送接踵，缺官不勝其多，廢事必至愈甚，揆之政體，似有未便，宜再斟酌議處。合無今後夏秋稅糧延至次年二月終不完者，府佐并州縣掌印、管糧官俱住俸；六月終不完者，知府并布政司管糧、分守，按察司管屯田官俱住俸。府佐并州縣掌印、管糧官以十分爲率，一分至四分不完者，革去冠帶；五分至十分不完者，起送降級；九月終不完者，又該徵收新糧，難以併追舊欠。知府并布政司管糧、分守，按察司管屯田官，各以所屬糧數併論，以十分爲率，拖欠至五分以上，聽臣與總督糧儲官劾奏，照依户部題准事例，從重降黜。其都司、衛所管屯官三月、六月、九月、年終不完，應該住俸、監併家屬、革去見任等項，俱照舊例施行。如此，庶使法例可行，官司知警，而邊儲得以充足矣。前件，該本部查得，先該巡撫陝西右副都御史藍章咨送遲誤邊儲官員文册到部，查得册内開正德四年起至七年止拖欠延綏等邊夏秋税糧，共二百五十七萬三千六百八石五升、馬草二百一十二萬五千一百五十七束，違誤邊儲掌印、分守、參政等官安惟學等共三十八員。本部議擬，合無行移署郎中張文錦，會同巡按陝西監察御史，再查册内開報違誤邊儲官員參政安惟學等，除犯在革前及亡故、升遷去任等項律該勿論者□依律免問外，將見任布政司掌印、管糧、分守官通行提問，照例發落。見任按察司分巡官，查其該巡地方，若有侵欺、埋没等弊，不行糾察禁治，一體參問。其各府州縣掌印、管糧官，就令張文錦會同巡按御史，嚴督按察司分巡官查勘。見任經該官員知府以下，聽就本道提問，照例發落，不許提解總督，妨誤公務。提問過司府州縣官，内有邊儲未完，照舊住俸催徵，應降級者照例起送降級。中間升遷去任官員，律雖免罪，而例該降級，或一年更歷數官，或一官更歷兩任，年月有久近，責任有重輕，俱難定擬降級者，查議明白，會奏定奪。各邊未完屯糧，未據查報，除甘肅見今地方荒歉，暫免查追外，延綏、寧夏二邊，行移各該巡撫都御史，務將拖欠屯糧實數并經該違誤官職名一體造册，回報本部參奏、提問、催納，等因。正德八年十月二十七日具題，奉聖旨："是。各該違誤邊糧官員提問、住俸、降級等項俱依擬行，拖欠屯糧的也都着巡撫都御史查參了來説。"欽此。通行欽遵外，未見回報。今右都御史鄧璋奏，要將前例斟酌議處，緣本部前擬升遷去任官員律雖免罪，而例該降級，或一年更歷數官，或一官更歷兩任，年月有久近，責任有重輕，俱難定擬降級者，查議明白，會奏定奪，已經題奉欽依，行去日久，未見回報者，蓋非上司官員奉行不至，實因降級之例繁瑣難行。伏睹《大明律》內，徵收稅糧自有定限。及查舊制，州縣官九年任滿，給由到於吏部，送戶部查其任內糧草俱完，方許升用。又有節年奏准事例，州縣官三年、六年考滿，查其任內糧草無欠，方許起送，立法簡易，永宜遵守。至於遷官去任犯該公罪者，律俱勿論。今因糧草不完，不分遷官去任，俱行降黜，廢中正之制，行苛刻之法，似非臣下所敢輕議也。且州縣官親民，催徵稅糧是其職任。布政司並各府官以統馭所屬、考察賢否為職。每一布政司所屬州縣百餘，每一府所屬州縣多至三四十處，中間州縣官〔九〕得人者自能及時催徵完納。若州縣官不得其人，貪懦不職，或缺正官，佐二官署管，或轉委儒學、首領等官暫管，其司府官豈能日至其地，代理其事，不過行文督催、住俸、參提、問罪而已。文移往返，動經數月，州縣官無為坐視，性習已成，非刑法所能驅使易愚為賢。若將布政司管糧參政並知府次年終糧不完各降一級，雖龔遂、黃霸為守，恐亦不能免矣。右都御史鄧璋奏，稱拖欠無處不然，降級無處不有，一歲之間，三季起送，拖欠相因，起送接踵，要將前例斟酌議處，知府以上俱不降級，誠為識達治體之論也。合無本部行移本官，會同右侍郎馮清并巡撫等官，申明舊例，稅糧不完，照依律限提問。律限之外不完，照例住俸催徵。凡遇州縣官三年、六年給由，務查任內糧草原無奉例蠲免，及不係逃絕人戶抛荒包陪，但係應徵不徵以致拖欠者，俱不許朦朧起送給由。九年任滿不完，明白開報吏部，以憑黜陟。違者將司府官參問，仍嚴督布、按二司并各府掌印、守巡、管糧等官，用心督理巡察，但有州縣官吏將已徵錢糧通同大户侵欺、那移、借貸埋没不舉，就便依律提問、罷職、充軍等項罪名發落。内有升遷去任官員，亦要提取歸結，不許故縱出脱。若無贓私，止是罷軟無爲、才力不及，從實填注考語，每年終開報吏部、都察院，照例考察，罷黜、降調。其布、按二司並各府見任官内有罷軟無爲大甚不職官員，糧草經年不完不能督理，奸弊相踵不能糾察，聽各官指實劾奏罷黜。其都司、衛所管屯官，三月、六月、九月、年終不完，應該住俸、監併家屬、革去見任等項，俱照舊例施行。

正德九年八月十一日題，奉聖旨："是。准議。"欽此。

爲看守廉雷二府珠池太監金鳳乞要管理瓊潮二府請給關防事

户部題：廣東清吏司案呈，該太監金鳳題稱，廉、雷二府如遇賊盗竊取珍珠，就便動調二府軍快捕捉，及差人給文巡綽，但無關防鈐押，人難信服。又見得廣東市舶司太監曹雄，亦因不便具本請給關防行事。今臣事體相同，乞要比例管理，請給關防，等因。奏奉聖旨："該部看了來説。"欽此。欽遵。案查正德七年閏五月二十六日早，該司禮監太監張永傳奉聖旨："御用監太監金鳳，着廣東看守廉州府楊梅、青鶯、平江三池并雷州府樂民珠池，寫敕與他。該衙門知道。"欽此。欽遵外，今該前因，查得先該看守廣東廉州珠池都知監左監丞党鈿題稱，乞要請敕提督廉、瓊、高、肇、潮州五府地方，操練軍馬，看守城池，撫捕盗賊，等因。該本部議擬，事干軍機重務，合行兵部計處。具題，成化二十二年六月十九日奉憲宗皇帝聖旨："只准提督廉、潮二府地方，其餘的罷，寫敕與他。"
欽此。又該看守廉州府珠池尚衣監太監趙榮題，乞要將廉、
瓊、高、肇四府該載敕內，往來兼管撫捕，及帶管永安珠
池〔一〇〕。"准他帶管。該部知道。"欽此。又查得弘治十一年四月
初六日早，該司禮監太監陳寬傳奉聖旨："看守雷州府樂民珠池
印綬監右少監陳榮，調看守廉州府楊梅、青鶯、平江珠池，兼管
廉、瓊二府地方，都知監右少監傅倫着去看守廣東雷州府樂民珠
池，都寫敕與他。該衙門知道。"欽此。又為請給關防以便公務
事，該看守廉、雷二府珠池印綬監太監宋海題稱，乞要請給關
防。該本部議得，查無舊例，擅難定擬。具題，正德六年五月二
十三日奉聖旨："既無例罷。"欽此。又為公務事，准禮部儀制
清吏司手本，先該御馬監太監曹宏題，稱欽蒙着臣廣東市舶司管
事，臣到彼處，遇有諸番進貢，行移文案及奏報事情合用符驗、
關防，乞給應用，等因。該兵部覆題，奉聖旨："關防與他，符
驗罷。"欽此。案呈到部。看得看守廉、雷二府珠池御用監太監
金鳳題，要比照党鈿、趙榮等事例管理瓊、潮二府一節，查得先
年看守珠池左監丞党鈿提督廉、潮二府地方，太監趙榮、右少監
陳榮俱帶管廉、瓊二府地方，雖各奉有前項欽依管理，但本官初
奉敕內原無該載。況党鈿止管廉、潮，不管瓊州，趙榮止管廉、
瓊，不管潮州，今要兼管瓊、潮二府，查無舊例。及看得本官又
奏，要比照廣東市舶司太監曹宏事體請給關防一節。查得先該看
守廉、雷二府珠池太監宋海奏討關防，奉有前項事理，本部俱難
別議。

　　正德九年八月二十一日題，奉聖旨："是。既俱無舊例罷。"
欽此。

爲天雨異常順天府府尹奏乞
秋糧從輕折徵事

　　戶部題：雲南清吏司案呈，該順天府府尹楊廉等奏，竊見本年六七月間天雨異常，順天一府二十七州縣，除房山縣，無不被災者。查得近該巡撫山東都御史趙璜奏，稱正德九年夏稅災傷，戶部題准，將原派起運涿州常盈、紫荊關新城、唐縣軍城、永平府山海等倉夏稅共一萬六千七百餘石，每石折銀六錢。今本府各屬之災比之山東不啻數陪〔一〕，通計秋糧起運之數，不過二萬四千四百五十七石七斗，內山海、喜峰口二倉，密雲、古北口二驛共一萬五千八百九十石，京倉、光祿寺共八千五百六十七石七斗，寬之未見大有所損，迫之竊恐甚有可憂。再查山東正德八年夏稅、秋糧起運之數，俱以災傷折銀。本府正德八年秋糧、正德九年夏稅各有災傷，而起運之數全徵本色，至今辦納不前。臣等若不先事而言，至於噬臍無及，死有餘辜，豈不上負朝廷而下負百姓也哉！具奏，奉聖旨："該部知道。"欽此。欽遵，抄出送司，案呈到部。看得順天府府尹楊廉等奏稱，通計本府秋糧起運之數不過二萬四千四百五十七石七斗，山東正德八年夏稅、秋糧起運之數俱以災傷折銀，本府正德八年秋糧、正德九年夏稅各有災傷，而起運之數全徵本色一節。查得山東布政司起運夏稅小麥五十餘萬石，該巡撫都御史趙璜體念京、邊糧儲爲重，不分有無災傷，俱不曾免，止將起運山海等處夏稅小麥一萬餘石折銀到倉，仍買本色上納。今府尹楊廉奏，稱山東夏稅俱以災傷折銀，蓋傳聞之誤。本官又奏，要本部候勘報災傷至日，不分起運、存留，照依分數蠲免，無災該徵者每石折銀六錢，馬草每束折銀二分五厘一節。查得順天府所屬二十七州縣，每年實徵起運秋糧不過二萬四千餘石，松江府所屬止是二縣，每年實徵秋糧九十三萬九千餘石。順天府所屬數內，昌平一州實徵秋糧止六十三石，平谷一縣實徵秋糧止六百六十石，灾輕糧少，縱是全徵，未必爲累。況本部每年奏派俱係扣數會計，不可一時有缺。若不論輕重一概全免，從輕折徵，徒使田多無差富民得以幸免，而差重無田小民不得沾惠，甚非均平絜矩之道。合無本部移咨巡撫順天等處都御史，查勘無灾該徵分數，不必待報，先盡起運糧草督催徵納，照例委官部運。若該徵分數不勾起運之數，斟酌灾輕富庶州縣，通融改撥徵納，務要不失起運之數。及存留官吏、師生該用俸廪，亦須酌量派納，毋致經年缺支。再照自古"六卿分職，以倡九牧"，《周官》："冢宰制財用，量入爲出。"本部會計天下錢穀，奏派徵納，循守舊規，非敢任情損益。若事已行，各該司府各以己見參駁可否，非但事體不宜，切恐官吏、里書聞風觀望，稽誤國計，深爲未便。合無本部通行各該司府，但遇本部奏派徵納錢糧，務使依期徵收解納。果係灾重糧多去處，民窮不能辦納，□別無灾輕地方可以撥補，聽巡撫都御史體察的實，密切具奏定奪。

正德九年八月二十四日具題，本月二十六日奉聖旨："是。"欽此。

爲鎮守陝西太監廖鎧懇乞賜
降敕諭催理糧草事

户部題：陝西清吏司案呈，該鎮守陝西等處地方御用監太監廖鎧題，切照關中自古三秦重鎮，保障地方，禦虜防奸，全仗軍馬、錢糧、城池、器械。奈何該府州縣、衛所官吏倚恃邊方肢體有兵，不思州縣腹心不可無備，故不預防。其中倉廩空虛，在在有之，兵杖、神器俱不整飭，甚至城池坍塌，不行修砌，民壯放閑，不行操練。臣忝腹心之任，每念至此，寒生毛骨，欲將廢政循序舉行，本年六月初八日先將缺乏倉糧、清查神器二事具本奏聞。荷蒙欽依：“該衙門看了來説。”欽此。該戶、工二部覆題，仍着彼處布政司及巡撫官催徵糧草，差官查勘神器，其禮固照舊規，且司府官員升遷不常，恒見不以國、民爲重，多是虛應其事。目今大同、宣府達賊犯邊，已蒙皇上遣兵征剿，倘或前賊大遭挫衄，無處棲潛，萬一侵犯西夏，不可不爲預備。若乃事照舊規，其弊仍蹈舊轍，臣固賦性癡愚，焉敢有辜負托？如蒙伏望聖明察臣愚悃，懇乞照臣原奏缺乏錢糧、備邊神器賜降敕諭，責臣親詣地方，督修城池，操練人馬，催理糧草，清查神器。其糧草雖不該臣干預，但軍馬、地方臣之職分，非敢干求誤用，不過感恩思補，且如養猫畜犬，無非捕鼠防奸，臣受莫大之恩，即當殞首圖報，等因。具本，正德九年九月初二日奉聖旨：“該部看了來説。”欽此。欽遵，抄出送司。查得先該鎮守陝西等處地方御用監太監廖鐀題，前事。該本部議，查得陝西地方王府禄米并官軍俸糧，每歲會計出納，係彼處布政司職掌，俱有定規，今稱缺乏，顯是布政司官不能盡職催理。合無本部移咨巡撫陝西都御史，嚴督布政司掌印、管糧、分守等官，查照每年原會計本處該用禄米、俸糧數目，依限催徵，以備支給。如有違誤，照例參究，等因。正德九年七月二十一日題，奉聖旨：“是。”欽此。通行欽遵外。今該前因，查得各處鎮守內臣原不干預糧草，與奏相同，案呈到部。看得陝西鎮守太監廖鐀奏，要賜降敕諭，責臣親詣地方，督修城池，操練人馬，催理糧草，清查神器，等因。緣各處鎮守太監俱係兵部請敕行事，合咨兵部，徑自查覆。內稱陝西地方倉廩空虛，乞要催理糧草一節，先該本官具奏，本部議擬，行巡撫陝西都御史督催，奉有欽依，難再別議。合無仍咨巡撫都御史，嚴督布政司掌印、管糧、分守等官，將每年原會計本處該用禄米、俸糧依限催徵，以備支給。如若因循怠玩，以致缺乏，指實參奏提問。正德九年九月初九日具題，本月十二日奉聖旨："這所奏事情，憑部裏再議了來說。"欽此。欽遵，案呈到部。臣等再議得，伏睹祖宗舊制，在外設都、布、按三司官員，各照已定職掌行事，不許相侵。又設太監鎮守，設都御史巡撫，各照原奉敕書行事。又設御史巡按，照《欽定憲綱》行事。百餘年來俱有定規，不敢輕變。今鎮守陝西太監廖鎧已該兵部請有敕書，在彼行事，又奏要賜降敕書，親詣地方催理糧草，固是盡心圖報之意，但查與舊制不合，以此本部不敢輕易准擬。今奉聖諭，令臣等再議，委的查無鎮守太監請敕催理糧草事例。設若准令陝西鎮守太監請敕催理糧草，天下鎮守官必來比例奏討，失鎮靖尊嚴之體，親錢穀簿書之事，皆自此始，委的關係事體重大，臣等擅難改議。合無仍照原議，將所奏督修城池、操練人馬等事移咨兵部，徑自查奏定奪。其糧草一節，行令陝西布政司官整理，巡撫都御史督催。如有因循怠玩，以致缺乏，指實參奏提問，等因。

正德九年九月十三日具題，本年十月二十九日奉聖旨："是。鎮守太監既無催理糧草事例，只照舊制行。"欽此。

爲巡撫大同都御史高友璣奏要早撥銀兩趁時召買事

戶部題：看得巡撫大同都御史高友璣等奏，稱以各城主、客兵馬該用糧料十個月計之，共用糧六十三萬五千四百餘石、料三十三萬六千一百餘石，以馬一萬或三千各月不等計之，共用草六百八十三萬九千餘束，除見在糧草外，尚欠銀四十二萬七百餘兩，乞要早撥太倉或內帑銀兩運送前去，趁時召買一節。查得各處地方因民窮盜起，該進內承運庫銀兩拖欠數多，見今軍官夏秋二季俸銀過期未支，急無措處。及太倉庫銀又因連年宣、大二鎮調兵添運銀兩，無功浪費，見今放支盡絕。今都御史高友璣又奏，要早撥銀四十二萬兩前去大同，委的無銀可發。合無本部行移山西、河南、直隸等處巡撫都御史，查照本部節次題准事理，嚴督司府等官，將原派起運大同等邊糧草上緊催徵□解。仍行大同等邊管糧郎中，趁今豐熟，從公定價，召買糧草，待後各處解到糧草價銀，扣數給還。原議順天府、北直隸、山西上納甘肅事例銀兩已改送宣府、大同二鎮應用，今甘肅事頗寧息，宣、大兵費日增，合無今後將順天等府上納者俱解宣府，再將山東、河南布政司上納者俱徑解大同，各交與管糧郎中收貯應用。再照宣、大二鎮，見在官軍一十四萬，歲用糧餉已有處置。去年至今爲因聲息，調撥人馬，分布按伏，常例之外，費過銀兩幾至百萬。及至虜寇深入，殺掠人民，其所布人馬並無遇敵截殺，百姓脂膏虛費無用，各官失機之罪雖蒙朝廷處治究問，其費過糧草不可復還。合無本部行移宣、大新任鎮巡等官，但遇聲息，運謀畫策，果可克敵制勝，然後動調軍馬，不可外示虛聲，內懷畏縮，妄調無功，浪費糧草。如不改圖，仍蹈前弊，以致臨敵急缺，失機誤事，罪有所歸。今將召買糧草事宜開坐：

一、大同、宣府邊鎮正德十年該用糧草，已於今正德九年預先坐派山西、山東、河南、直隸等處徵收起運，但恐一時催徵不到，合行管糧郎中，趁今豐熟，照依時估，并酌量該用腳價，定立斗頭、斤重，出榜召商報納，待後各處大戶解到糧草，價銀照依納完日期先後次序扣數支給。其糧草止於總鎮及軍馬數多城堡召買，不許於偏僻路遠小堡召買，虧損官價。如商人報納，糧草實數進入倉場，方許准狀收受，出給實收通關，聽候挨次領價。不許容令勢要豪強之人占窩轉賣，及容收受粗秕浥爛不堪糧草作弊，敢有故違，並聽巡按御史察訪糾奏。

一、查正統年間大同民納草止有六十萬，相兼秋青草一百七十六萬餧養馬匹。彼時整理糧草侍郎沈固奏，要添撥民草二十萬束。吏部尚書王直等會議，以爲各邊俱無民納草束事例，誠恐一概倣效，不准添撥。後來建議者不考故實，逐漸添撥。見今大同每歲民納草三百五十四萬四千八百五十束，比之正統年間已加五倍之多，足勾客兵萬馬一年之用。今都御史高友璣等又要買草二百八十二萬束，臣等若不查例申明，後來浪費，何有紀極！合無本部行與宣、大二鎮管糧郎中，止許於緊要總鎮及軍多城堡扣算民納草數，酌量召買，照例與秋青草束兼搭坐放。不許於偏僻無用去處召買，以致堆積日久，腐爛虧折，亦不許將糧價那移買草。不係緊急聲息及出百里之外哨探、按伏，俱不許擅便動支，照例參究。

正德九年十一月十一日具題，奉聖旨："是。總鎮及軍馬多處城堡糧草依擬召商報納，不許縱容勢要豪強之人占窩轉賣，通同作弊，收受糠秕浥爛之數，有故犯的，巡按御史察訪糾奏。"欽此。

爲趁時采打草束預備緊急支用事

户部題：爲處置草束預備軍馬急用事，陝西清吏司案呈，該督理陝西糧餉、本部右侍郎馮清題，稱甘、涼地方湖場最多，甲於諸鎮，草束豐茂，采辦不難。巡撫官員一身固難周悉整理，守巡、管糧、兵備等官事繁亦難逐丁追併。衛所等官倘肯用心分理，嚴限催納，不出兩月，事亦易完。乞敕該部行令甘肅鎮巡等官，各嚴督所屬經該官員，將正德八年以前拖欠該徵并正德九年坐派已定年例秋青、地畝等草上緊設法催徵，各赴原派場分上納完備，限本年終造冊奏繳，抄行本部。如有未完之數，將管糧、守巡、兵備、分守、守備、操守、衛所等官分別請罪查參，上請量行罰治。如此，則弊可革而官錢不虧，草束易完而軍餉不誤，等因。奏奉聖旨："該部知道。"欽此。欽遵，抄出送司。查得各邊官軍馬匹該用草束，自國初以來，因百姓運納艱難，令在京在外軍衛量派軍夫采打秋青草束，置場收納。成化九年，又令延綏、寧夏各堡馬、步軍餘采草，十一月終不完者，本堡把總官住俸，年終不完者，管糧參政及監收副使等官住俸。弘治二年，又令甘肅等處總兵官與分守、守備等官，秋草長茂之時，預計官軍、舍餘名數並湖場遠近里數，開報巡撫與管糧官處，查議派運。俱係見行事例，案呈到部。看得本部右侍郎馮清題，稱甘肅地方添調軍馬，草束不勾支用，要行鎮巡等官，嚴督所屬經該官員，將正德八年以前拖欠該徵並正德九年坐派年例秋青、地畝等草上緊催徵。如有未完，將管糧、守巡、兵備、分守、守備、操守、衛所等官分別情罪查參，上請量加罰治一節，深合舊制，切中時宜。但本官原奉敕總督甘肅糧餉，今改巡撫陝西，合無將所奏事宜行與巡撫甘肅都御史趙鑑，悉依所擬施行，務見實效，馬得草用，不累百姓，斯稱委任。再照宣、大等邊，近年不遵舊制，每年該采秋青草束俱不完報，動輒借支折糧銀兩高價買草，指以聲息，坐費數百萬餘，以致百姓供給不敷，邊儲匱乏。合無本部申明，通行宣、大等邊巡撫等官，悉照侍郎馮清所奏處置草束事宜，今後務要趁時采打足數，預備萬馬緊急支用。如有故違，聽本部參究處治。

　　正德九年十二月初十日具題，奉聖旨："是。各該年分拖欠該徵并坐派年例秋青、地畝等草，着上緊催徵。未完的，該管官員都查參了來説。還通行各邊巡撫等官，都着嚴督所屬，趁時采打，務足原數，以備緊急支用，不許違誤。"欽此。

爲甘肅官軍月糧春夏該關
本色亦與折銀事

戶部題：陝西清吏司案呈，該右侍郎馮清題，稱先該郎中張鍵查審蘭州地方時估，每銀一錢糴買粟米九升、豆一斗三升，開中本色糧料，收候起車般運間。又該巡撫都御史趙鑑咨，查議過甘肅各城堡該用糧料，脚價、行糧量遠近而定擬，行動、止宿審要害而隄防緣由。及稱前去蘭州轉運糧料，地方艱難，道路險遠，事體不便。加以都御史彭澤調集各處人馬至蘭州檢閱，將要西行撫剿夷虜，米價日貴，市無貨者。張鍵與臣累次行文河西管糧等官，催車運糧，行委莊浪衛指揮袁英等，因見事難，托故延緩。復又駁催，准都御史趙鑑咨，據分守、管糧參議耿繼玄呈，稱沿途起倩車輛，官私人貧差多，車運不便，彼中薄收，應合就彼糴買爲便，等因。又據張鍵呈，稱查訪相同，若不量爲查處，不無臨時誤事。及查得甘肅官軍月糧舊規，每年七月至十二月該支折色，除折布外，折銀每石不過七錢，奉有前例，查照時估，隨宜放支，有減無增。正月至六月該支本色。去年官司因爲各處在倉無米，如西寧、莊浪、涼州、肅州等處米價不至十分高貴，每石折支銀五六錢，抵關本色，任從自行糴米食用。如是十分米價高貴去處，縱是照例每石折與銀七錢，誰肯願領？以此甘州間曾一次每石給銀六七錢，仍給本色雜糧三斗，此亦一時之權宜，恐違七錢之定例故也。今照都御史彭澤統調各鎮客兵在彼，又聞選調本鎮主兵會合剿捕，行糧、馬料日費不貲，關支本色，決不能免。合無將甘肅官軍月糧，除秋冬折色照舊折布，及查照時估酌量給與折銀，別難改易。其春夏該關本色月分，如西寧、莊浪、涼州、肅州等處，遵例照舊隨時定價，折與銀兩，多不得過七錢。其餘如查有米貴去處，合無不爲常例，於舊例七錢上斟酌時宜，每石量增加銀一錢。十分着實米貴去處，隨時價量增折銀，不得過一兩，各任從自買米糧食用。存下在倉糧米，專候各項客兵行糧支食。本色月糧價增，官軍亦肯樂從，在倉行糧有積，客兵不至缺用，似乎官民兩便，公私不虧。以上事情及糧賤有蓄地方，俱聽甘肅巡撫官員隨時從宜定奪。若至年豐有收，或賊退散兵之日，前例停止，仍遵原定每石折銀不過七錢事例施行。如蒙乞敕該部再行議處，如果於事無礙，於時有益，或別有處置，議擬上請定奪，等因。具本奏，奉聖旨："該部知道。"欽此。欽遵，抄出送司，案呈到部。看得本部右侍郎馮清題，稱都御史彭澤統調客兵在於甘肅地方，與主兵會合剿捕，行糧、馬料日費不貲，要將甘肅官軍月糧，除秋冬折色外，春夏該關本色月分亦與折銀，隨地貴賤，量爲增加，大約不過一兩，任從自買食用。年豐賊退，仍遵原定事例，每石不過七錢一節。既不失經常之舊法，又不失通變之時宜，計處周悉，俱合准行。但本官原任督理甘肅糧餉，近該巡撫陝西，合無本部行移巡撫甘肅都御史趙鑑，悉依侍郎馮清所擬斟酌施行。

　　正德九年十二月初十日題，奉聖旨："是。"欽此。

校勘記

　　〔一〕"陽"，疑當作"揚"。

　　〔二〕"軍"後，疑脱一"米"字。

　　〔三〕"年"後，疑脱一"分"字。

　　〔四〕"三"，疑當作"二"。

〔五〕“來”，疑當作“未”。

〔六〕“商”，原作“商”。以下徑改，不再一一出校。

〔七〕“彈”，疑當作“殫”。

〔八〕“鄧璋”，一作“鄧璋”。明嘉靖刻本王瓊《晋溪本兵敷奏·爲預防虜患事》：“預設總制都御史鄧璋，調各路人馬防禦。”

〔九〕“官”，疑當作“官”。

〔一〇〕“池”後，據文意似有脱文，待考。

〔一一〕“陪”，疑當作“倍”。

晋溪本兵敷奏

〔明〕王　瓊　撰

張志江　點校

點校説明

《晋溪本兵敷奏》十四卷，明王瓊撰。

《晋溪本兵敷奏》，又稱《晋溪奏議》，共十四卷，爲王瓊任兵部尚書時所上奏疏。全書三十五萬餘字，按地區分卷，内容涉及明代朝廷和北方少數民族、西北少數民族的關係，朝廷鎮壓西南少數民族、平定宸濠叛亂等事件，以及兵制、驛遞、馬政等方面，既是研究明代軍事和邊防的珍貴史料，也是研究王瓊生平和思想的第一手資料。

該書據明正德十四年楊廷儀序，當時即由庫部郎中陶心彙集成帙，名曰《本兵敷奏録》，約有十卷。明嘉靖二十三年王瓊孫婿潘高跋云：“往歲屬司嘗刻棗於都下，其未成者尚四卷，且闕於校訂，因未及傳。”明嘉靖二十三年廖希顔序亦云：“然梓不終篇，未及傳布，有志於四方者，率以購求爲難。”這一版本流傳不廣。現存《晋溪本兵敷奏》明嘉靖二十三年廖希顔、江濬刻本，是在前者的基礎上加以補充而成。潘高跋云：“取京板以歸，又取四卷者，得高外舅内泉翁所校本，托太守山泉江公以其俸刻之。”廖希顔序亦云：“余入太原，因訪嗣子都事内泉君，搜緝餘牘，屬太原守江君濬爲梓完之，通前爲卷凡十四。”此次點校，即以明嘉靖二十三年廖希顔、江濬刻本爲底本，參校以明陳子龍等《明經世文編》、明萬表《明經濟文録》等書所選載的王瓊的部分奏疏。

《晋溪本兵敷奏》明嘉靖二十三年廖希顔、江濬刻本，其版心書名有標爲“晋溪奏議卷之幾”的，也有標爲“晋溪本兵敷奏卷幾”的，書體亦略有不同，似爲補刻而成的本子。需要説明

的是，卷三之五十二頁與卷六之六十六頁，既留存有版心標爲
"晋溪奏議卷之幾"的，亦留存有版心標爲"本兵敷奏卷幾"
的。此次點校，則以版心標爲"晋溪奏議卷之幾"的爲底本，
同時出校記説明二者的不同。

《晉溪本兵敷奏》序

少保王恭襄公，由進士起家郎官，歷朝四十餘年，中間播遷轉徙凡六歲，餘皆公致用日也。所值不同，而諸所建白、樹立皆具存牒記。故在水部，則有《漕河圖誌》若干卷；在戶部，則有《四科十三司條例》若干卷；爲戶部尚書，有《戶部奏議》若干卷；賜環爲三邊總制，有《環召新疏》若干卷。正德乙亥迄庚辰，公在本兵。是時武廟巡幸，屬海內多故，內憂外患並作。公處大事，決大疑，嚴居守之策，驅內侵之虜，靖宸藩之變，消權璫之憂，震撼倚之爲安，而天下恃以無恐。此其爲力孔艱而居功不細，稽諸奏議，可考而知也。然梓不終篇，未及傳布，有志於四方者，率以購求爲難。余入太原，因訪嗣子都事內泉君，搜緝餘牘，屬太原守江君濬爲梓完之。通前爲卷凡十四，首京畿，次遼薊，次宣大、三關，次陝西、延寧、甘肅，次山東、河南、四川、南畿、兩浙、湖廣，次江西，次閩粤、兩廣、雲貴，又次則清軍、驛傳、馬政，而以雜行類終焉。嗚呼，備矣！鴻創遠思，邁猷傑識，上之而昭德塞違，下之而安夏攘夷，如公可不謂人傑也哉！古今稱立德、立功、立言者爲“三不朽”，而皆有次第，然而不可以兼。今所存皆言也，所言皆事功也。蓋行之而後言，言之而必行，非章句腐儒剝掇前人之緒餘以資天下後世之口實，而無益於理亂興衰之故者可同日語也。若是而謂之立功與言，不亦可乎！余什[一]褐，公爲冢宰，選除命下而公卒，海內方嘖嘖然。十餘年來，疆場多警，皇上有拊髀之思，而經營四方之士往往嘆公不可復作，此豈無本而能然乎哉！或曰：公爲秀才時，即慨然有志當世之務，讀書繹文，務明體適用，不斁老生常談。舉進士，與虎谷、白巖諸君子潛心理道，有"河東三鳳"之稱。晚年自疏，亦云"學道未成，爲仁不熟"，汲汲之心，蓋可見也。其甚者，樂人攻己之過，迺抗疏論救言官，不欲以己故累臺省，駸駸乎作法於貞光，裨臣節矣，然則公曷嘗不先事於立德也哉？余固表而出之，後有作者，可以得公之不朽云。

嘉靖甲辰仲秋吉日，賜進士、中憲大夫、山西按察司提學副使茶陵廖希顏撰

校勘記

〔一〕"什"，疑當作"釋"。

《晋溪本兵敷奏》序

　　迺正德乙亥，太原晋溪王公以大司徒轉大司馬，迄戊寅，凡三歲。天下以地方事告者，薊州有朵顔之變，江西有醴源之變，大同有打魚川之變，蜀與貴有普法惡、香爐山之變，浙之孝豐則湯毛九，閩之漳州則詹師富，山西之孝義則武廷章，而府江兩岸郴桂、橫水俱各以變至。公悉條奏得宜，師行未幾，相次削平，宿患既除，太平有象。于是庫部郎中陶君心彙集成帙，名曰《本兵敷奏録》。予以己卯年七月入兵曹，獲睹全書。中間如朵顔花當戕我邊將，守臣相視，莫敢誰何，公獨以爲漸不可長；龔福全擅亂郴桂，守臣匿不以聞，公因胥史之奏究問備至；橫水、翁源、樂昌諸處稔禍滋久，公以爲非重守臣之權不可得濟。或有欲執招撫之議者，公以爲宜剿；或有欲申犁庭之計者，公以爲宜撫。事不中機，責在守臣，如雷電震燿，威照並行，萬里一息。覈實有功，則多方陳請，禄廕交豐，雖循常格，而蓊鬱葐沛，豁然開明，以故人樂爲用而成功甚速。今觀《敷奏》之詞，文不加點，治體詳明，事無贅語，驪括自在，蓋定事在志，裁事在識，成事在量。公造詣深密，趨向卓毅，其志剛；論議弘闊，處斷奇中，其識遠；而包羅巨細，藏納垢汙，其量大。自古以奏議名家者，唯唐宣公陸氏。宣公以文學之長而發之政事爲有餘，公以政事之長而出之文學爲有本，公於宣公固不多讓也。然宣公在唐，始合終違，予嘗病其不能收拾人心，以自隔阻。公當國家負荷之寄，而繫中外倚重之望，位日益崇，譽日益盛，居上不驕，處前不忌。蓋宣公遇適其易而命值其難，公時處其難而才通其易，爲不同也。予嘗論之，公之運籌決勝可比漢之子房，而諸守臣戰勝攻取之策皆公運籌中事，至於調食足餉，又公户曹之所優爲也，然則公兼三傑而有之矣。庫部欲予序諸首簡，故本其所集者説其大意如此。若夫公自筮仕以至今日，其所樹立，大書特書，自有太史紀載焉。

　　明正德十有四年冬十有一月吉日，賜進士出身、嘉議大夫、兵部右侍郎新都楊廷儀正夫拜手書

京畿類

《宋史》云：燕山之地，易州西北，乃金坡關。昌平之西，乃居庸關。順州之北，乃古北關。景州之北，乃松亭關。平州之東，乃喻關。喻關之東，乃金人來路。凡此數關，天限番漢，得之則燕境可保。然關內之地，平、灤、營三州自後唐爲契丹阿保機所陷，以營、灤隸平爲平州路。得燕而不得平州，則關內之地番漢雜處，而燕爲難保矣。今紫荊關即宋金坡關，山海關即宋喻關，古北、居庸俱仍舊，而松亭關未考。自永樂初遷都于燕，是爲北京，不惟全有關內之地，而東盡醫無閭之境，北出上谷，西北至雲中，皆爲中國巨鎮，聚兵戍守。又歲漕東南粟數百萬石于京師，食足兵强，自昔以來，未有盛於今日者也。然正統己巳，胡騎忽薄都城；正德辛未，群盜縱橫近郊。自後車駕巡幸南北，兵革繁興，供輸勞費，人情洶洶不安，其爲京畿，防邊禦盜之術豈不尤難矣乎！

爲陳膚見以裨時政事

照得錦衣等衛查勘過弘治十八年以前舊額，軍匠三萬八千四百四十七名，正德元年新添四萬一千二百九十四名，雜用、跟隨人役共一萬三名。既該各衛查勘明白，内新添軍匠係奉詔書該查革改正事件，合無本部通行各衛，將正德元年以後新添軍匠盡行裁革，存省京儲。仍行戶部，查勘雜用、跟隨人役，内有辦納月錢軍匠，查照造冊，再行議奏。照依給事中王良佐所擬，每石折支銀三錢，或量加折銀，存積本色糧米在倉，以備不虞。如此庶京儲不至耗費，國計可以撙節，實爲便益。伏乞聖明鑒察，俯賜施行。

正德十年十一月十一日具題，奉聖旨：「這新添軍匠免裁革，以後再不許添補。雜用、跟隨人役，月糧每石准折銀四錢。」欽此。

爲炮火聲息事

看得京營總兵官新寧伯譚祐會同太監張永、尚書王瓊計議，要挑選精銳官軍馬隊二萬員名、步隊一萬員名，常川操練，預備調用。少馬一萬七千一百一十五匹，先年奏准未領馬二萬三百一十三匹，速行太僕寺，作急調取，給軍領養聽征。及行戶部，支與本色草料，饜餧臕壯。合行事宜，各該衙門徑自查照預備。如再聲息緊急，該部請命將官統領，庶便啓行，等因。見今宣、大守臣節報虜賊近邊駐牧，聲息重大，侵犯之舉難保必無。該營提督內外官新寧伯譚祐等前項所議事宜，俱係先年舊例，急當舉行。其要請命將官統領一節，尤爲當今急務。合無本部會官推舉謀勇素著、曾經戰陣、堪充總兵官者二員，堪充左右參將者四員，請旨各簡命一員，請敕前去團營，將見操馬、步官軍三萬員名常川操練，預備調用。中間號頭、把總、管隊、盔甲、器械等項，壹應軍中合行事宜，悉聽今任總兵官用心籌畫選擇，調補取用，應具奏者，奏請定奪。本部行文太僕寺，上緊調取堪以出戰馬一萬七千八百一十五匹，照例印烙交兌。見在營不堪馬匹并以後缺馬，陸續再取補給。行文戶部，依擬處置本色草料，按月支給，饜餧臕壯。前項選將練兵事宜，專爲振揚威武，拱護京師，若非虜賊大舉入寇，不可輕出，虛費邊儲。待候秋冬虜賊遠遁，聲息寧靖，本部另行議奏，照舊施行。

正德十一年三月十一日具題，奉聖旨："是。堪充總兵官的會推兩員，左右參將共推四員來看。"欽此。

爲審大計以重本兵事

看得工科給事中翟瓚所言添設提督以振軍旅等四事，俱係京營要務，合就查議明白，開立前件，伏乞聖裁。

正德十一年四月二十四日具題，奉聖旨："提督官不必添設，其餘准議。"欽此。

計開：

一、添提督以振軍旅。前件。查得正統十四年爲因北虜犯順，欽命太子少保、本部尚書于謙不妨部事總督軍務。景泰三年，該于謙會同武清伯石亨等議得，北虜也先背逆天道，聚衆近疆，若不預爲設法選練，設使遣將調兵，兵不識將意，將不識軍情，恐號令不一誤事。合無於五軍、三千、神機營揀選精銳馬、步官軍一十五萬，分爲十二營，選揀廉能驍勇之人管領操練，俱聽臣等往來提督，等因。奉景皇帝聖旨："是。"欽此。天順年間，邊方寧靖，十二營罷立，總督官亦不復設。成化三年，爲整飭兵備事，該司禮監太監懷恩等奏，該本部議擬，復立十二營，團聚操練，會推大臣一員提督。本年四月二十日具題，節該奉憲宗皇帝聖旨："太子少保白圭兼兵部尚書，不妨部事，提督十二營操練。"欽此。成化十一年，白圭病故，該太監懷恩傳奉憲宗皇帝聖旨："太子少保、左都御史王越，不妨院事，着提督十二營，操練人馬。"欽此。以後本部尚書馬文升、劉大夏、許進、閻仲宇、劉宇、曹元、王敞、何鑑、陸完，并今臣瓊，俱不妨部事，奉敕提督十二團營。今給事中翟瓚奏，要查照景泰、天順、成化等年事例，添設或尚書、侍郎、都御史一員爲總提督，常川在營，會同操練，不妨以他務，不奪以他官，無非欲委任專一、整飭軍旅之意，不爲無見。但查前項節年事例，于謙等俱以本部尚書不妨部事提督，內王越以左都御史不妨院事提督，今要添設一員，專管提督，係干事體重大，臣等擅難定擬，伏乞聖裁。

二、慎選舉以備將材。前件。查得先爲選將領以實武備事，該司禮監太監蕭敬題，稱閱視京營坐營侯伯、都督等官，比較馬、步弓箭，詢其韜略大意。次及大小號頭、把總官員，一體比較試驗馬、步弓箭，分別等第，量加罰治。中間若有年力不堪官員，亦就罷黜。若仍以每年春秋二次閱視，不無太密；若用五年一次，又恐太疏。合無斟酌疏密，以後每遇三年之期，兵部奏請照例舉行，等因。正德八年九月二十三日具題，節該奉聖旨："是。"欽此。通行欽遵外。正德十一年八月，扣該三年閱視之期。今給事中翟瓚奏稱，把總以上等官闒茸不材者十常八九，要行本部尚書，會同內外提督大臣，嚴加考選把總、號頭等官，貪墨太甚者盡行汰黜，謀勇素著、曾中武舉者盡行收用，遇有分守、守備官缺，以次推用，所言誠爲有理。但查今年正該閱視之期，合無至期本部尚書公同欽差司禮監太監等官，依其所擬，照例考選閱視，從公進退，務令得人，遇有員缺，照例推用。及查坐營坐司侯伯、都督等官，舊例俱該本部會同各營提督武臣推舉，上請簡用，原無會同內外提督考選事例。合無亦候閱視之時公同考驗，果有馬、步弓箭不能閑熟，戰陣韜略不知大意，素無謀勇，應該罷黜者，亦就開具，奏請定奪。

三、重伍兵以謹團練。前件。照得近年各營操練，委的徒事虛文，全不精銳，一遇有警，皆不堪用，追剿流賊則隨處敗走，出征宣、大則浪費邊儲，給事中翟瓚所言深切時弊。臣等近日痛懲宿弊，大懼誤國，會官議推左都督劉暉等預行選練，振揚軍威，正欲兵將相識，有警得用。伏乞聖明天語叮嚀戒諭劉暉等務要用心揀選，嚴加訓練，中間合行事宜，遵照欽奉敕内事理着實奉行，不許因循顧忌，致誤大事。

四、禁占役以實營伍。前件。查得先爲整飭兵備事，成化十九年十一月初六日該司禮監太監懷恩題。本部查得京營提督内臣軍伴一百名，掌營内臣、總兵官各六十名，坐營官十五名，把總官六名，俱於五軍等三大營取撥。又查得成化三年五月二十八日，節該欽奉憲宗皇帝聖旨："練兵講武，是國家最重的事。但承平日久，中間私弊多端，有名無實。近來將五軍、三千、神機三大營官軍簡選，頭等精壯的分爲十二營團操，次等的仍留三大營操練。慮恐日後人不知警，私弊復生，恁兵部便出榜禁約，自今坐營把總以下官，但役占五名以下者降一級，五名以上者降二級，甚者罷職充軍，仍發邊遠守禦。如或容情故縱不舉奏者，事發一體治罪不饒。"欽此。欽遵外。今照前因，合再爲申明：役占六名即爲五名以上，役占一名、二名、三名、四名俱爲五名以下，俱照前例降級。一名、二名以上積至六名者，各通論從重併數減降。數至十名以上，此其甚者，或罷職，或充軍，論罪之日，取自聖裁。其提督、總兵及點軍等官，明知前弊，容情故縱，不即舉奏者，事發一體參究。題奉憲宗皇帝聖旨："是。恁部裏便將今定事例出榜，去營内張掛曉諭。"欽此。已經出榜於各營張掛曉諭欽遵外。今給事中翟瓚奏，要查照前例出榜曉諭，以憑改正遵守。合無本部再行申明，行移各營内外提督等官，一體欽遵。仍要嚴督各坐營把總等官，但有役占者通行改正，遵守舊例。若有仍蹈前轍者，聽點軍科道官訪出，指實參奏。

爲精兵衛任將官以保障重地事

　　看得巡按御史王九峰所奏，大意謂京師迤南，其地不爲不重，原設一十九衛，除京操外尚有三萬餘人，因無立法，以致武備廢弛，要添設總兵官一員，並連紫荆等關悉聽節制，等因，無非欲專任將官以興舉武備之意，不爲無見。但查得興州中屯等一十九衛，內除保定左等五衛京操官軍存留在衛者，見該參將盧英統領操練外，其餘衛分食糧正軍俱各輪班京操，止有舍餘、軍餘守城操練，數亦不多，況無月糧，多不堪調。見該本部議擬題准，推舉在京堂上官分投前去京師迤南地方，將各衛軍舍餘丁并州縣民兵通行揀選操練。其順天及保定等府巡撫都御史，俱令專一在於邊關防守，內外相應，俱有倚托。今若於保定添設副總兵一員，所管不過見任參將盧英之事，必須照依前項弘治十八年事例，將盧英改調別處。萬一新推副總兵猝急未到，或雖到號令未得便行，軍士聞知參將盧英更替，不服號令盧英，因而解體，兩相耽誤。若將盧英就留在彼協同管事，不惟查無舊例，又恐官多民擾。若就將盧英改充副總兵，照依先年韓玉、張勇等責任重其事權，但盧英見聽都御史臧鳳節制調度，防守邊關，一旦改升副將協同行事，非惟盧英心有未安，抑恐臧鳳或難駕馭。反覆參詳，其在此時，猝難施行。臣等愚見，排難解紛，固在乎急速計處；而隨機應變，尤貴乎整暇有序。合無本部行文都御史臧鳳，督同盧英，照依巡按御史王九峰計慮虜患深意，用心籌畫，加謹隄防，務俾封域慎固，郊畿奠安，軍務事情便宜施行。待候賊情寧息，本部將所奏添設副總兵事宜另議施行。其所奏要將保定等處達官軍量行賞勞一節，緣彼處達軍委的驍勇可用，屢有戰功，賞未酬勞，今欲防禦虜寇，必須獎勵賞勞，庶可得其效力。合無行與巡撫等官，依擬賞勞施行，事寧照舊。

正德十一年七月二十六日具題，奉聖旨："是。這地方達官達舍既曾爲國效勞，着巡撫都御史隨宜賞勞他。"欽此。

爲修舉近郊武備事

臣等議得，京師東西關隘原已設有總兵、參將、守備等官，又有都御史臧鳳、李瓚專一整飭，近又遣都督傅凱、張椿，都指揮李琮分路防守，頗爲有備。但郊畿近地，雖係臧鳳、李瓚兼領巡撫，見今各官專在沿邊關口往來巡歷，顧理不周。今年七月十三日，虜賊七萬餘騎離宣府城不遠札營，縱賊四散搶殺，白羊口並西山齋堂等處，去京不及一日之程，俱報聲息，可見點虜有輕視邊鎮之意。近聞虜營尚在近邊住牧，未見遠退，秋高馬肥，大舉深入，難保必無，近郊武備急宜修舉。合無本部會官推舉在京堂上素有才望、着實幹事官四員，上請簡命二員，一員前去保定、真定、順德、大名、廣平五府，一員就在順天并去永平、河間二府，專一整飭兵備，嚴督所在分守、守備、兵備、府衛等官。除臧鳳、李瓚所管在關人馬、防守民壯，並保定參將盧英所領官軍，及盧鏜等見選達官軍，仍聽臧鳳等管束調用，不必干預外，其各衛所官軍、舍餘，並各府州縣原有民兵，及平素應充快手等項驍勇人役，悉聽選委謀勇官員用心揀選，如法操練。若府衛州縣掌印官内有才堪兼領武事者，就令不妨原職兼管選練，事尤易舉。其官軍、舍餘並民兵已經精選造定文册，仍令各在原衛所、府州縣操守，遇警刻期調集，方爲省便。若通州一帶各馬房地方密邇古北口等處邊關，真定邊山州縣密邇龍泉關等處邊關，應該相視要害，屯聚官軍、民兵以防不測，就便從長計議，調集防守。中間置買什物、供給口糧等項，本部所擬該載不盡，一應事宜悉聽本官便宜施行，應具奏者仍須奏請定奪。前項軍餘、民兵，雖爲專一防禦虜寇，若遇地方盜賊竊發，乘機作亂，就便緝捕撫安。干礙城池，亦聽督修完固。凡有合行事宜，務須慎重詳審，既在武備着實修舉，又須處置得宜，民無擾害，斯稱委任。如或鹵莽從事，致有乖方，顧此失彼，逼民逃移，咎有所歸，事寧具奏回京。正德十一年七月二十二日具題，本月二十三日奉聖旨："是。都依擬行。堪修舉近郊武備的，便各會推兩員來看。"欽此。會同太子太傅、成國公臣朱輔等，太子太保、吏部尚書臣陸完等，從公推舉，得刑部右侍郎馮清、都察院右副都御史金獻民俱堪順天等府，工部右侍郎兼都察院左僉都御史趙璜、工部右侍郎俞琳俱堪保定等府，各整飭武備，伏乞聖明於內各簡命一員，照依該部原擬責任，請敕前去，欽遵行事。如用馮清、俞琳，仍各量兼憲職。合用巡視整飭武備關防，各壹體行移禮部，鑄造給用。符驗各一道，及書吏、家人各二名，照例查行關領應付。

正德十一年七月二十五日具題，本月二十七日奉聖旨："是。趙璜着整飭順天等三府武備，俞琳兼都察院右僉都御史，整飭保定等五府武備，各寫敕與他。"欽此。

爲捉獲奸細事

看得紫荊關捉獲奸細人李法順，供説猴兒李指揮差來打細，要於八月十五日大勢達賊往南搶擄等情。臣等覆審本犯，所説俱係實情。切詳宣、大二鎮並山西三關，紫荊、居庸、密雲等關，俱各原舊設有邊備，近日又節次議擬具奏，整兵防禦。但近年北虜強梁，又被猴兒李指揮誘引，設使果如奸細所言，八月十五日擁衆分道入寇，邊鎮各該將臣又如潘浩等束手無策，任其縱橫搶殺。近裏一帶關隘亦如白羊口守備指揮丘泰等，不能阻殺，縱放入口。又恐整飭邊備都御史臧鳳、李瓚計慮不早，號令不嚴，以致各口官軍失守，被賊侵入關內，倉卒之際，將何支持？況今京營人馬，臣等節次具奏，選將練兵，尚未舉行，且據李法順所供，八月十五日即欲入寇，事在緊急，不可不慮。合無本部將解到奸細李法順送都察院收問，各另分投馬上差人齎文交與平虜將軍總兵官劉輝[一]等，及宣、大二鎮總兵官時源、潘浩等，並鎮守薊州、山西副總兵戴欽、郭錦等，整飭邊備都御史臧鳳、李瓚等，各照節次題准並節奉敕旨事理，比常十分用心，整飭調集官軍，多方哨探，相機戰守。如有因循怠忽，致誤事機，罪不輕貸。再乞敕提督團營新寧伯譚祐等，上緊照依本部原擬整搠人馬，操練聽候。及請敕戶部，多方區畫糧草，以備供給。

正德十一年七月二十八日具題，本月二十九日奉聖旨："是。都依擬行。"欽此。

爲傳奉事

正德十一年七月二十九日早，該司禮監太監賴義傳奉聖旨："團營西官廳官軍出差數多，見今各邊累奏聲息不絕，著兵部同許泰等會議何項人馬以備自警應用。"欽此。欽遵。臣等會同監督團營西官廳左都督許泰等議得，五軍、三千、神機三大營并團營，查出本年七月分官軍，除差占、出哨、防守等項一萬六千七百三十二員名，做工四萬八千八百員名外，五軍營見在京衛官軍及殫忠、效義二營舍餘，共四千六百七十五員名，外衛官軍一千二百四十九員名；三千營見在京衛官軍二千一百六十九員名，外衛[二]軍六十七員名；神機營見在京衛官軍四千五十二員名，外衛官軍一百九十二員名；團營見在京衛官軍四萬六千三百三十三員名，外衛見在一千三十三員名。以上三大營并團營見在官軍、舍餘共五萬九千七百七十員名，俱可以備有警應用。除團營見選騎兵一萬五千、步兵一萬員名，推舉將官管領操練聽用外，其餘官軍并三大營見在官軍及五軍營内殫忠、效義二營舍餘，合無乞敕各該提督官各整點操練，聽候調用，合行事宜各另議定奪。

正德十一年八月初二日具題，本月初五日奉聖旨："是。這官軍並舍餘便着各該提督官整點齊備，聽候調用。"欽此。

爲捉獲奸細事

看得整飭邊備都御史李瓚奏解捉獲奸細王得來等三名，合無將各犯送法司究問明白，照依律例議擬，奏請發落。原拿獲奸細百户張鋭、千户耿宣，行令分守指揮孫璽先行賞勞，本部查例具奏升賞。及照奸細王得來説，要八月十五日月圓大舉人馬，前來隆慶州永寧等處搶掠等情，合無本部馬上差人齎文交與侍郎丁鳳，火速會同太監張忠、左都督劉暉計議禦虜方略，布置設伏，或截其衝，或邀其歸，務使隆慶一帶地方不受殘害，虜賊大遭鉏刈。仍通行宣、大、山西、薊州、保定各該鎮巡等官，一體整飭防禦，嚴加盤詰，但有捉獲奸細，牢固解京。原拿奸細人員先行賞勞，待後問完，本部議擬，奏請從重升賞。若有故不用心，縱放奸細出入往來，事發供招，經過地方官員通行提問重罪。

正德十一年八月初四日具題，本月初六日奉聖旨："是。這奸細送法司究問明白來説。張鋭、耿宣着先行賞勞，再議升賞。整飭防禦等項事宜都依擬行。"欽此。

爲急處邊務事

看得太監張忠、侍郎丁鳳、左都督劉暉會本具奏，捉獲奸細王得方等説稱，達子頭兒郭那顏要到八月間月兒圓時，還來往南搶掠。大同迤西地方空闊，兵勢單寡，不能支持，臣等應援不及，誤事匪輕。再選謀勇將官，添調人馬，發來大同，與總兵官時源會合截殺一節，具見各官同心協力，計慮深遠。但要另選將官，添調人馬，誠恐緩不及事。合無本部行文提督都御史彭澤，會同東西二路總兵官並遊擊將軍陶珣等計議查看。如果東西二路關隘哨探虜賊離遠，都御史李瓚、臧鳳並總兵官戴欽、遊擊李琮及傅鎧、張安、張椿等各能防禦，將今次出征人馬量撥精銳於紫荊關住札，及將原撥守關盧鎧等所統達軍一同在關整點犒勞。一遇飛報大勢達賊西入蔚州一帶搶掠，逼近倒馬、紫荊等關地方，就聽都御史彭澤等運謀設策，一面會委臧鳳嚴守關隘，一面督領堪戰官軍出口，相機截殺。應該與劉暉、時源等人馬會合策應，亦聽從宜施行。若哨探虜賊往東隆慶一帶搶掠，紫荊關外報無聲息，仍於東路一帶關隘防禦，悉聽都御史彭澤等計議，便宜施行。本部再差人馬上齎文交與張忠、丁鳳、劉暉，設法遠爲哨探，務要預知賊情向往。如賊勢東行，則備其東，照依原擬按伏邀擊。若賊西趨大同、蔚州地方，則擊其西。縱不能阻其來，亦可以截其歸。仍預設健卒快馬，一遇有警，四散傳報各關隘口，通知本部。再差人馬上齎文交與馬錫、王憲、時源、羅篱、李鉞、郭錦等，各整所部人馬，遇警會合截殺。務使聲勢聯絡，彼此應援，不許自分彼此，失誤事機。及看奏內開稱，奸細王得方等供稱，到於德勝門水關迤西娘娘廟馬善友家住了九日，買針一百，仍舊出境一節，係干奸細潛入京城事理。合無行文錦衣衛並巡城御史，嚴督五城兵馬司，各照地方排門粉壁挨查。但係流移潛住之人，俱徑送順天府，解發原籍收查發落。審出來歷不明人犯，送法司究問發遣。伏乞聖裁。

正德十一年八月初十日具題，奉聖旨：“是。五城地方有流移潛住并來歷不明之人，着錦衣衛、巡城御史並兵馬司用心體訪處置。其餘事宜依擬行。”欽此。

爲傳奉事

議得京城内外，先年設立五城兵馬指揮司，職專禦風火，察奸盜；及錦衣衛官校，巡警夜禁，緝捕盜賊；監察御史巡城，禁革奸弊；在外通州、良鄉等處，各設有軍衛，委官巡捕。其後通州等處又設分守，涿州、良鄉又設守備。又三年一次，差御史、錦衣衛官分路巡捕。弘治元年，爲因盜賊生發，奏准於三千營選撥官軍一百員名，於彰義門外義井兒及良鄉縣並清河、高碑店四處，每處二十五名，隄備盜賊。正德初年，京城内添設把總官二員，委官八員，各分地方，每委官一員，管領馬軍二十四名、步軍二十五名，共四百員名。京城外添設把總官二員，每員領有馬官軍五十員名；委官七員，每員管領馬軍六十名，共四百二十名。正德十年會議，京城内每委官一員，各添馬軍二十五名、步軍二十五名，共軍七百九十二名、馬四百匹。京城外每委官一員，各添一百名，共軍一千一百二十名、馬一千一百二十匹。把總並委官，俱一年一換。城外把總該領官軍全給盔甲，海巡馬軍給與一半八十副。今年又奏差工部右侍郎趙璜專一整飭武備，挑選河間等衛舍餘，交與分守通州都指揮袁傑，及涿州守備崔澄，亦添撥官軍，各給與馬匹，嚴謹巡捕。壩上、良鄉等處，正係袁傑、崔澄等該管地方。立法不爲不密，責任不爲不專。但京城内外人烟輳集，遊食者多，壩上、良鄉等處軍民艱窘，差役繁重，以此盜賊隨捕隨發，難得盡絶。自去年本部會官議添巡捕官軍數多，定擬條格，賞罰嚴明，又給與盔甲、火器、馬匹、草料，以此一年之間，把總官捉獲强盜二百餘名，錦衣衛坐委官校及各該緝事衙門亦皆輯捕數多。奈何世情艱難，財重命輕，致厪聖慮，屢降明旨，着落官軍用心挨拿，未得寧息。今又奉旨，令臣等從長議處停當，奏來定奪。臣等愚見，若欲從長計議，處置停當，必先撫恤軍民，輕徭薄賦，人得安生，則盜賊自少。前項節年議處捕盜事宜已極周密，今若不先撫安，專立嚴法，搜捉擒捕，誠恐法網太密，致有激變。前代漢武帝時，爲因山東盜起，遣官衣繡持節發兵，擊斬至萬餘級，盜賊愈滋，至不可禁。正德四年，添設巡捕御史，帶領家眷，專督捕盜。法網嚴密，賊勢愈熾，凶惡之徒棄[三]機倡亂，肆行劫掠，至動邊軍入剿，逾年始平，是其明驗。以故捕盜之法，固不可寬縱，亦不可太嚴。今將弭盜根本及先年捕盜事件開查明白，合無照依弘治元年事例，本部會同錦衣衛並六科十三道掌印官，再行計議應否施行，奏請定奪。正德十一年十二月十三日具題，本月十五日奉聖旨："是。這先年捕盜事宜，恁每還會官議處了來說。"欽此。欽遵。今將原擬捕盜事宜開立前件，會議明白，及另議合行事宜逐一開款，伏乞聖裁。

正德十一年十二月二十八日具題，奉聖旨："高謙、盛瑾、孫浩、郊文，各着把總巡捕。其餘准議。"欽此。

計開：

兵部原擬捕盜事件

一、弭盜根本。近年捉獲盜賊，多係當差軍民，原無產業，又被管軍管民官員不肯撫恤，惟知科害，以致艱窘，衣食不給，饑寒切身，甘心爲盜，視死如歸。合無請降敕旨，令各營並在京各衛所，順天府及在外直隸、保定等府州縣衛所管軍管民官員，今後非奉朝廷明文，一夫不許擅起，一錢不許擅科。敢有故違，科害逼迫軍民失所，許被害之人指實陳告，治以重罪。前件，依擬。

一、《大明會典》一款："凡地方軍匠人等，舊例令各家俱於門前置粉壁一面，開寫本家籍貫、人口、身役、營伍[四]，並寫不敢窩藏逃軍、逃匠、囚徒、盜賊等項，以憑挨究。"今查前例日久廢弛，以致盜賊潛藏，無所警畏。合再申明，置寫挨究，但有犯者，照依律例究問解發。前件，依擬。不拘內外官員及勢要之家，一體挨查，但有一應來歷不明及不係官員、軍民、匠籍之人，俱不許容留潛住。如有倚勢窩藏、不報挨查者，該城兵馬司具呈錦衣衛並巡城御史，參奏處治。

一、京城內外人烟輳集去處，盜賊強劫皆由夜禁不嚴、巡捕不謹所致。合無今後但有强盜明火持杖，強劫人家財物，出入自由，火甲不行傳報救護，巡捕官軍不在地方巡歷追捕，將巡捕官軍並該管兵馬司官吏、弓手、火甲人等俱參送刑部問罪。若地方被盜，火甲知覺，傳報救護，及巡捕官軍見在地方巡歷，遇賊追捕者，不在此例。前件，依擬。

一、弘治元年，百戶王敏建言，要於京城內外小巷路口置立柵欄，夜間關閉。本部會官計議題准，先於城內關廂試驗，令巡城御史督同兵馬司計算工程，先儘財主勸出銀兩，如法成造，果爲有益，城內另擬。後因兵馬司官奉行無法，一概科取，騷擾地方，又行禁止。其已修完柵欄亦不如法，不久損壞。今照京城之內，大街小巷不止一處，巡捕官軍止有七百餘名，未免巡歷不周，一聞有盜，昏夜追趕，小街曲巷，輒被藏匿。合無除寬街大路不必置立外，但係小街巷口相應設門去處，各置立門柵，遇夜關閉，如遇追逐盜賊，不得委曲隱藏。本部仍委官一員，會同巡城御史，督同兵馬司官，相視計議，如法修置。合用工料，勸倩本巷得過之家情願出辦，不許強逼科害，致生怨議。別有良法，具奏定奪。前件，先年已行，未免騷擾地方，今不必舉行。

一、京城外，東北巡捕見有把總都指揮楊昺，西南巡捕見有把總都指揮王佐，通州一帶見有分守都指揮袁傑，涿州一帶見有守備都指揮崔澄，各有原設巡捕官軍，壩上、良鄉等處皆是各官

該管地方。又該工部侍郎趙璜奏准，許令袁傑帶領河間等衛舍餘
五百員名，太僕寺撥馬五百匹。又行令崔澄揀選官軍、舍餘五百
四十二員名，太僕寺撥與馬一百五十匹，盔甲、腰刀選給三百
副。合無本部再行整飭武備右侍郎趙璜並巡撫都御史李瓚，嚴督
袁傑、崔澄等，本部督令楊昴、王佐等，各照地方，務要比常加
謹用心緝捕。如遇追襲強賊，走出該管地方，亦聽乘機掩襲，會
合剿捕。但不許一概搜捕，妄拿平人，驚疑地方，事發從重參
究。前件，依擬。

一、各巡捕官軍捕獲強盜，或地方失事，正德十年會議賞罰
條例，俱係暫行，近已革去。除升賞遵照舊例施行，及京城內外
失盜照依前例查明送問外，但係通州、良鄉、壩上等處在外地方
被盜強劫失事，仍照正德十年會議事例，把總官、委官一年之內
該管地方被強盜響馬打劫一次，全無拿獲，委官積至五起以上，
降一級；十起以上，降二級；不及數少，委官每一起罰俸兩個
月。分守、守備、把總官每一起罰俸一個月。捕盜該升者，照級
准贖其罪。庶使人心知警，不敢玩怠。前件，依擬，每年終一
次，兵部查奏。

今另議合行事宜。

一、見今京城內東西二邊把總巡捕官下共有馬、步官軍八百
員名，京城外東北、西南把總巡捕官下共有馬官軍一千一百二
十員名，但京城內外，地方廣闊，街巷數多，巡邏不週。合於城
內每總添撥步軍一百名，城外每總添撥步軍一百五十名，共五百
名，與原撥官軍分作兩班，派[五]定地方，輪流巡邏，不許私役
賣放。

一、見委城內東邊把總巡捕都指揮章綰、西邊把總巡捕[六]指
揮謝素、城外東北把總巡捕都指揮楊昴、城外西南把總巡捕都指
揮王佐，俱各謀勇未聞，難責成效，俱合更換。今不爲常例，會

推得原委西南巡捕都指揮高謙堪替楊昺，原委城外巡捕都指揮盛瑾堪替王佐，指揮孫浩堪替章緝，指揮郟文堪聽[七]謝素，伏乞聖裁。候命下之日，仍令各官把總巡捕。以後事故仍照舊例，兵部委用。

一、捕盜升賞事例，必須申明通行，庶使人知激勸。查得近該兵部議得，合無今後務要所獲强盜果係聚至數十人之上，凶惡顯著，委曾相與對敵，人所共知，行該地方覆查得實者，方准照例升級。其餘緝捕零賊，并買求他人所獲轉數，扳作凶惡勢衆、對陣擒獲者，俱不許升級，等因。正德九年七月初四日，節該奉聖旨："是。今後拿獲强賊，果係聚衆數十人以上，凶惡顯著，曾經對敵，人所共知，覆勘是實的，方許照例升級。不許將緝捕零賊並計買扳轉的一概朦朧奏擾。"欽此。又查得兵部會官議得，南北直隸、山東、河南、江西等處，遇有官兵人等擒斬賊級，若與賊對敵，就陣擒斬有名劇賊一名顆，不願升級者，賞銀三十兩；擒斬隨從强賊者，每名顆賞銀十五兩。陣亡者重加優恤。若不係對敵，止是緝捕强盜者，每名顆賞銀十兩。若擒獲僞稱名號首賊者，又不拘定數目，聽候各官斟酌加賞。其不係應捕人員，一體給賞，等因。正德六年三月十七日，兵部等衙門尚書等官王敞等具題，本月十九日奉聖旨："是。這賞罰事例，既議擬停當，都准行，通行出榜，省諭各該地方官員人等知道。"欽此。前例合再申明通行，若京城內外把總巡捕官及在外分守、守備等官，遇有擒捕、緝捕强賊，查勘是實，照依前例升賞。有能運謀設法，擒捕强賊數多，地方寧靖，功迹顯著者，聽巡撫、巡按官奏保升級，兵部遇有相應員缺，不次推用。

一、《大明律》內一款："凡强盜窩主造意，身雖不行，但分贓者，斬；若不行又不分贓者，杖一百，流三千里；共謀者，行而不分贓，及分贓而不行，皆斬；若不行又不分贓者，杖一百。"欽此。又查得《問刑事例》內一款："皇親、功臣管莊、家僕、佃戶人等，勾引外處來歷不明之人，窩藏為盜，坐家分贓者，問發邊衛充軍，其該管家長參究治罪。"又一款："知強竊盜贓而接買受寄，若馬騾等畜至二頭匹以上，銀貨坐贓至滿貫者，俱問罪，不分初、再犯，枷號一個月發落。若三犯以上，不拘贓數多寡，與知強盜後而分贓至滿貫者，俱免枷號，發邊衛充軍。"竊詳立法之意，止欲禁治窩藏盜賊之家及接買受寄之人，不敢窩藏寄買，則盜賊無所藏匿寄放，易得事發。但今盜賊事發到官，窩主及接買受寄之人多從寬發落，以致人無警畏。合無兵部轉行法司，今後盜賊窩主並接買受寄盜贓人犯，務要照依律例，從重問擬枷號、充軍等項發落。

一、錦衣衛原有領馬校尉一百名，務要不時往來各該地方，督同兵馬、火甲人等緝捕盜賊，遇有強盜打劫，會合巡捕官軍併力擒捕。如有誤事，聽本衛提督官比較處治。

為軍務事

查得在京差出將官，有例奏帶參隨人等，其在外邊方調取策應參將等官，原無奏帶事例。今蕭滓奏帶錦衣等衛官旗軍、舍餘五十八員名，違例過多，中間多係應支稟給人數。見今宣府錢糧十分缺乏，若准奏帶前去，坐支稟給、口糧，難為戶部供給。況若遇賊，縱使帶去官員着實臨陣對敵，亦必有冒報功次之疑。合無照依陝西、延綏等處徵調遊奇兵馬事例，俱不准帶，惟復量准帶十餘名跟隨應用，伏乞聖裁。

正德十二年七月初八日具題，奉聖旨："還准他帶去。"欽此。

爲水患異常暫設兵備等官預防盜賊事

議得事有常變，患當預防。今年水災異常，五穀不收，目下人民缺食，過冬及春，青黃不接，必不聊生，聚集爲盜，勢所不免。合無查照近年事例，直隸大名等府、山東武定州等處，各暫設兵備官一員，行移吏部，推舉風力才幹之人，不拘僉事、副使，請敕專一提督操練官軍、民快，防捕盜賊，保安地方。前項兵備按察司官雖各分定地方，專管捕盜，但恐盜賊一時蜂起，聚衆延蔓，兵力寡弱，不能防禦。除南直隸、河南另議外，合無於直隸河間府地方暫設總兵官一員鎮守，照例請敕，關給符驗、旗牌，就於河間三衛並保定等衛，不拘官軍、舍餘、軍餘並達舍、軍餘內挑選精銳官軍二千員名，撥給馬匹、盔甲等項，如法操練，振揚威武，彈壓奸頑。除河間府地方強賊徑自剿捕外，其保定等七府並山東地方盜賊生發不多，聽本處官司自行剿捕。但係聚衆三十人以上，乘坐馬匹，懸帶弓箭，勢極凶惡，本處官司力不能制，一面申報本部，具奏處置，一面徑直飛報鎮守河間總兵官，酌量事勢，差撥官軍，設法追剿，務要即時得獲，毋致滋蔓。合用行糧、草料，行移戶部議奏撥給。若河間府倉場無積，合無行令各官軍於德州倉內關支，及該關料豆亦於該納德州倉粟米內改撥支給，庶爲便益。候命下之日，本部會官推舉謀勇、威望素著官二員，上請簡用，令其上緊前去，庶事有預處，盜患可弭。前項兵備並鎮守官，俱候明年麥熟盜息民安之日具奏裁革。臣等再議得，修舉武備，固可讋服奸頑；賑濟撫恤，尤能培植根本。伏望皇上節財省費，布德施仁，應有賑恤之典，特命所司及早舉行，地方幸甚。正德十二年八月初六日具題，奉聖旨：「是。這地方鎮守將官並兵備官俱暫准添設。」欽此。欽遵。除兵備官，吏部照例推用外，臣等會官推舉得右都督郤永，謀勇素聞，威望

舊著；都督同知張璽，曾經戰陣，軍功得升。伏乞聖明於內簡命一員充總兵官，鎮守河間等處地方，兵部照例請敕，令其上緊前去，操練官軍，振揚威武，彈壓奸頑，緝捕盜賊。其控制地方，挑選官軍，并合用符驗、旗牌、行糧、料草等項，悉照兵部原擬施行。

正德十二年八月十四日具題，奉聖旨："是。張璽着充總兵官，鎮守河間等處地方，寫敕與他。" 欽此。

爲申明捕盜禁例事

今將捕盜禁例事宜查議明白，開立前件，伏乞聖裁。合無本部刊印榜文，通行給發山東、直隸地方司府州縣衛所兵備等衙門，各於人烟輳集去處常川張掛曉諭，庶使法令明布，人不敢犯。

正德十二年八月二十日具題，奉聖旨："是。這地方捕盜事宜，恁每既開議明白，着各該鎮守、兵備等官依擬行，還給榜張掛曉諭。" 欽此。

計開：

一、今年爲因水災重大，誠恐饑民聚眾劫掠，河間府地方暫設總兵官一員，領軍鎮守。及武定州、大名府暫設按察司官各一員，整飭兵備，與各處見有兵備等官，專爲追捕見今事發爲盜之人，其先年被賊脅從、招撫復業之人並不追究。敢有奸詐之徒生事搜求、乘機詐害者，許被害之人赴所在官司陳告，即與受理，將生事詐害之人治以重罪。若官司故不受理，致令一概驚疑，罪有所歸。

一、強盜未發自首，依律免罪。若能捕獲同伴強盜送官，亦得免罪，又依常人一體給賞。

一、捕獲強盜，照例每名賞銀十兩。若係二三人以上同捕獲者，分別首從酌量分給。領軍官並巡捕官，所管旗軍、民快人等每捕獲强盜一名，賞銀一兩。總兵官部下並兵備按察司官所管地方，捕獲强盜一百名以上，賞紵絲二表裏、銀二十兩，二百名以上，奏請定奪。

一、該用賞賜銀兩，各於所在官庫贓罰銀兩內支給。如無見在銀兩，聽將因人贖罪紙米拆納支給。其見獲盜贓內有無主應該入官者，聽總兵官並兵備按察司官從宜給賞捕盜功多及把總巡捕等官內謀勇出衆之人，以示激勸。

一、鎮守河間總兵官所領官軍編成隊伍，遇有河間府所屬地方强盜生發，徑自設法擒捕。其順天、保定等府所屬地方盜賊生發不多，聽本處官司自行勦捕。但係聚衆三十人以上，乘坐馬匹，懸帶弓箭，勢極凶惡，本處官司力不能制，一面申報兵部，具奏處置；一面徑直飛報鎮守河間總兵官，酌量賊情輕重，或發一二隊，或發十餘隊，火速前去追勦。每隊於河間府出給印信勘合一張，開寫官軍花名收執，經過止宿去處，照例應付行糧、料草。若遇追賊緊急，各該官司量備包草、乾料並熟食應付，不許遲誤。其捕盜官軍亦要預先自備糗炒，以備緊急追賊之用。

一、新設總兵官並新舊兵備按察司官，務要號令嚴肅，鈐束所部，秋毫無犯，專在弭盜安民，不許干預別事。如果盜息民安，方稱委任。如或誅求放肆，地方受害，盜賊蜂起，不能禁治，聽巡撫、巡按官並本部指實糾[八]奏。

爲强盜聚衆百人以上拒敵殺傷官軍事

看得前項强盜，係是聚衆百人以上、張打旗號、騎坐馬匹、持執凶器、拒敵官軍、劫奪囚犯重情。除行鎮守河間總兵官、都督同知張瓔，照依本部題准事理，統領所部官軍前去勦捕外，臣等議得，今年河間等處水災重大，百姓十分艱難，不獨今報前項賊情，誠恐以後各處盜賊蜂起，深爲可慮。雖設有總兵官張璽，所統官軍不過二千員名，況行糧、草料並盔甲、器械未曾處置支給，已經本部議處具題，未奉明旨。緣官軍無糧，馬匹無料，又無盔甲、器械，豈能禦盜？近年劉六等賊作亂，因處置遲慢，致成大患。伏望宸斷，速將臣等所議處置糧草、軍器等項事件依擬施行，庶不誤事。再乞敕巡撫保定都御史李瓚，將參將盧英所領官軍二千七百八十五員名，并管領達官都指揮盧鏜、指揮安欽等原選達官軍舍餘四百五十六員名，於內揀選驍勇精壯之人，作急從宜處給馬匹、盔甲、器械、行糧、草料，作養銳氣，令於該管地方不時巡邏，遇有報到強賊，即便依律會合剿捕。再乞敕整飭薊州都御史臧鳳，督委兵備副使王玹，將各州縣原有民壯、快手等項人役，但係慣能拿賊之人，挑選團聚，亦就從宜給與盔甲、器械，整點齊備，但有賊情，運謀設策，相機剿捕。前項各該捕盜官軍，惟以弭盜爲主，亦不許分外生事，激變地方。再照律例，不許隱蔽賊情，本部屢經申明，通行遵守。豈期所在官司玩法，略不遵依，巡撫官亦不能振揚舉行。如前賊聚衆行劫已非一日，京城巡捕官解恆報來，其固安等縣官員如罔聞知。若不重加懲治，何以警戒其餘？合無行令都御史臧鳳，查勘前賊生發出入去處，該管地方官員即時拿問，擬罪明白，監候奏請發落。仍再通行各管地方，申明曉諭，以後不許似前隱蔽，如有故違，一體究治。再行各該巡按御史，但有賊情，即時具奏，隱匿官員參奏提問。

正德十三年正月初三日具題，奉聖旨："是。這強賊聚集人衆，早宜撲滅。張璽官軍糧草、軍器等項已有旨了，着上緊依擬揀選，遇有報到強賊，即便會合剿捕，不許互相推調。各州縣民快人役，也着王玹挑選團聚，加謹防禦。各該巡撫都御史務要嚴督所屬，振揚威武，不許因循怠玩，致令滋蔓。山東、河南附近去處兵備、守備等官，都着用心把截。隱蔽賊情不行奏報的，本當拿問，查勘明白，住了俸，待捕盜有功來説。恁部裏還通行申明，與他們知道。"欽此。

爲黨惡强賊披帶盔甲懸帶弓刀戟弩長鎗騎坐馬匹聚衆中途劫囚搶奪捕盜人役馬匹等事

看得整飭天津兵備副使胡文璧奏稱，劇賊張鉞等住居羽林前衛屯堡，倚恃京衛，往往結黨貪緣，劫掠人財，非止一次。今乃恣肆，率衆拒敵，劫奪被獲夥賊，勢衆凶惡。若不早爲撲滅，誠恐滋蔓，釀成大患，貽害匪輕。乞要行令該衛親管官員設法擒捕，或差官調度人馬，撲滅盡絶，以靖地方一節。近年劉六、劉七、齊彦名等賊，亦係近京霸州等處屯住軍民，初起甚微，爲因官司隱匿玩忽，遂致釀成大患。今副使胡文璧要將劇賊張鉞等早爲撲滅，誠爲有見，但要行令羽林前衛親管官員設法擒捕，難以施行。查得見設鎮守河間等處總兵官張璽，本部原擬專爲預防饑荒群盜蜂起而設，張鉞等賊正宜責成本官設法督捕。合無本部行文該府，馬上差人齎文交與總兵官張璽，選委驍勇智謀官員，各量帶官軍，分投前去東安等縣，公同該縣官查訪敬生屯居住知因之人，用爲鄉導，運謀設法，尋襲風路，務要將强賊張鉞等一起賊犯日下捕獲，以靖地方。有功之人，照例升賞。仍通行巡撫都御史李瓚、臧鳳，嚴督撫屬地方軍衛有司及分守、兵備、守備等官，一體用心挨拿，不許自分彼此，致有奔逸，事發查究重罪。其差出捕盜官員，令張璽叮嚀分付，所至去處止以襲捕見發强賊張鉞等爲事，不許乘機搜求別事，驚擾地方，及指稱追贓，妄拿平人，事發亦治重罪，總兵官張璽亦難辭責。

正德十三年正月初三日具題，奉聖旨："是。這地方賊盜，着總兵官張璽、巡撫都御史李瓚、臧鳳各依擬上緊嚴督所屬用心襲捕，務在日下盡絕。不許自分彼此，致令奔逸。有功之人，照例升賞。"欽此。

爲盜賊生發事

議得盜賊初起，其端甚微，以後猖獗，爲患甚大。蓋因今年水災，百姓十分艱難，一人扇動，千百成群，最爲容易。賊盜中間，豈無奸雄？窺見聖駕巡邊，精兵俱帶出口，京營人馬不敢擅發，以此肆志猖獗，萬一聚衆凌逼京師，内外驚擾，各衙門官束手無措，咎將誰歸？仰惟皇上英明威武，胡虜數萬，畏威遠遁，蕞爾盜賊，撲滅何難？伏望聖駕還京，簡命謀勇將官，量帶西官廳精鋭官軍，分道四出，相機剿捕。盜賊悉平，地方寧靖，則皇上神功武烈天下傳誦，臣等不勝忻願祝頌之至。

正德十三年正月初三日具題，奉聖旨："是。"欽此。

爲弭盜安民事

照得先該本部爲因近年各該官司隱蔽賊情，不行督捕，以致滋蔓，釀成大患，以此節次議奏，申明律例，但有賊盜生發，隨即申報緝捕，不許隱匿坐視。又因今年河間等處災傷，慮恐人民缺食，聚衆爲盜，又奏准添設總兵官，選揀官軍二千員名鎮守地方。近訪得蘆溝橋迤南良鄉、涿州一帶地方，强賊聚衆劫掠。及武清、固安、永平一帶地方，亦有盜賊生發。各該官司既不火速申奏，又不設法督拿，若不通行查究，何以弭患將來？及照巡撫都御史，專以弭盜安民爲職，未聞申嚴號令，禁防盜賊，亦難辭責。合無請敕巡撫都御史臧鳳、李瓚，嚴督軍衛有司並兵備、守備、分守等官，比常十分加謹，整搠應捕官軍，不時往來該管地方巡邏。如遇響馬强賊，務要跟襲擒捕，不必拘定地方，自分彼此，致賊脱走。仍要互相傳報，會合剿捕。其巡捕官軍合用行糧、料草、馬匹、軍器，巡撫官務要用心區畫，撥補應付，必先養其鋭氣，庶可責其效力。各官内有謀勇廉幹者，以禮奬勞；闒茸害人，地方屢次失事，又隱匿不報者，參奏罷黜。再乞敕鎮守河間總兵官張璽，務要委用領軍頭目得人，選練捕盜官軍有法，遵依原議，但遇報到賊情，聚衆三十人以上，量撥官軍追襲剿捕，出給勘合，照例應付行糧、料草，務使威武振揚，盜賊屏息。不許委用非人，縱賊不拿；或别生事端，騷擾州縣，甚至妄拿平人，追取贜物，驚疑軍民，激成他變，咎必有歸。仍行各該巡按御史，從公訪察，果有前弊，不分巡撫、鎮守、分守、兵備、守備等官，具實奏聞區處。及照京城内外，近日米價騰貴，乞食饑民徧滿街巷，乘機搶奪，賊盜漸多。合無請敕錦衣衛，嚴督本衛該管地方官員、旗校並五城兵馬司，嚴謹夜禁，防察奸宄。及行團營，將原撥巡捕官軍馬匹、盔甲逐一查點，内有老弱、瘦病、損壞不堪者，作急更換撥補。嚴督把總巡捕都指揮，比常加謹，晝夜來往該管地方巡捕，不許怠忽。臣等又議得，荒年禁盜，理固當然，但恐軍民迫於饑寒，爲盜者衆，將不勝誅。加以捕盜官員恐罪及身，過於搜求羅織，以致法網太密，盜無所容，激成他變，至不能禁，豈非臣等謀慮不審之過，罪將焉逃？伏望皇上長慮却顧，弭患未然，急降詔旨，先將畿内饑饉艱難地方軍民一應征料，不分新舊俱暫停征，待明年麥熟再議征收。敢有故違逼征者，聽巡按御史將應問人犯就便拿問。其餘不係艱難饑饉地方，不在此例。然後酌量財用多寡，再施賑濟之令。京城内外乞食饑民，亦乞處分，量爲賑給。餓死者，官爲掩埋，毋令暴露。即今米價甚貴，或預支月糧，或和買平糴，或别有良法，早爲議處，庶可以弭京城内外盜賊之患。前項賑恤事宜，乞敕户部查例，奏請施行。

正德十三年正月初四日具題，奉聖旨："是。這地方盜賊生發，各該巡撫及鎮守官不行設法防禦，好生誤事。且不查究，便着上緊嚴督所屬，互相傳報，用心緝捕，併力追剿。不許自分彼此，怠玩故縱，致生他變，罪有所歸。其餘俱依擬行。"欽此。

爲下情乞憐休息地方告乏軍餉等事

看得參將蕭滓呈稱，遼東官軍舊歲四月內調往宣、大地方殺賊，將及一年，見在涿州等處住札，委的離家日久，衣鞋破壞，地方盜賊稍寧，錢糧匱乏，乞要疏放回家休息一節。臣等議得，各邊軍士無事休息得所，有事方得其用。若暴兵露師，一年在外，必然疲困，遇賊不能奮勇攻戰。合無請敕一道，齎付參將蕭滓，將原領人馬帶回遼東，暫放休息，置辦軍裝，完日仍照本部前擬，於遼東地方團聚操練，聽候有警，調取殺賊。其涿州、霸州等處地方盜賊稍寧，合行鎮守河間等處總兵官張璽等，如遇盜賊再起，照前督捕防禦。

正德十三年二月初二日具題，未奉有旨。

爲暫設提督捕盜官員防禦盜賊事

今將聖駕巡邊京城該行事宜開具款目，議擬明白，伏乞聖裁。

正德十三年六月二十六日具題，奉聖旨："是。提督捕盜官遇有應議事宜，着於團營西官廳會同兵部從長議處施行。其該用官軍，張忠、朱泰着各領一千五百員名，王憲於團營內撥與二百員名，桂勇、賈鑑還各照他原營官軍數目領用。"欽此。

計開：

一、提督捕盜官遇有應該捕盜事宜，必須會議，合無於鎮國府或別有相應衙門會議行事，伏乞聖明定奪。

一、提督官該用官軍並左右參將該領官軍，伏乞欽定數目，行令各官照數揀選，操練聽用。

一、選官、捕盜官軍合用盔甲、軍器、馬匹、草料並一應事宜，聽提督官計議，照例關領支給。應具奏者，奏請定奪。

一、京城內外把總巡捕官軍，聽提督官調度節制，遇有賊情，即時稟報。

一、京城內外窩藏強盜及奸細，若一應人等有能緝訪得實，密切赴提督官處告報，因而得獲強盜一名者，賞銀十五兩；獲奸細一名者，賞銀五十兩。

一、賞報事人合用銀兩，如有追出無主一應盜贓，准折給賞。若無盜贓，於太僕寺收貯缺官、皂隸、草場地租等項銀內支給。

一、提督捕盜官遇有京城內外報到賊情，運謀設法，量賊多寡摘撥官軍，相機剿捕，或分差把總等官，或差參將，親自統領前去，俱隨宜施行。

一、提督官差遣官軍一百名以下，出百里之外追賊，赴督理軍餉侍郎侯觀處填寫勘合，給付齎執，經過官司照例應付，將該支行糧官為煮辦熟食，及將該支草料鍘細煮熟打包，以便應付，易於追賊。仍將前項緣由於勘合內明白填寫，使知遵守。

一、直隸、河南、山東等處地方，遇有報到草賊生發，聚衆數百人之上，本處官司不能擒捕，本部臨時議擬奏請，命提督等官統兵征剿，請敕侍郎侯觀隨軍督理軍餉，及請敕所在巡按御史隨軍紀功。其在京城外百里之內緝捕盜賊得獲，送兵部轉送法司，問招明白，依律議罪發落，回報兵部類總，照例議擬升賞。

一、前項暫設提督捕盜官員，候京城内外及直隸、山東、河南等處地方盜息民安之日具奏裁革，各照舊管事。

爲捉獲積年糾衆逼近京城殺人放火大肆凶惡有名劇賊事

參照賊首王琦，本以京縣編民，非由饑寒所迫，乃敢不畏國法，肆意行凶，糾合賊首趙祥、申窰頭、李鉞、趙雲、劉堂、吳風子等，流劫涿州、良鄉、房山、固安一帶地方，殺人放火，劫庫劫囚[九]，靡所不爲。又曾白晝擺列馬隊，前來宣武門外菜市劫取人財。官軍追襲而敢拒捕殺傷，禁兵搜捉而敢徜徉不避。本部先因各賊生發，地方饑荒，慮恐乘機倡亂，釀成大患，節次議奏，督調總兵官張璽統領河間官軍剿捕，又奉旨發遼東參將蕭滓人馬住札涿州等處，餘黨多已就擒，賊首尚未得獲。邇者復議，發西官廳人馬防禦，及通行緝事衙門、各該巡撫都御史，督委官兵，會合剿捕。幸賴天威遠布，各官宣力，參將宋贇等擒獲趙祥、申窰頭，臨清巡捕官擒獲李鉞等，緝事衙門擒獲趙雲等，巡撫都御史張潤擒獲劉堂、吳風子等，今把總指揮趙明又擒獲王琦等，旬月之間，倡亂賊首相繼擒獲，地方安靖，道路通行，臣等不勝慶幸。除將王琦等送刑部收問外，臣等伏睹《大明律》内一款："凡律令該載不盡事理，若斷罪而無正條者，引律比附，應加應減，定擬罪名，轉達刑部議定奏聞。"欽此。今照犯人王琦等殺人放火，拒捕强姦，劫庫劫囚，所犯非止一死，比附殺一家非死罪三人條例，猶似減輕。若止照常問擬强盜殺人斬罪梟首，實有餘辜。及照强盜該斬，決不待時，正欲明正典刑，以示懲戒。先年罪重人犯決於市曹，或圖形榜示，惟欲曉諭衆知，不敢輕犯。今王琦等若不速爲問完，餓死獄中，及照常於京市處決，涿州一帶爲惡地方人不知見，恐無以示戒將來。合無乞敕刑部，將王琦等一干爲惡人犯上緊問完，依律比附，奏請定奪，量撥官軍防護，押赴涿州。刑部差主事一員，會同巡按御史、錦衣衛、巡捕、千户，就彼監視行刑，仍圖形出榜，於涿州人烟輳集去處懸掛曉諭。其捕盜有功官軍趙明等，本部另行查例，議擬升賞，具奏施行。

正德十三年十月二十四日具題，奉聖旨：“是。這强賊趙祥、申窰頭、王琦等罪大惡極，死有餘辜，法司便上緊問擬，奏請定奪。各起捕盜有功官，恁部裏還通行查擬升賞他。”欽此。

爲議處土賊以靖畿甸事

看得巡撫順天等府都御史張潤奏稱，巡歷地方，見得渾河以東往復六百餘里，中間村鎮盜賊蟠據，殊爲巢穴，蓋由漢、達雜處，軍屯鱗列，所以盜賊易起難安，欲於前項地方適中去處建立衙門，摘撥通州、涿州精兵分番按伏，所屬巡檢司量行那移，選委文臣一人居中節制一節。查得本部原擬行巡撫官督捕盜賊，別有長策，火速具奏。今都御史張潤議奏前因，緣在京七十餘衛屯田俱坐落武清、東安等處地方，雖有縣官在彼，其屯田軍餘不屬管轄，以此難於禁制。今要於適中去處建設衙門，調撥通州、涿州等衛官軍前去按伏，選委文臣一人常川管理，誠爲有見。但調撥別衛官軍去彼，誠恐勞擾，人情不順，及添設文臣，有礙官制，俱擅難議擬。查得前項本部原委燕山左衛指揮僉事王瑾在屯巡捕，事有成效，人心歸服，已經奏奉欽依，見管巡捕。但該用應捕人役未經處置，及稽察屯堡强盜方法亦未定立，又因王瑾與各衛管屯指揮職分相等，難於行事，以此不能展布。合無本部移咨都御史張潤，行令原委捕盜通判駱用卿，親詣揮[一〇]河以東地方，會同巡捕指揮王瑾從長勘議，就於相應屯堡設立公館一所，在彼住札。仍查勘各衛屯大小並坐落遠近，各編立火甲，互相管束。就於各屯軍餘內點選精壯餘丁充爲應捕，合用馬匹、器械，或聽其自行備辦，或別爲處置，俱從宜議處，具呈巡撫都御史張潤查照定奪，務在人情順便，事體停當，方准施行。其指揮王瑾，既委提督各屯捕盜，合無照守備官事體，許令以都指揮體統行事，各衛管屯、官旗人等俱聽管束。候命下之日，本部備將捕盜責任札付本官，遵依行事。若本官果能盡心禁捕，盜賊寧息，照例升賞。如或怠慢失事，擾害地方，參問罷黜，本部另推相應官二員，請旨簡用更替。其通判駱用卿，仍令不時往來督理，有功一體升賞。勘議畢日，巡撫都御史將議處過管束屯堡、禁捕盜賊事件開奏查考。

正德十三年十一月二十八日具題，奉聖旨："是。王瑾准照守備官體充[一一]行事。其餘事宜各依擬行。"欽此。

校勘記

〔一〕"劉輝"，一作"劉暉"。本書本卷《爲炮火聲息事》："但劉暉奉命充總兵官，在於京營挑選人馬，事方舉行，難以遠去。"

〔二〕"衛"後，據文意似脫一"官"字。

〔三〕"棄"，據明嘉靖刻本明萬表《皇明經濟文錄》卷十八王瓊《爲傳奉事》當作"乘"。

〔四〕"伍"，據明萬曆刻本《大明會典》卷二百二十五《五城兵馬指揮司》當作"生"。

〔五〕"派"，原訛作"沠"。以下徑改，不再一一出校。

〔六〕"巡捕"後，據清光緒刻本《明臣奏議》卷十五王瓊《傳奉疏》當有一"都"字。

〔七〕"聽"，據上文當作"替"。

〔八〕“糾”，原訛作“斜”。以下徑改，不再一一出校。

〔九〕“因”，疑當作“囚”。

〔一〇〕“揮”，據明崇禎刻本明陳子龍等《皇明經世文編》卷一百九王瓊《爲議處土賊以靖畿甸事》當作“渾”。

〔一一〕“充”，疑當作“統”。清鈔本（明）畢自肅《遼東疏稿》卷二《懇辭糧務重任疏》：“不然，暫加州同職銜，令以通判體統行事，待其年餘無過，續其題升，亦不失慎重名器之意。”本書卷三《爲達賊入境搶掠事》：“與同守備白羊口、以都指揮體統行事指揮同知丘泰統領官軍，相機截殺。”

晋溪本兵敷奏卷二

薊州類

京師東至薊州，又東至山海關，其地北面山川險阨，綿亘千餘，即古營平之地。國家於薊北設鎮以控制外夷，又於境外建朵顏、泰寧、福餘三衛以示羈縻，爲中國藩籬。三衛夷人每歲入貢，處待有常規，不可因其挾求賞逾常格而啓輕侮之心。若入境寇掠，備禦亦有常法，不可輕議增兵，而使百姓困於輸輓。此守薊鎮之道也。

爲緊急邊情殺傷官軍事

參照薊州一帶邊境地方，先年建議相視要害，設置關營，屯聚軍馬，遠近聯絡，星羅棋布。又推用總兵、參將、把總等官及鎮守、巡撫官員，整飭預備，專爲防禦寇賊，保衛邊疆。百餘年來，窮寇零賊，鼠竊狗偷，時或不免，未聞輕騎深入，殺害將官，如蹈無人之境，如今日者也。況訪聞馬蘭谷地方，外隔重關，自來并無達賊進入。顯是參將陳乾平昔號令不嚴，隄備不謹，一遇賊入，寡謀輕敵，致墮賊計。及鄰近關營把總等官視常怠玩，並各營官軍內有役占、賣放，以致軍威不振，遇警失事，通合究問。及照總兵官遂安伯陳鏸、巡撫都御史王倬、鎮守太監王忻，俱職專總領，紀律不嚴，統馭無法，亦合有罪。合無本部鋪馬齎文交與陳鏸、王倬、王忻等，嚴督所屬關營分守、守備、把總等官，各要整搠軍馬，加意訓練，嚴謹烽堠，晝夜隄防，毋容怠忽。但遇傳報有賊入境，相機戰守，互相策應，務保無虞。

仍火速選差乖覺夜不收出境，密切爪探花當男把兒孫等所領達賊，如果見在近邊駐牧不散，要見賊衆或多或寡，爪探的確，星馳具奏。若是賊勢衆大不退，本部臨時再議，奏請發兵防禦。其馬蘭谷已死參將陳乾遺下該管人馬，聽王倬等轉委謀勇官員帶管，本部即便照例推舉相應官二員，奏請簡用一員，前去更替，再行本部右侍郎陳玉一體提督。本部查照先年事例，行移團營提督内外大臣，揀選馬隊官軍三千員名，乞命署都督同知金輔統領操練，待報啓行。合用軍器行工部，馬匹、草料行户部，各照例關領支給。其料草俱支本色，以償膘息。官軍啓行之日，每員名照例賞銀二兩、布一疋，以備軍裝。户、工二部各照例差官，沿途預備糧料、草束、槽鍘、鍋甕，以備經過及駐札去處逐日應付，不許失誤。本部仍通行遼東、山海、永平、宣府、獨石、馬營、永寧、密雲、古北口等處接連薊州一帶地方鎮巡、分守、守備等官，各要差人哨探賊情緩急，整捌人馬，嚴謹隄備。遇有交界地方賊寇出没，星火傳報，依律互相策應，不許自分彼此，推托誤事。本部仍咨都察院，轉行巡按監察御史，親詣馬蘭谷查勘何方搶掠，應該何處關營官軍策應截殺，各將失事經該官員人等職名逐一查究明白。再查彼時參將陳乾等出戰，軍馬實有若干，被達賊殺傷若干，在營未出若干，並查地方被賊搶虜殺傷人畜、財物各若干。其各關營墩臺等處原設官軍，臨時失誤調發策應、傳報截殺，中間有何私役賣放、故縱輕忽情弊，俱要查究明白，分別情罪輕重，並干礙總兵官遂安伯陳鏸等，一併參奏。再照朵顏、福餘、泰寧三衛夷人，自我太宗文皇帝安插在彼，授官降印，畜爲藩籬，百餘年來堅守臣節，未聞悖逆。自去歲以來，奸夷造爲小王子結親之説，敢爲要求之計。守臣輕信，張大其事，遂致本夷肆志，先要我以添貢。朝廷俯念夷情艱難，暫從其請，曾令大通事諭以禍福，令其效爾祖父，永守臣節，毋起歹心。若倚北虜和親，要求無厭，必調大兵，痛加剿殺，掃除巢穴，不許住牧。又曾俟其來朝，令禮、兵二部堂上官督同大通事於禮部明白宣諭。後該朵顏衛都督花當奏，要與本衛所鎮撫失林孛羅不必赴京，就彼承襲祖職右都督職事。守臣又曲爲奏請，准寫敕一道，交與薊州鎮巡官，親付失林孛羅收領。今年二月，禮部手本開稱，譯出朵顏衛都督頭目花當奏稱，迤北達子伊并不知，東西二處達子已省諭了，并不作歹。今巡撫都御史王倬奏稱，射死參將陳乾等，係花當男把兒孫等帶領達賊拆墻入境，顯是花當等外示效順，中懷悖逆，以要求爲得計，以犯邊爲長策。都指揮陳乾之死，輕率寡謀，雖其自取，但奉敕將官殞命於臣服小夷，虧損甚大。況事當謹微，漸不可長，若復因循姑息，置之不問，誠恐祖宗御夷法度自此陵替，且以後三衛夷人難以處待。合無請敕薊州鎮巡官從長計議，選差通事並有智識官員前去近邊地方，拘喚花當等責問：朝廷既節次施恩，撫待汝夷，因何面是背非，陰縱爾子把兒孫領人馬到馬蘭谷搶掠，射死參將陳乾。如果花當不知，就令花當將把兒孫捉拿解京，或令自行處治償命，姑赦其罪。如或通同，故縱不問，再來犯邊，朝廷必要興師問罪，將京營並通州、薊州、天津、保定等衛精健步軍選調三萬，各執短兵、火器，分路進入，犁庭掃穴。再調遼東精兵二萬攻其左，宣府精兵二萬攻其右。汝失故巢，進退無門，追悔無及。通將責問過口詞會本具奏，再行議處。臣等愚見如此，伏乞聖明裁處。

正德十年五月□□〔一〕日具題，奉聖旨："是。這地方失誤事重，着巡按御史查參了來說。王忻、陳鏓、王倬紀律不嚴，寫敕切責，並各該分守、守備等官，都着戴罪殺賊。還將團營西官廳前營見操官軍三千一百三十四員名，就着都指揮同知桂勇仍舊統領操練，待再有報到啓行。其犯邊達賊是否花當部落，鎮巡官便選差的當通事去責問明白，奏來處治。"欽此。

爲緊急賊情事

　　看得提督邊務本部左侍郎陳玉、巡撫右副都御史王倬各奏稱，正德十年五月二十六日有馬、步達賊五百餘騎從板場谷，二十九日一千餘騎從神仙嶺，六月初四日一千餘騎從水關洞，俱拆墻入境，殺虜人畜，乞要調取遼東遊兵三千員名，或將京營人馬量數督發，及查河間遊擊將軍劉寶下原有官軍二千員名，行發前來，併力截殺一節。近因馬蘭谷地方射死參將陳乾，本部已經題奉欽依，備行彼處鎮巡等官，爪探衆賊多寡，星馳具奏。今文移未到，具奏前因，顯是賊勢擁衆侵犯，相應速爲計處。合無本部一面移咨提督邊務本部左侍郎陳玉，就令差來人賷〔二〕文星夜前去交割，會同鎮守太監王忻、總兵官陳鏻、巡撫都御史王倬，嚴督參遊、守備並各該關營把總官員，整捌軍馬，嚴謹隄備，同心戮力，相機戰守。敢有似前怠玩失事，拿解來京，依律從重治罪，決不輕貸。仍行各官，查勘本鎮各關營見在食糧軍內精鋭堪以征戰軍人，約勾一萬名，并將原管頭目職名造册在官，聽候調用。其堪調軍人仍令在各關營防守，不許指以造册在官，推托誤事。總兵官將原選奇遊官軍六千員名再加揀選精鋭，在彼如法訓練，聽候調遣。一行保定遊擊將軍劉寶，將原領河間官軍一千名整理衣甲、器械齊備，前去薊州駐札，聽候提督等官調用，不許時刻遲誤。一行戶部，計議通行各該地方預備糧料、草束，毋致臨期缺乏。見奉欽依，就着都指揮桂勇將團營西官廳前營見操官軍統領操練，待報啓行。查得桂勇在場牧放馬匹，本月初九日纔回，合行本官上緊前去。但征討事重，其桂勇應加領軍名目，及一應出軍各項事宜，本部另行議奏定奪。

　　正德十年五月□□〔三〕日具題，奉聖旨："是。"欽此。

爲大舉達賊入境乞兵救援事

看得巡關御史張鰲山奏稱，朵顏三衛花當與失林孛羅譎詐驍勇，彼欲增貢則增，彼欲襲職則襲，我既墮其計中，彼遂決爲大舉。今之畫計者有三：曰增貢決不可從，曰守亦不可也，曰攻則忠臣義士之憤未可爲非。要調宣大、遼東邊軍，旬日之內速赴地方分布防守，出其不意以攻之，預爲必戰以禦之，等因。臣等竊觀，自古制禦夷狄之道，固不可貪功以啓釁，亦不可怯懦以求和。況朵顏三衛世受國恩，進貢效順，近日窺我邊備廢弛，乃敢挾詐要求，觀勢强弱以爲從違，既殺害將官，又擁衆侵犯，興兵征討，未爲無名，大義所關，誠不可已。御史張鰲山所論理直氣壯，詞嚴義正，合准所言，速議施行。查得先該本部議擬，題奉欽依，着桂勇將團營西官廳前營官軍操練，待報啓行。續該本部奏調遊擊將軍劉寶原領河間達軍一千名，前去薊州駐札聽調，中間出軍等項事宜，見該本部議處具奏。但行兵之法，謀算預定，庶功可成；倉卒調發，未免疏漏。合無本部將調兵一應事宜逐一議處停當，上請定奪。

正德十年六月初十日具題，奉聖旨："是。這調兵一應事宜，便議處停當來説。"欽此。

爲邊情事

看得三衛夷情變詐反覆，疑是彼處通事誘引欺誑，正欲究察其弊。今御史張鰲山舉奏通事程理等交通指引侵犯邊疆情由皆有指實，具見本官能發隱伏之奸，足以泄邊人之憤。及奏要選差謹飭老成通事前去，著爲定例，一年一換，通行各邊體防查究，一體問革一節，尤爲有理。合無本部移咨都察院，轉行御史張鰲山，將通事程理、聶勇交通誘引情弊提問明白，密切實封，奏請定奪，仍將程理、聶勇交付鎮巡官，差官牢固押解都察院，監候取問。本部行移禮部，令鴻臚寺署正大通事舍誠等選委平日行止端莊、諳曉韃靼夷語通事二員，應付稟給、腳力，前去喜峰等關口聽用。近奉敕旨責問花當等事情，就着新差去通事同委官責問奏報。其通事一年滿日另行更替。仍通行各邊巡按御史，將原設通事體訪查究，如有前弊，一體問革。

正德十年六月初十日具題，奉聖旨：「是。這聽用通事，便着大通事舍誠等選委相應的兩員馳驛去，就着照依前旨責問花當等，務見事情明白，奏來處治。其餘依擬行。」欽此。

爲緊急邊情殺傷官軍事

議得朵顏衛頭目花當等恃其詐力，敢肆侵凌，外示效順，中懷悖逆，陰與通事程理等交結私通，窺瞰薊州一鎮將官懦弱，邊備廢弛，遂敢捏造結親北虜之言，以逞要求無厭之計，一面進貢，一面犯邊，自去年以來，侵犯邊境，殺虜人民數十餘次。因朝廷寬容不問，以致黠虜之奸伏蒙蔽不露，勢日猖獗。議者不思北虜小王子、瓦剌等部落世爲中國邊患，去年深入崞代，今年屢犯延寧，固不假朵顏等衛夷人和親而後敢犯中國，亦不必自薊州一帶邊關進入而後可以內侵也。薊州一帶東西二路，見有食糧官軍四萬二千員名，本處將官若能嚴加督率，撫恤簡練，俾紀律嚴明，烽堠謹飭，相機隨宜，運籌畫策，或設險拒守，或會合策應，雖不能大挫賊人之鋒，亦豈至喪失我軍之氣？乃計不出此，方議添兵增戍，臨渴掘井，卒難施行。今花當男把兒孫等殺死參將陳乾，罪惡既已顯著，見今擁衆分路侵犯，飛報屢聞。臣等先議待報發兵征剿，荷蒙聖明特命都指揮桂勇統領人馬操候。近該提督侍郎陳玉並鎮巡等官俱奏，要調兵防禦。兵科都給事中等官安金等亦奏，要本部速爲議處發兵。巡關御史張鰲山極言夷虜侵侮之患，當以攻討爲急。臣等竊聞，自古制禦夷狄之道，固不可貪功以啓釁，亦不可怯懦以求和。況今花當部落糾合犬羊之衆，分路內侵，而本鎮將領非人，軍不用命，萬一邊關失守，乘勝突入，禍機之發，旦夕難測。臣等采集群言，度量事勢，當此之時，命將出師，聲罪致討，勢不容已。但兵戎重務，臣等未敢擅便，今將合行事宜逐一開款明白，伏乞聖明裁處。本部仍通行五府、各^{〔四〕}部、都察院、通政司、大理寺、六科、十三道官，但有禦戎長策，本部議擬未盡事理，並聽各陳所見，取自上裁。

正德十年六月十四日具題，奉聖旨："是。桂勇升署都督僉事，着充副總兵，寫敕與他。紀功官不必差官，就着巡關御史隨軍紀驗。糧草，戶部便查處預備，毋致缺乏。軍前合用銀兩准支與三千兩。其餘一應事宜都依擬行。"欽此。

計開：

一、桂勇欽奉上命，領軍前往薊州邊關征剿叛夷，其薊州邊關官軍並各處調來軍馬須聽桂勇調度節制，若不重其事權，止以參將前去，不惟無以威示外夷，抑恐難以駕馭諸將。查得桂勇先於正德八年曾充副總兵官鎮守江西，合無將桂勇改充副總兵官，量加五府堂上署職，照例請敕，并關給符驗一道、旗牌五面副，前去統領京營並各處官軍征剿犯邊達賊。凡用兵一應事宜，悉聽桂勇運謀設策，隨機應變，專制而行。遇有期會、調發事件，本邊總兵等官即須火速依從應撥。如有怠玩不理，或無故抗違執拗，因而失誤軍機，聽桂勇指實奏聞區處。都指揮以下官敢有不用命者，輕則量情責罰，重則以軍法處治，俱照舊例施行。其本處鎮巡官并提督邊務官應有本邊防禦事宜，與桂勇事無相礙，照舊徑自施行，不許推托誤事。今次出征，專問朵顏衛夷人殺死參將陳乾并屢次犯邊之罪，凡進兵機會，須要詳審慎重，計出萬全。若能擒斬虜賊，明正其罪；或雖無擒斬之功，能使虜衆畏服，將把兒孫等獻出解京，情願照舊入貢，不爲邊患；或畏威遠遁，不可窮追：並聽開具事由，明白奏請，速行班師。不可老師坐費，以致食盡難繼，或貪功遠出，致有疏虞，咎有所歸。

一、桂勇統領京營官軍三千餘員名並督調本鎮官軍到彼殺賊，誠恐軍少賊多，調用不敷。查得保定等處達官軍舍，保定都指揮盧鏜見領一千有餘，定州指揮安欽見領五百有餘，河間指揮孔璋見領四百有餘，合無於保定軍内挑選五百，定州三百，河間二百，共軍一千名，關與盔甲、器械，各令盧鏜等統領。各軍除領有官馬外，原無馬者，每官軍一名給與正馬一疋，每二名共給馱馬一疋，或騾一頭。保定、河間就於各府，定州於保定府各所屬州縣寄養馬騾内兌撥。劉寶原領河間衛官軍未領馬匹，就於薊州等州縣寄養馬内照前例給領。每官軍一員名，照例賞賜銀二兩。今調保定等處達官軍舍一千員名，與先調河間遊擊將軍劉寶所領官軍一千員名，共該賞銀四千兩。本部查照正德八年調保定官軍事例，於太僕寺收貯馬價銀内動支四千兩，差官運送前去薊州收庫，聽桂勇會同巡關御史鑒鑒稱驗，唱名給散，務需實惠。前項官軍該用行糧、草料、勘合，行移户部出給。

一、見今京營出征官軍馬匹内有老病瘦損不堪騎坐，併將官該給馬匹，及每二人該用馱馬一匹，俱於太僕寺揀選膘壯好馬或騾頭給領應用。

一、行兵之際，合用間諜賞賜，及官軍藥餌、馬匹藥餌，並旗鼓什物等項損壞補置，皆不可缺。訪得先年出征，因無處置，將官軍賞賜銀兩扣除應用，以致軍士嗟怨，不肯效力。合無不爲常例於太僕寺收貯事例銀内動支一千兩，差官解送薊州寄庫，聽桂勇支取給賞等項應用。仍行紀功御史知數查考，畢日備細造册繳部。

一、舊例，出兵征討，該差監察御史一員請敕前去，隨同總兵官紀功，凡將士臨敵，親臨閱視，有功者從實開報，以憑升賞。今桂勇出征，合無就差巡關御史張鰲山紀功，惟復行都察院另差一員前去，伏乞聖裁。

一、軍馬未出，先須預備糧草。查得即今出征官軍不過五千人，每軍一名日支口糧一升五合，一個月不過用行糧二千二百五十石，易為供給。正、馱馬不過七千五百匹，每馬一匹日支料三升、草一束，重十五斤，一個月該支料六千七百五十石、草二十二萬五千束，姑以三個月計之，其費頗多。況草係粗重之物，極邊地方原無積有草束去處，難於搬運。合無行移戶部，計算彼處糧草，如不勾用，作急計處，添運銀兩，差官糴買，預備供給。果係極邊原無積有草束去處，聽差去副總兵官計議定奪，量支草價折銀，聽各軍隨處采取青草喂養，或暫時取便牧放，俱從宜施行。但係近裏城堡住札，仍要逐日支給本色草束，或間日放與折色，亦聽軍便。

今次出兵征討，為因朵顏衛夷人花當等世受國恩，賞賜通貢，為我藩籬，一旦背恩，設詐要求，屢次犯邊不已，近又深入，殺死參將，聲罪致討，義不容已。但訪得三衛夷人往來遼東前屯、寧遠等處地方，尤為密邇。見今遼東鎮巡等官節次奏報，海西、建州等處達子在彼犯邊，誠恐三衛夷人往來，在彼勾引為患。合無請敕一道，齎付遼東鎮巡官作急計議，挑選遊奇精銳官軍三五千名，就聽總兵官韓璽統領調度，爪探三衛夷人，如果退往前屯、寧遠等處，往來搶擄為患，相機剿殺，彼此夾攻，務在計出萬全，事無一失。仍令遼東鎮巡官會委的當官員，帶領通事於相應地方曉諭各種部落夷人，今次朵顏衛頭目花當等設詐殺死參將，屢次犯邊，以此朝廷遣將征討，止問花當等罪過，其別衛夷人各安生理，照舊進貢，不許聽信花當讒言，一概驚恐。若各夷有能拿住殺死參將陳乾花當男把兒孫的，押送前來，賞與織金紵絲十疋、絹一千疋，以酬其勞。逐一曉諭明白，取各夷知會文書回奏查考。其遼東調動客兵該用糧草，行移户部查照，添運銀兩，預備糴買。本部再行宣府鎮巡官，嚴督分守東路參將、守備等官，查勘本邊與薊州一帶邊外接連地方，嚴謹隄備，相機戰守。若本處兵少，量撥附近驍勇官軍前去協同守備，事寧即便掣回。

爲亟易鎮巡官員以保安重地事

看得御史汪賜奏稱，馬蘭谷地方被賊搶虜人畜，殺死參將陳乾，皆是太監王忻、遂安伯陳鏸、都御史王倬平日調度無方、紀律不嚴所致，若不亟爲取回，使之仍前恬然在任，不免外夷覷我强弱，將來之患誠不可測一節。緣外夷犯邊，殺死參將，委的事重，若不將陳鏸等取回問罪，不惟各邊將官聞風怠玩，無所忌憚，抑恐以後薊州一帶邊關官軍不知有法，愈加放肆，不肯用命效力，以後陳鏸之罪益加深重，難以自解，今日不取各官，固非朝廷之福，亦非陳鏸等之利也。伏望皇上軫念防邊事重，俯察公論，當從早賜宸斷，將陳鏸等取回究問，則綱紀振肅，號令更新，夷虜花當等易於征剿，陳鏸等心亦得安。

正德十年六月二十二日具題，奉聖旨："已有旨了。"欽此。

爲請究失事邊臣議處急切邊患事

看得兵科等科都給事中安金等、廣東等道監察御史高公韶等，各劾奏鎮守薊州等處總兵官遂安伯陳鏸、巡撫都御史王倬、鎮守太監王忻、守備太監蔣廷玉、兵備副使王玹等，各負委任，地方失事，要將陳鏸拿解來京，治以重罪，王倬罷遣，王忻、蔣廷玉取回閒住，王玹降調別用，急選賢能官員前去更替，又要將提督侍郎陳玉切責，等因。查得各官失事，先該本部題奉欽依，行巡按御史查了來説，并將王忻、陳鏸、王倬降敕切責外，今六科十三道官交章劾奏前因。臣等切惟，有功必賞，有罪必罰，此治天下之紀綱，不可一日而廢者也。科道之官，又所以振舉紀綱以扶持公道者也。陳鏸等既是各官交章論奏，公論不容，合無本部並吏部作急會推堪任總兵官、巡撫、兵備官員，並司禮監奏請差內臣二員，各前去更替陳鏸、王倬、王忻、蔣廷玉等，接管行事。將陳鏸提解來京，送都察院問罪，奏請發落，王忻、蔣廷玉取回閒住，王倬等罷黜，以正朝廷之法，以紓邊人之憤。仍請敕切責侍郎陳玉，俾用心提督見在官軍，勉圖後效。其餘失事官員，與陣亡官軍應否優恤緣由，再行巡按御史一併查勘明白，具奏定奪。惟復將今科道官劾奏陳鏸等情罪，再行巡按御史，通候查參至日奏請定奪，伏乞聖裁。再照兵科等科都給事中安金等奏，要本部速爲議處，務使全定安攘之策，大興聲討之師，痛挫腥膻之勢，復我邊疆三軍常勝之威，保我國家萬世全盛之業一節，與巡關御史張鰲山奏要發兵攻剿事理相同。見該本部題奉欽依，着桂勇操練團營西官廳前營官軍，待報啓行，合無本部將出軍一應事宜另行計處，奏請定奪。

正德十年六月二十二日具題，奉聖旨："是。這地方失誤事情重大，陳鏸着回京，王倬、王忻、蔣廷玉、王玹着戴罪殺賊，待巡按御史查參至日來説。陳玉已有旨了。其餘事宜陸續奏來處置。堪充總兵官的，便會推兩員來看。"欽此。

爲緊急軍情事

看得副總兵、署都督僉事桂勇奏稱，遇有緊急軍情，必得親信之人應用，庶克濟事，奏帶官旗、舍人一百三十員名前去應用，蓋因襲近年奏帶之例。但臣等竊詳，總兵出征，自有把總、指揮、千百户親信頭目傳布號令，奉行軍法，足勾應用。若奏帶太多，中間未免混雜無用，其本等把總頭目聞知帶多，懼怕奪功，生心懈怠，不肯用命，不無誤事。合無行令桂勇，將前奏帶官旗、舍人數内再加精選，果係智謀出衆、驍勇慣戰之人，量帶三五十員名前去應用，照例關與賞賜并正、馱馬匹，及照舊例，不分官、舍俱支口糧。到彼果有臨陣斬獲功次，聽紀功御史驗實，造報升賞。

正德十年六月二十六日具題，奉聖旨：“既是軍前用人，照前旨着帶去。”欽此。

爲預計處以便應援事

看得副總兵桂勇等各奏稱，遼東總兵官韓璽統領官軍五千員名在於廣寧屯住，差人計稟發兵日期。伊等議得，大兵西來，本鎮糧草不足供應，若在廣寧駐札，有警不及救援。乞要將三千員名分撥寧遠駐札，遇警徵調。先將二千員名差委指揮等官統領，前來本鎮，分作遊兵一節。查得先該本部議擬，止令總兵官韓璽挑選官軍三五千名統領調度，爪探夷人，如果退往前屯、寧遠等處，搶虜爲患，相機剿賊，應與桂勇會合策應者約會截殺，並不曾議及一片石關外會合情節。目今彼鎮官軍二次奮勇，斬獲賊級五十二顆，奪獲達馬一百六十一匹。訪知公差人員皆説賊已遁去，不敢近邊。若如所奏，遽調遼東官軍二千員名前來薊州，誠恐供給不敷，徒勞無益。合無本部鋪馬差人齎文，一面行移副總兵桂勇等，仍照原擬，多差乖覺人役遠哨賊蹤。如果遠遁，不煩征討，或虜賊陽爲躲避，陰實結構，復圖再舉，俱從桂勇等開具明白，具奏定奪。一面行遼東總兵官韓璽，亦依原擬整搠軍馬，止在本鎮地方駐札。如遇賊退前屯、寧遠等處地方，搶虜爲患，相機剿殺，應與桂勇會合策應者約會截殺。

正德十年七月二十二日具題，奉聖旨："是。還行文書與桂勇，着查探虜情的確，相機行事。遼東官軍准先調二千員名前來，聽桂勇分布戰守，其餘仍在本鎮地方駐札防禦，俱不許失誤。"欽此。

爲夷情事

看得巡關御史張鰲山所奏，副總兵、署都督僉事桂勇差舍人劉鼎遠哨虜境，招撫朵顏衛達子把歹等六名赴邊答話，功可紀錄一節。切惟朵顏衛花當部落去年至今犯邊五十餘次，又將參將陳乾殺死，因見近日提督侍郎陳玉、鎮守太監王忻、巡撫都御史王倬、巡關御史張鰲山等整飭兵馬，斬獲數多，大遭挫衄，異於往時，又聞朝廷遣副總兵、署都督僉事桂勇統兵征剿，大振天威，以此畏懼遠遁，不敢近邊。但臣等竊聞，自古制馭夷狄之道，叛則懾之以威，服則懷之以恩。所以本部原擬，今次出征雖無擒斬之功，能使虜衆畏服，情願照舊入貢，不爲邊患，或畏威遠遁，不可窮追，併聽開具事由，明白奏請，速行班師，正欲恩威並用之意。今桂勇乃能委用舍人劉鼎，宣布恩威，達於沙漠，致其信服，近邊納款，誠可嘉獎。但把歹等回還，與花當等說知，親來答話一節，未知從違，難便定奪。合無本部通行提督邊務侍郎陳玉、副總兵桂勇，並鎮守、巡撫、巡關等官，公同計議，如遇花當等親自到邊，悔過首服，照舊入貢，再不犯邊，殺死陳乾之人罪有所歸，就便督令王遠等譯審情詞真實，取具本夷親書番文，上緊會本具奏，本部再行議擬，奏請定奪班師。各官並舍人陳[五]鼎、通事王遠等功迹另行查議，具奏施行。若虜情譎詐難信，亦要設法隄備，不可輕忽，致墮賊計。

正德十年九月十四日具題，奉聖旨：“是。”欽此。

爲定地方專職業以圖補報事

看得整飭密雲等處兵備副使王玹奏稱，原任專管密雲黃花鎮一帶邊備，欽奉敕内開：“凡事干軍馬，須與密雲内外分守官員協和計議而行。”今密雲分守内外官改爲鎮守名目，乞要將敕内“分守”字樣改爲“鎮守”，以便行事。及奏稱東路薊州、永平一帶地方，原擬止管屯田、詞訟，不管軍馬，今欲聽東路鎮守並巡撫官委用管理軍馬邊務，亦乞換敕遵奉而行，將西路密雲軍馬事務不必干預一節。查得前項原添設密雲兵備副使，止管密雲黃花鎮邊備，與分守官計議行事；通管密雲并薊州、永平等處屯田、詞訟，聽巡撫官節制。今密雲内外分守官既已改爲鎮守，其兵備副使王玹原領敕書相應改換。及東路薊州等處邊備，原擬不曾行令副使王玹管理，難以另又請敕，令其通管。及查薊州、永平一帶屯田，見有户部郎中一員奉敕在彼專管。彼時兵部議設兵備副使，失於查照，又令副使兼管彼處屯田，十羊九牧，難以行事。況係弘治八年主事歐鉦建言添設，不係舊例，委的職掌未明，難以責委。合無本部移咨巡撫都御史王倬，待候彼處事寧之日，將王玹起送吏部別用，以後不必再設。其原參失事情節，候查勘至日另行定奪，伏乞聖裁。

正德十年九月十七日具題，奉聖旨：“是。王玹待事寧之日起送別用。”欽此。

爲速斷公罪以示勸懲以正軍法事

議得朵顏三衛夷人，世修職貢，爲我藩籬。近自正德九年正月至十一月，深入犯邊者五十次，殺死射死官軍男婦共六十七名口，虜去軍民男婦共一百六十七名口，被傷官軍男婦共六十名口。又乃益肆猖獗，戕我將臣，背德逆天，勢甚凶惡。自今年五月以來，各該提督等官仰承敕旨，惕勵圖新，將士效力，軍威大振，節次斬獲首級五十二顆，奪獲達馬一百六十一匹。自是虜賊破膽，關口百里之外哨無賊蹤，不敢似前入境侵犯，是皆皇上聖武布昭、付托得人之所致也。今既該巡按御史張鰲山查勘前來，除有功官軍人等本部查照功次文冊另議升賞外，其提督、鎮巡等官宣力效勞，委宜甄錄，伏望皇上斷自宸衷，分別輕重，將各官速加升賞，以酬其勞。

正德十年十月初三日具題，奉聖旨："是。提督等官有功可錄的，陳玉、王倬、王忻各賞銀二十兩、紵絲二表裏，陳鏸、王玹、程漢、張銘、馬永各賞銀十兩、紵絲一表裏。"欽此。

正德十二年三月內，整飭薊州等處邊備都御史臧鳳等奏稱，參將馬永等督率官軍在於洪山口關等處斬獲達賊首級三十顆。

爲料賊情酌軍馬撙節糧餉事

看得征進薊州等處副總兵桂勇奏稱，義院口等處駐札官軍糧草全無，人馬缺食。節差夜不收并參隨人役出境哨探，並無賊蹤。花當悔過，遣人來邊打聽，要於十月初間前來進貢。若不計處，不惟老師坐費，抑且糧餉不充。又稱京營并調來官軍原帶駄馬，山險道狹，相應發回，以省供給。若將本鎮見操領馬官軍二千員名、遼兵二千員名，及原選按伏三千七百員名，并分守等官部下人馬相兼分布，足勾捍禦。乞要議處，十月初間夷人果來進貢，就令京營并保定等處官軍防送赴京，惟復令行提督、鎮巡等官，將遼東并本鎮軍馬分布防守，先將所領官軍五千員名挈回一節。除遼東葛蔓統領官軍二千員名已調往陝西殺賊，別無定奪外，切照朵顏衞夷人，近因擾我邊境，戕我將臣，勢甚狂悖。皇上赫然震怒，特命副總兵桂勇統率京營官軍前去征剿。兵威壓境，虜騎潛蹤，不敢近邊駐牧者兩月有餘。花當自知悔過，遣人來邊打聽，要來進貢。是雖無犂庭掃穴之功，亦可以發舒華夏之氣。臣等切惟，夷狄爲患，自古有之。若彼既畏威遠遁，我却窮兵追討，不惟犯貪功之戒，亦且非御夷之體。況本部亦曾議及，若畏威遠遁，不可窮追，聽具由開奏，速行班師，不可老師坐費，以致食盡難繼，或貪功遠出，致有疏虞。已經題奉欽依，通行副總兵桂勇酌處去後。今桂勇既稱夷人要於十月初間進貢，又稱冬月將至，水冷草枯，縱欲侵犯，亦難大舉，欲將所領官軍暫且掣回操候，以省糧儲，所言有理。但查無彼處鎮巡官并提督侍郎陳玉奏到，難便定奪。合無本部行文提督侍郎陳玉，會同鎮巡官并副總兵桂勇，查照本部節次題准事理，從長議處停當。如果各夷照舊入貢，依擬整飭兵容，沿途擺列，一同班師。若不進貢，畏罪遠遁，亦就班師。俱不必猶豫不决，坐費邊儲。仍行巡撫都御史王倬，會同總兵官戴欽、鎮守太監王忻，嚴督各該關營分守、守備、把總等官，務要整搠士馬，振揚軍威，遠近聯絡，加謹瞭望。如遇夷人犯邊，拆墻搶掠，設法運謀，相機剿殺，毋致失事。一面星馳具奏，果係賊勢衆大，臨期再調京營并遼東官軍前去征剿，亦未爲晚。其守邊官軍亦不許哄誘妄殺，致啓釁端。倘若計慮不周，失機誤事，國典具存，難以輕貸。及照提督邊務本部左侍郎陳玉修邊圖册久已進繳，見今虜情亦頗寧息，班師之日，合就回京。

　　正德十年十月初四日具題，奉聖旨："是。這事宜還着提督、鎮巡等官陳玉等會同議處停當，具奏班師。"欽此。

爲料賊情酌軍馬撙節糧餉事

　　看得提督邊務左侍郎陳玉會同副總兵桂勇、太監王忻、總兵官戴欽、都御史王倬議得，朵顏衛差來親信人小失台等，告要進貢，仍於舊處住牧，則本夷來廷一念終不能忘，但懼誅之疑未能遽釋。目今邊境肅清，軍民安堵，是皆我皇上神武不殺之威、仁恩煦育之至而中外大臣謀猷審固、處置得宜之所致。要候本夷率眾入貢，姑從寬處，令與泰寧、福餘二衛續到夷人一體驗放入關，一面將番文具奏處置。若或阻或放，羈留關外，恐致驚疑奔竄，此後難於柔服。副總兵桂勇人馬在邊三月有餘，饋餉漸難，暫令挈回真定、保定。原來馱馬一千，兌給三屯等營官軍。遊擊等官劉寶等官軍共二千員名，暫留備禦，待冬深無警放回。仍預行遼東總兵官韓璽知會，若有聲息，許調遊奇人馬三千員名應援，等因。既該各官會同議處停當，事理周悉，別無定奪，合無通行各官悉依所奏施行。陳玉就與桂勇一同回京。其遊擊將軍劉寶所統官軍一千、都指揮盧鐺等所統達軍一千，暫留備禦，聽巡撫等官調用，候至本年十一月終地方事寧，徑自放回原衛，具奏查考。

正德十年十月二十三日具題，奉聖旨："是。既各官議處停當，陳玉、桂勇着回京，其餘各依擬行。"欽此。

爲傳奉事

看得整飭薊州等處邊備左僉都御史李瓚奏，要於團營內挑選精銳官軍，古北口二千員名，居庸關一千員名，白羊口、黃花鎮各五百員名，各領將官一員，分投防守，待報啓行一節。查得居庸關關口險隘，本處見在官軍四千三百六員名，足勾守把，合無本部行令分守本關指揮同知孫璽，將原有官軍整點齊備，用心防守，不許賣放離關歇役。如果本處軍少不敷，聽孫璽具奏定奪。仍行守備天壽山指揮關廉，一體嚴謹防禦。其古北口等處各有原設守把官軍，設使各官號令嚴肅，常川操練，亦勾守把。但古北口道路頗闊，黃花鎮守備羅奎等有警恐難獨當，合無本部行移團營提督内外官揀選精鋭官軍，古北口二千員名，黃花鎮、白羊口各五百員名。臣等推舉得署都督僉事傅凱、署都指揮僉事張安俱堪防守古北口，指揮福英、韓奈俱堪防守黃花鎮，指揮馬忠、高澤俱堪防守白羊口，伏乞聖明於内各簡命一員，照例請敕統領操練，仍聽團營提督内外官提督，待報啓行，前去各照地方，督同彼處官軍防守，事寧照舊。其古北口、黃花鎮、白羊口地方，着落參將李清、守備羅奎、丘泰，探有聲息，飛報前來，以憑督發。再行巡撫都御史李瓚，督令兵備副使王玹親詣密雲、古北口等處該管地方，不時往來點閘整飭，但有應該計處事情，星馳徑直具奏處置。

正德十一年三月三十日具題，奉聖旨："是。傅凱、福英、馬忠各依擬防守地方，待報啓行。"欽此。

爲夷情事

照得先該本部議得，把兒孫犯邊，殺死參將陳乾，關繫匪輕，百餘年來所無之事，以此奏請興師問罪，惟把兒孫一人不赦，所以明大義、正國體，非無故生事啓釁、徼功外夷也。今看得都御史李瓚等奏内明開，審得朶顏衛頭目扯禿等説稱"都督花當差我們來"，賷[六]着無印番文一紙。及看番文，内亦開"都督花當、男都督失林孛羅、弟幹兒路阿刺忽、頭目把兒孫懼怕叩頭"，不曾開稱係把兒孫一人獨自認罪進馬緣由，各官會奏，却要容令把兒孫進馬贖罪。竊考前代宋都汴梁，契丹據有燕地强盛，識者猶不肯示弱求和。今若容令把兒孫以數馬贖殺死陳乾之罪，恐非所以尊中國而示外夷也。合無本部行文都御史李瓚等，督令原審通事王遠等再審扯禿等，果係都督花當差來進馬，以禮搞[七]勞，驗放入關。若係把兒孫獨自差人進馬，仍照本部前擬，相機行事，設法擒剿，不可自示怯弱，致生侵侮，亦不可機謀疏漏，誤墮賊計。其各關口防禦事宜，比常嚴加整飭，以備不虞。

正德十一年五月二十日具題，奉聖旨："是。這進馬事情，還着巡撫都御史隨宜查審驗放。"欽此。

爲夷情事

看得整飭薊州等處邊備左僉都御史李瓚咨稱，本年五月二十日申時，朵顏衛小失台等六名説稱"把兒孫差我們來，叫扯禿等回去，只在三四日要行作歹是實"等情，又要將調到遼東官軍合無掣回薊州駐札，惟復仍留各該關營防守，等因。除遼東官軍已奉有前項欽依，着分布各緊要關營城堡協同戰守外，其叫回進馬夷人一節，緣朵顏衛夷人要來進馬，都御史李瓚等奏詞五月十八日方纔抄到，今咨稱五月二十日小失台等六名到關叫回，要行作歹，前後三日之間，不肯等候，便要挾制依從。且既以認罪爲詞，又以作歹爲説，豈藐爾臣服小夷所以敬事中國之體？而都御史李瓚等不能以大義責問，輒便畏懼，意欲朝廷決從其請，快小夷之志，損中國之威。萬一此虜得遂其請，肆其犬羊無厭之求，要我悖理難從之事，又將何以處之？況都御史李瓚等先奏扯禿等説稱"都督花當差我們來"，今奏又稱"把兒孫差我們來"，前後不一，止憑通事傳説之言，不曾責審歸一實情。及稱小失台等説要叫回扯禿等，三四日內作歹，亦不見聲説扯禿等即今是否回去。及照朵顏三衛頭目，每年進貢，自有常例。去年因把兒孫入寇，殺死參將陳乾，其父都督花當已曾進馬認罪，今又容把兒孫放言挾制，前來進馬，是舍其父而交其子，畏其强而納其詐，自古聖王制禦夷狄之道，恐不如是之卑弱也。伏望皇上將臣等前奏早賜宸斷，仍乞敕薊州鎮巡官整搠軍馬，嚴謹隄防，固不可徼功以啓外夷之釁，亦不可示弱以損中國之威，倘或失事，罪有所歸。

正德十一年五月二十一日具題，奉聖旨：“是。這進馬事情，還着巡撫都御史隨宜查審驗放。”欽此。

爲夷情事

近奉聖旨：“是。這進馬事情，還着巡撫都御史隨宜查審驗放。”欽此。臣等仰窺聖意，蓋以聖人不治夷狄，懷柔遠人，故令巡撫都御史隨宜查審驗放，以示含洪。但近該巡撫都御史李瓚奏來，把兒孫已差小失台等將進馬達子扯禿等叫回，只在三四日內要來作歹，誠恐都御史李瓚因見奉有欽依，惟知幸免目前無事，不與鎮守、總兵官公同計議，查審明白，徑自任意將把兒孫所差人容令進馬，遂使朝廷節次降到旨意明文皆爲虛詞，以後夷人再不信服。合無本部行文都御史李瓚，會同鎮守、總兵官計議，除進馬夷人已回外，若仍見在關外，務要遵照明旨查審明白。果係都督花當等差來進馬，以禮犒勞，驗放入關。若係把兒孫獨自差人進馬，相機行事，設法擒剿。不可自示怯弱，致生侵侮，亦不可機謀疏漏，誤墮賊計。其各關口防禦事宜，比常嚴加整飭，以備不虞。

正德十一年六月初一日具題，奉聖旨：“是。鎮巡官所奏夷情前後不一，還行與他每，照依恁部裏節次議擬，查審明白，相機行事。仍要加謹防禦，毋得止圖自便，不顧國體，因而廢弛邊備，責有所歸。”欽此。

爲議處虜患事

看得巡撫都御史臧鳳、巡關御史屠僑會議得，紫荆關修理新添隘口墩臺共九處，應添常守軍人共一百五十六名，乞要本部查照各該衛分依數定撥，嚴督各官火速一齊起撥，前去各隘口墩臺一節，誠爲防守之便。但不開所撥官軍定屬本關何衙門管轄，歲用月糧一千餘石并冬衣、布花定撥何州縣起運徵納，赴何倉庫收掌放支。雖稱動支銀兩蓋造房屋，未見蓋造完備，可以棲止。若就定限火速一齊起撥，誠恐該衛官旗乘機詐騙，賣富差貧，嚴督逼迫，到彼安插，不得其所，致生嗟怨，因而逃移。況將腹裏安業軍人全家遷發邊關隘口墩臺哨守，尤恐人情有所不便。合無本部行文巡撫都御史臧鳳，再行從長計議，躬親查勘，某衛某所軍殷實，可撥某隘口墩臺守把，隸屬何衙門管轄，動支何項銀兩蓋造房屋，可以安插得所，不致逃移。如果人情順便，別無違礙，就便會計每年該關月糧、布花實用若干，定撥何州縣起運，撥赴何倉庫交納放支，逐一議擬明白，處撥停當具奏，臨時本部會同戶部議奏定奪。

正德十一年六月二十二日具奏，奉聖旨："是。便着巡撫官議處停當來説。"欽此。

爲防守邊關事

看得都御史李瓚奏，要本部行令李琮，將所統官軍盡數分布緊要關營，協同本鎮官軍防守，其李琮就令統領前項官軍隨路駐劄一節。查得奏内，都御史李瓚要將李琮所統官軍三千盡數分派一十二處關口防守，未審李琮令其統領何口官軍爲是。況鎮巡等官未曾與李琮會議停當，徑自分派，以致李琮有詞。蓋分據要害，固是守臣之意；而分兵勢弱，又是遊擊之責。況薊州一帶邊關隘口甚多，虜賊衆寡及所入道路俱難逆料，必須謀算預定，指授明白，以堅壁固守責之主兵，以相機截殺付之遊擊，庶幾奇正相生，機變不失。苟昧變通之宜，執一偏之見，萬一失守，戰亦無施，僨事誤國，誰任其咎？合無本部行文薊州鎮巡官及遊擊將軍李琮，各要遵奉敕旨，凡事必須會同計議停當，方許施行，不可各執己見，致有誤事。其李琮所統遊兵三千，俱係有馬，若果零碎分撥，每口二百、三百，專一防守，委有未宜。合依李琮所擬，將所統兵馬於三路參將地方，每路委都指揮一員，管領官軍五百員名，與同彼處參將人馬會合，隨宜緊要關口防守，併力截殺。其餘官軍一千五百員名，聽李琮統領，於遵化等處隨便駐札，相機行事。若遇虜賊勢衆，一路擁入，亦聽李琮將原領官軍三千通調一處，併力衝殺。本處官軍亦要火速會合策應，不許自分彼此，逗遛畏縮，致誤軍機，自取重罪。其各關口原設守把官軍，如果數少不敷，別無縱放歇役情弊，巡撫都御史就便查照舊例，徵調腹裏操守軍舍餘丁并附近州縣民兵，委官管領，暫行赴口，協力防守，事寧即便放回。不許指以不准分布遊兵爲由，推托誤事。

正德十一年八月初二日具題，奉聖旨："是。這防守事宜都依擬行。" 欽此。

爲復召募以實軍伍事

看得提督東西兩路邊關都御史彭澤奏，據分守參將馬永呈稱，先年召募軍士操守地方，不期去任萬郎中吝惜小費，革退六千餘名，要行照舊查收。及稱准巡撫都御史李瓚手本，三路該添兵三千名，本處召募，不必徵調遼東、京營人馬。查得近該戶部會同本部議奏，爲因巡撫都御史王倬與管糧郎中萬斛會本具奏，指揮康臣等擅自召募新軍，名雖撥在關營，實則不曾守把，以此奏行巡按、巡關御史，覆勘明白，内止革退老疾等項四百六十二名，其餘四千三百餘名俱照舊存留。今參將馬永妄呈不實，且敢指斥郎中萬斛吝惜小費。若果依馬永所言，通召新軍九千，通計一年該用糧十萬八千石，布花在外，不知馬永分派何州縣起運，尚以爲小費不惜，而何費爲大可惜乎？及查調取遼東官軍，先因李瓚具奏調取，後發京營官軍三千，令都指揮李琮統領，前去薊州防守，亦因彼處失事，不能支持，不得已調發。今若又依李瓚之議，不必調遼東及京營軍，不惟京營官軍見今聲息未寧，難便挈回，抑且新召軍士臨渴掘井，不能濟事。所據馬永等識見俱有窒礙，難以准行。臣等再議得，自古開邊增戍，坐困中國，若忽內治而專事夷狄，未有不貽患者也。我朝設置邊鎮，屯聚軍馬，東起遼陽，西盡燉煌，延袤萬里，帶甲數十萬，歲用糧餉以數百萬計，爲因水旱蠲免，往往不繼告乏。如薊州一鎮，歲用糧四十餘萬，計其歲入，尚少八萬餘石，減折銀兩放支，軍多缺食。以此添兵一事，決有難行。若使巡撫、總兵等官撫恤有方，調度有法，平時慎固封守，有事暫調別軍策應，事畢罷歸，不立新法以困百姓，不執私見以亂成規，惟務內修外攘，自可長治久安。合無本部行文都御史彭澤，提督先差都指揮等官李琮、傅凱、張椿、張安、馬忠、福英等，續差金輔、陳珣等，先後共調發京營官軍一萬四千餘員名，各照原擬用心防守。遇有報到賊勢衆大，應該添軍，依律火速具奏，本部議擬奏請，再行督發官軍應援。若果宣、大地方報賊遠遁，事已寧息，亦便具奏班師，以省供給。東西二路一應關隘，俱照舊施行，不必創議新法，貽患小民。

正德十一年九月十七日具題，奉聖旨："是。這各該地方，還着都御史彭澤提督差去都指揮等官李琮等，照依原擬用心防守，互相應援。其關隘缺兵守把去處，待邊事稍寧，着陸續奏來，照數查議添補。"欽此。

爲走回人口傳說夷情事

看得監督軍務太監張忠、提督軍務侍郎丁鳳、總兵官左都督劉暉會本奏稱，據走回婦人張氏供說，在虜營時聽得說衆達賊八月間要搶大同、蔚州、廣昌等處，過山南真、保定地方。又説南朝打細的不見回來，又有回來的説京營多多人馬在邊上，俱起往北行，等黄河冰凍西搶等項情節，顯是虜賊遠遁。查得紫荆、居庸、薊州一帶邊關，京營差去防守官軍、馬匹數多，在彼住札日久，供費不貲，況今天寒，軍士俱無綿衣單寒。合無將原發京營官軍并領軍官員通行掣回，仍在該營操練，遇有警報，照舊發出各口防禦。提督各關左都御史彭澤亦令回京。其都御史臧鳳、李瓚照舊各關住札，會同鎮守、總兵等官，嚴督分守參將、守備等官，整搠原調外路官軍并本關原設官軍，加謹隄備，用心防守，遇有警報，星馳奏報，發兵防禦。待候燒荒，邊情十分寧息，另行議奏定奪。

正德十一年九月二十五日具題，奉聖旨："是。這地方既稍寧，提督都御史彭澤着回京管事，原發京營官軍并領兵官也着回營操練，其餘依擬行。"欽此。

爲夷情事

看得朵顔衛都督花當男把兒孫奏，要認罪叩頭，三十人進馬三十匹，不在三百人數一節。先該都御史臧鳳等奏，要不爲常例，量增入貢，已該本部議擬，題奉欽依，遵行未久。今把兒孫番文，要額外三十人進馬，合無本部再行都御史臧鳳，會同鎮守太監、總兵官，督令通事主簿許鳳、序班孟昇等，同的當官員查照先題奉欽依內事理，除已明白曉諭外，若把兒孫再差人答話，即便再爲曉諭。大意謂："四方萬國，只有中國爲尊；爾朵顔衛一家，只有都督花當爲主。爾把兒孫先引人來殺死參將陳乾，已有無君之心，是爲不忠；今要於本衛常例三百人外自差三十人進貢，是又有無父之心，是爲不孝。在前朝廷已差副總兵桂勇統領定州等處達軍搗爾巢穴，因爾遠遁，朝廷念爾父祖世爲藩籬，并花當不曾犯順，特從寬宥，班師不征。今爾不受爾父花當教訓管束，任意妄爲，姑且不問。若再來犯邊，朝廷必敕爾父花當將爾擒拿，解京治罪，爾悔無及。"遇有花當差人到邊，亦就省諭此意。其薊州鎮巡官務要申嚴號令，整飭武備，遇有侵犯，相機剿殺。如或怠玩無備，致有疏虞，假以不准添貢爲辭，推托誤事，咎必有歸。

正德十二年七月二十三日具題，奉聖旨："把兒孫既累次認罪，奏乞進貢，准他。"欽此。

爲夷人進貢事

參照朵顏衛都督花當爲伊男把兒孫撥置，節次犯邊，殺害將官，要求添貢，今次又獨要本衛三百三十人進貢，不容泰寧、福餘二衛一同前來。及至守臣以理省諭，假以黃毛達子要來搶殺、保守家小爲詞回還，仍要待候無事前來補貢。其泰寧、福餘二衛夷人畏懼朵顏强悍，初則不敢與之同來，後方乘隙入貢，以致過期，中間必有情由。合無本部移咨整飭薊州都御史臧鳳，會同鎮巡等官作急計議，嚴督分守、守備、把總等官，點閘各該關口原有守把官軍，常川在役，比常十分加謹瞭望，及將各關營官軍整搠操練，嚴謹隄備。如遇朵顏達賊侵犯，即便相機剿殺。若擁衆深入，預爲設備，徵調各路官軍協同戰守。再有聲息重大，星馳奏報，調兵征剿。不許似常怠忽，縱放軍人歇役離口，失誤傳報，及素不設備，一遇擁衆深入，因而失事，咎有所歸。若果以後朵顏悔過效順，願來補貢，合無由[八]赦其罪，聽彼處鎮巡官一面照例驗放，一面具奏施行。本部移咨禮部，轉行大通事舍誠等，譯審泰寧、福餘二衛見來進貢頭目塔卜歹等因何過期，不與朵顏衛夷人一同過關緣由，及別有夷情，逐一審問明白，具奏定奪。

正德十二年九月二十八日具題，奉聖旨：“是。”欽此。

爲傳報夷情事

看得整飭薊州邊備都御史臧鳳等奏稱，通事主簿許鳳等審得，朵顏衛都督花當男打哈等説稱，“我父花當同兄把兒孫差我們來報，有都督失林孛羅説稱，累次差人告討六百人進貢不准，要收拾人馬，往西邊做賊。有父花當同兄把兒孫等闌當他了，不知他如何”，又説“我們衆達子幾時來進貢？好收拾馬匹來關聽候”等語。許鳳等當時省諭，照常於閏十二月初旬來，量給酒肉、鹽米、布匹等物，撫賞回還，等因，具本題知。臣等切詳，朵顏達子把兒孫惟欲要求添貢，造爲交通北虜之説挾制中國，今年萬壽聖節乃敢不與泰寧、福餘二衛齊來進貢，意欲聳動朝廷，俯從所請。及本部堅執大義，奏准不許，因見所謀不遂，思欲來貢，又恐朝廷罪責，不容放入，以此假以報事爲名，歸罪於失林孛羅，逆探我意。事雖遮飾，終有悔罪效順之意，係是夷狄，似不足較。許鳳等省諭，令其照常閏十二月初旬來，深得撫待夷狄之體。合無本部行文薊州鎮巡官，將主簿許鳳、序班孟昇並魏宗淵等以禮獎勵，督令用心等候。如遇朵顏夷人前來進貢，即便設法省諭，以爲“既是失林孛羅不順，爾朵顏父子效順，准爾照常年事例人數驗放入貢，其以前失誤進貢，奏請寬宥，姑免爾罪”。一面嚴督各該參將、守備、把總等官，督令哨守人役比常十分加謹隄備。倘或設詐侵犯，就便相機剿殺，毋失事機。聲息重大，本處官軍不能禦敵，星馳具奏定奪。不可因其來貢，懈弛邊備，致有疏虞，咎必有歸。

正德十二年十二月三十日具題，奉聖旨：“是。這夷人既能悔過效順，准照舊補貢。還行文與鎮巡官，着通事許鳳等省諭他。其餘事宜各依擬行。”欽此。

爲夷人求討事

看得右少卿舍誠等審取夷情，除孛兒只并鮮昆告要襲伊父職事情由另行查議具奏外，其朵顏衛頭目脱桶阿説稱，本衛都督花當次男舍人把兒孫差來，因進貢外進送被虜漢人男女張舍等二名，又説牛兒年又進送被虜男婦二名，通共進送男婦四名口，都交與總兵官都堂收了，討升大頭目職事，管束本衛人民出力一節。查得把兒孫爲因先次添貢、後次不添屢來犯邊，殺死參將陳乾等，本部節次議奏，把兒孫罪在不赦，中外共知。去年把兒孫又來犯邊，挾求入貢，本部執奏，不可准從以啓釁端，蒙特旨准他。今把兒孫因見挾求得計，又令其頭目脱桶阿假以進送男婦四名口爲由，討升大頭目職事，管束本衛人民。若再輕准，將來狼[九]豕無厭之求有何紀極？況朵顏衛部落人民自有伊父都督花當管束，把兒孫所請實有無父之心，尤爲可惡。合無本部行令舍誠等，明白曉諭脱桶阿，回去説與把兒孫："爾前罪過既已寬宥，今又要討大頭目職事，管束本衛人民，置爾父於何地？如爾肯着實改過，輔佐爾父花當管束所部，三五年再不犯邊，爾父來奏，朝廷方有恩典。如爾不聽父教，再來犯邊，決不容恕。"其進送人口，行與薊州鎮巡官查勘是實，照依彼中事例量加給賞，以慰其心。仍行鎮巡官，以後務要恪守成規，不許任情輕率，額外奏討添貢，示弱求和，開啓邊釁，如再故違，咎必有歸。

正德十三年二月二十三日具題，奉聖旨："是。都依擬行。"欽此。

爲夷人求討事

看得泰寧、福餘二衛頭目伯牙孩等奏稱，有朵顏衛人民倚他勢力，奴婢每多被他苦楚，今奴婢大小人民求討別處關口往來，進貢出入便益一節。查得朵顏、泰寧、福餘三衛夷人進貢，俱由大喜峰口驗放入關，係是舊例，今泰寧、福餘二衛夷人奏要別處關口驗放難准。合無本部行文薊州鎮巡官，以後三衛夷人入貢，照舊於喜峰口一同驗放入關，不許朵顏衛夷人恃強占阻。如朵顏衛夷人恃強阻當，聽泰寧、福餘二衛夷人徑自與伊分理執論。

正德十三年二月二十九日具題，奉聖旨："是。"欽此。

爲明大義以服邊夷以弭邊患事

查得朵顏等三衛自來進貢驗放夷人三百名，係是舊例。正德九年准添六百人，後復不准，遂啓殺死參將陳乾之釁。正德十一年，於朵顏等衛常例三百人外，又准朵顏頭目花當男把兒孫三十人進貢。以後守臣不能禁止，將以爲常。今正德十三年九月驗放夷人，都御史張潤等乃能遵守舊規，開明大義，阻止把兒孫非禮之貢，誠可嘉獎。其要本部於各夷回還之日戒飭，及請敕彼處鎮巡宣諭一節，見今來貢夷人將回，未奉有旨，難擅戒飭。合無本部行文都御史張潤，會同鎮守官員，依奏召集省諭施行。但撫順夷情，固在曉諭明白，尤在防禦有道。況犬羊夷性，惟知貪利畏威，非口舌所能馴服。合無本部行文都御史張潤等，務要運謀設策，修舉邊備，通達烽堠，申嚴紀律，一遇侵犯，務使痛遭鉏毗，不敢近邊，斯爲得策。不可倚信夷人，玩忽邊備，倘致失事，咎必有歸。其省諭各夷之時，雖以禮義爲主，必須示以兵威，庶彼知畏。仍將省諭過緣由及修舉邊備方略具奏查考。

正德十三年十一月初二日具題，奉聖旨："是。"欽此。

遼東類

虞舜以冀、青地廣，始分冀州東北醫無間之地爲幽州，又分青州東北、遼東等處爲營州。國朝自山海關以東置遼東鎮，周迴數千里，蓋兼古幽、營之地而有之，設都司一，衛二十有五，州、所各二以控制之。其外諸夷，各因其類設衛三百二十八、所二十四，各授以官職，令每歲來朝以羈縻之，每衛不過五人。至於朝鮮，遵奉正朔，歲入朝貢，視前代獨爲恭謹，內安外順，固無足慮。然以海西、建州女直諸夷往往桀驁難制，成化以來，議當剿者，恒以姑息縱賊爲害；論當撫者，又以貪功啓釁爲非。然其機繫於本兵，必欲視順逆之勢，得剿撫之宜，而處之不差，斯亦難矣！嗚呼！金起女直據中國，遼東邊備其可忽哉！

爲嚴武備實邊儲以防禦强虜事

看得巡撫遼東都御史張貫等奏稱，合無於開原暫添兵備副使一員，領敕前來開原住劄，整飭兵備，操練軍馬，查考錢糧，清理詞訟等項，有事與分守官計議而行，惟復止照本部先議，分守、分巡等官，每季輪流一員，前去提督巡視，等因。各官之意，蓋謂以救弊而言暫設亦可，以經常而論不設亦得，因無定見，故持兩端。查得遼東地方先已設有布、按二司官二員，各與巡撫、巡按官同處一城，不肯常川巡歷到彼，以致開原邊備廢弛，弊實有因。合無不必另設兵備，仍照本部先次題准事理，守巡官每季輪流一員，前去開原駐劄，整飭邊務，禁革奸弊。如有故違，不去開原駐劄，聽巡撫、巡按官參奏究問。如此官無冗濫，事亦修舉。

正德十年七月三十日具題，奉聖旨："是。"欽此。

爲炮火聲息事

看得左都督劉暉奏，要兼程前去遼東，挑選精銳官軍三千員名，前來近京緊要處所操候一節。查得先該都御史李瓚奏，已經題奉欽依，調取遼東官軍三千員名，限四月二十日到薊州駐札外，今劉暉奏，要親自前去挑選，蓋恐彼處鎮巡官員各爲地方，挑選不精，誠爲有見。但劉暉奉命充總兵官，在於京營挑選人馬，事方舉行，難以遠去。合無令劉暉將遼東堪以領軍官員、頭目從公推舉，開報本部，轉行該府，差官賚文馳驛星夜前去遼東，交與鎮巡官，并劉暉徑自札付所舉將官，將見在人馬逐一挑選停當，開造年貌文册，寬限四月二十五日前到薊州駐札，不許時刻阻誤。其官軍仍依原擬，聽都御史李瓚等調度防守。以後賊情變動，就聽劉暉統領征剿，臨時再行議奏定奪。若所調遼東官軍挑選不精，不堪征戰，罪坐原挑選之人。其京營官軍，仍照原擬聽劉暉并桂勇、賈鑑不妨原管西官廳營務公同挑選，操練備用。及照總兵官劉暉合用跟隨頭目、軍伴人等，合無行移該營，俱照提督團營總兵官事例，上緊摘撥應用。

正德十一年三月二十八日具題，奉聖旨："是。遼東人馬，便着劉暉推舉堪以領軍的官一員，挑選停當，前到薊州駐札，不許阻誤。其餘依擬行。合用跟隨頭目、軍伴人等，還着劉暉酌量開具來說。"欽此。

爲傳報緊急賊情事

看得巡撫遼東都御史張貫等奏稱，本鎮輻圓千里，夷虜環繞三面，未及一月，傳報數十餘次。及稱滿蠻報說，花當與大達子見結一處，要搶廣寧，聲勢頗大。各城兵馬自正德六年以來徵調

頻煩，逃亡相繼，見在雖有五萬有餘，其實今不如昔。近調薊州
兵馬，俱各零分營寨設伏，是以遼東緊用之兵而守關西少緩之
地，彼賊何日而來，我兵何日可回，要將兵馬三千行令掣回本鎮
防守，以後不許請調一節。查得遼東官軍自來不曾徵調，自正德
六年調取以後，遂襲爲例，誠有如張貫等所論者。近日宣府巡撫
都御史王純先奏，要調遼東官軍口外殺賊。薊州巡撫都御史李瓚
隨奏，要調遼東官軍防守薊州邊關。建議者又往往以團營人馬不
堪調用爲言，管營者又切切以團營人馬不必揀選爲意。本部慮恐
一時虜寇侵犯深入，只得依都御史李瓚所擬，又因左都督劉暉奏
准，徵調遼東人馬三千在於薊州駐札，皆救濟一時不得已之計。
今若又依都御史張貫等所奏，即便掣回，是征伐調遣不出於朝
廷，而紛紜論列各係於藩鎮，揆之政體，甚非所宜。合無將見調
到遼東人馬三千仍依原擬薊州駐札，聽候調用，待後賊情稍緩，
具奏掣回。以後務遵舊規，不許似前擅擬奏調。其遼東賊情，行
令總兵官韓璽等務要用心協力，挑選精銳官軍，相機戰守，保固
地方，不可推稱調兵，懷忿誤事。再照奏內開稱，本鎮食糧冊內
雖有官軍八萬三千八百一十七員名，見在實有五萬五百七十八員
名一節。切緣官軍八萬，實有五萬，其餘三萬數內，未審爲何俱
不堪用。及見在五萬數內，又未審爲何必待今調薊州三千方可戰
守。若使今調三千可以控制遼東三面夷虜，則其餘八萬之數盡是
冗食無用。節年科道等官建言清查，并近日給事中殷雲霄、朱鳴
陽等具奏事理，正慮各邊有此冗兵情弊。合無本部行文都御史張
貫，督同管糧郎中並布、按二司守巡官，查照本部節次題准事
理，逐一清查回奏，務使冗兵沙汰，邊儲節省，緩急得用，不誤
事機。

　　正德十一年五月二十九日具題，奉聖旨："是。遼東官軍已
調到薊州駐札的，查原擬行，事寧具奏掣回。今後若無緊急賊

情，不許輒議挈調邊兵防守内地。冗兵情弊，便着清查了來説。"
欽此。

爲夷情事

看得巡撫遼東都御史張貫等所奏，撫處夷虜，防範事情，似爲周備，但開原地方今年五月内失事，見今查勘未報，皆係分守等官平日疏於防範，怯於戰鬥，致使地方人民盡受其害。今福餘衛虜酋聚衆三千，乞討賞賜，雖稱講和入市，其實探我虚實，邀求不遂，必肆侵犯，慮恐鎮巡等官計處不周，仍蹈覆轍。合無本部馬上齎文交與都御史張貫，會同太監、總兵官再行計處，將挈回遊擊兵馬隨宜督發，前去協同防守。如果各虜解放弓箭，罄身入市，必須整飭武備，懾之以威，照例賞勞，懷之以恩。仍明白曉諭，各修世貢，勿聽奸夷誘引，自取誅夷。若果梟獍不服，欲肆侵犯，亦要振揚兵威，相機戰守，務挫其鋒。固不可輕率寡謀，墮於賊計。亦不可懷疑示怯，致誤事機。如違，責有所歸。

正德十一年九月十七日具題，奉聖旨："是。這處置防守事宜，都依擬行。"欽此。

爲計處夷情以靖地方事

看得遼東巡撫都御史張貫、鎮守太監郭原、總兵官韓璽奏，要會官計議，行令彼等挑選各路兵馬，分爲奇正哨掖，整搠齊備，督令各該副、參等官統領，分投一齊出境，直至犯邊賊營。若係長壯達賊，盡行誅戮報官；幼男婦女，俘獲解京。巡按御史與守巡官員隨營紀録功次，管糧郎中督運糧料軍前應用。焚彼巢穴，毀其委積，振旅而還，等因。臣等議得，禦夷之道，撫剿二者不可偏廢；撫剿之法，順逆二者不可混施。查得成化十四年，建州海西夷人犯邊，都御史陳鉞主於剿，侍郎馬文升主於撫。以剿爲是者，病撫之不能息兵；以撫爲説者，忌剿之或啓邊釁。卒之命將出師，擣巢殺戮，雖威振殊俗，而至今藉口，思欲報仇，蓋由撫剿之勢有所偏執而不能審順逆之宜故也。今建州等賊叛服不常，乘機寇掠，節次侵犯開原、清河、鹹場、靉陽等處，殺死官軍，殘害地方，照依成化年間事例，興師問罪，未爲不宜。但詳奏内建州左衛都督脱原保等説稱"孛速合、金奴尚曳四等做了賊，我們勸化他不從"，建州左衛都督尚哈説稱"有都督牙委哈的兒子金奴尚曳四，與左衛趙士四、哈桑、失哈四個人商量做賊，我們攔當他不住"等情，顯是中間亦有歸化效順之人，若便擣巢殺戮，未免玉石不分。成化十四年，本部尚書余子俊等所議，以爲"寧成功於門庭之間，勿遠致於敵人之境。來則擊之，使無遺類；去則置之，不必窮追"等語，誠爲至論。近日靉陽等處節報賊眾三千入境，斬首五十三顆，國威自振，虜自知畏，何必擣巢盡誅，然後快心？合無照依成化十四年事例，不必會議，本部馬上齎文交與遼東鎮巡等官，督令通事人等於各夷近邊答話，及入市交易之時宣諭朝廷恩威，大意謂："爾等世受國恩，每年進貢，宴賞甚厚。今速長加等自作不靖，犯我邊境，朝廷欲照成化年間事例，整點人馬，擣爾巢穴，大加殺戮，使爾種類無遺，事無難舉。但念中間必有歸化效順之人，如都督脱原保等所説情詞，不忍一概誅戮。今後務須堅守臣節，敬順朝廷，不許聽信奸夷誘引，一概犯邊。各夷中間有能擒斬速長加等曾經犯邊達賊者，鎮巡等官審實具奏，大加升賞，以酬其功，決不失信。"將宣諭過緣由回奏查考。其鎮巡等官務要協謀計議，料度虜情，調集精兵，預謀戰守。夷人納款、進貢、交易照例施行。倘來犯邊，督兵剿殺，如近日靉陽舊古河之捷，升賞自不吝惜。若賊勢敗散，料無伏兵，亦許乘勝追逐，出境剿殺。但不許擣巢窮追，妄殺無辜，或墮賊奸計，責有所歸。本部仍通行府部院寺科道等衙門，但有處置遼東夷情長策，本部計慮所不及者，悉聽明白陳奏，采擇施行。

正德十一年十月二十八日具題，奉聖旨："是。這宣諭等項事宜，恁每既議處停當，着鎮巡等官都依擬行。"欽此。

正德十二年二月，遼東鎮巡官奏報捷音，分守開原右參將孫棠領兵追斬犯邊達賊首級九十五顆。

爲傳報逆虜戕害官軍請復本鎮兵馬拯救地方事

看得巡撫遼東都御史張貫等奏稱，正德十二年四月二十四日，達賊三千人馬從清河堡地方鴉鶻關進入，射死隊伍官軍周錦等。次日卯時，射死都指揮徐政，指揮班鍇、康繼宗等官軍，不知的數。及稱遼東地方諸夷相鄰，三面受敵，一聞精兵薊州聽征，乘隙絡繹而來。乞要計議，如果口裏地方稍緩，速將蕭滓等官軍督發，前來應援，以救緊急，待候事寧，仍聽調征一節。參照鎮守遼東總兵官韓璽、巡撫都御史張貫、太監郭原，與副總兵孫文、遊擊林睿等，明知建州、毛憐、海西三衛達子陰謀搆結，要來犯邊，不行用心謀議，選調人馬，申嚴號令，預備戰守，止憑文移轉行加謹防範，以致衆寡不敵，損折官軍，通屬誤事，俱合拿問。但見今彼處賊情未寧，緊關用人，中間失事情罪輕重未經查勘明白，合無請敕切責韓璽、張貫、郭原、孫文、林睿等，各令戴罪殺賊，洗心滌慮，加意籌畫。查勘鄰近三衛達子地方城堡，如果原設兵少，不堪禦敵，應該作何調取備禦可保無虞，應施行者就便從宜施行，應具奏者奏請定奪。仍要嚴督守把、按伏等官，今後務要嚴謹烽堠，多方哨料賊衆多寡，務在先知，以爲進止。可戰則戰，固不可嬰城自衛，縱賊搶掠；可守則守，亦不可貪功輕出，致墮賊計。各官果能悔過立功，亦可少贖前罪。如或無功，再有失事，國典俱在，必難逭逃。本部仍咨都察院，轉行巡按遼東御史，親詣前項地方，查勘失事起根情由、各官情罪輕重并有功、陣亡官軍，逐一明白，具奏定奪。應提問者就便提問，干礙韓壐等，指實參奏施行。及照遼東一鎮，食糧官軍八萬有餘，自正德六年以來，節次調取二三千人前往山東、河南、江西等處殺賊。前項事例，案卷見存，非由今日創始。中間又曾調在山東無事防守，亦曾屢調薊州無事防守，彼時未聞建州三衛夷人乘隙入寇。去年九月內，遼東靉陽等堡達賊犯邊，官軍斬首五十三顆，彼時遼兵三千正在宣府殺賊未回。今年四月二十一日，廣寧地方達賊犯邊，官軍斬首二十七顆，彼時調來薊州官軍三千亦已起程。前項二處獲功，未聞籍此三千之數。及查遼東官軍，先年不過五六萬，精銳可用，歲用糧草，除本處屯糧及山東麥價、布花外，京運銀不過五萬兩。後因巡撫官員不能修復舊規，往往生事召募，軍添八萬有餘，年例增銀至一十五萬兩，又每年開中鹽課，常告缺乏。臣等爲因遼東軍多無用，奏行查勘。張貫等朦朧回稱，除冬操夏種守臺步軍外，止有堪戰官軍五萬。本部又於去年五月內奏奉欽依，行張貫等上緊查勘回奏，延今一年之上，廢格不行，已該本部別本參奏外，今張貫等乃以清河堡失事歸咎於劉暉所選人馬，要行發回，不開清河堡官軍，劉暉選帶數內有幾。若依所奏發回，亦必各散城堡，其於清河堡有何相干？顯是張貫等既無謀略以防邊，又假浮詞以遮飾，變亂是非，沮撓軍法，尤爲有罪。查得參將蕭滓原領見在薊州駐札人馬三千，爲因宣、大守臣奏報虜衆大營近邊住牧，見該本部議擬奏請調去宣府防禦外，張貫等所奏難准。其奏稱額運銀兩不得接濟，乞要早發前來一節，合行戶部查奏定奪。

　　正德十二年五月十八日具題，奉聖旨：“是。郭原、韓壐、張貫等都寫敕切責，着戴罪殺賊。待地方稍寧，着巡按御史備查失事情由并各該官員功過大小，一併奏來定奪。”欽此。

爲議處邊夷朝貢事

議得自古制馭夷狄之道，服則懷之以恩，叛則懾之以威，處置得宜，彼自畏服。今遼東鎮巡官太監郭原、總兵官韓璽、都御史張貫各能宣布朝廷恩威，齎降敕旨，致夷信服，取有三衛不致侵犯邊境印信番文，事雖若細，實關國體，所據各官誠可嘉獎。合無本部行文鎮巡官，時常約束副總兵及沿邊備禦、通事等官，務要各遵原題奉欽依內事理，料度虜情，預謀戰守。夷人納款、進貢照例施行。倘來犯邊，督兵剿殺，有功升賞不吝。若賊勢敗散，料無伏兵，亦許乘勝追逐，出境剿殺。但不許搗巢窮追，妄殺無辜，或墮賊奸計。亦不許因其納款懈弛邊備，致有疏虞。

正德十二年八月二十三日具題，奉聖旨："是。這夷人既已聽從宣諭，不敢犯邊，恁部裏還行文與鎮巡等官，着約束各該將領，不許輕易出兵。待其來貢，務要隨宜撫待，使知畏威懷德。其餘事宜都着依擬行。"欽此。

爲缺衣禦寒事

看得遼東右參將署都指揮僉事蕭淬呈稱，原選調宣府征進官軍，來時各穿夏衣，即今八月，天氣漸寒，缺錢置買綿花，乞要給衣禦寒一節。查得常年各邊調來策應官軍，原無另給胖襖袴鞋事例。前項正德八年延綏遊擊李愷官軍三千員名調來山西策應，正德九年遼東遊擊林睿調來薊州住札，俱該工部并本部議擬奏准給與胖襖袴鞋，蓋念調征之苦，時將寒凍，不能自備衣鞋，所以不拘常例給與，實非過也。今遼東官軍自遼東遠來，調去宣府住札策應，又非先年遊擊李愷調在山西住札之比，若不准給，軍士受凍致疾，將何責其效力殺賊？若遼東官軍既准給與，其延綏官軍連年調出在外，比之遼東官軍，勞苦尤甚，若不一例准給，誠恐恩惠不得均普，致生嗟怨。合無本部移咨工部，查照前項李愷、林睿事例，不爲常例，將蕭滓、杭雄、朱鑾、周政各領官軍俱照數查給胖襖袴鞋，庶使調出在外軍人不受寒凍，緩急可用。

正德十二年八月二十八日具題，奉聖旨："是。蕭滓并杭雄等所領遊奇官軍，俱准照數與胖襖袴鞋，不爲例。"欽此。

爲夷人買送被虜官軍乞要朝貢事

看得巡撫遼東都御史張貫等題稱，夷人都里等先年原在開原地方朝貢，後因海西達賊挾仇殺害，躲在建州地方寄住，今用人畜買贖官軍王良等送來，齎執敕書，要於撫順地方進貢。查得舊例，海西夷人遞年開原進貢，每衛原額不過五名。今都里等欲向撫順朝貢，不係舊規，乞要從長計議，合無俯就夷情，暫令今歲撫順入貢，以酬其勞，後不爲例，惟復仍照舊規開原朝貢，送到之人，定與犒勞之資。其王良等係臨陣被虜送回人員，應否問擬免罪，伏乞聖裁定處一節。照得各處夷人進貢，放入地方俱有定所，行之年久。今遼東鎮巡官奏，要撫順夷情，暫准忽石門衛夷人都里等從撫順所入貢。事當謹始，本難輕准，但都里等贖取被虜官軍而來，情有可嘉。又稱恐海西達賊仇殺，不敢往開原經過，詞有可據。況該貢不過五名，若就阻回，恐失夷人向化之心。合無本部行文鎮巡官再加詳議，都里等果因懼賊仇殺要從撫順所入貢，別無窺避違礙，暫准今歲入貢一次，後不爲例。其贖送官軍勤勞，就聽鎮巡官斟酌計議，給賞犒勞，務得其宜。千戶王良、軍人秦仲加力屈降虜，雖被贖回，終屬有罪，合無行巡按御史提問，查議發落，并查原將王良、秦仲加捏作射死陣亡經該人員，一併提問施行。

正德十二年十二月十八日具題，奉聖旨："是。依擬行。"欽此。

爲傳奉事

本部欲便遵照傳奉欽依内事理，行翰林院請寫敕書，但今山海關見有守備指揮季英及有主事黃綬守把，今又添分守内臣，誠恐職掌不一，設官過多。及查潼關，係是陝西、河南腹裏經行關口，舊例不曾設有内臣分守，本部不敢擅擬責任。合無山海關照舊令守備指揮與主事守把，潼關照舊令本衛官軍守把，太監王秩、黃玉候有各處額設分守官員缺委用。

正德十三年三月二十一日具題，奉聖旨：“已有旨，差用了罷。”欽此。

爲朝貢事

看得巡撫遼東都御史張貫等題稱，正德十二年閏十二月内，有建州左衛都督脫原保等一百餘名到驛說稱，賊首奏事九山等帶領三千人馬到章成寨請要講話，等因。隨令指揮劉尚德等速差通事佟斌等出境，分投前去建州等三衛地方曉諭各山各谷，都已說週，陸續各帶方物前來朝京。及稱建州三衛等夷獷狠狼貪，叛服靡[一〇]定，成化年間屢肆荼毒，再煩王師，財力大耗，禍變方消。正德八年，海西加哈義等賊謀作不靖，勞撫安之使，費府庫之財，荷戈之卒暫得息肩。今建州賊首敵殺官軍，剽掠人畜，仰惟皇上明見萬里，采兵部建議之長，假臣等撫剿之便，是以威伸異域，德化殊方，皆我皇上聖神、廟謨宏遠之所致也，必須處置停當，方得夷情畏服。及稱招諭指揮王綱、劉尚德各能祗承德意，事有成效；指揮白本，千户董欽，百户許寧，舍人佟斌、王用、白昶等親冒危險，收撫叛亂。乞要遇有前夷到京，再加從長議處，分別善惡，量加區處，或照切責敕旨，曲賜涵容。其番文所乞情詞，亦須審其情之逆順，斷以理之從違，諭彼遵奉，永不藉口。其劉尚德等，仍查先年通事馬俊等事例，應否量與恩典，以勵其餘，等因。臣等議得，遼東建州等衛夷人節年犯邊，遼陽一帶被其侵擾，歲無虛月。鎮巡官憤其怙惡稔亂，奏欲徵調士馬，為犁庭掃穴之舉。本部慮恐勤兵境外非計之得，故敢據理論奏。荷蒙皇上神武不殺，特加采納，俯賜施行，都御史張貫等乃能盡心籌畫，處置得宜，故三衛夷人相率來朝。既非啖之以繒幣，又非示之以怯弱，國體以正，地方得安。合無將今次來朝夷人，候到齊之日，本部照例會同禮部堂上官，督同大通事等官，於禮部明白省諭，宣布朝廷寬大之恩，釋其既往犯順之罪，與之更始，以廣我推誠之道，以堅彼效順之心。其求討事情，待番文到日另行查議，奏請定奪。各夷例有管待、下程、賞賜等項，各該衙門務要比常豐潔整齊，以示優待，如有遲慢，聽提督主事舉呈查究。通事指揮白本，千户董欽，百户許寧，舍人佟斌、王用、白昶等親冒危險，收撫叛亂，及指揮王綱、劉尚德祇承德意，事有成效，比與先年馬俊招撫事例，尤為得體，相應激勸。但數内佟斌、王用、白昶俱係舍人，例難升用。合無行令鎮巡官動支官錢，將通事白本等六員名、指揮王綱等二員各〔一一〕厚加賞賫，以勵將來。再照正德八年海西夷人加哈義等叛亂，特差大臣往彼招撫，增賞添貢，勞費失體，彼時鎮巡官俱得賞賫。今都御史張貫等無彼之費而有彼之功，合無請旨獎勵，仍各量加賞賫。臣等未敢擅擬，伏乞聖裁。

正德十三年五月十六日具題，奉聖旨："是。來朝夷人待到齊之日省諭等項事宜，都依擬行。白本等并王綱等准各升一級。鎮巡官各賞銀二十兩、紵絲三表裏，還寫敕獎勵。"欽此。

會同禮部省諭遼東進貢夷人詞語

比先朝廷有例，不許邊外殺你達子。你每大意，不肯照依常例進貢，分外求討賞賜，少不如意，便來邊上作歹。邊上人馬又不敢擅出邊外與你厮殺，以此達子慣了，常來犯邊。正德十一年，遼東鎮巡官奏，要動調大勢人馬，照依成化十四年事例，搗巢殺戮。朝廷念爾等係是外夷，不知利害，中間又有不作歹的，一概殺了不可，特敕遼東鎮巡官整點人馬，但來犯邊，就便痛加剿殺，亦許出邊追殺。若不犯邊，不去殺你。若來照舊投順進貢，也許你。此朝廷莫大天恩，與你每外夷不一般見識。這等做，向後達賊又來犯邊，官軍奮勇厮殺，該殺了多少達子，你每都是知道的。今你每畏懼朝廷法度，情願順服，照舊進貢，永不作歹，朝廷甚是歡喜，今以禮管待。你每回去，敕令省諭你每，務要傳說與眾夷人知道，今後各守本分，不許再來犯邊，也不許分外求討，添人添貢。爲何？中國錢糧有限，進貢夷人數目是洪武、永樂年間太祖、太宗皇帝定的，誰敢輕易許你加添？凡事只守常便好，若要生事作歹，挾制討便宜，這事都壞了。各要記着，以後效順年久，不作歹，你爲頭目的自有大恩典。

爲虜渠向化求討升職事

看得遼東鎮巡等官都御史張貫等題稱，會議得都指揮滿蠻番文，内稱節次將賊達子搶的漢人神鎗奪下送來，在邊出力報事，猪兒年失落了都指揮敕書，意欲討升。又稱本夷授職以來，本枝部落沿邊一帶並無犯邊，忠信向化，恪守信義。合無俯念歸向之誠，嘉其恪守之節，不爲常例，別換敕書賜與，以勉其勤勞，或量與升録，以勵其餘一節。臣等議得，夷人受職，不過羈縻之法，以堅其向化之念，非如中國官職，有禄俸之費也。今泰寧衛都指揮僉事滿蠻，先該遼東鎮巡官鄧璋等具奏升職，今遼東鎮巡官張貫等又奏換給敕書，或量與升禄[一二]，皆以並無犯邊、忠順向化爲詞。且如朵顏衛都督花當并其弟失林孛羅，鎮巡官奏與都督職事，近年以來，不時犯邊，及至朝貢過期。朝廷念係夷狄，姑准入貢，不問其罪。今泰寧衛都指揮滿蠻，自來不曾犯邊，誠心内附，加授官職，似不爲過。合無於滿蠻原職都指揮僉事上量加升職，請給敕書，賫[一三]付鎮巡官處，差人給付滿蠻收執，令其管束部落，堅守臣節。

正德十三年十月二十四日具題，奉聖旨："是。滿蠻准升都指揮同知。"欽此。

爲朝貢事

看得委官員外郎邊寧、主事趙伸會同大通事右少卿舍誠等，譯審得夷人一名同忽忽納哈，係建州右衛都指揮僉事咬納長男；又夷人一名阿捏哈，係建州右衛都指揮僉事亦令哈長男。咬納已死，亦令哈患病，各頂名來貢，各不知敕書改洗接補緣由。再三研審，執稱前因，別無證驗，虛實難信，等因。參照指揮劉尚德、通事千户王鉞等，既驗敕書接補改洗，不合不行省諭阻止，以致各夷頂冒都指揮官職赴京進貢，冒領賞賜，事屬有違。合無本部移咨都察院，行巡按遼東監察御史，將劉尚德等提問，依律議擬，照例發落。及照鴻臚寺通事劉恩、龔寬、金鉞、王臣承委覆審，亦不用心審驗，回稱並無頂冒，已該本部題准繳換，行取原敕到部，揭查堂稿底簿，並無咬納、亦令哈姓名，行令覆審，方纔得知頂名情由，亦合有罪。合無將劉恩等各量加罰治，惟復一體提問，伏乞聖裁。及照原來敕書二道，既有接補改洗情弊，查無底簿，顯有詐僞。合無本部差人將原敕書二道賫[一四]送遼東巡撫都御史處交割，會同鎮巡官將見拘留夷人同忽忽哈納、阿捏哈再行多方設法譯審，果各係咬納、亦令哈長男，事有證驗，省諭各夷回衛，鎮巡官明白具奏，准其襲替，繳換敕書。若不係咬納、亦令哈長男，俱係別夷頂冒，再無可疑，責其罪過，念係外夷，姑容放回，以後再犯，參究治罪。接補敕書二道，送遼東都司收貯，以備查照。今後鎮巡官驗放夷人進貢，務要審驗敕書明白真正，方許放入。如恐阻回嗟怨，止許以本等夷名驗放，毋容頂冒官職，致傷國體。亦不許指此一概阻絶，致生他虞。如或處置乖違，咎有所歸。

正德十四年三月十一日具題，奉聖旨："是。劉尚德等提了問。劉恩等也當提問，且饒這遭，還各罰俸四個月。今後夷人進貢，着鎮巡官依擬驗放。"欽此。

爲陳情辯理功罪乞恩比例分豁以圖後效事

查得俞雄原任都指揮僉事，正德十年四月并閏四月内，該管地方被達賊二次虜去軍人三名。該巡按御史問擬守備不設罪名，參稱情輕律重。正德十二年四月内都察院覆題，奉欽依將俞雄發邊衛充軍。俞雄又於正德十一年四月内被賊虜去臺軍七名，亦該巡按御史問擬守備不設罪名。該都察院亦於正德十二年四月内覆題，奉欽依將俞雄降二級。緣俞雄正德十年、十一年二次所犯俱係被賊虜去守墩軍人，都察院俱於正德十二年四月内覆題，奉欽依將被虜三名者發邊衛充軍，被虜七名者降二級。今因俞雄奏辯，又奉欽依於原職内降一級。若以先犯充軍原職論，係都指揮僉事；以後犯降級論，原職係指揮同知。今欲於原職内降用，合無於都指揮僉事原職上降一級，與做指揮使，惟復於已降指揮同知原職上降一級，與做指揮僉事。臣等難以定擬，伏乞聖裁。

正德十四年三月十六日具題，奉聖旨："是。俞雄原失事二次，先後勘問明白，已有旨降二級，與做指揮同知。"欽此。

校勘記

〔一〕□□，底本爲空格。

〔二〕“賁”，疑當作“賣”。

〔三〕□□，底本爲空格。

〔四〕“各”，疑當作“六”。明崇禎刻本明陳建《皇明通紀法傳全録》卷七：“今我朝罷丞相，設五府、六部、都察院、通政司、大理寺等衙門分理天下，庶類彼此頡頏，不致相壓，事皆朝廷總之，所以穩當。”本書卷十二《爲速出師以固重地慎選將以勘亂本事》：“當於本月十一日會同五府、六部、都察院、通政司、大理寺、六科、十三道官，將調兵征剿等項事宜計議明白具奏。”

〔五〕“陳”，疑當作“劉”。本書本卷本文：“巡關御史張鰲山所奏，副總兵、署都督僉事桂勇差舍人劉鼎遠哨虜境，招撫朵顏衛達子把歹等六名赴邊答話。”“今桂勇乃能委用舍人劉鼎宣布恩威，達於沙漠，致其信服，近邊納款，誠可嘉獎。”

〔六〕“賁”，疑當作“賣”。

〔七〕“搞”，疑當作“犒”。

〔八〕“由”，疑當作“曲”。

〔九〕“狠”，據明萬表《皇明經濟文録》卷三十四王瓊《爲夷人求貢事》當作“狼”。

〔一〇〕“糜”，據明萬表《皇明經濟文録》卷三十三王瓊《議處待建州事宜》當作“靡”。

〔一一〕“各”，疑當作“名”。

〔一二〕“禄”，據明萬表《皇明經濟文録》卷三十三王瓊《爲虜渠向化求討升職事》當作“録”。

〔一三〕“賁”，據上文當作“賣”。

〔一四〕“賁”，疑當作“賣”。

宣府大同類

　　宣府南至居庸關不及二日之程，北去虜地，近者僅百里許，故宣府守臣奏報境外虜眾住牧，則京師亦當爲之備。正統己巳，虜騎直犯京師，由内無備也。正德八九年間，虜營移住威寧海子，在宣府、大同之間，離邊不遠，嘗由大白陽口入寇宣府，遊擊將軍倪鎮、張勛禦之，敗死。又由順聖川入寇蔚州等處，又過雁門，寇太原，本處官軍皆不能禦。遣咸寧侯仇鉞，都督白玉、溫恭相繼出征，所統皆京營弱兵，調遣分布不得機宜。令右都御史叢蘭總制宣府、大同、山西三鎮軍務，牽制太甚。二年之間，糜費鉅萬，未得機會與虜一戰。正德十年，虜眾西移，住牧河套，爲患陝西。十一年春，復過河東，住威寧海子。瓊得報，即奏請於團營選將練兵，陰爲屯兵細柳之計。是年秋，虜賊又由大白陽口入寇，逼近居庸。時都督劉暉充總兵官，桂勇、賈鑑充左右參將，俱在團營操練，聽征已半年，素已有備。又遼東精兵見調在薊州，近京。至是報到三日之内，劉暉等即統兵出關。遼東兵外，京營官軍出者不過六千，亦皆精銳可用，馬亦膘壯。既出，與宣府兵合，軍威大振。虜營西移，住大同境外，劉暉等亦襲而西，駐兵大同。虜忽起營北去，近邊哨無烟火，方議班師，虜乃由大同西間道入偏頭關，寇鎮西。是時延綏勁兵驍將先已調山西三關内外按伏，遂得合兵一戰，虜賊大遭銼衄遁去，雖曰天意，謂無人謀不可也。況自初出至班師，首尾纔三月，費亦不多。虜賊自鎮西一敗，五六年來不復敢近山西三關，豈非有所懲哉？正德十二年，虜營仍住威寧海子。本部預奏設備，視正德十一年尤爲周密。大同鎮巡官哨探分布，亦中機宜。適車駕幸陽和，虜賊入應州，遼東兵已在陽和，待奏方發稽遲，大同總兵官亦在陽和回遲，杭雄等雖遇戰，不獲大捷，惜哉！

爲預防虜患事

議得宣、大二鎮共有官軍一十四萬，延、寧二鎮又設有官軍七萬，歲費糧儲數百萬計，專爲防禦虜寇。近年各鎮守臣因循怠忽，不肯預先料度虜情，運謀設策，調度軍馬，相機戰守，以致虜賊深入，得利而去，大肆猖獗，無所畏憚。及至朝廷命將出師，彼賊已去，留兵在邊等候，爲因邊地廣闊，彼賊出沒不常，不得恰好相遇一戰，以此勞費雖多，不能成功。即今若不將本邊將士戒飭，預爲隄備，虜賊過河，必來侵犯，倉卒計處，必蹈往轍，緩不及事，貽患非輕。臣等愚見，乞敕宣府、大同鎮守太監、總兵官、巡撫都御史會同計議，今年河凍，虜賊過河駐牧，作何設法隄備可保無虞，訪取熟知邊情地理之人，密切審問先年虜賊進境搶掠出入道路，應該調撥何城堡軍馬，在何地方駐札，可以正當賊衝，截殺取勝，於何地方按伏，可以邀其歸路，追剿得功。本鎮軍馬雖各散處城堡，必須量數挑選精銳官軍，記名聽候，有警調取，會合剿殺。務在料敵先知，算無遺策，不可互相推倚，因循苟安，及似常分調按伏，不當賊衝，虛應故事，以致虜賊深入搶掠，出入自由，定照葉椿、姜彬、高友機等事例拿問，取回降黜，必不輕貸。各將計議過隄備虜賊事宜明白具奏，不許含糊遲誤。

正德十年九月二十八日具題，奉聖旨："是。這預防虜患事宜，恁部裏行移彼處鎮巡等官知會。"欽此。

爲北虜大舉入寇隴州亦卜剌賊衆侵犯
洮岷事情緊急請命將官統兵征討事

看得巡撫宣府都御史王純等奏稱，本鎮兵馬數少，老弱不堪，目今在套大勢達賊得冰合東行，覘知我邊人馬寡弱，乘虛突然侵犯，誤事非細。乞要行右都督張洪，到彼相視，賊情稍緩，將余震原領官軍三千員名督發回鎮防守一節。照得原調余震遊兵，近該本部議擬，題奉欽依，行令右都督張洪到彼斟酌賊情緩急，或仍留或發回，徑自定奪外。今巡撫宣府都御史王純等又奏前因，緣本鎮先調余震遊兵三千，今又調去宋贇下三千、湛臣下一千，俱往陝西殺賊，委的本鎮精兵數少，有警誤事。合無本部行移提督軍務都御史陳天祥、總兵官右都督張洪，查照原擬，如果陝西各路軍馬足勾調遣，或賊已過河東行，即將余震遊兵三千發回本鎮防守，或隨賊聲勢所在，應援截殺，俱從宜施行，務在分布得宜，毋致兩相失誤，咎有所歸。

正德十年十月十八日具題，奉聖旨："是。便行與陳天祥等知道。"欽此。

爲預防虜患事

看得巡撫都御史王純會同太監于喜、副總兵陶傑所奏預防虜患事宜，除大同、三關、延綏，紫荆、倒馬等關俱不係宣府所轄，軍機難以遙度，及有礙舊例者俱難施行。其言添選精銳援兵，每軍一千，推委慣經戰陣謀勇官一員統領，編成司隊，造册聽候；選差乖覺夜不收哨探賊勢多寡、進入道路，舉放炮火，互相傳報，分布人馬，相機戰守一節。近年爲因賊至不得預知，報到方調軍馬，以致失誤事機，前項所言選定援兵、傳報炮火二事，深得禦虜之法。其言軍前執旗掛牌記功及臨陣退縮立斬示衆，俱係軍法舊例，亦合准行。合無本部行文都御史王純等，再與總兵官潘浩計議停當，就便依擬施行。務在料敵先知，調軍得勝，隨機應變，計出萬全。又看得各官奏稱，近日草枯，馬無牧放，賊不深入，明年春夏之交，青草茂盛，必然深入，京軍不必動調，止調本鎮官軍相機戰守一節，所言似亦有據。合無本部行文監督、提督、總兵等官張忠、陳天祥等會同計議，如果虜賊過河，腹裏草枯，不敢深入，探無聲息，就便具奏班師，京營操練，待[一]。聖旨："是。這預防虜患事宜，恁部裏行移彼處鎮巡等官知會。"欽此。

爲軍務事

看得巡撫大同都御史王憲會同總兵官時源、鎮守太監馬錫奏報，正德十年下半年實有馬、步官軍四萬六千二百七十四員名，及查管糧署郎中陳溥開報，下半年官軍五萬八千一百三十六員名，中間恐有私役隱占、冒支月糧等項情弊。合無本部移咨都察院，轉行巡按御史，會同戶部管糧郎中，吊取本鎮官軍食糧文簿，從公查勘實在官軍的有若干。其少報官軍，如有私役隱占及冒支月糧、開造差錯等項情弊，應提問者就便提問，應參奏者參奏施行。

正德十一年正月十八日具題，奉聖旨："是。這官軍實在名數，着巡按并管糧官查勘明白來說。"欽此。

爲軍務事

看得鎮守大同總兵官左都督時源將陝西、延安等衛所千戶等官李定兒等五員關支廩給，榆林等衛所千戶等官李潤等十八員名不支廩給聽用一節。切照各處鎮守官員，止許奏帶頭目五名。今若准其所奏，仍外多帶，各邊將官未免一概比例，濫乞奏帶，有壞舊規。合無將原帶千戶李定兒等五員行令跟隨本官聽用，仍要嚴加鈐束，不許生事擾人。其李潤等十八員名，係例外之數，難以准帶。

正德十一年二月初八日具題，奉聖旨："既在邊用人，都准他。"欽此。

爲邊務事

看得巡撫宣府都御史王純等奏稱，萬一虜賊整陣長驅，本鎮官軍衆寡不敵，莫能捍禦，各關以裹軍民勢必被害，奏要先期挑選京營，或動調遼東精銳官兵，行令謀勇將官如法操練，候有警報，督發前去各該關口按伏防禦，等因。都御史王純等蓋見近年胡虜強梁，侵犯得利，深憂遠慮，故有此奏，不爲無見。但查宣、大二鎮見有食糧官軍一十四萬，竭民脂膏以佐軍費，正爲防禦虜寇之計。設使鎮巡等官各能大揚軍威，布置得法，虜賊雖有長驅之意，寧無內顧之憂？若恃關內有備，邊備稍忽，賊來既不能拒，賊去又安能截？如前歲賊過三關，出入自由，是其明驗。合無本部鋪馬齎文交與宣、大二鎮鎮巡官員，同心戮力，計處調度，操練官軍，振揚威武，務使我軍有必戰之勇，彼虜有不敢深入之勢。或遏其前鋒，或邀其歸路，務期取勝，勿失機會。如有故違，罪不輕宥。本部再行延綏鎮巡官，照例將遊奇兵馬整飭，聽候調取，星馳策應，不許遲誤。及通行整飭薊州、保定、山西邊備都御史李瓚、臧鳳、李鉞，親詣各該關隘，點視軍馬，戒嚴隄備。臧鳳仍要移在保定住劄，以便經理。其各關口官軍，除舊有外，若應該添調別處官軍把截，併一應守口事宜，查照往年事例，應施行者就便從宜施行，應具奏者火速奏請定奪。仍各嚴謹烽墩，多方哨瞭，但遇有警，互相傳報，併力固守，務保無虞，一面飛報本部，奏聞區處。敢有縱放軍人，懈弛邊備，如馬蘭谷已死參將陳乾者，聽巡關御史指實劾奏，拿問更替。仍行總兵官戴欽、郭錦並參將李清、盧英等及守關指揮劉淳、孫璽等，敢有不行嚴謹，致虜越過關口地方搶掠，各照律例，治以斬罪，悔難追及。各該巡撫都御史仍責取各關口守備官不違依准存照。其遼東人馬，總兵官韓璽操練聽調。京營選將練兵事宜，本部另行議奏定奪。

正德十一年二月三十日具題，奉聖旨："是。這戰守、策應、經理、聽調等項事宜，恁部裏便行文與各該鎮巡等官，都着依擬行，有違誤的重治不饒。"欽此。

爲北虜擁衆入境搶掠斬獲首級
急請鄰兵預防復寇事

看得巡撫大同都御史王憲等奏稱，本年三月初八日，達賊二千餘騎在於貝家造地方與官軍三千對敵，追趕出境，要將有功、被傷官軍照例行巡按御史查勘一節。訪得大同公差人到京說稱，聞知大同走路人說，三月初八日，達賊千餘從大同城東門搶至地名花家屯，將滕指揮羊一百二十三隻被賊一人趕去。本鎮聞知，不敢發兵，只在四門舉火。賊到教場門外殺人，方纔發兵，行至貝家造，畏懼駐札等情。雖是傳聞之言，未知虛實，但密邇鎮城之外，達賊不過千餘，出入搶掠，肆無忌憚，雖稱發兵追剿，未見斬獲功迹顯著，萬一賊衆大舉深入，豈能支持？合無本部移咨都察院，轉行彼處巡按監察御史，將前項三月初八日達賊入境搶掠事情并官軍迎敵有無功罪查勘明白，體訪得實，具奏定奪。仍行總兵官時源等，務要整捌軍馬，嚴謹火堠，賊入先知，相機追剿，毋致得利全歸，重貽後患。及看得各官奏，要將原調延、宣、偏頭守臣兵馬催促，盡數督發前來，聽其分布追剿。如果賊勢猖獗，持久不退，各鎮守臣亦該照例整搠兵馬，兼程應援一節。查得舊例，各鎮官軍互相策應，止許徵調遊奇兵馬，其鎮城官軍各守重地，難以棄離本鎮，兼程前往鄰境應援。及查偏頭等關，原設官軍數少，防守本關尚不勾用，原無調出關外策應之例。前年爲因調出口外，以致達賊越過三關搶掠，以此都御史陳天祥奏准，三關遊兵不許動調遠出，係遵舊規，難再改議。其延綏遊兵六千、宣府遊兵三千，各已奏到起程日期，亦無別議。合無本部行移都御史王憲等，從長計議，將杭雄遊兵三千、朱鑾遊兵三千人從宜分布，聽杭雄等隨機應變，追逐截殺，務使迎合虜衝，遏其來路，不許故爲遷延，遠避賊鋒。如有故違，失機誤事，從重究治。

正德十一年三月二十八日具題，奉聖旨："是。這奏報并傳聞賊情，及官軍有無功罪，着巡按御史上緊查明了來説。戰守、策應等項事宜依擬行。"欽此。

爲急處將官早防邊患事

看得巡按直隸監察御史劉澄甫所奏，大意謂鎮守大同總兵官左都督時源夙抱忠勤，屢立戰功，但年老力衰，又因宗室相毆，遣官勘問，必不能安心展布行事。見今大勢虜寇臨邊，乘虛深掠，匪朝即暮，緊急用人之際，奏要會舉威望素孚將官一員，星夜馳代，早防邊患，所言誠爲有理。但既是見今大虜臨邊，乘虛深掠，匪朝即暮，却將時源取回不用，其新舉將官非一蹴可到，號令非一時能行，臨敵易將，必致誤事。如近日郤永自宣府調寧夏，潘浩自寧夏調宣府，潘浩已釋兵權，而郤永在路未到，虜賊由花馬池入寇平涼正當其時，皆臨敵易將之所致也。且時源自山西移鎮大同未久，彼時會官推舉時源，正爲今日有事之用。若無事時舉用而有事時遣去，竊恐後來將官窺伺，有警互相倣傚，失誤軍機，貽患非細。及照時源見被勘問事情，臣等不知其詳，設使所犯情重，革任取回，尚有餘幸。萬一時源罪薄，而因訴訐一至，輒便罷黜，亦非所以待大將之體、重邊閫之意也。合無本部轉行該府，差人齎文交與左都督時源，務要遵照近日欽奉敕內事理，及本部節次題准事宜，會同鎮巡官，同心協力，整搠人馬，振揚軍威，督率諸路官軍，相機戰守。如立奇功，爵賞不吝。若或怠玩消沮，推托誤事，罪及非輕。其見勘問事情，待候問完，如果事有干礙，應該罷黜，或聲息寧靖，本官年老不堪任使，本部另行查奏，會官推舉相應官員更代。

正德十一年六月初一日具題，奉聖旨："你每說的是。見今大同有事，時源且不動，着用心整飾軍馬，相機戰守，勿得自生疑沮，怠玩誤事，罪不輕貸。"欽此。

爲達賊入境搶掠事

正德十一年七月十五日酉時，據防守白羊口指揮使馬忠稟，本月十五日巳時，據西路方良口夜不收李八、常峪口夜不收王純報稱，本月十五日巳時，達賊滿川無數，從岔道並懷來地方進入，過口搶掠頭畜，往南行，等因，到職。與同守備白羊口以都指揮體統行事、指揮同知丘泰統領官軍，相機截殺。慮恐力寡，不能敵衆，有陷城池，理合差官具稟，乞爲請兵，星夜前來截殺施行，等因。具稟，得此。看係緊急賊情，合無着令都督張椿統領原選官軍即日起程，赴居庸關防守。再令都督桂勇統領原管人馬，上緊前去白羊口等處，哨探賊情，相機截殺。戶部行管居庸關倉主事，前去該關軍馬經過去處應付行糧、料草，毋致缺誤。該關賞賜、盔甲、馬匹等項，各該衙門查照原擬上緊應付。臣等已會總兵官左都督劉暉，遵照原奉欽依事理，差人星馳前去薊州，調取遼東官軍三千前來，聽劉暉在於教場整點，料度賊情，隨宜住札。或出口征進，另行奏請定奪。户部預先奏差堂上官一員督理軍餉，如遇出軍，先行整理。乞敕西官廳監督左都督許泰等并坐營官署都督僉事賈鑑等、團營提督官新寧伯譚佑〔二〕等，各於教場整搠人馬，申嚴號令，振揚軍威，再有警報，另行議處。

正德十一年七月十六日具題，奉聖旨："是。邊情緊急，便着太監張忠監督軍務，參將桂勇、賈鑑各管領原擬西官廳聽調人馬，即日起程，各便寫敕與他。賞賜等項，該衙門便給與他。該部知道。"欽此。

爲傳奉事

正德十一年七月十六日午時，該司禮監太監秦文傳奉聖旨："今賊情緊急，恁兵部便推舉各衙門堂上官一員，着量兼憲職，前去提督軍務，寫敕與他。"欽此。欽遵。臣等便推舉得刑部右侍郎馮清、本部右侍郎丁鳳，俱各才望素著，堪以任用，伏乞聖明於內簡命一員，量兼憲職，提督軍務，候命下之日請敕，并合用符驗一道、令旗令牌各十面、副提督軍務關防一顆，照例行各衙門請給，跟隨頭目、官軍就於見調官軍內選用，家人、吏典各二名。公同提督軍務、太監及總兵官統領京營、遼東官軍，前往宣、太〔三〕等處征剿虜寇，凡行軍事宜俱要協和計議停當而行。宣、大等處鎮巡以下並各路軍馬悉聽調度節制，官軍敢有臨陣不用命者，自都指揮以下許以軍法從事。務要紀律嚴明，將士用命，謀算預定，早期成功。如果賊寇遠遁，即便具奏班師。

正德十一年七月十六日具題，本日奉聖旨："是。丁鳳着兼都察院左僉都御史提督軍務，便寫敕與他。"欽此。

爲邊情事

臣等議得，今春以來節據宣、大二鎮守臣奏報，虜賊擁衆近邊住牧，不時侵犯。本部惟恐夏秋草茂，大舉深入，倉卒無備，近已會官推舉左都督劉暉操練人馬，聽候調用。本官奏調遼東人馬三千，住札薊州，待報啓行。近據守備白羊口指揮丘泰等飛報，達賊已過懷來岔道，并下常谷等處搶掠，滿川不知其數，顯是宣府官軍不能防禦，以致失守。若不發兵，誠恐宣府既被蹂躪，軍民受害，又恐逼近關口，擁衆突入。況今秋凉草實、馬肥弓勁之時，縱使賊虜雖暫出境，八九月間難保不復內侵。近蒙欽命太監張忠監督軍務，又命臣等推舉各衙門堂上官一員提督軍務，除另行具題外，合無照依本部原擬題奉欽依內事理，令左都督劉暉請領制敕，掛平虜將軍印，充總兵官，量帶團營官軍五百員名，并統領原調遼東人馬，公同監督軍務太監張忠并提督軍務文臣，前去宣、大等處征剿虜寇。其見領遼東人馬千總都指揮段錦，合無照例令其充右參將，請敕管領遼東人馬，跟隨劉暉等殺賊。一應出軍合行事宜，悉照原擬施行。仍請敕一道，齎赴宣大巡按御史劉澄甫，不妨巡按，隨軍紀驗功次。

正德十一年七月十六日具題，本日奉聖旨："是。劉暉還照依前旨，掛平虜將軍印，充總兵官，寫制敕與他。"欽此。

爲劾奏鎮巡官失誤軍機不[四]

參照鎮守宣府總兵官潘浩、巡撫都御史王純、鎮守太監于喜，俱受朝廷重托，鎮守邊疆，手握重兵幾至八萬，歲費糧餉以百萬計，專爲防禦胡虜，保固地方。近年爲因各邊武備廢弛，宣府殺死遊擊將軍倪鎮、張勛，又越過三關，逼近山西省城，又自固原深入平隴，夷狄之禍，近所未有。以此本部節次議擬，請敕鎮巡等官，整飾邊備，加謹隄防，敢有似前怠忽失事，不分鎮守總兵、太監、巡撫都御史，俱提解來京，依律治以重罪。豈期潘浩素乏謀勇，又敢不畏國法，先於大同、寧夏兩處失事，幸得無罪，復轉官階，略不警悟，玩愒自如；都御史王純惟知大言以自寬，全無經略以防患；太監于喜不能協謀行事：以致虜寇擁衆深入，越過懷來地方，遍滿山川，下營住札，搶至白羊口以裏，殺掠人民，驚擾地方，震動京畿。而潘浩等若罔聞知，既不見調兵截殺，又不行星馳奏聞，失誤軍機，貽患軍民，論其罪過，俱難輕宥。合無請敕切責潘浩等，俱暫令戴罪用心殺賊。果能悔過，效盡死力，獲有奇功，尚可少贖其罪。若復怠玩，再致失事，本部會官推舉相應官員前去更替，將潘浩等俱照節次題奉欽依事理拿解來京，送都察院問罪，奏請發落。其地方失事情節、應問官員，待候事寧，照例差官查勘。本部再於馬上差人齎文，由紫荆關前去大同鎮巡官處知會隄備。

正德十一年七月十八日具題，二十日奉聖旨："是。今地方有事，潘浩、王純姑着用心殺賊，以贖前罪，還寫敕切責他。"欽此。

爲達賊入境驚擾人民事

正德十一年七月二十日巳時，據羽林前衞正千户苗世英口報，蒙委本職見在西山齋堂、清水等社掏取水和炭。本年七月十五日卯時分，忽有達賊數十餘騎，不知從何關口入境，到於宛平縣地方清水社齊家莊等村殺死民人張迪，又到塔河村、清水等村殺死民人李敬暹，殺傷男婦六名口，搶去男女十數名口、牛羊騾馬不知其數。人去跟逐，瞭見達賊不知其數，在於洪水口地面安營。本日又有達賊二百餘騎，從沿口、三岔等村搶去騾馬牛羊不知其數，見在地名黃魯安營。況係腹裏偏僻地方，住居軍民俱係宛平縣當差人數，今被警擾，朝不保夕，雖有邊口守把官軍，寡不敵衆，以此稟知，等因。據報，得此。臣等料得前項賊情即係白羊口同日犯邊達賊，今已過五日，前賊或已退出。況劉暉等統領軍馬出口，遙振軍威，彼賊聞知，畏懼截其歸路，不敢深入。但恐賊勢衆大，宣府官軍盡數發出，彼已輕視不懼，萬一聞知劉暉等所發軍馬數不上萬，札營不退，復入侵犯，逼近京師，若不急早預備，不無倉卒失措。合無本部差人催促原差巡捕都指揮袁傑、王佐等並順天府委官，上緊分投前去各口及前項齋堂等處地方往來巡哨，安撫人民，但聞賊情，星夜飛報本部。一面差人齎文送與都御史臧鳳，督委官員，但係通賊道路，添軍防守，供給口糧，不許失誤。伏乞聖明軫念胡虜勢衆，軍情難料，必須有備，庶克無患。乞召提督團營内外官面諭，令其作急計議，挑選精銳有馬官軍作爲騎兵，每三千名委將官一員管領，關給馬匹、火器、什物，各給與賞賜，整辦軍裝。戶部上緊措備本色草料，儧喂膘壯，并合用糗炒口糧，俱預爲辦完。一遇警報，即時出城，相機截殺。仍多選步軍，關領盔甲、挨牌、火器並戰車，就於教場演習下營，預立陣法，演習熟慣，遇警即發出征。各關厢相視便宜地勢，安營固守，一則防護關厢軍民，不使擾亂，一則將官所領有馬奇兵往來截殺，有所歸宿，相機行事，保無他虞。前項統領奇兵並管安步陣下營官，就聽提督團營官計議推舉，奏請定奪。若見在團營内坐營官不敷，許於各營并見在京閑住等項堪以委用官内推用，不必拘泥常法。本部通行各衙門大小官員，除本部已奏行事件外，但有禦虜長策，本部智慮所不及事宜，并知有應用將官，俱聽明白直陳所見，共濟時艱。

　　正德十一年七月二十日具題，本月二十二日奉聖旨："是。恁所陳各項事宜，便行與各該衙門官員，着一一依擬舉行，共圖有備無患，毋得輕忽誤事。"欽此。

爲緊急聲息事

　　伏睹《大明律》內一款："若臨敵缺乏及領兵官已承調遣，不依期進兵策應，若承差告報軍期而違限，因而失誤軍機者，並斬。"欽此。合無本部差人齎文送與都御史李瓚，督委的當官員，或委副使王玹，不時往來黃花鎮等口，嚴謹點閘，加意防守。仍行各該營衛，將該口秋班官軍起取，赴關防守，不拘班次。其春班官軍至期，如有聲息，亦不許放班。再各請敕一道，差人星夜馳送巡撫山東、河南、北直隸都御史，嚴督都、布、按三司，將京操秋班官軍預先整點。如原定京操官內有事故，或不堪委用，不拘常例調委。如無相應官員，各衛所掌印官亦許暫委領班。其軍起程之日，俱於常年總會地方，務要點齊，整肅隊伍，統領赴京，不許似常縱容，散行延緩。原額京操軍人內有年遠逃絕，一面僉補，一面先儘見在軍人上班，不許似常虛挒詭名充數，等待齊足，彼此牽累。其上班軍人預支月糧，或一二個月，或三個月，以充路費。此係徵調原有京操軍人防禦虜患重事，三司以下官員敢有似常玩忽，八月終不到齊足，各該巡撫都御史就便遵照前項律條事理參奏，拿問重罪。其巡撫都御史各將遵奉敕旨督查上班官軍職名總數並起程日期先行回奏，仍行各都司備細造册，送部查考。

　　正德十一年七月二十日具題，本月二十二日奉聖旨："是。都依擬行。"欽此。

爲緊急聲息事

　　正德十一年七月二十二日酉時，據居庸關分守指揮孫璽報，正德十一年七月二十二日寅時，據懷來城夜不收紀英齎守備本城指揮同知俞鎮報，本月二十一日申時，據保安新城差夜不收蘇得恕口報，蒙總兵官潘浩差夜不收報稱，本日辰時青邊等口大勢達賊九個頭兒入境，傳報隄備，等因。據報，得此。近於本月十五日，爲因白羊口防守官軍數少，致賊搶至上常谷等處，幾犯京師，後遣右參將賈鑑統領官軍三千員名前去殺賊。本月十九日本官報稱，賊勢退往宣府柳溝等處札營，該監督太監張忠調遣所領人馬出關追剿訖。今報達賊又從青邊口大舉入境，白羊口雖有指揮馬忠官軍五百員名，勢尚寡弱，恐其突入，難以支持。合無請命坐營都指揮張安統領團營官軍一千員名，請敕星馳前去，督同馬忠等協力防守，務保無虞。合用軍器、行糧等項，行移各該衙門照例施行。

正德十一年七月二十三日具題，奉聖旨："是。張安便着統領團營官軍一千員名，上緊前去，督同馬忠等協力防守，寫敕與他。"欽此。

爲預防虜患事

正德十一年七月二十二日酉時，據分守居庸關指揮孫璽報稱，二十一日辰時，青邊等口大勢達賊九個頭兒入境，等因。據此，竊料以後聲息緩急雖難逆料，理當預防，庶不誤事。伏乞聖明急召太監張永、新寧伯譚祐與臣瓊計議，推舉堪以領軍將官五員，請旨委用。每員管領騎兵三千，每日教場操練，整辦軍裝、什物、器械、火炮、鎗銃等項，俱要整齊堪用。再乞命都督許泰、張洪等將團營西官廳見在軍馬一體整點齊備聽用。再照用兵戰守，全賴犒勞供給，馬肥人飽，方得濟事，乞命戶部將臨戰供給官軍飯食，馬匹細草、熟料事宜預先計議措置，毋致臨期失誤。聽征官軍，每名賞銀二兩置辦軍裝，暫將太僕寺收貯馬價銀兩那借支給，待候事寧，戶部補還。本部多差能幹官員，管換會同館好馬，如馬不敷，於太僕寺取撥，自德勝門起，直抵居庸關止，沿途擺撥，輪流傳報聲息，頃刻可到。其馬夫、馬匹，每日支與飯食、草料銀一錢，亦於太僕寺馬價銀內動支。再乞命太監張永等將做工軍士暫且歇工，各管軍士除前選定騎兵外，其餘步軍量數多少，結成步陣，整理挨牌、火炮、戰車等項，預先於各關廂外安營，周圍挑塹，以待騎兵出入，且戰且守。其餘事宜陸續舉行。

正德十一年七月二十三日具題，本日奉聖旨："是。堪任領軍將官，恁每便會同太監張永、新寧伯譚祐議推五員來看。團營西官廳見在人馬，還着都督許泰等整點齊備聽用。其餘都依擬行。工程照舊。"欽此。

爲請兵防禦虜寇事

看得提督軍務右侍郎丁鳳等奏，要將盧鐺等原選達官軍三千員名給與馬匹、盔甲等項，就令各官統領，前去昌平州住札防護，遇警聽臣等隨宜調用，仍乞敕都御史李瓚、臧鳳、任鑑各親詣該管關隘，加意拒守，等因。查得本部先於本年五月奏行都御史臧鳳，預選堪用達官軍操練聽調。續該本官奏報，選定堪調達官軍止有一千二百餘員名，給與盔甲、馬匹。間隨因聲息緊急，將前項達軍見調易州住札防守。其紫荊等處緊要關口，官軍尚恐守把不敷，又調保定參將盧英所統官軍星馳赴關，協同防守。及查得昌平州見差都指揮張安帶領人馬一千員名在彼住札，居庸關又有都督張椿統領官軍一千員名在彼防守，相去昌平州不遠，可以互相應援。今若又將盧鐺等所統達軍調來昌平州住札，誠恐紫荊大關缺人防守，顧此失彼。及查薊州、紫荊等處東西關隘并山西三關，該本部節次奏行都御史臧鳳、李瓚、李鉞等加意防守外，合無本部行文左都督劉暉等協同計議，將宣、大二鎮見在軍馬設法調度，相機戰守，務在拒遏虜賊不得深入，不可專恃紫荆等關有備，少有緩怠，以致失事，責有所歸。

正德十一年七月三十日具題，八月初二日奉聖旨："是。宣、大二鎮見在軍馬，着劉暉等從長計議，調度戰守。還着李瓚等各親詣關隘去處，督令加謹防守。其餘都照前旨行。"欽此。

爲計處邊務自劾不職失誤等事

看得巡撫宣府都御史王純所奏，大意謂虜衆我寡，不能抵敵之意，名雖自劾，意實遮飾。查得前項虜賊七月十三日入境，十九日方出，六日之間，從容搶掠。而宣府官軍初出下營，自以爲哨探不的，倉皇未齊；復出追襲，又以爲連日鏖戰，損折不多。詳其都御史王純前項去年議奏禦虜計策，預擬虜勢重大，京軍不必動調，自謂本鎮軍馬"按伏觀變，如吳起之善守；夾攻搗巢，如孫臏之解圍。必不出虜賊之下"等語，人皆謂王純大言如此，必有自負智略，宣府一鎮必可保其無虞。不意今日虜賊入寇，王純嬰城自衛，一籌莫展，既謂衆寡不敵，又不敢明言請兵救援，且要本部從長議處。特奉聖諭："所奏事情便看了來説。"臣等爲照宣府一鎮，設置將領，屯聚軍馬，百有餘年，已有成規，運謀禦敵，皆彼處重臣之責。但恐衆寡不敵，以此議奏，先於團營選將練兵，正有深意，以備今日之用。而王純聞風附會，不量廟謀，屢奏沮撓，不許發兵，及至失事，方要本部從長議處，非惟敗軍之將不可言勇，而用兵機宜亦非臣等所敢遙制。合無本部再行太監張忠、侍郎丁鳳、左都督劉暉等，督同潘浩、王純等從長計議，隨機應變，務在料敵先知，隨宜戰守，計出萬全，事無一失，有功升賞不吝，失事國法難逃。其潘浩、王純等失事罪過，仍依原議戴罪殺賊，事寧查勘，參奏定奪。

正德十一年八月初四日具題，奉聖旨："是。王純還着遵照前旨戴罪用心殺賊，軍中戰守等項事宜依擬行。"欽此。

爲糾劾失機守臣正國法以保重鎮以奠京師事

看得兵科等六科左給事中等官黃鍾等奏，要敕下錦衣衛，速差官校將潘浩拿解來京，將王純、于喜取回，罷閑降用，并副遊、參將、守備、守口等官，通敕巡按御史，或照例差官會勘參究，即推堪爲鎮巡者三員星馳前去代替，等因。貴州等十三道監察御史牛天麟等奏，要將潘浩、王純、于喜拿解來京，速推相應人員前去接管，其副參、遊擊、守備、防禦等官，通敕巡按御史查明開參，從重究治，等因。臣等議得，近日宣府守臣潘浩等失事，委得情重，比常不同。今左給事中黃鍾等、監察御史牛天麟等數其喪師失律之罪，使潘浩聞之，自當甘服。及論國法不可輕宥之意，揆之輿論，無不相同。竊惟朝廷所以制馭萬方、罔敢不服者，賞與罰而已。有功不賞，有罪不罰，雖堯舜不能治天下。自古用法寬縱，威令不行，以致人心輕忽，百度廢弛，卒之壞事誤國，遂不能救，載諸史册，皆可考見。近年各邊將臣失事，往往以有事之際藉口，終逃刑憲，遂使人不知畏，因循幸免。如潘浩輩，若有畏法憂死之心，豈無先事預防之策？今既該科道官交章論劾，似難再爲寬處。況宣府地方見有太監張忠、侍郎丁鳳、左都督劉暉等在彼，本處副、參以下將官皆聽提督。其潘浩等雖是暫留在彼，垂首喪氣，亦必不能有所施爲。伏望聖明俯從各官所奏，特敕錦衣衛差官校將潘浩先行拿解來京，其王純、于喜，或一同拿解，或取回，定奪伏乞聖裁。法令一行，一以慰安被害邊人，紓其憤怨；一以震懾諸邊將帥，得其死力。事舉若輕，所繫甚大。其副總兵陶傑以下，令其遵照前旨，戴罪用心殺賊，仍聽劉暉等調度約束，果建奇功，准贖前罪，如仍失事，一體重治。仍乞敕司禮監，奏請差內臣一員更替于喜。吏部並本部照例會推相應官各二員，上請簡用，更替王純、潘浩，各令上緊前去。其地方失事情節，仍聽巡按御史候賊情稍寧查勘，具奏定奪。

正德十一年八月十四日具題，奉聖旨："是。這地方失事情重，比常不同。潘浩便差人拿解來京問理。于喜、王純姑免提，還照前旨俱着戴罪殺賊，待地方事寧，并陶傑等一併查參了，奏來處治。"欽此。

爲聲息事

看得提督軍務侍郎丁鳳等題稱，瞭見境外達賊大營三處，一處膳房堡境外興和城，賊營東西約長四十餘里，離邊三十餘里。及稱宣、大二鎮節報境外達賊或下營，或行走，居止無常，變態不一，恐如奸細所供之言進來搶掠，誠不可測，等因。臣等因見今年三四月來宣府節報達賊近邊住牧，必有入寇之舉，所以預先奏請推用劉暉、桂勇、賈鑑，選練精兵三萬，內馬軍二萬，以備調用。不意軍未選成，馬亦中沮，七月內果有雞鳴山之禍。近日節報達賊近邊駐牧，臣等竊料虜賊平素四散，趁逐水草，畜牧爲生，若聚衆近邊札營，必非無意，況證以前後奸細之言，如出一口，以此節次議擬，奏請差人火速齎文督勵各邊守臣，加謹防禦。及今腹裏搜捉奸細，誠非輕舉以警衆，實乃慮患而預防。今侍郎丁鳳等會本具奏前因，與本部所慮相同。合無本部再行馬上差人齎文交與各該邊鎮及行張忠、丁鳳、劉暉等，協謀盡忠，勉勵將士，振揚軍威，共圖報國，以拒強虜。敢有懷奸不忠之人，陰持猶豫，緩我邊備，及縱容奸細出入自由，窺我虛實，國典具存，決難輕貸。再乞敕左都御史彭澤，查照本部議題急處邊務事奉到欽依內事理，作急計議，督發金輔、陳珣陸續先出各邊關隘防禦，駄馬未兌，後再補給。成國公朱輔該領官軍四千員名，見在整點，亦候兑馬完日陸續前去。再乞敕團營提督官，催督撫寧侯朱麒、安遠侯柳文上緊操演步陣，以備調用。都指揮袁傑等五員見操官軍一萬五千員名，本部照依原擬給與賞賜銀兩，置辦軍裝，日逐操練，先儘出征官軍兑完馬匹，陸續領馬騎操。其前項馬、步官軍應否關領盔甲、器械，亦行團營提督官作急計議，奏請定奪。

正德十一年八月十七日具題，奉聖旨："都依擬行。"欽此。

爲瞭報賊營事

照得近年虜寇犯邊，爲因地方廣闊，失於瞭望飛報，虜賊衆寡向往不能預知，因而失事。今太監張忠、侍郎丁鳳、左都督劉暉，自出征以來協心運謀，選差得人，遠出瞭探，虜勢衆寡及起營駐札日期皆能預知，隨其向往調度隄備，誠得用兵之法，有先事之備。但虜衆大勢既已到威寧海子下營，相近大同邊外，其蔚州、靈丘、廣昌接連三關十八隘口等處地方，俱該嚴謹隄備。及照大同副總兵朱振，平素驍勇慣戰，所統人馬精強，虜寇知畏，近蒙充總兵官鎮守宣府，誠恐朱振聞命即日起程赴鎮，大同地方缺人防禦。合無本部行文朱振，督領所部人馬，暫且照舊在於大同地方防禦，如遇入寇，相機戰守，以安地方。候賊營去遠，及奉到制敕並新任副總兵到日，方許赴宣府到任行事。其潘浩遺下兵馬，合行太監張忠等計議。如果坐營都指揮孫琦堪以委用，督令管領操候。若孫琦才力不及，會委署都督桂勇暫且統領，聽調戰守，俱聽各官從宜施行。本部再行差人齎文交與提督山西三關都御史李鉞，提督紫荆等關都御史臧鳳，提督東西二路太子太保、左都御史彭澤等，各照欽奉敕內并本部節次題准事理欽遵，比常十分加謹防禦，相機戰守施行。

正德十一年八月二十三日具題，奉聖旨："是。大同副總兵已有旨了，朱振還着上緊前去宣府鎮守地方。其餘依擬行。"
欽此。

爲軍務事

看得鎮守宣府總兵官署都督僉事朱振等奏稱，前任總兵等官
止是分司分隊，立爲營分，聽候出戰，未曾精選，以致强弱相
攪，今年達賊壓境搶殺，官軍迎敵，因而僨事。要將團操前後營
馬隊官軍揀選，頭等者三千一百三十三員名，立爲前營，聽其統
領，遇警當先出戰；次等者二千八十九員名，及無馬步隊官軍八
百餘員名，并隨營兵車俱立爲後營，探報聲息緩急，繼後策應。
仍每五人編爲一伍，互相救援。一人有功，四人同賞；一人有
罪，四人同罰。果有畏避當先艱苦，贪緣請托更改等項，究問重
罪，等因。本官鑒戒前失，欲圖後功，故會同巡撫將官軍挑選精
弱，分別營伍，定立賞罰，具見用心軍務，選練有方。合無本部
轉行朱振，悉依所議施行。仍咨巡撫都御史劉達并鎮守太監劉
祥，務要與朱振協和計議，依擬施行，不可偏執己見，沮壞軍
法，以致朱振不得展布行事，失誤軍機。如違，聽巡按御史劾奏
究治。臣等又議得，宣府一鎮食糧官軍數幾八萬，今主將所統不
過三千。近日虜賊擁衆入寇，動至七八萬，寡不敵衆，遂至失
事。又近年建議者不知邊情，方欲添設城砦以分兵力，又欲召募
新兵以困百姓。若不早爲救正，其弊不可勝言。及主將所統兵
少，亦當早爲議處。合無本部通行宣府、大同鎮巡官計議，今後
不許添立砦堡以分兵勢，亦不許召募新軍，以致糧草不敷，舊軍
缺食逃竄。仍查各城堡見在食糧官軍，内除已選本鎮團操及奇遊
兵外，中間但係驍勇精銳軍人，可以調用殺賊者，挑選見數，編
造文册，或臨時徵調策應，或量數取赴鎮城輪操，務使總鎮城内
常有精銳奇兵二萬以備征戰，其餘城堡官軍不必數多，遇賊勢小

則追逐截殺，若遇勢大則堅壁固守以待援兵。前項事宜，各官計議停當，逕自施行，應具奏者奏請定奪。

正德十一年十月十五日具題，奉聖旨："是。都依擬行。"欽此。

爲瞭報聲息督兵協剿事

查得監督軍務等官太監張忠等，正德十一年十月初九日奉旨取回。今報本年十月十一日辰時，達賊約有三千餘騎，到於井坪城三山墩，拆墻七處進入。本日未時，又有達賊三千餘騎往南行走，十三日申時，已到山西偏頭關，往南鎮西衛等處搶掠。顯是虜賊覘知宣、大地方遼東并京營人馬在彼有備，不知取回，故從井坪、朔州邊界軍少去處乘空進入，直趨偏頭等關搶掠。計自十三日入寇，至今二十三日，已過十日，山西鎮巡官不見飛報，必是又已出境。都御史王憲已行參將李淳，遊擊盧卿、孫鎮并延綏遊擊杭雄、朱鑾，隨賊向往，相機截殺。又督副總兵張輗探賊緩急，相繼應援。又調宣府遊奇等兵兼程前去，分布防守，倘偏頭關十分緊急，亦就督發救援。詳此王憲所處，深爲得策，使杭雄等各能聽受王憲指授，協謀奮勇，邀其歸路，驕虜散歸，必遭鋒刉。今欲再發天兵，不惟緩不及事，抑且訪聞大同等處糧草十分缺乏，供給不敷。切照近年以來虜賊强盛，動輒深入得利，出沒無常，實難料度。各鎮兵馬東西調發，互相應援，疲困已極，添支行糧、草料，費用不貲。近日延綏人馬俱調大同，已行奏准放回，行文未到，適有今日之事。此時達賊雖未知消息何如，但即日起風河凍，大虜過河入套，侵犯延、寧，又恐延綏人馬盡調河東，本鎮無備，致有誤事。及查宣府境外近日亦報零賊出沒，倘或乘虛分道並入，亦難支持。合無本部差人馬上齎文交與都御史王憲等從長計議。若是前賊已遁出境，行令杭雄等仍依前擬回還本鎮，預備虜賊過河入套，設謀戰守。差人催促王勛上緊赴任，整搠人馬，固守大同地方，或遇延綏徵調遊奇兵馬，即時督發。其宣府地方，將官多因失事被參，未免懈怠，及守備等官緣事暫委，多不得人。都御史王純既已辭回，尚在彼處等候交代，難以行事。乞敕都御史劉達上緊前去，會同總兵官朱振等整理邊務，見缺將官作急會推委用，不許遲誤。及照山西三關，既留都御史李鉞整飭，又節次奏行副總兵郭錦等嚴謹隄備，又將添設遊擊將軍張綺自大同放回，專守三關。今大同巡撫官報來，十月十三日達賊萬餘偏頭關地方搶掠，今已十日，而山西鎮巡官俱無奏報，通屬誤事。合無本部移咨都察院，轉行巡按山西監察御史，查勘偏頭關、水泉營、八柳樹并鎮西衛等處搶掠人畜多寡、失事輕重，及有無斬獲功次緣由，逐一明白，具奏處治。其井坪城、朔州等處，係大同管轄地方，虜賊經過失事情由，轉行巡按大同監察御史一體查勘，具奏施行。

正德十一年十月二十五日具題，奉聖旨："是。這地方事情重大，王勛受命日久，如何尚未到任？便差人催促他，并劉達都着上緊前去管事，毋致遲誤。其餘事宜都依擬行。"欽此。

爲聲息事

看得鎮守大同總兵官王勛等奏稱，今年二月初二等日，瞭見達子去來不常，移營趁草，漸往東行，寇竊之舉，朝夕難測。已行副參、遊擊、守備內外等官領兵按伏，及調宣府遊兵一枝，分住天城、陽和二城，相機戰守。鎮守宣府總兵官朱振等奏稱，走回男子杜名供報，醜虜要於三月初頭來搶大同并偏頭關地方。大同總兵官王勛咨來，要調宣府遊奇兵兼程前去大同策應。本鎮地方亦報有達賊，臨邊下營住牧，絡繹不絕。緣新遊兵一枝先已調去大同，今若又將舊遊奇兵二枝發去，不無顧彼失此。除行遊擊將軍時春，統領遊兵三千，星馳前去天城防禦，若探知賊衆東行，及宣府西路有警，隨其聲勢前來應援，等因。各奏前來。臣等議得，上兵伐謀。去年宣、大瞭見大勢賊營住牧，本部預於三月內議奏選調人馬防禦，若使事無齟齬，虜賊七月入寇，或可得利，保守無事。今據宣、大守臣前項奏報，顯是虜衆復過河東，似有復讎之舉，若不預爲設備，未免後期失事。合無本部行文左都督劉暉，將所選官軍三千一百三十三員名整點齊備。行文巡撫遼東都御史，於本部發去馬價銀內動支，每員名各賞銀三兩。缺少正、馱馬匹，亦於前項馬價銀內動支買補。若有見買馬匹，亦准就彼兌領，免另差人解京。就令劉暉擇日，限四月以裏到於薊州住札，聽候調取。及行延綏鎮巡官，再查黃河凍開，如果大勢達賊俱過河東，查照常年事例，預行參將杭雄等整搠所部人馬，聽候大同鎮巡官明文一到，刻期赴偏頭關等處從宜住札，相機截殺。務使謀算預定，動合機宜，不許互相觀望，倉卒失措。再行提督山西三關副總兵等官，調集兵糧，亦預設備，不許專倚延綏應兵，少有懈怠，以致失事。再行提督紫荊關都御史，選委謀勇官員，將保定等處達官軍精加揀選，如法訓練，編成隊伍，奏給馬匹，一遇調發，即時起行。再行團營東官廳參將傅凱、張椿，上緊揀選操練，務要軍強馬壯，堪以征戰，不許虛應故事。揀選整齊之日，仍令提督團營內外官驗看有無堪用，具實奏聞。前項軍機事情既以預處停當，候再有邊報，本部酌量緩急，議擬具奏，應否發兵，取自上裁。

正德十二年三月初八日具題，奉聖旨："是。這預防虜患事宜，便行與各該鎮巡等官知道。"欽此。

爲陳言邊務預防虜患事

看得巡撫大同都御史胡瓚會同巡按御史賈啓所奏"原情罪以

責戰守"、"嚴事例以防推避"、"體人情以省支費"、"養間諜以資探報"、"明賞格以激人心"、"添兵備以專經略"六事，皆修舉邊備之意，不爲無見。今將所言開立前件，查議明白，伏乞聖裁。

正德十二年五月二十六日具題，奉聖旨："是。胡瓚所陳邊務事宜，恁每既逐一查議明白，都着依擬行。"欽此。

計開：

一、原情罪以責戰守。前件。查得守邊將帥守備不設計，爲賊所掩襲，攻陷城寨，或彼賊入境，搶掠人民，俱有太祖高皇帝欽定律條，擅難異議。但中間有守備已設計，本城堡原設軍馬數少，止可固守城堡，不可輕出禦敵，以致地方被搶，其情與守備該設計而故不設計者委有不同。問刑衙門不論有無計策可設，一向俱引前律問擬充軍。又因事出不測，或所搶虜人畜數少，參稱律重情輕，奏請俱免充軍，降級發落。依律言之，雖似減輕；以情原之，猶似過重。所以都御史胡瓚等奏，要將各城堡軍少守備官被賊入境搶虜人畜者止擬不應從重，照常發落，不爲無見。但賊勢衆大，非守備官軍所能支持者，問擬不應，猶似虧枉。倘賊少勢輕，可備而不備，被其搶虜者，止問不應發落，不無以後守備官員益加玩忽，廢弛邊備。合無通行各邊巡撫、巡按、問刑衙門，今後各城堡守備等官，可以設計而故不設計，致有失事，俱依律問斷，不許寬縱。內有事出不測，及失事數少，情輕律重者，仍照例奏請定奪。若本城堡人馬原有數少，賊勢重大，力不能支，止可固守，瞭高守哨，及徵調鄰境兵馬等項，俱無失誤，別無計策可設，地方雖被搶掠，力量不能支持，係干律內該載不盡事理，參詳明白，引律比附具奏，從法司再行議擬，奏請定奪。其調來各城堡按伏住札將領，往來不常，違期畏縮，失誤軍機，自有本律，難問守備不設罪名。

一、嚴事例以防推避。前件。查得各邊守備員缺，多係彼處鎮巡官疏名奏保，中間亦有不曾奏到，本部慮恐缺人，查照歷年賢否考語，斟酌推用。今都御史胡瓚等奏稱，各官到任之後，因見地方多事，往往推病辭任，意圖日後別用，要將推病官員改調南方，子孫就彼襲替，固是懲戒之意，但律例已定，輕難紛更，“罪人不孥”，恐失苛刻。合無今後守備等官，但有推病避難者，聽本處巡撫、巡按官指實參奏提問，查照律例，問斷發落，以後不許再行舉用。

一、體人情以省支費。前件。議得兵機最難遥度，用兵最忌偏執。若使兵常散而不聚，各保境土，豈不省費？但料賊先知，預先調集，乃克有功。若報至纔發，鮮不失誤，所費益多。合無行文胡瓚，會同鎮守、總兵官等料度虜營去遠，地方無事，則散兵以自守。若有擁衆入寇之謀，非大集兵馬不能防禦，則依律調遣，會合策應。或調或不調，皆各官臨時從長計議，便宜而行，不可著爲定例，致有拘泥，耽誤大事。

一、養間諜以資探報。前件。虜中走回男子，聽鎮巡官斟酌查取，仍充夜不收名目委用，不必另立通事名目及一概行屬查取，致有警疑，妄生疑議。

一、明賞格以激人心。前件。查得先爲邊務事，該大學士梁儲等條陳內一款，大同、宣府、偏頭等處土著軍民舍餘人等中間，多有材力勇悍、輕生善鬥之人，若激之以利，自能使之鼓舞用命，勝於遠調客兵。查得先年兵部題行宣、大二鎮事例，該本部議稱，各邊土人有能奮勇設謀，斬獲賊首一顆，隨即賞銀三十兩。願升者給與冠帶，名爲義勇，永免本身差徭。若能糾集鄉丁，敵殺賊衆，斬首至五顆以上，爲首者加升署所鎮撫。奪獲被虜牛羊等項，四分充賞，等因。題奉孝宗皇帝聖旨：“是。便鋪馬齎文與各該巡撫官，著好生省諭鄉村軍民人等，果有設謀奮

勇，斬獲賊級的，照例重加升賞。”欽此。欽遵通行外。但原擬
事寧停止，不爲常例，今虜勢猖獗，比前尤甚，合無令兵部查
照前例，通行宣、大、偏頭等處三鎮，揭示一應人等知會，有
功照例施行。蓋虜賊初入，勢合而強，官軍既不敢輕與爭鋒；
及其分散搶掠，軍馬猝難調集應援。若此策一行，人人踴躍，
庶幾隨地寓兵，虜人知懼，不敢恣肆，等因。該本部依擬具
題，正德十一年八月初二日節奉聖旨：“這各項事宜，便行與
監督、提督、充總兵官并各該鎮巡等官，都著依擬行。”欽此。
欽遵外。今都御史胡瓚等又奏前因，緣土人斬獲賊首一顆，賞
銀三十兩，願升者給與冠帶，五顆以上，爲首者升署所鎮撫，
奪獲牛羊等項充賞，已有前項題准見行事例，難以別議。合行
各邊巡撫都御史，將前項略節緣由偏發告示於各城堡、鄉村，
張貼曉諭，務令悉知。其要將轉賣首級之人暫寬禁例一節
難准。

一、添兵備以專經略。前件。臣等議得，各邊事務固當修舉
廢墜，亦不可生事，別有更張。宣府城堡最多，止有二州一縣，
俱屬直隸，先年原無設有按察司官。成化年間，兵部尚書余子俊
奏設副使毛松齡，吹毛求疵，詞訟蜂起，邊境多事，人心不安，
旋復裁革。近年添設僉事一員管屯，亦未見其有益。至於大同地
方，城堡比宣府頗少，州縣加多，祖宗舊制定爲冀北道，原設分
巡僉事一員，及布政司分守官一員，又有管操、管屯等官往來巡
歷。成化間，巡撫都御史葉淇爲因大同邊方更替不常，又奏准許
令守巡官帶家眷在於大同常川住札，二年更換，識者猶以爲政體
紛更。今若再添副使一員在於大同，聽鎮巡官提督行事，不無創
立新例，益見更張。其宣府巡撫官必來比例添設，將何阻止？合
無行文胡瓚等，遇有應行事務，行委守巡官往來督理，各城堡事
務仍令各城堡官就近分理，違誤者依律究問，自可責成。再照各

邊政務，歷年俱有成規，各年巡撫官員亦多效勞經畫。若不遵舊約束，守而勿失，惟務更張，自立新法，誠恐議論多而成功少，難以保終。合行巡撫都御史胡瓚，凡有邊務，照舊修舉，不必更張。

爲聲息等事

議得宣、大鎮巡官見奏，虜營大衆近邊駐牧，入寇之舉，且夕難測。延綏官軍已調大同，遼東官軍見在薊州住札，給有賞賜、馬匹，亦該同時調去。今若遲疑不決，令蕭滓自行哨探，又待宣府報有緊急方纔前去，必致坐失機會，虛調無用。查得近年爲因謀慮不審，無事先調，不即班師，有事纔調，緩不及事，糜費錢糧，動以數十萬計。前項南京兵科給事中周用等所論，切中時弊。臣等深以爲戒，明白具陳，誠欲爲先事之謀，以弭患省費，非敢偏執一見，必欲自用也。伏望皇上俯察用兵機宜，關繫最重，見今宣、大各報虜衆逼境，奸謀難測，特允臣等原議，即今[五]蕭滓統領人馬過關，隨宜住札，相機戰守。有事策應，兵精可得其用；無事徑回，兵少亦不多費。如此調度，似爲得宜。若必待虜犯宣府，然後出口，往返十日，必不得用，不如此時即回遼東，尤爲省便。臣等叨掌兵政，事有所見，不敢隱默。再照團營官軍，臣等原擬行提督官計議，應否挑選備用，會議停當，具奏定奪，不曾奏要馬不下場。今奉欽依，團營下場馬匹照前牧放，則是不准各官會議，惟以戶部所議爲主。竊恐職掌侵越，事難責成，萬一如去年虜勢猖獗，大舉入寇，軍令解嚴，倉卒無措，雖是罪坐所由，臣等終難辭責。伏望皇上俯念兵機最重，委任當專，許照臣等原擬，行團營提督官計議，應否挑選備用，奏請定奪，庶明炳先機，事無後悔，不勝幸甚。

正德十二年五月二十七日具題，奉聖旨：「是。蕭淬便寫敕與他，着統領人馬前去鄰近宣府地方，隨宜住札，相機戰守，會合策應，毋致誤事。團營官軍應否挑選備用，恁每還會議停當來說。」欽此。

爲聲息事

看得大同巡撫都御史胡瓚等奏稱，大同各路大勢賊營俱向東北去訖，調到延綏參將杭雄所部兵馬相應督發，隨賊向往防剿。除行本官於五月二十六日就在大同鎮城啓行，挨程前去宣府地方，聽彼分布殺賊一節。伏睹《大明律・軍政條》內開：「事有警急及路程遙遠者，並聽從便，火速調撥軍馬，乘機剿捕。若寇賊滋蔓，應合會捕者，鄰近衛所，雖非所屬，亦得調發策應，并即申報本管上司，轉達朝廷知會。若不即調遣會合，或不即申報上司，及鄰近衛所不即發兵策應者，並與擅調發罪同。領兵官已承調遣，不依期進兵策應，若承差告報軍期而違限，因而失誤軍機者，並斬。其官軍臨陣先退，及圍困敵城而逃者，斬。」欽此。仰惟我太祖高皇帝掃除僭亂，用兵如神，故欽定律條，若遇事有警急及寇賊滋蔓，雖非所屬，亦得調發策應。若不即依期發兵策應，因而失誤軍機，皆處以斬罪。蓋用兵機會不可少遲，故遇有警，許徑自調發策應，即古人「閫以外將軍制之」之意，司兵政、爲將帥者，所當欽遵佩服而不可違者也。近年添設總制官員，不論地理遠近、聲息緩急，悉聽明文到日方行，以致誤事。臣等節次申明律禁，荷蒙聖明允納。上年延綏將官安國、杭雄等，雖奉提督等官明文調遣按伏，臨時寇至緊急，皆山西副總兵郭錦、遊擊張綺等就近徑自差人約會，及安國、杭雄等當即依期赴援，所以不失機會，致有克捷。今大同鎮巡官料探虜賊東行，就令杭雄隨賊向往，前去宣府地方殺賊，誠爲得策，但恐杭雄因見未奉明文，難於遵守。合無本部通行宣、大鎮巡、副參、遊擊、分守、守備等官，并延綏調來參將杭雄等、遼東調來參將蕭滓等，各查照原奉敕內并本部節次奏准事理欽遵行事，仍遵太祖高皇帝欽定軍政律條，哨探賊寇緊急，火速調發策應。其杭雄、蕭滓等并本處副參、遊擊等官，不分宣、大地方，隨賊向往，即便依期發兵策應。若如去年偏頭關得功，升賞不吝。如或自分彼此，遲誤調發，及已承調遣，違期不至，以致失誤軍機，聽巡按御史查勘的實參奏，依律治以重罪。

正德十二年六月初八日具題，奉聖旨："是。這依期調發、互相策應等項事宜，便行與各該官員，都依擬行。"欽此。

爲走回人口傳報虜情分兵防禦事

看得走回婦人張氏説稱，達賊到六月二十五日要往白城兒深入搶掠等情。切詳張氏原在保安居住，去年七月搶去，見年五十四歲，熟知世事，所説虜情恐未必虛。前項總兵官朱振等分布人馬，似乎有理，但臣等尤慮兵分勢弱，恐失事機。合無本部鋪馬差人齎文前去宣府，交與都御史劉達、總兵官朱振等，作急會議，密拘諳曉虜賊遞年出入道路之人，加意詢訪今次虜賊若來入寇必從何路進入，可於何地按伏兵馬，可以衝遏賊鋒及邀截歸路，就便從長計議，將各路人馬聯絡一處，以便策應。若果入路甚多，難於料度，亦須自料近邊各城堡何處城堡、村落廣有人畜，必來搶掠，何處城堡曠遠，野無所掠，雖來亦無所得，就於應該防禦之處調集兵馬，協力防禦。大意虜賊既欲擁衆深入，必須擁衆以待，庶保無虞。中間分合進止，要在相機隨宜，亦不可拘執本部原擬，致有乖違。仍令都御史劉達申明律禁，傳示見分布各路將官并管糧等官，今後但有報到軍情，敢有不即刻期會合策應，及供給行糧、料草，因而失誤軍機，輕則聽總兵官就彼區處，重則參奏拿問，依律處斬。本部一行團營，整點官軍，催督都指揮趙承序等上緊前去白羊等口防守；一行整飭薊州邊備都御史臧鳳等、提督紫荊等關都御史李瓚等、提督山西雁門三關都御史李鉞等，各親詣邊關，整搠人馬，隄備防守。紫荊關就將原選達官軍舍人等調去防守。偏頭等關尤宜及早隄備，恐虜衆忽有聲東擊西之舉。再行提督團營內外官，挑選人馬，操練預備，遇有聲息緊急，以備調用。

正德十二年六月二十二日具題，奉聖旨："是。朱振等分布官軍按伏防禦，仍令互相傳報，併力截殺，所處已爲得策。卿等又慮賊或擁衆深入，我若兵分勢寡，恐失事機，欲令從長計議，於虜賊必經之路及應防禦之處多集人馬，以待其來，所見者尤爲深遠。便寫敕與朱振等，着遠爲哨探，相機戰守，分合進止，隨宜處置，不可執定一說，以致違誤。其餘各項事宜都依擬行。臧鳳、李鉞等，也各寫敕與他每知道。"欽此。

爲盤獲奸細事

參看得招內開稱，正德九年六月內達賊一千餘騎搶至獨石，被賊目王伭子將馬小廝連所牧牛羊搶去，中間並不見聲說行文彼處地方，查勘前項日月曾否被賊入境將本犯搶掠情由。及查得《大明律》內一款："境外奸細入境內探聽事情者，盤獲到官，須要鞫問接引、起謀之人得實，皆斬。"緣本犯若係王伭子差來探聽是實，即該坐以斬罪。今稱入境打細，思鄉不肯過邊回話，難作奸細問斷，不知出何律條。又查得見行事例，盜掘銀礦、銅錫、水銀等項礦沙，但係山洞捉獲，曾經持杖拒捕者，不論人之多寡、礦之輕重，及聚至三十人以上、分礦至三十斤以上者，俱不分初犯、再犯，問發邊衛充軍。其私家收藏、道路背負者，止理見獲，照常發落。不許巡捕人員逼令展轉攀指，違者參究治罪。縱使本犯盜礦是實，不在山洞捉獲，況係任用使喚人數，正犯未見面審明白，輒便問以充軍，亦未知本何條例。及又查得凡充軍人犯，在外係巡撫有行者，巡撫定衛；巡按有行者，巡按定衛。今馬小厮係在外問擬充軍人犯，却解本部編發，又於見行事例不合。及審得馬小厮執稱家在安山，住坐宣府，孫指揮在山東追殺流賊之時，被不知名光棍略賣與孫指揮，隨帶過口逃回，並不曾被賊搶去差來打細。今驗小厮，雖年一十九歲，尚未畜髮，形體矮小，病瘦如柴，似非奸細之人。原招達賊差來，限一年回話，亦非情實。又查得兵備副使舒晟先次呈解奸細藺富、李來安二名前來，該本部審得俱年幼小，情不輸服，已經題准押回，巡關御史勘問，未見回報。今若將馬小厮仍令押發再問，誠恐連累致死，有傷和氣。合無本部將馬小厮咨送都察院，再行詳審，情犯、來歷不真，參詳律例不合，事有冤枉，即與辯理。仍轉行巡關御史，將藺富、李來安上緊從公勘問明白，解送都察院參詳，奏請發落。干礙原拿原問官員，一併參奏究治。

正德十二年八月十八日具題，奉聖旨："是。馬小厮送都察院再行詳審，如有冤枉，即與辯理。藺富等，着巡關御史勘問明白來説，不許似前遲誤。"欽此。

爲聲息等事

看得宣府巡撫都御史劉達等，既奏達賊大營先在獨石等處壓境下營，因防範周密，起往西去，大同并遼東官軍俱隨賊往西防禦，前項古北口、白羊口、黃花鎮防禦官軍相應暫且掣回。合無本部行文安遠侯柳文等，再行差人哨探，口外賊營如果離邊，將防守官軍暫領回營，照舊點閘聽候，一遇警報，各照原擬地方統領前去防守，不許時刻遲誤。候冬初草枯，賊營去遠，瞭無蹤迹，各將原領敕書、符驗、旗牌奏繳，各照舊管事。本部仍行整飾薊州都御史臧鳳，嚴督古北口、黃花鎮、白羊口守備等官，整搠原設官軍，嚴加防守，仍不時差人出口哨探。如見虜賊大營復來宣府，近邊住牧，即時飛報，執以憑督發，前去防守。如有失誤，重罪有歸。

正德十二年八月二十日具題，奉聖旨："這防守官軍，着柳文等各暫領回營聽用。"欽此。

爲緊急聲息徵兵防剿事

看得巡撫大同都御史胡瓚等奏稱，正德十二年九月二十七日，達賊約有一萬餘騎，從彌陀山迤東往西行走，勢甚猖獗，比昔不同，乞要請發延、遼參將杭雄、蕭滓人馬并宣府奇遊兵三枝前來分布殺賊，等因。九月二十七日起本，今十一月十三日方纔抄出，訪聞前賊，此時俱已退遁，本部便看覆奏，事已無及。合無今後遇有聲息，聖駕在外，聽各該鎮巡官就於聖駕行在所奏請定奪，庶不遲誤。

正德十二年十一月十六日具題，奉聖旨："是。"欽此。

爲緊急聲息事

看得巡撫大同都御史胡瓚所奏緊急聲息，正德十二年九月二十八日，達賊一萬餘騎從懷仁城煤峪等口入境，往東南直行。今十月十二日方纔^[六]奉旨，令本部看了來說。傳聞前項達賊此時俱已出境，但未據大同鎮巡官來^[七]報。查得自本年春月以來，本部已將宣、大二鎮調兵防禦事宜^[八]及紫荆、白羊等關口防守事宜節次議擬具奏，奉有欽依，通行遵守^[九]，設使素無設備，豈不誤事？及查得^[一○]達賊大營，七月以前俱在宣府邊外住牧，八月以後俱起[一一]往西北[一二]大同境外住牧。大同[一三]鎮巡官已曾[一四]遵守本部題准防禦事宜，分布陳鈺大同左衛城，周政威遠城，朱鑾平虜城，張琦井坪、朔州二城，張輅懷仁城，孫鎮山陰、馬邑二城，杭雄應州城，鄭驃、麻循、高時各整所部兵馬，相機應援，處置周密，極爲有備。但未審前項達賊入境，原[一五]分[一六]布人馬有無獲功、失事，地方[一七]有無搶殺[一八]、被害，合行查勘。臣等又慮近年虜賊入寇[一九]多是設詐[二〇]，乘我無備突入[二一]。今賊雖已出境[二二]，倏忽復來入寇[二三]，亦未可知，尤[二四]當隄備。合無本部馬上齎文交與宣、大鎮巡官，查照本部節次題准防禦事宜，加謹隄備，不可少有怠忽，墮賊奸計。直待河凍，哨探虜賊過河入套住牧，宣、大邊境方爲稍寧，本部移咨都察院，轉行巡按御史賈啓，親詣大同虜賊經過地方，查勘前項原分布將官各領人馬，何官設謀奮勇，禦賊有功，地方保固，何官怯懦寡謀，縱賊搶掠，地方受害，并將各州縣城堡被賊搶虜殺害人畜數目逐一查明，具奏定奪。

正德十二年十一月二十二日具題，奉聖旨："免查勘。"欽此。

爲瞭報賊營近邊事

照得每年黃河凍開，虜賊住套不出，必爲患於陝西；若凍開，過河東行，則爲患於宣、大。今大同鎮巡官都御史胡瓚、總兵官王勛會本具奏，正德十二年閏十二月初十等日，大邊、倚山、沙河等墩，達賊拆墻進入，殺死小甲，射傷官軍，不開曾否差人哨探黃河有無凍開，虜賊大營是否過河不過的確緣由。萬一哨探不的，妄調人馬，不惟虛費糧草，抑且失誤軍機。合無本部行文，就令差來齎奏人馬上齎回，交與胡瓚、王勛等，作急差人哨探。如果虜賊大營俱已過河東，就便照依常年事例，再行斟酌時勢，料度賊情，果有深入侵犯之舉，方可徵調各路兵馬策應防禦。若草未長茂，勢難深入，從緩調取，以省勞費。將差人哨探過虜情的確緣由星馳具奏查考。再照宣、大地方，近因調動客兵日久住札，糧草費用盡絕，戶部無計措處。今若再不嚴加撙節，預爲計處，宣、大二鎮官軍不但不能禦寇，抑恐疲困至極，自生內變。臣等晝夜憂心，罔知所措。合無本部通行宣、大鎮巡官，務要撫恤軍士，令其飽暖得所。無事休息，不可令其晝夜聽候，勞困喪氣；有事調遣，庶幾精銳得用。仍咨戶部，轉行宣、大管糧郎中，查勘各城堡見在糧料、草束，如不勾用，急爲處議，毋致臨敵缺乏，有失事機。再行延綏并山西鎮巡官，各差人哨探虜賊向往、住札處所，整理兵糧，嚴加隄備，如有誤事，罪必難辭。

正德十三年二月十四日具題，奉聖旨："是。哨探賊情、撫恤軍士等項事宜，便行文與各該鎮巡等官，都依擬行。"欽此。

爲邊務事

參照宣府遊擊將軍時春，違例奏帶錦衣衛百戶丘文等六員名、宣府前衛冠帶小旗曹永等五員名，合當有罪。又該兵科參論前因。合無將數內無礙冠帶小旗曹永、張碧，冠帶舍人錢泰照例准其帶去聽用，本部仍咨都察院，轉行彼處巡按御史，將本官提問，照例奏請發落。

正德十三年五月初九日具題，奉聖旨："都准他。"欽此。

爲邊軍缺食乞早議處以安地方事

看得巡撫宣府都御史寧杲咨稱，各路城堡官軍擁門稟告，月糧半年未支，人心憂惶，不能度遺。將來冬深及春夏，軍日愈貧，飢日愈甚，逃竄、死亡日多，墩堡空虛，誰與戰守，要早議處一節。臣等議得，會計邊儲，惟由戶部職掌；而軍士逃亡，實與兵政相關。且祖宗朝開設邊鎮，屯兵集糧，百五十餘年，俱有定規。今一但匱乏如此，若非原額虧欠，必是浪費過多。若不急爲議處禁止，軍士逃散，失誤防禦，關繫匪輕。合無本部馬上齎文交與都御史寧杲等，將缺糧軍人處置借支，從權寬恤，毋拘常法，逼迫逃竄。仍咨戶部作急查議，拖欠者追補，欠少者措撥，及查近年不足之由、今日足用之法，議處明白，作急陳奏定奪，庶軍不困弊，邊備幸甚。

正德十四年九月二十日具題，奉聖旨："是。"欽此。

爲預防虜患事

議得明年黃河凍開，虜賊大營若在河東威寧海子等處住牧，仰賴皇上威武，嚴督宣、大將官整搠軍馬，及調延綏奇遊兵馬相機戰守，虜賊入境，必遭挫衄。但恐河開，虜賊在套住牧，擁衆深入，延綏、寧夏、陝西地方廣闊，兵馬分布不周，難爲戰守。查得今之黃河套，即漢河南朔方之地，自古匈奴所居，爲患中國。我朝除以前年分不查外，弘治十四年，套賊大舉深入，命太監苗逵、保國公朱暉統領京營官軍剿殺，又命工部侍郎李鐩督理軍餉。弘治十八年，套賊大舉深入。正德十年，又大舉深入。預設總制都御史鄧璋，調各路人馬防禦。其賊俱至固原、平涼下營，分投搶殺。官軍寡弱，俱未能成功。正德十三年，套賊聞知固原有備，蘭、鞏空虛，却從乾鹽池西入蘭、鞏搶殺。今不及早議處，虜賊在套，陝西地方必又被害。合無本部差人馬上齎文交與宣府、大同、山西、延綏、寧夏、甘肅、陝西各該鎮巡官，各差的當人役哨探查勘。黃河凍開之後，虜賊大營若不在套，在於河東威寧海子等處住牧，宣、大、山西三鎮嚴謹隄備，延綏遊奇兵馬聽調策應。若不過河，在套住牧，待候草長田茂、勢將深入之時，延綏遊奇等兵俱分布定邊、安邊等營，寧夏人馬俱分布花馬池等處遞年虜衆經行之處，遇虜侵入，會合剿殺。陝西鎮巡官預先計處，除環慶、固靖守備人馬及固原遊兵外，再量調取腹裏衛所州縣堪用戰陣官軍、土兵、民壯，編成隊伍，委官管領，處置盔甲、馬匹，并查照舊例，預造戰車、火器、炮銃等項，料虜必由之路，設伏隄備，一遇虜入，出奇奮擊，或乘夜斫營，或截其歸路，俱相機行事。再行宣府、大同、甘肅各鎮巡官，各挑選精銳官軍三千員名，定委將官統領，俱約定五月以裏到於固原，會合殺賊。戶部奏差堂上官一員，整理軍餉。本部另行議奏，差官處置馬匹，聽候兌軍。一應禦虜防邊，本部今擬不盡事宜，聽各該鎮巡官作急計議，具奏定奪。如此庶謀有預定，事得先機。伏乞聖明俯念近年北虜大肆猖獗，地方受害，早賜裁處，特敕各該鎮巡官遵守施行，邊方幸甚。

正德十四年十二月二十八日具題，奉聖旨："是。近年以來虜賊深入搶掠，地方好生受害。這禦虜防邊事宜，恁部裏計慮周詳，議處明白，便差人馬上齎文，着各該鎮巡等官依擬行，不許怠玩。"欽此。

校勘記

〔一〕"待"後，據文意似有脫文，待考。

〔二〕"譚佑"，一作"譚祐"。明陳建《皇明通紀法傳全録》卷二十六："上又問新寧伯譚祐較之劉福如何，蓋祐時亦有言其短長者。"本書卷一《爲捉獲奸細事》："再乞敕提督團營新寧伯譚祐等，上緊照依本部原擬整搠人馬，操練聽候。"

〔三〕"太"，疑當作"大"。

〔四〕"不"，疑當作"事"。

〔五〕"今"，疑當作"令"。

〔六〕"纔"，一本無此字。

〔七〕"來"，一本作"奏"。

〔八〕"事宜"，一本無此二字。

〔九〕"遵守"後，一本有一"外"字。

〔一〇〕"得"，一本無此字。

〔一一〕"起"，一本無此字。

〔一二〕"西北"，一本無此二字。

〔一三〕"大同"前，一本有一"其"字。

〔一四〕"已曾"，一本無此二字。

〔一五〕"原"前，一本有一"其"字。

〔一六〕"分"，一本無此字。

〔一七〕"地方"，一本作"人畜"。

〔一八〕"搶殺"，一本作"殺擄"。

〔一九〕"入寇"，一本無此二字。

〔二〇〕"多是設詐"，一本作"多用詐謀"。

〔二一〕"突入"，一本作"敢來侵犯"。

〔二二〕"境"，一本無此字。

〔二三〕"入寇"，一本無此二字。

〔二四〕"尤"前，一本有"在我"二字。

晋溪本兵敷奏卷四

山西類

今雁門、寧武、偏頭三關在太原北境，密邇虜地者也。雁門之東北爲雲中，即今大同府。朝廷於大同屯兵，命將鎮守，固足爲太原之屏蔽。然虜自西北馬邑而入，則大同路遠，亦不能爲之援。正德九年，虜賊大舉過雁門，深入崞、代，逼近晉城，大同諸路兵應援不及，虜賊得利而出。正德十一年春，邊臣奏報虜賊大營移過河東威寧海子住牧，山西亦報瞭見境外烟火五十餘里。瓊竊料是歲秋必又入寇，乃預爲之備，既申嚴宣府、大同之邊備，復奏令山西嚴設守備，又奏請遣將出師，差大臣督餉，又奏調延綏兵馬過河，於偏頭關等處住札，又奏留巡撫官不必改調，又奏提宣府失事總兵官下獄，分布既已得宜，人心又知警懼。是年十月，虜賊大舉由偏頭關入寇，諸將合兵擊殺，遂有鎮西之捷。虜賊百餘年來入寇，始遭此挫，亦足以少伸中國之威矣！

爲炮火聲息等事

看得山西巡撫都御史李鉞、鎮守太監羅籥、副總兵郭錦奏稱，本年正月二十三日，瞭見烟火，東西約長五十餘里，誠恐舉衆壓境而來，三關地方兵力寡少，不能捍禦，乞要預先請會延、大二鎮鎮巡等官，各將該鎮遊兵遇警徵調督發，前來交界地方駐札會剿一節。查得先該都御史陳天祥等奏稱北虜遠遁，班師未久，而提督雁門等關都御史李鉞等即奏本年正月內達賊三十餘騎拆口入境，又稱瞭見烟火，東西約長五十餘里，顯是虜賊擁衆近邊駐牧，若不嚴加隄備，萬一此賊大舉入寇，貽患非輕。合無請敕大同、宣府、延綏并山西各該鎮巡等官，各照地方操練軍馬，嚴謹烽堠，及選察乖覺夜不收人役遠爲哨探，遇有聲息，互相傳報，相機戰守，不許似常玩忽，失機誤事。交界地方應該會合策應去處，依律徑自約會，督令遊奇兵馬即時會合策應。敢有自分彼此，推奸逗遛，因而失誤軍機，依律參奏，從重處治。本部仍行提督團營內外大臣并西官廳監督等官，查照往年事例，選練人馬，聽候虜勢衆大，聲息緊急，出征防禦。各將選練聽征官軍事宜查議停當，具奏定奪。

正德十一年二月十四日具題，奉聖旨："是。各邊方戰守等項事宜，近已有敕，着各該鎮巡等官預備處置了，恁部裏還行文與他每知道。"欽此。

爲緊急邊情事

查得先因南京都察院操江都御史員缺，會推得巡撫山西右僉都御史李鉞等堪以調用，及推得浙江左布政使任鑑等堪以升用山西巡撫，等因，各題奉欽依，李鉞調南京操江，任鑑升右副都御史山西巡撫訖。爲因邊方都御史有例，等候交代，方許離任。又該兵部行文，將李鉞暫留山西巡撫，等候交代外。照得即今捉獲奸細供稱，虜賊要來大舉入寇。臣等會同太子太保、吏部尚書陸完等議得，近調操江都御史李鉞，雖暫留山西等候交代，但即目邊情緊急，誠恐三關地方官軍人等因見李鉞改調，懈怠不聽約束。其任鑑就便到彼，但任事之初，號令急難展布，誠恐誤事。合無將李鉞照舊巡撫山西，用心整飾三關邊備，任鑑改南京都察院右副都御史操江，請換敕書，欽遵行事。其李鉞領到操江敕書，徑自奏繳。

正德十一年八月初一日具題，本月初三日奉聖旨："是。李鉞、任鑑各換敕與他。"欽此。

爲急處邊務事

看得提督三關都御史李鉞等奏稱，提督軍務右侍郎丁鳳等將三關遊擊將軍張錡[一]官軍調赴大同聽調殺賊。今虜賊漸移向西，倉卒乘虛，突入鎮西、岢嵐等處，逼近省城，貽患非細。況三關兵馬不多，遊兵已調大同截殺，本關兵馬愈致單弱。乞要從長計議，調取延綏人馬一二枝，分布老營堡等處緊要地方住札，及將遊擊張綺仍回本關，協同防守一節。切詳三關遊兵原奉欽依，非有十分緊急，不能調動遠去，況近該提督軍務右侍郎丁鳳等節報賊營漸移向西，則三關委係急當預備去處。及查延綏人馬，見已調來，但清水營止離偏頭關一日之程，中隔黃河，止有渡船四隻，倘遇有警，擺渡不及，不惟緩不及事，抑恐被虜邀擊其半，深爲不便。合無本部移咨侍郎丁鳳，會同監督太監等官，將張綺官軍發回本關防守，仍令延綏差來奏事人馬上齎文回交與王勛，將原調人馬過河，在於偏頭關等處隨宜駐札，相機截殺，事寧各照原擬施行。

正德十一年九月初九日具題，奉聖旨："是。"欽此。

爲炮火聲息事

看得提督雁門等關都御史李鉞等奏稱，點虜營巢，一半已過河西，尚未遠去，遺留一半在於河東駐牧。正德十一年十二月初四日，二十餘騎潛伏偏頭關外地方，射死墩軍二名，射傷一名。意其大遭鉏鈕之後，復讎之舉難保必無。代州三關地方廣闊，兵力寡弱，已經調請大同二枝遊兵，一枝前來偏頭關住札，以備西北黃河二路警急，一枝徑赴老營堡住札，以爲兩鎮之援，等因。查得前項都御史王憲奏稱，正德十一年十一月十九日，達賊二千餘騎在於河西下營，今都御史李鉞等又奏達賊一半在於河東，十二月初四日射死墩軍，顯是虜賊謀犯三關，未曾遠去，若不預防，必致失事。即今立春已過，黃河凍開在邇，合無本部行文提督三關都御史李鉞，作急選差乖覺夜不收哨探虜賊。若是河開，大勢俱過河東，近關駐牧，整捌本關人馬，多方設法，嚴謹固守，仍照例徵調大同、延綏、宣府遊奇兵馬會合應援。其賊情多寡遠近，務須哨探得實，方許酌量緩急，隨宜徵調，不許輕忽，一概妄調，虛勞士馬，顧此失彼，責有所歸。本部通行延綏、大同、宣府各鎮巡官，亦要各差的當人役分投哨探本處賊情寧息，及探虜衆大勢，河凍未開之先，如果俱過河東，逼近三關住牧，遇有山西三關鎮巡官請調明文到彼，即便照依常例如期赴援，亦不許逗遛畏縮，互相推托，失誤軍機。及看奏內參稱守備都指揮傅鐸號令欠嚴，千戶王輔提調不謹一節，合無本部移咨都察院，轉行巡按山西御史查勘，別無隱匿重情，將王輔提問，依律議擬，照例發落。守備都指揮傅鐸近已推升寧夏參將，又有斬獲功次，見行查勘，今因射死墩軍參稱號令欠嚴，情犯頗輕，合無依律免問，伏乞聖裁。

正德十二年正月十八日具題，奉聖旨：“是。王輔提了問，傅鐸罷。固守應援等項事宜，都依擬行。”欽此。

爲捷音事

該鎮守山西副總兵都督僉事郭錦奏，正德十一年八月初十日准本鎮遊擊張綺手本，蒙提督軍務右侍郎丁鳳等會議鈞帖，調去大同地方，聽總兵官時源分布截殺。臣見得本鎮地方廣闊，兵力寡弱，本關止有次兵一千有餘，倘遇警報，恐誤大事，會同鎮守山西太監羅篇、巡撫山西右僉都御史李鉞具題，乞敕該部從長計議，調取延綏精壯人馬三枝，分布老營堡等處住札，及將遊擊張錡仍回本關防守。該兵部議擬奏准，將遊擊張錡官軍發回本關防守，仍將延綏總兵官王勛原調人馬過河，在於偏頭關等處隨宜住札。後蒙監督軍務太監張忠等會議鈞帖，因賊西行，又將延綏奇兵副總兵安國分布偏頭關按伏。至正德十一年十月十二日酉時分，據原差平虜衛爪探夜不收李谷智走報，本日卯時分，平虜衛三山墩哨見達賊三千餘騎往西行走。續據守備偏頭關地方都指揮同知傅鐸呈，據平良泉墩夜不收劉景原走報，本年十月十二日戌時分，瞭見達賊約有二萬餘騎，張打旗號，進入邊夾道下營，從水泉營紅門迆東梨兒墩等處拆開邊墻二十餘處，至十三日寅時分進入邊裏，分路南行，等因。備報，到臣。當即帶領守備傅鐸，會同副總兵安國并戰鋒營都指揮朱昶等，於本日各統兵馬襲賊蹤路，前到地名土溝。臣熟思此賊馬壯器鋒，其性獷悍，加以衆多，又況兵馬寡少，勢甚難敵，一面差夜不收李通、朱名分投馳調老營堡遊擊張綺、井坪城延綏遊擊朱鑾、朔州城延綏遊擊杭雄，星飛前來截殺；一面差夜不收常青馳調平虜城參將李淳，遊擊盧卿、孫鎮，及代州守備朱綸、寧武關守備趙光，各聯絡以備其東；一面帖仰把總指揮李玠等，管領本鎮步軍，嚴謹防範城池、門禁、關厢地方；一面行仰偏頭所掌印千戶偶威，拘收附近人畜，各入城堡、山寨、窑窖；一面分布本所千戶李瀛等，率領本關弱馬官軍，前往捌柳樹堡截殺。布置已定，臣同副總兵安國等晝夜進兵，轍踐向往。至十五日，遊擊朱鑾、杭雄、張綺各統所部人馬俱至，五所大寨，合兵一處，當會各枝將領，慮恐賊知我兵聚會，必然整伍防範，臣因將前項兵馬匿形前進，攻其無備，出其不意。至十六日未時分，前來鎮西衛城西，正遇前賊，約有二萬餘騎，搶掠牛羊馬騾，離城五里，於西川山莊坪等處下營。臣當時會同副總兵安國，遊擊朱鑾、杭雄爲左哨，遊擊張綺、都指揮朱昶爲右哨，臣爲中哨，各聯絡並進，一面鼓舞軍士，以報朝廷恩典，一面督率官軍攻進。其賊不意臣等兵馬猝至，披戴盔甲，張打旗號，列陣吶喊，五路來衝，塵土蔽天，兩兵相接，矢下如雨，渾戰一處，鏖戰數十餘合，賊尚未敗。臣等奮不顧身，督併官兵，各用弓箭、鎗炮一齊射打。賊見我兵夾攻愈勁，腹背受敵，方纔潰亂，就陣斬獲首級，奪獲戰馬、夷器等件。眾賊逃往北行，至本日夜三更時分，收兵入城，暫歇餒馬。至十七日寅時分，臣等仍照前分哨掖襲迹追趕。十八日午時分，至地名許林溝，趕上前賊，復來衝敵。臣等仍督官軍併力向前，倍加勇狠，與賊對敵十數餘合，殺敗賊眾，就陣斬獲首級，奪獲戰馬、夷器等件，餘賊乘夜逃遁去訖。查得臣部下官軍一千二百員名，斬獲首級二十六顆；張綺部下官軍三千員名，斬獲首級六顆；安國部下官軍三千員名，斬獲首級三十四顆；杭雄部下官軍三千員名，斬獲首級五十五顆；朱鑾部下官軍三千員名，斬獲首級八顆；朱昶部下官軍二千員名，斬獲首級一十二顆：通共斬獲首級一百四十一顆。至十九日，遊擊朱鑾回兵原擬井坪城，張綺回兵老營堡，臣同副總兵安國、遊擊杭雄、都指揮朱昶回兵偏頭關。節據各路平良泉等墩坐夜不收劉英等各報稱，南來達賊陸續於各墩空經過，答話"你南朝人馬殺了我多多達達"，仰天哭痛，悲聲不止，共約有二萬餘騎，俱往正北去訖，等因。備報，到臣。會同鎮守山西太監羅篽、巡撫山西右僉都御史李鉞，議照醜虜近年以來累犯邊鎮，剽掠人畜，蹂躪地方，未遭大銼，肆意猖獗，略無厭足。今却擁眾入境，臣等已將在野人畜預行收斂，因無所掠，以致深入鎮西等處，被我官軍奮不顧身，剿殺大敗，似若軍威頗振，人心痛快，非臣等所能，實賴皇上無疆之福、廷臣廟謨洪遠之所致也。除將奪獲被虜牛羊等畜札發鎮西衛、岢嵐州各堂印官，召主識認取領繳照，斬獲首級俱送巡按山西監察御史處紀驗，有功、被傷、陣亡等項官軍及奪獲戰馬、夷器等件，待勘明白至日分別等第，另行造册進繳，等因。續該巡按直隸監察御史劉澄甫奏稱，正德十一年七月內，欽奉敕諭："命爾不妨巡按軍前紀錄功次。"本年十月內，節據大同傳報，平虜等處地方虜寇萬餘深入搶掠，臣隨聲勢西行查訪，間准鎮守大同太監等官馬錫等差人陸續報稱，本鎮西路參將麻循及調來延綏副總兵安國、杭雄等各部下共斬獲首級九十餘顆，奪獲達馬數百餘匹，軍威大振，夷虜懾伏，皆皇上勇智天賜，睿謀神授，及廟堂元老、本兵重臣訏謨定計之所致也。及照監督軍務太監張忠、提督軍務兵部右侍郎丁鳳、充總兵官左都督劉暉、總督糧餉左侍郎楊潭，分布人馬，擒獲奸細，勤勞頗多，功似難掩，等因。造册奏繳。

該本部看得，大同打魚王川并鎮西衛、南山莊坪等處斬獲達賊功次，既經紀功御史劉澄甫經驗覈勘明白，造册奏繳，相應照例議擬。合無將斬獲爲首爲從并陣亡及衝鋒破敵、當先被傷、占驗、書辦等項有功人員，各照後開疑[二]目升賞。再照近年以來北虜猖獗，連年侵寇，邊軍對敵，動輒失利，致令長驅深入，地方大被蹂躪，國威甚是虧損。今副總兵等官安國、杭雄等，乃能奮勇出奇，以寡敵衆，戰勝克捷，遂使虜寇數萬敗散奔走，斬獲數多，天下人心爲之痛快，數十年來未之前聞，是皆皇上神謀睿算、威武大振、任使得人、將士用命之所致也。所據各該統兵、督兵等官副總兵安國、郭錦，遊擊杭雄、朱鑾、張綺，參將麻循、李淳，都指揮朱昶，均冒矢石，各效勞勛，應合分別等第，論功行賞。但查各官部下斬首功次，杭雄五十五顆，安國三十四顆，郭錦三十一顆，朱昶一十三顆，朱鑾八顆，張綺七顆，麻循六顆，論其功次等第，杭雄、安國功尤顯著，似應超擢，郭錦、朱鑾、朱昶，其功亦多，張綺、麻循各又次之。及查得册開監督軍務太監張忠、本部右侍郎丁鳳、充總兵官左都督劉暉，預謀設策，布兵制勝，功實難掩。户部左侍郎楊潭監督糧餉，給軍不乏，功亦可錄。大同鎮巡官太監馬錫、都御史王憲，運謀調兵，防禦克敵。山西鎮巡官太監羅篇、都御史李鉞、巡按御史朱鑑，經略得宜，調度有方。他如督兵戰陣分守太監李環，監督神鎗有功太監李睿，分督軍餉郎中陳溥，分理軍情山西布、按二司守巡官副使等官張鳳邪等四員先事贊畫，有功官錦衣衛副千戶王福協謀隨軍殺賊，武舉榆林試知事田畬及紀功御史劉澄甫亦有隨軍紀功之勞、因事督責之力。以上各項官員均有勞迹可述，俱合斷自宸衷，分別輕重，各加升賞，或升職級，或加祿俸，或進勛階，或賜賞賚，以酬其勞。及照臣等叨任本兵，愧乏長策，不能先事預防，致使上厪聖慮，無功可錄外，伏望皇上俯照近年剿平流賊事例，各量加恩典，以勸將來。臣等又議得，延綏官軍安國等九千餘員名，本部先因大同地方有事，預調偏頭關防禦，客兵遠戍，齊力破敵，成此全功，比之本鎮主兵固守者不同。合無除前項官軍所獲功次升賞外，其延綏官軍每員名各加賞銀二兩，不為常例，借支太僕寺馬價銀二萬兩，差行人一員，請敕齎帶前去延綏地方，會同彼處鎮巡官宣諭聖恩，唱名給散，內有陣亡者，給與銀十兩，優恤其家，庶使人心知所激勸，將來樂於效用。

正德十二年二月二十八日具題，奉聖旨："是。張忠等奉命出師，軍威遠振，及班師之後，原奉旨調布官軍，又能協謀剿賊，建立奇功。其各該領兵、督餉等項官員人等，亦俱有功可錄。今分別等第升賞：張忠歲加祿米二十四石，廕弟姪一人做錦衣衛正千戶，劉暉一子副千戶，丁鳳一子百戶，俱世襲。楊潭再廕他一子，送監讀書。馬錫、羅篇各加祿米十二石，賞紵絲二表裏。王憲、李鉞、朱鑑各升俸一級。安國、杭雄俱升都督僉事。朱鑾、郭錦各升二級。李環賞銀五十兩，李睿三十兩，各紵絲二表裏。麻循、李淳、張綺、朱昶并王福、陳溥、孫清、劉澤、田畬、劉澄甫，各升一級。張鳳邪、孔公才各賞銀二十兩。梁震等俱依擬升賞。蘇鑾等并殷鉉等，也照例升賞他。延綏官軍，還各賞銀二兩，陣亡的各給優恤銀十兩。兵部大臣運籌建議，累有成功，王瓊加少保，兼太子太保，尚書仍舊，還廕一子世襲錦衣衛正千户。陳玉賞銀二十兩，再廕一子，送監讀書。該司郎中賞紵絲二表裏，員外郎、主事各一表裏。其餘該廕賞的，恁部裏還查例來説。”欽此。

爲强賊白日劫財殺死人命等事

參照强賊武廷章等聚集人衆，妄稱名號，截路劫財，殺人放火，地方被其殘害，情犯委的深重。先該巡撫都御史李鉞奏到，本部議行本官，會同鎮巡官，選委謀勇官員，量調官兵、民快，上緊跟襲。題奉欽依，限兩個月以裏務要擒捕盡絶，過限不獲，住俸提問。今都御史李鉞、太監吴經、巡按御史牛天麟乃能遵奉敕旨，同心經畫，嚴督守巡等官僉事徐暹等，前後擒斬强賊共八十名，俱在限期之内，脱逃止有三名，功勞委的可嘉。合無將吴經、李鉞、牛天麟請旨獎勵賞賚，僉事徐暹、參政孫禄、副使吴江、僉事劉琛、署都指揮袁勛各量加賞賚，知州李棠，典史于鼐、劉孝，吏目蕭敬，巡檢鄭寧、高忠并有功人員，行令鎮巡官查明賞勞。及縣丞李祥等十三員、指揮張文愷等三員，平時雖各疏於防範，内華宸、王鏕、韓章、李時、李祥、譙東震、白汝舟、李滄督屬獲賊數多，功堪掩罪，吴得中、李本、李時又已去任，張文愷責任不專，况今大盗俱已平定，合無通免究問。賊犯武廷章等，移咨都察院參詳明白，轉行巡按御史再行會審，速正典刑，照例梟首，以示勸懲。未獲温良茂、高谷米、龐瑀三名，嚴督各該守巡等官上緊緝捕，務要得獲，回奏查考。

正德十二年十一月十五日具題，奉聖旨：“是。這强賊武廷章等嘯聚山險，流毒地方，烏合不止百人，劫掠非止一處。吴經等乃能遵奉敕旨，用心謀畫，嚴督守巡等官，俱在限內擒獲，脫逃止有三名，功勞良可嘉尚。吳經歲與祿米十二石，廕弟侄一人做錦衣衛實授百戶，李鉞、牛天麟各升俸一級，都寫敕獎勵。徐暹等五員，各賞紵絲二表裏。李棠等六員并獲功人員，着鎮巡官量行賞勞。李祥等十三員、張文愷等三員免究問。武廷章等再審無異，便都依律例決了。未獲的，着用心挨拿，務要得獲。"欽此。

爲告領馬匹事

　　看得鎮守山西太監吳經、巡撫都御史張禬奏稱，代州雁門、寧武、偏頭三關并禦冬河曲等處，原額馬騾九千六百八十八匹[三]，見在馬騾五千九百四十四匹頭，倒死未補馬騾三千七百匹頭，無別項銀兩之助，止仗椿頭一項，百年無可完之期；父子相繼，住俸無可開之日。要於太僕寺寄養馬內量撥二三千匹前來給軍，或於山西布政司暫開上馬事例，補完原額馬匹，庶官旗俸糧得以關支一節。查得前項成化十四年，本部題准，通行大同、偏頭關等處查勘，如果與彼處人情、土俗相宜，照京營事例，倒失馬匹出辦椿頭銀兩買補，不及八分者住俸追買。如果未宜，亦要回奏。弘治十四年，本部題准，將朋合銀兩暫免追收，椿頭銀兩照舊出辦。彼成化十四年初行之時，山西三關巡撫官失於查議應否回奏，就照京營事例追收椿頭銀兩買補，不及八分者比較住俸，又無追收朋銀，以致遺累至今，如太監吳經、都御史張禬所奏。若不依奏議處改正，三關原額關領馬匹數多，官軍該出椿頭銀兩數少，每年住俸，決無完期。所據成化十四年巡撫官不行用心查勘應否回奏，輒便依文轉行，及照以後接管巡撫官員因循坐視，不知查革，以致三關官員無辜住俸，通合查究。但干礙人衆，又犯在革前，合無通免查究，本部行文巡撫都御史張禬，查照改正。今後官軍倒死、走失、被盗馬匹，例該追收椿頭銀兩者，該管官旗以十分爲率追收銀兩，不及八分者照例住俸，完日方許收支。其收完椿頭銀兩，經由兵備副使查算，照依時價儘數收買馬匹，不在八分不完比較之例。以前住俸官員并正德十一年以前貧難官軍拖欠椿頭銀兩，查勘明白，俱准開豁、停追，以蘇困苦。及照三關地方險要，以守爲主，馬隊官軍已有七千，未補馬匹不必補給。行令都御史張檜，再查見在官軍的有若干，堪以領馬騎操若干，不領馬步操防守若干，將原有馬隊、步隊官軍通融調撥，務使戰守得宜，公私兩便。如果該添馬匹，另行具奏補給。及查見在官軍，若照京營事例，通令出辦朋銀與椿頭銀兩轉買馬匹，人情有無順便，亦就具奏施行。

正德十三年五月十六日具題，奉聖旨："是。這比先失行事理，著巡撫官查照改正。其馬、步官軍應否通融調撥，或該添給馬匹等項事宜，也著議處停當，上緊奏來定奪。"欽此。

爲告領馬匹事

看得山西鎮巡等官都御史張檜等奏稱，先年失行事理已行改正，見在官軍一萬五千餘員名，止有見在馬四千八百餘匹，奏要於太僕寺見在寄養馬内量撥四五千匹一節。查得太僕寺見在寄養馬數少，及查前項正德九年山西三關有給銀買馬事例，合無本部於太僕寺收貯馬價銀兩動支三萬兩，就令山西都司進表官順便押運，前去山西布政司交割寄庫。差去官沿途合用廩給、馬匹并車輛、護送官軍，俱照例起撥應付。仍行巡撫都御史，會同鎮守等官從長計議，或選委能幹官員於出産地方收買，或給與缺馬官軍自行收買，務在處置得宜，毋致虧官損軍。所買馬匹務須經由兵備副使逐一驗看堪中，轉送山西行太僕寺印烙，給軍騎操。如有高臺[四]價值、侵剋官價情弊，依律究問。不許分派州縣，逼民包陪。事完之日，將買過馬匹毛齒、給過官軍姓名并用過銀兩數目備細造冊，送部查考。及看得奏稱馬隊、步隊官軍委難通融調撥一節，臣等議得，邊關官軍殺賊，人人有馬，委的便於馳驟。但欲令軍自養，多無空地可牧；欲官爲支給，又無民草可供。所以往年召商買草，生弊百端；逼軍陪補，爲害滋甚。山西三關在大同之南，頗有山險可據，況古人防邊，多有以步戰取勝者。近年都御史孟春在宣府列步陣以却虜。去年總兵官王勛在應州督軍下馬步戰，始能固守營壘，不爲賊所蹂躪。若謂馬隊、步隊難以通融調撥，恐未喻本部建議之意，亦未知本邊不習步戰之弊也。合無本部再行都御史張楷等從長計議，合無傳報聲息，或追逐勢小達賊去處多設馬軍，於虜衆必由，可以遏截阻鋌賊鋒去處多設步軍，務使奇正相倚，戰守並用，以保萬全，不必專恃馬力以求必勝。其有馬官軍，官立草場以便夏秋牧放，預處草料以待冬春支給，務使馬無倒死，不頻奏討，斯爲得策。

正德十三年十月二十四日具題，奉聖旨："是。動支銀兩買馬給軍等項依擬行。其馬、步官軍通融調用事宜，還行與巡撫等官知道。"欽此。

陝西延寧類上

延寧者，延綏、寧夏二鎮也。延綏云者，延安府、綏德州也。綏德在秦時爲上郡，歷漢、隋、唐，皆爲邊鎮。宋初没於西夏，元平章孔興據守。國朝洪武二年，平定陝西，孔興北遁，設綏德衛，屯兵數萬守之，分撥綏德衛千戶劉寵屯治榆林。正統中，命都督王禎鎮守延綏，始議築榆林城及沿邊十八寨，移鎮於彼。成化七年，置榆林衛。

八年，都御史余子俊開廣榆林城垣，增置三十六營堡。寧夏，即古朔方地，歷漢、隋、唐，皆爲郡縣。宋趙元昊據之，稱西夏，與宋延慶、熙河分界。元置行省。國初棄其地，徙其民於陝西。洪武九年，立寧夏等五衛，後命將鎮守。嘗考之漢文帝時，匈奴寇上郡、雲中，詔將軍周亞夫等屯兵近郊以備之，未嘗窮兵遠討也。武帝時，匈奴連年入寇，屢遣衛青等擊之遠遁。然兵退復入寇，又大入，破塞外城障。欲再舉兵，而海内已虛耗，不可再舉矣，故武帝末年深悔之。唐太宗時，突厥合十餘萬騎入寇，至渭水便橋之北，豈以太宗之英武而素不能爲之備哉？勢有所不能也。其後突厥頡利政亂，諸夷叛之，又民大饑，牛馬多死，始遣李靖乘其隙而襲破之，以其降衆雜處中國。終唐之世，内亂多而邊患少，非太宗一時之戰功能使其久遠不犯也，值虜運自衰耳。以今日陝西邊備論之，國初因秦漢之舊，以綏德爲邊衛，東自葭州黃河起，西至寧夏界定邊營止，七百餘里，中間岡阜相連，有險可據，猶易爲守。自移鎮榆林，綏德官軍多徙居之，在綏德者不及什一。自是延慶之民困於遠輸，日益流徙，田多荒蕪，户口減什之六七，而邊儲日益匱乏矣。虜賊大舉，或由榆林東雙山堡等處入寇綏德，或由榆林西南定邊營、花馬池入寇固原等處。榆林之兵，其在東也，則以無險而不能守；其在西南也，則以路遠而不能援。而綏德舊鎮則以兵寡而不能禦，則移鎮榆林者，未見其爲利也明矣。惟東自定邊營起，西至寧夏東黃河岸橫城堡止，三百餘里，中間皆平漫沙漠，無山溪之險，故虜賊大舉多由此入寇，故論者多欲於此地增築城堡，募兵以守，而未易成也。爲今之計，宜量撤〔五〕兵卒之半復還綏德，使守險拒敵，遏其深入，又可減省遠輸以蘇民困。其榆林及新設城堡，各計其屯田歲入之數，留兵屯守，以立孤懸之勢。而移置其多餘者屯於定邊營要害之地，委謀勇將官統之。寧夏亦委將官，調兵於花馬池住札。又調集內地驍健之兵屯於固原，令原設總兵官常住其地，提督操習，各充其饋餉。如料虜將有大舉入寇之機，定邊、寧夏、固原三路合兵防禦擊殺。如此，雖不能使其必不侵犯，而自足以制其不敢深入。而又於平時愛養內郡之民力以固根本，可使制挺以撻胡虜之兵，而內無土崩之勢。至於守邊將帥，失利究其所由，以行黜罰而無縱濫，使官得久任，而邊備無廢弛，如斯而已矣。若曰必使虜不內侵，或欲連數百里之地盡築城堡，則力有所不贍；或欲置重臣總制三路之兵以抗其衝，則智有所不及；又欲發數十年[六]之師，直搗虜巢，滅其種類，則勢有所不能：皆非今日之所可行也。

爲預處虜衆在套不時入境
搶掠爲害地方事

看得巡按陝西御史常在奏稱，總兵官侯勛傳報聲息手本，止開統領固原衛官軍土達指揮孟澤等六百七十員名、延綏官軍指揮王蘭等一百四十一員名，以一總兵官統領官軍尚不及一千之數，則兵之不足可知矣。乞要從長計議，轉行總制都御史鄧璋同各該鎮巡等官，急爲精選人馬，整飭器械，但係套賊緊關出沒處所，各選智勇官員分投統領，嚴加防禦，若有不足，急爲奏請定奪一節。查得近該巡撫陝西右侍郎馮清等奏稱，虜中走回人口王浩加報稱虜賊欲到秋涼大舉入寇等情。本部議得，固原地方兵力寡弱，擬將河南秋班京操官軍撥調，前去陝西防禦，正恐臨時調遣緩不及事之意。今御史常在奏稱鎮守陝西總兵侯勛統領官軍數少，又稱今日套賊全陝安危所係甚重甚大、至緊至急，無非先事預防之意。合無本部再行總制都御史鄧璋，與陝西鎮巡等官從長計議，如果陝西省城并固原地方兵力寡弱，不能支持，仍照本部原擬，將河南秋班官軍量定數目，上緊移文徵調前去，選委驍勇將官統領操練，防禦截殺。不可循習故常，惟知奏討京軍，遠出勞費，却以河南操軍爲不堪用，不行調取，以致誤事，咎有所歸。若果陝西固原兵力足用，賊勢稍緩，不敢深入，保無他虞，不必調取。惟在從宜計處，不可偏執一見。本部再行巡撫陝西右侍郎馮清，查勘本省收貯軍器、盔甲等項，如果數少，不敷給領，速行巡撫河南都御史蕭翀并布政司，將河南見造完軍器、盔甲、鎗刀等件給與聽調官軍領用。本部行移巡撫河南都御史蕭翀等，一體遵依施行，各不許遲誤。

正德十年八月初五日具題，奉聖旨："是。"欽此。

爲北虜大舉入寇隴州亦卜剌賊衆侵犯洮岷事情緊急請命將官統兵征討事

照得北虜小王子大勢達賊與亦卜剌賊衆俱在陝西寇擾，先該本部逆料有此大患，先奏要設提督大臣在甘凉、洮岷一帶防禦，又奏要預調河南京操官軍前去陝西備禦，俱未蒙准行。即今御史常在奏來，事勢十分危急，若不議處，誤事非輕。合無於見在團營將官內請旨簡命謀勇素著、曾經戰陣將官一員，請給制敕，掛印充總兵官，并符驗、旗牌等項俱照例給付，聽本官於各營自行選帶驍勇慣戰頭目官軍五百員名、正馱馬七百五十匹，不許奏帶不堪征戰之人撓壞軍法，限十日以裏啓行前去，統領河南見操秋班官軍一萬員名，再於陝西腹裏徵調見在官軍、民兵，統領殺賊。督餉侍郎馮清隨軍償運供給。其陝西鎮守以下官悉聽節制。應與總制右都御史鄧璋計議者，火速會議而行。出征官軍馬匹、合用賞賜并行糧、草料、軍器、什物，行移户、工二部，照例關領應付，仍各差官一員，沿途預備供給。本部差主事一員，領敕前去河南、陝西，會同巡撫都御史，選委廉幹官員會[七]投處置，收買馬匹，查取軍器，隨軍應付。不許怠慢失誤，違者依律參究。行移吏部，撥吏一名，跟隨書辦，照例應付。本部仍通行府部科道等衙門，如有禦虜長策，悉聽各陳所見，采擇施行，務在切實明白，不必虛飾繁文。

正德十年九月初三日具題，奉聖旨：“是。張洪着掛征虜將軍印，充總兵官，前去陝西地方提督各路軍務，寫制敕與他。原領勇士，着許泰等管領。其餘事宜都依擬行。”欽此。

爲達賊大舉侵寇腹裏殺虜人畜殘害地方事

看得韓王奏稱，本年八月初二日辰時，達賊大舉自西路至平涼府城外，倚北山一帶駐營，日間四散搶掠，夜則蟻聚巢穴，火光遍野。賊勢驕橫，深山僻野，無處不到，殺虜人畜，不計其數，暴屍原野，甚爲慘毒，至初六日方回。誠恐夷虜野心，譎出百端，將來事情未敢料度，乞要早爲裁處一節。先該巡按陝西監察御史常在奏稱達賊侵入腹裏地方搶殺人畜等情，已該本部議擬，題奉前項欽依，切責總制、鎮巡等官用心協謀，隨宜戰守。又該本部議得，北虜大舉入寇隴州，亦卜剌賊衆侵犯洮岷，事情緊急，請命將官統兵征討，議擬明白具題外，今韓王又奏前因，臣等別無議處。其奏稱殺虜人畜不計其數一節必是真實，誠恐所在官司日久隱匿避罪，合無本部移咨都察院，轉行巡按御史，上緊查勘，具奏定奪。及照用兵禦虜，糧餉當充。近該戶部奏開生員納銀事例俱赴陝西布政司上納，誠恐各處生員路遠倒文，展轉遲誤。合無行移戶部，從長計議，先查見在解到銀一十萬兩，差官運送陝西，交與侍郎馮清，隨軍供給，却將原開生員事例納銀改赴順天府陸續上納，照數補還，庶濟急用，臨敵不乏。如果此議可行，徑自具奏定奪。

正德十年九月初七日具題，奉聖旨："是。這失誤事情，待地方稍寧，着巡按御史查勘明白來說。解納銀兩事宜，户部便議處具奏定奪。"欽此。

爲北虜大舉入寇隴州亦卜剌賊衆侵犯洮岷事情緊急請命將官統兵征討事

看得右都督張洪奏，要調取鎮國府左參將宋贇等管領下班官軍三千員名，遼東千總官葛蔓、楊春等見領三屯營備邊官軍二千員名，再行遼東千總官段錦并魯祥等挑選附近山海駐札官軍一千，共三[八]千一百三十三員名，統領殺賊，及要將在監官犯馬驃等三十餘員名軍前當鋒、哨探一節。先該本部議擬，陝西將領不得其人，以致失事，必須另用謀勇大將，前去宣布天威，震懾夷虜，安輯關中。又恐此時虜賊得利已去，多帶軍馬，路遠勞費，以此議擬止帶驍勇慣戰頭目官軍五百員名，到彼量調各路軍馬，及就近調河南官軍前去應用。今右都督張洪特蒙皇上簡命，授以征虜重寄，利害切身，因見鎮國府左參將宋贇等所領宣府官軍驍勇可用，本官生長遼東，又知彼處官軍健捷慣戰，及知爲事官馬驃等平昔驍勇，有過可使，故有此奏。查得宣府遊兵三千見調陝西，及近年遼東官軍亦曾調去江西殺賊成功，況總計動兵不過六千之數，用將用謀，似應准擬。但兵貴神速，本部原擬限十日内啓行，今已過八日。合無請旨督責右都督張洪，作急挑選精銳頭目官軍五百員名，關領賞賜、馬匹、盔甲齊備，擇日皇上早朝，面遣張洪掛印上緊前去。本部差官前去宣府，調取左參將李贇[九]等所領人馬三千就彼起程，前去延綏等處聽調殺賊。其先調去宣府余鎮遊兵三千，或仍留陝西，或發回宣府防禦，俱候右都督張洪到彼相視賊情緩急，斟酌定奪。再各差官前去遼東并三屯營等處，依其所奏，調取葛蔓、段錦等官軍三千餘員名，并爲事官馬驃等開查的確姓名，就交與段錦等管束，剋期起程，俱赴右都督張洪處聽調殺賊，不許時刻遲誤。但係右都督張洪統調官軍，自副參以下，敢有不用命者，悉聽以軍法從事。前項邊軍六千既已調用，其河南官軍聽巡撫都御史蕭翀於内揀選有馬精銳官軍，約會右都督張洪調用，不必拘定原數。及行提督邊務本部右侍郎陳玉、副總兵桂勇等，斟酌彼處賊情，果有聲息緊急，就便差官齎文前去遼東總兵官韓璽處，於附近關口駐札軍馬内調取二千，星馳前來薊州各邊應援，不許兩相推誤。如已畏服，照舊入貢，不必調取。再照舊例，總兵官出征，俱有督餉大臣隨軍償運。近年陝西地方爲因連年用兵，灾傷無收，糧草甚是缺乏。今右都督張洪軍到去處，儻缺供給，貽患非輕。雖有右侍郎馮清在彼督理軍餉，因本官職兼巡撫，不得專一隨軍整理。近該户部題准，將陝西三邊年例銀一十三萬兩送侍郎馮清處通融支給，誠恐三邊得知係是本邊該用之數，又來馮清處支去，今次出征官軍必無供給，急難應付。合無乞敕户部，照例請敕差大臣一員，與同右都督張洪一同前去，總督軍餉，庶軍餉有備，不致臨期誤事。

正德十年九月十六日具題，奉聖旨："是。陝西地方虜情緊急，着太監張忠監督軍務，帶領宋寊下班官軍三千員名從北路去，張洪帶領原擬官軍五百員名并所奏馬驃等從南路去，至彼會同總制都御史，調度各路軍馬殺賊，務期成功，以靖地方。葛蔓等官軍不必動。督餉大臣，户部便議推兩員來看。"欽此。

爲大舉達賊拆墻進入搶掠官軍晝夜
對敵斬獲賊首達賊夷器等事

看得延綏鎮巡等官都御史陳璘等奏稱，虜賊糾集數萬，擁入

腹裏綏德等處地方搶掠，本鎮遊奇兵馬將及一萬，總制都御史鄧
璋盡行調去固原截殺，見在主、客兵馬不上數千，衆寡莫敵。官
軍奮勇，斬獲首級二顆，陣亡官軍一十八員名，重傷官軍三百三
十四員名，射死、重傷、倒死戰馬三十九匹。及參稱把總坐堡都
指揮、千百戶等官彭槭等各不能嚴謹設備防禦，以致賊衆拆牆深
入，損折官軍，搶殺人畜，俱合有罪一節。切照延綏一鎮軍馬素
稱驍雄，北虜畏懼。今擁衆數萬，越過榆林，直入米脂等處地
方，肆行殺掠。總兵官王勛、巡撫都御史陳璘、鎮守太監王競，
俱受朝廷重托，專守榆林一鎮地方，不能先事預謀，留兵自守，
以致失事，委難辭責。但見今虜寇未退，緊急用人之際，況中間
失事情節未經查勘，數內重傷官軍三百三十四員名恐有不實，亦
係陣亡之數。及該陳璘等奏稱，本鎮遊奇兵馬將及一萬，總制軍
務右都御史鄧璋盡行調去固原等處截殺，見在主、客兵馬不上數
千，以寡敵衆，拒賊出境，不得久掠，等因。若果所奏是實，則
是鄧璋所調延綏軍馬，既不能爲固原之助，又致失延綏之守。合
無請敕切責王勛、陳璘、王競，加謹惕勵，用心籌畫，整飭軍
馬，相機戰守，并指揮彭槭等俱令戴罪殺賊。各官果能奮勇設
謀，建立奇功，准贖前罪。若復因循懈怠，或再致失事，從重究
治。本部移咨都察院，轉行巡按陝西御史，會同差去給事中，候
查勘固原等處失機事情畢日，將今奏前項延綏地方并陣亡、獲功
等項情節逐壹勘明，各另具奏定奪，干礙王勛、陳璘、王競并彭
槭等，指實參奏。

　　正德十年九月二十五日具題。奉聖旨："是。這地方失誤
事情重大，王勛、陳璘、王競本都當究治，但緊急用人之際，
姑寫敕切責，并彭槭等都着戴罪殺賊。其失事輕重并陣亡、
獲功等項人員，還着巡按御史會同一併查勘明白來説。"
欽此。

爲大勢達賊擁衆深入腹裏地方大肆
搶殺人畜侵近城池爲患等事

議得先年鎮守大同總兵官王璽、許寧，副總兵朱瑾，鎮守延綏總兵官陳瑛，近日鎮守宣府總兵官劉淮，大同總兵官葉椿，薊州總兵官陳鏸，各官中間多有謀勇素著、累立軍功之人，皆可愛惜。爲因失機干犯國法，不敢姑息，俱已降級、充軍、革任等項處治發落，所以服人心、防後患也。今潘浩手握重兵，專守寧夏，虜賊入境，不能禦防，法當究問，而因已調用，不加罪責，令其上緊赴任。其太監張昭、都御史邊憲比與潘浩，責任不同，而反令戴罪殺賊。不惟各邊將官失機得罪者聞之不服，張昭、邊憲亦未免不服也。況潘浩先任大同副總兵，與葉椿同有失事，僥倖轉升寧夏，今在寧夏失事，又得僥倖調過宣府，誠恐各邊將官聞風傚傚，不肯輸忠盡職，惟務僥倖苟免。地方安危，關繫匪輕，臣等懇懇言之，誠以虜患不足畏，廢法大可畏也。伏望皇上公行大法，斷自宸衷，令潘浩與張昭、邊憲等一體戴罪殺賊。其潘浩仍照先年舊例，降做爲事官，就令跟隨右都督張洪調度殺賊。以後潘浩果建奇功，及差官查勘潘浩失事情罪頗輕，另行議奏，准贖前罪，或取回別用。若失機情重，又無功可贖，仍付法司依律問治，以警將來。其宣府總兵官員缺，本部照例會官推舉相應官二員，上請簡命一員，前去鎮守，庶法令昭彰，人心畏服，將士用命，虜賊可破矣。

正德十年十月初四日具題，奉聖旨："潘浩已有旨了，還著給事中等官待陝西事寧之日一併查參了來説。"欽此。

爲北虜大舉入寇陝西隴州亦卜剌賊衆侵犯
洮岷事情緊急請命將官統兵征討事

照得先該本部具題，前事，奉聖旨："着右都督張洪掛征虜將軍印，充總兵官，提督陝西各路軍馬。"續又奉聖旨："着太監張忠監督軍務。"又該本部會官推升左副都御史陳天祥提督軍務。今照十月各官啓行，計至十一月間方可得到陝西，誠恐遲誤。又恐以後黃河凍堅，虜賊出套過河，却乃宣、大地方搶掠，臨時計處遲誤，乞早擇日。伏請皇上視朝，面遣右都督張洪掛印，從南路去陝西，如遇虜賊入寇，就便相機剿殺。仍乞敕太監張忠、都御史陳天祥從北路上緊去陝西，與張洪會合一處，計議用兵。若到陝西，亦卜剌賊已出境，黃河套賊過河往東，宣、大地方住札，各一面奏聞，一面統領原調軍馬，并照例調取延綏遊奇兵馬，前赴大同等處地方，料度賊情，相機剿殺。其宣、大鎮巡以下官并各路軍馬悉聽節制調遣，如陝西之例。提督軍餉侍郎馮清亦同各官隨軍儧運，俱不必臨時奏請待報，失誤事機。各官務在殫心竭力，運謀設策，料敵有准，出師有功，升賞不吝。不可鹵莽失策，老師費財，咎有所歸。其軍馬經行去處，仍要紀律嚴明，部伍清肅，所過地方秋毫不犯，斯爲賢能。

正德十年十月初八日具題，奉聖旨："是。黃河將凍，虜情譎詐，難以預料。張忠着統領官軍，且在宣、大地方住札，差人查探，果有堅[一〇]急賊情，前去會兵征剿。張洪先從山西路去延綏，與陳天祥相機行事。若賊衆過河東行，一面回軍防禦截殺，一面星馳奏報。都換敕與他。亦卜剌賊情，只着陝西鎮巡官隄備。其餘依擬行。"欽此。

爲陳管見以禦虜安邊事

看得給事中任忠所奏，大意謂朝廷命將出師，固是禦虜之策，但虜賊聞出師而暫退，見班師而復來，徒費糧草，不得成功。莫如以守禦爲本，明賞罰，久任人，邊備既修，夷狄自畏。臣等切念，近年以來，爲因守臣數易，賞濫罰輕，以致封守不固，胡虜內侵，黎元受禍，給事中任忠所言切中時弊。但今邊務廢弛已久，虜賊強盛，大舉入寇，勢甚危急，所以本部建議命將出師，蓋欲宣布國威，振作邊方士氣，如前代細柳、棘門、壩上之舉，實非得已。惟若議論不定，朝更夕改，機會一失，必又勞費無功。伏望聖明再敕張忠、陳天祥、張洪，料度虜情，務期必中。賊在陝西則爲陝西之備，賊過宣、大則爲宣、大之謀，閫外之事悉以付之，不必遙制，務使賊勢頓挫，不敢深入，內郡獲安，不致擾害，毋或失誤機會，以致師老無功。若虜賊離遠住牧，不來侵犯，即便具奏班師，以省坐費。其各邊守禦事宜，聽各鎮巡官照舊施行，不許推稱節制，失機誤事。本部仍行紀功御史，從公紀驗以行賞；及行給事中、御史，從公按覈以行罰。除提督軍務都御史係暫差外，其各邊巡撫都御史賢能可任者，乞敕該部查照成化年以前寧夏巡撫都御史賈俊等事例，須待六年以上方許升轉；并總兵等官聽本部從公推舉，亦須久任，無故不必更調。如此公行賞罰，久任責成，本邊將士皆可禦虜，京營軍馬不必遠出，省費息民，培固邦本，當今急務，莫先於此。

正德十年十月十七日具題，奉聖旨：「是。禦虜安邊各項事宜，都依擬行。」欽此。

爲虜中走回人口供説賊情事

看得巡按陝西監察御史常在奏稱，達賊拿住米脂縣生員張守約，問延安、陝西道路一節。先該本部節次議擬具題，請命右都督張洪統兵前去陝西征剿，及行各該鎮巡等官嚴加防禦外，別無定奪。其奏稱強賊百十餘人執打旗號，自永壽縣地方一路流劫，本年九月初九日午時到於扶風縣，劫掠百十餘家。本年八月十四日，忽有強賊七十餘騎到於靈臺縣地方，學作番語，搶殺人財，密使探聽，要來劫庫劫獄，官民驚疑，晝夜不安等情。顯是窮民乘機作亂，其學作番語強賊，恐是各邊番賊流過平涼，亦未可知。若是腹裏賊盜，豈能便會番語？係干群盜劫掠地方重情，深爲可慮。合無本部行文，就令差來人賫與都御史蕭翀，不必等候新升河南巡撫都御史李充嗣交代，星馳前去陝西巡撫，會同總兵官趙文等，整捌軍馬，申嚴號令。如果前項番賊尚未解散，即便量調官軍，設法剿捕，務要盡絶，毋致滋蔓。一面將賊情緩急、起發根因星馳具奏，以憑議處。其巡撫并總兵等官必須用心籌畫，處置得宜。不許鹵莽忽略，致貽大患，國典具存，決難輕貸。及照扶風、靈臺等縣賊番聚衆劫掠，係干緊急軍情，若非巡按御史常在奏報，無由得知。其三司、府州并巡撫、總兵、守備等官互相隱匿，俱不依律飛報奏聞。倘若前賊日久，聚衆難滅，失誤機會，貽患非輕，律合究問。合無本部移咨都察院，轉行巡按陝西御史，將前項隱匿不報賊情官員通查明白，上緊參奏處治。

正德十年十月二十二日具題，奉聖旨：“這各該隱匿事情，着巡按御史通查明白來説。”欽此。

爲招番易馬事

看得巡茶御史王汝舟所奏洮州地方夷情，被大勢達賊搶殺蹂踐，極其慘毒，所不忍聞。又奏夷人説稱“我西番人想説官軍護救我們，不肯叫人馬來着救我們，是我們走了，可憐見不與我番人作主”等語，深可矜憫。御史王汝舟因見番夷被害，慮恐易馬有虧原額，故有此奏。臣等竊議，正德九年，朝廷爲因阿爾禿斯并亦卜剌達賊在於西寧等處搶殺爲患，本年三月內既設總制，五月內復設總督，相繼并至，遠調延、寧軍馬逐剿前賊，以安番夷。不意達賊番過河南，殺害洮州等處番夷，非御史王汝舟奏來，彼處鎮巡等官通同欺罔，互相蒙蔽，何由得知其受害之慘詳悉如此？致使百年易馬番人失所倚恃，妨廢馬政，誠非細故。合無本部移咨巡撫都御史蕭翀，嚴督新設協守副總兵都指揮使鄭卿，整搠人馬，嚴謹隄備。如果前項達賊仍在洮州等處地方住牧搶殺，應該調兵剿殺，相機行事，設法追剿。如衆寡不敵，勢難進兵，星馳具奏定奪，不許仍前坐視隱匿。如有故違，聽巡茶御史指實劾奏。其茶易馬匹番人既已被害，許令不拘兒、扇、騍馬，量添茶斤易換，以後事寧照舊。

正德十年十一月二十八日具題，奉聖旨："是。都依擬行。"欽此。

爲專委任以弭盜賊事

看得巡撫陝西右副都御史蕭翀奏稱，西安府申稱，咸、長、華陰等縣地方，自本年九月、十月以來盜賊生發，或五七成群，或數十聚合，騎坐馬匹，懸帶軍器，在於各該地方劫奪財物，甚至殺人。及稱平涼衛軍餘李通等各告，有囉哩李景卑等招添二千餘人，無人禁阻，往往劫殺人財，必須專官總督緝捕，除行各該府州縣擒捕一節。查得先於正德十年十月內，該巡按御史常在奏稱永壽地方强賊糾衆劫掠，等因。已該本部題奉前項欽依，行巡撫都御史蕭翀等，量調官軍，設法剿捕，務要盡絕，一面將賊情緩急、起發根因星馳具奏，以憑議處。及行巡按御史，將前項隱匿不報賊情官員上緊參奏處治。延今三個月餘，都御史蕭翀雖奏前因，不見備有前項本部原擬題奉欽依內事理，及隱匿賊情官員，巡按御史亦未查明奏報。臣等因見近年各處盜賊初起，隱匿不報，以致滋蔓難治，所以節次申明律例，奏准通行，嚴隱蔽之法，防未然之患。前項陝西賊情，既行鎮巡官剿捕，又行巡按御史查劾，伏蒙皇上明炳先幾，特命巡按御史通查明白來説。今各官未見奉行，而巡撫都御史蕭翀、鎮守太監廖鑾各奏前項賊情聚至二千，猖獗特甚，係干地方重情，不可忽視。合無本部鋪馬齎文交與蕭翀，會同廖鑾并總兵官趙文從長計議，量調官軍，設法剿捕，務要盡絕，毋致滋蔓。一面將賊情緩急、起發根因星馳具奏，以憑議處。一面通行河南、山西、四川、湖廣鄰境地方巡撫都御史，會同三司官計議，防範把截，以防前賊奔逸，入境爲害。本部再咨都察院，行催巡按御史，將前項隱匿賊情三司等官查勘明白，遵照原奉欽依內事理上緊回奏，必實之法以警將來，不許似前遲慢。

正德十一年三月初十日具題，奉聖旨："是。" 欽此。

爲捉獲强盜事

看得撫治鄖陽都御史任漢及巡撫陝西都御史蕭翀，各奏陝西商[一一]州洛南縣地方盜賊事情，係干聚衆百人以上流劫地方重情，未見挨拿盡絕。合無本部一咨巡撫陝西都御史蕭翀，查照前項欽定事例，通將各官住俸挨拿，候至半年不獲，不分司府州縣、衛所、巡司、掌印、巡守、巡捕等官俱聽巡按御史提問，照例降級等項發落，回奏查考，不許徇情隱蔽，貽患將來。仍咨都察院，轉行巡按陝西監察御史，一體查照施行。一咨巡撫河南都御史李充嗣，選委謀勇官員，密切體訪前項未獲强賊老吉、秦芑等，果係永寧、盧氏等縣人民，見今回縣潛住窩隱，嚴督守巡等官設法撫捕，務要得獲監問，亦不許虛張聲勢，一概驚疑，激成他變。仍查勘强賊老吉等果因守備署都指揮呂璽撫馭無方，以致强賊肆志，礦徒竊發，坐視不拿，就便指實參奏提問，并干礙地方守巡等官一併參奏處治，通行具由回奏，毋得似前因循坐視，釀成大患。若前賊在於河南地方捉獲，陝西地方官員臨時具奏分豁。一行撫治鄖陽都御史公勉仁，公同副總兵李瑾等，用心查訪陝西、河南、湖廣三省交界地方深山僻谷，但有盜賊嘯聚，兩相影射，乘機出没，就便設法防範，相機撫捕。應與各省巡撫等官計議者，火速差人徑自約會施行，毋得自分彼此，互相推托，釀成大患，取罪非輕。

正德十一年三月十八日具題，奉聖旨：“是。這地方處置捕盜等項事宜，便行與各該巡撫等官，都着依擬行。”欽此。

爲陳言急修邊務以保固地方事

看得鎮守陝西署都督僉事趙文條陳“添設火器，預防虜患”等五事，俱係地方軍務重情，合就開立前件，議擬明白，伏乞聖裁。

正德十一年四月二十七日具題，奉聖旨：“是。准議。”欽此。

計開：

一、添設火器，預防虜患。前件。查得先爲陳言事，該鎮守寧夏總兵官張泰奏，稱守邊之兵單弱，天順六年奏准置造兵車一千二百兩，遇賊擁衆入寇，臣等統調官軍駕御，分作二營，互相掎角戰守。每車一兩，上置兩槍，安小銅炮三個，四門四角各載大銅炮二個。車上用二人，一人打神槍，一人燃炮火。每乘用卒十人推輓運車，等因。該本部議得，前項所造兵車，并車上合用槍炮等件，俱合整理完備，以防虜騎衝突，爲守邊之助。成化元年二月初二日具題，奉憲宗皇帝聖旨：“是。”欽此。又查得《大明會典》：“神槍、神銃等項火器，俱係内府兵仗局掌管，都司衛所季造，止是編降字號手把銃口。其各邊城堡所用大將軍、二將軍、三將軍并手把銃口，一出頒降。若銃口損失，并給用不敷，巡撫、鎮守官具數會奏，方許自造。”今署都督趙文奏，要鑄造虎尾馬腿火炮各二十個、各樣將軍三百個、載炮車五百兩，送固原發兵車廠收貯，遇有大舉賊情，城下列陣，萬炮舉發，等因，固爲禦虜一策，但查《會典》事例，外省不該擅自添造。合無本部移咨都御史蕭翀，會同鎮守、總兵等官查議，如果原降手把銅銃損失或不敷給用，照例具數回奏，請旨定奪。其置造戰車一節，聽各官查照先年事例，徑自從宜置造。

一、請擬徵調鄉兵，各蘇遠勞，以便戰守。前件。查得陝西原調遊兵三千員名，在固靖截殺，内洮、岷、河、秦、臨五衛共一千七百五十員名；平凉原調官軍二千四百二十八員名，在莊浪備禦。今署都督僉事趙文奏稱，洮、岷等五衛去莊浪不過五百里，去固靖二千餘里，欲要改調平凉官軍赴固原，洮、岷等五衛官軍赴莊浪，以近就近，便於人情，誠爲有理。及要於階、文等所抽選官軍六百五十員名補足莊浪之數，亦似可行。但恐先年分撥，別有所見，難便定奪。合無本部移咨都御史蕭翀，公同三司官查勘。如果依其所奏，互相更調抽選，人情、事體兩便，別無違礙，經久可行，就便明白具奏定奪。若有違礙，難以施行，宜從照舊，中間弊病設法查處禁革，亦不可因襲故常，益致廢弛。

一、添設寨堡，收斂人畜，以保搶掠。前件。看得所奏要於華亭、隴州、崇信等處修築寨堡以收人畜，添設墩臺以便瞭望一節，誠爲有理。但前項地方在延、寧腹裏，設使延、寧地方慎固封守，虜賊不敢深入，何待腹裏處處皆築寨堡？況寨堡、墩臺之設必費財力，而居民散處，家業已定，拘集一處，情必不堪。至於添設墩臺，就令本處地方居人守瞭，是驅耒耜之民充哨瞭之役，官吏乘機作弊，必至生事擾人。合無本部移咨巡撫都御史蕭翀，公同三司官從長計議。如果民居團聚本處，情願修築寨堡以自護衛者，聽從其便。其接連延、寧緊要道路，原設有城堡去處量設墩臺，就令本城堡之人哨瞭傳報，不必另再傳報，負累人逃。其奏要將州縣驛遞、城郭查勘修理一節，合行依擬修築，不許遲誤。

一、添築墩臺，以便傳報。前件。看得所奏去歲套賊俱由打狼等路無墩空地取徑奔固原，人不知覺，要於打狼至馬剛堡、彭陽城，平涼至鎮原縣起，倩附近軍民修築墩臺，以便瞭報。彼鎮見有古迹墩臺，但工程繁多一節。所言似爲有理，但恐先年已曾修築，後因地方寬廣，人力難守，以故廢弛。若又修成，恐枉費財力，糧餉難供，缺人守望，又致廢弛。況墩臺之設，宜在邊地，而內地似非所宜。禦戎之道，宜急安內，而攘外似非所急。秦築長城萬里，無補咸陽一炬。假使添設墩臺不困民力，臣等豈敢過論？合無本部移咨都御史蕭翀，公同三司官計議。如果依奏添設墩臺不勞民力，不費糧餉，經久可行，即便依擬施行。若工程浩大，勞費財力，姑且照舊，不必添設，坐困中國。其哨探虜情、傳報聲息事宜，亦要從長計議，作何處置可以先知，不知[一二]誤事，徑自從宜施行，應具奏者奏請定奪。

一、增軍設所，以實邊備。前件。查無都御史黃寶等奏詞抄出在卷，合無本部移咨巡撫都御史蕭翀，查勘弘治四年有無將添設紅古城守禦千戶所緣由具奏，仍公同鎮巡三司官計議，即今應否設立，明白具奏定奪。

爲慎選擢以重民兵事

看得巡按陝西監察御史常在所奏"疏通渠道以廣水利"四事，戶、工二部查覆外，其言"更駐札以防要害"等六事，皆禦虜安邊、興廢補弊之意，合就開立前件，議擬明白，伏乞聖裁。

正德十一年八月初四日具題，奉聖旨："是。准議。"欽此。

計開：

一、更住札以防要害。前件。查得先爲處置邊務事，該總督參贊并陝西、寧夏、延綏鎮守、總兵、巡撫等官寧晋伯劉聚，左都御史王越，太監劉祥、王清，少監張遉，都督范瑾、許寧，都御史馬文升、余子俊、徐廷章等會奏，參互議得，定邊、新興、安邊、永濟四營堡俱係平漫沙漠去處，難以打墻挑壕，賊易窺見虛實，軍馬難以出入。近年參將錢亮於安邊營咫尺之遠被圍失利，足爲明鑑。及鎮靖堡已行奏准，那回塞門。今議得定邊等四營堡俱合那移，就險而守。但定邊營接連寧夏花馬池營，此固便利，彼無鄰援，合當照舊不動，止將新興堡那於迤南古迹海螺城，安邊營那於迤南地名中山坡，永濟堡那於迤南地名上紅寺。鎮靖堡不必那回塞門，却那於迤北白塔澗口，以守則固，以戰則利。該兵部依擬具題，成化九年九月二十四日奉憲宗皇帝聖旨："准擬。"欽此。欽遵。緣安邊營係成化九年都御史王越、馬文升、余子俊等多官會議，那移事理必有所見，今要復回舊安邊營，改調官軍，事體重大，難便定擬，合無照舊，待年豐事寧再議。

一、增兵衛以保地方。前件。看得所奏要將靈州守禦千户所改爲靈州軍民指揮使司，惠安堡改爲小鹽池千户所。切緣每衛要設立五所，每一千户所又要設十百户所，每一百户所又要召軍一百名，及選除軍職，召募軍人，并合用蓋造衙門、倉廠，定撥起運糧草，俱未見議擬作何區處緣由明白，係干事體重大，難便定奪。合行巡撫陝西都御史，公同巡按御史、三司官計議停當，應否施行，具奏定奪。

一、設營堡以便防守。前件。看得所奏要仍將各堡交界去處已築未完什字間、甄井二城查修完備，各選委把總坐堡官員，將各處免糧土兵并原逃召募軍人俱清召前來，及再爲請給銀兩，召募新軍，在於二城修築，就將附近地土撥軍屯種，公館、衙門、倉廒、草場一一修復，選官鑄印，坐撥糧草等項事宜，無非欲慎固邊防之意，若果一舉事集，有何不可？但臣等所見，開邊增戍，坐困中國，自古為難；興工動衆，勞費財力，決非容易。本部職司邊備，豈不欲築長城、決大塹以限華夷，為長治久安之術？歷觀載籍，前古所行皆可以為戒。況今陝西連年災傷，百姓窮困，正當偃兵息民，不宜生事紛擾。所據前奏，合候年豐事寧，議處施行。

一、嚴事例以禁冒功。前件。查得買功賣功人員，已有法司會議奏准事例，本部擅難別議。況律例責在遵守，不在過嚴，所以舊例凡遇用兵，必差御史隨軍紀驗，以公賞罰。若使各官依公紀驗，造册奏繳，則不必嚴法，事自公道。合無本部通行申明禁約，如有犯者，照依律例究治。

一、處墩軍以均勞逸。前件。看得軍士之苦，莫過於邊軍；邊軍之苦，莫甚於哨守。今御史常在要將各邊老家馬、步軍人編定班次，輪流守墩，亦均勞逸以憫人窮之意。合無本部移咨陝西各邊巡撫都御史，查議無礙，從宜施行。

一、選軍士以備徵調。前件，依擬。

為革冗員以安邊方事

查得陝西、延綏、寧夏、甘肅三邊，先年各設總兵官一員，掛印鎮守，係是舊例。其陝西省城并固原地方原無設立，為因弘治十四年達賊大舉入寇，方纔暫設副總兵一員，於固原住札，不久裁革。以後或留或革，或兩員並設，事體不一。近年又將副總兵趙文暫移河州住札，原議虜寇寧息，另議定奪。見今趙文升充總兵官，專一固原住札。鄭卿升副總兵更代，仍在河州。其亦卜剌等賊已過河西，事已照舊。河、洮、岷三州舊各有守備官一員，足以責委。今户部署郎中馬應龍奏，要將副總兵鄭卿照舊裁革，委的事理相應，亦與本部原擬相合。及照鄭卿先任甘肅遊擊將軍，該吏部尚書楊一清保舉，閑於弓馬，習於戰鬥，臨機有謀，遇敵不怯，以此本部會官推升副總兵，協守陝西。今署郎中馬應龍奏稱，本官在彼無事高坐，罔恤軍民疾苦，窮極剥削，絲髮無遺，頭目、家人作弊百端等情，合當究問，但無指實。合無將鄭卿革回原衛帶俸，本部行移巡撫、巡按官，通行嚴加訪察禁治，果有貪害實迹，參奏治罪。其鄭卿原任協守副總兵員缺不必推補，河州、洮泯〔一三〕等處事情，聽巡撫都御史督同兵備副使并各守備官照舊施行。

正德十一年九月二十二日具題，奉聖旨：“是。鄭卿既罔恤軍民，弊端百出，便革了任，著回原衛帶俸，待查奏至日來説。其餘事宜依擬行。”欽此。

爲傳報緊急聲息事

看得巡撫陝西都御史蕭翀等所奏，今年九月二十日，花馬池達賊七百餘騎從定邊營入境，又二百餘騎從安朔墩入大鹽池搶掠，參將閻勛人馬追趕出境等情。切詳此賊，恐是住套零賊，或是近日找筏過河零賊，皆未可如，尚不足慮。即日黄河凍合，若大勢虜賊通過河西，入套住牧，擁衆南下，深爲可憂。已該本部前項議奏班師之時，差人賫文前去延綏、寧夏、固原交與鎮巡等官，各便查照往年事例，斟酌今日時宜，預先謀議應該作何防禦，可保虜衆不敢似上年深入侵犯，將議處方略各另星馳具奏，不許怠忽遲緩外。但恐各官仍有輕忽，不肯用心早謀，又恐新任鎮守延綏太監于喜不肯協謀，偏執誤事。合無本部再行鋪馬賫文交與陝西、寧夏、延綏各該巡撫都御史，查照前項本部題准事理，務要預先協心謀議，不許偏執自用。若虜衆過河，入套住牧，應該作何防禦，可保虜衆不敢似上年深入侵犯，將議處方略各另星馳具奏，不許怠忽延緩，失誤軍機，自取重譴。及照固原總兵官趙文，儒雅雖有可稱，謀勇尚未自見；都御史蕭翀用兵日久，豁達有爲。合無行令蕭翀不妨巡撫，前去固原住札，與趙文計議防禦虜賊事宜，庶得專心戎務，事能預立，倉卒不誤。

正德十一年十月二十六日具題，奉聖旨："是。這地方事重，蕭翀着不妨巡撫，暫去固原住札，以便計議行事。其餘各依擬行。"欽此。

校勘記

〔一〕"張錡"，疑當作"張綺"。清鈔本談遷《國榷》卷四十九："正德九年十一月己未朔，壬午，增山西三關游擊將軍張綺。"本書卷三《爲瞭報聲息督兵協剿事》："及照山西三關，既留都御史李鉞整飾，又節次奏行副總兵郭錦等嚴謹隄備，又將添設遊擊將軍張綺自大同放回，專守三關。"本書本卷本文："及將遊擊張綺仍回本關，協同防守。"

〔二〕"疑"，據上文當作"款"。

〔三〕"匹"後，據文意似脱一"頭"字。

〔四〕"臺"，據明萬表《皇明經濟文録》卷二十六王瓊《爲告領馬匹事》當作"擡"。

〔五〕"撒"，疑當作"撤"。

〔六〕"年"，據（明）陳子龍等《皇明經世文編》卷一百十王瓊《陝西延寧類序》當作"萬"。

〔七〕"會"，疑當作"分"。

〔八〕"三"，疑當作"六"。

〔九〕"李贇"，疑當作"宋贇"。舊鈔本（明）徐日久《五邊典則》卷十六："以兵少，請調宣府左參將宋贇兵三千。"本書卷一《爲捉獲積年糾衆逼近京城殺人放火大肆凶惡有名劇賊事》："幸賴天威遠布，各官宣力，參將宋贇等擒獲趙祥、申窰頭。"

〔一○〕"堅"，疑當作"緊"。

〔一一〕"商"，原訛作"商"。以下徑改，不再一一出校。

〔一二〕"知"，疑當作"致"。

〔一三〕"泯"，疑當作"岷"。

陝西延寧類下

爲計處邊務事

看得御史程啓充奏稱，往年虜賊河凍則住牧，冰解則北渡，今乃據有其地，數年于茲，禍機隱伏，識者寒心。於時去總制以建提督，議者以爲無益成敗，三邊兵馬，人各自擁，勢分力弱，不相爲用。八營固原，適平隴、西鳳之衝，陝西鎮巡高居省城，遙制可否，卒然有如前日之虜乘虛旁午，其利害得失何如？宜令陝西巡撫、總兵住札固原，以扼其吭。復設總制，慎選才德係天下之望者任之，俾之經略邊務、整理兵食一節。查得自永樂、宣德以來，因各邊地方廣闊，每鎮差都御史一員巡撫，並無總制之名。成化十年，刑部主事張鼎建議創設總制。朝廷特改參贊軍務左都御史王越總督軍務，於固原住札，亦無總制之號。至弘治十年復起王越，始令總制甘、涼各路邊務，又恐事有掣肘，就令王越兼巡撫甘肅地方，取回原設巡撫都御史吳珉別用，初無一官總制三邊之理，亦無總制、巡撫二官並設之例。被時王越專制一邊，尚無成功，自後承訛襲謬，添設總制三邊官員，才寬死於鋒鏑，張泰卒於憂勞，多無成效。去年二月，以兵部侍郎鄧璋升右都御史，總制陝西軍務，又自江西賑濟取回。以諸臣之中而特舉鄧璋，可謂極天下之選；又奪拯溺救焚之命，不計數千里往返之難，乃自江西取回，可見廷臣堪總制之任者無出鄧璋。又慮甘肅危急，恐鄧璋一人顧理不周，復命都御史彭澤總督甘肅等處軍務，與鄧璋頡頑[一]行事，可謂夾輔之有其人。又因差總制而驟升右都御史，其職不爲不崇；以一人而遥制三邊，其權不爲不重；自去年二月以至今日，其任不爲不久。而固原、隴州殺掠之禍，前此未有如今日之甚者。由是觀之，總制之設無補於事，已有明驗。況鄧璋調用延綏軍馬，既不能爲固原之助，翻失延綏之守。而巡撫陝西侍郎馮清，因專任總制，難於自效，無所設施。鄧璋當虜寇内侵、時勢危急之際方請于朝，欲專設巡撫於固原駐札以分己責，奏疏未至，而固原、平凉已盡被蹂躪矣。《傳》曰"闔以外，將軍制之"，又曰"在將軍[二]，君命有所不受"，言用兵機會不可少有牽制。今以三邊數千里之軍務而獨禀令於一人，臣等固知其不可也。今都御史鄧璋總制失事，去任未幾，而復設總制以踵其失，臣等若不援引故實，極陳利害，萬一復設總制於陝西，自此諸邊戎務互相掣肘，彼此牽制，將來失機誤事，係於天下、國家之利害非淺淺也。況陝西套賊近已過河東行，合無遵守舊制，再不必添設總制官員。如遇賊情重大，命將出師，自依常例差遣，事畢回京。其陝西事情，仍行巡撫都御史蕭翀、陳璘、邊憲、李昆四人，各照地方，會同鎮守、總兵等官，經略邊務，整理兵食。交界地方應該會截殺去處，依律會合策應，不許自分彼此，互相推托，失誤事機。其甘肅、哈密、土魯番事情，及乜克力、亦不剌等賊情，就着彼處鎮巡官查照本部節次題准事理，用心籌畫，整飭防禦。賊勢重大，應調寧夏等處軍馬，計議停當，酌量調取，悉依原擬施行。其巡撫陝西都御史住札固原，已奉有旨，并總兵官趙文見在固原住札外，別無定奪。

正德十二年正月□□[三]日具題，奉聖旨："是。"欽此。

爲議處邊情事

看得巡撫寧夏都御史邊憲等奏，要本部從長計議，查照弘治十四年欽命内外大臣統調京、邊官軍二萬在於寧夏辦鹽池下營事例，及照弘治十八年總制都御史楊一清分布將官事例，請命督軍大臣一員，兼程前去三鎮適中處所，經畫議處，預防虜患一節。查得弘治十四年，差太監苗逵、都御史史琳、總兵官朱永征西之時，糜費鉅萬，未見成功。弘治十八年，都御史楊一清承委總制，事多紛更，亦無實效。況近年添設總制，失誤事機，衆所共知。已經本部查議明白，屢奉欽依，通行遵守，擅難別議。及照都御史邊憲，不以本鎮分内防禦事宜陳奏，却乃故爲異同，沮撓國是，雖由私淑之誤，終涉附會之嫌。至於所奏修舉廢墜、相機戰守之說，正邊憲職分當爲，乃托空言，委諸督軍大臣，似於邊務有所推托。況前年虜寇由花馬池地方深入固原、隴州搶殺，彼時已有總制官在固原，邊憲在寧夏不能協謀禦虜，見今戴罪聽參，乃隱其誤事之迹，復陳設官之議，似此識見，難委邊方重任。但本官見已升任，合無本部行文新任巡撫寧夏都御史鄭陽，會同鎮巡等官，查照本部節次題奉欽依内事理及欽奉敕旨，用心逐一遵依，務在武備修舉，軍威振揚，防禦虜寇，保障邊强，凡事悉遵舊規，不許妄議更張。以後河開，虜衆住套不出，哨探的確，星馳具奏，應否命將出師，本部臨時斟酌，議奏定奪。其所奏缺少馬匹一節，合無本部移咨都察院，轉行巡茶御史，查照舊例撥發。如有多餘，相應添撥，給軍騎操，就便從宜添撥，具奏查考。及稱本鎮錢糧缺乏，遇警誤事一節，誠爲切實，急當區處。合無本部移咨户部，上緊查議區處，覆奏定奪，庶不臨期調軍，失誤供給。

正德十二年正月十七日具題，奉聖旨："是。"欽此。

爲預防虜患事

看得巡撫陝西都御史蕭翀奏稱，該管地方固原一帶委的兵

寡，戰守不敷。及原有備冬召募舍餘、土達、民壯人等六千餘
名，近因有例除豁，到邊止有三分之一，奏要本部從長計議，將
備冬舍餘人等行令守巡官清解赴邊收操。及稱虜衆河開住套不
出，暫將平涼原調莊浪備禦官軍存留固原各城堡住札防守，再將
甘、涼奇遊兵內暫調一枝前來蘭州分布防禦，候虜衆出套，照舊
各回地方一節。查得前項御史馮時雍原奏，召募軍人丁絕，不必
另勾旁枝。今因此例一開，止有三分之一到邊，若不再行議處清
解，固原等處地方廣闊，將何防守？況土兵最爲得用，又係原額
之數，合無依其所奏，行文陝西都御史，責委守巡等官，將前項
原額召募軍人，除丁盡戶絕外，但戶內見有精壯殷實人丁，空閒
別無差占，即便僉解補役。仍須量貼軍裝，處置得宜，毋容吏胥
乘機詐騙，擾害地方。清解畢日，具奏查考。及照黃河凍開在
邇，陝西巡撫官務要移文延、寧二鎮，查勘的確，如果虜賊住套
不出，就便依擬，將平涼原調莊浪備禦官軍存留固原各城堡住札
防守，行文甘肅鎮巡官，查勘本邊事寧，將本鎮遊奇兵量調一枝
蘭州防禦。如甘肅事未寧息，不許動調。臣等又議得，調兵當審
時宜，最忌偏執牽制。見今甘肅回賊大舉入寇，都御史李昆等
奏，要調陝西、寧夏等處官軍應援。今巡撫都御史蕭翀慮恐套賊
侵犯，又奏要存留莊浪備禦，及調甘、涼奇遊兵一枝前來蘭州防
禦，若非早爲議定，必致臨期誤事。合無本部通行陝西、延綏、
寧夏、甘肅鎮巡官知會，若遇河開，探得達賊如果出套過河，除
延綏奇遊兵照例宣、大策應外，其餘悉聽甘肅鎮巡官調取應援。
若甘肅回賊已退，黃河套賊不出，其甘肅遊奇兵亦聽巡撫陝西都
御史量調附近邊方策應。若黃河套賊既不過河，甘肅賊情又未寧
息，方聽各鎮自爲防禦，不必互相調取，兩相妨誤。但三邊往返
數千餘里，彼此消息急不得知，務須不時移文，遞相傳報，同心
協力，共濟時艱。如或寡謀輕率，兵不應調而擅調，浪費錢糧，

或兵不當離而擅離，致破城寨，罪坐所由，法不輕貸。

正德十二年二月初七日具題，奉聖旨："是。這備冬舍餘人等，准照舊清理收操。調兵策應事宜，便行與鎮巡等官，都着依擬行。"欽此。

爲緊急聲息事

看得巡撫陝西都御史蕭翀等奏稱，正德十一年十二月十三日，有大勢達賊從番族列哑往南行走，十四日進入列哑等族地方，十五日侵入惡藏腦住札一節，顯是西海等處達賊過河侵犯洮岷地方，但未知河冰已開，此賊何處向往。見今甘肅有事，倘此賊衆復回河西，恐與回賊連合，大擾甘肅，固爲可慮。若久住河東不回，則洮岷地方亦又受害，難爲防禦。見今甘肅都御史李昆等行文，來調已革任副總兵鄭卿所管洮岷人馬。若此大勢達賊尚在列哑等番族搶掠未回，洮岷人馬自顧不暇，豈得前去甘肅應援？當此之時，陝西各邊師役並興，腹裏地方民困已極。各該鎮巡官員俱受朝廷重托，關繫安危，正宜同心戮力，共濟時難。合無本部行文巡撫都御史蕭翀等，查勘大勢達賊，如果見在番族列哑搶掠，未曾過河，嚴督兵備副使李璋，整搠洮、岷、河三處人馬，振揚軍威，相機戰守，應有用兵事宜，火速議處施行。若達賊已過河西，亦就挑選精銳慣戰官軍并管領頭目，給與賞賜、盔甲、什物，聽候征西、平虜將軍郤永等調取甘肅截殺。再行延綏、寧夏、甘肅、陝西四處鎮巡官，比常十分加謹，洗心滌慮，撫恤軍民，防危慮患，不許一毫科斂虐害，激變地方。敢有故違，事有實迹，巡按御史即時具奏，治以重罪。仍將所部軍馬應給衣糧，如法訓練，固結人心，振揚威武。本邊有事，自爲防禦；別邊有事，刻期應援。互相傳報，彼此協和，務使邊夷畏遁，地方寧謐，斯稱委任。如或似常玩愒，致使武備廢弛，號令不行，任情科害，人心離叛，有壞地方，急難救濟，事必有由，國法難逭。其兵備副使李璋，仍將達賊有無過河緣由上緊具奏查考。

正德十二年二月初八日具題，奉聖旨："是。陝西地方今用兵之際，恁部裏便行文與各該鎮巡等官，都着禁科害，給衣糧，固人心，振威武，相機戰守，刻期應援，毋得自分彼此，致誤事機。其餘事宜，各依擬行。"欽此。

爲預防虜患事

看得巡撫陝西都御史蕭翀等奏，要查照先年添設哈振守備事例，於平涼府暫設守備官員，一以管束衛所官軍，一以護衛各王府第，就舉指揮同知夏欽、都指揮孫昌堪任，待虜賊出套，地方寧靖，具奏裁革一節。查得先年事例，哈振原係涼州領班都指揮，暫留守備平涼地方，不係添設。其所管舍餘、民壯、旗校不過一千四百一十九員名，各止爲防禦本處盜賊，不爲防禦住套虜賊。又查得見今各處守備指揮恤軍息盜者少，科斂害人者多。平涼府自來不設守備，今若一旦添設，誠恐住套虜賊大舉入寇不能防禦，創立新法勾擾軍民，反爲地方之害。況事干護衛群牧所，尤爲掣肘。又今甘肅有事，涼州備禦官軍豈可輕掣？事若謹始，擅難准設。合無本部行文陝西鎮巡官，嚴督守巡等官常行巡歷，提調平涼府衛掌印、巡捕等官，將原設操守官軍、舍餘、民兵人等時加訓練，督令緝捕盜賊，撫安地方。其郡王、將軍以下，如有出城生事者，照例禁止。若遇虜賊住套，勢將入寇，即照本部奏准事理，整飭所部官軍，加謹防禦，及會各路官軍併力戰守。行令守巡官暫住平涼，提督軍衛有司及護衛官軍、民兵協同防禦，事寧照舊。

正德十二年三月初七日具題，奉聖旨："是。這該道守巡官，

着輪流一人常在平凉居住，以便提督防禦，每三個月一替，不許
違誤，事寧照舊。"欽此。

爲黃河結凍事

看得巡撫延綏都御史陳璘咨報，哨探得定邊等營達賊不時出
没一節，顯是大勢虜寇在套住牧，即今五六月後，草盛馬肥便於
馳騁，禾黍在野利於深入，必將犯我環慶，入我陘隴，如正德十
年之事。前項分布防禦事宜，雖經本部奏行遵守，但恐各官狃於
故常，視爲虛文，先事不能爲備，臨事倉卒失措，軍民受害，咎
將誰歸？合無本部再行申明，行文與陝西、延綏、寧夏巡撫都御
史，即會鎮守太監、總兵官，查照本部節次題准事理，預爲隄
備，相機戰守。仍查所調軍馬經行住札要害城堡，糧草有無充積
勾用，馬匹應否取便牧放，軍馬疲憊應該作何整理，糧草缺乏應
該作何轉運，并一應戰守事宜，應具奏者計議停當，星夜具奏定
奪，應施行者就彼從宜施行，不許持疑兩端，展轉奏請，致誤軍
機。各將議處禦虜方略差人賫奏查考。本部再行宣、大各鎮巡官
知會，查勘本邊賊情稍緩，將遊奇人馬整點齊備，以待延綏有警
調用。如本邊亦報有警，哨探得實，一面報知延綏并山西三關鎮
巡官查照，一面具實奏聞。

正德十二年五月十六日具題，奉聖旨："是。這防邊各項事
宜，着各該鎮巡等官都依擬行，不許遲誤。"欽此。

爲防邊事

看得陝西巡茶御史李素奏，要本部查照先年差官事例，暫設
總制，選才德係天下之望者任之，坐以蘭州住札，控制三邊之
兵，督理八府之賦，往來甘肅等處經略整理一節。查得陝西三邊
各設巡撫，係是舊規；又於巡撫之外添設總制，係是新例。弘治

年間，暫設左都御史王越總制甘、涼等處軍務，將巡撫甘肅都御史吳珉取回。其後王越無功裁革，照舊專任巡撫。近於正德八年暫設都御史鄧璋總制三邊，又設都御史彭澤總督軍務。鄧璋固原失事，彭澤遣使與土魯番講好，未寧先回，致有殺死芮寧、侵犯肅州之禍。今若再照前例，暫設總制官員，必致政出多門，地方誤事，事屬更張，難擅依擬。其奏要動支侍郎楊旦帶去官銀糴買糧餉一節，已該戶部會議，奏准施行，別難再議。及奏稱土魯番既已退遁，今復出將，郡縣苦之尤甚，宜盡徵還，以休息民力一節，深爲有理。但郤永等俱已取回不去，及查勘甘肅失事守臣，見有差官在彼，俱別無施行。其奏要將巡撫陝西都御史蕭翀亟加罷黜以安地方一節，查得蕭翀見已升任，不在陝西，合無行移吏部查奏定奪。

正德十二年八月初九日具題，奉聖旨："是。蕭翀已升任了，罷。"欽此。

爲瞭見境外烟火達賊掏邊入境事

看得巡撫延綏都御史陳璘等奏稱，斷頭山背陰冰先結凍之處，虜賊過河入套，先遣輕騎精兵探我虛實，侵犯之舉，期在旦夕。本鎮奇遊援兵四枝俱調宣、大策應，所遺老家人馬不多，倘遇侵犯，無兵可恃，乞要本部從長計議，早賜督發，回鎮分布防守一節。照得即今黃河凍合，虜賊擁衆入套住牧，理所必有，延綏一鎮人馬既已盡數調來大同等處，設使北虜覘知虛實，突入延綏、環慶、固原一帶地方，無兵防禦，失機誤事，貽患匪輕。合無本部馬上差人齎文交與宣、大鎮巡官，將原調延綏人馬盡數發回本鎮防禦，不許推托遲延，致誤事機，咎有所歸。各將回兵日期具奏查考。

正德十二年十二月二十三日具題，奉聖旨："是。"欽此。

爲預防虜患事

議得先事貴於預防，有備乃可無患。竊料北虜大勢達賊近日在於大同、應州等處搶掠，被我官軍追逐出境，誠恐以後黄河凍合，入套住牧，必爲患於陝西，若不早爲預處，一旦有警，未免失措。臣等謹將預防虜患事件開陳明白，伏乞聖裁。内分布事宜，合無通行延綏、寧夏、陝西各該鎮巡官從長再議，如果相應，依擬分布隄備；若別有常[四]策，難拘一定，徑自隨宜施行。惟在謀算預定，布置得宜，逆折虜謀，不得深入，斯稱委任。如或似常玩忽，以致緩急無備，失誤軍機，國典具存，必難輕貸。今將議擬預防虜患事件開坐。

正德十二年十月三十日具題，正德十三年二月初十日奉聖旨："今河凍已開，恁所擬預防虜患事宜，還議處了來説。"欽此。

計開：

一、禦虜當謹分布。查得延綏、寧夏二邊，相連千有餘里，中間必有虜衆出入要害之處，及有城堡屯聚兵糧之處，必須預先分布官軍在彼住札，庶便進止。若既已分布，其領兵將官又須聽其自爲謀畫，或遠或近，相機行事，不必遙制，庶所布將官得以自盡其能。合無待後黄河凍開，虜賊住套，春深草長，勢將深入之時，將朱巒、杭雄、周政、劉玉分布延綏西界安邊營等處，紀世楹、馮大經以次分布而東，各擇便利城堡住札。柳涌住守鎮城，相機發兵。寧夏地方，總兵官安國守鎮城，副總兵路瑛、遊擊李永定俱來清水營、花馬池、定邊營、高橋兒等處遞年大虜經行地方住札，與東路參將各整搠軍馬，多方哨探，遇有聲息，互相傳報，不拘遠近，相機應援。不許指以稟受節制爲由，故意逗遛躲避，致誤軍機。固原一帶地方，總兵官趙文與都御史鄭陽住札，計議防禦方略。若趙文部下分管千總、把總等官不得其人，聽各官會同舉保謀勇慣戰官員委用。軍馬數少，作急區畫，議奏定奪。

一、禦虜當謹徵調。查得正德十年，延綏人馬通調固原，爲因分布不定，遙制不專，以致失事。宣、大遊兵調去延綏，到遲，亦未成功。合無本部今年通行宣府、大同、延綏三處鎮巡官，將各管遊奇兵馬預行號令整搠。若虜不過河，則延綏聽大同調用；如河開住套，則宣、大聽延綏調用。其取調之時，務要查照往年事例，斟酌目前時宜，既不可早調坐費糧草，亦不可後時失誤事機。違者照依律例，從重治罪。

一、用兵當備軍餉。查得各邊主兵月糧頗勾支持，但遇調兵，輒稱缺乏。若不預先計處，倘若虜賊住套，倉卒調兵，糧草缺乏，誤事非輕。合無行移户部，查勘延綏、寧夏各緊要城堡并陝西、固原等處，見在糧草除勾主兵支用外，可勾客兵幾個月支用。如有缺乏，從長計議，差官整理預備，庶不臨期有誤。

爲預防虜患事

臣等去年十月内具奏三事，正欲宣、大、延、寧四鎮總兵等官預知調用之法，早備糧草以待兵動支用，庶不臨期方來奏請，失誤事機。彼時河凍雖未曾開，虜賊過河不過河雖未可知，原擬預行號令整搠。若虜不過河，則延綏聽大同調用；如河開住套，則宣、大聽延綏調用。不許早調虛費糧草，亦不許後時失誤事機。如此議擬，雖似有一定之法，而實有圓活之機。先年失於預處，以致臨期奏調，推託耽誤；或賊情未動，調取太早，坐費糧草。今奉聖諭，河凍已開，再行議處。臣等再議得，今河凍初開，虜賊過河不過河，未探的確，未曾奏來。若直待哨探的確奏來方纔定奪，誠恐遲誤。合無鋪馬齎文交與各該鎮巡官，仍照本部前擬從長計議。如果相應，依擬分布隄備。若別有長策，難拘一定，徑自隨宜施行。惟在謀算預定，逆折虜謀，不敢深入，斯稱委任。如或似常玩忽，以致緩急無備，失誤事機，國典具存，必難輕貸。

正德十三年二月十八日具題，奉聖旨："是。這預防虜患事宜，恁每既議處停當，着各該鎮巡等官都依擬行。"欽此。

爲强賊勢衆攻打衙門燒毀文卷街房劫搶財物

傷人等事<small>時鎮守太監廖堂打造帳房，科害激變。</small>

看得巡撫陝西都御史鄭陽奏稱，西安、平涼、鞏昌等府，山陽、隆德等縣，强賊聚衆百人以上，張打旗號，流劫地方，放火殺人，皆因迫於饑寒，隨地竊發，各該官兵不能剿捕，必須添撥兵力，庶克濟事。已行撫民參議蘇乾、守巡官參政張㮞、僉事王忠、巡捕都指揮張鵬霄等設法緝捕，限二個月以裏務要得獲，等因。臣等詳其奏内各賊起發蹤迹，似非一旦驟起之盜。訪得去年陝西地方頗爲豐熟，都御史鄭陽既稱前賊迫於饑寒所致，自應設法賑恤，弭患未然。今賊已猖獗，又延至二月有餘，方纔奏報，中間隱匿失事情弊，難保必無。所據鎮巡、三司、撫民、守巡等官，玩寇殃民，通合查究。及照前項聚衆流賊非止一處，宜當急爲撫剿，不可怠忽。今奏雖稱督令守巡等官量調官軍緝捕，觀其施爲，似無警策，賊若滋蔓，必致誤事。合無本部行文，就令差來奏事人馬上齎回，交與都御史鄭陽，會同鎮巡、三司官作急查議。如前賊已就擒獲，餘黨解散，保無變動，不必調兵。若枝連蔓引，勢益猖獗，本處官軍力不能制，就照正德七年征剿洛川反賊事例，調固原遊擊將軍雍彬，或調寧夏遊擊將軍神捔，統領人馬，相機追剿，以靖地方。本部再行延、寧二處鎮巡官，如遇巡撫陝西都御史鄭陽差人賫文調取本鎮遊奇官軍，依律調發，會合策應，不許阻誤。若遇本邊報有聲息重大，兵難擅發，另查應調官軍，督發應援。巡撫都御史鄭陽嚴督三司并守巡等官，各照地方申明律禁，撫安軍民，禁止科害。敢有不奉朝廷明文，擅科一錢，擅起一夫，逼迫小民從盜，貽患地方，聽巡按御史并按察司官就便拿問參奏，治以重罪。應賑恤者，量行賑濟，招撫復業，以絕盜源。本部再咨都察院，轉行巡按陝西監察御史，查勘奏內各起賊情的於何年月日生發，經過何處地方，各劫財殺人事情輕重，并故違律例，遲誤奏報，及過限不獲有罪人犯，逐一查勘明白。應住俸、提問者，就便住俸、提問；應參奏者，指實參奏提問。通行回奏查考，不許遲延。

正德十三年四月初六日具題，奉聖旨："是。各該地方盜賊生發，便鋪馬賫文着巡撫都御史鄭陽會同鎮巡、三司等官上緊查議處置，不許怠玩。仍要嚴督所屬，申明禁例，撫安軍民，不許科擾剋害。各項事情，還着巡按御史查勘明白來說。"欽此。

爲乞恩比例請敕分管地方事

看得御馬監太監黃玉奏，要照潼關兵備副使張綸事例，管理東至陝州，嵩盧、永寧、洱池縣，弘農衛等處，西至同、華二州等處，南至商州等處，北至蒲、解二州等處地方一節。查得正德六年，爲因河南地方叛賊趙風子、楊虎等聚衆數萬，流劫郡縣，鎮守陝西太監王與慮恐流過潼關，擾害陝西，奏准暫設副使守把關隘，係一時權宜，不爲經久。及查各處地方設立鎮守、分守等項內臣，俱有舊例。潼關自洪武年間以來不曾設有內臣分守，今添黃玉分守，又奏要管理近關陝州等州縣地方。緣陝州等州縣該鎮守河南太監管轄，同州、華州等處該鎮守陝西太監管轄，蒲州、解州等處該鎮守山西太監管轄，今若又令黄玉通管，十羊九牧，民必受害，係是創行，有礙舊制事理，關繫匪輕。臣等受朝廷重托，職掌在此，不敢擅便准擬。況查居庸、紫荆等邊關，分守太監亦止管理關口事件，並無管理腹裏州縣事例。伏望聖明俯念事體爲重，將太監黄玉留待別處分守有缺委用，庶爲穩當。

正德十三年五月十七日具題，奉聖旨："黄玉分守潼關，准照副使張襘原轄地方管理，寫敕與他。"欽此。

爲備禦虜患以保地方事

看得巡按陝西御史張文明奏稱，正德十三年月日不等，節據夜不收報稱，大勢達賊擁衆從花馬池入，到於韋州及固原等處搶掠。及稱前項虜賊昔年大舉侵犯固原，深入平隴，飽得而歸，未遭一挫，今又大衆侵擾各邊。切慮連年兵荒，兵馬寡弱，糧餉不敷，要將防禦兵馬、合用糧餉從長議處，先事區畫一節，思患預防，誠爲有見。查得前項預防住套達賊侵犯事宜，本部節次議奏，事已周悉，別無議處，但恐陝西、延綏、寧夏等處鎮巡等官不行用心遵依，急爲隄備，必致失機誤事。合無本部再行差人馬上賚文交與陝西、延綏、寧夏各該巡撫都御史，會同鎮守太監、總兵官，查照本部前項節次議擬題奉欽依内事理，作急議處，務在計出萬全，事無一失。應具奏者，星夜差人奏請定奪。如或因循遲延，失誤事機，聽巡按御史指實劾奏，罪必有歸。其所奏合用糧餉先事區畫一節，本部雖已奏行鎮巡官查勘，誠恐往返遲延，合無本部移咨户部，查勘該鎮各城堡見在糧草，如果數少，不殼客兵支用，作急議奏處置，或差官僨運，庶不臨敵缺乏，失誤軍機。

正德十三年五月二十六日具題，奉聖旨："是。你部裏節次議奏預防虜患事宜，還再行與各該鎮巡等官，都着依擬行，不許遲延誤事。該鎮糧草缺乏，戶部便議處了來說。」欽此。

爲虜中走回男子供報夷情事[五]

看得巡撫陝西都御史鄭陽奏，要戶部查照原擬，差官一員兼程前來整理軍餉，惟復將陝西布政司開納等項銀兩儘數留與本省，以備兵糧之資一節，合咨戶部查奏定奪。及看奏內開稱，近又將兵部發下馬價銀二萬兩那借，運到固原糴買糧料一節。切緣馬匹、糧草俱係重務，都御史鄭陽擅將馬價銀兩那移別用，律合有罪。合無本部移咨都察院，轉行巡按陝西監察御史，查勘明白，參奏定奪。其奏要本部馬上差人賫文延、寧二鎮鎮巡等官知會，將遊奇兵馬聽從本鎮臨時會調，刻期應援剿殺一節。查得大同、延綏地方俱鄰虜境，中隔黃河，所以先年舊例，大同、延綏二鎮人馬，料探賊在何處，許令互相徵調，相機策應。若邊方萬一失守，賊入腹裏，在邊方者當設策以邀其歸，在腹裏者當整陣以遏其鋒，未有無事之時先議撤取邊兵退保內地之理也。近年賊入山西三關，大同總兵官葉椿擁兵入關，尾賊之後，無救於事，及賊由花馬池等處入寇，延、寧人馬先調固原，亦致失事，皆徵調失宜、戰守無策之所致也。況都御史鄭陽既稱固原一帶每一城堡糧草不過一千餘石，僅足支持主兵目前之用，却又要將延、寧二鎮遊奇兵馬臨期調來應援，揆之兵法，俱有窒礙，難便准從。合無本部行文延綏、寧夏二鎮鎮巡官，查照本部節次題奉欽依內事理逐一遵依，分布要害，設法防禦，隨宜調遣，會合策應，務使虜賊動遭鉦衄，不敢深入久害地方。萬一勢[六]眾突入固原，往南一帶搶掠，務要協同各路將官，運謀合兵，邀其歸路，破其營壘，以決大勝。不許遙望坐觀，縱其出入自由，互相推托，各圖倖免重罪。其都御史鄭陽、總兵官趙文亦要遵照本部節次題奉欽依内事理，將原有人馬并合用糧草預先整搠隄備，運謀設法，相機戰守。其賊衆多寡、出入道路，務要料探先知，與寧夏二鎮領軍官互相傳報，彼此通知，以便截殺。若延、寧二鎮人馬四肢不强，藩籬不固，而致賊深入，縱橫自由，陝西固原總兵、巡撫官腹心無備，保障無法，而聽賊搶掠，一籌莫展，國典具存，俱難輕貸。

正德十三年六月初六日具題，奉聖旨：“是。這分布防禦、隨宜策應并預備軍餉、設法戰守等項事宜，便各行與延、寧二鎮并陝西鎮巡官知道。”欽此。

爲達賊節次入境官軍襲追對敵斬獲首級奪獲頭畜夷器等事

看得巡撫寧夏都御史王時中、總兵官安國等奏稱，大虜犯境，月無虛日，累經移文徵調延綏奇遊官軍，前來交界地方住札以便截殺。延綏巡撫官回咨，彼處亦有大虜，不肯督發。乞要將宣、大兵馬調赴延綏，延綏官軍移於寧夏，再將固原遊兵那於韋州、萌城等處，及將甘州奇遊兵馬統至交界城堡住札，遇賊深入，内外夾攻，等因。臣等查議得，今年宣、大邊外雖有達賊，其大勢俱在陝西套内。延綏、寧夏二邊雖有達賊，其擁衆深入爲寇，多在延、寧二鎮交界地方定邊、花馬池、韋州、萌城等處，所以本部節次議奏，禦虜當謹分布事宜，惟欲致謹於二鎮交界虜賊必由之處。自春以來，王時中、安國等盡忠謀議，遵依本部原議分布。副總兵路瑛等於前項要害之處果遇賊入，頗能拒遏，隱然已有長城之倚。而延綏鎮巡官乃敢自分彼此，故違欽依事理，不即督發，又不火速奏聞，進止自由。若以爲本處亦有大虜，不知本處總兵官、副總兵所領人馬將何所用。蓋是延綏總兵官戴欽等尚不知本鎮與寧夏交界地方係虜賊常年出没之處，宜當會合，而乃任情自便，略無忌憚，相應究治。但查未有失事，況緊關用人，合無本部行文切責戴欽等，務要洗心滌慮，恪遵成命，將本鎮遊奇兵馬即日督發，前去花馬池、定邊營等處延綏交界地方隨宜住札，與寧夏所部將官同心合志，哨探賊情，互相傳報，會合策應。如仍故違，已承調遣而違期不至，或臨敵退縮，故意逗遛，因而失誤軍機，依律參問斬罪，悔難追及。其延綏本鎮地方，達賊亦必深入，聽總兵、副總兵運謀設備，相機戰守。除宣府人馬聽候大同有事策應外，本部馬上差人交與大同鎮巡官，即將本鎮遊奇兵馬上緊督發過河，聽延綏鎮巡官分布住札，以爲延綏本鎮之援。及照甘肅、土魯番事尚未寧息，本部已有議奏，存留甘涼備禦官軍前來固原，聽總兵官趙文分布策應，合再馬上差人行文催取，務要早到固原，不許遲誤。其甘肅遊奇兵不必徵調，預備肅州有事防禦。及看得安國等奏內要將固靖遊奇兵那於韋州、萌城等處一節，尤爲有理。若寧夏地方嚴謹，賊不得過，其固原一帶自可保其無事，但恐都御史鄭陽、總兵官趙文等亦如延綏鎮巡官自分彼此，不即如約督發，深爲誤事。合無本部亦於馬上賷文交與鄭陽等，即便照依安國等所擬，督發固靖人馬前去韋州、萌城等處住札，候賊一入，內外夾攻，以取全勝。如韋州等處積有糧草，并將取來甘涼等處備禦官軍一同督發前去，庶得併力殺賊。再照即目已交七月初旬，田禾成熟，虜賊若謀深入，必在七月內外，倘各鎮官員不知兵機最重，仍復遲疑奏請，必致償事，乞降敕旨叮嚀戒諭。本部通行宣府、大同、山西、延綏、寧夏、陝西、甘肅八鎮，各要遵守成算，同心協力，共圖禦賊，不許偏執自用，致誤軍機。如有故違，聽本部該科并巡按御史訪察劾奏，從重究治。若以後事有變動，該隨時制宜，各聽從宜施行，亦不可固執原擬，致有乖違，但能保固邊疆，從違又當別議。

正德十三年六月二十九日具題，奉聖旨："是。這分布策應等項事宜，便行與各該鎮巡等官，都着依擬行，不許遲誤。"欽此。

爲暫添將官以防大舉達[七]事

看得巡撫陝西都御史鄭陽奏稱，本鎮原無千總、把總官員，其固靖、環、蘭、洮河、岷、西、固、階、文等處設有守備都指揮陶文等九員，內陶文安靖不擾，但謀勇不逮。陝西鎮屬邊陲一千餘里，非總兵官趙文一人所能獨理，乞將革任副總兵鄭卿仍充副總兵，前去固原協守，及將都指揮張鵬霄等更替陶文守備一節。查得陶文先已自陳有疾，該本部查得巡按御史常在奏保指揮趙瑛堪任將領，推舉趙瑛更替陶文守備訖。及查鄭卿，先該郎中馬應龍奏稱罔恤軍民，窮極剝削，頭目、家人作弊百端，又該巡按御史王光劭奏鄭卿擅動軍民采取木植，等因，已經革任及認罪回話免問。又係副總兵，例該會官推舉，難准巡撫官一人所奏復用外。臣等查議得，延綏、寧夏、甘肅三邊各設武職大臣一員，掛印充總兵官鎮守，係是舊規。陝西雖曾設有總兵官鎮守，原無掛印。其固原地方，原無設有總兵等官。弘治十四年，爲因虜賊住套，暫設參將一員分守固靖，副總兵一員住札固原，遊擊一員住札慶陽，以爲固靖等處聲援。弘治十五年，隨將副總兵、參將裁革，止留遊擊一員，仍住慶陽，及令都指揮二員請敕守備固原、靖虜二處地方。見今設有總兵官趙文，專在固原住札，又有遊擊將軍雍彬，并固原守備趙瑛、靖虜守備周倫，今若再設副總兵一員，緣無設有副總兵該管軍馬，將何責任？及照總兵官趙文既任主將，遇警出征，部下必有親統官軍，方稱委任。今都御史鄭陽奏稱，本鎮原無千總、把總官員，不知趙文所管何事。合無本部行文馬上賫與總兵官趙文，會同巡撫等官計議，即照各邊鎮守總兵官事體，於固靖等衛見有相應官軍内量選精鋭官軍二三千員名，定委千總、把總頭目親管操練，整備軍火、器械，遇有警報，親自統領出征，會合遊繫[八]等項官軍相機截殺。如或遲違，似常徒擁虛名，嬰城坐視，失誤事機，罪不輕貸。再照延、寧二鎮人馬，專備花馬池等處邊警，不可預先調入腹裏，退保固原。若賊擁入固原，往南平涼等處搶掠，其延、寧人馬只可整陣養鋭，邀其歸路，亦不可尾賊之後，以致不能追及。但趙文該管各城堡軍馬，未見具奏實有若干，除守城堡外應該調集出征截殺精兵若干。倘所管軍馬數少，不敷調用，虜寇縱橫，將何防遏？查考先年虜賊住套，將甘肅副總兵魯鐸、遊擊趙鋐官軍調來固原防禦，又將秦、鞏等衛原在甘、涼備禦官軍存留固原以備截殺。今照甘肅事未寧息，甘肅官軍難便調取，合無將秦、鞏等衛見在甘、涼備禦官軍，行文見該領班都指揮，文書到日，即便盡數挈回，置辦軍裝，整點齊備，作急統領前赴總兵官趙文處，定撥相應城堡住劄，聽調殺賊。合用糧草、馬匹、軍器，會同巡撫都御史鄭陽等作急區處給付，不許遲誤。候虜賊出套事寧，照舊甘、涼備禦。仍相視地勢，該用步兵拒守去處，預備挨牌、火器，設法拒守。及行各府州縣衛所，各將操守舍餘、民兵人等整點，各自保守本處城堡。先將選撥過人馬、處置過方略回奏查考。

正德十三年七月初九日具題，奉聖旨："是。這所奏事宜還行與鎮巡官，着依擬行。"欽此。

爲黃河結凍事

看得巡撫陝西都御史鄭陽、總兵官趙文奏，要從長定擬，使延、寧、陝西三鎮合而爲一，有事則共捍其虞，失事則同當其咎。如遇達賊入套，延、寧二鎮奇遊、參協等兵各分布要害，相機而待，使賊前後左右無不受敵，等因。今日禦虜方略莫過於此，誠爲有見。但前項本部節次議擬奏准預防虜患事宜俱已詳備，今奏別無定奪。合無就令原來人馬上賫文回還，交與陝西、延綏、寧夏各巡撫都御史，會行鎮守太監、總兵官，查照本部節次題准事理并今鄭陽、趙文所奏方略，遵依施行，務在同心協力，共保無虞。敢有自分彼此，致誤事機，貽患地方，聽各該巡撫官互相糾奏，從重處治。其奏稱師行糧食勢所不免，即今倉場在在空虛，庫藏官銀查支殆盡，乞要户部差官糴買一節。即今調撥人馬雖多，分布雖周，若糧草無積，臨敵缺乏，誤事非輕。合無本部移咨户部從長議處，或差官整理，或別有處置，作急具奏定奪。

正德十三年九月十六日具題，奉聖旨："是。恁部裏節次奏行事理并鄭陽今奏事宜，便著令各該鎮巡等官都遵照施行，毋致遲誤。"欽此。

爲大舉達賊擁衆深入官軍對敵斬獲首級
奪獲達馬夷器被虜人畜等事_{時車駕幸榆林}

看得參稱大舉達賊擁衆入境搶殺，及官軍對敵斬獲首級等項事情，先該鎮巡官節次具奏，本部已經覆奏，行巡按御史查勘。及延綏鎮巡官故違成命，不發軍馬前去花馬池、定邊營等處按伏防禦事情，亦有巡按御史查勘外。今巡撫陝西都御史鄭陽具奏前項賊情，内稱延綏遊奇等兵先奉兵部明文，分布延、寧二鎮交界地方，與寧夏所部將官同心合志，互相傳報，會合策應。前賊進入，既不會合出兵截遏，又不差人傳報隄備，以致前賊長驅腹裏一節。臣等切詳，今年虜賊住套犯邊，寧夏鎮巡官安國等、陝西鎮巡官趙文等皆能遵守成命，分布人馬，用心隄備，效力戰守。惟獨延綏鎮巡官戴欽、陳璘故違成命，不行依期調發軍馬，會合策應，以致失誤軍機，殺害地方，揆之法律，合當重治。合無請旨切責戴欽、陳璘，令其從實回話。本部仍咨都察院，行催巡按陝西監察御史，先將延綏鎮巡官遲誤督發延綏遊奇兵馬前去定邊營等處按伏、失誤軍機一節上緊勘明具奏，本部覆奏，取自上裁，依律治以重罪，以爲後來不守紀律、失誤軍機者之戒。

正德十三年九月二十六日具題，奉聖旨：“是。戴欽、陳璘故違成命，不行依期調發軍馬策應，以致失事，本當重治，但地方有事之際，姑記其罪，着勉圖後效，再有違誤，必不輕貸。”欽此。

爲黃河結凍事

看得巡撫寧夏都御史王時中奏，要該部查照節次原奏添將增兵，催取羌漢班軍，及於太倉收貯銀兩，將今歲年例之外，不爲常例，再借十數萬兩，并題開事例，從長議處，早賜施行，等因。臣等自去年冬至今年春，節次議奏預防黃河套內虜賊侵犯事宜，惟獨寧夏巡撫都御史王時中、總兵官安國等能着實舉行，竭力幹理，號令嚴明，分布周悉。賊虜累次侵犯，奮勇奪斬，未全得利，但我兵寡不敵衆，又軍餉急缺，難保必勝無敗。今都御史王時中所奏俱係緊急軍機，務要相應急爲議處。除添設參將、調取軍馬事情，本部久已議題外，候命下之日，即便差人賫文前去，交與各官欽遵施行。其軍餉缺乏一節，見今太倉銀庫空虛，無從支給。合無本部移咨戶部速爲議奏，差官前去陝西，將今年夏秋稅糧該起運寧夏等邊收納糧草上緊償運，到邊交納，以濟急用。如有遲違，以致臨敵缺乏，失誤軍機，依律將督餉官員治以重罪。其領軍官有因糧草缺乏失誤防禦者，查勘明白，准令分豁。

正德十三年十月十四日具題，奉聖旨：“是。”欽此。

爲乞治貪懦從賊失事將官以謝全陝生靈等事

看得兵科等科左給事中徐之鸞等及山東等道監察御史王金等，劾奏陝西總兵官趙文自任以來損軍失事，乞要將趙文先行拿解來京，從重問罪。太監廖鑾、都御史鄭陽罪亦難辭，查勘究治。另推久經戰陣、素諳韜略將官一員馳代總兵之任一節。先該本部查得，往年大勢達賊在於陝西黃河套內住牧，至秋必有擁眾入寇之舉，預於去年十月以來前項節次議奏，行延綏、寧夏、陝西三鎮守臣，分布人馬，隨宜徵調，設法預防，及行戶部預備糧草。後該巡撫陝西都御史鄭陽奏稱，虜賊侵犯，必由延、寧二鎮地方定邊營、花馬池而入，借使彼處力能攘却，陝西、固靖等處不過設備不虞而已。本鎮人馬凋耗，糧草缺乏，乞要戶部差官整理軍餉。及要本部行文延、寧二鎮，如遇虜賊深寇，許調延、寧遊奇兵馬應援。該本部議奏，行延、寧鎮巡官，如遇虜眾深入固原一帶搶掠，運謀合兵，邀其歸路。及行鄭陽、趙文，與延、寧二鎮官軍互相傳報截殺。鄭陽等又奏，本鎮地方東西二千餘里，兵分勢寡，戰守不敷。延綏遊奇等兵不遵兵部明文分布，前賊進入，既不會合出兵，又不差人傳報，以致前賊長驅腹裏，等因。又該本部議奏，行巡按御史查勘外。本年七月初三日奉聖旨："趙文不必動。"七月十四日，大勢達賊從花馬池入臨鞏地方搶掠。該巡按陝西、延寧御史張文明及巡按臨鞏御史羅玉前項奏報，俱稱候查明另奏，其虜賊多寡、出入道路、搶掠數目，及事干三鎮中間各官有無設備及失事輕重，俱未查明參奏。見今陝西地方虜賊勢眾，不時侵犯，未見寧息，合無將趙文做爲事官，行令戴罪殺賊，聽候查考參提。仍照正德十年達賊侵犯固原事例，奏差給事中一員，候賊情稍寧請敕前去，會同彼處巡按御史，吊取本部節次奏行預防虜患事宜，及各該鎮巡等官節次具奏賊情原行案卷，逐一查勘，要見虜賊原有若干，各於何年月日自何地而入，何處鎮巡官可以設何法隄備而故不設備，何官已承調遣違期不至，何官相應策應逗遛不進，何官所管軍馬足以禦敵而怯懦不出，及各地方被賊殺虜人畜多寡，罪坐所由，的係何官所致。中間有因賊衆兵寡，勢不能敵，或糧草缺乏，兵難久住，以致失機，俱要根究事實，分豁明白。內有能相機截殺，功可贖罪者，亦要查議明白，各不相掩。其已經題准預備軍餉，故不處置，以致臨敵缺乏，失誤軍機，尤當依律從重參究，以戒將來。趙文并廖鑾、鄭陽等，及干礙延綏、寧夏鎮守官，并參將、遊擊、分守、守備等官，通行參奏，拿問究治，務使罪必加罰而無故縱，罰必當罪而不濫及，人心無不畏服，將來亦知警戒。不許徇情輕忽，致乖公議，責必有歸。

正德十三年十月二十三日具題，奉聖旨：「是。趙文着戴罪殺賊，以圖後效。給事中不必差去，待地方賊情寧息，着巡按御史備查各該官員功過大小，一併奏來定奪。」欽此。

爲强賊勢衆報讎劫獄搶擄人財燒毀城門等事

看得巡撫陝西都御史鄭陽等所奏賊情，係干城池及聚衆百人以上劫獄、放火、殺人等項重情，該管地方官員平時不早設備，以致臨事不能防禦，俱合重治。及看得奏內開稱挑選官軍一千員名，給與盔甲、器械，委指揮張鵬霄統領，副使孫修監督，前去剿捕，又行河南巡撫并撫治鄖陽各都御史及漢中府分巡官，各調兵把截，處置似爲得宜。但詳前賊聚衆二百餘人，攻破縣治，勢甚猖獗。雖有都指揮張鵬霄所領一枝官軍，恐地方廣闊，往來奔逸，一時難以撲滅。及查得巡撫河南都御史李充嗣、撫治鄖陽都御史陳雍俱升改別任，接管者尚未有官。合無本部行文，就令差來人馬上賫回，交與巡撫都御史鄭陽等，即便嚴督各道守巡等官親詣該管地方，督率軍衛有司，量撥官軍、民快，設法隄備。但遇追趕前賊到彼，即便會合擒捕，不許自分彼此，坐視推托，縱其奔逸。其關南道撫民、守巡等官，并府州縣、巡司等官，照例住俸，戴罪殺賊，如能立功，准贖前罪。本部仍咨都察院，火速札付巡按河南、湖廣各監察御史，嚴督該道守巡、撫民、兵備、巡捕等官，整點官軍、民壯，如遇前賊流過，一體防禦剿捕。各將防禦過緣由回奏查考。再行巡按陝西監察御史，將關南道地方失事官員查照前例，限滿不獲，應提問者就便提問，應參奏者參奏提問。若巡撫等官調度失策，督理不嚴，致賊滋蔓，貽患地方，聽本部劾奏，從重處治。

正德十三年十月二十四日具題，奉聖旨："是。這所奏事情，便馬上齎文，着都御史鄭陽等嚴督守巡等官親詣該管地方，設法隄備，會合擒捕。仍行河南、湖廣，一體防剿，不許怠玩。其餘依擬行。"欽此。

爲擒斬地方賊寇事

看得巡按陝西監察御史張文明，先奏陝西布政司撫治商洛參議蘇乾等玩寇殃民，曠職廢事，有負委任，等因，已該都察院覆題，奉欽依提問外。今奏蘇乾能激勵效勞，督兵擒斬賊人、賊級一十六名顆，似可以贖前罪，及要將蘇乾仍提問罪，別有定奪一節。查得蘇乾係添設專一撫民官員，地方被賊攻破縣治，劫囚放火，蘇乾不能預先設備禁治，罪實難辭。況原奏流賊四百餘人，今止擒一十六名顆，奏內又自稱餘黨尚存，難保不復爲患。若依所擬，就准蘇乾以功贖罪，不惟功少罪多，無以示警，抑恐人心怠玩，前賊復熾。合無本部移咨都察院，行巡按陝西監察御史，將蘇乾仍前住俸戴罪，撫民捕盜。如果再有擒斬賊級，地方安靖，功可贖罪，具奏定奪。若日久不獲，盜賊復生，仍照原奉欽依提問，依律議擬，照例發落。

正德十三年十一月十一日具題，奉聖旨："是。蘇乾既有擒斬微功，姑免提問，還着照舊住俸，戴罪捕盜，待地方安靖之日奏來定奪。"欽此。

爲陳情乞恩分豁奏留官軍防守要害地方事

查得陝西寧羌、漢中二衛官軍，先年撥赴寧夏輪班備禦，正以邊方軍少，防禦爲重，所以遠調腹裏官軍輪班備禦，非但爲邊方之助，亦以令腹裏官軍習知勤苦，不至驕惰。如河南、山東、山西官軍輪班前赴宣、大備禦，河南官軍亦赴延綏備禦，至如陝西腹裏西安等處官軍，分撥前去延綏、寧夏、甘肅三邊輪班備禦，俱係洪武、永樂以來舊規，皆以防邊爲重，限隔華夷，使不内侵，非細故也。前項正德五六年間，邊情寧息，内地草寇生發，所以建議者掣回漢中、寧羌二衛寧夏備禦官軍，在於故縣設堡屯戍，以防盜賊，乃一時權宜，非謂經久不可動調也。見今北虜大營住牧黄河套内，擁衆數萬，不時侵犯，所以寧夏鎮巡官奏，要將漢中、寧羌二衛官軍照舊輪班赴寧夏備禦。本部爲料目前陝西虜勢猖獗，京營并别省官軍尚當調發，併力防禦，原在寧夏備禦官軍合當照舊督發赴操，及西安等衛備禦寧夏脱班官軍亦合查究，以此議奏，題奉欽依督發，及將違誤官吏提問。豈期巡撫都御史鄭陽廢格不行，半年之上未見督發咨報。今寧羌衛指揮王問卿、漢中衛指揮王詔乃敢故違成命，逕自具奏阻止，惟知適己自便，不顧失誤軍機。況正德七年新設故縣營堡，内有掣回西固城備禦官軍并召募投充軍人，其寧羌、漢中二衛軍人亦是輪班在彼。近年漢中地方無事，前項官軍中間必被指揮王問卿等賣放歇役，一聞調取，通同受囑，捏詞破調，所據王問卿、王詔俱合究問。合無本部行文巡撫都御史鄭陽，嚴督該道守巡官親詣漢中、寧羌地方查勘，原額寧夏備禦官軍數内揀選精壯堪備戰守官軍，不拘數目，定爲秋班，照舊選委指揮等官管領，定與限期，督令赴寧夏鎮巡官處交割聽用。其餘選定春班，聽候明年凍開，哨探虜賊，如不過河，一體赴邊備禦。如賊已過河東，照正德七年例，存留本處故縣營堡防守，不必赴邊。仍令按察司分巡官將王問卿、王詔提問，依律議擬，照例發落。若查前項防守官軍，如有賣放歇役等弊，從重問擬施行。巡撫都御史鄭陽將督發過寧夏秋班備禦官軍數目并起程日期，及取問過王問卿等招罪緣由，通行回奏查考。

正德十三年十一月二十七日具題，奉聖旨："是。王問卿等姑免提問，揀選官軍、分班備禦等項事宜，都依擬行。"欽此。

爲嚴武備以安地方事

看得巡撫陝西都御史鄭陽會同巡按御史羅玉議奏，要於會寧地方添設守備官一員，將臨鞏等衛調去各邊官軍量爲存留，在衛守城，并將安定、會寧、金縣民快如法操練，有事戰守，及訪得指揮劉江、黃宰堪任守備一節。臣等切詳，都御史鄭陽因見今年安定、會寧、金縣被達賊搶掠，故欲於其地添設官軍，以爲將來之備，且見陝西固原軍馬路遠，不能赴援之意。但查臨鞏等衛備禦官軍内，輪赴甘肅備禦者其來已久。今年四月内本部議奏，推用都指揮二員江山、孫昌分管臨鞏等衛官軍，各請敕前去蘭州住札，輪流赴莊、涼、甘州等處備禦。仍令都御史鄧璋揀選，每班三千員名，以待肅州有警，從便調發。延、寧人馬，非遇大警，不必動調，今要量留安定、會寧守城，難以准擬。及照各處守備官員，能撫恤軍士者少，今若添設守備，許令操練民壯，難保必無科害。況虜寇深入，動輒數萬，縱使設一守備，保守孤城尚恐不能，豈能抗敵强虜，保無侵掠？合無本部行文巡撫陝西都御史鄭陽并巡撫甘肅都御史鄧璋，及各該巡按御史、三司官并領班都指揮江山、孫昌等知會，前項原定甘、涼備禦官軍，照舊在於甘、涼備禦。若遇甘肅稍寧，達賊在套住牧，將備禦官軍暫留本處備禦。其官軍下班之時，無事務要疏放休息，不許勾擾；有事資給衣糧，調取併力殺賊。若河東、河西兩處有警，酌量輕重取調，不許各執己見，致誤軍機。及領班都指揮原擬下班蘭州住札，今若那於安定、會寧住札，便於防禦，聽巡撫都御史鄭陽等計議定擬。如果人情順便，可以經久，徑自依擬行令住札。若有違礙，照舊蘭州住札，不必更動。其安定等縣民快，行令守巡官遇冬提督該縣官操練，守城捕盜，不許私役及不時差占，妨誤農業。

正德十四年三月初五日具題，奉聖旨："是。"欽此。

爲乞恩憫念地方民害事

看得蒲州民人李經等奏稱，分守潼關太監黃玉提官鎖吏，擾害地方，守取進貢銀二千六百餘兩，小民慌亂，皆欲奔躲，乞要將黃玉取回別用等情。該兵科官論說，誠恐激變地方，要將黃玉裁革拿來，將千户梁堂等提問，及將山西巡撫、巡按等官參究。臣等竊見，今年聖駕東巡喜峰口等處地方，官員有乘機科害地方者，俱蒙聖明洞察，拿問究治，臣民歡戴。近日聖駕西巡大同等處地方，官員不聞有指以進貢爲由科銀千兩之上者。今太監黃玉於一蒲州取進貢銀二千六百餘兩，其餘地方不知所取幾何。若果李經等所奏是實，不無利歸於黃玉，怨歸於朝廷。合無將黃玉取回，不必添設，其違法事情俱係法司掌行，本部不敢擅專定擬，合行都察院查議，差官體勘，奏請定奪。

正德十四年三月十五日具題，奉聖旨："是。黃玉且不取回，軍民人等所奏事情，亦暫免查究。今後着奉公守法，鈐束下人，毋令擾害地方。如違，罪不輕貸。”欽此。

爲公務事

看得分守潼關太監黃玉奏，要將延綏、寧夏備禦旗軍調回本關操練一節。先年爲因邊境缺人防守，腹裏地方軍多無用，所以令其分班輪流赴邊備禦。如河南、山東等處官軍俱撥宣府、大同極邊備禦，山西官軍俱撥大同備禦，陝西官軍俱分撥延綏、寧夏、甘肅三邊備禦，河南官軍亦有撥去延綏備禦者。不惟邊方得以資其用，且使腹裏軍士習勤苦，均勞逸，不至驕惰無用。行之百有餘年，已有定規。今太監黃玉創差守備，又奏要創改舊例，將潼關撥去延綏備禦官軍一千六百七十一員名、寧夏備禦官軍一百四十七員名俱調回本關操練，不知延綏、寧夏爲重，潼關爲輕。詳其本官之意，不過欲爲私役賣放之舉，非有公心，爲朝廷、地方計也。本官近該蒲州民人李經等奏稱科斂銀兩，鎖提官吏，地方不寧，人心思亂等情，兵科參論，要將黃玉取回，已該本部議擬具題外，今奏要調回邊鎮備禦官軍，關係事體重大，擅難准擬。

正德十四年三月三十日具題，奉聖旨：“這事情重大，你部裏再處了來説。”欽此。

爲添設墩臺保固地方事

看得巡撫寧夏都御史王時中等奏，要自靈州起萌城止，約二百七十餘里，添築墩臺二十七座，合用做工人夫、防護兵馬，於遊奇、按伏二枝并附近城堡軍內摘撥，待春暖興工，墩軍於靈州所及各驛遞、城堡相兼差撥，口糧於附近倉堡關支，等因。臣等議得，添墩瞭望，預防虜患，誠爲有益，但興動工役，不免勞人費財。及各城堡當差軍人原有定數，若每墩一座撥軍十名，該軍二百七十名。此處既添，彼處必少。又移徙易置，人情所難，居處不安，豈能經久？事干創始，似難輕舉，況即目交夏，農務正忙。合無本部行文都御史王時中等，再行計議。如果興動工役，保無他虞，摘撥旗軍，兩無妨礙，人情順便，可以經久，待農隙之時依擬興工，陸續修築，通完之日具奏查考。若計算兵糧缺乏，人難居守，姑從照舊，待豐年事寧，再議定奪。不可執一，徒致勞擾，事無實效，責必有歸。

正德十四年四月初九日具題，奉聖旨："是。這地方墩臺應否添設，還着巡撫等官再加審處，務要停當，方可施行。"欽此。

爲擒斬拒敵礦賊事

看得巡撫陝西都御史鄭陽奏稱，礦徒聚衆，在於地名黃龍洞竊礦，官軍追捕拒敵，擒斬一十五人。已行官軍人等把塞洞口，如遇前賊嘯聚爲患，夾攻追捕，務期殄滅，以靖地方，等因。臣等竊詳，小民聚衆竊礦，多因貧難不能過活，意圖得礦少資用度，以此不畏法禁，捨命竊取，比與強盜聚衆劫財殺人者，情犯不同，但不及早設法禁處，未免致生他虞。合無本部移咨巡撫都御史鄭陽，會同鎮守太監，督同三司官計議，於黃龍洞上築立墩營二座，置放炮火，撥人輪流看守，遇有人民竊礦，捉拿送官治罪。若遇人衆，舉放炮火，着令原設巡礦指揮等官率領官軍、民快、鄉夫人等相機逐趕，將爲首之人擒拿問罪。仍責委原設撫民參議蘇乾往來巡察，專理其事。此外別有長策，具呈鎮巡官從宜處置，不必拘執本部原擬。如若似前坐視因循，以致弊端不塞，殺傷人命，貽患地方，罪必有歸。仍令蘇乾將禁約略節緣由出給告示，通行附近礦洞地方張貼曉諭，以前竊礦人犯俱不追究，今後洞口已設墩臺，撥人守把，及按伏兵快捉拿，敢有再來竊礦之人，捉拿問罪，照例枷號三個月，發邊衛充軍。同竊礦之人，有能將爲首人犯捕獲送官者，與免本罪。待禁處畢日，將礦賊有無生發緣由回奏查考。

正德十四年七月初三日具題，奉聖旨："是。"欽此。

爲預處邊患以安地方事

看得巡按陝西監察御史羅玉題稱，洮州地方孤懸極邊，數年以來，虜酋亦不剌部落侵入西寧西海，漸侵洮州等處，城池墩堡日久坍塌，勢難保障。查得本衛食糧官軍、舍餘二千一百五十二員名，内調涼州備禦三百五十四員名，固靖遊兵官軍四百六員名，本處分布東、西、北三路沿邊城堡防哨八百七十一員名，在城止存臨鞏聽征官軍一百四十五員名，紀録老幼三百七十九員名，不堪差操，況原無給領盔甲。又查土官咎成等所部民夫，數雖六百，盔甲完具者不過三百餘名，不敷戰守。要將選調涼州、固靖備禦等項官軍挈回防守，仍於腹裏衛所各行選補一節。切照甘州孤懸河外，固靖逼臨河套，較之洮岷一帶，尤爲難守。況撤回前項官軍，節該各官論奏，俱經本部議擬，題奉前項欽依，係干政體，難再別議。合無本部移咨巡撫陝西都御史，督令洮岷兵備副使會同守備官，於本處衛所舍餘人等内各聽情願招募選補，及遇有警，聽將備禦下班官軍從權起調截殺，厚加優恤。賊退照舊休息，不許無事勾擾，致令逃避，責有所歸。

正德十四年九月十二日具題，奉聖旨："是。"欽此。

爲達賊侵犯官軍追逐出境收送被虜走回男子供報鄰境賊寇那營事

看得巡撫寧夏都御史王時中等奏稱，甘涼之賊轉徙而北，延綏達賊那營往西，花馬池一帶四無險阻，慮恐不久冬臨，河水結凍，前賊糾合大衆入套，戰守不敷，臨期奏請，往返月久，未免誤事，乞要議處，將延綏遊兵督發於安邊、定邊營地方，固原遊兵前來韋州、萌城各駐札，有警聽臣等調用，往來截殺，庶不誤事一節。臣等議得，陝西三邊地方廣闊，虜賊侵犯，最難防禦，相應預爲議處。合無本部通行陝西、延綏、寧夏各該鎮巡官，候河凍之後哨探虜賊大營。如果入套住牧，候春深草長、勢將深入之時，查照節年見行事理，延綏遊奇人馬分布於安邊、定邊、花馬池等處緊要通賊去處，設法防禦，相機戰守；固原遊兵，臨時料度虜不西行，准調韋州、萌城住札截殺。若賊勢變動，隨賊向往，相機應援，不可拘執一法，及無故妄調，徒費糧草，或相應調取，失於約會，及已承調遣，違期不至，各因而失誤軍機，並聽互相糾舉，依律治以重罪。其甘肅遊奇兵馬，并臨鞏一帶甘涼備禦官軍，若遇臨時甘肅事寧，固靖有警，查照本部節次題准事理，徵調前來固靖等處應援。及宣、大遊奇兵馬，達賊住套，延綏有警，亦照舊例聽延綏鎮巡官調取策應。俱不許自分彼此，失誤軍機。再照陝西固原一鎮軍馬數少，并各鎮合用軍餉缺乏，俱聽各該鎮巡官及早議奏區處，庶有備無患，地方幸甚。

正德十四年十月初二日具題，奉聖旨："是。各邊遊奇兵馬，着各依擬分布，聽調應援，不許自分彼此，致誤事機。固原兵馬及各鎮軍餉，着各該鎮巡官先事議奏處置。"欽此。

爲强賊勢衆挾讎劫獄搶虜人財燒毀城門等事

議得先年爲因陝西商洛等處地方與湖廣、河南交界，山深路僻，流民聚集爲盜，布、按二司分守、分巡官不得常川在彼防守，以此額外添設布政司參議一員，常在商州駐札，專一撫治流民，禁捕盜賊。今流賊聚衆二百餘人，攻破商南、山陽二縣，劫庫劫獄，殺死男婦八十餘名口，虜去男婦二十餘名口，失事重大，皆參議蘇乾不職所致。及流賊二百餘人，蘇乾失事之後不過擒斬流賊十四五名，其賊首、餘黨俱係河南兵備僉事閻欽等擒斬盡絕。況指揮劉虎等已問死罪、充軍，知縣董儒、楊章得蒙聖斷，革職爲民，國法大彰，人心痛快，若使蘇乾獨得以微功贖重罪，誠恐無以示戒將來。合無本部咨都察院，行巡按陝西監察御史，將蘇乾提問，起送吏部，查照才力不及事例奏請定奪，仍先推才幹官一員更替蘇乾撫民。及看得前項奏勘招内開稱，分守參政翟敬出巡潼關，分巡副使楊鳳定委邠州住札，防禦虜患，緣各官既各有差占，合無俱免究問。内楊鳳雖有斬獲，首級不多，亦難論功。及照副使孫修、都指揮張鵬霄，俱不係該道官員，領軍追賊，斬獲首級一十四顆，餘賊奔散，勤勞可錄。合無行巡撫陝西都御史，將孫修、張鵬霄各以禮獎勵，下手殺賊之人酌量給賞，以勵將來。再照巡撫陝西都御史鄭陽，督率欠嚴，以致撫民參議蘇乾怠玩，被賊攻陷孫[九]治，殺虜人民，亦難辭責。但查正德十三年七月達賊大舉入寇，錢糧缺乏，鄭陽往來固原，竭力處置，内顧自有不周，合無免究，以責後效。

　　正德十五年七月初一日具題，未奉明旨。

校勘記

　　〔一〕“頑”，疑當作“頖”。

　　〔二〕“在將軍”，據《史記·孫子吳起列傳》當作“將在軍”。

　　〔三〕□□，底本爲空格。

　　〔四〕“常”，疑當作“長”。

　　〔五〕本篇内容與篇題不符。此類情況本書尚有多處，姑仍其舊。

　　〔六〕“勢”，據明陳子龍等《皇明經世文編》卷之一百十王瓊《爲虜中走回男子供報夷情事》當作“虜”。

〔七〕“達”後，據文意似當有一“賊”字。本書卷二有《爲大舉達賊入境乞兵救援事》。

〔八〕“繫”，疑當作“擊”。

〔九〕“孫”，疑當作“縣”。

陝西甘肅類上

　　甘肅者，甘州、肅州也。甘州，在漢爲張掖郡，置金城屬國，以處蠻夷降者。宋爲西夏所據。國朝置甘州五衛，後命將鎮守。肅州，漢初爲匈奴昆邪王地，後降，漢置酒泉郡，隔絶匈奴與羌酋通路。宋爲西夏所據。國朝洪武二十四年，開設肅州衛，後命將分守。甘肅在黃河之西，故又曰河西。禦戎得失莫詳於漢史，而屯田便宜莫善於趙充國，可以爲萬世法者也。哈密夷人在肅州之西千里許，永樂間封西夷酋長爲忠順王，賜以金印，令居哈密，羈縻西域諸夷，通貢往來。弘治五年，忠順王陝巴爲土魯番擄去，哈密城失守，命侍郎張海往經略之。海至彼，上言西夷不可征，來則撫之，叛則拒之而已。朝廷用其策，事果寧息。弘治十一年，土魯番送回陝巴，復立。卒，子速壇拜牙即襲封。正德八年，棄國走入土魯番。土魯番人據哈密，遺書欲寇肅州，因而要求厚賞。廷議差官整兵以待，所求賞賜，事出無名，不可輕與。不意奉使者欲邀近功，遣哈密都督寫亦虎仙等齎幣二千，直造虜庭講和，更許增幣，取回金印。虎仙等未回，而奉使者已還朝，不得如約，遂啓土魯番侵犯肅州之禍。《宋史》云"和在彼，則和可久；和在我，則和易破"，豈不信哉？《易》曰"差之毫釐，謬以千里"，其斯之謂歟！今欲守甘肅之地，得便宜之術，舍趙充國，吾未見其可矣。

爲遣夷屬歸故土以嚴夷夏之防事

看得巡按御史馮時雍奏稱，甘州等處寄住羌夷數多，歷稱其害有伍，要將各夷并寄住回舍發遣，歸其本域，以塞狂悖。及今後夷人進貢，止許本夷并方物入關，有妻子者免其入貢。不許擅買民間田土、房屋，事發，本夷遣發出境，賣者，軍問發烟瘴，民邊衛各充軍，官調別邊衛帶俸差操，等因。援引故實，反覆開陳，其意欲謹華夷之辯，消未來之患，誠爲有見。但恐官司奉行未至，此等夷人安土重遷，激生他變，係干夷情，難便定奪。合無本部備咨總制都御史鄧璋，會同鎮守太監許宣、巡撫甘肅都御史趙鑑、巡按御史馮時雍，將前項所奏事情再行從長計處。如果事可舉行，保無後患，夷情順服，邊境獲安，就將應行事宜開陳明白，會本具奏，以憑上請定奪。

正德十年閏四月二十九日具題，奉聖旨：“是。着總制及鎮巡等官從長議處了來説。”欽此。

爲速定寇亂早徹兵馬以安久困地方事

看得巡按陝西御史馮時雍奏稱，土番之酋長尚爾驕悍，哈密之城印猶未歸復，請罪之詞不聞於軍門，犯順之狀頗著於嘉峪，遣使講好，則大開其溝壑之欲，要我以難從之事，乞要早爲決策，以平定賊番。如其不然，地方之變故無形，有非愚臣所能逆睹，等因。果如御史馮時雍所奏，則是地方事情尚未寧息，與御史燕澄所奏意不相同。但燕澄巡按陝西腹裏，其意專爲彭澤；馮時雍巡按甘肅，其意則爲朝廷。倘臣等重違燕澄之論，不恤馮時雍之言，後有誤事，罪難逭逃。且馮時雍所奏土魯番嘉峪犯順，要我以難從之事，必有指實，恐非虛妄。況見今虜賊在套，擁衆侵犯，鄧璋一人，急難摘離，而又使遥制甘肅之事，未免兩相妨誤。合無行令彭澤，仍照原奉敕旨"事寧之日具奏回京"，及節奉聖旨"彭澤待處置哈密事情停當，行取回京"，以後本官事寧回京，果建奇功，大加爵賞，以酬其勞，亦未爲晚，惟復仍照今奉欽依取回，哈密一應事宜，都着鄧璋總理處置，臣等俱未敢擅擬，伏乞聖明裁處。

正德十年閏四月二十九日具題，奉聖旨："是。彭澤已有敕取回，一應事宜，還着鄧璋照前旨總理處置。"欽此。

爲遠夷悔過獻還城印等事

看得總督軍務左都御史彭澤等各奏稱，土魯番速壇滿速兒王等畏威悔過，已將哈密金印、城池交付都督滿剌哈三、寫亦虎仙收掌住守，近搶赤斤印信亦已悔還，頭目火者他只丁取回土魯番去訖。虜寇阿爾禿斯先遁出境，亦卜剌下一枝部落，一半往迤西亦郎骨，一半往迤南烏思藏去訖。及稱速壇拜牙即尚在把巴義處，爲伊弟兄不和，未經送出。必須量給賞物，令伊自分族衆，以相和輯，事乃就緒。除行巡撫都御史趙鑑，將原收見在段疋等物量爲增給，責付通事馬驥等前去分給，賞犒速壇滿速兒王、把巴義等并大小頭目，守取效順番文至日，方將原捉獲回夷虎都阿力等發回。仍要候送回速壇拜牙即至日，將速壇滿速兒王等一體賞賚。差官押送賞賜前來，交付都御史趙鑑，會同鎮守、總兵，差人分投給賞。仍請敕諭，令都督奄克孛剌同心扶持速壇拜牙即照舊爲忠順王，惟復別有定奪一節。除亦卜剌殘賊近已南入川境，本部已經題奉欽依，着總制都御史督同各該鎮巡、總兵及副參等官，預先加意防守，有警調兵剿殺，別無定奪外。其稱哈密金印、城池已復，見令都督滿剌哈三等住守，具見各官奉揚上命，經略勤勞。但徒有城、印，無人主管，名聲雖若效順，弛張猶繫土番。今彼處鎮巡等官雖已增添賞賜，差人前去分給，若速

壇滿速兒果能革心悔過，即便送出有何不可？但恐繒帛徒入於穹
廬，而忠順王終無下落。合無本部移咨總制都御史鄧璋，會同甘
肅鎮守太監、總兵官、巡撫都御史從長計處，姑候通事馬驥等回
日，果土魯番悔禍畏威，將忠順王送回，如弘治年間阿黑麻送出
陝巴到甘州事例，別無變詐等情，依擬一面將原捉獲回夷虎都阿
力等發回，一面星馳具奏，以憑議擬，上請賞賚。若萬一夷情尚
有變動，亦聽鄧璋等計處，會奏定奪，務要萬全停當，保無後
艱。及稱欲請敕，令都督奄克孛剌等同心協力，扶持速壇拜牙即
照舊爲忠順王，共守國土，惟復別有定奪一節，切緣此等處置，
候速壇拜牙即送回至日，方可議處施行。

　　正德十年六月十三日具題，奉聖旨："是。這遠夷悔過，獻
還哈密城、印，總督、總制、鎮巡等官調度經畫，勞勩可嘉，還
着總制鄧璋會同鎮巡官，先將有勞人員量爲犒勞。仍責令原差通
事前去撫諭速壇滿速兒、把巴義等，令將速壇拜牙即送還本城，
至日，將他每功迹并賞賚各夷等項事宜一併來説。"欽此。

爲處置夷情以圖久安事

　　看得巡按陝西御史馮時雍奏稱，土魯番酋長速壇滿速兒、頭
目火者他只丁棄天叛道，趨利背恩。乃者守臣具奏，朝廷采之群
議，命將出師，相機行事。然蠢爾番賊，顧不悔罪效順，乃敢率
衆内侵。赤斤之印雖還，而護送之使未發，其情狡詐，未易測
知。乞要本部集議，上以求古之道，下以酌今之宜，遠如建武之
閉關，近如我朝之絕貢，使中國自爲中國，土番自爲土番，彼雖
包藏邪心而自不得萌，因襲故智而自不得售，等因，蓋欲棄遠夷
以省軍費，誠爲有見。但見今朝廷責差總制大臣在彼經略，哈密
之城、印初復，土番之悔過方萌，正向背未定之時，亦事勢難期
之際，且所奏夷情與總督都御史彭澤等會奏事理多有不同，干係

事體重大，本部難擅定擬。合無本部移咨總制都御史鄧璋，會同甘肅鎮守太監許宣、總兵官徐謙、巡撫都御史趙鑑、巡按御史馮時雍從長計議，姑候差去通事至日，有無送回忠順王及探聽夷情的確，相應作何處置，從長區畫，會奏前來，以憑集議，上請定奪。

正德十年六月十九日具題，奉聖旨："是。這事情還着總制官會同鎮巡等官議處了來説。"欽此。

爲虜中走回人口供報緊急聲息事

看得總制陝西軍務右都御史鄧璋據總兵官徐謙等報稱，大勢達賊亦卜剌賊衆先過黃河，遁往四川松潘，今又回至洮州地方，搶殺番族，逼近洮州，僅二百里。其甘肅又報，亦卜剌弟把巴歹糾合衆賊乜克力等，要來肅州搶掠。訪得前賊因我調兵征剿，又見小王子在套，慮恐尋殺，遂過黃河，南走四川松潘，今又回至洮州地方。把巴歹數年以來仍在赤斤、苦峪，又與野賊乜克力等以親連合，赤斤每被擾害，番夷不得安生。及照赤斤、苦峪乃朝廷內屬之地，爲甘肅藩籬之倚。今以把巴歹之窮寇，兼與乜克力之強戎同心合謀，以衆暴寡，赤斤、苦峪勢必脅從，甘肅一鎮豈能萬全？況今將冬，不久河凍，亦卜剌達子一枝賊衆不在歸德洮河，必復西寧涼永，與伊叔把巴歹彼此牽制，兩路侵凌，將見甘肅危急。臣即欲前去甘肅并洮河地方往來督調，奈延寧、環固見被大虜壓境，不時深入，決難擅離，顧彼失此，等因。臣等查得，前項甘肅事情雖經本部節次議奏，奉有欽依，哈密一應事宜都着鄧璋總理處置。今詳鄧璋所奏大虜壓境，決難擅離之言，倘後失事，不惟本官得以爲辭，抑且公論難以獨責鄧璋一人。及照甘肅鎮巡等官總兵官都督同知徐謙等，明知前項亦卜剌弟把巴歹、乜克力等擾害地方，係干本鎮重大夷情，自合星馳具奏，却乃隱蔽不奏，轉行總制官員。照詳其意，惟欲無事得以僥倖，有事推諉鄧璋，迹其奸欺，深爲可惡。合無本部鋪馬齎文交與新任巡撫甘肅都御史李昆，會同鎮守總兵官徐謙等，將前項所奏夷情用心計處，嚴謹隄防，一應戰守事宜，既是鄧璋不得摘離前去，悉聽各官相機行事，可戰則戰，可守則守，務使地方安静，保無他虞。應具奏者，依律徑直奏聞區處。敢有似前隱蔽推托，貽患地方，從重究治，決難輕縱。本部仍咨都察院，轉行彼處巡按御史，查勘前項所奏甘肅夷情有無緩急，明白具奏，并查甘肅鎮巡等官，如有隱蔽失機、擅開邊釁等項情由，亦就指實劾奏施行。

正德十年八月二十八日具題，奉聖旨："是。甘肅地方一應事宜，便行文與李昆、徐謙，着相機行事，隨宜戰守。有應奏請者，上緊奏來區處。其夷情緩急并鎮巡等官有無隱蔽失機等項情由，着巡按御史查實了來説。"欽此。

爲乞恩奏討參隨人員以便差遣事

照得各處鎮守太監隨帶頭目五名，係是舊例。近該鎮守河南等處太監吳景、杜甫、廖鑾雖各奏帶人多，俱奉欽依，有廩給口糧的止許五名，仰窺聖明，無非遵守舊例之意。今鎮守甘肅許宣先任分守凉州，奏帶錦衣衛官旗、舍人一十二員名，今鎮守甘肅，又奏帶錦衣衛官旗三十七員名，前後共奏帶官旗四十九員名，比例太多，況又不開數内支與廩給口糧幾名，難以施行。合無比照吳景等事例，定與支廩給口糧官旗五員名，其餘多帶官旗，伏乞聖明量加裁減，以免後來鎮守官員一概比例多帶，有壞舊例。

正德十年十月二十二日具題，奉聖旨："參隨人照前旨帶去。"欽此。

爲虜中走回人口供報緊急聲息事

議得甘肅一鎮孤懸西北，哈密、赤斤、苦峪等夷皆内附中國，爲我藩籬。近年爲因哈密忠順王被土魯番拘留，西寧等處地方又被阿爾禿厮等賊侵擾，巡撫都御史趙鑑具題，科道交章論奏。朝廷慮恐肅州不守，有失故地，關繫非輕，先將侍郎鄧璋自江西取回，升右都御史總制；隨命左都御史彭澤總督軍務，專一整理甘肅地方哈密等項夷情；又將巡撫陝西都御史馮清升户部右侍郎，專一督理甘肅糧餉；又添設郎中張鍵，專在蘭州糴糧轉運：其爲甘肅地方計慮，可謂深遠矣。今各項官員俱各取回。趙鑑熟知甘肅事情，屯田得法，又改南京都察院管事。近有甘肅差來舍人王昇，九月十六日在彼起程，説稱趙鑑已來蘭州，李昆尚未到彼。臣等竊詳，各官所奏甘肅夷情不寧，似不減於去年，而差官處置，大不同於前日。萬一果如所奏，土魯番夷交結把巴歹，脅從赤斤、苦峪等夷侵犯肅州，加以西寧一帶番夷搶掠，道路不通，餽運不繼，我軍力不能支，地方因而失陷，被其盤據，誠非細故。合無本部行文，就令差來人齎回，交與巡撫都御史李昆，會同鎮守太監許宣、總兵官徐謙等，整捌軍馬，嚴謹防禦，遇賊入境侵犯，相機截殺，毋墮賊計。如不來犯，揚威固守，亦不必遠出尋殺，啓惹釁端，逼迫反噬，惟以保固封疆爲重，不以窮追遠討爲功。若果各夷糾合勢衆，窺伺鎮城，一面星馳具奏，一面會行副總兵鄭卿量調人馬，應援截殺。若再勢衆，再行寧夏鎮巡官量調精鋭官軍，就委副總兵周誠統領，前赴甘肅策應。若遇寧夏河州有警，斟酌調發。本部仍行寧夏鎮巡等官，預議選撥聽調。及行副總兵鄭卿，將原調領附邊衛所漢土官兵、民快嚴加操練，修置軍火、器械，與甘肅官軍聲勢聯絡，相機戰守，一遇甘肅鎮巡官行文約會，火速領兵前去策應。如賊勢循常，不得輕易調發。再咨戶部，轉行巡撫陝西都御史蕭翀，嚴督布、按二司守巡、管糧官起運甘肅糧草，上緊儹運完納，及將調兵經過、駐札地方合用糧草整理預備，毋致缺乏。前項各該地方官員應有防邊事宜，但係原奉敕內該載及節次奏准施行者，逕自遵奉施行，不必作疑展轉，推託耽誤。事體重大者，星馳具奏定奪。如有故違，因循不理，或處置乖方，致成大患，聽各該巡按御史訪查的實，劾奏處置。

正德十年十一月初四日具題，奉聖旨："是。這防禦、應援、儹運等項事宜，各依擬行。"欽此。

爲西番出没凶惡射砍傷死官軍事

看得巡撫甘肅都御史趙鑑、總兵官徐謙、太監許宣會本具奏，西寧控制申藏、隆奔等一十三簇土番，天順年間，總兵官衛穎等統領大兵剿殺之後，四十餘年不敢犯界。弘治年來，生齒日繁，繼踵爲患。正德九年，因思冬沙等族西番縱肆凶頑，敵傷官兵，節蒙總督、總制都御史彭澤、鄧璋，各行總兵官徐謙統兵撫追，仍前執迷不聽，時常上路搶劫傷人。又奉都御史彭澤、鄧璋明文撫諭，而各番公然怙終不悛，先殺死百戶王朝復，又殺死千戶嚴璽、吳成等，大肆悖逆，愈甚於前，公差商旅、屯居人等不得安生，道路不通。從宜行令右副總兵柳涌等，選調各路官軍共六千員名，刻期會合，取路前去，撫督族頭，將爲惡正賊挨捕。總兵官徐謙量統甘州馬、步官軍一千五百員名，復去涼莊駐札防守。若各番拒逆，傷我人馬，勢難再容，相機剿捕，待事寧兵回，另行具奏一節。既該鎮巡等官會同計議，調兵撫剿，事已施行，別難定奪。但照前項西番爲患已久，總督都御史彭澤等在彼之時，止令撫諭，不敢發兵，蓋恐啓釁生事，釀成大患。今趙鑑、徐謙等調兵六千前去剿捕，固非得已，但恐勝負難料，致生他虞。合無本部鋪馬齎文交與接管巡撫都御史李昆等，查照前項夷情，除已寧息外，若尚未寧，務要用心籌度，相機戰守，計出萬全，事體重大，星馳具奏定奪。如或處置乖方，啓釁誤事，咎有所歸。其奏稱千户嚴璽、吳成等陣亡有功合當優恤升賞，指揮等官黃欽等誤事合當有罪一節，合無本部移咨都察院，轉行巡按御史查勘明白，陣亡有功者上緊具奏，照例議擬升賞旌表，上請定奪。有罪人犯就便提問，依律議擬，照例發落。其奏稱原委操守古浪副千户嚴璽陣亡，暫委正千户張斌前去操守，本官練達老成，人心悦服，乞要量加署職，或復還舊職一節，固是激勸人心之意，但千户嚴璽等忠勇死事未蒙恤典，而張斌輒加升職，無以服人。合無行移各官，督令張斌用心操守，保安地方，以後果立有功，升賞不吝。

正德十年十一月初五日具題，奉聖旨："是。這相機戰守事宜依擬行。陣亡有功人員，着巡按御史上緊查實奏來，優恤升賞。黃欽等提了問。今地方用人之際，張斌既人心悦服，着鎮巡等官暫加獎勵，待有功之日准復舊職。"欽此。

爲愼選擢以重民兵事

議得先年本部題准三年一次差官閲視各邊軍馬、城池，正恐武備廢弛、壅蔽不聞之意。今巡按甘肅御史馮時雍查點得甘州左等衛軍馬消耗，城堡坍塌，軍器損失，俱有實迹，其經管官其[一]論法俱當拿問革罷。但各官中間歷任有淺深，責任有輕重，誤事者或已遷官去任，見在者或係新任未久。及照清勾軍役、買補馬匹多由隔別官司整理，人情艱難，猝難完辦。城堡軍器，修理整飭，必須動支官錢，使用軍役，亦恐非地方官員所敢專行。今若將各官一概提問，誠恐勤惰不分，無益於事，所以御史馮時雍奏稱，即今地方多事，兵革未息，合無照例提問，惟復量爲罰治，不爲無見。合無將永昌、臨洮、莊、凉四衛武備十分狼狽官員，本部移咨都察院，轉行彼處巡按御史，查勘原任、見在官員，通行提問，依律議擬，照例發落，遷官去任者依律免問。其甘肅左等衛指揮等官及分守、兵備、守備等官，合無通免提問。内將各衛見在經該官員重加罰治，分守等項文武職官各量加罰治，内有遷官去任者亦各依律免罰。其鎮守太監許宣、總兵官徐謙，合無請敕切責，令其與接管巡撫都御史李昆同心戮力，將御史馮時雍查出廢弛事務逐一計議，應修舉者即行修舉，應具奏者奏請定奪，毋得視爲文具，似前因循，以致邊備日益廢弛，咎有所歸。其都御史趙鑑既已升任，亦合免究。臣等俱未敢擅擬，均乞聖明裁處。

正德十一年二月二十日具題，奉聖旨："是。永昌等四衛原任、見在官提了問。甘州左等衛官各罰俸兩個月，分守、守備官饒這遭，内文武職官還各罰俸一個月，遷官去任的罷。許宣、徐謙，寫敕切責。"欽此。

爲被虜走回番婦供報聲息事

看得巡撫甘肅都御史李昆等題稱，亦卜剌達子所領殘賊先至四川邊境，後回洮泯[二]，今復至海西倒塘地方住牧搶掠，誠恐以後仍與把巴歹賊人馬相合，復爲邊患，欲請京營大軍及延寧、固靖人馬策應，恐供給不敷，愈致困敝，要將甘、蘭、臨、河、洮、岷、秦、鞏、平凉等九衛該班備禦官軍九千七百二十一員名刻期查發，赴邊戰守一節。查得先因剿殺亦卜剌等賊，遠調延寧人馬，彼此兩失，勞費無成。今都御史李昆等會議，不欲徵調延寧之兵，惟欲督發輪戍之卒，懲戒往轍，深爲有理。合無本部移咨巡撫陝西都御史蕭翀，嚴督該道守巡等官親詣各衛，將經該失誤官員通行提問革去，見任仍照例監候，軍馬到邊完日，方許發落。一面選委能幹官員查點撥補，管領赴邊。中間應該處置事情，徑自從宜施行。以後但有該班不到及逃回情弊，巡撫甘肅都御史徑行巡撫陝西都御史查照督發。如再似前違限不到數多，指實參奏究問。其巡撫陝西都御史蕭翀，將今次查補督發過軍數并起程日期、提問選委過軍官職名回奏查考，不許遲緩，失誤備邊重務。

正德十一年二月二十六日具題，奉聖旨：“是。這各衛該班官軍，便着督發前去戰守。原經該失誤官提了問。”欽此。

爲遠夷悔過獻還城印等事

看得巡撫甘肅都御史李昆等奏稱，欲將本國主守、城印事宜計處，但寫亦虎仙等并先差官通、貢使，及續差去土魯番送賞撫諭夷情火者馬黑木未曾回還到關，中間備細情由未得悉知，輒難輕議，等因。及看得譯出哈密夷人寫亦虎仙等稟帖，說稱速壇滿速兒調察力失人馬，要來漢人地面，被他每勸停止。及領去賞賜盡使用了，將金印與了，城池不與，還要段子一千五百疋，伊等轄段疋、馬牛羊隻，准去贖取。及速壇滿速兒差進貢使臣二百人到哈密了，等因。臣等竊詳，先該總督左都御史彭澤及今都御史李昆等所奏，皆謂哈密城、印俱已送歸，火者他只丁亦取回土魯番去訖。及看今譯出哈密寫亦虎仙等稟帖，則謂止歸金印，火者他只丁尚在哈密城居住，要段子一千五百疋、馬牛羊隻贖取。各奏不一，未知孰是。即今速壇拜牙即未經撫出，寫亦虎仙與原差官通并續與土魯番送賞撫諭火者馬黑木未曾回還到關，以後撫處事情委難逆料輕議。合無本部移咨都御史李昆，會同鎮守、總兵等官，照依原奉欽依事理，整捆人馬，用心防守，不可輕信寫亦虎仙等所稟“土番人馬被我勸止”之言，弛我邊備，致墮賊計。仍候官通回還及寫亦虎仙等到關之日，譯審哈密國城有無歸還，忠順王有無撫出緣由明白，將主守、城印事情作急議處停當，奏請定奪。及看得見今索要贖城段疋一節，鎮巡等官不見具奏應否准與緣由，但恐寫亦虎仙與火者他只丁彼此交通往來，隱瞞實情，假托土番，要求重利，事久不諧，致生他虞。合無行令鎮巡等官從長議處停當，查照先年事例，斟酌施行。既不可嚴峻拒絕，激變夷情，亦不可示弱輕許，開啟弊端。其土魯番果來效順進貢，到邊之日照依舊例放入，加意撫待，及嚴謹關防，毋致疏虞。

　　正德十一年三月二十五日具題，奉聖旨："是。這撫處事宜便行文與鎮巡等官，着依擬行。"欽此。

爲夷情事

　　會官議得，合無俯從甘肅鎮巡官所奏，請敕一道，切責速壇滿速兒忘背恩德，聽信他只丁之言，要求無厭。但已獻還城、印，今姑不問，量加賞賜，令其改過，與把巴義協和一心，將速壇拜牙即送回本國。先得賞賜，量分與把巴義，以示協和之意。再請敕一道，宣諭把巴義："爾既得蒙朝廷賞賜，即將速壇拜牙即差人同去人送回本國，凡事照舊。如各不協和，仍不送回，朝廷別有處置，悔難追及。"其合用織金彩段、絹疋，就彼支給官錢，量爲措辦，雖當稍從優厚，亦不可過多，啟其將來復爲搶奪要求厚賞之心。及選差土魯番進貢頭目，同哈密都督頭目齎去土魯番，仍至阿速城開讀交領等項事宜，務要處置停當，毋致疏虞。若敕賞到彼，將速壇拜牙即送回，即便奏請給與金印，照舊爲王本國，壞事奸夷查奏處治。若不送回，就便照依弘治七年事例，閉關絕貢，不許往來，將先今差來使臣遷徙南方邊衛收管，亦即開具奏聞，毋得猶豫。仍要整捆兵馬，慎固封守，遇有侵犯，相機剿殺，務要防禦得宜，不許輕忽誤事。其復立忠順王事情，另行議處。

正德十一年五月初十日，會同府部科道等官具奏，奉聖旨："恁每議的是。這城印既已送還，夷狄又不足深究，所據寫敕切責并宣諭、賞賜等項事宜都依着行。"欽此。

爲久戍遊兵廢墜申明精選復舊規專責任乞恩頒賞蘇困用圖補報事

看得甘肅東路遊擊將軍武振奏稱，亦卜剌并阿爾禿厮達賊八千餘騎自徐家寨地方入寇，臣領軍七百餘騎迎敵死戰，射打中賊數多，衝撲三四十陣，全師無虞，賊復遁去，乞將該班遊兵官軍查照舊例量加賞犒一節。切照兵家之事，以克敵制勝爲全功，不以斬首多寡爲勛迹。武振以寡敵衆，致賊敗遁，軍無損傷，若果是實，功亦可嘉。合無行移甘肅鎮巡官查勘，所奏如果是實，將該班官軍量加賞犒，武振具奏定奪。其奏要將無馬官軍於今歲西寧衛招番茶易馬内照數給領騎操，或給銀買補；及於各衛庫歲造盔甲、弓矢，查給各軍披執應用；及查凉、莊、西寧官軍内有更替不堪軟弱者，行鎮巡官或巡按御史公同精選，務足原額，依期更換；凉、莊累調畏懼未到備邊官軍，問擬如律等項事宜。合無依其所奏，本部轉行巡茶御史，查照撥給馬匹，或給銀買補。及行巡撫都御史，坐委按察司、兵備等官，公同武振查勘，缺少軍器依數關給，軟弱不堪官軍精選補足，凉、莊脱班官軍嚴加比較，務令依期上班，應問官員參奏提問，俱要着實舉行，不許虛應故事。武振又奏，要將山、永原選遊兵六百照舊督發，與臣防禦西海緊急賊情，其西路原缺官軍，別爲議處撥補一節，其意正與巡按御史馮時雍前奏兵分勢弱，要將新設遊擊革去之意相合，見行甘肅鎮巡官查勘未報，合候勘報至日具奏定奪。再照甘肅地方，爲因亦卜剌并阿爾禿厮賊衆連年擾害，道路阻隔，番漢不安。今據武振之奏，顯是各賊猖獗未已，鎮巡官未見號令防禦，而新設遊擊將軍芮寧亦未見照依原擬，不拘地方，前來西寧與武振會合，併力截殺。萬一此賊大舉深入寇掠，各官自分彼此，致有損失，遺患地方，關繫匪輕。合無本部行文都御史李昆等，務要用心籌畫，調度經理，簡閱士馬，修完器具，申嚴號令，振揚軍威，遠近聯絡，彼此顧援，務使亦卜剌等賊聞風畏遁，番夷安業，屯軍得耕，戰守隨宜，計出萬全，斯稱委任。如或統馭無方，玩愒時日，將官欲有爲者而不能自專，偏裨欲推奸者而幸得免罪，人各爲謀，邊備懈弛，日久患生，咎有所歸。

正德十一年五月二十日具題，奉聖旨："是。武振能以寡敵衆，致賊敗遁，着鎮巡官再行查勘，如果是實，所部官軍准量加賞犒，武振還奏來定奪。其餘事宜都依擬行。"欽此。

爲北虜納款隨宜處置防範事

看得巡撫甘肅都御史李昆等奏稱，北虜把巴歹差達使虎蘭等二十九人遞到番文一紙，帶白駝一隻、馬十四匹，稱與三堂手信之禮。欲便阻却，恐失柔遠之道，除將達馬給軍騎操，駝暫發餧養，量支官錢買辨段絹、衣服、羊酒等物宴犒，防護各夷出境住牧，隨即分布官軍，及行兵、守等官，各要整搠兵馬，嚴謹關隘。傳諭赤斤、川邊、柴城一帶番夷頭目，互相探聽，但遇此虜變動，或侵犯地方，或衝突南去，就便合兵阻截，及飛報臣等相機擒剿。誠恐此外或別有制馭遠圖、擒撻長策，乞要從長計議明示壹節。切詳把巴歹納款效順，自將駝馬禮物求見，鎮巡等官委不可拒。今都御史李昆等俯從接受，量爲給賞，照例宴犒，防護各夷出關，又恐欲緩我師，乘隙他圖，轉行兵備等官嚴謹隄備，計處已周，別無制馭遠圖、擒撻長策，況甘肅極邊，以後夷情本部難以遙度。合無移咨都御史李昆，會同太監、總兵官，用心整飭武備，嚴謹烽堠，來貢則勿拒以拂其心，去遁則勿追以墮其計。
戒諭各該番夷頭目嚴謹隄備，共保封疆，毋聽引誘，自取滅亡。

正德十一年十月十四日具題，奉聖旨：「是。這夷人效順事
情，鎮巡等官既隨宜處置停當，恁所擬善後之策還行與他知道。」
欽此。

爲增兵要害以禦番虜事

看得巡撫甘肅都御史李昆等奏稱，鎮羌堡及岔口堡相去衛所
寫遠，按伏官軍勢孤力寡，番賊不時劫奪殺傷，要於莊浪、凉
州、甘州三衛選撥官軍一千六百員名，改調鎮羌堡備禦，分爲兩
班，一年一換，設指揮行都指揮事一員，專在鎮羌住札操守。内
撥三百名，調千户二員承總領班於岔口堡按伏。仍措給官錢采打
木料，修蓋營房二百間、官廳一所，及於本堡添設倉場官，攢鑄
降印記，合用糧料、草束於民運屯田秋青草内量數改撥上納。及
訪得莊浪衛指揮同知甘璽、指揮僉事徐潮，俱謀勇老成，堪以本
堡操守，千户彭鑑、孫璽俱堪承總等項情節。蓋欲增兵要害以禦
番虜，不爲無見，若果無礙，未必無益。但要分莊浪等處官軍前
來二堡防禦，雖稱從宜量撥，其莊浪等處官軍未免因分寡弱。況
事干創始，修營撥糧，勞費財力，恐難輕舉。查得近年肅州西路
添設遊擊將軍芮寧，分撥永昌等衛官軍二千員名管領，該巡按御
史馮時雍奏稱不便，本部覆奏，行文李昆等，勘得前項新添遊擊
勢分力單，相應裁革。今若又於莊浪、凉州、甘州三衛分撥官軍
一千六百，前去鎮羌、岔口二堡防守，亦又事體紛更，人難遵
守。合無本部行移都御史李昆等從長計議，如果鎮羌、岔口二堡
地方番賊不時出没，搶劫人財，阻隔道路，量調遊擊等官，或就
委指揮甘璽等量撥官軍，統領按伏，相機截殺。候番賊知懼，不
敢出搶，即便照舊。不必分定數月，歲以爲常，以存莊浪等衛之

兵勢，以省鎮羌、岔口二堡之勞費。臣等又議得，增兵積糧以備戰守，最爲有理，但增設太多，難爲供給。及分舊兵，多列城堡，雖似處處有備，其實兵分勢弱，難禦大敵。查得遼東、宣大、延寧、甘肅等邊，先年止設大鎮，及十分要害去處方設城堡。後因節年差去官員計慮未審，往往建議增置城堡，分軍召募，以致勢分力弱，一遇虜賊大舉，不能防禦，原額供邊糧草不勾歲用，處處告乏，軍士多逃。本部不次因事議奏，不能阻止。嘗考宋仁宗時，陝西總管鄭戩城洛水以通秦渭援兵，尹洙以爲前此屢困於賊者，正由城砦多而兵勢分也，奏罷其役。鄭戩論奏不已，復城洛水，尹洙改官，韓琦是洙議，亦外補，史臣惜之。自古大政議論，未定於朝廷而能行於外巇[三]者，未之有也。合無本部通行各邊鎮巡等官，今後務要循守舊規，修其廢墜，遇有軍情，相機調發，互相策應。不許創立新法，增兵置戍，罷敝中國。其近年新設城堡，有因事勢難行日又[四]未完者，即爲議奏定奪，不必拘執原議。

正德十一年十月二十一日具題，奉聖旨：“是。這地方各項事宜都依擬行。”欽此。

爲緊急夷情聲息事

會議得，甘肅都御史李昆等奏，內雖稱速壇滿速兒假以賞賜未得、貢使未回爲由，令火者他只丁占住哈密城池，牙木蘭撲搶境外屬番。又稱哨探未得，一面選差夜不收密切探緝，如果牙木蘭止因求討賞賜，委曲議處，若果有侵犯，出奇剿殺，等因，皆是疑似未定之詞。查得先該都御史李昆等奏報，土魯番進貢正使四名、副使四名、打剌罕三十四名，哈密正使一十名、副使一十名、打剌罕四十名，伴送土魯番貢使正使二名、副使二名、打剌罕六名，原差去土魯番傳諭夷情、送賞撫取城印哈密使臣都指揮火者馬黑木等一十二名，俱於正德十一年四月二十六日驗放入關，今尚未到。既以進貢爲名，萬里來王，若遽羈留不遣，非惟有失懷柔遠人之意，抑且非朝廷待夷狄正大之體。況土魯番、哈密夷精[五]順逆，彼處鎮巡官尚涉疑似，朝廷豈宜逆詐輕處？合無禮部待候各夷使臣到京之日，仍要遵照常例以禮館待，賞賜表裏、筵宴等項務要齊備精潔。兵部仍會同禮部，督同大通事舍誠等，將兵部原會題准撫待土魯番、哈密謹關略節緣由宣諭知悉。回還之日，仍照先年舊例，選差廉謹通事、序班沿途伴送，以禮館待，不許交通，縱容生事，擾害地方。如沿途各驛遞失誤應付，聽差去序班行文所在合干上司究治。若差去序班交通各夷，縱容生事，亦聽所在官司指實申呈合干上司，奏聞區處。待到甘肅之日，聽鎮巡官酌量彼處夷情，查照先奉欽依事理，徑自從長議處，務在處置得宜，使夷人畏服，上不失朝廷正大之體，下不啓釁遠夷，斯稱委任。如或鹵莽，處置乖方，國典具存，難以辭責。

正德十二年正月十五日具題，奉聖旨："是。這邊方夷情，恁每既議處停當，都依擬行。"欽此。

爲馳報緊急夷情事

看得巡撫甘肅都御史李昆等奏稱，土魯番酋首速壇滿速兒與奸夷火者他只丁等，貪心無厭，益肆狂圖，一面差人進貢，佯爲通好，一面侵占哈密，陰謀侵犯，揆之天道人心，十分難平。今肅州兵備副使陳九疇、參將蔣存禮反覆推辯議擬，欲將奉到敕諭二道暫免差人往諭，速將先今見在奸夷拘收發遣，及整兵齊力，伺其來犯，奮勇痛殺，以報積年之恨。言詞激切，亦誠爲人臣子許國敵愾之義，志實可嘉，理當准從。除行參將、遊擊、兵備官員哨探的實，相機防剿，原奉敕諭責付行都司捧收，候事勢稍定另議，等因。查得正德十一年五月内，本部會官議得，土魯番若將速壇拜牙即不即送回，就便照依弘治七年事例，閉關絕貢，不許往來，將先今差來使臣遷徙南方邊衛收管，亦即開具奏聞，毋得猶豫。仍要整搠軍馬，慎固封守，遇有侵犯，相機剿殺，不許輕忽誤事，等因。已經題奉欽依，通行遵守。今都御史李昆等不行恪遵成命，果決行事，却乃多張虛誕之詞，尚爲猶豫之論，不知廷議當守，妄稱副使陳九疇等志實可嘉，理當准從，以致事機不密，軍情漏泄，又督調不嚴，軍失紀律，見今報到遊擊將軍芮寧全軍敗没，致厪聖慮，命本部會官推舉文武大臣，上緊前去提督軍務。合無候命下之日，將前項賊情備行各官查照，議處施行。

正德十二年正月二十四日具題，奉聖旨："是。"欽此。

爲傳奉事

查得前項先年撫處土魯番、哈密事例，自洪武、永樂以來至弘治五年，並無發兵征進土魯番緣由。至弘治六年，始差侍郎張海、都督緱謙前去，只是會同彼處鎮巡官講求安攘方略，亦無用兵。弘治八年，止令彼處鎮守太監陸誾、總兵官劉寧、都御史許進議差副總兵彭清，就調本處漢番兵，不過二千三百員名，征進哈密，止殺其占住回賊數十人，其首惡牙蘭亦未曾得，因無糧草，難以久住，晝夜奔回，喪失亦多，未足言功。其後閉關絕貢，事自寧息。正德九年，謀臣不考故實，輕主用兵，既設總制右都御史鄧璋，又設總督軍務左都御史彭澤，既差戶部郎中張鍵賫帶銀兩蘭州糴糧，又設戶部侍郎馮清專在陝西督理甘肅軍餉，遠調延、寧人馬，專爲遏絕土魯番夷，克復哈密，及剿逐亦卜剌等賊。不意亦卜剌等賊返過河東，搶殺桃[六]岷。土魯番夷雖稱獻還城、印，忠順王未得復立。會延、寧有事，乃議挈兵回救。其土魯番夷，理勢既難加兵，方議加賞撫處。邊情重務，前後異議，而又委任不專，事多推諉，以致番夷請求不遂，陰懷怨懟，節次番文大意，皆以不饋原許段子一千五百爲詞，啓釁納侮，事實有由。今土魯番既已率衆侵犯肅州，殺死遊擊將軍芮寧，揆之大義，似難再與賞賜，示弱求和。若欲似前調兵，又恐延、寧地方虜賊窺伺，乘機深入，顧此失彼。況即今陝西、臨鞏、甘肅等處地方灾荒，軍民十分貧困，倘若償運糧草，督責嚴峻，必致激變地方，夷外侵，百姓内亂，實難支持。合無請敕見差太監張永、都御史彭澤、總兵官郤永上緊前去甘肅，督同彼處鎮巡官，處置糧草，賑恤軍士，振揚兵威，撫馭屬番，運謀設策，相機戰守。如土魯番賊已回，照依成化、弘治等年事例，閉關絶貢，不許往來。若復來犯邊，可戰則戰，毋輕舉失利；不可戰則盡力固守，以逸待勞，彼當自遁。各官起程之日，經過官司密切挨查土魯番差來貢使人等，如遇在彼，從長計議，或就所在官司設法拘留，或帶去陝西羈管，具奏發落，務在處置得宜，毋或疏漏，致有他虞。各官到於甘肅，詢訪本邊故老，料度彼處夷情。如果土魯番兵力强盛，蓄有異謀，勢將深入，奪占肅州，不能固守，徑自從宜取調甘、凉、莊、永等處官軍協力戰守。如甘肅本鎮官軍力不能支，方許查照附近甘肅地方以次徵調。若該調寧夏、延綏二鎮邊軍，必須會知延、寧鎮巡官，查勘本處聲息寧息，方許酌量起調，前去應援。若輕易調發，到彼不用，失誤本邊防禦，咎有所歸。各官既奉上命經略處置遠夷事情，務在同心協力，謀慮精審。應施行者，許令便宜從事，不可猶豫不快[七]，展轉具奏，失誤事機；應具奏者，仍須火速奏聞，朝廷自有別處。再請敕三道，就付各官齎捧前去，宣諭赤斤、苦峪、哈密三衛夷人都督，令其照舊内附，堅守臣節，毋或被其逼脅，黨逆爲患，自取滅亡。仍各量加賞賚[八]，固結其心，使三衛結合，互相救援，及隨從我軍併力戰守，有功厚加賞搞[九]。其餘屬番一體設法撫馭，毋致叛逆生變。其阿爾禿廝、亦卜剌等殘賊，尤須嚴加防禦，毋致乘機與土魯番應合，大擾地方。各官務候事寧之日方許具奏回京。其合用賞搞〔一〇〕銀段、絹布并處置糧草等項事宜，行移戶部查議，奏請定奪。再照前項差官處置土魯番、哈密事情，係干地方重務，誠恐本部前項查議該載未盡，合無通行南北兩京府部科道等衙門大小官員及見差重臣，但有安內攘外長策，本部智慮所不及者，並聽直陳所見，徑直奏聞，取自上裁。

正德十二年二月初四日具題，奉聖旨："是。這地方賊情緊急，處置尤宜詳慎。恁所擬各項事宜并陸續奏行事理，可載在敕書內的，還備行與內外提督軍務官，著上緊前去，依擬斟酌施行。"欽此。

爲夷情事

看得譯出土魯番王速壇滿速兒番書，內說稱"你每原許下的都昧了，說了謊。你一切反事，都是你每引起的。我上馬前來了，你承認不是，有好了。若不呵，寫出、哈出、苦峪三處人都調將來，會合達子頭兒伯彥猛可，一處與朝廷的人馬對敵，甘州、肅州已是我的。你要好呵，作急差人出來，我與你好和。若不呵，將你地方城池時間壞了"等情。查得近年差官處置哈密、土魯番事情，委的許與賞賜，送出金印，未曾了結，以致番夷懷恨，藉口啓釁，大舉入寇，殺死將官并軍士數多，虧損國威。今欲再與賞賜和好，誠恐益損國體，況夷狄貪婪無厭，萬一乘此機會益肆要求，難盡滿其所欲。前代增添歲弊之說，可爲明鑒。若欲興師問罪，大張殺伐，又恐地方艱難，錢糧缺乏，激成他變。且據速壇滿速兒所言，要調三處人馬，并會合達賊頭了〔一一〕伯彥等一處對敵，"將你地方城池時間壞了"等語，似非虛詐。爲今之計，縱不往前征進，亦當急爲隄備。合無請敕見差提督甘肅等處軍務重臣上緊前去，督同彼處鎮巡官，斟酌夷情緩急，度量兵糧多寡，或調兵剿逐，或併力固守，悉聽便宜施行。及查先前許與段定之人因何輕許失信，致啓邊釁，就彼拿問明白，解京發落。干礙鎮巡等官，參奏施行。仍將拿問許與失信緣由設法傳示曉諭速壇滿速兒，使知非朝廷本意，令其回還本土地面："若能悔過，送回哈密王速壇拜牙即復立，奏聞朝廷，自有處待。若仍犯邊，調集陝西各路人馬征剿，爾賊豈得保全?"一應事務，並聽各官從宜斟酌施行，不必拘泥原議，惟在事體停當，內安外攘，斯稱委任，有功升賞不吝，誤事責有所歸。

正德十二年二月初六日具題，奉聖旨："是。軍中一應事宜悉聽內外提督軍務官從長議處施行，惟在事體停當，不必拘執原議。"欽此。

爲夷情事

看得土魯番爲因先許紵絲一千五百疋，取出金印，紵絲未曾送去，以此啓釁，釀成今日之禍，大壞地方，造謀之人合當查究。及看前項番文，正德十一年九月初四日寫來，今年二月初五日方到，中間恐有稽留窺避情弊。合無本部轉行見差提督甘肅等處軍務重臣，除督調官軍防剿外，將前項譯出塔只丁、馬哈麻等番文內事情到彼查究明白，有罪人犯應提問者就便提問，解京奏請發落，應參奏者參奏施行，務使罪人斯得，以後使臣不敢生事遠夷，懷奸誤國。

正德十二年二月初六日具題，奉聖旨："是。這遲滯番文的，着張永、彭澤等到彼之日查明問擬了來説。"欽此。

爲傳奉事

照得舊例，凡遇命將出師，用武職大臣掛印充總兵官，奉制敕行事，所以重兵權，專委任，原無提督名目。況今次差官專爲征禦甘肅邊外土魯番夷，延、寧人馬本邊無警，相應調用，但恐延綏、寧夏鎮巡官因見各官有"提督三邊"字樣，凡事呈請，失誤軍機。合無請旨，定與郤永該掛將軍印信并符驗、旗牌、制敕，就交付太監張永參隨官員，順賫前去陝西，本部預先鋪馬差人調取郤永，前來陝西瓦亭驛等處相應地方候到交割。其寧夏軍務暫聽副總兵陸瑛帶管，新任總兵官到日照舊。再行延綏、寧夏各該鎮巡等官，但遇本邊應行防禦戰守事宜，俱照舊施行，不許推稱新設提督，聽受節制，展轉呈請，失誤軍機。若遇征西大臣會議，調取本鎮遊奇官軍前去甘肅、寧夏，查議本邊別無重大聲息，即便依期應援，不許遲誤。

正德十二年二月初八日具題，奉聖旨："是。郤永着掛平虜將軍之印，其餘事宜各依擬行。"欽此。

爲邊方夷情事

看得禮科抄譯出哈密衛都督滿剌哈三回回字稟帖一紙，乃是稟甘肅鎮巡官的說話，大概說："許下速壇滿速兒紵絲一千五百疋不與。又鎮巡官說，哈密使臣許一年一貢，土魯番使臣三年一貢，撒馬兒罕使臣五年一貢。以此速壇滿速兒十分惱怒，要領人馬來。因見鎮巡官差人賫好文書到哈密，火者塔只丁前去報知，速墻[一二]滿速兒差人來哈密，言說原許下我的一千五百疋紵絲，若不與我，還去作歹。"又說哈密地方見被達賊擾害搶殺，要差人馬前去同他每剿殺等語。稟帖內原無年月，據前項總兵官史鏞奏詞，內稱去年六月內都督滿剌哈三守哈密城，已投順了土魯番，則此稟帖在六月前已送到甘肅鎮巡官處，但未審何衙門奏繳，至今年二月方纔抄譯出部。合無本部備行見差征西重臣到彼查勘，前項滿剌哈三稟帖彼時遞到甘肅鎮巡官處，作何施行，及查稟帖內所言三堂大人差人賫好文書到哈密是何等文書，又許一年一貢、三年一貢、五年一貢是何大人許説去。各查得實，中間有無啓釁誤事情由，究問明白，有罪人犯解京奏請發落，干礙鎮巡等官指實參奏施行。

正德十二年二月初八日具題，奏聖旨："是。這等情也着張永、彭澤等到彼查處了來説。"欽此。

爲大勢回賊入寇攻困堡寨事

看得巡撫甘肅都御史李昆等奏稱，在途進貢未經到京夷使所賫方物、馬匹，已經進貢到京夷使回還所領賞賜，欲要一併差人跟趕，行令所在官司追收封進，緣事干國體，臣等未敢擅擬。及照已經進貢回還在途，亦有天方國、撒馬兒罕地面夷人，原不係土魯番一例爲惡之人，應否一併拘收。再照未經起送進貢撒馬兒罕夷人，并奄克孛剌進貢謝恩夷衆，已到甘州住久，先因起送土魯番、哈密進貢夷使，恐驛遞應付不便，令其暫住，今乃值有土魯番侵犯之變，應否照舊起送赴京，亦非臣等所敢輒擬，乞要查照議擬的當，早賜施行，等因。查得土魯番進貢夷使，已該本部前項議擬題奉欽依，各官起程之日，經過官司密切挨查土魯番差來貢使人等。如遇在彼，從長計議，或就所在官司拘留，或帶去陝西羈管，具奏發落，今奏別無定奪，合無本部再行左都御史彭澤等查照施行。其撒馬兒罕并奄克孛剌進貢夷人，既稱不係土魯番一例爲惡之人，難以一併拘收，合無行文李昆等再行查訪，果無交通土魯番情弊，照舊起送進貢。如有干礙，亦從差提督軍務大臣議處定奪。

正德十二年二月二十九日具題，奉聖旨："是。撒馬兒罕并奄克孛剌差來進貢夷人，還着照舊起送。其已經來貢回還在途的，待張永、彭澤等到日再處置。"欽此。

爲久戍遊兵廢墜申明精選復舊規專責任
頒賞蘇困用圖補報事

看得巡撫甘肅都御史李昆奏稱，彼時以爲賊衆兵寡，武振等率能全軍退敵，忠勇可嘉，是以從宜量行獎犒，已爲優厚，若再量加賞犒，或恐公論有所未平，未敢擅擬，伏乞聖裁一節。查得前項事情，武振奏來，都御史李昆等未奏，所以本部議擬，奉欽依"查勘是實，准量加賞犒，武振還奏未[一三]定奪"，初不知李昆等已行徑自獎犒，又令量加賞犒也。李昆等自當具實回奏，却乃反覆辯論，以爲公論未平，是以賞出於己者爲宜，而以出於朝廷者爲不宜也。蓋是李昆因怪武振徑直具奏，故爲强辯沮抑，以快私忿。且云本邊遇賊侵犯，却敵之事亦嘗有之，若俱以偶能却敵自陳叨冒，倘有擒斬之功，何以加尚？原本部原議，兵家之事，以克敵制勝爲全功，不已[一四]斬首多寡爲勳迹，故李牧守雁門，匈奴不敢近塞，非取其能斬首也。今李昆等故爲異同，謂却敵爲常事，斬首爲奇功。近年甘肅地方失事多有隱匿，及至搜斬病死幼小番達，即便冒報功次。近來前弊方少息，如李昆所論，不無又啓貪冒之風，大沮名將之氣。如近日遊擊芮寧不能却敵，全軍敗没，較之武振以軍七百敵退達賊八千，奪回人畜者，豈常事乎？奉旨諭獎，豈得爲過？及看奏内開陣亡軍每名賞銀伍兩，征傷當先官軍每名賞銀三錢，又有每名賞銀二錢五分，或每名賞銀四分，俱不合賞格。及武振、神楫、郭韶雖各賞段一定，緣武振、神楫俱係領敕將官，郭韶係方面官，原無鎮巡官不奏徑自給賞事例，況恩典必須出自朝廷，庶能使人心激勸。見今甘肅有事用兵，處置一不得宜，將士未免解體。合無將武振、神楫、郭韶伏乞上裁，量加賞賚，行令鎮巡官就彼措辦給賞。陣亡軍人子孫照例[一五]級，其餘當先被傷官軍，仍照例量賞，畢日具奏查考，庶使沿邊官軍知所激勸，謀勇將官不至消沮。

正德十二年三月初四日具題，奉聖旨："是。武振等各賞銀十兩、紵絲二表裏，着就彼給與他。陣亡等項官軍，該升賞的，各照例行。"欽此。

爲夷情事

看得甘肅鎮巡等官都御史李昆等奏稱，土魯番酋首速壇滿速兒率衆犯邊，陰謀不遂，差人求和，見我不答復，差親信頭目朵撒恰等懇求和好，恐係虛詞，故緩我師。朵撒恰係彼緊要親信之人，必不肯中道棄捐，不日又將糾率賊衆，前來叩關求和，或乘隙入寇。若彼專計入寇，臣等相機剿殺；若彼專計求和，臣等義難聽受。乞要本部詳加議處，奏請定奪一節。查得前項本部會官議處，若土魯番夷尚在肅州等處犯邊，宜當相機剿殺。若以遠遁，不來犯邊，照依成化等年事例，閉關絕貢，不許往來。若果自來告受撫諭，格心歸向，將哈密忠順王并金印送到肅州，別無挾詐要求後患，聽都御史彭澤等從宜撫處，一面星馳具奏定奪，等因。已經議同，題奉欽依遵行。今甘肅鎮巡官因見土魯番夷已退，一面奏止調兵，一面奏要議定撫剿二事以爲遵守。臣等再議得，土魯番夷雖已退遁，復寇之舉尚未可保，誠如李昆等所慮者，雖不加兵征討，中間應議處事宜非止一端，必須講求方略，處置停當，庶可保無後患。合無請敕李昆等，查照本部節次題准并前項會官計議題准事理欽遵，度量夷情，相機撫剿，務在事體停當，地方無虞。應施行者，許令便宜施行；事體重大，星馳奏請定奪。

正德十二年四月初一日具題，奉聖旨："是。這番賊雖已退遁，難保不再爲寇。還寫敕與鎮巡等官，著查照恁每前後奏行事理，量度夷情，相機撫剿，務在事體停當，以靖地方。事有可便宜處置并奏請定奪的，都着依擬行。"欽此。

爲查訪夷人事

看得土魯番并哈密夷人，先該本部題准，令太監張永等起程之日，經過官司密切挨查，或就所在官司拘留，或帶去陝西羈管，具奏發落。今照各官未行，若不另爲處置，誠恐前項夷人聞知本種夷人犯邊得罪，慮恐連累，因而別生事端，深爲未便。合無本部差官馳驛前去通陝道路，密切體訪前項土魯番并哈密進貢夷人。如遇到彼，着落所在官司設法收管支待，轉行該管巡撫都御史，作急親詣彼處，委官看守，牢固關防。既不可寬縱，致生他虞，亦不可嚴急，因而致死。本部行文甘肅鎮巡等官，查議前項夷人應該作何處置，回報至日奏請定奪。

正德十二年四月初二日具題，奉聖旨："是。恁部裏便差屬官一員去。"欽此。

爲斬獲犯邊回賊首級追逐遠遁事

看得甘肅鎮巡官都御史李昆等奏內開稱，正德十一年十二月內，督調左副總兵鄭廉等，并哈密等衛掌印都督奄克孛剌等，統領番漢官兵，在於瓜州、沙溝二處地方斬獲土魯番賊首級共七十九顆。及稱土魯番速壇滿速兒興師動衆，謀侵邊鄙，肅州寄住奸夷往來造逆生謀，故敢捲土而來。雖有遊擊將軍芮寧一敗之變，此賊終不敢輒至肅州城下，累次差人賫書求和。又被瓦剌達賊搶殺攻劫，事在危急，且悔且哭，交相怨讎。即今地方已靖，軍民復業，除行各官愈加用心隄備，并行寧、陝副總兵周誠等，各將人馬暫且停止，候本鎮有緊急重大聲息另行徵調，將肅州寄住回夷解來甘州監候，另行議處。奏要本部計議，將前調取延綏遊兵暫且停止，待後此賊復來入寇，聲勢重大，聽臣等徑自差人徵調，隨即起程前來策應。及行巡按御史，將有功、陣亡、征傷番漢官旗人等驗審明白，照例升賞一節。既稱地方已靖，軍民復業，及將原調寧夏人馬止回，合無將見差太監張永、孔學，都御史彭澤，監察御史潘倣，并原奏帶官軍人等俱不必去，各照舊管事。邵永行令於鄰近甘肅方便去處統領原帶官軍暫且住札，候甘肅有警報到即便赴援，合用糧草於户部見撥銀兩內措買供給。待甘肅地方十分寧靖，彼處鎮巡官徑自移文邵永知會，將原領官軍即便放回，本官具奏回京。及照甘肅地方糧草、馬匹俱各缺乏，侍郎楊旦并寺丞謝瑞俱已起程前去，合無本部行令謝瑞，仍照原擬前去甘肅處置馬匹勾用，方許回京。及咨户部徑自議奏，轉行侍郎楊旦，處置甘肅糧草，以備調兵支用。其太監張永原奏准帶去綵段二千疋、織金花樣段二百疋、絹三千疋、布五千疋，今雖不去，但哈密、赤斤等衛效順夷人并有功官軍等項亦合賞犒，以勵人心。合無量減原數，准帶綵段一千疋，織金花樣段一百疋，絹、布各二千疋，差官運送甘肅，交與鎮巡官收庫，賞犒等項支用，畢日具奏查考。再照甘肅地方，去年十一月內土魯番賊殺死遊擊將軍芮[一六]寧，損折官軍數多，并前後夷情，已經本部節次題准，行巡按御史查勘。今奏瓜州等處襲搗賊營，斬獲首級，并節次遞到番文內夷情，亦合查勘處置。但地方極遠，夷情難測，彼處官司彌縫附會情弊難保必無，若不差官前去查勘明白，信賞必罰，無以警戒將來。合無請敕差有風力給事中一員，會同彼處巡按御史，將去年十一月內肅州失事并各項夷情及見監候夷人，但係本部節次題准查勘事件，吊查卷案，逐一勘問，務見明白。及查驗見今斬獲首級是否對陣斬獲真正土魯番長壯賊級，并今奏內見拘留夷人及譯出番文內夷情，逐一查審有無虛實。不分番漢，有罪人犯應提問者就彼提問，照依律例議擬發落，應參奏者參奏施行。有功官軍照例造册奏繳，以憑升賞。事畢之日，回京復命。

正德十二年四月初二日具題，奉聖旨："是。這回賊既已退遁，地方稍寧，張永、彭澤、孔學开[一七]紀功等官且不必去，郤永還着統領原帶官軍，前去甘肅鄰近地方暫且住札，以便赴援，事寧具奏回京。哈密、赤斤等衛效順夷人并有功漢、土官軍人等，准於張永原奏帶絟絲、布絹數内各帶一半去，以備賞犒之用。其餘各依擬行。"欽此。

爲夷情事

參詳得速壇滿速兒番文五紙内情詞，大意歸咎寫亦虎仙、火只怯白，及恐殺害親信頭目朵撒恰，所以反覆論説，只欲求和，保全朵撒恰，又欲約會把巴義等達子人馬二萬來討朵撒恰，雖有挾詐要求之意，終有悔罪納款之情。但差寫亦虎仙許賞及拘留朵撒恰，俱係彼處總督、鎮巡等官前後議處事情，已該本部前項擬差給事中會同巡按御史查勘，及敕李昆等查照本部前後奏行事理度量處置，今譯夷情，別無定奪。合無將譯出番文備行見差給事中、巡按御史并鎮巡等官查照，各照原擬并欽奉敕内事理欽遵查勘，議處施行。

正德十二年四月二十四日具題，奉聖旨："是。恁部裏前後奏行事理并所譯番文，便備行與差去給事中，着上緊前去，會同鎮巡、巡按等官查勘議處，務要停當，以靖地方。"欽此。

爲走回夷人供報賊情事

議得甘肅事情，先因謀臣失策，輕舉用兵，挑啓釁端，見事難成，變爲和議，又輕許增幣，中道棄捐。及至大舉來犯肅州，殺損官軍，鎮巡官員倉惶失措，一面急調河東延、寧人馬，一面奏報賊情十分緊急。朝廷慮恐肅州失守，旨從中出，遣差内外重臣，動支内帑銀五十餘萬兩，又舉見任鎮守寧夏總兵官郤永前往甘肅征進。既而土魯番賊引退，本部料度此賊雖已退遁，其情順逆尚未可保，以此節次議奏，暫留郤永在於鄰近地方住札，無事不爲多費，有事得以應急，不爲無見。向使郤永亦就回京，萬一如今脱脱忽所報，土魯番夷率衆復來，然後又差郤永前去，必不能及，所據郤永去留關係地方，誠非細故。合無本部差人馬上賫文交與總兵官郤永，務要遵照本部前項原題奉欽依内事理，於鄰近甘肅方便去處，統領原帶官軍暫且住札，候甘肅有警，即便赴援。合用軍餉、馬匹就於見差督餉侍郎楊旦并寺丞謝端〔一八〕處取用，各不許耽誤。候甘肅地方十分寧靖，彼處鎮巡官徑自移文郤永知會，將原領官軍即便放回，郤永具奏回京。其甘肅鎮巡官處置土魯番夷事宜，已該本部會官議擬明白，題奉欽依，節次通行遵守，別難議擬，合行李昆等逐一查照，遵依施行，倘有差失，咎必有歸。

正德十二年五月十七日具題，奉聖旨："這地方賊情已寧，郤永著照依前旨回京，還寫敕與他。"欽此。

爲查訪夷人事

看得署員外郎事主事孫繼芳呈稱，前去河南、陝西地方，會同各該巡撫都御史，將土魯番并哈密該拘留夷人查審明白，轉行各該府州縣，委官看守，牢固關防，設法收管支待外，呈來施行一節。照得前項土魯番、哈密進貢夷人，先該本部議擬，行委本官前去密切體訪，轉行該管巡撫都御史，親詣彼處，委官看守。及行甘肅鎮巡等官查議，應該作何處置，回報至日，奏請定奪，已於本年四月初四日題奉欽依通行外。今既該署員外郎孫繼芳體訪，見在已行該管巡撫都御史委官看守，緣無甘肅鎮巡官查議過緣由，雖經本部節次行催，未見回報。若不嚴限完報，誠恐各夷拘管日久，別生他虞，深爲未便。合無本部再行馬上差人賷文交與甘肅巡撫都御史李昆，會同鎮巡等官，照依本部原擬題奉欽依內事理，作急查議，將前項夷人應該作何處置緣由逐一明白，務在目下回奏定奪，不許遲誤。本部仍行河南、陝西巡撫都御史，將見已拘留夷人督令各該府州縣委官用心收管支待，既不可寬縱致生他虞，亦不可嚴急因而致死，各取所在官司不致疏虞重甘結狀，繳部查考。

正德十二年六月二十六日具題，奉聖旨："是。"欽此。

爲賑撫番達保固藩籬等事

看得巡撫甘肅都御史李昆等奏稱，甘、肅二處並無預備夷人賑貸口糧之數，肅州舊關口糧夷人三百餘數，所乞口糧、牛種夷人計以千餘，若不從宜撫賑，有失衆心，乞敕該部計議，糧米應於何項糧內暫且支給，段布應於何項銀內暫且支買，候哈密稍寧，麾之使去。又要審訪各種夷人，擇其驍悍難過渠魁數百人，各帶家小，取調甘州，及山、永、涼、莊之間羈住，令其隨軍關支口糧，以分其勢，事寧照舊發遣，等因。又看得巡按甘肅御史趙春奏稱，肅州見在倉糧料止有八千餘石，月支已不勾用，若將夷人羈留養贍，恐愈不敷。及慮地方兵寡力弱，夷勢衆多，必須早爲計處，庶免後患。乞敕該部計議，憐彼犬羊，不與計較，收留安插，暫給口糧，候回賊稍寧，仍發該族住守，或分散河西十五衛所，量撥地方安插，造册支糧，遇警調用，等因。臣等議得，自古聖王之治天下，詳內略外，謹中國之防，嚴華夷之辯。自晉內徙五胡，遂亂華夏。我朝鑒前代之弊，建衛授官，各因其地，姑示羈縻[一九]，不與俸糧，貽謀宏遠，萬世所當遵守者也。近年巡撫甘肅都御史趙鑑奏，要動支布政司官銀二萬兩賑濟番夷，臣瓊時任户部，議奏恐啓無厭之求，爲將來之累，竟寢不行。今都御史李昆等因見地方事勢危急，不及遠慮，暫准支糧，以繫番夷之心，及見糧盡無處，事勢難行，方纔會奏，於何項糧銀內支給。查得甘肅一鎮，官軍歲用糧餉往往不敷，豈有別項糧銀可以常久支給？但各官既以准給召集歸附，若不從宜善處，遽加阻絕，必生激變，爲患地方。合無本部行文，就令差來人馬上賚回交與李昆，即便會同鎮巡等官從長計議，將見在歸附夷人選委的當官員明白曉諭，大意謂：“爾罕東等衛屬番，自來俱是自種自喫，不納糧當差，原無支給官糧事例。近因土魯番侵犯殺害，爾等離失故土，鎮巡官憫念爾等遭難，從權賑濟，不爲常例。今土魯番賊聲言復來沙州，姑容爾等附近安插。爾等宜各自爲生理，不可專倚官糧過活。見蒙朝廷差侍郎楊旦賚帶銀兩、段疋、絹布前來，專爲預備軍餉，亦爲賞勞爾罕東等衛效順屬番之用。今遵原奉欽依，酌量頒賞，爾等俱要感激朝廷厚恩，管束部落，選定驍勇好漢，聽候土魯番來，跟隨殺賊，有功重加賞勞。待土魯番遠遁，爾等各回舊土安住，以後口糧俱難按月支給。”務要示以大義，恩威並用，處置得宜，不可輕許安插河西甘州山、永、涼、莊等衛，致啓禍端。其合用賞勞屬番銀兩、段疋、絹布，仍與侍郎楊旦公同計議動支，既不可太濫，虛費官錢，亦不可刻吝，致生嗟怨。事畢造冊，奏繳查考。本部前擬事理或有未盡，聽各官便宜議處，不必拘執本部原議，惟在事體停當，地方安妥。如或鹵莽誤事，咎必有歸。及看得各官奏內開稱，土魯番速壇滿速兒留下五六百人在沙、瓜州住着，要到七八月，多收拾人馬，復來漢人地方做歹一節。先因本部料度土魯番夷雖是暫退，恐有舉衆復來之情，以此節次議奏，令總兵官郤永統領寧夏勁兵於附近甘肅地方住札，以待其變。未蒙俞允，已將郤永取回，軍回本鎮。萬一速壇滿速兒果如奏詞，秋後復來侵犯肅州，勢必愈强。寧夏官軍路遠，一時難調，不無誤事。合無行文李昆，作急與史鋪〔二〇〕、許宣、陳九疇等計議，整搠軍馬，十分嚴謹隄備。見在兵寡力弱，聽於歸附屬番內挑選精銳好漢編成隊伍，臨用之時給與賞賜、月糧、盔甲、器械，聽本處領兵官約束，防禦土魯番賊，併力剿殺，有功厚加賞犒，事寧各回本族。中間事宜，亦聽各官便益施行。

正德十二年七月二十三日具題，奉聖旨："是。這曉諭屬番、量行賞賜并嚴謹隄備、併力剿殺等項事宜，着李昆等各依擬隨宜處置施行。" 欽此。

爲處置備禦領班官員事

看得巡按甘肅監察御史趙春奏稱，舊例涼、莊、甘州兩班備禦官軍，各有陝西都指揮一員領班。近年各因缺員管領，臨時旋委官員，職權輕小，不能約束。乞要於陝西都司都指揮內推委六員，分爲兩班，赴邊備禦。其領班都指揮到於涼、莊、甘州，行禮俱列於行都司都指揮之上，鎮巡衙門相待各官，如陝西鎮巡相待陝西都司官之禮，等因。切緣各衛不相統攝，却委指揮一員統領各衛上班官軍，委難行事。但陝西都司見任都指揮掌印、僉書、管屯共四員，今要額外推舉六員甘肅領班，原無舊例。及查天下腹裏都、布、按三司官，巡撫、巡按官相待體統自有舊規。其各邊行都司官多以軍法相臨，亦難比照。前項臨、鞏、洮、岷等衛輪班涼、莊、甘州備禦官軍，先該巡按御史馮時雍奏稱逃亡，不得實用，奏要免其班，本處操演聽調。本部議行甘肅鎮巡官從長計議，如果相應放回，具奏定奪，一向未曾奏報。續該都御史李昆等奏稱，亦卜剌賊復至西海地方搶掠，要將該班備禦官軍刻期調發。又該本部議行陝西都御史查照撥補，及將經該失誤官員提問監候，完日方許發落，至今不見撥補完足。所據御史馮時雍前奏，將備禦官軍退回本處操演聽調，及御史趙春今奏，要將備禦官軍推委都指揮六員，每處二員，分爲兩班管領，二者事宜所見不同，必須通行勘議明白，方可定奪。合無本部行文巡撫甘肅都御史李昆等，查照本部原題奉欽依內事理查議，河東備禦官軍如果相應放回原衛操練，委定官員管領，遇警調用，經久可行，事體無礙，或不可行，作急具奏。再行巡撫陝西都御史，會同鎮巡、三司官計議，每年臨、鞏等衛前去莊、涼、甘州備禦官軍，應否於陝西都司官額外推舉六員或四員，照河南等宣、大備禦事例請敕管理，依期上班，亦作急具奏。通候奏到之日，本部再行查議停當，奏請定奪。俱不許似前遲延，不行回奏，致誤軍務。

正德十二年八月二十五日具題，奉聖旨：“是。這地方備禦官軍，着各該鎮巡等官議處停當，奏來定奪，毋致遲誤。”欽此。

為計處馬匹以安地方事

看得巡按陝西御史趙春題，要將寺丞謝瑞見解銀兩通解甘肅巡撫都御史李昆處，查照無馬軍人，給銀十兩，使之自買，行守巡道催完，其餘銀兩仍收貯庫，待緩急支用一節。查得本部前項原擬買馬，會同巡撫都御史等官計議查勘，坐委守巡等官收買，不許逼民包陪，及一概搔擾地方。今御史趙春奏稱，臨、鞏二府買馬，民情不便，顯是寺丞謝瑞及巡撫官員議處欠當。合無本部行文謝瑞并巡撫陝西都御史，查勘臨、鞏二府派買馬匹，除已完者照舊解發甘肅，給軍騎征，未買馬匹銀兩，再行查議甘肅該用馬匹多寡，扣定數目，解送巡撫甘肅都御史處，轉發該庫收貯，照依御史趙春所擬，給軍買馬。餘剩銀兩俱發所在官庫收貯，聽候明文定奪，不許所在官司擅便那移別用。通將買給過各項馬匹、支用過銀兩及餘剩數目造冊奏繳，回京復命。

正德十二年八月二十五日具題，奉聖旨：“是。這地方派買馬匹，內有未買的，准扣數給與銀兩，着軍人自買騎操。”欽此。

爲計處地方以備番患事

看得巡按甘肅監察御史趙春奏止大軍不去，乞要動支銀三四十萬兩，差大臣一員前去撫處，措置錢糧，賑恤軍士，等因。查得前項本部節次會議題准事理，今奏事件俱已施行，別無議處。合無本部再行侍郎楊旦并巡撫都御史李昆等，查照本部前項節次題准事理，逐一遵依施行，務使糧草充足，軍馬强壯，軍士受惠，番夷畏威。事畢之日，備將行過事迹開奏查考。臣等又議得，湟中自古羈縻之地，至於土魯番，尤極遐荒，斷無用兵之理。正德八年，謀臣失策，輕舉用兵，遠調延、寧人馬征勦河西番夷，正當饑饉流離之際，乃爲邀功生事之舉。言者但知希旨附和，惟御史馮時雍以爲不可，然竟寢不行，啓釁納侮，致有速壇滿速兒提兵犯肅之禍。守臣具奏肅州事急，朝廷恐遂失守，不得已命將出師，旋用臣等之議，遂止不行。今御史趙春不知京軍已止不行，具奏前因，誠爲有見，與先任巡按御史馮時雍所奏前後不約而同，可見公論有在。合無本部再行甘肅鎮巡官，今後務要遵守定論，屯田積穀，修明武備。番夷來犯則相機勦殺，去則勿追。不許再倡講好之説，輕啓外夷之侮。一應事宜，俱照本部近日會官計議題奏[一]欽依内事理恪遵施行。如或乖違，貽患地方，聽巡按御史指實舉奏處治。

正德十二年六月二十日具題，奉聖旨："這處置錢糧、軍馬并賑恤軍士等項事宜，還再行與侍郎楊旦并都御史李昆等，着查照恁部裏節次奏准事理，隨宜議處施行，毋得虛應故事。"欽此。

爲邊情事

看得巡按陝西監察御史趙春奏稱，原調寧夏遊擊李永定統領官軍一千五百員名，到於甘肅，未經戰陣，每員賞銀四兩。甘肅倉廩空虛，無功浪費，要將原賞銀兩免行放支，或行寧夏官庫照常支給一節。先因甘肅回賦[二二]擁衆侵犯事急，都御史李昆急調寧夏官軍，李永定所領遊兵繞從延綏策應回鎮，又往甘肅赴援，晝夜兼行，情甚窘迫。朝廷憫念邊軍窮苦，欲用其力，俯從本部所議，准與賞賜，非濫賞也。況寧夏官軍調往甘肅，原無舊例；官軍出征即與賞賜，有例見行。今甘肅巡撫等官廢格成命，不行給賞，巡按御史趙春具奏前因。若依所奏不與，不惟邊軍觖望，有辜恩典，抑且朝廷示大信於邊陲，言出反吞，人不信服。巡按御史趙春所奏，雖似惜財，終傷大體。況本部原擬待後侍郎楊旦到日，就於帶去京庫銀兩照數補還，非專取於甘肅官庫。緣李永定原領官軍見回本鎮，合無本部行文李昆等，會同侍郎楊旦，查勘李永定原領赴甘肅官軍的確數目，扣數放支銀兩，差官押送寧夏鎮巡官處交割查照，唱名給賞，仍將給賞過花名、日期造冊奏繳，不許違誤。務使人沾實惠，庶幾恩典不虛，即今河凍，倘或虜賊入套，調往延綏防禦，亦得其用。

正德十三年九月初一日具題，奉聖旨："是。李永定原領應援官軍，還照依前旨給與賞賜。"欽此。

爲查處久住謀逆奸詭回夷以靖地方事

議得先該本部恐彼處官司彌縫附會，奏差給事中一員，會同彼處巡按御史，將失事并各項夷情逐一勘問明白，提問參奏。續又該都御史李昆等奏問過奸夷阿剌思罕兒、怯林乩兒的緣由，本部會官議行見差給事中，會同巡按御史勘問，從重議擬，俱題奉欽依通行外。今李昆等會審得怯林乩兒的等供說情詞奏來，看得供內開稱，寫亦虎仙要得攀援速壇滿速兒做親，依勢欲圖哈密爲王，求娶本王姨母爲妻，許允，寫亦虎仙嫌老不要，又要娶王妹爲妻。速壇滿速兒嗔怪要殺，央火者他只丁解勸，許下王子段一千疋，又許與火者他只丁五百疋相謝，則前項段疋係是寫亦虎仙買免殺戮之物。及查前後遞到番文，寫亦虎仙禀稱："領去的賞賜盡使用了，千難萬難，將金印與了，城池不與。滿速兒王要段子一千疋，火者塔只丁五百疋，我每這裏輳下段一百疋，牛馬各一百匹隻，還不喜歡。"□〔二三〕塔只丁、馬黑麻等番文，亦稱"寫亦虎仙等使臣每常賫敕書來，多許我每來，因此將金印、哈密城送還他。許我每一千五百疋紵絲，並不曾到來，土魯番王十分惱恨〔二四〕"，及節次速壇滿速兒遞到番文情詞相同，則段疋專爲求取哈密城、印之用，前後情節自相矛盾。供內既稱寫亦虎仙明知速壇滿速兒要行犯邊，不合不行阻勸，又不差人傳報預備，則寫亦虎仙似無造謀之迹，而參詞却稱引惹邊釁，致失軍機，勾連謀逆，應該顯戮於市，情罪俱有不合。又看得奏內開稱，已、未貢回夷人不下千數，中間假姓冒名者居多，要將在京者就被查究，在途者奏差官通一體查明，不拘名姓同否，但係哈密、土魯番等處回夷，照依前擬分別等第，議處發遣。既無各夷姓名，亦無的數，又不開所犯輕重，若果差官，查報之日不知應該照何議擬，憑何等第爲是，似此處置，亦欠詳細悉。奏內又稱，火者馬黑麻等一十一名，原係撒馬兒罕、天方國進貢人數，其間土魯番、哈密冒名之人數多，亦當遷發腹裏附近去處。查得先該都御史李昆等奏稱，天方國、撒馬兒罕夷人原不係土魯番一例爲惡之人，應否拘收，及與奄克孛剌夷衆應否照舊起送，乞要議擬。該本部議得，既稱不係土魯番一例爲惡之人，難以一併拘收，合行李昆等再行查訪，果無交通情弊，照舊起送，如有干礙，從見差提督大臣議處定奪，題有前項欽依外，今未及議處，一概遷發，誠恐無干人衆不無怨懟。及看得數內一名哈丹，先該甘肅鎮巡官奏稱，係是把巴義部下達男，被牙木蘭搶了，帶來貨賣，及批仰陝西行都司伴送赴部查處，並不曾聲説別項干礙事情。以此本部議發兩廣安插，奉有欽依收充勇士，今奏要隨主遷發，亦難施行。奏內明開會審得數內怯林乱兒的供稱前因，計開項下亦開年深狡獪，挑惹釁端，及知而不首，應該幽死於獄夷人二名怯林乱兒的、火者哈只。及看供內，却稱牙木蘭同阿剌思罕兒侄亦思馬因，又差了今故哈密回回怯林乱的兒〔二五〕前來打聽聲息。緣奏內怯林乱兒的並無重名之人，不知即今見在或已病故，亦屬含糊。況各項夷人中間多有名姓相同，縱無籍貫可查，亦有年歲可辯，今俱不見開寫明白，日後發遣，不無錯亂。係干處置夷情，事體重大，萬一情犯不真，處置失宜，傷壞國體，貽患地方，誰任其咎？況原行給事中、御史勘問，未曾回奏，今若即依李昆等所奏處置發落，以後給事中、御史奏到，情有不一，愈致紛擾。合無本部移咨都察院，行催彼處巡按御史，會同差去給事中，查照本部節次題奉欽依內事理，將前後遞到番文及見監夷人上緊逐一譯問明白，取具歸一招詞，分別情罪輕重，議擬停當，將情輕人犯暫發所在官司拘管，情重差委的當官員，沿途量撥官兵押解赴京，送法司會官通行覆審，明白參詳，奏請發落。及照署員外郎孫繼芳查過沿途見在羈候夷人火者馬黑木等一百二十七名，合無行移各該巡撫都御史照舊支待，牢固關防，候勘事給事中回還經過之日，轉行該管地方差官伴送赴京，一併會審施行。

正德十二年九月初四日具題，奉聖旨："是。這前後遞到番文并彼處見監夷人，還着差去給事中并巡按御史查照恁部裏節次奏行事理，逐一譯問明白，議處停當，上緊奏來定奪。其沿途羈候的，各依擬行。"欽此。

爲別功勤以重地方事

看得巡按甘肅監察御史趙春奏稱，去年回賊侵犯肅州，總兵官史鏞不能先事防守以遏其不來，刻期制勝以攻其速去。鎮守太監許宣盡心圖報，巡撫都御史李昆公廉卓異，今戴罪如此，邊事有所難行，銓曹不敢推用，乞要皇上俯賜温言，重加褒獎李昆，作速推升，或暫加俸級一節。查得去年肅州城外被回賊殺死遊擊[二六]芮[二七]寧，損折官軍七百餘員名，該前巡按甘肅監察御史王光及兵科都給事中汪玄錫等，俱劾奏許宣、史鏞、李昆等膺鎮巡之重寄，昧經畫之遠圖，養成回賊之患，大挫中國之威。該本部議得，甘肅地方緊關用人，許宣、史鏞、李昆俱請敕切責，令其用心謀議，相機戰守，保固邊疆，以贖前罪。地方失事，損折官軍，殺虜人民事情，行巡按御史查勘，干礙鎮巡官，一併參奏處治。後因李昆等具奏瓜州等處襲搗賊營，斬獲首級，并節次奏到番文夷情，本部慮恐彼處官司彌縫附會，以此議奏請敕，差給事中黃臣前去，會同彼處巡按御史勘問回奏。今御史趙春不見遵照本部前項題奉欽依原行，亦不見聽候會同給事中黃臣勘問，徑自奏來，要將李昆等褒獎推用，固是必有所見。但肅州失事，遊擊芮寧全軍敗没，恐非史鏞一人不能先事防守所致。況前後處置夷情，及後來襲搗賊營等項事情，中間功過虛實、當賞當罰緣由，必須逐件按問的實，方可定奪。合無本部再咨都察院，轉行巡按御史趙春，查照前項先任巡按御史王光并兵科都給事中汪玄錫等劾奏，及本部節次覆奏備奉欽依内事理，會同給事中黃臣逐一勘問明白，會本具奏。本部臨時議擬，奏請定奪。

正德十二年九月十八日具題，奉聖旨：“是。着上緊查勘明白來説。”欽此。

爲夷人供報虜情事

看得巡撫甘肅都御史李昆等奏稱，審據夷人孛力忽供稱，速壇滿速兒弟把巴義等嗔伊兄做歹，把金路斷了，與伊不和，但慮在彼夷性變詐不常，在我防範尤當謹備。及稱瓦剌虜酋把腮等乞要差人前去，彼亦差人來見，照舊往來通好。緣今官庫全無附餘錢糧，恐此虜求討無厭，難以善後，以此議同，不必差人前去，待彼自來報事，或求討賞賜，臨期勘[二八]酌，量支犒賞一節。照得土魯番回夷素稱譎詐，叛服不常，自去冬瓜、沙州挫敗之後，一向不見消息。今雖據孛力忽供報前因，但恐本夷因懷必報之怨，捏造求和之詞，緩我邊備，誠未可知。合無本部行文甘肅鎮巡官，督同兵備、分守等官，務要加謹隄備。如遇土魯番回賊再來侵犯，照依本部節次題奉欽依內事理，隨宜徵調，相機戰守，毋容怠緩，致墮奸謀。其瓦剌等虜酋，亦要善加撫諭，使各夷懷恩內附，爲我鄉導。中間如有似去年襲搗賊巢、併力捍禦等項勞勛，臨時明白具奏，厚加賞賚[二九]，以酬其勞。

正德十二年九月二十四日具題，奉聖旨：“是。這隄備并撫諭等項事宜，都着依擬行。”欽此。

爲查訪夷人事

看得巡撫甘肅都御史李昆等奏稱，河南、陝西拘留夷人，俱係土魯番未曾侵犯之前起送赴京進貢人數。揆之目前蹤跡，若不與謀；究其積年奸詭，實有可據。況火者馬黑木奸狡素著，尤難輕縱。似應仍照前擬，將火者馬黑木顯戮於市，其餘奸夷就彼遷發烟瘴地面安置，以絕禍根。其所賚方物、馬匹，行令所在撫巡等官查照行都司原給印信執照數目驗記進繳，庶於事有歸結，於理亦非過當。若是預計速壇滿速兒先既累次求和，設使目下復來，悔罪求貢，及將速壇拜牙即送出，又行乞討前項羈留進貢之人，臨時不無反覆難處，亦合暫且就彼拘繫。如今年秋冬之間本酋不來悔罪，仍肆侵擾，即行發遣，亦未爲晚。及稱拘收夷人名數多少不同，中間恐有逃故冒頂情弊，合行所在官司行拘原押官通查究，必有下落。乞要再行議處，上請定奪，命下之日，備行知會一節。照得前項夷人應該處置事情，先該都御史李昆等具奏，本部因見供內情詞不一，議行彼處巡按御史，會同差去給事中，將前後遞到番文及見監夷人逐一譯問明白，取具歸一招詞，分別情罪輕重，議擬停當，將情重人犯押解赴京，送法司會官覆審參詳，奏請發落。沿途羈候夷人，候勘事給事中回還經過之日，轉行該管地方，差官伴送赴京，一併會審，題奉前項欽依通行外，今都御史李昆具奏前因。查得陝西行都司原起送土魯番、哈密夷人花名文冊共該一百二十二名，署員外郎孫繼芳所呈與河南、陝西各巡撫都御史咨開拘留過土魯番、哈密夷人共一百二十七名，今甘肅鎮巡官奏內却開一百二十四名，前後總數俱不相同。及看今奏內夷人花名，與原起送文冊名字對同九十六名，不同二十八名，又與河南、陝西都御史咨內查對，名字相同四十七名，不同七十七名，彼此花名又互相異。切詳河南、陝西都御史拘留過夷人姓名，或恐通事人等譯審之時語言不真，字樣近似，與甘肅奏到名字致有差拗，理或有之。而甘肅鎮巡官今次奏內既稱照案查得原押各起夷人名數開報前來，緣何又與先日起送花名文冊不同。似此起根衙門既已自相矛盾，縱使本部奏差官通前去沿途譯審，不過只憑來人供報，豈得明白？本部欲候原差給事中、御史勘問議處至日，方行查明發遣，誠恐展轉耽延，遲誤發落，緣係夷情，萬一真偽混淆，處置失當，上壞國體，外啟邊釁，誰任其咎？及查正德十一年四月內各夷前來進貢之時，俱係都指揮支永公同撫夷千百戶許釗、張英把關，千戶劉偉驗放入關。若欲事情明白，必須前項人員一路挨查前來，方得歸一。合無本部就令原來奏事人馬上賫文交與巡撫都御史李昆，差委原驗夷人都指揮支永量帶官通人等，前來沿路挨查，要見前項夷人某處拘留若干，的係何名，緣何與原起送文冊名數不同，中間若有逃故冒頂情弊，俱見明白，與該地方差官一同伴送赴京，暫於會同館看守支待，候勘事給事中、御史查議至日，通送法司覆審，明白參詳，奏請發落。本部仍咨都察院，轉行彼處巡按御史，會同差去給事中，查照本部節次題奉欽依内事理，上緊逐一譯問明白，取具歸一招詞，分別情罪輕重，議擬停當，將情重人犯解京，送法司會官一併覆審，具奏施行。

正德十二年十月二十八日具題，奉聖旨："是。都依擬行。"欽此。

爲哨探賊情事

看得巡撫甘肅都御史李昆等奏稱，選差通事馬驥等探至哈密東北，遇見瓦剌達子他巴等，説稱："我每去土魯番搶了兩遭，今年截路，把回子殺子三百多。我每没有外心，只是要把賞賜討些來。"又至哈密城東，擒獲火即、哈剌巴失，俱哈密人，説速壇滿速兒差來伏哨，又説要差都督滿剌哈三、卜兒罕虎力來通和好，不敢來，差頭目取速壇拜牙即去了，望信不見回來等情。各官議得，瓦剌達子求討賞賜，候京運段絹到日量加犒賞。其速壇滿速兒悔罪求和之意，先後如出一口，據事審勢，或有可待。但夷情譎詐，尤當謹備，除整兵隄備，并將火即等二名監候外，具本題知，等因。查得處置土魯番、哈密夷情，先該本部會官議得，若土魯番夷犯邊，宜當相機剿殺；若已遠遁，照依成化等年事例，閉關絶貢，不許往來；若[三〇]自來告受[三一]撫諭，將[三二]忠順王并金印送到，從宜[三三]撫處，一面具奏定奪。及將應該[三四]議處事宜，請敕都御史李昆等查照節次題准事理欽遵施行。又將瓦剌等項夷人并屬番獲功人員，就於見[三五]運去銀段、絹布内給[三六]賞犒。俱經前項[三七]題奉欽依通行欽遵外，今奏[三八]別無定奪。合無本部就令原來奏事人馬上賫文交與都御史[三九]李昆等，查照前項本部節次題奉欽依内[四〇]事理欽遵^{〔四一〕}。若土魯番來^{〔四二〕}犯邊，相機^{〔四三〕}剿殺；若已遠遁，閉關^{〔四四〕}絕貢，不許往來；若^{〔四五〕}自來告受^{〔四六〕}撫諭，從宜^{〔四七〕}撫處，具奏定奪。毋得任情鹵莽，處置失宜，致有乖違，咎必有歸。

正德十二年閏十二月初五日具題，奉聖旨："是。恁部裏節次議奏撫處夷人事宜，還馬上賫文與都御史李昆等查照施行。"欽此。

爲撫諭遠夷悔過獻選^{〔四八〕}哈密城印遣使進貢事

查得正德十年正月內，總督甘肅軍務左都御史彭澤差人賫賞^{〔四九〕}前去^{〔五〇〕}土魯番^{〔五一〕}講和時^{〔五二〕}，給與^{〔五三〕}鈞帖，令其差人赴京^{〔五四〕}進貢謝恩。正德十一年四月內，該肅州參將陳鎧等將土魯番速壇滿速兒差來貢使火者馬黑木等送到甘州。本年七月初八等日，陝西行都司給批伴送起程。本年十一月十六日，土魯番犯肅州，殺死芮^{〔五五〕}寧等官軍一千餘員名，攻陷城堡，殺虜人畜以數萬計。近該給事中黃臣等奏稱，土魯番首惡頭目火者他只丁、今赴京進貢弟火者馬黑木、阿剌思罕兒的、火者阿黑蠻，雖哈密之族類，爲土番之心腹，走透消息，壞我邊事。火者馬黑木又爲寫亦虎仙之婿，亦係逆黨，仍當拿送法司，明治其罪。其餘起送進貢沿途羈住夷人失黑把息兒等，俱該送法司研審，中間如有與速壇滿速兒交通謀逆人犯，俱治以罪。其餘別無違犯重情，俱合遷發腹裏去處，暫爲安插，候哈密事寧，另爲處置。切詳火者馬黑木等係都御史彭澤撫取效順進貢人數，土魯番未犯邊之前已起程赴京，其後犯邊，似不知情。但勘官參奏情重，要行拿問，恐彼一時知覺，畏懼生變。況火者馬黑木等進貢雖在未犯邊之前，其後肅州地方官軍被土魯番殘害至極，火者馬黑木等雖不知情，亦當別有所處。今既譯審名數相同，合無將見到館夷人火者馬黑木等八十四名先送刑部收候，同起進貢夷人到館，陸續押送刑部監候。同起干問人犯通到，查照具奏，會問議處。禮部先將各夷進貢方物照例收進，各夷原有衣服、鋪陳，聽其隨帶。若有行李、貨物，本部委官一員，會同提督本館主事并大通事舍誠等，眼同各夷點驗見數，如法封收，聽候定奪。各夷每日飯食，若不處置，恐致飢死，合無暫准會同館委官一員，照常關支應得下程，送該部提牢官處分紛[五六]食用。候夷人到齊之日，應否革去下程，改給囚糧，該部徑自議奏定奪。

正德十三年二月十六日具題，奉聖旨："這來貢夷人免送問，方物照例收進，下程還照常關支。"欽此。

爲斬獲犯邊回賊首級追逐遠遁事

看得吏科給事中黄臣、巡按監察御史趙春，會同查勘肅州啓釁失機事情，參稱鎮守甘肅地方太監許宣、總兵官署都督僉事史鏞、巡撫右副都御史李昆差人奏事，延遲一年之上，不行查究，責亦難辭，肅州失事本內已經參擬一節。查得先該本部議得，土魯番爲因彭澤等差去官通許送紵絲一千五百疋，取回哈密忠順王金印，紵絲未曾送去，以此啓釁，釀成今日之禍。原擬行各官查究明白，應參奏者參奏，務使罪人斯得，以後使臣不敢生事遠夷，懷奸誤國。今各官止參李昆等差人奏事延遲一年之上，不行查究，責亦難辭，肅州失事本內已經參擬。及查各官奏到肅州失事本，見奉聖旨"法司知道"，本內亦無查參許賞啓釁情由。切緣啓釁失事，係緊關應問情由，若不查明究治，無以示戒將來。今臣等查出前項始末緊關略節情由，俱係都御史彭澤并彼處鎮巡官原奏內摘出，中間並無添改字樣，本部見有原行案卷存照，各官原本俱在內府兵科收貯可照。

查得事內正德九年五月內，巡撫都御史趙鑑等奏稱，若因逆虜誇張大言，允其所求，有虧國體。本部會官計議，亦稱土魯番求討賞賜，事出無名，不可輕與。會推左都御史彭澤，請敕總督軍務，量調延綏、寧夏、固原等處官軍，統領前去甘肅等處住札，相機行事，務將土魯番夷遏絕，不使內侵，及將亦卜剌、阿爾禿廝殘賊逐剿，令其遠遁，事寧之日，具奏回京。及請敕一道，就令甘州差來人員齎至鎮巡官處，付本番差來使臣齎去，速壇滿速兒收開，責其改過自新，去逆效順，將速壇拜牙即送回本城住守。並無許令彭澤差人講和，送與賞賜，贖取城、印，亦無令彭澤差人齎送敕書。彼有彭澤調取延、寧人馬，前到甘肅追剿亦卜剌等賊。彼賊因怕北虜小王子讎殺，不敢出邊。彭澤失於東路設備，致賊奔過河東，搶殺洮岷一帶，屬番甚遭荼毒，見有巡茶御史王汝舟奏詞可照。其賊又往四川烏思藏搶殺，巡撫四川都御史馬昊懼怕擾動四川地方，急奏要調延、寧人馬防禦。正德十年正月內，彭澤明知欽奉敕旨及會官議定不許輕與土魯番賞賜，及與土魯番敕書係正德九年五月內寫給，該交付本番差來使臣齎回，不合故違，要得僥倖貪功，倚逞總督威權，鎮巡官該受節制，不思出使外國係是重事，外夷不可差遣，專擅主張，自出鈞帖，與同欽降敕諭，差甘州火信等五名、肅州馬驥等五名，同哈密頭目火者馬黑木等一十六名，於正德十年正月內方纔齎付起程，前往土魯番撫諭講和，贖取城、印。鈞帖內詐說「你番文內要賞賜段子，誰敢擅自許你」，卻又開說「差的通事，量帶犒賞，措備羅段、冒褐三百疋，差火信等齎去」。又不合口許「便是速壇邦〔五七〕牙即沒有，把金印、城池與了，便是甚麼，與你小段子兒，甚麼稀罕」等語，後滿剌哈三寫回番文稟帖存照。正德十年二月十七日到哈密，交與土魯番守城頭目火者他只丁，嫌少。各人許說還有賞賜寄在赤斤，若把金印、城池獻還了時，把賞賜取來交給。火者他只丁方將金印退出，交與同差都督滿剌哈三、寫亦虎仙暫且收執。火者他只丁同各人將前賞賜并敕書送去土魯番交割，又令馬驥等先回，多討賞賜，同赤斤寄放賞賜上緊來土魯番交割，限四十日到。彭澤要得回京，不思差官送賞講和係出己意，事未了結，又不合不候差去官通火信等回還，隱情具奏河西事定，乞要放歸休致。正德十年三月內奏到，本部覆奏，奉聖旨："彭澤待處置哈密事情停當，行取回京。"有先巡按陝西、今已考察黜退御史燕澄，原籍真定府人，彭澤先任真定府知府之時不知有何交通情弊，明知甘肅事未寧息，無故具奏，乞取彭澤回京，委以重大之寄。正德十年閏四月內本到，本部覆奏，將彭澤取回。彭澤又不合要得遮掩前非，妄奏土魯番王悔過，已獻還城、印，亦卜剌等賊已遠遁，要將鎮巡等官各加恩典，陰邀己功。本官將回，懼怕鎮巡等官不與添賞，又不合擅自主張，咨行巡撫都御史趙鑑，將原收見在段布等物量爲增給，交與通事馬驥等賫去土魯番分給。馬驥等前後二次送去土魯番給賞羅段、絹紗、綾褐、洗白夏布并梭布衣服等件共二千疋件，銀壺一把，銀碗一個，銀臺盞一付，俱是彭澤主張送去，見有都御史李昆等奏詞，及土魯番速壇滿速兒收過數目番文存照。彭澤又不合將在前別起欽賞土魯番真帖木兒獲功各樣織金段絹表裏共三十四疋，又於布四十疋、銀六十四兩混同私與物件交與馬驥等賫去，致無輕重分別。本年三月初八日，賽打黑麻、馬馴、馬昇并雁亦虎仙等，賫先與賞賜起程往土魯番，交與速壇滿速兒，喜歡接受，及説後差馬驥等取賞便來，許將城、印退還，被火者他只丁撥置，等候取賞到來。至本年六月初旬，馬驥等取討賞賜到哈密，速壇滿速兒聞知，將賽打黑麻等犒宴，差使臣同各國貢使、馬駝、方物赴京謝恩，復令火者他只丁送回哈密，將馬驥等取到賞賜，就令火者馬黑木等隨同牙木蘭所領人馬送去速壇滿速兒處交收。又被火者他只丁勒要，折准段子一百五十疋，餘皆聽許，本夷方允於本年十一月初六日方回土魯番去訖。止取金印回繳，又隨到番文一纸：“速壇滿速兒説，你説我王子金印、城池饋了，我每奏朝廷和番，好賞賜討着饋你。没有時他把金印、城池也不饋，事也不好。”又番文一纸，都督滿刺哈三遞與總督老參面前，内稱“他每又許了，得東西饋時，平安無事，若不饋，照舊壞了”等語。彼因彭澤已回，無人張主打發。延至正德十一年五月内，李昆等方奏，要請敕一道與速壇滿速兒、火者他只丁，一道與把巴義，取忠順王拜牙即，再量給賞賜。本部因查彭澤差人送賞講和，事已施行，會官計議，俯從李昆等所奏，請敕去訖。本年六月内，速壇滿速兒因見日久許賞未送，領五百人馬復將哈密城奪了。火者他只丁、牙木蘭差夷使斬巴思等遞送番文到肅州，内説“賽打黑麻、馬馴來了，討金印、哈密，討了，又許了一千五百段子去了，定了三個月日子不見來，一年了。我每依了你每，你每不依我每，差了去的人也不放將來，王子惱了，差了斬巴思去了，定了二十日，快些兒打發出來”等語。彼有兵備副使陳九疇，自合將前斬巴思送到番文情由作急備呈李昆等，會同鎮巡官從長議處，不合自執己見，開寫手本，大言論説：“去年火者他只丁至關外，若以逸待勞，番漢官軍互相犄角，火者他只丁之頭可懸於馬下。因彭澤在甘州曲爲撫處，厚加賞賜，數被欺凌。”又説“設邊鄙有人委身報國，而被其愚弄如此，猶模稜幹事，不能身任利害，以主國是，復何面目立於天地間”等語。又於斬巴思衣服内搜出番文，寄與各夷叙説私情，疑有内應外合之謀，要將鎮巡官先請敕諭捧收在官，不必差人往諭。若來侵犯，以逸待勞，相機剿殺，務使痛遭銼衄。一面先將奸夷寫亦虎仙、夷人阿剌思罕兒，并書内開載有名之人，同火者他只丁所討先差來伴送貢使回夷虎都六、火者散者兒等，并今來夷人斬巴思等，俱拿解鎮城，牢固監候。其餘肅州羈住回夷，盡數查出，嚴加關防。并近日速壇滿速兒差來進貢夷使都指揮火者馬黑木等沿途拘羈，方物封進，不必給賞，將奸夷籍没財產，家小發烟瘴地面寄住，夷種散處腹裏，等因。備行都御史李昆處。彼有李昆不合不審事體重大，輒便准行，又不合將前五月内自己奏討曉諭土魯番敕書一向停留在鎮，不曾奉行，致被土魯番速壇滿速兒怨恨，統領回賊數千餘騎拆墻入境，侵犯肅比[五八]，投遞番文，專以許賞不與及拘留夷使爲詞。有陳九疇明知前賊未必攻城，自合相機行事，又不合不行料探賊衆多寡，果如前議大言，督發參遊軍馬迎敵，以致衆寡不敵，芮[五九]寧所領八百人馬全軍敗没，蔣存禮所領人馬損折數多，及喪失馬匹、盔甲、器械無算。有李昆等因前曉諭土魯番請去敕書停久未送，懼怕事發，將陳九疇前項所議與後殺死芮寧官軍事情俱於正德十二年正月内前後奏到。本部參看得，李昆等不行恪遵成命，果決行事，輕准陳九疇所言，以致事機不密，等因。覆奏，行勘訖。隨該巡按御史王光并兵科都給事中汪玄錫等劾奏甘肅鎮巡等官地方失事，要行查究。本部慮恐彼處官司彌縫附會，奏差給事中黃臣會同巡按御史趙春查勘。因前項始末文卷俱在彼處官司收貯，未曾送官，致無查照。

　　參照先任甘肅總督軍務，今致仕太子太保、左都御史彭澤，故違敕旨，不遵會議，又不知出使外國係是重事，出自朝廷點差，乃敢擅自主張，措備賞物，責差通事并平素與土魯番熟識夷人，輕出絶域外國講和，求取哈密忠順王金印，邀功生事。又分付去人："若忠順王速壇拜牙即無有，但取回金印，退出哈密城池，我奏朝廷，把你討的都發與你。"差去人復回取賞，彭澤又擅主張，行文增添段絹等物二千餘數送去。又不候差去人回，處置停當，妄奏會同鎮巡等官議得西夷就降，事已寧息，欺罔朝廷，已蒙敕旨"待處置停當回京"，又假御史燕澄具奏，致蒙取回。後被巡按御史馮時雍不與會奏，指實另奏，事未寧息，奏詞見存。彭澤自專，差人送賞講和，因無奉到朝廷明文，不合懷奸，不與明文開寫賞物，止令差去人口傳曉諭，意欲僥倖成事，似常邀功。以致差去人往來傳言，事無憑據，土魯番得以籍口，求索無厭，不遂所欲，統領夷眾直犯肅州，殺死官軍千數，搶虜馬匹、器械無算，及將附近屬番城堡攻陷，殺虜人畜不計其數，肅州精兵被殺殆盡，幾至失守。自彭澤差往甘肅前後，糜費錢糧百有餘萬，倉庫空竭，竟無成功，開啟邊釁，辱國喪師，罪坐所由，彭澤為首。及照兵備副使陳九疇，本以狂生，全無遠識，彭澤在日未曾救正，彭澤回後大肆譏評。惟知講和之為非，不思中變之為害。擅議拘執夷使，因而激變，疑有奸夷交通，多無指實。欲懸火者他只丁一人之頭於馬下，竟陷芮寧等八百人之命於南門，一念差錯，貽禍無窮。雖稱土魯番回後設謀追剿，效有微勞，得不償失，難准贖罪。況所報功迹，事在夷方，勘官未曾親到，虛實恐難憑信。再照巡撫都御史李昆，行事任情，全欠持重，既因彭澤講和奏討敕賞，又因陳九疇辨論拘執夷使，停留敕書，阻絕通問。土魯番占據哈密，挾求賞賜，關繫邊情至重，李昆在彼一年有餘，坐視因循，持疑兩端，釀成大患。事雖起於彭澤，責難免於李昆。查得弘治年間，侍郎張海經略哈密，未寧先回，蒙朝廷拿送鎮撫司究問降黜；都御史馮續巡撫甘肅，達賊搶殺，地方失事，拿問發隆慶州為民。今彭澤等開啟邊釁，辱國喪師，比之張海等情犯尤重，具今甘肅邊外夷人結成仇怨。若不明正各官誤事之罪，處置得宜，以後守臣不知警戒，輕舉妄動，貽禍非輕。但彭澤已致仕去任，應否究治，伏乞聖裁。合無將李昆、陳九疇俱提解來京，送法司明正其罪，以警將來。其總兵官史鏞等，見該給事中黃臣等參奏，另行查議，奏請處治。遲誤賚奏番文舍人簡奈，一年之上未回，中間必有情弊，合行巡按御史提解都察院審究發落。再照彭澤行文措備賞賜土魯番段絹等物二千餘件，未知動支何項官錢買辦，亦合行巡按御史吊取原行案卷，并拘原置辨經手人役，審勘有無侵欺情弊，回奏查考。具題，奉聖旨："這事體重大，恁每還會多官議處了來說，"欽此。欽遵。臣等會同太傅、定國公臣徐光祚等議得，肅州失事，委的事體重大，鎮巡等官難以辭責。巡撫都御史李昆、副使陳九疇俱合提問，其餘總兵、參將等官具該兵部另行參提。其都御史彭澤雖稱查有前項情由，但本官回京後一年半之上方纔肅州失事，情有可原。合無待候肅州見提人犯到京之日，法司會官審問，查照彭澤原奉敕書內事理，中間有無干礙，另行具奏處治，惟復別有定奪。

　　正德十三年二月二十九日會題，奉聖旨："是。彭澤受朝廷重命，不能宣揚德意，失信夷人，又不待事完，輒自回京復命，以致遺害地方，本當治以重罪，姑從輕着爲民。李昆、陳九疇處事乖方，着巡按御史提解來京問。總兵、參將等官，還參究了來說。"欽此。

校勘記

〔一〕"其"，疑當作"員"。

〔二〕"泯"，疑當作"岷"。

〔三〕"斅"，疑當作"徼"。

〔四〕"又"，據明陳子龍《皇明經世文編》卷一百十王瓊《爲增兵要害以禦番虜事》當作"久"。

〔五〕"精"，疑當作"情"。

〔六〕"桃"，疑當作"洮"。

〔七〕"快"，疑當作"決"。

〔八〕"賣"，疑當作"賚"。

〔九〕"搞"，疑當作"犒"。

〔一〇〕同上。

〔一一〕"了"，疑當作"子"。

〔一二〕"墙"，疑當作"壇"。

〔一三〕"未"，疑當作"來"。

〔一四〕"已"，疑當作"以"。

〔一五〕"例"後，據文意似脱一"升"字。本書卷一《爲傳奉事》："行該地方覆查得實者，方准照例升級。"

〔一六〕"芮"，據文意當作"芮"。

〔一七〕"开"，疑當作"并"。

〔一八〕"謝端"，一作"謝瑞"。本書本卷《爲斬獲犯邊回賊首級追逐遠遁事》："及照甘肅地方糧草、馬匹俱各缺乏，侍郎楊旦并寺丞謝瑞俱已起程前去。"

〔一九〕"糜"，疑當作"縻"。

〔二〇〕"史鋪"，疑當作"史鏞"。明徐日久《五邊典則》卷十六："而巡按御史王光亦劾諸將失律罪，及鎮守太監許卜宣、總兵官史鏞、都御史李昆。"本書本卷《爲別功勤以重地方事》："去年回賊侵犯肅州，總兵官史鏞不能先事防守以遏其來，刻期制勝以攻其速去。"

〔二一〕"奏"，疑當作"奉"。

〔二二〕"賦"，疑當作"賊"。

〔二三〕□，底本漶漫不清，據文意似當作"及"。

〔二四〕"恕"，疑當作"怒"。

〔二五〕"怯林乩的兒"，一作"怯林乩兒的"。

〔二六〕"繫"，疑當作"擊"。

〔二七〕"芮"，據文意當作"芮"。

〔二八〕"勘"，疑當作"尌"。

〔二九〕"賣"，疑當作"賽"。

〔三〇〕"若"後，一本有一"彼"字。

〔三一〕"自來告受"，一本作"自告願受"。

〔三二〕"將"前，一本有"則令"二字。

〔三三〕"從宜"前，一本有"然後"二字。

〔三四〕"該"，一本作"行"。

〔三五〕“見”，一本無此字。

〔三六〕“給”前，一本有一“支”字。

〔三七〕“俱經前項”，一本作“前項議擬俱經”。

〔三八〕“今奏”前，一本有“參詳”二字。

〔三九〕“都御史”，一本無此三字。

〔四〇〕“題奉欽依内”，一本作“題准”。

〔四一〕“欽遵”後，一本有“施行”二字。

〔四二〕“來”前，一本有一“敢”字。

〔四三〕“相機”前，一本有一“則”字。

〔四四〕“閉關”前，一本有一“則”字。

〔四五〕“若”後，一本有一“或”字。

〔四六〕“自來告受”，一本作“自告願聽”。

〔四七〕“從宜”前，一本有一“則”字。

〔四八〕“選”，一本作“還”，是。本書本卷有《爲遠夷悔過獻還城印等事》。

〔四九〕“賫賞”，一本作“賫致賞物”。

〔五〇〕“去”，一本作“往”。

〔五一〕“吐魯番”後，一本有一“國”字。

〔五二〕“時”，一本無此字。

〔五三〕“給與”，一本作“并給”。

〔五四〕“赴京”，一本無此二字。

〔五五〕“芮”，據文意當作“芮”。

〔五六〕“紛”，疑當作“給”。

〔五七〕“邦”，疑當作“拜”。

〔五八〕“比”，疑當作“州”。

〔五九〕“芮”，據文意當作“芮”。

陝西甘肅類下

爲斬獲犯邊回賊首級追逐遠遁事

查得前項節年案卷内開，弘治四年，甘肅鎮巡官奏請敕書開諭土魯番速壇阿黑麻，將金印、城池獻還，行取陝巴襲封忠順王。弘治五年十二月内，阿黑麻因哈密衛都指揮阿木郎與野乜克力達賊引路，搶殺土魯番牛羊頭畜，又將賞賜衣服剋留，引領人馬來到哈密，將阿木郎碎割剉[一]死報讎，陝巴因係土魯番親枝不殺，帶去收養。今勘稱寫亦虎仙欺凌陝巴，謀奪王爵，商同未到妻父阿木郎即哈即，搆引阿黑麻捉拿陝巴前到土魯番羈住，與先年奏勘情由不同。若果阿木郎搆引阿黑麻來捉陝巴，謀欲奪爵是實，緣何阿黑麻到來不將陝巴殺害，却將阿木郎碎割殺死，情有不通。若以爲先奏是虛，今勘是實，未見追究先年具奏何人作弊，將見在阿木郎捏作已死，及將阿木郎與寫亦虎仙共謀奪爵情由隱匿不奏，致遺後患。又查得弘治六年，差侍郎張海等經略哈密，降敕責諭土魯番，閉關絕貢。至弘治十一年，方將陝巴放回。陝巴復立，嗜酒掊克，不能自立。屬夷頭目阿孛剌等懷恨，至弘治十七年，暗搆阿黑麻子真帖木兒，時年一十三歲，前來哈密守城。陝巴聞知，棄城走往瓜州，真帖木兒亦回剌术城住。鎮巡官得報，差通事毛見前去剌术城見真帖木兒，説稱“哈密頭目來説，陝巴丟下城去了，恐怕達子奪占了。若衆大人着人來守哈密，我回往土魯番去，没一些兒歹意”等語。毛見同真帖木兒回至哈密，差人來甘州報知。鎮巡官會議，觀真帖木兒所言，似無真實奪占哈密之意，當差官舍將都督奄克孛剌、寫亦虎仙等送至哈密，撫諭夷衆，仍令陝巴復去守國。奸惡頭目阿孛剌等執迷不聽，要真帖木兒守城。都督奄克孛剌等同官舍董傑等將阿孛剌等六人擒殺，餘黨方纔畏服。董傑回報，鎮巡官復差都指揮朱瑄帶領官軍將陝巴送到哈密守國，撫送真帖木兒回還本土。本夷因見彼時伊父阿黑麻已死，衆兄讎殺離散，不肯回還，告要暫住哈密，依附奄克孛剌住過。朱瑄等慮恐陝巴懷疑變亂，將真帖木兒帶來甘州羈住。後陝巴病故，伊男速壇拜牙即襲封。阿黑麻故，伊男滿速兒繼立，節次納貢，差人賫送番文，内稱：“我這裏不曾做有罪的事，如今要兩下裏和好時，把真帖木兒好好的看顧，兩下裏如魚水一般行走。”後該鎮巡官奏，要將真帖木兒放回。本部議得，真帖木兒羈留我郊，正得古人“質其所親愛”之意。彼土魯番卑詞納貢，未必皆實，未可即發。復行鎮巡官再議回奏，本部會官議准，賜與真帖木兒冬夏衣服、靴帽。禮部查例，奏關鎮巡官設筵宴待速壇滿速兒并弟兄、頭目，速壇拜牙即并頭目，各照數給與段匹、梭布以慰其心。正德六年七月内，奏行放回訖。今查巡撫都御史李昆等先次具奏，據兵備副使陳九疇會審得，寫亦虎仙再三稱冤，執詞不服。拘集先日差去哈密探聽夷情賽打黑麻并火信、馬昇、馬馴、馬驥等，覆審得寫亦虎仙搆引真帖木兒來哈密坐守，將真帖木兒哄誘取在甘州撫養。寫亦虎仙赴京進貢，串通進貢回回，假寫番本，取討真帖木兒送回。緣查前項取討真帖木兒，係鎮巡官奏放，會議准放回；今稱寫亦虎仙假寫番本，取討放回。原奏係屬夷阿孛剌等因陝巴害人，嚇逼逃走，搆引真帖木兒來哈密住守，鎮巡官差奄克孛剌、寫亦虎仙等將阿孛剌等擒殺，都指揮朱瑄等將真帖木兒帶回甘州；今稱寫亦虎仙搆引真帖木兒來哈密，又哄誘取在甘州撫養：俱與先年奏勘情由不合。

又查得正德八年九月內，哈密忠順王速壇拜牙即走入土魯番地面，頭目火者他只丁來占守哈密城。正德九年正月內，鎮巡官差千戶馬馴、馬昇等前去哈密訪察夷情，有土魯番速壇滿速兒帶領頭目、夷兵在城駐札，差夷使亦思馬因等一十六名遞回回字，內開速壇滿速兒說："我幹的好事也勾了，這哈密城金印見在我根前，饋我一萬段子，把哈密城饋誰時，我交付饋他。我差去的使臣和賞賜快些兒打發出來，不快來時，我也沒有好。田禾熟了時節，我領着軍馬往你漢人地方上去。"本年五月初四日，回還土魯番去訖。馬馴等又問速壇拜牙即因何棄城，衆稱被奸夷哈即嚇逼，投去速壇滿速兒處，無由遮飾，告討人馬，要來漢人地方奪城。又訪得忠順王速壇拜牙即因貪酒色，不行正事，剝削害人，衆夷懷恨，被奸夷哈即嚇往土魯番去了。又訪得哈即專與速壇滿速兒透漏事情，今已往沙州去了。寫亦虎仙等說稱："城池別人占了，印在別人手裏，他教我死就死，教我活就活，我每怎敢主張把王饋誰做？有奄克孛剌是罕慎親弟，若着他襲爵也好。"馬馴等又稱，寫亦虎仙向職等哭着說："我的家當、妻子都在甘州，有速壇滿速兒要調瓦剌人馬同往甘肅地方躪搶，倉裏無糧，人沒喫的，一定投順了他，把朝廷地方壞了，官軍人等、我的妻子都是死數。你每務要稟知三堂，急調河東大勢官軍同甘、凉各城人馬前來肅州，等着截殺。"馬馴等將前訪取夷情具呈都御史趙鑑等，轉行總制都御史鄧璋，俱於正德九年五月內會本奏稱，亦卜剌等賊見在西海盤據，土魯番又求討賞賜，要來侵犯。若因逆虜誇張大言，允其所求，不無上辱國體，下損軍威，要照先年差侍郎張海等事例，差官經略。本部會同府部等衙門及科道官議得，土魯番分外求討賞賜，事出無名，不可輕與。差官經略，有礙難行。推舉都御史彭澤總督甘肅等處軍務，量調延、寧人馬前去甘肅，逐剿亦卜剌等殘賊，令其遠遁，遏絕土魯番夷，不使內侵，事寧回京。及請敕一道賫付鎮巡官，就赴[二]土魯番差來使臣賫[三]回，責諭速壇滿速兒，令其改過自新，將拜牙即送出，獻還城、印。及請敕赤斤蒙古、安定、苦峪、沙州、罕東、曲先、罕東左等衛，點集人馬，保固地方，土魯番若來侵犯，即便相機截殺；如遇天兵進剿，即便率衆應援。正德九年十二月內，火者他只丁等率領人馬，來到肅州近邊王子莊、苦峪、赤斤等處，搶掠屬番男婦三千餘口，馬駝牛羊不計其數。番賊逼近肅州，反形已露，一面賫遞番書，挾求賞賜。彼有彭澤見統延、寧人馬在於甘州駐札，却乃故違敕旨，不行火速發兵遏剿，保護屬番。又不遵會議賞賜不可輕與事理，擅自主張，選差官通出使絕域，納幣虜庭，取討城、印，示弱求和，中賊奸計，以致土魯番夷得肆其志，挾求增幣，遂無厭足。彭澤又隱下前項王子莊等處搶殺賊情，妄奏亦卜剌殘賊日思北奔，土魯番雖欲侵犯肅州，決不可得。又不候差去送賞人回，處置停當，妄奏西夷就降，事已寧息。其差去人係正德十年二月初三日出關，十七日到哈密。馬驥等復回，添取賞賜。三月初八日，馬馴等起程，前去土魯番講和。八月內取賞到土魯番，十二月初三日方纔取回金印，入嘉峪關，到肅州。彭澤先於本年閏四月內起本，奏稱遠夷悔過，獻還城、印，通屬欺罔。本部節次議奏，土魯番侵犯肅州，啓釁納侮，事必有由，要將啓釁誤事之人參奏究治，庶使以後使臣不敢生事遠夷，懷奸誤國，等因。節次題奉欽依，通行查勘。今各官勘稱，土魯番夷來肅州近邊搶殺，求討賞賜，彭澤不知詐情，聽從與賞，差官前去土魯番撫取金印。前項故違敕旨，不遵會議，擅差官通賫賞講和，開啓釁端，遺害地方等項重情，俱被彼處原勘官符同隱匿，致無查照參究。

又查得正德十年十二月內，都御史李昆等奏稱，本月初三日，原差官通、旗軍賽打黑麻等夷使、都督寫亦虎仙等，隨帶土魯番地面使臣失黑把息兒等，將帶方物到關進貢，哈密眾頭目亦差使臣同來進貢。據千百户賽打黑麻、馬馴、馬昇呈稱，奉總督等官指示方略，賞領段絹、梭布等項共二千疋件，交與速壇滿速兒交收，取獲印記番文回繳，被火者他只丁占守哈密城，言説："我根前没五百段，我不回去。"賽打黑麻等同眾商議，措賒馬匹等物，准段一百五十疋，餘皆聽許，本夷方允，本年十一月初六日歸還土魯番去訖。隨取到速壇滿速兒番文一紙，内説："你每差來通事火信等説的好話，賞賜的數兒裏頭都開着裏，我便依了，哈密城、金印饋了。如今你每與大明皇帝根前寫一個本去，我的東西拿着來，便我報你每的恩。你説我王子金印、城池饋了，我每奏朝廷和番，好賞賜討着饋你。這麼説來没有時，我把金印、城池也不饋，事也不好。"十月二十八日，土魯番寫了又一紙，説稱："如今你每許下的東西，哈密城、金印饋了的，後頭要是麼，便差使臣與朝廷進本討將來。"又哈密衛都督滿剌哈三番文一紙，内稱："總督老爹面前，老爹每説，你是我的人，如今你和百户賽打黑麻一答裏去，金印、城池討將來。我説老爹每和番賞賜重重的，有時我去，漢兒人去，便好教我去，他討的東西饋我，便我去把金印、城池討着來。速壇拜牙即不在土魯番，那個事我不敢承當。老爹每説，和番賞賜要時，好話不説，你好説，便速壇拜牙即没有，把金印、城池饋了罷，你好説，便要是麼饋你，你差一個人拿着印信文書來，小段子兒甚麼稀罕，你説一萬段子，奏朝廷蟒衣、膝闌、織金段子、紗羅、銀器、珍珠和番時，你討了，我奏朝廷，把你討的進貢，使臣都發饋你。我這個話，哈密裏火者他只丁根前説了，把金印討出來，把賞賜駄着土魯番去，饋速壇滿速兒王子了，把哈密城交付與我，金印饋了，都督寫亦虎仙、火者馬黑木、百户賽打黑麻拿着去了。他每又許下東西，餽時平安無事。若不餽，照舊壞了。"又該都御史李昆等奏，正德十一年十月初十日，火者他只丁、牙木蘭〔四〕差夷使斬巴思等遞送哈密衛都督滿剌哈三回回字文書一紙，內稱："寫亦虎仙，百户賽打黑麻，通事法虎兒、馬馴許了一千五百段子，因爲這麼幹事，我每差了虎都六寫亦、火者散者兒伴送土魯番使去了。"又火者他只丁回回字文書一紙，內稱"寫亦虎仙，火者馬黑木，百户賽打黑麻、馬馴、法虎兒丁來，我做了保人，金印、城池纔餽了，後頭定了兩個月，又一千五百段子許了去了。我每出了哈密三個月，剌术地方坐了，不見人來。我每往土魯番去了，又坐了三個月。後頭火者亦思馬因、滿剌垜思來了，許下的段子不曾餽我每，有差的虎都六寫亦、馬黑麻、撒者兒等去的人不見來，把差了去的人也不敬。這麼説將來，王子十分惱了，他的人馬都收拾了。我每差人去餽他，説了這個事，那裏大頭目做的事，大明皇帝不知道。你便不要謊，我每到哈密裏，把這個打聽。中間有把剌克老爹每的文書拿着來了，我每文書，虎力納咱兒帶到王子根前去了"等語。又説："便把虎都六寫亦、馬黑麻、撒者兒帶一千五百段快些兒打發出來，差去的好好的敬着，打發出來，我每年年進貢，我每前頭例也不肯斷了。你每不依我每，便事也壞了，路也不通。"又於斬巴思衣服內搜出番文一紙，牙木蘭與寫亦虎仙説稱"你和我説了去了，一千五百段子遲了不見來，因爲這麼幹事，十分惱裏，餽裏不餽，與我説將來"等語。前項番文俱有鎮巡官原奏案卷見存。及查都御史李昆奏，據副使陳九疇等會審得，怯林乩兒的供稱："差百户賽打黑麻等賚送賞賜，取討城、印之時，有寫亦虎仙要娶土魯番王子妹子爲妻，嗔怪要殺，許了段子一千五百疋。"又據陳九疇等覆審得，賽打黑麻等説稱："先年寫亦虎仙進貢到京時，進本討真帖木兒，送到土魯番時，速壇滿速兒要把他妹子與速壇拜牙即爲妻，寫亦虎仙要娶爲妻。速壇滿速兒嗔怪，要將寫亦虎仙送到冰眼裹喂魚，慌了許下段子一千五百疋。"今勘官取問，招内又稱，正德七年，該鎮巡官奏將真帖木兒放歸，差寫亦虎仙等送回，要娶真帖木兒母爲妾，又嫌老不娶。後忠順王速壇拜才[五]即自行帶印，投往土魯番地面。速壇滿速兒要將妹子與拜牙即爲妻，寫亦虎仙聞知，潛去土魯番，要娶伊妹子爲妻。嗔怪，要送在冰眼裹喂魚，寫亦虎仙懼怕，許與段子等情。切緣陳九疇等先勘寫亦虎仙許與段子，一據怯林乩兒的供，在正德十年，同賽打黑麻等送賞去時許與；一據賽打黑麻等説，在正德六年，送回真帖木兒去時許與：二詞各不歸一。今勘未見審具賽打黑麻等供説歸一真情，況速壇拜牙即正德八年方纔投奔土魯番，豈有正德六年先在土魯番許親之理？今勘雖稱寫亦虎仙聞知潛去，不見勘明的於何年月日潛去，有何知證，俱屬未明。及查李昆等原奏，搜出斬巴思等身帶番文，内開牙木蘭與寫亦虎仙説稱"你和我説了去了，一千五百段子遲了不見來，因爲這麼幹事，十分惱裹，饋裹不饋，與我説將來"，奏詞見存。今勘搜出斬巴思等身帶番文，内開"你和我説了一千五百疋段子，遲了不見來了，因爲這麼事，十分惱你不饋，再有甚麼事，便斬巴思根前説將來"，將已奏過番文内"饋裹不饋"緊關字樣改作"惱你不饋"，中間顯有扶捏故入情弊。

又查得近該給事中黄臣等別起奏本，内開該總兵官史鏞手本，案查正德十年十二月内，土魯番速壇滿速兒將城、印獻還，遣使進貢。總兵官徐謙、太監許宣、都御史李昆措備織金段、綵段、紗絹、洗白各色梭布共一百二十疋，包封用印，與速壇滿速兒收用。再備織金、綵段、紗絹、洗白各色梭布八十疋，包封用印，與火者他只丁收用。就令差來使臣果言歹火者、亦思馬因、滿剌朵思、哈力乩兒的賫回，并寫鈞帖與速壇滿速兒，令其親去阿速將忠順王取來，送回哈密安住，至今尚未將忠順王送還。鈞帖內說"將你速壇滿速兒差來頭目虎都寫亦，并火者他只丁差來弟火者撒者兒館待犒勞，差往陝西催償撒馬兒罕先年進貢使臣并賞賜，回日發回本土"，等因。今給事中黃臣等前項奏內勘稱，被火者撒者兒、火者馬黑木等各將不與段子情由，令回夷滿剌朵思、亦思馬因報傳速壇滿速兒并火者他只丁、牙木蘭等，又添說甘肅見將虎都六寫亦、火者撒者兒拘留不放，以此速壇滿速兒惱怒，於本年六月內差火者他只丁、牙木蘭領五百人馬將哈密城又行奪占。緣拘留夷使，係干啓惹土魯番復來奪占哈密重情，今勘不見駁查虎都六寫亦、火者撒者兒的係何人主張質留甘州，或係差往陝西催償使臣，及亦思馬因等賚送段絹等物有無到彼交割緣由。其李昆等不知何年月日出給鈞帖，添送賞賜，不見下落，不見具奏，事屬欺隱，亦未參究明白。

又查得正德十一年五月內李昆等奏到本內開稱，據原差千百戶賽打黑麻等送賞與土魯番，取討城、印回還，賚到土魯番速壇滿速兒并哈密都督滿剌哈三番文，取討賽打黑麻又許下的東西。李昆等議得，如欲必取速壇拜牙即，乞請敕一道與速壇滿速兒并伊頭目火者他只丁，再請敕一道與伊弟把巴義，仍各量賜織金綵段、絹疋，賚去土魯番，直抵阿速城開讀。如彼就將速壇拜牙即送回，照舊爲王；如不送回，將土魯番先今差來使臣遷發南方覊住，閉關絕貢。該本部會官議得，既已送回城、印，合無俯從李昆等所請施行，固不可嚴峻拒絕，激變夷情，亦不可輕許多與，開啓釁端，當於本年五月內請敕去訖。後至正德十二年正月內，李昆等奏，據副使陳九疇議呈，將原降敕書二道暫且責付甘州行都司捧收，將先後差來夷使俱收監，等因。已經本部奏行查勘。今各官勘奏，不見追究前請敕書緣何停至次年正月，土魯番已犯肅州，殺死芮寧，方假陳九疇之議，奏要捧收在官。及參稱哈密

衛在官夷人馬黑木等詐充撒馬兒罕、天方國等項夷使，詐冒進
貢，關支口糧，不見參究行都司官并甘肅鎮巡官彼時有何情弊，
將各夷一概驗放，符同具本造册，起送赴京。

　　又查得先該都御史李昆等奏稱，據副使陳九疇呈稱，審取阿
剌哈兒供內開稱，火者撒者兒係火者他只丁之弟，甘肅三堂老爹
恐怕有變，將他留到甘肅質當，至今不曾放回等情，卷案見存。
今奏內勘稱，正德十一年六月內，牙木蘭等復來占守哈密，差倒
剌火者等來問甘肅消息，被陳九疇監禁病死。牙木蘭因見倒剌火
者等不回，恐有泄漏事情，報知速壇滿速兒，又差斬巴思前來打
細，亦被陳九疇監禁。速壇滿速兒舉兵到沙州。牙木蘭到瓜州，
等候斬巴思等日久不回，以此起程到沙州，與速壇滿速兒商議來
犯肅州。及查火者他只丁、牙木蘭等節次遞送番文，俱稱“我每
差的虎都六寫亦、火者撒者兒等去的人不見來”，又稱：“我每
依了你每，你每不依我每。我每差去的不放將來，因爲這麽幹
事，王子惱了，着差人去把一千五百段子討，饋便饋，不饋時快
些差人來，我去和他兩個説話。因爲這麽幹事，差了斬巴思去
了，定了二十日，快些兒打發出來。”又該速壇滿速兒番文內説
“我每幾遭差人去，爲和好，要安寧，不要做歹，以後再不歹了。
説了這遭，不肯依從，差去使臣都監禁責打加罪，射的箭，如射
在石頭上一般，不得透”等語。前項番文俱係李昆等節次備云具
奏，案卷見存。切詳虎都六寫亦、火者撒者兒，係隨同差去官通
及差來進貢夷使押送金印取賞人數，鎮巡官不合無故拘留，日久
不行放回，亦不具奏。委官參議施訓等審得，虎都六寫亦、火者
撒者兒假作送印取賞，就來探聽消息，將各夷問擬境外奸細入境
探聽事情斬罪，監候處決，情罪俱不相當。及看得斬巴思等，既
是賫遞番文，趕喝駝馬牛羊二百七十餘疋隻明白入關，比與潛入
境內探聽事情被官軍盤獲者情由不同。況斬巴思等所賫前項番文

内説情詞，皆以虎都六寫亦、火者撒者兒二人不見放回，及不與原許段子一千五百疋爲詞，係干夷情。斬巴思等十月初十日進關，陳九疇等自合即時轉達鎮巡官議處定奪，不合輒便收監。至十一月十六日，土魯番賊至肅州城西十里，殺死芮寧官軍。至十九日，賊勢漸退，陳九疇方將斬巴思等打死，問擬奸細，情有可疑。又查得李昆節次奏内開：正德十一年九月初五日，赤斤蒙古衛番人盼卜來肅州報説，土魯番人馬本月初二日到柴城兒撲搶。十月内，他失把力城哈剌灰頭目添哥乩兒的五名告遞番文，報説今年六月内火者他只丁將哈密城奪了，商量要往漢人地方上來。十月二十八日，罕東左衛番人土六擺哈報説，十月十一日早，速壇滿速兒領四千餘人撲到沙州，把在城四野番達男婦帳房、頭畜盡都搶殺了。十一月初七日，赤斤蒙古、柴城兒住牧番達察勞等四名，報説土魯番賊搶殺入境。十一月初九日，柴城兒住牧阿卜兒加等四名，亦報回賊搶殺。十一月十一日，史鏞等差夜不收到肅州爪探聲息，有參將、兵備説稱，賊在鉢和寺住札，瞭見火光，待差人哨探的確回報。其肅州無有糧草，甘州軍馬且不必動。至十五日，賊已進嘉峪關，陳九疇、蔣存禮方差夜不收瓦合加赴甘州禀報，十七日午時方到甘州，史鏞等方議發兵。顯是陳九疇等明知賊已逼境，寡謀輕敵，意欲自己圖功，假以無糧，阻當援兵，及史鏞等係是主將，聽從陳九疇主使，不早發兵，俱故不設備，以致攻陷城堡，損折官軍，俱有違法律，今勘不見參究前罪明白。又看得審取寫亦虎仙招情，與節次具奏情節不合，問擬謀叛罪名，及將寫亦法都剌等八十一名俱問擬杖罪，參稱情重律輕，俱擬遷發兩廣烟瘴地面安置。及問得阿都阿畦、滿剌允都招稱，正德八年令家人滿可力稍書與女壻牙木蘭、火者他只丁，及進貢未回火者馬黑木，向速壇滿速兒誘説，令人馬來奪甘肅城子，先將哈密占了，等情。後正德十一年土魯番犯肅州，將呵都呵哇〔六〕、滿剌允都問擬奸細走透消息於外人斬罪。又看得原問土魯番賊十一月十五日到嘉峪關外，夜不收李四十六日辰時報到肅州，陳丑狗十五日四更時分報到，康斤斤十五日五更時分報到，芮寧人馬十六日卯時發出，李四等似無失報。及土魯番賊節次傳遞番書，明說要搶肅州。及赤斤等處屬番十一月以前節次走報，土魯番賊見到近邊搶殺。今問夜不收李四等失報以致陷城損軍斬罪，及馬貴被虜得脫參問失於飛報斬罪，陳剛藏匿芮寧陣亡人內得生參稱欠於謀勇提問，中間俱恐虧枉，及各犯引律議罪，俱係干刑名，未審情罪有無相當，律例有無相合。

又看得招內開稱，陳九疇會同史鏞、鄭廉、蔣存禮謀勇，誘使瓦剌達子搶殺土魯番，又稱鄭廉、蔣存禮等各督併漢番官軍斬獲回賊首級五十八顆，鄭廉、蔣存禮似亦有功。又參鄭廉、蔣存禮有罪無功，應該提問，陳九疇罪少功多，不見聲說鄭廉、蔣存禮功不贖罪，陳九疇何罪比何功較少緣由。及要將差來進貢夷使火者馬黑木、火者阿黑蠻俱拿送法司，明治其罪，其餘進貢夷人俱送法司研審，中間如有與速壇滿速兒交通謀逆人犯，俱治以罪。查得火者馬黑木等見已到京，該本部議奏送法司收問，奉旨免送。及招內開參已故都督失拜烟答，交通外夷，謀爲內應，身雖已死，法尚難容，仍當遷其妻孥，沒其財產。見今伊男米兒馬黑麻賫本來京伸訴冤枉，該鎮撫司譯審供詞在官。又該本部會同三法司并錦衣衛各堂上官會審得，本夷執稱陳九疇差委伊父失拜烟答，同夷人火者塔只等二十五名，同芮寧等出城與賊厮殺，並無內應等情。已將米兒馬黑麻送會同館收，候甘肅干問人犯解到，會審定奪，今擬前罪，難便發落。及看得招內開稱，別無違法重情滿剌迭力米失等六十一名，俱發腹裏去處，暫爲安插，候哈密事寧，量爲處置。但既稱別無違犯，又要遷發腹裏，且無議定遷發腹裏何處地方。若依所議遷發，誠恐各夷在彼居住日久，已成家業，一旦無故遷發，不惟致其失所怨望，抑恐甘肅年久寄住諸夷自生嫌疑，互相煽動，交構土魯番及各種達子，謀擾甘肅地方，大壞邊事。此係陳九疇狂生淺謀，勘官依憑轉奏，擅難准擬。又慮近年甘肅守臣不知控馭諸夷當存大體，凡事輕舉泄漏，致成激變。如都督失拜烟答，陳九疇已拘禁致死，本官家產已行抄没，其子火者馬黑麻逃來京師，衝入禁門伸訴。陳九疇等明知在逃，不行奏聞。前項寄住夷人滿剌迷力米失等六十一名，今雖不准遷發，猶恐此風在彼先已漏泄，驚疑衆心，合當急爲撫處。

照得先任甘肅總督軍務，今致仕太子太保、左都御史彭澤，故違敕旨，不遵會議，擅自主張，措備賞物，差人出使外國講和，開啓邊釁，遺患地方，隱匿近邊搶殺賊情，妄奏事寧回京；及都御史李昆，明知土魯番占據哈密，挾求賞賜，關繫邊情至重，坐視因循，持疑兩端，釀成大患；副使陳九疇，惟知講和之爲非，不思中變之爲害，擅擬拘執夷使，因而激變，疑有奸夷交通，多無指實：俱應究治提問，先於勘官別起本內參奏外。今給事中黄臣等參稱，太監許宣、都御史李昆俱功可贖罪，總兵官史鏞、參將蔣存禮等俱應該提問。但照史鏞、許宣、李昆同受重托，同處一鎮，凡事公同計議而行。今據前項查出肅州失事情由，土魯番賊正德十一年六月復來占據哈密，以後節次投遞番文，索討原許賞賜，引領賊衆搶殺沙、瓜州，赤斤，柴城兒等處地方，報無虛月。史鏞身任主將，與李昆等非不預知，却乃視爲泛常，惟聽兵備副使陳九疇所謀，輕敵玩寇，略不設備，要拘留夷使則聽其拘留，要更變和議則聽其更變，要阻甘州援兵不發則聽其阻止。及參將蔣存禮，惟知阿從陳九疇會案轉行，略無出人意見，依律呈請添調人馬，預爲隄備。肅州一城精兵殺戮殆盡，遠近城堡男婦、頭畜、米糧被其荼毒搶掠，奚止數萬？百餘年來所無之事，皆由總督、鎮巡等官處置乖方、開啓釁端所致。若不明正各官之罪，不惟無以垂戒將來，以後邊務益難修舉，抑恐死者含冤，生者懷憤，天地鬼神亦不容宥。合無將史鏞、蔣存禮俱提解來京，送法司與李昆、陳九疇等通行究問。太監許宣，事雖不由於己，坐視亦難免責，合無取回，亦行法司提問。中間陳九疇、蔣存禮等先次失事，其後所立功迹與先犯罪過，量其多寡，有無相當，應否准贖，議擬定奪。本部仍會官推舉堪任甘肅鎮守總兵官及照例推舉曾經奏保堪任肅州參將官，上請簡命，令其上緊前去更替史鏞、蔣存禮，到日方將史鏞、蔣存禮提解，庶不失誤邊備。其副總兵鄭廉，原在甘州住札，十七日報到賊情，當日發兵出城，又因賊衆兵寡，會差百戶蔡剛賷文前赴鎮城，督調山丹守備汪淮拽帶兵車、火器前來並進，又與蔣存禮追賊斬獲首級，今參延緩畏怯，并已問完、見監斬罪人犯李四等，及見參應該提問都指揮姚瑭等，合無俱候寫亦虎仙等情重并干問人犯解到之日，通送刑部，查照原行始末案卷并本部前項逐節參駁事理，通將今勘奏內有名人犯逐一重覆查問明白，干礙火者馬黑木等并米兒馬黑麻，就行取問，取具歸一招詞，依律議罪，仍會多官覆審無異，奏請定奪。照出應該提問、發落人犯，參奏提問、發落，務在情真罪當，輸服無詞，固不可輕出故縱，有壞國法，亦不可拘泥原案，致有虧枉。彼處原勘官員及差去勘官，中間如有故失出入情由，分豁輕重參究。問完之日，應該處置一應邊情，本部會官議處，具奏施行。及照甘肅地方見寄住夷人數多，誠恐因見陳九疇等將失拜烟答等打死、抄沒，及將各夷解京問理，又聞今奏要將滿剌迭力迷失等遷發，一概驚疑，致有反側生變。合無請敕一道，賷付甘肅鎮守、巡撫、巡按官譯寫番文告示，轉發行都司及布、按二司公差官，遍發曉諭各該地方寄住回夷知道："前年土魯番敢來犯邊，副總兵、參將領軍追趕，殺死土魯番人數多。如今事已平定，關外赤斤、苦峪、罕東等衛屬番，朝廷尚且撫恤，你每是遞年進貢效順、往來寄住夷人，豈肯害你？各要安心，照舊生理。如有説謊嚇詐你的，便赴官陳告，將説謊之人治以重罪。其副使陳九疇舉發見監問夷人，朝廷提取緊關干對人到京，着法司會官審問，有罪無罪，必不虧枉。今後不許土魯番夷進貢，若有土魯番差來打細的，你就捉拿送官，重加賞賜，不許隱匿。」鎮巡等官仍嚴加禁約該管官司并地方火甲，敢有生事驚嚇夷人者，就便枷號治罪。若夷人果不安分，蓄有異謀，體訪得實，密切告官處置，亦不許預先漏泄壞事。如此安撫，庶保地方無虞。以後安插寄住回夷防範事宜，着落新任鎮巡官從長計議，應否照舊別處，作急密切具奏定奪，亦不許因循玩忽，致成他虞。

　　正德十三年二月二十九日具題，奉聖旨："是。彭澤、李昆、陳九疇已有旨了。堪以更替甘肅總兵官并肅州參將的，便各推兩員來看。史鏞、蔣存禮待交替官到日，着巡按御史提解來京問理。許宣也着待交替官到日取回送問。鄭廉且不提。李四等、姚璘等，都還照舊監候，待提解各該干問人犯到日，着法司通行查照，究問明白，再會官覆審了，一併來説。寫敕曉諭等項事宜，都依擬行。"欽此。

　　正德十四年六月二十五日，該刑部等衙門會本具題，奉聖旨："是。這邊方事情，你每既會審明白，彭澤擅差都督寫亦虎仙等贖取城、印，許與段定，致遺後患，本當提問，既先已革職爲民了，罷。史鏞、李昆、許宣、蔣存禮、陳九疇節聞警報，不早設備，李昆又拘執夷使，停留敕書，陳九疇阻止發兵，失誤應援，本部[七]當重治，但既稱史鏞到任未及三月，蔣存禮寡不敵重[八]，史鏞降二級，蔣存禮降三級，各帶俸差操。李昆也從輕降二級別用。許宣着閑住。陳九疇擅拿都督軍職，責打拘禁致死，你法司還依律從重擬了罪來説。馬馴等傳報夷情既有反覆，也擬了罪來説。米兒馬黑麻爲父訴冤，得實免問。其餘夷人，但犯不應罪名的俱免運炭提問。原問官施訓、高顯等，與應提問鄭廉等，都着差去郎中、千户提問了來説。黃臣、趙春對品調外任。其餘准擬。"欽此。

爲夷情事

看得哈密衛都督寫亦虎仙奏稱"奴婢在哈密住坐，有千户馬聰、百户寫亦阿黑麻、百户馬昇賫敕一道，與都督奄克孛羅并奴婢寫亦虎仙。有都督奄克孛羅在肅州住着，不曾出來，奴婢將敕書開讀了"一節。查得前項敕書内，原寫都督奄克孛剌在前，寫亦虎仙在後，餘外又有副敕交與鎮巡等官知會存照。彼時奄克孛剌既在肅州，寫亦虎仙在哈密，不知何人主張，將奉到敕書不在肅州交與奄克孛剌，令其上緊回還哈密，與寫亦虎仙等一同開讀，却令馬聰等徑送寫亦虎仙收開。又奏稱"彭總制鈞帖差人送來，言説都督寫亦虎仙等上緊將朝廷的敕書賫去速壇滿速兒王處，借錢使用贖取。若不與金印、城池呵，你再多許他些錢物，務要將哈密城池、金印取來，與他和好，就與他使臣一同前來。成事後，但是你每借了使過的，并許下速壇滿速兒王錢物，我每具奏朝廷，一倍還你兩倍。朝廷的敕書上也説一倍還兩倍"一節。查得正德九年，本部原會官議請敕與土魯番速壇滿速兒，止令土魯番差來夷使捧去，不曾許差哈密衛都督寫亦虎仙送去。及查前項原敕諭寫亦虎仙等敕書内，明開"敕至，爾奄克孛剌上緊回還哈密，與寫亦虎仙率領大小頭目人等共守城池，暫理國事"，亦無許差寫亦虎仙親去土魯番送賞講和。近該給事中黃臣等查勘得，都御史彭澤原鈞帖内開"我差的頭目通事都督奄克孛剌、寫亦虎仙、滿剌哈三、亦思馬因等一同前去，與爾王子并王母、衆弟兄説，上緊將忠順王并城、印還了哈密，上緊差好頭目進貢謝恩。不等你的方物、使臣到京，我與三堂將你的番文先奏朝廷，必有重大賞賜。王母并他弟兄，你大小頭目、哈密有功的都督頭目也都有賞賜"等語，又查得給事中黃臣等行據總兵官史鏞手本內開"總督彭澤差百户賽打黑麻等賫賞前去土魯番撫諭，甘肅措備羅段、絹紗、綾褐、洗白夏布并梭布衣服等件共二千疋件，銀壺一把，銀碗一個，銀臺盞一付"，等因。奏詞見抄在部。顯是彭澤故違敕旨，不令寫亦虎仙等守國而令其去國，不責土魯番罪過而與土魯番納幣求和。給事中黃臣等前項勘奏，與今寫亦虎仙奏內情節相同。但寫亦虎仙奏稱彭澤差去人說"許下錢物，我每具奏，一倍還你兩倍"，又說"敕書上也說一倍還兩倍"，未見差去何人傳說前項語言，未經提對，難便准信，敕書中間恐有偽造增減情弊。及奏稱"陳兵備將斬巴思等在肅州地方都打死了，速壇滿速兒聽得就惱怒了，領人馬來到肅州"一節。查得都御史李昆等原奏，正德十一年十一月十六日，土魯番犯肅州。十九日，副使陳九疇將通事毛見等同斬巴思打死。今奏先打死斬巴思等，後犯肅州，及奏陳九疇將回回墳墓并禮拜寺都拆毀了，又將回回人妻與了西番人去了等情，俱未委虛的。合無本部差官并通事一人馳驛前去，沿途查問寫亦虎仙原開讀敕諭見在何處收貯，依其所指去處查取，并將本部原降副敕底本於甘肅鎮巡等官處追出，一併如法印封，上緊賫回，以憑比對。先將寫亦虎仙今奏內事情備咨刑部，待候寫亦虎仙并通事馬俊等解到及取到敕書之日，照依本部前項參詳事理，逐一譯審對問，務見差去何人傳說許賞等項情由明白，與同起應問事情通併問明，仍會官覆審無異，奏請定奪。未到有罪應問人犯，參奏提問。

正德十三年三月初二日具題，奏聖旨："是。這夷人所奏事情，未委虛的，待恁每差去官屬人等取到敕書之日，着法司將提問應該譯審對問人犯，并前後有干應問事理通行併問明白，仍會官覆審，具奏定奪。"欽此。

爲夷情事

照得本部前項議奏差官，專爲查取夷人寫亦虎仙等原奉敕諭，看驗中間有無僞造增減情弊。今委官舍欽呈稱，訪得原降敕諭，見今到京使臣都指揮僉事火者馬黑木帶來見在。合無本部委官一員，會同禮部提督會同館主事、鴻臚寺大通事舍誠等，就於都指揮火者馬黑木處取出原降敕諭，看驗寶文字樣。如果原係正德九年降與都督奄克孛剌、寫亦虎仙等敕書，別無假僞增減情弊，各官就便眼同謄黄，一樣三本，比對無差，送本部、刑部、都察院各一本先收備照，仍將原敕封記，付本夷捧收，聽候法司取驗。如看驗敕書内有假僞增減，亦就譯審作弊情由明白，呈報定奪。前項原降敕書，若果驗無假僞增減，舍欽等不必差去，其寫亦虎仙所奏"彭總制鈞帖差人送來，言説朝廷的敕書上也説一倍還兩綹[九]"等語，顯是差人去詐傳詔旨，啓釁壞事。合無行依[一〇]法司，待候寫亦虎仙解到之日，追要差去齎鈞帖傳説敕旨之人是誰，就與寫亦虎仙對問明白，及將前敕不付奄克孛剌，送與寫亦虎仙交收主張之人一併問明，具奏施行。

正德十三年三月十九日具題，奉聖旨："是。"欽此。

爲提督軍務官員責任事

照得甘肅地方，近年因哈密忠順王拜牙即棄城逃走，土魯番速壇滿速兒差人占據哈密，節次添設總制、總督大臣，與巡撫都御史相並經理，以致事權不一，大壞邊事，至今尚未寧妥。今蒙聖明軫念邊疆事重，圖任舊人，既准臣等會推起用鄧璋巡撫，復賜宸斷，假以提督軍務之權。竊惟土魯番夷先因甘肅地方饑饉，占據哈密，挾求賞賜。都御史彭澤遣使直造虜庭，納幣求和，以夏奉夷，冠履倒置。今土魯番既殺我將官，戮我軍士，破我城堡，掠我居民，屠我屬番，肅州之禍自來所無，自當明正大義，閉關絶貢，斷在不疑。彼不得逞，憑衆入寇之舉，勢所必有。今命鄧璋往彼，一新號令，振揚天威，無事則照常巡撫，整備兵糧；有事則提督官軍，相機戰守。有專制之權，無掣肘之弊，廟謀預定，群情預服，將來甘肅地方可保無虞。此皆仰賴皇上睿謀乾斷，明炳先幾，有此善處也，臣等不勝幸甚。合無查照先年提督軍務大臣事例，給與鄧璋旗牌八面副，乞於鄧璋該請敕内開載，令其到彼之日，與總兵官柳涌先到肅州，修築城堡，鋒利器械，整點軍馬，措備糧餉，賑恤軍士，撫順屬番，振揚軍威，仍嚴謹烽堠，通用間諜，務使敵情預知，軍謀早定，伸縮自由，動中機宜。遇有侵犯，量調本處甘、涼及魯經所統人馬會同防剿。若有不敷，以次徵調，或先調河東鄰近洮岷、臨鞏等處官軍，或徑調寧夏、延綏官軍，務須斟酌賊情多寡緩急，從宜調取。既不可徵調遲延，失誤事機，亦不可無事早調，坐費邊餉。用兵之際，都指揮以下敢有臨陣退縮及不用命者，照例許以軍法從事。凡事干軍機，不可稽遲者，悉聽便宜先行，隨即奏聞本部，節次會官議准。處置哈密及撫順赤斤、苦峪等衛屬番等項事宜，逐一查照，斟酌施行。若遇賊勢重大，黄河套内達賊犯邊，延、寧人馬不敢赴調，各該鎮巡官各另星馳具奏，朝廷自有處置。本部再通行延綏、寧夏、陝西三處鎮巡等官，一體知會遵守。以後如果處置得宜，土魯番夷畏威悔過，認罪歸服，哈密興復，地方事寧，鄧璋取回，巡撫官員照舊施行。

　　正德十三年三月二十三日具題，奉聖旨："是。都依擬行。"欽此。

爲夷情事

　　看得甘肅鎮巡等官都御史李昆等題稱，節據土魯番酋速壇滿速兒等差來夷使滿賴哈三等齎遞番文六紙，及稱速壇滿速兒多張挾詐繁複之詞，全無悔過遜順之意。滿剌哈三若非爲速壇滿速兒探聽中國設備之虛實，必是自許能致朵撒恰之歸，其齎印紙一方，又欲爲挾索奇貨。要將滿剌哈三羈留肅州，其餘從人自關阻回，仍省諭速壇滿速兒，令其改念修詞，誠心悔過，將速壇拜牙即并虜去男婦送至肅州，方爲具奏議處，等因。臣等看詳速壇滿速兒番文，内稱："他要和好裏，我每也和好。他每做歹，我每也告天，弟兄四個一答裏上秋到肅州、甘州來。"又稱："這早晚你每把事快些用心幹，快些商和。事兒過去了的，後頭後悔也成不的。"火者他只丁番文内又稱："小事不要大了，成的事不要壞了。"即其詞意，將來入寇之舉難保必無，誠恐鎮巡官安於故常，一旦有警，又如前年失事，深爲可慮。合無本部備行新任巡撫都御史、鎮守太監、總兵官，務要講求先年失事之由，斟酌將來備禦之策，肅州敗没官軍設法充補，應用給軍糧餉預爲充實，務在先事料理，臨事果斷，謀出萬全，事無一失，以安地方，以正體統。其處置哈密并處待土魯番事宜，悉照本部節次題准及前項會官計議題准事理遵守施行。如或鹵莽失宜，貽患地方，國典具存，必難輕貸。

正德十三年三月二十五日具題，奉聖旨："是。這先事備禦等項事宜，便行與新任鎮巡等官知道。"欽此。

爲夷情事

看得禮科抄譯出速壇滿速兒前項紅印番字奏本，係正德十一年九月二十八日在土魯番城寫成，交付與進貢使臣失黑把息兒等，今正德十三年正月内方纔齎執到京投進。其奏本内言説"百户寫亦阿黑麻將敕書齎來了，及寫亦虎仙等將許多財物來，我上多央告説，着我不要作歹，我將哈密城池、金印與了，特差使臣進貢，問朝廷討賞賜、希罕物件"等語，實有納款效順之情。若使甘肅鎮巡官於土魯番所差使臣初到之時，即差的當官通伴送，早到京師，打發領賞，早回本國，及將同差來夷使虎都寫亦、火者散者兒不拘留甘州，或都御史彭澤不早回京，在彼自處，或可全信遠夷，僥倖成事，或無肅州被害之事，亦未可知。今土魯番速壇滿速兒既因遣使納款進貢日久不回，又因鎮巡等官質留夷使，消息不通，舉衆入寇，殺害將官，屠戮邊軍，爲中國之耻，貽笑四夷，虧損非細，義當閉關絕貢，斷無可疑。今禮部咨稱，除求討蟒龍等項，本部另行查覆，將西番搶掠等情移咨本部查照。緣西番赤斤、苦峪、蒙古等衛夷人，係我中國屬番，前年速壇滿速兒來犯肅州之時，前項屬番甚被蹂躪，朝廷正當撫恤，以爲藩籬。不當又因速壇滿速兒奏詞連及，別爲處置。其求討蟒龍等項事在犯邊之前，亦難輕准。合無本部行移禮部，待候法司提到寫亦虎仙等問明之日，會議土魯番差來進貢使臣應該作何處待，奏請定奪，遵依施行。

正德十三年三月二十七日具題，奉聖旨："是。"欽此。

爲撫遣屬番歸還本土事

看得巡撫甘肅都御史李昆奏稱，投附來邊暫住沙州番達頭目帖木歌等情願回還本土，逐一賞犒，差人送回。其瓜州頭目總卜克等不願回還，暫留另行，等因。臣等議得，戎狄非我族類，其心必異，雖其一時避難，强意內附，而飛揚跋扈之心終未能忘。遠如五胡之亂華，近如真帖木兒之入寇，往事昭然，足爲明鑒。故本部先次議奏，深恐鎮巡等官不能遠慮，貽患將來。今帖木歌等既已率衆回還，而總卜克等尚留近地，況當種田之時不爲歸計，則將來歸期未卜何日，歲月既深，窺占愈熟。雖彼流離之際念不及此，而在我防邊之道豈宜如是？合無本部備行新任巡撫都御史等官，務要從長議處，善加撫諭，使其歸還本土，藩屏内地。既不可因循姑息，聽其久住，以貽後患，亦不可顯拒峻絶，處置乖方，致生叛逆。仍將議處過緣由回奏查考。

正德十三年四月初四日具題，奉聖旨："是。這撫諭夷人事宜，着鎮巡等官依擬行。"欽此。

爲處置備禦領班官員事

照得甘肅地方近年爲因總督等官處置乖方，土魯番賊侵犯肅州，殺死官軍千餘，攻陷城堡，殺虜人畜以數萬計，邊塞蕭條，軍伍消耗。見今土魯番酋投遞番書，要於七、八月糾合三家人馬復來甘肅地方。果如所言，本處兵力寡弱，必難支持，未免徵調延、寧人馬策應，見今虜賊大營在套住牧，必有入寇之舉，恐難徵調。前項臨、鞏等衛河西莊浪、甘肅等處備禦官軍，日久廢弛，宜當急爲修舉。本部已於去年八月内議奏，通行陝西、甘肅兩處巡撫官查勘，俱要作急具奏，不許似前遲延，致誤軍務。又奉特旨"毋致遲誤"，欽遵通行外。若使各該巡撫官肯爲地方遠慮，知此一事係防邊重務，用心籌畫，三日之内可以斷决回奏，却乃延今十個月餘，鄭陽方奏前因，李昆尚未回奏。今若必候李昆奏到方纔議處，不無愈加遲誤。合無准照都御史鄭陽等與陝西都、布、按三司官并巡按御史議擬事理，本部於陝西地方軍職内照例推舉相應官四員，請旨簡命二員，各請敕一道前去蘭州，隨帶家小住札，分管臨、鞏等衛官軍，前去莊、凉、甘州等處輪班備禦。後有事故，巡撫官具奏，本部照例推補。其臨、鞏等衛領班指揮，聽巡撫陝西都御史會同鎮巡、三司官推委各二員，暫令上班之日赴邊領操，下班之日回衛掌印，以便照查充補。以後事體定貼，照舊施行。前項備禦官軍多寡不一，恐有不精，聽提督都御史鄧璋督同領班都指揮揀選精鋭堪用官軍，每班三千員名，時常操練，以待肅州有警，從便調發。延、寧人馬非遇大警不必動調，以省勞費。其備禦官軍舊例分散莊、涼、甘州鎮番，永昌等處備禦，勢分力弱，不得濟用。今既推用領班都指揮一員總領，合無亦聽都御史鄧璋勘議定奪，或於永昌一處住札，或分住近便城堡，無事用心操演，有事隨便調發，并合用行糧、草料、馬匹、器械等項一應事宜，俱從宜徑自撥給，應具奏者作急奏請定奪。再照已死遊擊將軍芮寧等原領肅州官軍，雖已勘報被土魯番賊殺死一千餘員名，中間隱匿未報者難保必無。當今急務，足兵爲先，合無亦行都御史鄧璋，督同肅州兵備、參將等官，除各軍原户有丁承繼軍伍外，户絕無人頂補者，查勘見在官舍軍餘數内丁多有力、情願補伍精壯之人，設法賞勞，收補軍役，願終本身者，聽從其便。務在處置得宜，軍伍充實，緩急得用。事畢之日，將選補過軍數并處置過事宜回奏查考。

正德十三年四月初七日具題，奉聖旨："是。莊、涼、甘州等處領班備禦官依擬推用。選補官軍及住札地方等項事宜，俱准議行。"欽此。

爲夷情事

看得譯出速壇滿速兒番文，内稱"説與總制老爹，甘州、肅州的官人每，我將哈密城、印與的時，寫亦虎仙都督、寫亦阿黑麻百户等使臣與我上許了一千五百疋段子，到甘州、肅州與來。爲那個段子上，着古秃魯、寫亦馬黑麻、捨黑差去到甘州、肅州，回來限期過了，段子也不來，取段子的人也不來"，又稱"差使臣進去，將使臣拿倒着棍打了，放在牢裏。方纔用心甘州、肅州，川裏住着，到秋裏與你每好生説一場回去"，又稱"無罪的回回每拷打，將禮拜寺改做寺院"等情。合無本部備咨刑部，待候寫亦虎仙、虎都六寫亦、馬黑麻散者兒并差去百戶一干人犯解到之日，查照問理。其番文內說稱"我兄弟上去的使臣來到了勸我，及尊長火者同各處來的使臣勸諫了，再三叮嚀上，差都督滿剌哈三同捨黑土買禿差去了，不做讎歹。文書到時，將朵思恰即便放回來，然後將寫亦虎仙并買賣使臣許下的錢糧、段匹交與古禿魯、寫亦馬黑麻他每，作急打發回來，上京去的使臣不要遲了。如今上緊着和好，不是呵，時候過了的，後頭後悔無益。你每有甚麼話即便說出來"一節。合無本部備行巡撫都御史鄧璋，會同鎮巡官作急計議，差來滿剌哈三及見拘朵思恰，即朵撒恰，應該作何收處，前項夷情應否差遣無礙夷人前去通達，即今應否作何隄備。計議停當，應施行者，徑自從宜施行，事體重大，星馳奏請定奪，不可忽處，致失事機。及以後遇有遞本處鎮巡官番文，查照舊規，就彼會同譯寫畢，一面議處，一面將原文付鎮守太監具奏封進，庶不失誤事機。

正德十三年四月十六日具題，奉聖旨："是。這夷情該處置事宜，都依擬行。"欽此。

爲夷情事

看得抄出番文，內係是土魯番速壇滿速兒王頭目米勒白克說與甘肅鎮巡官的話，他說速壇滿速兒差他看守哈密城，"速壇滿速兒差滿剌哈三同捨黑做使臣，我也差四個人去"等情，虎兒年十月二十日寫。查得近該巡撫甘肅都御史李昆等奏稱，滿剌哈三等前來肅州賫遞番文，全無悔過遜順之意等情，已該本部前項議擬，奏行鎮巡官議處外，別無定奪。但去年係是丁丑年，今却稱虎年十月寫，未知因何差錯。及看得後一紙番文，內說"米剌克乣吉、哈即等三百人看守着哈密城池，勸速壇滿速兒不要作歹，我每衆弟兄大小來年秋間收拾人馬，你調那裏去就那裏去"等情，顯是此夷陽爲和好，陰有挾制之意。内哈即恐即是引誘忠順王拜牙即走入土魯番之人。緣此等夷情未知虛實，雖不可輕信，示弱許和，亦不可不信，忽處失備。合無本部備行都御史鄧璋等，查照本部節次題奉欽依内事理從長議處，先事設備，應施行者徑自從宜施行，事體重大，星馳奏請定奪。

正德十三年四月十八日具題，奉聖旨："是。"欽此。

爲夷情事

看得譯出哈密衛都督寫亦虎仙、滿剌哈三番文四紙，内一紙説稱達子頭目脱黑忒等討要賞賜，要與朝廷出氣力；一紙説稱哈密城池毁壞，不能住守，要照永樂、弘治年間發人修理；一紙説稱哈密城池坍塌三次，俱彼用自己財物修理，討要蟒衣、玉帶；一紙説稱沙、瓜州等處人上都與麥種、牛隻、布疋，要哈密人上也給與些。以上四紙番文内説事情，合無行文甘肅鎮巡官查勘議處。又一紙説稱"哈密城池三次被搶，都是奴婢用自己財物贖取。這一次蒙朝廷敕書上寫着'寫亦虎仙上緊前去取城池、金印，但是説使用的財物儘你使用，只要成事，我你上加倍升賞不吝'。除有上天爲證，使過的一千疋段子、價銀等項，哈密人、漢人并這裏差去的官軍每都知道。漢人使用過的物件，在甘州三堂處告討，都與了，止我每上不曾與"一節。查得寫亦虎仙并差去通事人等見行提解來京，合無本部移咨刑部，候各犯解到之日審問，的係何人許説儘你使用財物，及甘州三堂何人准還漢人使用過物件，不還寫亦虎仙等使過物件，務見明白，通將原擬會問事情一併具奏定奪。

正德十三年四月二十六日具題，奉聖旨："是。這夷人所奏各項事情，該着鎮巡等官查議處置，并待刑部審問明白一併奏請的，都依擬行。"欽此。

爲夷情事

看得禮部抄送哈密衛都督滿剌哈三番文三紙，内一紙説稱"與奄克孛羅等四個都督加升職事，那三個都督的敕書蒙朝廷換與，奴婢因看守眞帖木兒在甘州住坐，敕書未曾換與，要照三個都督事例換與"一節。查有前項都督四員升職及三員換敕緣由，所據都督滿剌哈三亦合照例換與敕書。但查數内失拜烟答已被副使陳九疇監死。寫亦虎仙問擬謀叛斬罪，解京送法司會問。滿剌哈三招稱與寫亦虎仙同謀叛逆，先在哈密，今自投來，肅州鎮巡官見今豐其廪餼，羈留在彼。及查奄克孛剌、寫亦虎仙二人，正德九年五月蒙朝廷降敕褒獎，令其同守哈密城。正德十年正月，總督都御史彭澤出給鈞帖，差奄克孛剌、寫亦虎仙、滿剌哈三等前往土魯番地面送賞講和。既奉敕褒獎守城，又承鈞帖明文前去講和，今滿剌哈三又自來肅州奏討換敕，似與原問謀叛情由不合。係干外國夷情，萬一處置不得其宜，罪有出入，貽患非輕。合無本部移咨刑部，候寫亦虎仙等解到之日，先行督委公正郎中等官將各項夷情逐一查審明白，彼此輸服無詞，仍照原擬會官覆審，奏請定奪。其滿剌哈三餘外番文二紙，要照三個都督事例，求討蟒龍衣服、玉帶及討段疋、皮張等項物件，合無亦候刑部問結之日，應否准給，查照定奪。

正德十三年四月二十九日具題，奉聖旨："是。"欽此。

爲夷情事

看得番文一紙，是與甘肅鎮巡官的，大意説要上緊去與他和好，要將朶思恰好生待他，作急打發出來，及稱"寫亦虎仙取哈密城、印，多許下物件去了，他不出來呵，事都不成"，又説"嘉峪關外的城池不爲緊要，甘州、肅州莫着壞了"等語，不知是何夷所寫番文。又一紙專説"寫亦虎仙都督、寫亦阿黑麻百户、法忽兒丁通事、馬聰官兒、馬黑木衆通事使臣每上多拜上，你每許下去了的不曾完的信，因此上這些傷損出來了"等語，亦不知是何夷人所寫。及看得番文内所言討要朵思恰及拆毁禮拜寺等事，俱係土魯[一一]犯邊後事情，不知因何將此番文交付與先差使臣沙黑納咱兒等賫來投進。合無本部委官會同大通事舍誠等，審問陝西行都司差來百户張浩并夷使沙黑納咱兒等，要見前項番文的係何人於何年月日寄到甘肅某處交與各夷賫帶來京，中間有無冒名捏寫情弊，務見明白回報。本部一行刑部，待候寫亦虎仙等解到之日，查照審問原許段疋是否寫亦虎仙與通事馬聰等爲因取討哈密城、印一同許與，失信未完，務見的確，從公斷理；一行巡撫甘肅都御史鄧璋等，參詳所言"甘肅不要壞了"情由，計議隄備。及令行都司官，以後夷人進貢，遇有賫帶番文，驗看明白。係遞本處鎮巡官者，徑自會官譯看處置；係赴京奏進者，照依舊規，付鎮守太監封進。不許容令奸夷交通捏寫，變亂是非，虛實難信。如或故違，將行都司官參奏治罪。後該主事路直會同大通事、右少卿舍誠等譯審得，哈密使臣沙黑納咱兒等節次投進番文共二十四道，俱爲進貢求討事，並無投進高昌話回回字番文，各夷執稱不知情由，等因。緣前項高昌話回回字番文内所言討要朵思恰及拆毁禮拜寺等事，俱係土魯番犯邊後事情，今既查審不知從何封進，有礙定奪。合無請敕司禮監查勘前項高昌話回回字番文的係何年月日何衙門官封進，徑自覆奏施行。

正德十三年六月初八日具題，奉聖旨："是。"欽此。

爲會賞番夷有功人員奉[一二]事

看得甘肅鎮巡等官都御史李昆等奏稱，本年二月二十五日，該守把嘉峪山關千户查愷，驗送原差瓦剌虜營賫賞通事馬勝、夜不收白英、夷人添哥乩兒的等二十四名隨帶馬駝到官，及賫到達字一紙。審據馬勝等回稱，蒙差領賫賞賜出關，襲至哈密西北把腮虜營對衆交訖，各王頭目喜歡領受，取獲達字收領一紙，并帶同卜六王頭目并從人起程前來。及稱此虜自來不曾犯邊，亦自來不曾入貢，今因差人送賞至營，知所感激，前來答謝。雖夷人不知恩典出自朝廷，非臣等所敢受謝，然其一念感恩報國之心，亦深可嘉。又稱伊與土魯番有讎，雖誠僞未測，乞討賞賜，蓋亦夷虜貪得常性，不可峻絕，以灰其向化之心。將送來駝馬收留給價，仍量給衣段等件以慰其所望，諭令通事宣布朝廷恩威，犒勞館待，送出關外等項情節。臣等議得，瓦刺達子節年被土魯番讎殺，未見其真能制服土魯番也。若誠心內附，力能抗彼，加以賞賫[一三]，結其歡心，爲我藩籬，未爲不可。但事在夷方，難以輕信，將來之事，誠未可必，萬一此時失備，不無誤事。況啖之以利，使爲內援，後將難繼，亦非長策。合無本部行移新任巡撫甘肅都御史，會行鎮守太監、總兵官，將今奏內瓦刺夷人部落納款內附事情查訪得實，從長議處。如果可信，隨宜施行。若理有窒礙，事難經久，弊端不可輕開，邊務不可輕廢，徑自從長定奪，具奏查考，應參奏者，參奏處治。

正德十三年六月初八日具題，奉聖旨："是。這夷人事情，便行文與鎮巡官，著隨宜議處施行。"欽此。

爲夷情事

看得巡撫甘肅都御史李昆等奏內開稱，議得潛從他國，律有重典，在外官員法當休罷。速壇拜牙即之自逃土魯番，北[一四]之先年王母、陝巴被土魯番劫虜而去者事體不同。況夷王有無，關繫非急，惟令速壇滿速兒悔罪納款，歸我搶虜人畜，我歸其無罪之人，兵革暫省，即爲地方之利。除將復來夷使滿刺馬黑麻等二人并貢使、人畜、方物俱阻留在關外，若土魯番夷舉兵而來，多方隄備，務使遭鉏，保無他虞。若修詞求貢，速壇拜牙即未便送回，所搶人畜已有送到，合無起送入貢，惟復仍阻在邊，聽候進止。其所討朵撒恰、虎都寫亦等應否給發，乞要本部詳議明示一節，與前項巡撫都御史趙鑑等所訪夷情及巡按御史馮時雍所奏處待土魯番、哈密事理大意相同。緣哈密忠順王速壇拜牙即自作弗靖，棄國逃走，不必求其復歸，縱使來歸，亦不可必其復立，誠有如李昆等所議者。今若不依所議隨宜處置，仍執前議，務以必得速壇拜牙即爲事，不惟名義未正，抑恐理勢難行。但土魯番夷爲因都御史彭澤鹵莽輕處，送賞講和，納侮啓釁，覆軍殺將，損傷國體，甘肅地方自來所無之事。李昆等節次會奏，要將土魯番、哈密未犯邊之前差來進貢夷使遷發南方烟瘴地面。夷使見在會同館羈住，聽候法司取問。今土魯番罪惡尚未明正，先到夷使尚未發落，却將新到夷使起送赴京，揆之事體，前後不倫，似有不宜。合無待候法司問完之日，通將前項事情會議，奏請定奪，通行遵守，庶爲穩當。各官又奏稱，撒馬兒罕北山寄住馬黑麻哈辛王所差夷使土六孫等俱在肅州，未經查驗，可春王進貢夷人俱在土魯番聽候，合無將土六孫等仍發肅州羈住，候土魯番悔罪進貢至日，一同起送，惟復先行起送一節。查得舊例，哈密每年來朝一次，其土魯番等處，或三年、五年。來貢人員賫有印信番文，經過哈密地方，等候哈密使臣依期同來。見今哈密無人守國管事，進貢必不如期，若將土六孫等不候哈密夷使同來，獨放入貢，恐於前例有礙。況土六孫雖稱賫有印記番文，未見辯驗真僞，及查舊例，應否放入，俱難定奪。又查弘治五年虜去陝巴之時，西域諸夷一概絕貢，以此歸怨土番，方將陝巴送出。前代宋仁宗時，趙元昊據有西夏，寇擾中國，亦因羌人文[一五]不通和市，國人愁怨，遂有納款之心。今若止拒土魯番，不許入貢，其餘夷國俱令入貢，亦恐事體未穩。合無亦候法司問完之日，行移禮部，查照哈辛王等舊例，應否驗放入貢緣由，會議奏請定奪。本部一面行文提督都御史鄧璋等，暫照原議，將土魯番等處來貢夷人阻絕，不許驗放入關，見羈住夷人照舊羈留管待，通候會議奏請明文至日施行。各官務須整搠軍馬，區畫糧餉，加謹隄備，相機戰守，不可預擬通和，廢弛邊備，如前失機，罪必不宥。仍會同鎮巡等官計議，及訪察彼處夷情，要見哈密既未有王，都督失拜烟答已死，寫亦虎仙解京，滿剌哈三雖自來歸，原參與寫亦虎仙同謀，即今應否定立何人權守哈密，管理國事。前項巡撫都御史趙鑑等訪舉奄克孛剌應襲，今勘奄克孛剌是否罕慎親弟，應否襲爵，或令守國，管束夷人。及照前項弘治八年總兵官、都督劉寧奏准，將哈密三種夷人暫調赤斤城內住居，保全哈密殘孽事理，從長議處，即今應否亦於赤斤暫住保守，通議明白，上緊會奏，本部會官再議，奏請定奪。此係急處邊夷事情，鎮巡官不許遲延。

正德十三年六月二十九日具題，奉聖旨："是。這來貢夷人着暫留彼處，待法司問理別項事情完日議奏定奪。其餘事宜都依擬行。"欽此。

爲夷情事

看得土魯番速壇滿速兒番文，內說稱"我將金印、城他[一六]交付都督寫亦虎仙并你的使臣每去了，他每因爲那等我上許下去了，我就差幾個人去了。那個人失了信，將去的人都當住了，不曾送來，因此禍事顯了。今若將我的人打發出來，原許下的與了呵，再無一些爭鬧"，又說"我將金印、城池交與寫亦虎仙、滿剌哈三、寫亦阿黑麻、馬聰、法虎兒丁去了，因爲那等我上許下來。因爲許下的，我差了幾個人往甘州、肅州去了。將許下的不曾完的信，將我的人不放回來，還在那裏監着"等語，係干開啓釁端緊關情由，及寫亦虎仙并差去通事馬俊、火信等俱見在法司監問。合無本部移咨刑部，督同大通事舍誠等，將番文内所説情由逐一查審寫亦虎仙并通事馬俊、火信等，要見彼時何人在土魯番速壇滿速兒處憑何分付，許與何物，何人失信不與，及何人主張將差來人不放監禁，致惹邊釁，務見真實明白，仍照原擬會審，具奏施行。

正德十三年七月十四日具題，奉聖旨："是。"欽此。

爲查訪夷人事

參照陝西行都司掌印都指揮賀俊，明知起送進貢夷使係是重事，乃敢不照原驗放印信底册審對相同，造寫本册，信憑軍吏趙景元受財，將不知何處夷人火者馬黑麻等一十二名揑寫奏本册内，頂冒起送。及至本部行查，又止招認頂冒四名，其餘八名仍前隱匿不認，顯是賀俊通同趙景元作弊，欺誑朝廷，情犯深重。及照原差伴送夷人百户冒斌、通事捨黑馬黑麻、舍人王見，不行用心管伴，縱容夷人寫亦哈三私添從人，先行赴京，亦合有罪。再照原任巡撫甘肅都御史李昆，職司風紀，起送夷人，任憑行都司官吏作弊頂冒，擅添從人，及累次具奏，要將土魯番、哈密未犯邊之前赴京進貢夷使俱發烟瘴地面安置。本部因查前後奏册奏詞名數不對，恐礙發落，節次行文查勘。又不用心查明回報，直待奏差員外郎孫繼芳前去陝西一路挨查，仍不明白。又經奏准，行取原驗放夷人都指揮支永沿途挨查赴京，仍前故不用心，任從掌印都指揮賀俊通同僉事劉經，將頂冒夷人迭力迷失、馬黑麻等八名緣由不行查究，止將火者馬黑麻頂冒病故夷人沙迭力迷失等四名情由問招擬罪，又不查勘病故夷人四名曾否告官相驗緣由。直待支永到京，本部吊取原起送本册逐日查對，方得明白。所據李昆處事不行詳慎，以致往返查勘勞擾，實是有辜巡撫地方重托。又將都指揮賀俊擅自罰治，從輕發落。況今查出起送進貢夷人，内有哈密衛年例進貢夷人六十名，自與土魯番犯邊事無相干，一概參奏，要發烟瘴地面，尤爲不當。查得李昆見今提問。又照都指揮支永係原驗放夷人官員，既知奏奉欽依查勘夷名，不在彼處從實查明回報，亦各互相蒙蔽，直待到部面審查對，方呈前情，亦合有罪。合無將都指揮支永、百户冑[一七]斌、通事捨黑馬黑麻、舍人王見并馬文紀俱送法司問罪，查照律例議擬，先行發落。冒名夷人火者馬黑麻等，并冒充從人滿可歹等，并其餘見在館夷人，及都御史李昆前項情罪，俱行法司，仍照本部原擬，通併問完之日會審定奪。仍行各該巡撫都御史，將沿途差錯夷名官吏徑自查提問罪。及咨都察院，轉行巡按甘肅監察御史，將賀俊、劉經提問，趙景元追究明白，從重擬罪，通行奏請發落，以爲將來欺罔玩法者之戒。以後甘肅軍職有犯，仍要依律請旨勾問，不許擅自拘提罰治。陝西行都司掌印員缺，本部照例推補。

正德十三年七月二十日具題，奉聖旨：“是。支永等五員名送法司問擬發落，其餘各依擬行。”欽此。

爲夷情事

看得哈密衛都督奄克孛剌番文，内稱“比先我們種著哈密地方過活，喫用都有。今被察哈台將地方奪了，今我要種地呵無有地，要喫用呵無有財物，今望憐憫賞賜。正德十三年七月二十八日，無印信”一節。查得哈密忠順王拜牙即久已逃去土魯番地方，朝廷敕哈密衛都督奄克孛剌、寫亦虎仙守國。今寫亦虎仙已解京，奄克孛剌見在肅州寄住，又有都督失拜烟答被副使陳九疇禁死，及都督滿剌哈三見在肅州羈住，前項奄克孛剌所奏，似爲實情。但議處哈密事情，已該本部節次議奏，行彼處鎮巡官勘處未報，今奏難便定奪。及照肅州去京師萬里，今前項番文内開有"正德十三年七月二十八日，無印信"字樣，今却於禮科八月十六日抄出，地里如彼之遠，日月如此之近，豈能到得？中間事有可疑。合無本部再行甘肅鎮巡官，將奄克孛剌今奏情詞查照節次奉行事理上緊勘議停當，具奏定奪。仍乞敕司禮監查究前項番文的係何人賚送，何衙門官於何年月日封進，中間有無情弊，奏請處治施行。

正德十三年八月二十九日具題，奉聖旨："是。這夷人所奏事情，還着鎮巡等官上緊勘議，務要停當，奏來定奪。"欽此。

爲獲功將官陣亡陳情比例乞恩旌忠升録以勵人心事

查得甘肅西路遊擊將軍芮寧殺賊陣亡，該給事中黄臣、巡按御史趙春議奏，芮寧不從議約，貪功輕出，以致喪師，固當有罪，但平日謀勇委出諸將之上，先有斬獲之功，後能堅守決戰，死於鋒鏑，没於國事，乃得軍職效死之正，亦當矜憫以勵後來，要將伊男芮綱不拘常格量爲升録，激勸人心，等因。臣等議得，芮寧死于戰陣，又平昔謀勇出衆，比之馮禎雖有不及，其於陳乾似爲過之。合無將芮寧比照陳乾事例，於原任署都指揮僉事上量贈官階，及與祭葬。伊男芮綱照例襲升一級，與做指揮使，世襲，再量升都司職級，於陝西行都司列銜支俸，聽候委用，以示優恤。但恩典出自朝廷，臣等不敢擅擬，伏乞聖裁。

正德十三年十一月初三日具題，奉聖旨："是。芮寧堅守決戰，没於國事，情有可憫，准贈都指揮同知。伊男照例與做指揮使，世襲，仍升都指揮僉事。"欽此。

爲大彰天討以除非常虜患事

看得巡撫甘肅都御史鄧璋奏稱，虜中走回男子蒲芳等報稱，速壇滿速兒與頭目説："打造盔甲，收拾人馬。漢人若把朵撒恰放出來時，我也不和他作歹。若不放時，我每再往肅州搶去。"及亦卜剌人馬約有二萬，住在西海，今年五月那在山後，又有達子一千來到西川搶掠，甘肅一方有此二患。乞要仍命總兵官郤永前來提督軍務，往來隄備，逐剿土魯番并亦卜剌、阿爾禿厮賊寇。如本鎮兵力不敷，量調洮岷、延寧等處兵馬會合，併力應援。客兵糧餉，宜從户部查照事例計處。及要另推都御史一員，職專巡撫，容臣休致。如甘肅仍用大臣提督，另選賢能以充任使，等因。臣等議得，前代漢宣帝時，馮奉世矯詔破莎車，議封奉世爲侯，蕭望之以爲開後奉使者要功生事之端，遂止不封。宣帝因匈奴擾車師田者，欲繫[一八]其右地，使不敢復擾西域，魏相力諫止之，遂以車師故地與匈奴。自後惟用趙充國計，罷騎兵，留步兵，分屯要害，以益積蓄，省大費，遂能以全取勝，爲後世據守西域之法。近於正德八年，建議者不考故實，輕主用兵。既假言官之奏，推舉鄧璋總制三邊軍務，又因鄧璋之請，舉用都御史彭澤總督三邊軍務。原議彭澤職任，量調延、寧人馬逐剿阿爾禿厮、亦卜剌殘賊，令其遠遁，遏絶土魯番夷，不使内侵。其土魯番求討賞賜，事出無名，不可輕與。後彭澤調兵逐剿，亦卜剌等賊因畏北虜讎殺，不敢出邊，返過河東，遁入四川，不久復回河西，洮、岷等處被其殘害。慮恐侵犯陝西腹裏地方，彭澤、鄧璋相繼具奏，保舉副總兵趙文於洮、岷一帶住札防守。土魯番搶殺苦峪、王子莊等處，逼近肅州。彭澤不發兵遏絶，矯詔遣使講和，納幣虜庭，求討金印。又不候差去人回，妄奏北虜遠遁，西夷就降，致蒙取回。彭澤回已半年，土魯番方將金印同差去人送至肅州，復差親信夷人虎都寫亦、火者散者兒等隨印來到甘州，要求增幣。因彭澤已回，無人張主，鎮巡官質留虎都寫亦等，久不放回，遂致土魯番得以爲詞，統領夷衆直犯肅州，覆軍殺將，攻陷城堡。倉卒報到，朝廷慮恐奪占肅州，議遣都督郤永等調集兵糧，設法防禦。後因客兵難以久住，郤永尋亦取回。自舉彭澤等甘肅用兵，糜費糧銀一百餘萬兩，竟無成功。所以本部節次建議，并會官計議，行令甘肅守臣整飭武備，積蓄糧草。如遇亦卜剌等賊侵犯，相機戰守。其土魯番夷，照先年事例，閉關絶貢，不許往來。及處置哈密事宜，前項議處節次通行外。今都御史鄧璋不監覆車之戒，又欲郤永前去提督軍務，量調延、寧人馬，逐剿土魯番并亦卜剌、阿爾禿斯賊寇，令户部計處銀餉，及另添都御史一員巡撫。不思土魯番係絶域遠夷，無可征之理；亦卜剌等賊逼於强虜，不敢出邊，無可滅之期；北虜在奪[一九]，延、寧人馬不可輕調；户部經用告竭，難於計處。及查大同、遼東、湖廣巡撫都御史，俱兼贊理軍務，兩廣總督軍務都御史亦兼巡撫。弘治年間，都御史王越總制甘、凉等處軍務，亦兼巡撫，原任巡撫甘肅都御史吳珉取回，原無提督、巡撫二官並設之例。所據前奏，俱難准擬。合無本部行文都御史鄧璋，務要遵照原奉敕諭，并本部節次議奏及會官計議題奉欽依内事理，逐一看詳，欽遵奉行。凡事務在慎重詳審，不可任情，輕忽處待。内外鎮守官員俱遵舊規，協和計議，開誠布公，先國家之急而後私情，親僚友之交以絶壅蔽，棄小過以存大體，去崖岸以收人心。原議處置土魯番事情，應具奏者，會議停當，上緊奏請定奪。其本鎮合用兵糧，就於本鎮及常例内區處應用，屯兵積蓄，爲經久之圖，斯稱委任。

正德十三年十一月十四日具題，奉聖旨："是。"欽此。

爲久任撫臣以蓋前愆以保重鎮事

看得兵科給事中華淳奏稱，右都御史鄧璋所奏，非欲要提督之專命，實欲脱甘肅之巡撫。先任總制三邊，北虜侵犯，既托疾以辭歸；今任巡撫甘肅，到任未久，地方有事，前日托疾之心復萌。國家何負於璋，而璋忍累以疾報？乞降敕切責鄧璋，遵依敕內事理，勿拘小嫌，勿蹈故轍，勿因事托疾爲己便，務以安靖重地爲己責。如或不然，竟行罷黜，以爲推奸避難、晚節有虧者之戒，等因。查得先該吏部會同本部推舉鄧璋巡撫甘肅，加以提督軍務名目，爲因鄧璋舊在甘肅，熟知夷情，又平昔行事老成，起取復用，必知勉勵圖報。遇有土魯番入寇，得以自便，調取延寧、洮岷等處軍馬策應，未爲不宜。今鄧璋到彼未久，不屑巡撫之任，欲專提督之權，托疾具奏，冀欲必從，物議之來，實其自取。除將鄧璋所奏事理另議覆奏外，今給事中華淳論奏前因，不爲無意。合無本部行文都御史鄧璋，務遵原奉敕諭內事理欽遵行事，勿拘小嫌，勿蹈故轍。若能以地方爲己任，安静撫綏，茂著勞迹，公論自有所歸。如或推托誤事，亦難辭責。

正德十四年三月十四日具題，奉聖旨："是。鄧璋以老成起用，著用心安撫地方，以副委任。"欽此。

爲達賊出没事

看得甘肅巡撫都御史鄧璋、鎮守太監王欣、總兵官柳涌各奏稱，正德十三年十月初八等日，達賊在於地名破山口等處射死墩軍[二〇]五名，并捉去墩軍、馬匹，要行巡按御史體勘，將誤事人員參問。及據走回人口報説，阿爾禿斯、亦卜剌達賊要往北投順小王子，通行副參、遊擊等官整搠兵馬，相機戰守，等因。合無本部移咨都察院，行巡按甘肅監察御史體勘，前賊近邊，如果止是射死墩軍，捉虜軍人，別無隱匿入境、擄掠人民重情，將應問人犯參問，照常發落。若有重情，指實參奏定奪。及查阿爾禿斯、亦卜剌二種達賊，先於正德九年奏差都御史彭澤調延、寧人馬追逐，爲因懼怕小王子讎殺，不敢出邊，反過河東，擾害洮岷，南入四川，費用官銀一百餘萬兩，竟無成功。今報稱二種達賊自要投順小王子北去，若果是實，誠爲地方大幸。但近日四川鎮巡官奏報，前賊見到四川松潘邊境搶殺，所據阿爾禿斯、亦不[二一]剌二種達賊有無出邊，尚難輕信。況土魯番事未曾處置停當，甘肅鎮巡官近又不和，自相訐奏，地方安危深爲可慮。合無本部行文王欣、鄧璋、柳涌等，各要以地方重寄爲己責，同心協力，共濟時艱，先國家之急而後私情，撫恤軍士，揀選操練，加謹隄備，相機戰守。如或故違，致有大患，國典具存，必難輕貸。

正德十四年三月二十三日具題，奉聖旨：“今甘肅邊情緊急，著鎮巡等官用心隄備。失誤官員依擬行。王欣所奏盜庫、偏執誤事等情，亦要明白奏來定奪。”欽此。

爲擒獲回賊事

看得提督軍務都御史鄧璋等奏稱，添哥乩兒的等五名，越度邊關，私出外境，勾引逆虜侵犯，要和將添哥乩兒的并米兒馬黑麻俱監候，乞要本部將今奏添哥乩兒的所供前情亦行法司併問，從重歸結一節。緣奏內原參寫亦虎仙事情，先該給事中黃臣等勘問回奏，已經備行法司查照會問。今奏添哥乩兒的走出外境事情，係在彼中，人未解到，難以又行法司併問。合無待後法司將見解到人犯問結之日，轉行巡按甘肅監察御史，將今奏添哥乩兒的所犯事情另問明白，奏請發落。查得米兒馬黑麻并添哥乩兒的，原係給事中黃臣、巡按御史趙春問報給付功臣之家爲奴并遷發烟瘴地面監候奏請發落人數，今被走出外境，未見參究何人故縱不禁，以致出境，合當查究。及照都御史鄧璋等，既有地方之責，平昔鈐束欠嚴，事發又不追究，亦難辭責。但各犯俱已捉獲，合無本部移咨都察院，行巡按甘肅監察御史查勘，米兒馬黑麻、添哥乣兒的等既係勘官問完監候人數，因何故不監禁，以致出境，務要追究主守之人，提問明白，依律治罪。其巡撫都御史鄧璋等，合無各令回話，惟復別有定奪。

正德十四年五月十七日具題，奉聖旨："是。這監候人犯如何不行嚴謹關防，以致走回本境。鄧璋等不行追究主使之人，却將已解京會問事情牽引具奏，好生徇情，都著從實回將話來。還差刑部郎中、錦衣衛千戶各一員前去，會同巡按御史，將今奏事情從公勘問明白來說。"欽此。

爲夷情事

看得巡撫甘肅都御史鄧璋等奏稱，參將種勛呈送哈密夷人滿可卜剌等供報，正德十一年速壇滿速兒往肅州做了歹，各地面王子說把金路斷了，都要廝殺。有速壇滿速兒害怕，差了馬黑麻火者等來了。及速壇寫亦說"你把速壇拜牙即哄到土魯番，要害他的命。他逃走到我根前，你要我也不與你。那一日大明皇帝差人來，我親自交到他手裏"等情，則速壇寫亦似有敬順朝廷之意，速壇拜牙即似有回還哈密之理，但係傳聞之言，未可盡信。及先已議寫鈞帖，與土魯番差來請和頭目馬黑麻火者賫去，難再別議一節。臣等議得，土魯番爲因朝廷處置得宜，能服其心，及諸夷歸怨土魯番，各來款塞，懇乞通貢，甘肅鎮巡官節次具奏，乞早定奪。爲因法司將提到甘肅人犯不肯上緊問結，會審發落，以致事難議處。伏望聖明俯念西夷畏威納款，特敕刑部將原提人犯上緊問結，會官覆審，奏請發落。本部隨將一應處置甘肅邊情會議具奏，伏乞聖明定奪，行下遵守，邊方幸甚。

正德十四年六月初五日具題，奉聖旨："是。甘肅提到人犯，着法司上緊會審明白來說。"欽此。

爲遠夷歸順悔罪祈貢等事

會同太傅、定國公臣徐光祚等，少保兼太子太保、吏部尚書臣陸完等，看得甘肅鎮巡官都御史鄧璋等奏稱，土魯番節次遞到番文，皆謂寫亦虎仙之取城、印，許段未與，及將講和頭目朵撒恰等責打收監，將取段頭目虎都寫亦等拘留不放，并節年貢使起數俱不打發回還，執此一詞，前後不易，大抵聲言啓釁之端，掩飾犯邊之罪，今已六次悔罪請和，乞要照舊入貢，合當隨宜撫處。及稱土魯番見差夷使馬黑麻火者等，撒馬兒罕貢使火者馬黑麻打力等，并哈密衛買賣夷人滿剌俄六思等應否准貢起送，乞請定奪，明降示下。又稱馬黑麻火者執稱，速壇拜牙即逃走，先在阿速城把巴義處，後又在速壇撒因處，幾次差人去取，畏懼自不肯來。合無候拜牙即送還，惟復另擇相應之人襲立。又議暫令都督奄克孛剌帶領畏兀兒、哈剌灰各種夷人，俱調苦峪暫且居住，修理城池，開耕地土，處置牛具、種子，保有赤斤蒙古、苦峪、罕東之地，爲肅州藩籬之倚，行陝西布政司，查支官銀一萬五千兩撫夷支用。又稱審得走回夷人拜言土骨思供報，土魯番俱留家人哈密種田。及稱札把乩兒的兒子馬黑麻迭民，告着往沙州饋他老子報讎。速壇滿速兒收拾軍馬，教馬黑麻迭民往沙州坐去，等因。臣等議得，近該多官於午門前會問土魯番犯邊各官啓釁誤事情由，俱已明白。所據土魯番既已犯邊，理當阻絕，不許入貢。但本夷先曾納款，獻還城、印，後因差人送印，守取原許段疋不與，又將差來人拘留不放，以此犯邊，事起有因。今已六次悔罪請和，又差人扣關求貢，若終拒絕，不許來貢，恐非撫馭外夷之道。合無將都御史彭澤原取送印謝恩見在京土魯番夷使失黑把息兒等，及哈密年例進貢夷使阿都哈力等，并伴送土魯番夷使火者馬黑麻等，但係禮部見收陝西行都司奏繳册内有名夷人，合得支待賞賜，禮部上緊查例，奏請定奪給賞。及土魯番原差送印，先問斬罪、今辯供明夷人虎都寫亦，量給與賞賜、衣鞋，通查分爲幾運，量差的當序班，同原來人役伴送回還。沿途官司各照例應付口糧、脚力等項，不許阻滯。到於甘州鎮巡官處，連存留在彼同起進貢夷人，一同上緊打發出關，各回本土，將出關日期回奏查考。見在京問完發落并供明免罪等項夷人，俱應付口糧、脚力，就令差去序班一同押送甘肅鎮巡官處收查，各發回原衛原籍，隨住寧家等項發落。見在甘州收監夷人朵撒恰等，俱准放回，令與失黑把息兒等一同回還其土魯番等處。前項鎮巡官具奏，已到關求貢夷人馬黑麻火者等，并以後再有來貢夷人，俱令鎮巡官督同副參、三司等官，逐起審驗明白，查例相應，量數存留起送，務差的當有職人員各另管伴，定限赴京，毋容似前錯亂頂冒〔二二〕及例外多添。到京之日，禮部查照，如有違錯，將鎮巡官參奏究治。仍請敕一道責諭土魯番速壇滿速兒，大意謂彼："前朝廷降敕，就令爾國差來夷使齎去，責諭爾將忠順王拜牙即并金印送回，朝廷自有賞賜。又敕都督寫亦虎仙等共守哈密，又恐達賊阿爾禿斯、亦卜剌與爾土魯番犯邊，特差都御史彭澤調集人馬，前去防禦截殺。不意彭澤不依朝廷敕旨行事，爾的頭目火者他只丁領人馬來到嘉峪關外王子莊等處搶殺。彭澤不發人馬截殺，却自出鈞帖，差寫亦虎仙等將帶段布、銀器等物送爾講和。求取拜牙即不得，止將金印交還。爾因差人送賞到彼，即敢肆志，數外勒許段疋，差人押帶寫亦虎仙等前來甘州取討。彼時彭澤已回，所許失信。巡撫都御史李昆等不照彭澤行事，將差來人拘留，又不即奏聞區處。此皆各官處置乖方所致，朝廷俱已明正其罪。但爾豈不知天朝至大，萬國來王，輒敢率衆犯我邊境。邊報一到，即命大將率領各路精兵征進。廷臣議奏，不必勞兵遠出，止可閉關絕貢，不許往來，要將先差進貢夷人俱遷發烟瘴地面安置。今鎮巡官節次具奏，謂爾六次投進番文，悔罪求貢，情皆真實。廷臣謂爾既犯大順，不可輕許，但朝廷念爾遠夷無知，既已傾心悔過，特赦爾罪。其未犯邊之先差來送印夷使失黑把息兒等，俱給與賞賜，并虎都寫亦也量賞賜，及將朵撒恰等一同放回。見差到關進貢夷使，准爾所請，亦令鎮巡官驗放赴京。今後爾宜感朝廷恩德，尊敬中國，盡藩臣禮，不許似前聽信小人往來搬弄是非，輒起歹心，自取棄絕。但有應奏事件，務寫本土印記番文，照常投進。一應行去事件，務要驗有朝廷御寶赦書，及鎮巡官奏奉聖旨印信文書，方許憑信。其拜牙即行事不正，棄國逃走遠地已經年久，自不敢來，已命鎮巡官查訪忠順王的親族屬，奏保承襲，特諭爾知。及令哈密衛都督共守哈密，爲爾西夷通路，以後不許再來哈密生事打擾。若爾國夷人進貢，經過沙州被達賊搶害，告知鎮巡官處治，不許擅動人馬，前來沙州等處住坐。”將赦就交與失黑把息兒、虎都寫亦同朵撒恰等捧回，着令速壇滿速兒迎接，設置香案開讀，差人謝恩。仍寫副赦一道，齎與甘肅鎮巡官，將赦內事意先令通事明白宣諭失黑把息兒、虎都寫亦、朵撒恰等通知，到彼傳說。及照都督滿剌哈三，正德十一年土魯番犯邊之時，正在哈密住坐，不能勸阻，死守哈密，姑免治罪，已爲萬幸，今來肅州求討蟒衣、玉帶，難以准給，況已年老，相應替職。及照鄧璋等奏，要赦奄克孛剌帶領畏兀兒等、哈剌灰各種夷人，俱調苦峪暫且居住，修城種田安插一節，深爲有益。但哈密衛都督四人內，奄克孛剌、失拜烟答俱已死，寫亦虎仙、滿剌哈三俱年老，合無行令鎮巡官上緊查勘各人的親應襲兒男，照例保送，赴京襲替。滿剌哈三省發回衛閑住。仍從公勘議勘〔二三〕以住守苦峪之人，另行具奏議處。再照忠順王拜牙即，自作不靖，正德八年棄國逃走，至今年久，遠避絕域，自不敢回，難以強求復立，又啓釁端。合無行令鎮巡官從公體訪忠順王的派子孫應該承襲之人，保勘明白，具奏定奪。緣係兵部原議處置哈密夷情，係干事體重大，候法司會審見監問夷人寫亦虎仙等事情畢日，會同各部、都察院、通政司、大理寺各堂上官并六科十三道掌科掌道官計議停當，奏請定奪事理。

正德十四年七月初八日會題，未奉明旨。

爲整理邊務以備番夷事

看得巡撫甘肅等處都御史鄧璋欽奉敕旨，會同鎮守太監王欣、總兵官柳涌，修築城堡，整飭器械，操練軍馬，措備糧餉，賑恤軍士，撫順屬番，俱着實舉行，事有成效。見今土魯番畏服，六次悔罪，扣關求貢，皆由本官及鎮守內外重臣處置得宜所致。欲照原議將鄧璋取回，差官巡撫，照舊行事。但見在京進貢夷人未曾放出，土魯番求貢夷人未曾放入，事未全定，難保寧息。合無將鄧璋等請敕獎勵，令其協心同志，修其舊勳，勉其新功。原奉敕內事宜，務要益加遵守，以克有終。待土魯番新貢夷人放入，各項事宜俱處置寧妥之日，應否回京，具奏定奪。再照處置哈密一應事宜，已該本部會官議處明白具奏，未奉明旨，誠恐土魯番因此猜疑，又生變詐，伏乞聖明將本部會官議奏事件早賜宸斷，速行遵守，地方幸甚。

正德十四年七月二十四日具題，奉聖旨："是。鄧璋、王欣、柳涌遵奉敕旨，處置得宜，各寫敕獎勵，着協志同心，益圖後效。"欽此。

爲獲功事

看得巡撫甘肅都御史鄧璋奏稱，沙州頭目帖木哥等番人四十名追趕犯邊回回脫脫木兒番人，也泥革爲首，鎖南兒加爲從，斬獲首級一顆；伍六失加爲首，鎖南束爲從，斬獲首級一顆，一顆被狗喫毀無存。乞要轉行巡按御史，查審的確，將有功首從番漢人役照例升賞一節。合無本部咨都察院，行巡按甘肅監察御史，上緊查明，具奏升賞。再照肅州附近番夷，朝廷每加撫綏，令其內附，專爲攘外之計。今甘肅鎮巡官激勵沙州頭目帖木兒哥追斬脱脱木兒犯邊回賊，誠爲得策。合無行令王欣、鄧璋、柳涌等，以後悉照此例激勸防禦施行。

正德十四年八月初六日具題，奉聖旨："是。"欽此。

爲遠夷歸順悔罪祈[二四]等事

看得甘肅鎮巡官都御史鄧璋等奏稱，土魯番節次遞到番文，皆謂寫亦虎仙之取城、印，許段未與，及將講和頭目朵撒恰等責打收監，將取段頭目虎都寫亦等拘留不放，并節年貢使起數俱不打發回還，執此一詞，前後不易，大抵聲言啓釁之端，掩飾犯邊之罪，今已六次悔罪請和，乞要照舊入貢，合當隨宜撫處。及稱土魯番見差夷使馬黑麻火者等、撒馬兒罕貢使火者馬黑麻打力等，并哈密衛買賣夷人滿剌俄六思等應否准貢起送，乞請定奪，明降示下。又稱馬黑麻火者執稱速壇拜牙即逃走，先在阿速城把巴義處，後又在速壇撒因處，幾次差人去取，畏懼自不肯來，合無候拜牙即送還，惟復另擇相應之人襲立。又議暫令都督奄克孛剌帶領畏兀兒、哈剌灰各種夷人，俱調苦峪暫且居住，修理城池，開耕地土，處置牛具、種子，保有赤斤蒙古、苦峪、罕東之地，爲肅州藩籬之倚，行陝西布政司查支官銀一萬五千兩撫夷之用。又稱審得走回夷人拜言土骨思供報，土魯番俱留家人哈密種田。及稱札巴乩兒的兒子馬黑麻迭民，告着往沙州饋他老子報讎。速壇滿速兒收拾軍馬，教馬黑麻迭民往沙州坐去，等因。具題外，至今未奉明旨，等因。查得處置土魯番、哈密事情，已該本部會官議處，至今日久，未奉明旨，係干事體重大，若不早賜裁決，見在館夷人日久不得回還，見在肅州夷人日久不得入貢，鎮巡官未奉明旨，不敢施行，恐又生疑，致惹邊患。伏望聖明俯察臣等先奏會官議處事理，早賜宸斷，欽遵施行。

正德十四年八月初七日具題，未奉明旨。

爲夷情事

看得巡撫甘肅都御史鄧璋等奏稱，沙州帖木哥差人齎遞番文，"審得革力乜供稱，哈密衛夷人拜卜剌被土魯番搶去，逃回到沙州，及聽得土魯番察台人馬要搶帖木哥，又有瓦剌達子也要搶來。我每大小人民害怕，差我往老爹每上，教我每在那裏坐"等情，已譯寫漢番字鈞帖，就令本夷齎與帖木哥等，務要尊事朝廷，堅守臣節，和睦鄰番，晝夜加謹，收拾部落，保守境土。遇賊果來侵犯，併力剿殺，仍即差人傳報，調兵策應一節。查得帖木哥先年阻遏速壇滿速兒，及節次殺死土魯番回賊，屢經受賞。今偶聞傳報之言，輒爲遷避之計。鎮巡官譯寫鈞帖，諭令收拾部落，睦鄰保境，遇賊侵犯，併力剿殺，仍即差人傳報，調兵策應，處置得宜，別無定奪。但甘肅地方連年用兵，官軍疲敝，錢糧缺乏，再有邊釁，實難調遣。況先年都御史彭澤撫取送印赴京進貢夷人未曾放回，近年扣關認罪求貢夷人未曾放入，犯邊之事，難保再無。伏望皇上俯念邊遠夷情關繫至重，特准本部會官原議，早賜宸斷，放出先貢夷人，齎回賞賜，以慰遠夷之心，及准新來夷人入貢，以羈縻其向化之念。

正德十四年九月初九日具題，未奉明旨。

爲夷情事

看得巡撫甘肅都御史鄧璋等會本奏稱，土番魯差來夷使牙兒馬黑麻等、哈密夷人滿可卜剌等賫遞番文，要差兩個漢兒人前去取速壇拜牙即等情，鄧璋等已差通事虎得山、馬秀二名，領齎鈞帖二道，與同土魯番差來夷使牙兒馬黑麻、哈密夷使滿哥卜剌[二五]等，給與路費，於八月初三日差人自肅州伴送出關，聽其自行回還。緣今本國節年進貢夷使在京及貢回在途者，先因本酋侵犯肅州，見該法司勘問，兵部會議處置，倘因臣等先奏本酋款服，從輕發落，後乃閉關絶貢，不無有礙施行，乞要會議之時，將今次會題事理查併處置一節。臣等查得，正德十二年二月内，本部會官議得，土魯番既犯肅州，理當閉關絶貢，不許往來。如果自來告受撫諭，將忠順王拜牙即送到肅州，別無挾詐，具奏定奪，原無許令鎮巡官差人去取拜牙即。及今正德十四年七月内，本部會官議奏，拜牙即棄國逃走，年久難以强求，復立又啓釁端。臣等嘗見宋臣呂中因宋太宗遣使如契丹，論言“和出於彼則和可堅，和出於我則和易敗。太祖專任邊將，來則拒之，去則禦之，未嘗遣一騎出境，亦未嘗命一使通和，得中國之體”，誠爲確論。今鄧璋等既奏土魯番夷使馬黑麻火者認取拜牙即出於情願，並無逼勒，自當送還，今仍違拗，以覊留夷人藉口求討賞賜爲詞，要漢人前去取信，譎詐貪婪，如常無厭，却又擅差通事虎得山、馬秀二名，齎鈞帖二道，同去撫取，蹈前覆轍[二六]，事屬鹵莽，合當查究。但因節次會議具奏事理未得速賜處分，以致鄧璋難於遵守，又有前奏。臣等竊惟，撫馭四夷不在於邊兵强盛，而在於處置得宜；天下之事不在於臨難救解，而在於先幾預防。前項甘肅夷情，已蒙聖明洞察，處置得宜，命官會議具奏，三個月餘未蒙俞允。甘肅去京往回萬里，事久不決，必生他虞，徵調官軍，騷動邊境，實非細故。伏望皇上俯念邊方夷情至重，將正德十四年七月内本部會官議奏事理早賜宸斷，本部馬上差人齎送甘肅鎮巡官遵守，庶不誤事。

未奉明旨。

校勘記

〔一〕“剎”，疑當作“殺”。

〔二〕“赴”，疑當作“付”。

〔三〕“賚”，疑當作“賫”。

〔四〕“牙木闌”，一作“牙木蘭”。

〔五〕“才”，當作“牙”。

〔六〕“呵都呵哇”，一作“阿都阿畦”。

〔七〕“部”，疑當作“都”。

〔八〕“重”，疑當作“衆”。

〔九〕“綍”，疑當作“倍”。

〔一〇〕“依”，疑當作“移”。

〔一一〕“土魯”後，據文意似脱一“番”字。

〔一二〕“奉”，據文意此字似衍。

〔一三〕“賫”，疑當作“賚”。

〔一四〕“北”，疑當作“比”。

〔一五〕“文”，疑當作“久”。《宋史》卷三百一十一《龐籍傳》：“羌久不通和市，國人愁怨。”

〔一六〕“他”，疑當作“池”。

〔一七〕“胃”，疑當作“冒”。

〔一八〕“繫”，據（明）陳子龍《皇明經世文編》卷一百十王瓊《爲大彰天討以除非常虜患事》當作“擊”。

〔一九〕“奪”，據上文當作“套”。

〔二〇〕“墎軍”，疑當作“墩軍”。

〔二一〕“不”，疑當作“卜”。

〔二二〕“胃”，疑當作“冒”。

〔二三〕“勘”，疑當作“堪”。

〔二四〕“祈”後，據文意似脱一“貢”字。本書本卷另有《爲遠夷歸順悔罪祈貢等事》。

〔二五〕"滿哥卜剌"，一作"滿可卜剌"。本書本卷《爲夷情事》："參將種勛呈送哈密夷人滿可卜剌等供報。"

〔二六〕"輒"，疑當作"轍"。

山東類

爲存留兵備官員以安地方事

看得巡撫山東都御史黄瓚等奏，要將武定州兵備僉事不必裁革一節。臣等查得，天下兵備官員俱成化以來權宜添設，原非祖宗舊制。正德六年，流賊蜂起，添設雖多，皆擬事寧裁革，正恐紊亂舊制。本部先因給事中閻欽具題，要將各處新舊兵備定擬存留裁革，奏行各該巡撫、巡按計議前來，成化等年設立者俱各存留，正德六年新設者止留徐州一處，餘皆裁革。奏蒙欽依，特留九江一處，其武定兵備亦在裁革之内。臣等初意，惟欲恪守舊制，欽遵原擬，非惜添設一官，廩禄供給之費也。今都御史黄瓚等奏稱，武定兵備例雖當革而實不可革，迹雖若擾而實利於民，固非原擬暫設之意，亦不詳臣等欲革之由。況武定地方，弘治以前原無兵備，不聞人民便於騎射，輒起爲盜。逮至正德六年，盜賊猖獗，議者始設兵備，謂其可以遏賊勢於方張。而賊益縱橫，卒致命將出師，調動邊兵，動經歲餘，方能剿平，似兵備之設又爲無益。且古之弭盜者逐捕吏，今之弭盜者設捕吏，是何古今之不相及？況前項地方見有守巡官員，兵備事宜皆其當行職務，若又常設兵備，不惟紊亂官制，事愈紛更，抑且政出多門，人難遵守。況本部題奉前項欽依遵行未久，朝令夕改，甚非政體所宜。見今巡按廣西監察御史朱昂具奏，兵備與分巡官行事掣肘，要行裁革，誠爲有見。合無移咨巡撫都御史黄瓚，查照先年巡撫都御史馬文升奏准事例，嚴督分巡、分守官不時往來巡歷地方，提督軍衛有司，撫安軍民，禁捕盜賊，不許常住省城，推托誤事。其暫設兵備僉事，仍照原擬裁革。

正德十一年六月二十二日具題，奉聖旨：“這兵備官，既該鎮巡等官節次議奏不可缺人，還暫照舊添設，防禦盜賊。待後年成豐稔、地方寧靖之日，依擬裁革。”欽此。

爲申明地方利病撫安軍民等事

看得刑部咨送鎮守太監黎鑑奏，要比照張咏、余慶事例，乞降特敕管理詞訟一節。查得先年各處鎮守太監並無接受詞訟事例。正德二等年，太監張咏等受詞害人。正德五年，荷蒙皇上明見萬里，查革改正，悉照祖宗成規行事。今太監黎鑑不遵原奉敕諭，奏要照已革新例特降敕書，兼理詞訟。設若准奏，天下鎮守太監必來比例具奏，是弊端自黎鑑啓之，係干更張，關繫匪輕。刑科論其故違，不敢隱默；本部執守舊章，豈敢阿從？合無請旨切責太監黎鑑，令其恪遵成憲，安靜行事，不可聽信下人，招權生事，輕啓弊端。其地方詞訟問斷不公，遵依祖宗欽定《憲綱》，聽巡按御史并按察司官舉劾拿問。若又不公，許被害之人依律赴京伸訴。

正德十二年六月初九日具題，奉聖旨：“只照敕內行事，不必紛擾。”欽此。

爲議處地方以保障生靈事

看得御史陳克宅所奏，大意謂山東地方盜賊隨捕隨起，非不畏死，皆因賦繁役重，民不聊生所致，指言五事，議處興革，而又歸重於得人，薦揚參議蔡天祐等，欲加旌獎，以責實效，誠爲知本之論。內民壯一事深切時弊，不獨山東爲然。合無本部行山東并各處布政司、直隸府州，通行所屬，內除備邊民壯照舊外，其餘悉依御史陳克宅所擬，各在本州縣操練，有事調用，事畢即便放回本州縣操練，不許無故調取，聚集一處，幫貼盤纏，科擾害民。敢有故違，聽巡撫、巡按官糾舉究治，及許被害之人赴京奏告。其餘田地□蕪，差徭繁重，稅糧負累，興修水利等事，咨行戶、工二部查議，覆奏定奪。及參議葵[一]天祐、陳簀，副使舒晟、李師儒，僉事黃昭道、王億，內捕盜有功者，候本部前奏命下之日賞賚獎勵外，本部再咨吏部，行巡撫、巡按官，旌其賢能，責令將御史陳克宅所言事件著實舉行，庶使民得安生，盜賊自息。

正德十五年七月初八日具題，奉聖旨："是。各州縣民壯只着在本處操練，有事調用，事畢即便放回，不許無故調取，聚集一處，科擾害人。你部裏還通行各處布政司及直隸府州縣衙門知道。這所奏事情，着山東撫按官嚴督所屬，務要着實舉行，毋得虛應故事。"欽此。

河南類

爲專捕盜處民兵以祛民患事

看得巡按河南監察御史許完所奏"捕盜當有專官"等四事，不爲無見，理合開立前件，議擬明白，上請定奪。

正德十一年三月十三日具題，奉聖旨："是。准議。"欽此。

計開：

一、捕盜當有專官。前件。看得所言要添設捕盜官一節，查得節年添設捕盜官員，俱係一時權宜，事寧俱當裁革。其原額數目官制已定，係干國初創立制度，難擅改議，但要任人之意，誠爲有理。合無行移巡撫河南都御史，將教閱民兵、緝捕盜賊一事專責各州縣掌印正官提督整理，選委佐貳相應官管領操練。如佐貳缺官及無相應官可管，正官帶管。捕盜官不必通設。其所奏查考功過轉升及選用巡檢一節，合咨吏部查照施行。

一、民兵不宜太濫。前件。查得爲陳愚見祛宿弊以安軍民事，該巡按直隸監察御史楊珽奏。本部議得，我朝舊制，自京師以及天下設置衛所，編充軍伍，幾至百萬，令州縣百姓供給糧賞，計天下田租之入太半供軍，專爲防奸禦侮，軍以衛民，民以供軍，未聞軍衛之外復有民壯之設也。自正統十四年軍伍消耗，邊情緊急，始議召集壯勇以自護衛，蓋一時權宜之計，事寧之後，即當罷革民兵以示休息，修明軍政以復舊規，而年復一年，因循未改。至於給事中孫孺建議選民壯以振天威，本部先任官依擬通行天下，照里編僉，民兵之害遂流至今，言者屢欲查革，而本部因襲憚改，終不能救。今御史楊珽奏言，臣等不敢忽處。合無通行各處巡撫、巡按官，會同三司等官查勘，但係弘治七年給事中孫孺奏准新設民壯，通行革罷，與民休息，不許再行勾擾。其正統年以後、弘治七年向前原設機兵、民壯，及山西、陝西等處原議備禦各邊民壯，俱照舊存留。本部議擬未盡事理，悉聽巡撫、巡按、三司官從宜施行，等因。正德十年七月十一日題奉聖旨：“這民壯還照舊行。”欽此。今御史許完奏稱河南民兵不足爲輕重，深爲民害，反覆辯論，利害明白，正與御史楊珽并本部查議事理相同。今若固守給事中孫孺之淺識，不從御史楊珽、許完之至論，稍爲釐革，誠恐百姓困苦，逃亡日衆，臣等於心實所不忍也。合無本部行移巡撫河南都御史李充嗣，查勘河南所屬州縣見在機兵、民壯，除原設有者照舊存留外，但係弘治七年給事中孫孺奏准添設民壯盡行革罷，與民休息。雖係舊有，中間里分有多寡，民力有貧富，應多設而或少，應少設而或多，如御史許完所言，聽其從宜損益，務使民力節省，緩急得用，回奏查考。

一、教閱當有定法。前件。行巡撫河南都御史依擬教閱，無故不到者依律究治，或量拘役，不許有司罰害。

一、替役當有常期。前件。查得先爲乞明編僉民壯事，該巡撫山東右副都御史何鑑題，稱民壯之設，專一守護城池，遇警調用，有司官吏直待消乏更替，乞將民壯俱准十年一次審編，但有年老、殘疾、病故等項俱准僉換，不必拘其消乏，等因。該本部議得，自弘治十二年爲始，每十年通行查審看驗一次，中間但有年老、殘疾、病故、人丁消乏等項，悉與僉換。若本戶見有壯丁十名以上，家道殷實，仍於本戶內僉取壯丁更替，再當一輩，事故之日，不許再於本戶內僉補。其十年審編之時，分巡、分守并府州縣正官務要親臨，逐一查審，照依黃冊次序，將丁糧相應之家從頭僉替，毋令下人作弊，獨損貧民。果係仕宦之家，并軍匠灶籍，比民量加優免。中間果係正統、景泰、成化初年應當到今者，如是告要更替，查勘是實，亦與僉換，等因。弘治十一年十二月十八日題，奉孝宗皇帝聖旨："是。"欽此。今御史許完奏，要將民壯或五年或十年通爲僉替，查有前例見行，蓋是有司奉行未至，以致負累，合無本部備咨巡撫河南都御史李充嗣，查照前例，遵依施行。

爲陳情分辯斬獲首賊照例升賞事

臣等參詳得，劉三罪惡同於趙風子，甚於賈勉兒等。王謹射重劉三，割取首級，兩次經巡按御史勘實，比與趙成盤獲趙風子、王斌等緝獲賈勉兒等事不甚異。及至論功，趙成以軍餘升正千戶，賞銀一千兩，王斌等各升實授二級，王謹獨不蒙錄，似有不平。雖稱曾經問擬杖罪罰俸，原無准功贖罪，功罪自不相掩。合無將指揮王謹比照趙成、王斌等事例，量加升賞。臣等未敢擅擬，伏乞聖裁。

正德十一年五月十四日具題，奉聖旨：“是。王謹准照王斌等事例升二級。”欽此。

爲專責成修武備以安地方事

議得唐虞稽古，建官惟百。自漢以來，在外設官不過守令而已。至於有元，始置行中書省及按察司官。我朝改行省爲布政司，按察司仍舊，又設都司以專軍旅之事，其初皆有額制，厥後增設寖多。查得河南一省都司，見有掌印、佐貳、京邊領班都指揮共九員，守備都指揮二員，巡捕都指揮一員。布政司除額設外，增置管糧、撫民參政二員。按察司除額設外，增置管河、管屯、提學、兵備副使、僉事共五員。及查河南按察司，分巡設有大梁、河南、河北、汝南四道，除守備都指揮外，每道各有分巡、分守官二員。內汝南一道，所轄不過二府，共有布、按二司守巡、撫民官四員。一省地方事情，既有三司官分理，又有巡撫都御史總理，立法不爲不密，任人不爲不多。又查得按察司分巡各道，國初定立道名，鑄降印信，僉事出巡，一年更代，振肅風紀，禁革奸弊，凡事悉該清理，與監察御史出巡憲體相同。今巡撫河南都御史李充嗣等奏，要將大梁、河北、河南三道分巡官俱帶管兵備，緣兵備事宜係分巡官當行職務，不須再議。其稱分巡官俱於衝要緊關處所常川住札，查與舊制有礙，擅難准擬。又奏要暫設都司巡捕官一員、按察司巡捕官一員，兼理軍民詞訟，舉用僉事寧河、署都指揮呂璽。切照河南地方廣闊，若止令僉事一員巡捕，又兼詞訟，未免與守巡官行事掣肘，顧理不周，守巡官得以推托，反致誤事。又查得先該巡撫都御史蕭翀等，考選得河南都司署都指揮僉事張瓚堪委巡捕，已行委用。撫治鄖陽都御史任漢參奏守備南陽署都指揮僉事吕璽推病誤事，已行罷革。今都御史李充嗣舉用吕璽巡捕，不見聲説原委巡捕張瓚有何不堪委用緣由，難便定奪。合無本部行文巡撫河南都御史李充嗣，嚴督三司守巡等官，務要查照先年巡撫都御史馬文升題准事例，不時巡歷該管地方，提督軍衛有司，撫安軍民，禁捕盜賊。原設官軍、民快如法操練，毋容私役賣放。仍嚴督歇班都指揮夏廣，遵照原奉敕内事理，將下班官軍按月點閘，不許縱容四散遠去。如遇盜賊勢衆凶惡，照例統領追剿，毋致滋蔓，一面火速奏聞，朝廷自有處置。及令巡捕署都指揮張瓚，將原有巡捕官軍在於省城外教場常川操練，遇有賊報，指授方略，刻期追捕。若果張瓚不堪委用，吕璽可用，再行明白開奏更換。其奏要將河南按察司管屯官帶管兵備，住札睢陳、河北酌中地方，往來巡歷一節。合無依其所議，本部移咨户部，請換敕書一道，齎付河南按察司管屯僉事汪正，不妨管屯，兼管睢陳、河北一帶兵備，操練人馬，防禦盜賊，應與三司守巡等官會議者，公同計議而行。以後盜賊寧息照舊。又看得奏内開林縣賊首郭文秀等三百餘人，封丘縣賊首閻瓚、閻威等一百餘人，陽武縣反賊胡文智、馬文政、盧虎山等數百餘人潛聚爲亂，陝西崇信縣賊李景卑等二千餘人，河北道接境山西清羊、白廓村等處山賊過界劫掠等情，除陝西崇信縣賊本部有行外，其林縣等處聚衆強賊，係千百人以上反亂重情，未見彼處官司即時奏報，顯是隱匿，故違律例。合無本部移咨都察院，轉行巡按河南監察御史，查勘奏内各起盜賊生發，故違律例隱匿不報經該官員，應提問者徑自提問，應參奏者參奏提問。中間如有隱匿劫害地方、縱容滋蔓等項情弊，從重參究處治。本部再將前例申明，通行各處巡撫、巡按、三司、直隸府州衛所等衙門一體遵依，今後但有盜賊生發，即便星馳奏報，不許隱匿遲誤。

正德十一年五月十五日具題，奉聖旨："是。這林縣、封丘、陽武并清羊、白廓村等處盜賊，便著鎮巡等官督同三司守巡、巡捕等官，上緊用心處置撫剿，毋致滋蔓。其餘地方事宜，都依擬行。"欽此。

爲地方事

看得巡撫河南都御史李充嗣奏報，淅川等縣强賊，自去年十二月至今，百十成群，張打旗號，公行劫掠，殺死巡檢，燒毀文卷。又據已獲强賊孫朝招稱，未獲賊首楊成等八百餘名要劫淅川縣官庫。及稱前賊聚成七營，八面鼓鑼，四山搜劫，又稱四外村店劫殺人財等情。顯是草賊聚衆將及千人，殺害人民，已經日久，彼處官司互相隱匿，不速奏聞。所據前賊合當急爲議處，及該管兵備、守備、撫民、守巡等官并司府衛縣官通合查究。合無本部差人馬上齎文前去河南，交與巡撫都御史李充嗣，親詣强賊結聚劫害地方，嚴督各該兵備、守備、撫民、守巡等官，調集官兵，相機剿捕，務在日下盡絕，以靖地方。若賊勢益將延蔓，本處官兵力不能制，就便具實差人同差去人星馳奏聞，一面將賊情多寡徑自移文鎮守河間總兵官張璽，量調官軍前去征剿。都御史李充嗣選委布政司等衙門能幹官員，預備糧草，隨軍供給，不許缺乏。本部行文張璽知會，整點官軍，聽候都御史李充嗣調軍公文一到，即時發行，俱不許稽遲，失誤軍機。若前賊勢已分散，不在淅川等縣地方，或流入別省，不必調軍，亦須嚴督本地方官軍用心設備，不許懈怠，再有失事，罪尤難逃。本部再於馬上齎文交與撫治鄖陽都御史陳雍、巡撫陝西都御史鄭陽，各嚴督河南鄰境地方守巡、撫民、兵備等官，遇有前賊流入境內，設法運謀，會合剿捕，不許失誤。再咨都察院，轉行巡按河南監察御史，查勘失事地方該管分巡、分守、守備、撫民，及府州縣、衛所、巡司掌印、巡捕等官，通行照例住俸，過限不獲，提問、參奏、降級等項，俱照例施行。及查被賊劫殺地方搶殺人畜等項數目、失事輕重并起根隱蔽賊情官員，通行查勘明白，參奏究治。再行湖廣、陝西巡按御史，一體查訪有無賊情，具奏處置。

正德十三年三月二十二日具題，奉聖旨："是。這地方賊情，恁部裏便差人馬上齎文去，着鎮巡等官嚴督官兵上緊相機剿捕，務在日下盡絕，不許怠玩誤事。其餘事宜都依擬行。"欽此。

爲查理捕獲盜賊事

看得巡撫河南都御史李充嗣奏稱，巡捕署都指揮僉事張瓚前後捕獲強賊五百一十七名，本官年力方富，才猷超凡，使之當一面之寄，必能成折衝之功，乞要查照盛典，量加擢用一節。既該巡撫官奏保張瓚功迹超卓，又查有捕盜官拿賊積至二百名升實授一級事例，及查山東捕盜指揮同知尹昂因就陣斬獲賊首九名顆亦升指揮使，以都指揮體統行事，委用一省巡捕。近年河南地方人民艱難，盜賊不時生發，比常不同。都司巡捕官若非預求得人，重其委托，難以消弭後患。合無將署都指揮僉事張瓚查照前例，於原職上加升署一級，實授一級，請敕一道賚付本官欽遵，照依鎮巡官原會委職掌，專一提督巡捕河南境內地方，操練人馬，禁防賊盜，遇有生發，即時設法擒捕，毋致滋蔓，貽患地方。接連湖廣、陝西礦賊，不時嘯聚出沒，亦聽與撫民、守備等官會合剿捕。凡事悉聽巡撫都御史調度節制，合用軍馬、盔甲、行糧、草料，具呈巡撫都御史從宜處置支給。有功量加賞勞，誤事參奏究問。候年歲豐熟、盜賊寧息之日，具奏裁革。

正德十三年十月二十四日具題，奉聖旨："是。張瓚准升都指揮同知，提督巡捕。其餘事宜都依擬行。"欽此。

爲處置地方以消弭盜賊事

看得巡撫河南都御史沈冬魁、鎮守太監孫清、巡按御史王以旂等各奏，要於西峽口修築城堡，起蓋公館、營房，令南陽府巡捕、通判在彼住札，將原設有馬義勇一百八十名輪流跟隨，徵解工食，及選撥民壯三百名，再加僉二百名，共五百名，在彼操練，及提調四縣巡捕等官往來緝捕一節，固是消弭盜賊之意，但興工動衆，事干創始，人情不便，終必難行。況即今天下民窮財困，凡事只宜守舊，以示休息，不宜輕有更張，致生擾害。合無本部行文巡撫河南都御史，督同守巡、兵備等官，照常將官軍、民壯如法操練，嚴謹巡捕，遇有草賊生發，量調本處附近官軍會合剿捕。除守備南陽都指揮鄭存係該管地方調用外，若遇賊衆猖獗，即調巡捕都指揮張瓚統領原選人馬前去策應，務在無事安守故常以蘇民困，有事通變調遣以弭大患，斯稱委任。

正德十四年四月初十日具題，奉聖旨："是。這所奏修築城堡、僉撥民壯等項事宜有無違礙，還着鎮巡等官再議處了來説。其餘依擬行。"欽此。

爲陳愚悃以保安地方事

看得兵科給事中李學奏稱，訪得河南魯山、寶豐、葉縣等處地方盜賊生發，百十爲群，邀截過客，劫掠鄉村，周流數縣，甚駭物聽。訪是洛陽中護衛軍屯積年惡黨，有司官吏格於勢分不敢制防，捕盜等官暫時逐捕，隨復結聚。竊以汝寧、南陽設有兵備，不管分巡，號令輕而威權微，難以責成，乞要本部詳加議處，合兵備、分巡之權，以責治安之效一節。查得弘治七年初，議委按察司僉事一員，前去汝寧府或信陽州居住，緝捕盜賊，不妨分巡。正德七年，因流賊大亂，方纔添設僉事一員，專一飭兵備，不管分巡。原擬事寧之日，具奏裁革，照舊於額設僉事內定委分巡。今給事中李學奏，要合兵備、分巡之權，以責治安之效，正與舊制及弘治七年本部原議相合，誠爲有見。及查分巡官管理兵備係是舊制，本部節次議奏俱已詳悉。合無准照正德七年原議，將添設僉事裁革，仍遵《憲綱》舊制并弘治七年議擬事理，就令分巡官管理操練軍馬，防禦盜賊，常在汝寧、信陽州等處往來巡歷，應與撫民、參政及守備、分守官計議者，公同計議而行。照舊一年更替。仍行巡撫河南都御史，督同該道分守、分巡、守備等官，查勘洛陽中護衛屯軍，如果視非統屬，恣肆爲盜，軍衛有司不敢緝捕，事有實迹，就便移文長史司禁約提取，照依律例問治。輔導等官敢有占吝撥置，故縱爲惡，別生事端，遮飾陷害者，聽巡撫、巡按等官指實參奏，拿解來京，治以重罪。如巡撫、巡按等官容情不舉，釀成大患，一體參究。再咨都察院，行巡按河南監察御史，查勘魯山、寶豐、葉縣等處，果有盜賊百十成群，劫掠鄉村，將各該隱蔽賊情官員通查提問，干礙應該奏請官員，參奏提問。其盜賊如果尚在地方聚眾流劫，本處官司力不能制，鎮巡官即便會議，督調巡捕都指揮領軍剿捕，務期盡絕，以安地方，作急回奏查考。不許坐視民患，自取罪愆，亦不許假以裁革兵備，妄言推托，混亂是非。

正德十五年二月二十三日具題，奉聖旨："是。這地方盜賊生發，寫敕與分巡官，着兼管兵備事，常在汝寧、信陽等處居住，往來巡歷，操練軍馬，防禦緝捕。護衛屯軍果有爲盜實迹，依擬禁約處治。輔導等官有占吝撥置、故縱遮飾的，着撫按等官參奏拿問。容情不舉的，一體究治。各該隱蔽賊情官員，都着查提了問。"欽此。

四川類

　　唐時吐蕃入寇，至長安，代宗出奔陝州，郭子儀擊之，遁去，今四川松潘番賊是也。朝廷即其地屯兵拒守，雖無深入之患，而時肆摽掠，邊鄙受害，轉輸供餉，全蜀病焉。必欲使其畏威遠遁，不敢侵犯，非食足兵强，有以制之，惡能然哉？且環蜀之境皆蠻夷，如酉陽、播州、天全之類，國初皆置土官以羈縻之。惟叙瀘㑺蠻未曾置官，屢爲邊患。若松潘、叙瀘二賊並侵，則調兵給餉尤爲難也。正德四年冬，盗起東鄉，不過三五十人，有司不早撲捕，積至數千，又匿不以聞。是時番蠻少靖，而盗至數萬，民墜塗炭，逾六年始平。適瓊改兵部，覆奏諸臣功過，深究初起隱匿之罪，而寬後來失事之罰。厥後番蠻侵擾，守臣不敢匿，調兵征剿，雖互有得失，而不至大舉深入，蹂躪內地。又奏令憲臣巡行郡邑，禁止科害，撫安軍民，以固邦本。蜀之爲蜀，庶幾其小康也。

爲辯明虧枉分豁生擒賊首功次事

　　看得四川德陽縣典史舍人朱璇奏稱，同伊父生擒賊首雷伯定等九名，未蒙録用，奏行都察院，與見在賊首雷伯定等五名面審，委係朱璇父子生擒是的，題奉欽依咨來查處一節。查得紀功冊內，原開朱紀獲賊一名雷伯定，劇賊數內查無姓名，作從賊論擬賞銀五兩，本部已於正德九年十二月內題奉欽依賞銀訖。後該朱璇節次具奏，俱經本部查照，立案不行。今朱璇奏行都察院，責與賊犯雷伯定審證明白，題奉欽依查處。臣等議得，近年以來各處征剿流賊，獲功人員不計其數，爲恐冒濫無憑，所以朝廷專差科道官領敕前去，隨軍紀驗，備造文册，奏繳本部，查照升賞，遵行已久，係是舊規。今若册外無名之人許其奏辯，概擬升賞，誠恐事無憑據，奸人效尤，弊源一開，末流難塞。況朱璇所奏若果是實，其紀功官造册不實，亦合有罪。所據朱璇功次，擅難議擬。

正德十年九月二十九日具題，奉聖旨："是。朱璇父子原擒獲的既與尋常劇賊不同，准升他二級。"欽此。

爲陳情比例行取親信人役以供軍務事

參照四川總兵官吳坤奏，要比照貴州總兵官李昂奏帶錦衣衛等官舍李昇等事例，將錦衣衛冠帶舍人王振等四名，及湖廣永州衛軍餘范保等十名應付，前來防範爪探一節，於例有礙。其李昂奏討頭目之時，本部原擬止許五名，後准帶二十二員名，係出特旨，本官亦不合妄行援引奏擾，既該兵科參出，相應究問。合無將吳坤量加罰治，本部仍行巡撫四川都御史馬昊，轉行本官，照依應得事例，另行具奏定奪。

正德十一年四月十八日具題，奉聖旨："是。吳坤免究問，奏帶人員都准他。"欽此。

爲地方事

看得巡撫四川都御史馬昊等奏稱，四川敘州地方蠻夷聚衆，捏造妖書，勢甚狂悖，殺劫燒戮，夷漢驚惶。已行兵備僉事趙履祥、守備都指揮杜宗調兵撫剿。及稱安綿地方番蠻見在出没，總兵官吳坤在彼鎮壓調度，都御史馬昊督軍，親臨處分一節。既該各官議處，調兵撫剿，別無定奪。但詳奏内開敘州衛指揮劉芳呈正德十一年二月二十二日據報猓賊燒劫事情，烏蒙軍民府申正德十年十二月二十七日據報羿蠻妖言劫害事情，又稱正德十年内亦被芒部府羿蠻假稱仙人，糾衆作亂，殺害地方，已經通申上司，等因，不開正德十年是何月分通行申報，中間顯有隱情。切照正德四年，四川地方盜起，爲因本處官司隱匿不報，以致蔓延爲害，縻費億萬，殺戮無算。本部已經參奏追問，誤蒙寬宥，前項律例節次申明通行，未見遵守。如前項奏内羿蠻作亂，殺害地方事情，已於正德十年内通申上司，至今日久，聚衆數千，勢甚猖獗，方纔奏報，其隱匿誤事官員難再輕縱。合無本部移咨都察院，轉行四川巡按御史，查勘前項奏内各起賊情。如果通申日久，隱匿不報，以致滋蔓，有違律例，將隱匿官職名參奏提問，治以重罪，不許姑息。再照各官奏稱，烏撒、烏蒙、芒部等府極邊地方，教化不行，土官搆禍，流民脅從，官軍糧費，無任繁劇，倉庫空虛，深爲可憂一節。切照四川地方盜賊初平，瘡痍未復，今筠、連邊境妖人猖[二]亂，勢將内侵，既難已於用兵，征輸調發，未免重困百姓，誠恐各官謀慮不審，撫剿失宜，朝廷萬里，急難遥制。合無請敕一道，賚付四川鎮巡、三司等官，公同計議，將原調叙瀘等處民快等兵五千名加意撫恤，如法操練，務於緊要賊入地方駐札防禦。其烏蒙等府土、流官員所選精兵未有數目，如果調到，亦要控馭有法，無致乘機邀功，殺害平人。中間用兵會合撫剿事宜，必須相機隨宜，既不可退縮畏避，縱賊搶掠，亦不可貪功深入，致墮賊計。其合用糧草務要設法儧運，毋致缺乏，亦不可一概科徵，逼民逃竄。三司、兵備等官，各要不時巡歷，加意撫安，不許偷安自便，互相推托。倘有故違，似前失事，國典具存，決難輕貸。若蠻賊已退，地方寧息，星馳奏聞。

正德十一年五月初一日具題，本月初三日奉聖旨："是。四川地方盜賊初平，今各種蠻夷又相扇搆禍，人民重被其害，便依擬寫敕與鎮巡等官，督同各該官員相機撫剿，務要計出萬全，不許輕率誤事。調來土、漢官兵，亦要加意撫恤控馭，毋得縱令生事擾人，自取罪戾。"欽此。

爲僰蠻聚眾攻圍城堡陣亡兵勇緊急調兵救援事

該巡撫四川都御史馬昊奏稱，會同鎮守太監王保、總兵官吳坤，議照僰人雖邊夷種類，其間如阿田、阿羅、阿尚等皆筠、高等縣版籍編民，非化外遠夷不通聲教不可比，始與流民有隙，遂致紛擾，不忍加兵，既而安撫漸定，乃敢叛逆，攻圍邊堡，殺死戍軍，劫掠燒毀，無所忌憚，原情論法，罪不容誅。但朝服暮叛，夷性之常，急於進剿，固無不可，然濫及無辜，必傷和氣。況前項地方寔與戎珙、都掌、永寧羿苗，烏、芒猓玀及雲貴等處諸夷聯絡相望，兵連禍結，至無窮已，而兵糧不繼，雖悔何追？安可輕舉，自取損威？臣仍行叙瀘兵備僉事趙履祥，督同原委各官推審復叛情由，示以禍福利害，再加撫處。若果聽從省諭，守分安生，憫念犬羊，不與見盡，隨俗處分，俾無後艱，另行具奏。若執迷不返，仍前放肆，則是此賊罪惡貫盈，天褫其魄，我之詞義嚴正，師出有名。一面行烏、芒二府，調集土兵，刻期前進。臣等量調成都等衛官軍，酉陽土兵，新、達等州縣鄉勇，分路夾攻，直搗巢穴。及照戎珙所轄都掌間與僰蠻夷人素有讎隙者，誘之以利，使之截殺於中，以破其協謀合勢，務俾背腹受敵，膽落魄驚，家業蕩空，渠魁授首，餘黨喪亡，無復嘯聚。除地方之凶殘，雪官軍之恥辱，懾諸夷之黠驚，致一隅之太平，計出萬全，事在此舉。若夫臨敵應變，因事相機，戰守進止，又在將領調度運用，實非可以預言者。然征剿莫先於賞罰，賞罰莫要於紀功。如蒙乞敕兵部詳臣所擬，別無異議，速行都察院，轉行巡按御史，如果甚不得已進兵征剿，獲有首級，不妨本等職務，親臨紀驗，事寧擬奏升賞，等因。該本部議得，合無齎文交與都御史馬昊等，查照原奉敕內事理，先行設法撫處。如果前賊向化，各安生理，不必進征，勞民動衆，必須安插停當，保無後虞。倘或執迷不服，應合進兵，相機進剿，務在計出萬全，事無一失。仍咨都察院，轉行彼處巡按御史，不妨原差，隨軍紀功。敢有妄殺平人等項，就聽紀功官指實參奏。

正德十一年八月初一日具題，奉聖旨："是。這地方撫處等項事宜，都依擬行。"欽此。

爲捷音事

看得巡撫四川都御史馬昊奏稱，會同鎮守太監王保、總兵官吳坤、巡按御史熊相，參照已殺反賊普法惡等，本異類獷人，敢倡爲逆亂，捏造天降兵書，妄起世出王母，僭號稱王，聚兵積穀，用圖北寇，欲遂南侵，荼毒生靈，奸污婦女，一方被其搔擾，全蜀以之驚惶。已獲阿元、阿勝等甘於順從，尊爲共主，駕黃屋而奉迎，製冕冠而投拜。合家遇害，不止三人；剖腹分尸，慘於支解。頃者兵臨敵境，所向無全，一鼓而渠魁就戮，再鼓而黨惡即擒，巢穴盡平，餘黨降撫。要將皮邦興等比照廖麻子事例，倍加升賞。副使郭東山、僉事石祿、參政彭傑當即升擢。都指揮張麟、杜宗、曹昱，指揮等官潘武、何定、陳錠、任光祖、安宇，知縣步梁等，并陣亡千戶胡翶、軍勇于海等，查明升錄。參政吳晟，布政使胡宗道、張琮，參政華昶，按察使華璉，副使楊偉、周奎，都指揮張傑，招討高繼恩、楊世仁，宣撫冉儀，長官悅保光，土舍冉漢、楊文秀，照磨吳志廣，同知盛爕，頭目何濟、黃俊、石崇，通判白釗，經歷尤可，主簿楊企，驛丞劉仲端、梁旦、蘇民望等，量免行查，厚加賞賫[三]。及稱阿元等俱重犯，合無并阿讓等俱解京發落，惟復將阿讓等解京給付，阿元等就

彼行刑，老疾阿隆等給人養贍，或別有定奪，等因。及看得鎮守太
監王保奏內又稱臣盡犬馬微勞，不足圖報於萬一。竊見都御史馬昊
奇才不偶，戎務熟知，經年冒險，忘身親征，逆寇平彌。總兵官吳
坤大施帷幄，卒致全捷。御史熊相協贊兵機，風紀遠振。合無比照
先年都御史彭澤等征剿廖麻子等奏捷事例，將都御史馬昊、總兵吳
坤、御史熊相不次升擢。總兵官吳坤奏稱，臣因人力以安邊，敢言
功而望外？但如巡撫文臣，戎政兼犖，全蜀獲安。鎮守內臣，心膂
重寄，鎮靖遠藩。紀功御史，糾察詳明，兵無妄戮，等因。查得正
德九年三月內，為捷音事，該鎮守四川太監韋興奏稱，都御史彭澤
晝夜奔馳，勞心焦思，要將彭澤等特加秩俸擢用，等因。本部尚書
陸完等議得，廖麻子首附藍、鄢以倡亂，再集黨與以偷生，流劫七
年，貽禍三省，不數月而盡除。若候造冊到部方擬升賞，不無失之
遲疑，似合速加升賞，以為將來之勸，等因。覆奏，奉欽依，將彭
澤升太子太保、左都御史，時源升左都督，歲加俸米一百石，鎮守
太監韋興歲加祿米十二石，各廕子姪一人世襲百戶。馬昊升右副都
御史，紀功給事中王萱升通政司右參議，御史何棐南京太僕寺少卿。
又將斬獲廖麻子為首軍人黃回兒升世襲指揮同知，賞銀五千兩。臣
等竊議，四川藍、鄢等賊流劫數年，節次平剿，斬首萬級。其後廖
麻子乃其一枝殘賊，彼時原奏明開廖麻子被官軍殺敗，沿山奔走，
軍人黃回兒等一齊撲砍，斬獲首級，比與勢未解散、對陣擒斬者，
似有不同。及查前此擒獲藍、鄢等賊首，賞格未有如此之重。是殺
賊於猖獗之日者賞依常格，滅賊於殘敗之後者論功獨厚，揆之公論，
終有未安。今馬昊等又奏，要將皮邦興等比照廖麻子事例，倍加升
賞。如果臣等前議為是，黃回兒等功賞似難引比為例。及照普法惡
等叛逆事情，雖經本部前項節次議奏，不許貪功妄殺，及今彼處鎮
巡官會同巡按御史熊相參詳議奏，委係逆賊今已剿平，地方寧靖，
并斬獲賊級已解覆驗過一千五百餘顆，未驗一千三百餘顆。所據巡

撫都御史馬昊、鎮守太監王保、總兵官吳坤、巡按御史熊相，及供饋軍餉、監督軍哨等項有功副使等官郭東山等，應否比照都御史彭澤等剿殺殘賊廖麻子事例，不候造冊，分別等第，速加升賞，事功同異，臣等難以定議，均乞聖明裁處。其餘有功官軍并皮邦興等，合無本部移咨都察院，行催原委紀功御史熊相上緊紀驗，造冊奏繳，至日另議施行。仍行四川鎮巡官，會同巡按紀功并三司掌印等官，將見獲重犯阿元等再審無異，就彼行刑。各犯親屬阿讓等解京，照例給付。阿隆等既稱老疾，不堪起解，量發本處殷實之家收養。

正德十二年五月十三日具題，奉聖旨：“是。這逆賊既已剿平，地方寧靖，鎮巡并紀功、督餉、督哨等官俱勞績可嘉，今分別等第升賞。王保歲與祿米十二石，吳坤升署都督同知，馬昊升右都御史，還各廕子侄一人做世襲百户。熊相先升俸一級，待有相應員缺升用他。郭東山等各升一級。其餘有功等項官軍并皮邦興等該升賞的，還着紀功官上緊紀驗明白，具實奏來定奪。阿元等着鎮巡等官再審無異，便都依律決了。阿讓等差人解京給付。老疾不堪起解的，依擬行。”欽此。

爲飛報番蠻攻撲城堡事

看得巡撫四川都御史馬昊奏稱，會同鎮守太監王保、總兵官吳坤、巡按御史盧雍，議照按察使華璉等會議得松潘番情，先將首惡端竹白等剿除，以舒目前之急，然後斟酌事勢，應否添處兵糧以圖大舉，似爲有見。況張傑先已動兵，使不乘此珍滅，將來糾衆攻破各堡，阻截東路，恐難救藥。臣等議處，太監王保護守會城，總兵官吳坤量調酉陽、天全并新、達等州縣，成、寧、黎、雅等衛所土、漢官軍二萬餘員名，親入巢穴，會同副總兵張傑等，分布相機，併力戰守。合用糧餉及犒勞銀牌、牛酒等項，各官議擬停當，速行督糧參政孟醇、分守布政華璉、參議張澤等，分投催儹乞運。若端竹白等既平，其餘稔惡不悛，自起驚疑，師方退還，禍即旋踵，必須限以歲年，調集兵糧，陸續困剿，務期平定。所慮兵戈動舉，全蜀安危所關，實非細故。乞要本部將用兵進止機宜再加會議擬奏，裁處示下，遵奉撫剿，及行巡按御史，隨軍紀功。除一面先發成都等衛官軍二千員名，及動調客兵，儹運糧米，協謀幹理。然兵難遙度，事變不常，候臨期或有重大者，另行奏請定奪，等因。又看得奏內開稱，會勘得松茂、疊溪一帶，關堡設在諸番巢穴之中，自弘治、正德以來，番賊殺死居民不下三四百餘人，被虜者不下千計，提督都指揮等官因失前事問擬降級、充軍等項非止一人，見今將協守提督都指揮李昇，指揮吳冠、周倫、侯琛等提問未結。弘治十七年，曾命都御史劉繆調兵征剿，各番畏懼聽撫，兵止不征。自後番賊攻堡殺人，守堡官軍或殺一番，便問擅殺激變之罪；或折一軍，即加失機誤事之罪。各官垂首喪氣，只得順情撫處，以此各番倍加猖獗，求索無厭，少不如意，攻堡殺軍，阻路劫糧，為惡萬倍。又將旗軍百千餘名借討做工，凌辱累死。指揮范剛等七員將俸糧送與番賊買和，俱各餓死，事發又問剋減軍糧之罪。守堡指揮張瑞見被拘留等情。臣等反覆參詳其説，仰惟我祖宗朝於番夷巢穴之中設立關堡，屯兵戍守，惟欲限隔華夷以安生民。若其聽撫，固當懷之以恩；如或攻堡殺人，即當懼之以威。今松茂番賊種類日繁，勢漸強盛，居民被其殘害，官軍被其殺虜，南路關堡奪占過半。若再因襲舊弊，姑息不處，不惟守邊官軍受害不堪，抑恐松茂失守，內地因而擾動。今既該四川鎮巡、三司等官會同計議兵不可已，中間處置又各周悉，況副總兵張傑膽略過人，累獲軍功，太監王保、都御史馬昊、總兵官吳坤皆能協心為國，謀議相同。內馬昊又能身任其事，素諳戎務，委用責成，必不敢負。但兵難遙制，事在專委，合無請敕一道，就令差來人齎回，交付王保、馬昊、吳坤、張傑等，悉依原奏會議內事理，調兵集糧，運謀征剿。若端竹白等既平，其餘果能畏服，一面隨宜安撫，一面設法運謀，調集兵糧，陸續困剿，不拘限期。凡事必須隨宜而行，不可拘執原議，惟在處置得宜，使內外安靖，斯稱委任。事畢有功，照例升賞，必不吝惜。如或處置乖方，貽患地方，罪必有歸，亦不輕貸。前項干預用兵鎮巡等官，待候征剿事畢之日，方許推舉別用。各官亦不許擅自離任，失誤軍機。再請敕一道，賫付巡按四川監察御史，不妨原務，隨軍紀功，糾察奸弊。及照各官奏內開稱，松潘地方連年獲功，屢經具奏，不行勘處，□[四]已解體，邊威不振一節，亦行都察院，行催原勘官員上緊勘明回奏，不許似前遲延。

正德十三年七月初十日具題，奉聖旨："這地方用兵事宜并紀驗功次等項，着鎮守、巡撫、巡按等官都依擬行，寫敕與他。"欽此。

爲十分緊急賊情事

看得巡按四川監察御史盧雍所奏僰蠻攻劫高縣、慶符縣事情，及參叙南衛指揮王齊、金正、廖永畏敵退奔，冒功遮飾，守備都指揮杜琮買和招釁，妄稱賊首謝文禮已就斬獲，分守右參議崔旻、分巡僉事王芳、叙州府知府陸芸，俱各憑杜琮虛報，妄稱謝文禮已死，及稱臣輕信各官之報轉奏，乞要將王齊等提問，將臣罷黜，等因。查得杜琮，先該御史盧雍參奏，已該本部前項議擬提問，及崔旻、王芳住俸戴罪防賊外，合無本部移咨都察院，行巡按四川監察御史，將指揮王齊、金正、廖永俱提問，與杜琮一併議擬罪名，奏請定奪。如果有買和啓釁、逗遛失機等項重情，牢固鎖肘，差人解京，送都察院從重問擬，奏請發落。崔旻、王芳仍依原擬戴罪防賊，并知府陸芸，通候賊情寧息之日參奏提問。其御史盧雍，先因奏報賊情止憑各官所報具奏，事出急迫，又自認罪，合無免究，伏乞聖裁。及看得御史盧雍奏內又稱，只今獞蠻謝文義、謝文禮等見在上、中、下白水江寨聚札，約有一千，糾合流民，共約有三千。如若結搆葛魁、黃永等處羿蠻，難以數約一節。臣等竊聞，獞蠻等賊為害四川，其來已久。洪武、永樂、宣德以來，屢調大軍征剿。景泰元年，賊劫長寧等處，僉都御史李匡招撫已平，明年復叛，殺死運糧官員。天順六年，燒劫長寧鹽場，副總兵許貴招撫，明年又叛，攻破江寧等縣。成化元年，都御史許浩、都督芮成征討，勞費無算。近年播州土官楊愛等爭田讎殺，流民藍廷瑞、鄢本恕等乘之倡亂，全蜀騷動，吏民死者以數萬計，軍餉所費以億萬計，用兵首尾五六年，至調邊兵往征，方底平定。今如御史盧雍所奏，賊首謝文義等聚集流民已至三千，搆結諸種蠻夷又難以數計。臣等熟思深慮，亂蜀之禍恐又兆於此矣。今若不早預處，如火始燃，勢必燎原。但用兵禦侮，先宜內撫百姓。四川地方科差繁重，凋弊已極，見今松潘用兵，財力俱困，今又獞蠻內侵，難以再議用兵，必須從宜議處，整頓兵糧。責令新任守備都指揮并兵備、守巡等官設備固守，來則拒之，去則勿追，待候地方豐收事寧，另議處置，庶為穩當。合無請敕一道，差人馬上齎送四川鎮守太監、總兵官、巡撫都御史及巡按御史、三司官，從長計議防禦獞蠻事宜。一面嚴督叙瀘守備、兵備及分守、分巡等官，預備兵糧，相機戰守，再有失事，罪不輕貸。一面將應行事宜星馳具奏，不許遲誤。按察司分巡官不時巡歷地方，撫安軍民，禁止科害，以安人心，一應不急徵科俱暫停止。臣等又聞，先差去烏思藏取佛太監劉允等尚在四川未去。即今四川地方番蠻作亂，地方不寧，道路阻隔，供給艱難。乞敕四川鎮巡官會同太監劉允計議，如果可去，遵照原奉敕旨前去。若是道路不通，費用浩大，合無行令劉允等暫且回京，原賫去賞賜等物交付鎮巡官處如法收貯，待候四川地方賊情寧息之日，另議差遣，庶内不失人心，外不啓邊釁，爲民造福，莫大於此。

正德十三年十二月初六日具題，奉聖旨："是。王齊、金正、廖永都提了，與杜琮併問明白，奏來定奪。崔旻等都着待罪防賊，待事寧之日，與陸芸一併來説。盧雍既認罪，罷。防禦事情，還寫敕與鎮巡、三司等官，從長計議，務要停當，仍嚴督守備、兵備、守巡等官，各依擬預備兵糧，禁止科害，再有失事，都不輕貸。其公差太監劉允等，不許在彼遲延，著鎮巡等官上緊打發，催儹起程，入番公幹。"欽此。

爲十分緊急賊情事

看得四川清軍監察御史熊相所奏僰蠻爲亂事情，及參奏誤事有罪官杜琮等并都御史馬昊等，及議處賊情等項事宜，俱先該巡按四川監察御史盧雍具奏，該本部逐一議擬覆奏外，今奏别無定奪。其奏内要取回總兵官吳坤一節，查得先年雖未設有總兵官，然遇有邊警，臨時欽命尚書、都督等官統兵征討，極爲勞擾，天順年間遂設總兵官在彼鎮守，以便行事。近年曾差昌佐、楊宏、陳珣、徐謙相繼鎮守，今吳坤實代徐謙，非創設始於坤也。見今松潘、叙瀘兩處番蠻侵擾，議者尚欲别選才德大臣，付之兵權，以紓急難，吳坤正在奉敕剿賊之際，豈宜取回？合無仍候四川地方十分寧靖之日，另行議奏裁革。

正德十三年十二月初九日具題，奉聖旨："是。吳坤不必取回。這處置地方事宜，還着鎮巡、三司等官會同計議來説。"欽此。

爲處置僰蠻以保全蜀事

看得刑科給事中梁本茂所奏，大意謂僰蠻禍亂之機緊關全蜀，不可不急爲處置。其招撫之設，非惟彼決不從於我，亦非佳名。及長官之設，可行於威行之日，難議於稔惡之餘。巡撫都御史馬昊，先因誤聽部下之言，專事招撫，後方用兵，雖有斬獲，漏殄尚多，撤兵太早，致有後患。及知縣步梁擒殺阿尚，未爲不宜。蓋因給事中梁本茂生長其地，熟知夷情，故知馬昊之失在於先事招撫，不在貪功生事也。其所奏以夷攻夷之法，極爲周悉，及先剿後撫，約會貴州官兵等項事宜，皆有所見，非臆度空言，但事體重大，難便舉行。及要寬恤被害之民一節，正與本部前項議奏事理相合，尤爲根本之論。其奏乞俯從御史盧雍、熊相所奏，添設撫臣一節，緣四川所設司府州縣衛所官員，四川地方所出兵馬、錢糧，平素皆屬巡撫官一人統理，今若再設巡撫官一員，各爲己謀，政權必不歸一，有司難於奉行，互相掣肘，必致僨事，所以御史盧雍等之奏，本部歷陳前弊，不敢雷同，誠以一省之兵財不可以聽二人之調度，一有誤處，利害由此分矣。及看本官奏稱松潘番蠻聞我大舉，深藏不出，總兵官張傑、兵備胡澧，松潘之役，二人足任，乞要馬昊仍就筊、連速爲善處一節，獨爲有理。合無本部行文都御史馬昊，會同鎮巡、三司官計議，如果征進松潘事情張傑、胡澧可以委任，馬昊不妨原委，往來筊、連，照依本部節次議擬事理，提督守備、兵備、守巡等官，預備兵糧，相機戰守。仍將給事中梁本茂所言以夷攻夷方略再加詳議，如果可行，星馳具奏定奪。務在詳審慎重，謀必預定，不可輕忽鹵莽及因循顧忌，致成大患，全蜀受害，咎必有歸。其以前征剿㹴蠻有功，已經御史熊相紀驗造冊升賞過人員，難以革罷。知縣步梁擒斬阿尚，不必究治。守備都指揮杜琮從重治罪。差去烏思藏太監劉允取回。被害地方軍民，一應差科俱暫停止。具奏定奪。

正德十三年十二月十六日具題，奉聖旨："是。松潘征進事情，并以夷攻夷方略，着馬昊等再議處了來説。原征剿有功人員，已升賞的免查革。杜琮依擬究治。步梁罷。劉允已有旨，着鎮巡官催儹起程了，你部裏還差人馬上賫文，着他上緊進去。"欽此。

爲十分緊急賊情事

看得巡按四川監察御史盧雍奏稱，正德十三年八月二十二日，被僰蠻三枝，約有一千餘人，將高縣、慶符縣俱各攻劫，放火燒毀官民房屋。及稱守備都指揮杜琮督率官軍追剿，將賊首謝文禮殺死砍首，謝文義被箭打傷逃命，各蠻丟棄原搶人口、財物、頭畜并銅鼓、旗纛、火箭，盡被我兵奪回，砍獲首級，生擒儘多，又往發兵追剿。先該兵備僉事田荆解放江船，絶其歸渡，候追兵回日另報，等因。參奏守備都指揮杜琮啓釁失機，瀘州衛指揮黃應文臨陣先退，成都右衛指揮常策不行策應，兵備僉事田荆提督不謹，分巡僉事王芳、分守右參議崔旻防備欠嚴，通合有罪。鎮守總兵官都督吳坤，籌邊方略未聞。巡撫都御史馬昊輕視僰賊，不思患預防。鎮守太監王保，難辭地方之責。但今幸仗天威，首賊謝文禮已就斬戮，蠻衆亦多奔散，所虜人畜、器械俱已奪獲，各官之罪似應末減。乞要將杜琮、黃應文、常策提問，兵備等官田荆等合無一體提問，惟復量加罰治；鎮巡等官吳坤等合無降敕切責，惟復別有定奪。又奏乞查照正統等年都御史寇深等提督松潘軍務事例，將松潘邊務責成馬昊，務收全功，以贖前罪。另選才德大臣一員，代其巡撫。及停止立縣增稅，查給降夷田土，令其復業，將設立長官司一事行鎮巡、三司會勘具奏，等因。臣等查得，杜琮先該御史盧雍劾奏，已該本部議擬覆奏，行巡按御史提問，及推舉何卿等更替外，所據指揮黃應文、常策既於軍法有違，合行巡按御史與杜琮一併提問，奏請發落。其兵備僉事田荆、分巡僉事王芳、分守參議崔旻，地方失事，俱應提問。但賊首謝文禮已斬獲，餘賊擒斬數多，事未盡寧，緊關用人，合無將田荆、王芳、崔旻俱住俸，令其戴罪防禦夷賊，待事寧之日通查功過，奏請定奪。及要將都御史馬昊專一提督松茂軍務，另設大臣一員巡撫，不爲無見。但政出多門，人難遵守，用兵事宜，尤忌牽制。近年四川地方，既有都御史林俊巡撫，又添都御史高崇熙巡視，尋改高崇熙提督松茂軍務，又令尚書洪鍾總制，又令高崇熙暫住重受，令林俊、洪鍾專剿藍、鄢餘黨，委任不一，致難成功。合無請敕切責馬昊、吳坤、王保，令其同心協力，遵照先奉敕內事理，調集兵糧，征剿番賊，果收全功，准贖前罪。其夷蠻賊情，嚴督新任守備指揮并兵備、守巡等官，設法防禦，相機戰守。務使兵食出于四川者，供調本省邊備，兩不妨誤。應具奏者，火速奏聞區處。再有失事，罪不輕貸。其設立長官司一節，合無依其所擬，備行四川鎮巡、三司官從長計議，具奏定奪。及停止設縣、退還田土事情，俱合准擬施行。

正德十三年十二月二十六日具題，奉聖旨："是。這夷蠻聚集人衆，攻劫兩縣，放火燒毀官民房屋，失事情重。杜琼已有別旨提問。黃應文、常策也都提了問。田荆、王芳、崔旻本當提問，但亦有斬獲功次，又係緊關用人之際，且不提，都着戴罪防禦，待事寧之日通查功過，明白奏來定奪。鎮守、巡撫官都寫敕切責，着同心協力，勉圖後效，以贖前罪。其餘事情都依擬行。"欽此。

爲飛報緊急賊情事

看得鎮守四川總兵官署都督同知吳坤奏稱，會同太監、三司等官計議，已於正德十三年九月初三日領率官軍，兼程親詣叙州府，督兵斬獲首惡謝文禮首級。誠恐大壩、戎拱、永寧、烏芒界獠效尤騷動，卒難收拾，添差都指揮劉芳等守哨領軍，又差指揮尹武等前去烏蒙、芒部，督調土官土舍土兵人等，會合原調漢、土官兵搗穴剿殺，及行僉事王芳等，催調烏芒土兵，紀驗功次。緣無奉有敕旨，難以行事，乞要本部查議，准其於叙瀘撫剿，及行巡按御史紀驗功次，等因。查得先因給事中梁本茂建言，要行都御史馬昊，前來筠、連處置夷情。及本部查得，馬昊與吳坤同奉敕諭征剿松潘番賊，吳坤係主將，又曾奏請敕書，聽委守巡、管糧等官隨軍供給，以此節次議奏，令吳坤征松潘，馬昊防禦叙瀘、筠連。今據吳坤前奏，馬昊已在松潘，吳坤已到叙瀘，難再改換。及督調漢、土官軍事情，爲恐諸夷扇動，各官會議，事已施行，亦難別議。合無准其所奏，行令馬昊專管征進松潘。另請敕一道，差人賷付吳坤欽遵，照依各官原會議用兵事宜，相機行事，務在慎重詳審，處置停當，不可任情輕忽，致有失事。有功升賞不吝，憒[五]事罪有攸歸。馬昊、吳坤雖在兩地，若遇事相關涉，應會議者仍須協和計議而行，不許偏執自用，致有阻誤。其紀功一節，巡按御史既已奉敕松潘紀功，叙瀘功次難以兼理，合無行令僉事王芳等隨軍紀驗，畢日經由巡按御史覈實，造册奏繳。

正德十四年正月十三日具題，奉聖旨：“是。吳坤既已到叙瀘，還寫敕與他，着照原議用兵事宜相機行事，務要處置停當，以安地方。如或任情輕忽，再貽後患，罪有所歸。”欽此。

爲捷音事

參照山東等處濟寧等衞軍人郭重興等，各在四川冒報功次，事屬有違。但先該四川清軍御史熊相紀驗開造在册奏繳，本部駁查，又經四川巡按御史盧雍查勘，回稱俱係總兵官吳坤、都御史馬昊准令報效殺賊人數，又不曾參究明白。緣郭重興等既係隔省軍舍，豈容在彼報功？若准照例升賞，不無冒濫。合無將郭重興等俱不准升賞，仍通行各處巡按御史，以後但不係奏帶人數，俱不許紀驗造册，仍追究治罪。

正德十四年二月初二日具題，奉聖旨："是。"欽此。

爲急處番夷以救生靈事

看得四川刷卷御史王偉所奏，大意謂松潘惡番阻絶道路，罪固當誅，若使且攻且守，彼當不久自困。都御史馬昊輕舉用兵，地方受害，乞要將馬昊亟賜罷黜。若謂事已經手，擅難更易，合無降敕切責，令馬昊只將原奏端竹白一枝黨類分別善惡，作急剿治，不必窮追遠討。仍推選大臣一員巡撫四川，專意休息，松潘之事便與馬昊從長議處，等因。查得前項四川鎮巡官先次奏要征剿松潘番賊事情，已該本部議奏，此舉關係全蜀利害，不可輕舉妄動，貪功惹釁。後該鎮巡、三司等官會議具奏，皆謂賊情猖獗，調兵剿殺，事已施行，勢難中止。奏内又開兵備副使胡灃具呈，巡按御史盧雍批"所呈事機明白，忠憤激發，作急議處施行"，清軍御史熊相批"訪得前年以來，南路關隘多失，番賊尤爲橫暴。漸不可長，機難再得。本道所呈深爲有見，忠義之氣凜然，但事屬巡撫衙門，徑呈定奪"等語。本部爲照馬昊所奏番賊侵犯具有實迹，又見係副使胡灃始議進兵，三司等官會議相同，御史盧雍、熊相各加獎許，不係馬昊一人獨專，貪功生事，以此依奏具題，請敕行事。且謂凡事必須隨宜，不可拘執原議，有功升賞不恡[六]，處置乖方，貽患地方，罪必有歸。四川鎮巡等官初議似亦知重，本部節次議奏亦不輕忽。但兵凶戰危，利害自難逆料；調兵集糧，不免勞擾百姓：御史王偉所言不爲無見。都御史馬昊見委領軍殺賊，委的擅難更易。合無請旨戒諭馬昊，與鎮巡等官計議，即今番賊已退，可以止兵，即依王偉所奏，不許窮追遠討，照舊責委主兵，加意戰守。原調人馬徑自發回，以省供饋。如或事正舉行，勢難中止，仍須事畢方許撤退，中間進止必審機宜，不可任情偏執。若果馬昊處置乖方，不能成功，虛費財力，或因用兵擾動地方，致生他患，聽巡按御史指實奏聞，治以重罪。及照用兵者必勞民，息民者必廢兵。今御史王偉奏要馬昊專征松潘，另推大臣一員巡撫，專意休息小民，恐委任不一，人難遵守，致誤事機，擅難准議。

正德十四年二月初三日具題，奉聖旨：“是。松潘事情，着馬昊與鎮巡等官同心協謀，隨宜議處，務要停當，以安地方。巡撫官不必另設。”欽此。

爲傳報逼近地方虜情事

看得巡撫四川都御史馬昊等奏稱，正德十三年十一月十一等日，達賊約二三千，又來松潘境外地方搶殺人畜。議得四川自國初以來不曾聞有達賊，今一旦傳報，熟番驚疑，邊人惶懼等情。查得前項甘肅海西地方住牧達賊，因正德九年都御史彭澤調兵驅逐，遂奔四川。彼時鎮巡官急報，請調延、寧人馬防禦。本部緣此議舉參將張傑升副總兵，專一防守松潘，而以副總兵帶管總兵官事吳坤充總兵官，專一鎮守四川。凡此皆因甘肅達賊奔犯四川邊境，故特爲之區處，非無因而濫設也。今馬昊等奏稱四川自來並無達賊到彼，以致邊人驚惶，見今松潘用兵，叙瀘等處又煖蠻作亂，吳坤與馬昊分任其事，尚慮不周，議者乃欲革去鎮守四川總兵官，不知當此倉卒，地方大事責之何人。合無本部行文馬昊等，務將所奏達賊擾邊事情從宜議處，設法防禦，或撫調熟番，併力外攘，或乘其事變，以夷攻夷。惟在保安邊陲，不必遠事征討，仍將議處緣由回奏查考。

正德十四年三月初十日具題，奉聖旨：“是。這所奏虜賊事情，便行文與馬昊等，着設法防禦，隨宜議處，務要停當，不許違誤。”欽此。

爲地方事

看得巡撫貴州都御史鄒文盛等奏稱，四川播州宣慰司重安長官司土舍馮倫買拽夭漂等處黑苗，攻打凱里城池，殺虜人財，官司雖隸四川管轄，地方深入貴州腹裹，節經委官勘處，四川該道官絶無一字回報。乞要轉行四川鎮巡官，督催川東道守巡官親詣播州地方，會同本省守巡、兵備等官，督責宣慰楊斌，將土舍馮倫等買兵讐殺事情勘問，仍行楊斌嚴加禁戢，不許越境爲患。其凱里土舍楊洪[七]官職，查照圖册保勘承襲。若果干礙楊斌，一併參奏定奪，等因。查得前項事情，先該巡撫貴州都御史鄒文盛具題，已該本部奏行四川鎮巡官議處，延今一年之上，該道守巡官員尚未親詣撫處，以致鄒文盛等復奏前因，所據四川鎮巡及該道守巡官通合查究。但今松潘番蠻侵犯，都御史馬昊督軍征進，總兵官吳坤因僰蠻作亂，又在筠、連用兵，松潘邊境復報達賊侵擾，各官當此多故之時，未免事有妨礙，難於顧理。合無本部行文四川鎮巡官查議，即今僰蠻事情稍寧，即便督令守巡官前去播州地方，會同貴州守巡官，將土舍馮倫等事情勘問議處，完結回報。若正用兵，則候事寧之日處置，通將查議過緣由回奏，并徑行貴州鎮巡官查照。本部再行貴州鎮巡官，從長計議，設法隄備，不可專候四川鎮巡官撫處，致誤防禦。其要將楊洪官職查襲一節，緣楊洪准與冠帶，原無應襲官職，合無亦行四川鎮巡官，一併勘議，具奏施行。

正德十四年三月二十一日具題，奉聖旨：“是。這地方事情，着各該鎮巡等官都依擬行。”欽此。

爲十分緊急番情事

看得巡按四川監察御史黎龍奏稱，正德十四年三月內，茂州小東路核桃溝上下關子番蠻，糾合白若、羅打鼓等寨生番，攻圍城堡。遊擊將軍張傑、參將芮錫督軍對敵，將賊寨二處燒毀。被番招集番蠻三千有餘，殺死指揮龐昇、千戶何英、百戶李高，軍人、餘丁、民快被殺并墜崖死者約三四十名，遊擊張傑因馬奔跌身死。及審稱官軍大敗四散，不曾查點，前報殺死之數不的，張傑亦被番蠻殺死，吳副使等捏報不實，已行該道分巡官查勘另行。及稱查奏議勘合，止稱先將綽領[八]等寺首惡端竹白等剿滅，然後斟酌事勢，應否添處兵糧，以圖二路大舉。今核桃溝非綽嶺數內，都御史馬昊由松潘挈兵安綿，督兵攻打小東路、白草壩等處番寨，以致番賊驚疑，聚衆攻圍城堡，殺死官軍數多。要將都御史馬昊、參將芮錫拿解赴京，明正失機之罪，太監王保取回別用，吳坤、吳希由罷黜，另選更替一節。查得王保已取回京，吳坤見征叙瀘，其征松潘事係馬昊專管，吳坤不預。及查近該御史王偉奏，要切責馬昊，只將端竹白一枝剿治，不必窮追遠討。該本部依擬覆奏，行令馬昊遵依。及該巡按御史盧雍等劾奏馬昊等不能思患預防，以致失事，要行更換，亦該本部覆奏，請敕切責外，今番賊殺死遊擊張傑等，既稱開報不實，另行查勘。及查核桃溝雖非綽嶺數內，正係端竹白侵犯關南地方通連道路，彼此夾攻，或非得已。況馬昊正在用兵，此時仍難提問。合無本部馬上賷文交與馬昊，務要查照本部節次題奉欽依內事理欽遵施行。如果番賊已退，可以止兵，即便挈回，設法防守，以省供饋。如或事正舉行，勢難中止，仍須事畢方許挈退，中間進止必審機宜，不許任情偏執。仍咨都察院，行巡按御史黎龍，再查前項殺死遊擊張傑等情由。如果輕率寡謀，喪師失律，將馬昊、芮錫、吳希由等候事寧之日，依律參究提問。若係奮勇殺賊，衆寡不敵，以致陣亡，照依近日給事中傅鑰奏准事理，論功升賞。其遊擊張傑員缺，本部於附近四川地方相應官內推舉，請旨簡用，令其上緊前去更替張傑，領兵防禦。

正德十四年六月二十日具題，奉聖旨："是。這地方殺死將官，失事情重。馬昊及芮錫等且不提，着巡按御史從公查勘明白參究來說。松潘用兵進止機宜，還着鎮巡等官依擬審處。"欽此。

爲地方緊急事

看得巡按四川監察御史黎龍奏稱，天全六番招討高繼恩與蘆山縣知縣屠巒訐奏，自合從公質成，乃敢肆爲凶悖，稱兵犯邊，圍劫縣治，流毒生民，兵燹之慘，甚於反賊。高繼恩之罪，王法必誅，再難曲宥。但今松潘用兵未寧，筇高結禍未解，再生一敵，勢難策應，若欲仍以尋常處之，甚非所以昭國法以禦四夷之道。楊世仁助惡之情，雖與高繼恩不同，罪亦難恕。乞要請削高繼恩官階，令其戴罪修省，仍切責楊世仁助惡之罪。及稱知縣屠巒，本無御夷之才，及乏養威之術，無事則攘臂稱首以挑禍亂，當事則奉身鼠竄以保妻孥，原情坐罪，亦將何辭？合咨吏部另處。太監王保、總兵官吳坤、都御史馬昊、分守崔旻、分巡王芳、守備指揮張麟，均有地方之責，俱合究治，等因。查得前項蘆山縣知縣屠巒與天全六番招討高繼恩等各奏事情，已該都察院議擬，行巡撫都御史馬昊，會同鎮守、巡按，督同都、布、按三司守巡等官勘問，干礙夷情重大，即便議處具奏。於正德十三年三月內題奉聖旨："着鎮巡等官勘問明白，議處停當來說。"延今一年之上，不見回奏。御史黎龍奏內開無前項奏行勘問緣由，顯是彼處鎮巡等官故違成命，不早勘斷，以致招討高繼恩不畏國法，恃力讎殺，貽患地方，損傷國體，論法通當提解來京，從重問罪，以戒將來。但見今四川松潘、叙瀘兩處用兵，緊關用人，內太監王保已取回，馬昊、吳坤因地方失事已請敕切責，守巡官崔旻、王芳已住俸戴罪，俱待事寧通查功過，具奏定奪，難便別議。及照建昌兵備副使張思齊，先年額外添設此官，往來雅州住札，密邇蘆山，專爲撫處夷情而設。今招討高繼恩等與蘆山縣知縣屠巒搆怨訐奏，張思齊不能禁約撫處，及被高繼恩搶害地方，故不依律火速奏聞，又不照行移體式，通行巡撫、巡按等衙門裁處施行，乃敢妄具禀帖，舞弄虛文，且稱一二勘事人員爲利誘勢迫，匿不以報，不知朝廷額外設立本官，專欲何用。合無本部行文馬昊等，遵照原奉欽依，戴罪殺賊。將副使張思齊并都指揮張麟等俱令住俸，嚴督所屬相機行事，整搠官軍，保障地方。仍咨都察院，行巡按四川監察御史，作急查照前項原奉勘問事情，從公勘問明白，會同鎮巡官議處停當，具奏定奪。及咨吏部，推選四川附近老成才幹官員，奏請簡用，代補張思齊及屠巒員缺，俱令作急前去，接管行事。待其到任之後，巡按官即將屠巒、張思齊提問，如律俱監候，奏請發落。仍將承命勘事鎮巡、三司等官馬昊等逐一根究，的係何人遲誤以致失機，分別情罪輕重，一併奏請定奪。再令四川都司行文天全六番招討司，切責高繼恩并楊世仁，各令從實認罪回話，俱差的親兒男賫本赴京投進，伏候朝廷定奪。

正德十四年六月二十八日具題，奉聖旨："是。這地方夷情已有旨，着鎮巡等官勘問，如何延久不斷，以致釀成禍患，好生誤事。王保已取回，罷。吳坤且不提，待事寧之日一併參奏了來説。馬昊、張思齊、屠巒，着錦衣衛差的當官校賫駕帖去拿解來京。張麟等都住了俸，着嚴督所屬，保障地方。先後各奏情詞，巡按御史從公勘處，并根究承委官員遲誤情由，分別輕重，一併奏來定奪。高繼恩并楊世仁，各着從實回將話來。"欽此。

爲乞恩分辯誣枉查驗泯没軍功以彰恤典事

看得百户高薦[九]奏，乞備查其父高崇熙原任巡撫四川都御史奏報功次，照例量加恤典一節。查得高崇熙提督四川軍務，指授方略，首破方、曹之衆，擒斬萬餘。據太監韋興所奏及御史汪景芳、給事中王萱紀功文册，實爲有功。其後因廖麻子等殘賊率衆歸降，獻納器械，苦告解散，情願安插。崇熙遵照原奉敕書及節奉欽依事理撫處，間適遇添差都御史彭澤等統兵馬境〔一〇〕，催督各路官軍聽調剿殺。廖麻子等因見撫約中變，向副使張敏稟説"上司許我到臨江市買房屋安插，今到二十餘日，並無一個上司來處，暗地又調鄉兵截殺，搶奪人馬，顯是賺哄我們，且回川北道地方遊食，當即殺人放火"等語，可見廖麻子等賊背招復叛，由於彭澤遽改崇熙原議所致。倘使崇熙不先招撫，則廖麻子等豈肯束手就擒？亦必爲害不已，又將歸罪何人？初彭澤奏崇熙等不能運籌以成招撫之計，秖欲掩其黷兵殺降之罪耳。本部先任尚書何鑑遂假此妄參崇熙擅將地方許賊安插，不候明旨，輒便掣兵，以致賊徒復起。崇熙緣此拿解赴京，死於中途。殊不知賊之解散由於掣兵，其後復叛由於用兵。至其搶殺地方，則未撫之先其害爲甚，聽撫之後其害爲輕。況當鄓〔一一〕、藍、方、曹虐焰熾盛之日，崇熙等所統不過本處軍馬，所在財用往往匱乏，乃能擒斬萬餘，降散數萬，成功爲難。及鄓、藍、方、曹既誅之後，止餘廖麻子一枝殘賊，勢已窮蹙，彭澤等所統邊鎮强兵，奏用内帑銀二十餘萬兩，乘賊聽撫解散之餘，一鼓擒滅，成功爲易。前事已往，臣等不敢追論，但今高鷹訴枉祈恩，亦不敢昧是非之實，委曲回護也。查得崇熙因建前功，已蒙朝廷降敕獎勵，升俸一級。後因太監韋興論其功迹，復蒙聖明察其有功無罪，特於既没之後賜祭一壇，恩至渥矣。但崇熙死於道路，事未結絶，原官未復，九泉之下，功罪未明，雖蒙諭祭，不敢欽承。合無准復崇熙原任都察院右副都御史之職，或量加贈一官，或別加恩典，臣等俱未敢擅擬，伏乞聖裁。

正德十四年八月初一日具題，奉聖旨："是。高崇熙既有擒斬賊首方四、曹甫等功次，准贈右副都御史。伊男高鷹廛升世襲一級。"欽此。

爲緊急賊情事

看得巡按四川監察御史盧雍劾奏叙瀘守備都指揮僉事杜琮，始則失信殺降以激夷人之變，次則望風自怯以貽居民之憂，終則墮賊計而專務招降，失機會而遂致復熾，要將杜琮提問，別選謀勇人員代其守備，惟復責限成功，以贖前過一節。切詳杜琮既是殺降激變夷人，情犯深重，難以復留守備。合無本部移咨都察院，行巡按四川監察御史，差人將杜琮拿問，依律議擬，照例奏請發落。本部照例推舉相應官員，前去更替守備。及照僉事田荆係添設專一整飾叙瀘兵備官員，與杜琮責任一同，杜琮殺降激變夷人，田荆應合糾舉救正。今奏內止參杜琮，不參田荆，未審有何所見。合無本部行文巡撫四川右都御史馬昊，查勘僰蠻叛亂事情緩急，并原議立縣、增糧等項事件有無人情順逆，作急會同計議，從長定奪。務在處置停當，地方安妥，不許偏執遂非，釀成大患，責有所歸。仍查僉事田荆不能振揚風紀，糾察奸弊，符同杜琮，失職誤事，一體參奏，究治施行。

正德十四年十二月二十六日具題，奉聖旨："是。杜琮提了問。僰蠻叛亂并原議立縣、增糧等項事情，着撫按官查勘明白，處置停當來説。"欽此。

爲請處軍餉趁時攻剿久叛僰賊以靖地方事

看得巡按[一二]四川都御史盛應期題稱，白水、三江等處僰蠻嘯聚，攻劫縣治，戕殺人民，罪惡貫盈，天討固所當加。但兵戈一動，全蜀安危所係，且兵部原議，用兵禦侮，先宜內撫，不敢輕忽大舉。臣等再三會議，從長計處，調取漢、土官兵，并叙、瀘、嘉、眉兵勇，趁今天和水涸，責令守備何卿并選慣戰驍勇官員，領兵直抵江邊，一面着落芒部、烏蒙二府地方把截後路，選差鄉導，徑入賊巢，宣布恩威，設法撫處。如果聽撫，另議上請定奪，從宜安插，隨俗處分。如執迷不服，即便整率官軍，刻期並進，分路夾攻。有功者，遵照原議，行委分巡僉事紀驗，巡按御史覈實。仍責成分守參政李□，督糧右參政胡雍，儧運僉事田荊、王芳，領軍監督兵糧，若有不敷，聽臣等再行從宜調遣一節。查得先任巡撫四川都御史馬昊征剿嫳蠻，論者以爲貪功生事，今都御史盛應期等又奏嫳蠻天討當加，已調漢、土官兵，處置糧餉，刻期征進，會本奏來，仍與馬昊前議相同，欲不准擬，但恐事已舉行，勢難中止。臣等竊論，盛應期此舉雖能斷決，或少遠慮，況巡按御史黎龍未見奏到，中間議論，恐有異同。且征剿嫳蠻，必用烏、芒以資其兵力，必約會貴州以防其奔突，斯爲萬全。今奏但行烏、芒把截後路，而不及貴州，似欠周詳。及查貴州巡撫都御史鄒文盛已升離任，合無本部行文馬上齎與貴州巡按御史、鎮守太監、總兵官知會，即日計議，量調官軍，設法防禦，果遇嫳蠻奔突入境，相機截殺。其四川用兵事情，待後都御史盛應期等奏報至日，有無成功，議奏定奪。

正德十五年四月二十九日具題，奉聖旨："是。這地方嫳蠻嘯聚，攻劫縣治，搶殺人民，節次撫剿已經三年之上，未得寧息，著貴州巡按御史與內外鎮守官公同計議，依擬量調官軍，設法防禦，相機截殺。其用兵事情，還待都御史盛應期等奏報至日來說。"欽此。

爲地方事

看得巡按四川監察御史黎龍奏稱，松潘地方西革寨番蠻殺牛泡酒，聲言"要攻城堡，齊心大壞事一場，取討各項年例等錢，天破也罷"等語，自正德十四年十等月日節次上道搶掠人財，及將賚詔生員陳詔虜去等情。奏稱副總兵、參將、副使等官任偏權小，難於整理，乞要本部查議，行巡撫都御史盛應期，照依成化年間舊規，每年自正月起至六月止駐劄松潘，將地方有無安靖具本奏聞，方許前去腹裏巡歷，自七月起至十二月終止，則事有責成，邊境無患一節。查得去年十二月內，都御史盛應期等前項會議奏稱，番夷畏服投降，奏乞罷兵防守。該本部議得，不可因一時之安，遂忘久遠之備，將戰守事宜覆奏，未奉明旨。今御史黎龍隨奏前因，顯是盛應期等不諳邊情，輕率奏報。及照四川巡撫都御史，職任雖以松潘為重，若腹裏有事，松潘事寧，豈得弧繫松潘，不去腹裏？又豈得拘於半年之例，膠固不移？見今盛應期奏來，已會總兵官吳坤調集官軍，征剿僰蠻，況天全六番地方亦當有事，若依今奏，行令盛應期即來松潘住劄，不無顧此失彼。查得副總兵張傑久在松潘，屢經戰陣，謀勇素著。及查松潘，先年因差大臣巡守取回，方設兵備副使更代。訪得胡澧，才力似非所宜。今御史黎龍既奏張傑等任偏權小，難於整理，合無將張傑照鎮守山西三關副總兵事例，改擬鎮守松潘名目，量升職級，重其事權，換敕一道，賚付本官欽遵行事，操練官軍，修理城堡，儹運糧餉，相機戰守，保障邊疆，開通道路。如遇都御史住劄松潘，凡事會同計議而行；若出巡腹裏，事遇警急，徑自處置調遣，參將以下悉聽節制。事干勾補軍伍、儹運糧餉等項，議行兵備副使催理，不許遲誤。副使胡澧，合無行移吏部，查照資格淺深，量為升改別用，另推諳曉邊情、才力有為附近地方官員升補前缺，咨報本部，請敕齎付，令其作急前去松潘到任，以濟時艱。其巡撫都御史盛應期、總兵官吳坤，待征剿僰蠻事畢，腹裏地方俱各寧息之日，盛應期不必拘定月日，常在松潘住札，腹裏有事，方許出巡。吳坤另議，奏請裁革。

正德十五年五月十三日具題，奉[一三]聖旨。

爲循舊例設重臣以█積患事

看得給事中張翀奏，要多官集議，可否比照陝西、江西及先年羅綺等例，松潘添設都御史一員駐於其地一節。查得先年侍郎羅綺暫時差遣，不係添設在彼官員，及童軒雖曾添設在彼，事無成效，後復裁革。及查陝西、延綏、寧夏、甘肅三邊與腹裏隔遠，江西南贛與福建汀漳及廣東、湖廣四省地界相連，亦非松潘一隅之比。今給事中張翀奏，要另設都御史一員，專一整理松潘，固欲專委任以責成效之意。但松潘兵糧皆資於四川腹裏，既有都御史一員巡撫四川，又設都御史一員專理松潘，事必掣肘，益難責成。童軒之設，是其明驗。及查先年設立巡撫四川都御史，務令上半年常在松潘住札，已有專委之責。見今松潘設有副總兵一員、參將二員、遊擊將軍二員專理，亦皆有人。合無本部行文巡撫四川都御史，腹裏無事，常在松潘住札，整理邊備，防禦番寇。若遇腹裏有事，巡撫不在，副總兵等官各照原奉敕書內該載事理欽遵行事，相機戰守。如有失事，聽巡按御史指實劾奏究治。

正德十五年五月十八日具題，奉聖旨：“是。”欽此。

爲飛報番蠻攻撲城堡事

看得巡按四川監察御史黎龍奏稱，松茂各寨番蠻出沒，道路不通二十餘年。都御史馬昊等奏請征剿，親臨邊境，任怨效勞。總兵官吳坤協謀議討。副總兵張傑，勇敢協夷人之心，剿撫盡將官之職。僉事劉成德委驗功次，守法不阿；隨軍深入，勞苦不避。參將王偉、芮錫，布政使華璉，致仕參議張繹，兵備副使胡澧、吴希由，僉事楊薰、吕翀，或防守督軍，或償運糧餉，或盡心撫處，或建議罷兵，均效勞勤。都、布、按三司掌印左布政使張琮、右布政使沈恩、按察使彭傑、都指揮僉事廉瑛，或協謀議剿於前，或審勢議撫於後。都御史盛應期、太監王潤，到任雖在用兵之後，料敵能審罷兵之機，建議撫處，邊釁不生。前巡按御史盧雍，用兵雖其去任之後，議兵實其在任之時。指揮僉事何卿、張倫、蔣成、酆爵、陣亡龐昇等功次多寡，備載文册可查。所據前項各官功之大小，應升應賞，應廕應録，或以功贖罪，或過不掩功，乞要本部查議酌處，上請施行一節。臣等議得，松茂之役，專爲除害安民，豈期各官輕率淺謀，用兵一年之間，斬獲賊首不過三百餘級，而軍士陣亡、被殺幾至三千，行齎居送，徵求調發，全蜀受害，竟不能使番賊畏威斂迹。而副使吴希由當被圍之時納弊求和，與副使胡澧符同隱蔽，虧損國威，莫此爲甚。及芮錫臨陣先退，以致損折官軍，并副總兵張傑、參將王偉，俱該本部別本參奏。及總兵官吴坤，先差叙瀘用兵，并布政使華璉等俱功微，通難論擬外，所據指揮何卿等功次并陣亡人員，既該御史黎龍造册奏繳，合無本部將何卿等照册另行查議，奏請升賞。

　　正德十五年六月二十日具題，奉聖旨："是。這各官不以地方爲重，輕率淺謀，用兵一年，損折官軍幾至三千，斬獲賊首不過三百餘級，好生誤事，已別有旨處治了。何卿等功次并陣亡人員，你部裏便查議了來説。"欽此。

爲軍務事

　　看得巡撫四川都御史盛應期奏稱，會同鎮守太監王潤、巡按御史黎龍議得，松潘諸番環布兩河，不時出没，弘治十七等年殺害官軍，守臣議奏調兵征剿，及添遊擊將軍馬聰、杜瑛二路巡視。後因裁革，窺視縱横，正德六年間，端竹白等遂爾煽虐，攻堡阻路，人民被其殘害，官軍被其殺虜。正德十一年，太監王保、都御史馬昊、總兵官吳坤、巡按御史盧雍會奏大舉，蒙降敕議處撫剿。端竹白等因見軍威屢振，畏懼剿殺，各備銀兩、馬甲等物，情願投降，修理關堡，認守地方。再三會行覆勘，委係是實，皆我皇上天威遠被，廟堂謀議深遠，處置得宜，數十年稔惡番夷得遂款附之誠，西蜀數百萬生靈得蒙更生之澤。但番夷變詐莫測，難保有終，欲攘外侮必先安內。臣等審度時勢，隨宜守剿。彼番聞風畏威，豈敢頻仍肆惡？及稱松茂往年春秋二、八月，一次副總兵與右參將，一次松潘兵備與茂州兵備副使，彼此交會，籌畫邊計，宣諭番夷，遊擊將軍領兵防送，已有定例，合再申明舉行。又稱副總兵張傑、兵備副使胡澧撫綏番眾，修復關堡，不煩血刃，奸宄潛消，相應激勸。乞要計議，將前項番夷免行征剿，原調漢、土官軍、兵勇俱行停調，及行令松、茂副、參并兵備官員查照舊例，互相巡視，彼此交會，計處邊務。遊擊將軍領兵同行防護，遇有番夷出沒，相機截殺。每次將巡視過日期并地方有無事情緣由開報，臣等奏繳。如有警不會停當，輕率妄動，及推奸避事，不行依期巡視，失誤奏報，俱聽臣等參奏處治。副總兵張傑、副使胡澧，請乞聖裁，量加賞犒，以勵將來，等因。臣等議得，番賊端竹白等先日殘害居民，殺虜官軍，奪古〔一四〕南路關堡過半，肆無忌憚。後因都御史馬昊等調兵征剿，番賊被殺逃散，官軍乘勝修復關堡，逼近賊巢，端竹白等懼怕剿殺，方纔投降，聽受撫諭，豈張傑、胡澧口舌化諭、兵不血刃之所致？查得張傑、胡澧係原會議用兵官員，及征剿松潘番賊節次斬獲首級有功人員，巡按御史黎龍見奉敕紀驗，今若不候通查明白論功行賞，先將張傑、胡澧量加賞犒，恐無以服人心。合無本部移咨都察院，行巡按四川監察御史，遵照本部前項題奉欽依隨軍紀功事理，將征進松潘有功官軍副總兵張傑等作急查明，造冊奏繳，以憑議擬升賞。其都御史馬昊提督用兵，前既獲功，後有失事，亦分別功罪多寡，從公論擬應否升賞准贖緣由，具奏定奪。及照番夷既降，兵宜停止，合無本部行文都御史盛應期，即將原調漢、土官軍放回本處操守。原買乞運糧米，已領在途者量增脚價，仍令運赴原指倉廠交納，以備軍餉；未買者追收原銀還官，備邊支用。守堡未到官軍，務要查究發堡，以防不虞。松潘地方未經修復關堡，并端竹白等自任修守關堡，責任副總兵張傑、副使胡灃務須乘其畏服之時查考修復，著實完報，不可因一時之安，遂忘久遠之備，後來失事，咎必有歸。其所奏副參、兵備、遊擊等官春秋巡視、會議邊務、相機戰守、具由奏報等項事宜，悉依所擬施行。

　　正德十五年七月十一日具題，奉聖旨："是。這有功官軍，着巡按御史查明具奏升賞。馬昊待問擬了來說。其餘都依擬行。"欽此。

校勘記

　　〔一〕"葵"，疑當作"蔡"。

　　〔二〕"猖"，疑當作"倡"。

　　〔三〕"賣"，疑當作"賚"。

　　〔四〕□，底本漫漶不清，據文意似當作"人"或"久"。

　　〔五〕"憤"，疑當作"債"。

　　〔六〕"恪"，疑當作"恪"。

　　〔七〕"楊洪"，當作"楊弘"。本書卷十二《爲捷音事》："凱里冠帶土舍楊弘見賊攻圍清平衛城，領兵迎敵。"

　　〔八〕"領"，當作"嶺"。《四庫全書》本（明）曹學佺《蜀中廣記》卷三十一《邊防記第一·川西一》："正德二年，副總兵楊宏誘殺綽嶺寺國師雪郎王出。自後本寺小宛卜等動稱報讎，松城之外不敢晝牧。"本書本卷本文："及查核桃溝雖非綽嶺數內，正係端竹白侵犯關南地方通連道路。"

〔九〕“薦”，下文作“鳶”。“鳶”，通“薦”。

〔一〇〕“境”後，據文意似脱一“上”字。

〔一一〕“鄔”，當作“鄢”。明萬曆刻本（明）雷禮《國朝列卿紀》卷七十四《張琮》：“琮則爲募死士，殲厥渠魁，餘悉寬貸，襄地安堵，鄢、藍、方、廖巨寇稔害則亦罄殄。”本書本卷本文：“及鄢、藍、方、曹既誅之後，止餘廖麻子一枝殘賊，勢已窮蹙。”

〔一二〕“按”，疑當作“撫”。明隆慶刻本（明）劉松《（隆慶）臨江府志》卷六《歲眚》：“正德二年旱，巡撫都御史盛應期奏免税糧十分之五。”本書本卷《爲地方事》：“乞要本部查議，行巡撫都御史盛應期，照依成化年間舊規。”

〔一三〕“奉”前，似脱一“未”字。

〔一四〕“古”，疑當作“占”。

南畿類

我太祖定鼎金陵，建四十二衛，皆散處江北，屯田自養，故賦有餘而用足。永樂間遷都于燕，建七十二衛，歲漕江南北粳粟四百餘萬石以給軍食，而武官俸廩則仍就支於南京。至正統初，始以南京倉米每石折銀二錢五分，總計四百萬石納于京，而存者尚二百餘萬石，蓋兩京並建，邊備漸增，財用至是始困矣。故爲留都今日之計者，宜汰冗兵，去冗官，修江北屯田之政，減裏河進貢之船，使兵少而精強，賦省而足用，北輔中原，南控百粵，江淮湖海，環邦畿數千里之間，民安盜息，根本壯固，斯見陪京之雄盛矣。

爲陳愚見袪宿弊以安軍民事

看得巡按監察御史楊珙所言“計處民壯”一事，指陳利害，援證古今，明白剀切，速當議處。今將所言開立前件，詳議明白，伏乞聖裁。

正德十年七月十一日具題，奉聖旨：“這民壯還照舊行。”欽此。

計開：

一、計處民壯事。前件。查得先爲調元贊化事，該禮科右給事中孫孺奏，一件：選民壯以振天威。該本部議得，合無通行各該巡撫、巡按官，督同分巡、分守等官，嚴督各該府縣掌印并撫民等官，除近年曾經僉定造册繳部外，各量地方險易，合用民快、機兵各若干。若舊有之數不足，其州縣七八百里者，每里僉點二名；五百里者，每里三名；三百里以上者，每里四名；一百里以下者，每里五名。舊額類多者不許減去。俱於丁糧相應之家從宜僉點年力精壯之人，籍其年甲、相貌在官，務勾一城操守、一方保障。不許濫僉，有傷農力，亦不許放免殷富，獨勞貧民，等因。弘治七年十月初四日具題，奉孝宗皇帝聖旨：“是。”欽此。又爲乞明編僉民壯事，該巡撫山東右副都御史何鑑奏。該本部議得，將造册已定民壯俱以弘治十二年爲始，每十年通行查審看驗一次，中間但有老疾、病故、消乏等項，悉與僉換。若本戶有壯丁十名以上，家道殷實者，仍於本戶僉補壯丁更替，再當一輩，事故之日，不許再於本户僉補。其十年審編之時，守巡、府州縣正官親詣查審，照册將丁糧相應之家從頭僉替，毋令作弊，獨損貧民。仕宦之家量加優免。果係正統、景泰、成化初年應當到今，如告更替，查勘是實，亦與僉換，等因。弘治十一年十一月十八日具題，奉孝宗皇帝聖旨：“是。”欽此。臣等伏睹我朝舊制，自京師以及天下設置衛所，編充軍伍，幾至百萬，令州縣百姓供給糧餉，計天下田租之入太半供軍，專爲防奸禦侮，軍以衛民，民以供軍，未聞衛所之外復有民兵之設也。自正統十四年軍伍消耗，邊患警急，始議召集壯勇以自護衛，蓋一時權宜之計，事寧之後即當罷革，以示休息，修明軍政，以復舊規。而年復一年，因循未改，至於給事中孫孺建議選民壯以振天威，本部依擬通行天下，照里編僉，民兵之害遂流至今，言者屢欲查革，而本部因襲憚改，終不能救。今御史楊珙目擊其弊，反覆論列，民之疾痛，如切其身。且引宋人議於陝西點義勇數萬以禦元昊，司馬光力阻其議，以爲於民有世世之害，於事無分毫之益，其說尤爲明鑒。楊珙所言切於時政得失、軍民利病，臣等不敢忽處。

合無本部通行各處巡撫、巡按官，會同三司等官查勘，但係弘治七年給事中孫孺奏准新設民壯通行革罷，不許再行勾擾。其正統年以後、弘治七年以前原設機兵、民壯，及山西、陝西等處原設備禦各邊民壯，俱照舊存留。其餘腹裏設有衛所去處，照例將守城舍餘及輪操下班官軍操練防禦。至於州縣衙門合用兵快，亦依楊琠所擬，不必編僉，惟令查訪驍勇精壯、平素慣習捕盜之人，不拘名數，收充應捕、快手名目，除免本身差徭外，再免本户二丁，幫貼衣食。本户無丁，許免別户人丁幫貼。俱聽本州縣掌印官提督操演，緝捕盜賊，不許官司私役擾害。中間應有獎勵、優恤等項事宜，本部議擬未盡者，悉聽巡撫、巡按、三司官從宜施行，不必拘泥本部原擬，惟在人得實用，事無紛擾，盡除煩苛，與民休息。應具奏者奏請定奪，亦不許視爲文具，廢格不行。通將查處過緣由回奏查考。

爲成造軍器人匠事

看得太監余俊等奏，要將各衛所不到軍匠照名選取餘丁一名，暫送本局頂補用工，每名月支糧八斗。待各匠原籍清勾至日，隨將原補餘丁退回該衛別差一節。先該南京兵部會同内外守備官計議，具奏選補人匠，該本部查得，軍匠逃故，原無將別軍[一]餘丁補充事例，擅難准擬，等因。覆題，奉有欽依通行外。今太監余俊又奏，要將餘丁選補，加支月糧。緣臣等前議非敢偏執，但因查得軍匠逃故，自來並無將別軍匠餘丁選補事例，以此執奏不從。今若此例一開，其餘衙門俱來比例，難以禁止。見今南京倉糧歲計不足，若又因此冗食加多，則户部必歸咎兵部擅改舊例，濫收匠役；科道官必劾奏本部不能遵守舊例，擅開弊端。臣等固不足恤，貽害將來，誠非小失。及查本局見在食糧軍餘、人匠二千餘名，足以應用，何必又取餘丁，添支月糧以補逃亡之數？合無本部移咨南京兵部，轉行該局，照舊遵守，不必創立新法，輕啓弊源。其逃故人匠，照例清勾補解，不許遲延。

正德十一年六月十二日具題，奉聖旨："是。"欽此。

爲强盜劫財傷人等事

看得巡撫鳳陽等處右都御史叢蘭奏稱，贛榆縣地方本年七月十九日，強賊百十餘人，各懸弓箭，手持長鎗、腰刀，在縣柘汪鎮、龍王廟等處燒毀居民房屋，劫搶財物、馬匹。今十月二十八日，方得奏到抄出。即今淮楊一帶地方，水災重大，民不聊生，前項盜賊聚衆已至百人，若復怠玩，不早捕治，萬一飢民互相扇引，聚衆流劫，關繫匪輕，況鳳陽祖宗陵寢所在，尤爲重地。右都御史叢蘭所管接境地方，前項所查備倭守備武職共有三員，兵備按察司官共有四員，大〔二〕牙相參，遠近聯絡，專爲防捕盜賊、保障地方而設。及查鳳陽等八衛一所，京操秋班官軍八千一百四十員名，近因灾傷俱留本處操備。合無本部馬上齎文交與巡撫都御史叢蘭，查勘贛榆縣七月內流賊百人初起根由，并即今流往何處地方，有無追捕解散，各該地方官員因何不遵律例火速申奏，逐一查究明白，星馳具奏，不許遲延。仍行署正留守王憲并本司巡捕官，將存操秋班官軍支給月糧，加意存恤，處置馬匹、器械，分班操練，彈壓奸頑，防護陵寢。若遇鄰境盜賊生發，本處官軍不能禁捕，聽叢蘭酌量賊情緩急多寡，徑自調發，相機剿捕，一面奏聞。其餘衛所官舍、軍餘及府州縣民快有可操習者，亦聽叢蘭從宜選委謀勇才幹官員管領巡捕。務在處置得宜，緩急有備，既可防禦寇竊，又不生事擾人，斯副委任。仍嚴督各該備倭守備、兵備官，比常十分加謹，撫恤軍民，巡察賊盜。其山東兵備官雖非統屬，然地界相連，亦聽移文督捕。

各官敢有似常因循坐視，致有强賊百人以上流劫地方，備倭守備都指揮并按察司兵備官，俱先差官替回，送法司問罪，照例從重發落。本部仍通行山東、河南巡撫都御史，嚴督兵備等官一體施行。

正德十二年十一月二十二日具題，奉聖旨："是。這查勘流賊并防捕等項事宜，着鳳陽巡撫官都依擬行。今後各該備倭守備、兵備等官，如有似前因循玩寇，不早捕治，以致貽患地方的，俱從重治罪不饒。還通行與山東、河南巡撫等官知道。"欽此。

爲足食足兵以固根本事

看得南京浙江道監察御史龔大有所奏"修衛所以時簡教"、"革衰病以易精壯"、"禁買閑以充什伍"、"嚴操軍以圖實效"、"添憲臣以總督"五事，無非欲整飭武備、保固根本之意，不爲無見。今將所言開立前件，議擬明白，伏乞聖裁。

正德十三年十二月二十七日具題，奉聖旨："是。准擬。"欽此。

一、修衛所以時簡教。前件。行南京兵部議奏定奪。

一、革衰病以易精壯。前件。查得舊例軍人年及六十更替，今奏要通行揀選精壯軍餘，更替疾病衰弱之人，合行南京兵部再議，相應依擬施行。

一、禁買閑以充什伍。前件。合行南京兵部查例禁革。

一、嚴操軍以圖實效。前件。合行南京兵部并操江都御史，查照舊規，着實操練，以振軍威。如有雇覓頂替情弊，照例究治。

一、添憲臣以總督。前件。查得南京兵部尚書參贊機務，係是舊制，原無添設都御史一員，重復總督在京衛所，及今操江都御史兼管事例，擅難准擬。

爲缺軍守護陵寢事

看得南京守備成國公朱輔會同太監黃偉、尚書喬宇等查議，要於孝陵衛摘撥精壯餘丁二千一百八十四名，每三丁朋合一丁，相兼見在旗軍當差一節。查得自來南北兩京并各邊衛所軍人逃故，並無將無干別軍餘丁抽選朋當之例。今若此例一開，多餘軍丁必致逃躲，遺下本户軍役無人承繼，軍伍益致消乏，係干創行事理，關繫匪輕。合無仍照舊例，將逃故軍人清勾補役，惟復行移南京兵部，出榜曉諭，孝陵衛軍人餘丁内有情願投充本衛軍役補伍者，聽其告官，查明收補。不願者，不許一概僉派，强逼充軍。伏乞聖裁。

正德十四年二月十六日具題，奉聖旨："是。還照舊例將逃故軍人清勾補役。"欽此。

爲添設官員以保安地方事

看得巡按直隸監察御史葉忠奏稱，蘇、松、常、鎮四府，濱連江海，武備廢弛，先年曾設兵備副使謝琛住札太倉州。今據九江等處報稱，强賊吳十三等江上劫掠，勢甚猖獗，比之謝琛之時，尤爲可慮。乞從長議處，照舊添設兵備官一員，前來鎮江住札，整飭四府武備一節。查得蘇、松、常、鎮四府原無設置兵備官，正德七年暫設謝琛整飭，未久都御史王縝具奏裁革。今江西事變，鎮江爲南北襟喉，相應設備。但要仍設副使，恐一時不能得用。如江西九江，見有兵備副使曹雷，九江城破，曹雷不知所在，是其明驗。查得添設漕運參將陳瑤，平昔謀勇可取，近年都御史陶琰巡視浙江，調用陳瑤殺賊有功，奏薦可用。即今江南運道多梗，已過准者，自有參將王玉、王佐二員催儹整理。合無請敕一道，責付參將陳璠，不妨原任，作急前去，分守鎮、常、蘇、松地方，會同巡撫都御史，選調各府衛州縣官軍、民壯，給付口糧、器械，加意撫恤，如法操練，常於要害地方隨宜住札，相機戰守。務須殫心悉慮，保障重地，不許寡謀輕忽，致賊侵據。合用符驗、旗牌，照例請給。事寧之日，具奏裁革。

正德十四年八月初一日具題，奉聖旨："是。陳璠着不妨原任，上緊前去，分守鎮、常、蘇、松地方，寫敕與他。"欽此。

爲軍務事

看得南京內外守備司禮監太監黃偉、成國公朱輔、兵部尚書喬宇等各奏報，南京各營操備馬、步官軍人等，實在共三萬六千九百六十四員名，不爲不多。近日江西事變，前項各營實在食糧官軍，縱使三分選一，亦尚可得精兵萬二千餘以備戰守，何乃聞警張皇失措，連章奏借邊兵，四散徵調民壯？不知朝廷平日設置留都軍馬，歲費糧儲以百萬計，將焉用之。所據管理各營官員坐視因循，廢弛武備，難以辭責。及至給事中孫懋去年十一月奏行各官議處，延至今年四月方行回奏。隨該本部覆奏，行令各官照正德七年例會同揀選，將選過軍數回奏查考。延今月久，未見選報，止襲舊案，奏報前數。若不再行申明，催督揀選，明示懲戒，後來必不知警，再遇有事，妨誤非輕。合無本部行文南京兵部，查照先今事理，作急會同內外守備官并提督操江南和伯方壽祥等，及行南京科道，委給事中、御史各一員，親詣各營，將前報實在官軍，調取南京戶部食糧文冊，逐一查對。揀選精壯官軍定爲頭撥，聽候徵調。力弱者定爲次撥，隨操聽當雜差。中間如有把總、管隊人等私役、賣放等項情弊，徑自參究提問，退回各營操備。將選過頭、次撥官軍姓名、數目備細造冊，送南京該管都督府等衙門用印鈐縫，送本部收照。仍將揀選過官軍總數，并查參過各項情弊緣由，作急回奏查考，不許似前遲延誤事。

正德十四年八月二十六日具題，奉聖旨：“是。南京各營操備官軍，著該部便照例會官揀選，上緊回奏，不許遲誤。”欽此。

浙江類

爲處置地方强賊以安民心事

看得巡按浙江監察御史鮮冕奏稱，會同鎮守太監王堂，三司掌印官陳璠、王紹、何天衢等議得，湖州府安吉州孝豐縣强賊湯毛九等，恃居險阻，肆行劫掠，聚衆拒捕，爲患地方，已非一日矣，今不即計處，將來致難撲滅。乞要廷臣密切會議，將知府吕盛、知州張焕、知縣王棋改調，另推才幹官員前去，散其黨與，執其渠魁。仍乞密敕臣等相機行事，如其執迷不悛，量調處州等府衛官軍、民快剿捕。相連地方，移文巡撫等官，會期集兵把截，使無奔潰，等因。查得奏内湯毛九等殺人放火、劫庫劫囚違法等項事情，自正德元年以後，節次奏行巡按御史勘問，已十餘年，未得結絶，俱不奏知。今御史鮮冕等方行會奏，欲先推才幹府州縣官前去宣諭處治，待其不從，然後調兵剿捕。查得律有明條，逃避山澤，不服拘唤，拒敵官兵者，以謀叛已行論。湯毛九等恃險爲惡，拒捕殺人，屢犯不悛，事干叛逆，罪在不宥。既該鎮巡官奏發其事，若乃付府州縣官撫處，不惟府官拘於職守，力不能制，抑且事機漏泄，懼罪生變，聚衆流劫，貽患地方，猝難撲滅。近年處置劉六、劉七等事，可爲明鑒。查得巡撫南直穎[三]都御史張津，該管廣德州、太湖等處地方，俱與湖州安吉孝豐地方接境。及查浙江杭、嘉、湖三府稅糧，亦屬都御史張津總理。合無請敕一道，差人馬上賫赴張津，即日計議叛賊湯毛九等應須作何擒捕，一面選委謀勇官員，調集官兵，指授方略，在於廣德州、太湖等處通連賊巢地方密爲設備，一面馳至浙江，先以清查稅糧行事，會同彼處鎮巡、三司官，密切運謀，調集官兵、民快，相機擒剿。務在渠魁就戮，脅從罔治，地方安靖，軍民不擾。如或未宜加兵，可以計擒，或設法撫處，罪人自得，敕內該載不盡事宜，悉聽便宜施行，不必拘執原議。應具奏者，星馳奏請定奪。毋或鹵莽輕忽，致有疏失，咎有所歸。本部再行差人賫文前去江西，交與鎮巡官，令其密切計議，預於通連浙江湖州經行水陸道路一體設備，但遇前賊奔逸入境，即爲擒捕，有功照例升賞，誤事責亦難辭。其知府呂盛等應否改調另推，宜從吏部查議定奪。再照前項賊情年久，地方官員平昔既不能設法禁治，又互相隱匿，不速奏聞，中間恐有隱下別項重情，合當究治。合無併敕都御史張津，候其事寧之日查勘明白，通行參奏處治。

正德十二年二月二十九日具題，三月初三日奉聖旨：“是。這撫剿等項事宜，都依擬行。便寫敕與張津，着上緊去。”欽此。

爲處置地方强賊以安民心事

議得犯人湯毛九、許江等二家，自弘治年來殺人放火，劫庫劫囚，逃避山澤，不服拘喚，拒敵殺死兵快，不奉王化，已非一日，事不異於流賊，罪實同於謀叛。地方官員緩之既不能制，急之又恐生變，因循寬縱，養寇殃民，非惟法令不行於兩家，抑且氣習將染於全浙。邇者三司官因見本部議奏，申明律例，督率嚴謹，不許隱蔽賊情，方將前情各呈鎮巡官處，會本具奏。又欲先推才幹府州縣官，前去宣諭處治，待其不從，然後調兵剿捕。本部議得，彼賊罪既敗露，若仍付府州縣官撫處，力不能制，必致生變，貽患地方，以此議奏，責付都御史張津捕治。荷蒙皇上英斷，即時降敕，授以方略，令張津密切運籌，調集兵快，相機擒剿。如或未宜加兵，可以計擒，或設法撫處，罪人自得，悉聽張津便宜施行。今張津果能仰體廟謨，協和群議，委用得人，處置有法，擒獲渠魁，不妄殺戮，明正一時之天討，懾服闔省之人心，雖無斬獲首功，實能消弭隱禍，論其功勤，實可嘉獎。太監王堂會同議處，事克有濟，功亦當錄。合無將張津、王堂各請敕獎勵賞賚，仍各量升禄俸。御史吳華、鮮冕、成英同事地方，協謀奏處，合無各加賞賚。及撫處分哨監軍、領軍把截、調度錢糧、取用軍器、往來督視分布等項官右布政使等官湯沐等一十七員，各效勤勞，不負委任，合無亦各量加賞賚。緣恩典出自朝廷，臣等俱未敢擅擬，均乞聖明裁處。其湯沐等合用賞物，候命下之日，行令浙江布政司處置完備，就彼給賞。其已給賞過獲功軍快、打手人等，及量賞過指揮同知等官以下官員數內，或有賞未酬勞，及數內或有應賞未賞人員，行移巡按浙江監察御史，會同鎮守、三司官再行查明，斟酌給賞。如無可賞，不必濫及。其南直隸地方把截道路、擒獲從賊有勞官同知魏浚、知州周時望等，行移都御史張津，亦就彼中量賞。畢日各將給賞過銀物數目回報本部查考。

正德十二年七月二十八日具題，奉聖旨："是。這強賊湯毛九、許江等逃避山林，不服拘喚，敵殺兵快，劫庫劫囚，積惡年深，將成大患。都御史張津乃能遵照兵部擬奏方略，密切運籌，處置有法，擒獲渠魁，消弭隱禍，地方寧靖，功勞可嘉。太監王堂先事既能思患預防，奏請處置，臨事又能協謀調度，親臨巢穴，兵不血刃，賊俱就擒，功亦不小。張津升戶部右侍郎兼都察院左僉都御史，照舊巡撫，王堂歲與禄米十二石，廕他子侄一人做錦衣衛世襲百戶，還各寫敕獎勵。御史吳華、鮮冕、成英各賞銀十兩、紵絲二表裏。三司等官湯沐、梁材、何天衢、于鎣、閔楷、潘鐸、劉藍、朱廷聲、傅智、王紹、許讚、胡訓、林富，各銀十兩、紵絲一表裏。張奎、申錫、秦玉、陳璠，原署職與實授。"欽此。

爲公務事

看得鎮守浙江地方太監浦智，奏帶錦衣等衛官旗舍周鐸等四十五員名，該支廩給、口糧、馬匹、脚力，乞照前鎮守太監畢真參隨事例，行移有司應付一節。查得太監浦智，先差織造二次，奏帶官舍三十一員名，今又鎮守浙江，奏帶周鐸等四十五員名，内有原奏帶浦政等十名，比舊奏添太多，於例有礙。及要比照太監畢真參隨事例，行移應付。緣畢真并參隨人役見今犯罪被拿，難以比照。合無行令浦智遵照舊例奏帶相應人員五名應用，照例應付。

正德十五年三月二十五日具題，奉聖旨："已有旨了。"欽此。

湖廣類

爲飛報賊情事

看得撫治鄖陽都御史任漢奏稱，湖廣沔陽州景陵、京山縣地方，盜賊不時出没，誠恐釀成大患，乞要從長議處。或量撥荆州等衛官兵前去石首等縣防禦；或於沔陽、荆州二處各設兵備憲臣一員，整飭武備，督捕盜賊；或令上、下荆南二道分守、分巡各帶家口常在地方駐札，專一責成其事，不許别項差委，無事不許回司，年終不許更代，得以弭盜一節。查得湖廣省城既有巡撫都御史、總兵官督率都、布、按三司等官，專任一方之寄。成化年間，因鄖陽接連四省，流民甚多，添設都御史一員撫治其地。正德五年，又因流賊騷擾，復設副總兵一員協守。又有撫民、副使、參議各一員，專在襄陽駐札。至於荊瞿、安沔、鄖陽，又設守備指揮三員，專一緝捕盜賊。設官不爲不多，禁制不爲不密，使各官果能憂切地方，盡心所事，盜賊何至竊發？軍民豈有不安？奈何玩寇養亂，漫不經意，及至事勢急迫，便欲撥軍添官，輕變成法。殊不知荊州等衛官軍各有分地操守，難以摘離；額外又添兵備，不知原設分巡、撫民等官平日所理何事。及照按察司分巡僉事，係風憲官，一年更替，亦是舊制。今若令帶家口，年終不許交代，事屬更張，俱難擅准。合無本部移咨撫治都御史任漢，行令上、下荊南二道分巡官，不時往來前項地方，公同各該守備官，嚴督軍衛有司巡捕等官，緝捕盜賊，糾察奸弊，照例一年更代。若分巡等官推奸避事，不行巡歷，聽撫治并巡撫、巡按官糾奏處治。

正德十年十二月二十九日具題，奉聖旨："是。"欽此。

爲申鳴保護衙門地方舊制以安夷情事

議得國朝因前代之舊設立土官衙門，頒降印信，令其遵奉正朔，以夷治夷，寓羈縻[四]之意，百餘年來已有定規。正德八年，始因巡撫都御史劉丙建言，舉用指揮王爵，奉敕守備鎮筸地方，控制永順、保靖二宣慰使司，兼制五寨長官司，蓋亦統馭苗夷，不使搆亂之意。但以"指揮控制"爲名，使彼得以藉口不服，節次奏擾。而守備指揮王爵亦奏，永順、保靖二宣慰司離守備衙門三四日之程，行勘事情，百般阻撓，不聽約束，乞要今後但遇各宣慰司訐奏事情，悉行守巡該道徑自提勘，已該本部節次奏行鎮巡等官勘議。今都御史秦金會同太監杜甫、都督同知楊英、御史張翰，督同守巡參議王薑等勘議得，新設鎮筸守備指揮難以裁革，但以指揮控制宣慰衙門，似於政體欠安，夷情未順。要將永、保二宣慰司并附近土官衙門俱改屬沅州兵備副使控制，一應夷情奏争詞訟悉從整理。原設指揮王爵，止令守備鎮筸，兼制五寨，等因。查得鎮巡、三司統轄土官衙門，原是舊制。沅州添設兵備副使，原擬撫治蠻夷，正其職掌。奏内開稱見任沅州兵備副使翁理帶管分巡，今若將宣慰使司改令沅州兵備官專一控制，不惟有礙舊規，抑恐守巡官得以推托誤事，愈致紛更，人不信服。合無請換敕一道，賫付指揮王爵，照依鎮巡官所擬，止令守備鎮筸，兼制五寨。如遇永、保二宣慰司管下土人結搆鎮筸苗人，潛出劫掠，斟酌事情輕重，緝拿禁治。重大夷情，悉聽鎮巡官節制，及會同分守、分巡官計議停當而行。凡事務在寬大得體，不可任情苛刻，或生事激變，罪不輕貸。其鎮巡衙門遇有夷人訐奏事情，照舊行守巡該道及兵備衙門提勘，不許再行守備指揮勘理。各官又奏稱，宣慰使彭明輔因見“守備控制”字樣心輒不平，乞要量加懲戒，今後一應上司問結奉有欽依事情，不許煩瀆聖聽一節。但各官前議既以爲指揮控制宣慰衙門，政體欠安，似難責其所奏不平。及朝廷廣遠視聽，萬里夷情亦能自達。若厭其煩瀆，壅蔽不聞，萬一釀成大患，咎將誰歸？但彭明輔雖假不欲控制爲詞，實因指揮王爵徧僉寨長，朔望點閘，管下土人不得誘引結搆以遂己私，故借控制之名以遂陰阻之計。合無行令鎮巡官，將前項緊關情節行文曉諭宣慰使彭明輔等，即今已令守備鎮筸指揮不必控制二司，止管鎮筸所司事情。本司務要遵守國法，鈐束土人，不許結搆鎮筸苗人，潛出劫掠。如有違犯，聽守備指揮緝拿禁治，並不許宣慰司官明爲承順，暗行阻撓。果有應奏事情，仍許徑直奏聞區處。及又奏稱，分守右參政曹昆、分巡副使翁理承勘地方夷情，不行上緊完報，雖因更代不常，終屬違慢，相應究治一節。查得曹昆已故，翁理見任，俱係巡撫等官轉委人員。合無轉行巡按湖廣御史，將翁理提問，惟復量加罰治，均乞聖明裁處。

正德十一年七月十七日具題，奉聖旨："是。這處置夷情事宜依擬行。分巡官且饒這遭，還罰俸兩個月。"欽此。

爲乞恩請兵征剿急救生靈以安地方事

該吏部聽選官鄭泰熙奏稱，本處桂陽縣猺人占種民田，殺人放火，被害之家節呈告縣，秖稱兵備道分付申禀本道，不許別行撫按衙門，致使地方累遭賊毒，無由上達，誠恐釀成大患，乞要會兵征剿，等因。查得成化二十一年閏四月二十九日，節該奉憲宗皇帝敕旨："各處盜賊生發，如事干城池、衙門、殺官、劫庫、劫獄，并積至百人以上者，限一個月以裏不獲，聽鎮守、巡撫、巡按官將分守、分巡、守備及府州縣、衛所、巡司掌印、巡捕等官住俸戴罪，挨拿盡絕，照舊支俸管事。半年不獲者，不分司府州縣、衛所、巡司掌印、巡守、巡捕等官，俱聽巡按御史提問，三司掌印官照依常例發落。其餘每一起，將州縣、守禦千戶所、巡司掌印、巡捕官，并專一地方守備等項及府衛巡捕官，降一級；每一起，府衛掌印官降一級；每三起，分巡、分守官降一級，俱調邊遠去處。"欽此。欽遵。及照郴州桂陽縣地方，久被猺賊劫殺人民，既不能設法防禦，又互相隱匿，不速奏聞，所據各該誤事官員通合究治。合無本部移咨巡撫湖廣都御史秦金，查勘所奏賊情，如果是實，即同鎮巡、三司等官計議，嚴謹防禦，設法征剿，務令猺賊斂迹，居人安靖。事體重大者，星馳具奏定奪。仍查隱蔽賊情官員，應提問者就許提問，應奏請者參奏提問，不得似常姑息，通同欺隱，貽患地方，等因。

正德十年十二月二十日具題，本月二十二日奉聖旨："是。這所奏地方事情，着鎮巡等官便議處了來說。"欽此。

爲賊情事

　　該鎮守湖廣總兵官楊英等奏稱，湖廣企山、茶山等峒猺苗，不時越出臨武、宜章等處地方劫掠，欲便會兵征剿。況今五月暑雨，難於進兵，且近日以來再無緊急報到。除議行守巡僉事丁沂等，嚴督見在官軍、民快，分布州縣防禦守把外，賊果遠遁，軍兵照舊掣回。萬一賊勢猖獗，會同兩廣、南贛總督、巡撫等官，從長計議，處置兵糧，刻期夾攻，等因。議得合無依其所擬，本部馬上差人賫文交與巡撫都御史秦金，會同太監、總兵官，嚴督新任兵備副使陳璧、分巡僉事丁沂、分守參議王泰、參將史春，務令嚴督各該府衛州縣官員，整率兵快，用心防禦，相機撫剿。如果各猺傾心向化，從宜區處，俾各安巢穴，不致驚疑。仍議作何防守可保永無後患，具奏施行。倘或執迷不服，報讎肆虐，應會兩廣、南贛鎮巡等官調兵征剿，務須公同計處，期在萬全。先將應調土、漢官兵數目，措辦糧草事宜及戰攻方略，星馳差人具奏定奪。固不許畏怯出征，任意延緩，重貽民害，亦不許貪功生事，妄擬調發，騷擾地方。再照前項流賊，自正德七年劫掠各縣至今，五年尚未平定。正德十年，止據兵備副使程杲呈稱斬獲首級，鎮巡官奏報一次，餘起被盜俱未奏報。本年十二月，聽選官鄭泰熙等具奏，本部題奉欽依查勘，守巡等官方行具呈，鎮巡官方行奏報，却稱鄭泰熙等所奏隱匿等情見行查勘，中間顯有回護情由。切詳兵備、守巡及有司衛所等官，遇有賊出，即時申報，設法撫捕，必不滋蔓，至如今日之甚。今各該官員上下蒙蔽，致使猺賊殺虜，五年不息，乃今更欲推避，俱難輕貸。合無本部移咨都察院，轉行彼處巡按御史，將正德七年以後各縣被賊殺虜事情逐一查勘，務見某年搶殺某縣幾次，各該官員有無奏報，但係隱蔽有罪人員，應提問者徑自提問，應參奏者指實參奏，仍照本部題准飛報賊情事例發落。內干礙地方緊要委用官員，行令戴罪殺賊，候事寧之日照例提問，非有撫剿奇功，不許准贖。庶幾以後守巡等官稍知警戒，賊情無隱，生民獲安，等因。

正德十一年七月初五日具題，本月初七日奉聖旨："是。這地方事宜都依擬行。"欽此。

爲流賊攻縣殺人燒屋擄官劫財等事

該巡撫湖廣右副都御史秦金等，參奏宜章等所縣掌印、巡捕、守巡等項官員失事緣由，乞要議處，將各官住俸戴罪殺賊，等因。議得湖廣桂陽等處，猺賊搶殺事情醞釀日久，守土官員往往隱匿不報。先該聽選官鄭泰熙首發其事，本部議擬，行令鎮巡官會同計議，防禦征剿，及查通同欺隱官員參奏提問。而彼處鎮巡官方乃奏稱，企山、茶山等峒猺賊不時劫掠，欲便征剿，況今五月暑雨，難於進兵，且近日以來更無報到緊急情由。本部又經行令各官整兵防禦，仍議作何撫剿可保永無後患，星馳具奏，題奉欽依通行遵守。經今日久，賊勢未見少衰，反加猖獗，而安仁、攸縣、鎮栗地方，肆行剽掠，執辱縣官，殺傷居民，劫放囚犯，燒毀衙門、房屋、文卷，迹其悖惡，不在劉六、劉七、趙風子之下。所據誤事官員本當通拿來京，送赴法司，從重問罪，及調遣三省官軍，分道並進，搗其巢穴，俾無噍類，庶蘇民困。但鎮巡官奏稱，急切用人之時，要將各官住俸戴罪殺賊。又稱官軍不敷，錢糧缺乏，春深草木繁茂，亦難進搗巢穴，大舉之期必在秋冬等情。合無依其所奏，將宜章守禦千戶所，鎮守栗源堡并安仁、攸縣、長沙府衛各掌印、巡捕、哨守，及各該巡司等官，逐一查明，與守備指揮李璋、參將史春、守巡參議黃質、僉事顧英、知縣李增，俱住俸戴罪殺賊。仍請敕一道，即令原差來人馬上齎回，交與都御史秦金、總兵官楊英、太監杜甫，切責其罪，令其督同都、布、按三司及該道守備、兵備、守巡等官并參將史春等，嚴督鎮溪土軍，陽山、馬湖、平江殺手人等，及各該軍衛有司見在官軍、民兵、衡州、長沙、茶陵等衛上下班官軍，附近鄉市勇敢好漢，分布無城縣分、通賊要害道路，用心防禦。如遇前項猛賊再來搶掠，設法剿捕，以贖前罪。應與廣東、南贛都御史計議者，公同計議而行，仍將應調官軍數目、措辦糧草事宜、進兵方略計議停當，先期具奏定奪。如或因循玩愒，以致滋蔓難圖，國典具存，必難輕貸。本部仍各鋪馬賫文交與兩廣總督、南贛巡撫各都御史，督令該道守巡等官一體防禦，免致奔逸爲害，不得自分彼此，有誤事機。及咨都察院，轉行湖廣巡按御史，查照前項題奉欽依内事理，將各該失事并節年隱蔽賊情官員逐一查勘，務見明白，應提問者就行提問，應參奏者一併參奏處治，不許遲誤，等因。

正德十二年四月二十四日具題，本月二十六日奉聖旨："是。這地方誤事官員都住了俸，着戴罪殺賊。防禦剿捕等項事宜，便寫敕與鎮巡等官，都着依擬行。兩廣總鎮等官并巡撫南贛官，也寫敕與他每知道。"欽此。

爲地方緊急賊情事

該巡撫湖廣都御史秦金等議照，湖廣郴桂與廣東、江西接境猛峒有名賊首龔福全等，先年用兵征剿遺漏，遂致禍延今日。前此亦曾撫處，變詐不常，陽雖聽招，陰實肆毒，攻打縣堡，擄官殺人。臣等再三籌議，非敢輕啓兵端，審時度勢，誠不容已。乞要改留總兵官楊英，在於本省統制漢、土官軍，督發剿賊。秦金等督同三司掌印、守巡、守備、管糧等官，整理兵糧。及請敕巡按御史王度隨軍紀驗功次。仍乞敕兩廣、南贛總督、巡撫等官，嚴督各該兵備、守巡等官，一體整備兵糧，俱於本年八月内齊集，分布把截，夾攻追剿，等因。本部議得，閫外兵權，貴在專委；征伐事宜，切忌遥制。今郴桂猺賊縱橫爲亂，既該湖廣鎮巡、三司官會議，兵不可已，欲行刻期進剿，朝廷若更猶豫不決，必致誤事。但八月進兵，天氣尚炎，況今五月將中，兩月之間，期限太迫。及總兵官楊英見奉敕會征貴州，事未寧息，所調漢、土官軍三萬員名，今奏征郴桂又稱照舊不動，如准改楊英督征郴桂，其原征貴州官軍若不另爲差官統領，倘當約會之期，必致失律僨事。查得見任協守鄖陽副總兵都指揮使李瑾，先該御史王相因地方無事，奏行裁革，令其候缺推用。訪得本官謀勇素著，又見在湖廣，地里相近。合無悉依秦金等所議，請敕總兵官楊英，不妨鎮守，專一征討郴桂猺賊，其原領敕書差人奏繳。再請敕一道，馬上差人賫與李瑾，令其更代楊英，統領原調漢、土官軍，聽候征進貴州苗賊，中間事宜悉照楊英原奉敕內事理欽遵施行，事寧具奏回京。仍乞敕都御史秦金并太監杜甫，依其所奏，飭理兵糧，協心幹濟，敢有違誤者，聽以軍法從事。貴州有事，亦須通理，不必拘定，仍與楊英親往督兵。再請敕一道，賫赴監察御史王度，不妨巡按，兼令軍前紀功。再請乞敕兩廣總督等官左都御史陳金等，及請敕巡撫南贛左僉都御史王守仁，各照今奏內議定事理欽遵，會合行事，各不許違期失誤。陳金仍照原奉敕諭總督軍務，及遵《大明律》定制會合、調遣、策應，不必踵襲近例，改爲總制名目，變亂舊規，致有牽掣，彼此推諉。及照原擬今年八月中衡州取齊，分道進剿，合無改擬九月中取齊進兵，庶三省路遠，不誤約會。今將所奏動調土、漢官軍數目，措備供餉糧銀，戰攻方略三事開坐議擬明白，伏乞聖明裁處。

正德十二年五月十一日具題，本月十三日奉聖旨："是。楊英著不妨鎮守征剿郴桂猺賊，李瑾著仍充副總兵征剿貴州苗賊，并秦金、杜甫、王度、陳金、王守仁，各換敕、寫敕與他。其餘事宜都依擬行。"欽此。

計開：

一、動調官軍數目。會議得各哨合用土兵一萬五千名。查得先該貴州奏調永順、保靖各七千名，其兩江口原無該載。今合另調永順五千名，如或貴州應用不敷，聽於保靖添調補數。鎮溪二千五百名，茅岡隘八百名，上下二峒八百名，兩江口四千名，桑植七百名，添平六百名，麻寮六百名。但土兵貪縱，素稱難例[五]，如蒙乞敕兵部查議永順土兵，照例請敕致仕宣慰使彭世麒親統，其餘各令的當頭目管領。鎮巡官仍選差廉幹嚴明官員，賫奉令旗、令牌押束經過去處，不得騷擾害人。合用官軍一萬員名，除先該貴州奏調一萬六千員名不動，今調武岡下班長沙、衡州二衛共一千九百一十員名，茶陵下班三百三十員名，郴桂哨郴州、桂陽、宜章、廣安、寧溪五所城操官軍舍餘內選一千員名，本哨上下兩班三千二百員名，靖州哨一千五百員名，荊、岳、九、永、長、衡、常、寶、永州等衛廣西下班共二千六百員名。仍招募附近馬湖、陽山等處殺手、打手、款夫、更夫共五千名，各委驍勇慣戰老成指揮、千百戶管領，俱於本年八月中前來衡州府取齊，聽候分道刻期進勦。其永道官軍，聽守備都指揮王廷爵選調把截，相機策應，有功一體開報，具奏施行。

前件，依擬。

一、措備供餉糧銀。會議得本省所調前項土兵一萬五千名，每名日支米三升，一日該米四百五十石；間日支銀一分五釐，一日該銀二百二十五兩。官軍一萬員名，每名日支米一升五合，一日該米一百五十石。官員廩給、使客人等口糧，并雇募殺、打手，更、款等夫行糧，約共用米三萬餘石。姑以六個月爲率，通前共約用米九萬七千五百餘石。查得郴桂并所屬州縣分見在倉糧，止彀哨所官軍月糧支用。今合用銀責付布政司管糧分守官，預先於長沙、衡州二府所屬糴買，或兌見在倉糧，轉運郴桂等州并宜章、桂東、興寧、藍山、臨武等縣官倉收積，以備支用，約用價銀四萬八千七百五十兩。土兵折支并賞功銀牌、花紅段疋、犒勞牛酒、魚鹽、旗幟、號布、火器等項，約用銀伍萬六千七百五十餘兩。二項合用銀共一十萬五千五百兩。查得湖廣布政司先爲偏橋等處軍餉緊急，已支在庫生員納例等銀四萬餘兩，委官買米運納。其各屬贓罰、紙價等銀，俱查收營建采木支用。近准戶部咨，該貴州鎮巡官奏取湖廣原借銀一十萬兩，恐輳不及，先解五萬兩濟急。隨行該司，查將軍器料價、織造段疋、葉茶、黃白蠟等項有礙官銀那借輳作五萬兩之數，起解貴州去訖。前項銀兩要行處補。查得先該臣爲因兵荒，奏行戶部題准開中兩淮殘鹽一十萬引，以濟急用。內四萬引，每引擬價三錢八分，該司已收過銀一萬五千二百兩，議作沔陽等處災重州縣賑濟、代納、兌軍、折銀外，六萬引派於偏橋等倉上米，無人報中，今行改擬收銀輳還，軍器、織造等項料價餘欠尚多。所據郴桂用兵糧銀，別無措處，伏望皇上軫念地方顛危，軍餉緊急，乞敕戶部查議，合無再於兩淮殘鹽內開中四五十萬引前來，照例招商納銀，以濟郴桂糧餉急用，及補足原借軍器等銀五萬兩之數。臣等又念糧宜早買速運，誠恐鹽銀緩不及事，仍乞許令該司於徵完兌軍南京倉糧折銀內暫借一十萬兩，先應目前燃眉之急，候鹽銀到日，照數補還起解，實爲便益。

前件。看得前項用兵，既非得已，又以刻定限期，況係三省約會軍機重務，若糧餉支用不敷，必致臨敵缺乏，誤事非輕。合無本部移咨戶部，暫依彼處鎮巡官前擬，作急行文前去，許令暫借以應急用。果有別項議處，亦要作急另行議奏定奪。

一、戰攻方略。看得郴桂地方與廣東、江西樂昌、乳源、上猶等縣聯絡，若非三省合兵把截夾攻，賊必遁散他處，有損無益。乞敕兩廣并南贛總督、巡撫等官會同行事，候命下之日，將應剿賊巢圖本并進止機宜、分定哨道、軍兵數目及進剿刻期，差官約會停當，彼此不致違期。本省該分哨分，或用參將，或都指揮，或守備官一員統兵，布、按二司各委堂上官一員監軍，分道前進，相機遏剿，務在峒寨設法攻打，山箐隨處搜杙，必使根株悉拔，種類無遺。其沿邊一帶良民村舍，亦就先行查出，給與旗榜、號帖，并差人坐守，以防軍兵錯誤之患。成功之日，取具各該領征官員并江、廣守巡官不致遺漏賊黨日後為患重甘結狀繳報，方許班師。

前件。合無請敕總督兩廣軍務太子太保、左都御史陳金并鎮守、總兵等官，及請敕巡撫南贛左僉都御史王守仁，各將應剿賊巢圖本并進止機宜、分定哨道、軍兵數目及刻期差官約會九月中進兵緣由一一遵依行事，務在停妥，彼此不許違期。其餘事宜，悉依所擬施行。

爲流賊攻縣殺人燒屋虜官劫財事

該巡按湖廣監察御史王度奏勘，聞得今年二月以來猛賊聚衆流劫，攻破城池，劫庫劫獄，殺人放火，搶虜人民，捉去知縣，僭稱王號，僞遺木牌，參將等官史春等不出一軍捍禦，被害軍民怨入骨髓。參稱參將史春、郴桂守備指揮李璋等、按察司署印副使惲巍、總兵官楊英、都御史秦金、鎮守太監杜甫等俱各有罪。及稱兵備、守巡等官陳璧、黃質、顧英到任更道未久，惟參將史春等久住地方，素操兵柄，習於故常，養成大患，又各觀望推諉，虛文搪責，要將史春等提問，陳璧等責限贖罪，楊英等仍降敕切責，等因。照得先因各處盜賊生發，守土官員隱匿不報，以致日久滋蔓，難於撲滅，累經申明榜例，通行遵守，及將隱匿誤事官員奏行巡按御史查究參問，多不回奏，遂致各官玩寇殃民，益無顧忌。今巡按御史王度遵照本部題奉欽依事理，查勘郴桂被賊殘害及誤事隱蔽情由逐一明白，已將應問人員提問，及將參將史春等參奏，若不依法究治，無以警戒將來。查得總兵官楊英、都御史秦金、太監杜甫，先已請敕切責，及守巡等官先已住俸戴罪殺賊外，合無本部移咨都察院，轉行御史王度，依其所奏，將史春等俱提問，依律議擬監候，奏請發落。內有見委領兵征進官員，候班師之日通行提問，果有軍功，應否准贖，一併俱[六]奏定奪。內分守、守備員缺，本部照例推舉更代。其陳璧等照舊住俸戴罪殺賊，并楊英、秦金、杜甫，通候賊平查照功過多寡，奏請定奪，伏乞聖裁，等因。

正德十二年八月二十二日具題，本月二十四日節奉聖旨："是。楊英等已有旨切責了。史春等提了問。內有見委領兵征進的，姑免提，日後如有功可贖，并先前住俸陳璧等，一併通查他功過多少，奏來定奪。分守、守備員缺，照例推補。"欽此。

爲地方緊急賊情事

該巡撫湖廣都御史秦金等奏稱，鎮守湖廣總兵官楊英病故，欲停候新任總兵官至日方纔行事，奈何三省合兵，勢不容緩，誠恐日久變生，地方仍前受害。再四籌度，權宜處置，議委參將史春統領漢、土官軍剿賊，改限十月初旬進兵，乞要一面行令照依前擬施行，一面會推總兵官前來接管行事，等因。該本部議，查得巡撫都御史秦金，原兼贊理軍務，又奉敕整理兵糧，協心幹濟，況三省會兵期限已定，轉輸供給，動以萬計，若待新任總兵官至日方許進兵，不無老師匱財，坐失機會，各官權宜處置，似非得已。合無就令原差來奏事人馬上齎文回還，交與湖廣巡撫都御史秦金等，照依所擬進兵征剿，賊平之日，具奏施行，等因。

正德十二年十月二十四日具題，十一月十五日節該奉聖旨："是。這地方賊情，着杜甫、秦金等照依原奏所擬事理及時進兵征剿，毋致遲誤。”欽此。

爲捷音事

該巡撫湖廣地方兼贊理軍務、都察院右副都御史秦金題，臣節該欽奉敕：“茲特命爾等前去郴桂等處地方征剿前項猛賊，爾等宜督同都、布、按三司掌印官，及該道兵備、守備、守巡、管糧、參將等官，整理兵糧，協心幹濟，嚴督鎮溪等處土軍并馬湖、陽山殺手人等，并各該軍衛有司見在官軍、民兵，衡州、長沙、茶陵等衛上下班官軍，附近鄉市勇敢好漢，分布無城縣分、通賊要害道路，用心防禦，設法剿捕。官軍人等，臨陣之際敢有違誤者，自都指揮以下，聽爾等以軍法從事。凡事俱照兵部議擬奏准事理施行。”欽此。欽遵。臣等會將調到漢、土官軍，民兵，殺手，分哨委官，預期宴犒，親詣教場，宣諭朝廷恩威、殺伐利害，及各給與印信、軍令并招降安插良民旗榜，指授戰攻方略，俱於本年十一月初二日督發，自衡州起程。前哨坐委守備指揮王翰、副使陳璧各監統由桂東縣進至地名東水，後哨署都指揮劉宗仁、僉事顧英自臨武縣進至笆籬堡，左哨署都指揮王廷爵、參議黃質自桂陽縣進至地名魚黃熱水，右哨守備指揮李璋、僉事王濟、永順致仕宣慰彭世麒由郴州進至地名紫溪，各近賊地方，隨宜立營。又委知府何詔、計宗道，推官王瑞之、朱節協贊行事，剋期進剿，獲功解報。及札行統兵參將史春、贊畫副使惲巍，量帶軍兵於兩路口立營，相機行事。并行督餉右布政使方璘，分委官員，嚴督運糧，隨軍供給。臣等俱往郴州住札，居中調度。續據參將史春呈稱，右、後二哨地廣賊衆，兵力不敷，乞要添發，等因。隨會委署都指揮沈鸞、趙明，指揮同知李轅，分領中營存候官軍、土兵，各往來策應。及不次申嚴號令，差官執旗飛票督催，并議定賞格懸示去後。

本年十一月，并十二月、閏十二月各日期不等，節據右哨監軍僉事王濟呈報，該領哨守備指揮同知李璋、宣慰彭世麒等，遵奉軍門案札方略，督率漢、土官軍，民兵，於本年十一月十三、十五至二十等日，四路進攻對里、平珠、九峰、遑落、水口、平石、香山、丫髻山等寨。各賊擁眾迎敵，我軍奮勇鏖戰數合，就陣生擒劇、從賊王聰等一十四名，斬獲賊級一百四十四顆，內一顆審據王聰等識認，是大賊首藍友貴首級。俘獲賊屬老幼男婦女一百七十七名口，奪獲牛馬二十隻匹，凶器五十四件，燒毀賊屋一百餘間，被傷軍共五名，陣亡土軍六名。本月二十一日，各官差據健步探得大賊首、僞稱總兵李斌在於烏春山寨，險固難入。會合策應，署都指揮僉事沈鸞督兵進攻，各賊分路迎合，敵殺數次，我軍奮勇攀緣而上，一擁夾攻，就陣生擒李斌親男李仲清，并擒獲劇、從賊陳冬生等五名，斬獲李斌等首級一百三十六顆，俘獲李斌妻洪氏、妾王氏、幼女三妹及各賊屬老幼男婦女四十五名口，奪獲凶器六十一件，燒毀賊屋七十餘間，被傷軍兵一十二名，陣亡目兵三名。十一月二十四至二十六等日，各官督兵進攻蒙峒、大小王山、平尾、馬溪、丫秀溪、斜寮、布洛、甬魯、莊山、平坑、蚊峒、曹家峒等處，各起與賊對敵。宣慰彭世麒等就陣生擒積年賊首黎隱并劇、從賊李富等一十五名，斬獲賊級一百七十顆，俘獲賊屬老幼男婦女一百六名口，奪獲牛馬一十一隻匹、凶器一百三十三件，燒毀賊屋七十餘間，被傷軍兵一十名。十二月十五、十七至二十六等日，督兵進攻大昌坑、山溪、西坑、大旺山、黃土塘、烏泥塘、金雞寨、棗子園等處，各起與賊對敵，就陣生擒劇、從賊賴晚子等一十二名，斬獲賊級二百二十顆，俘獲賊屬老幼男婦女五十八名口，奪獲凶器七十七件、大紅紵絲旗帳一幅，燒毀賊屋九十餘間，被傷軍兵八名。

又節據左哨監軍左參議黃質呈報，該領哨署都指揮僉事王廷爵等遵奉軍門案札方略，督發漢、土官軍，民兵，於本年十一月十五、十六、十七等日，分路進攻襄衣、秀才、鄧家、魚黃、朱廣、老虎、東嶺等峒，各起與賊對敵，就陣生擒劇、從賊余明等一十七名，斬獲賊級一百六十九顆，俘獲賊屬老幼男婦女一百八十六名口，奪獲牛馬一十二隻匹、器械一百五十六件，燒毀賊屋八十餘間，陣亡土兵二名，被傷九名。本月十八日，該都指揮王廷爵差據健步走報，探得積年有名大賊首、偽稱總兵劉福興在於臘栗寨，坐乘四轎，張打黃傘，扯起黃、黑大旗二面，舉號練兵，預備迎敵。本官隨督漢、土官軍於本日抵寨，各賊逞凶，對敵七次。我兵奮勇上寨，砍破牛皮包裹排柵，長罩、良佐等就陣生擒劉福興并劇賊劉鑑等六名，斬獲賊級六十三顆，俘獲賊屬老幼男婦女一十七名口，奪獲凶器五十件，燒毀賊屋五十餘間，陣亡土軍二名，被傷一十名。十一月二十九日，并十二月初一日至初十等日，督兵進攻延壽、扶溪、麻溪等峒，各起與賊對敵，生擒劇、從賊王才安、梁洪等二十二名，斬獲賊級八十八顆，俘獲賊屬老幼男婦女六十六名口，奪獲凶器三十四件，燒毀賊屋五十餘間，被傷軍兵九名。十二月十二至二十三等日，督兵進攻平竹、水東嶺、九龍江、大王山、長羅口等處山峒，與賊對敵，生擒有名賊首楊禮保并劇、從賊藍才富等一十五名，斬獲賊級三十六顆，俘獲賊屬老幼男婦女二十名口，奪獲凶器五十件，燒毀賊屋五十餘間，被傷軍人三名。

又節據後哨監軍僉事顧英呈報，該領哨署都指揮僉事劉宗仁等遵奉軍門案札方略，督發漢、土官軍，殺手人等，於本年十一月十四、十五至二十九等日，分路進攻牛頭、天堂、南延莊、大鳥魚、跳企山等寨峒，各起與賊對敵，就陣生擒賊首李仁才、龐海并劇、從賊龐大面等二十五名，斬獲賊級一百五十顆，俘獲賊屬老幼男婦女三十一名口，奪獲凶器九十件，燒毀賊屋八十餘間，陣傷軍兵五名。又該都指揮劉宗仁并策應署都指揮僉事趙明等，於十二月初二至十四等日，各起督兵進攻企山、曹雄坑、扶峒、良坑、鷄公觜、神鐺脚、長灘、橫水、橫溪、板前、黃河、冲乾溪等處，與賊對敵，就陣生擒劇、從賊莫什廣等一十一名，斬獲賊級一百六十三顆，俘獲賊屬老幼男婦女一百一十八名口，奪獲凶器一百二十件，燒毀賊屋七十餘間，陣亡土軍五名，被傷一十一名。十二月十五至二十七日，并閏十二月初七等日，督兵進攻地名盧田、柏木、白水磑、爛竹灣、長江嶺、溶家峒等處，各起與賊對敵，就陣斬獲賊級一百八十九顆，俘獲賊屬老幼男婦女三十四名口，奪獲牛馬七匹隻、凶器一百四十二件，燒毀賊屋九十餘間，被傷軍兵六名。

又節據前哨監軍副使陳璧呈報，該領哨守備指揮使王翰遵奉軍門案札方略，督發土舍彭惠、指揮胡章等，於本年十一月十三、十四等日，領兵進攻十八壘、石筍、硤筍、新地、扶峒、山下、樟溪、青峒等處巢寨，與賊對敵，生擒積年賊首劉德才并劇、從賊譚曰真、鄧思郁等四十四名，斬獲賊級一十四顆，俘獲賊屬老幼男婦女三十八名口，奪獲招撫銀牌四面、凶器三十件，燒毀賊屋三十餘間。十一月二十九日，并十二月初一至初十等日，督兵進攻上黃城、背猪婆、老虎、延壽、白雲等山寨，各起與賊對敵，就陣生擒劇、從賊唐聰、劉滿等四十二名，斬獲賊級二十八顆，俘獲賊屬老幼男婦女三十名口，奪獲凶器三十件，燒毀賊屋四十餘間，陣亡土軍四名。十二月二十日至二十五六等日，督兵進攻地名東寮、東坑、黃圃等處山峒，與賊對敵，就陣生擒有名賊首梁景聰并劇、從賊陳通、藍雷雄等九十三名，斬獲賊級七十七顆，俘獲賊屬老幼男婦女三十七名口，奪獲凶器五十五件，燒毀賊屋五十餘間，被傷軍兵七名，等因。各差官兵陸續解報前來。

據此臣等看得，各哨擒斬功次雖多，緣大賊首龔福全狡猾凶惡，屢征漏網，今進兵日久，尚未就擒，臣等晝夜思慮，議加重賞，曉諭各該官旗、目兵人等，有能生擒賊首龔福全者賞銀五百兩，斬首二百兩，仍爲奏請，另加升賞。及差官賫送禮物、花紅前去犒獎，催督統兵宣慰彭世麒等設法擒獲解報。本年閏十二月初七日，據右哨監軍僉事王濟呈，爲擒獲積年稔惡累征難獲渠魁事，據領哨指揮李瓚、協贊推官王瑞之等呈稱，本年十二月二十七日，選差健步探得，僞稱“延溪大王”龔福全帶領妻男并親信賊衆過走馬山禾倉石，據險立寨。職等親率土兵、官軍、殺手人等，取路並進，於本月三十日直抵本寨，與賊對敵數合，我兵奮勇向前，殺敗賊勢。宣慰彭世麒同弟彭世驗生擒大賊首一名龔福全，滿面髭鬚，徧身黑毛。本職生擒龔福全親侄男龔秀，并各官軍人等生擒劇賊劉仲宣、梁景明等二十三名，斬獲賊級九十八顆，俘獲龔福全妻唐氏并各賊屬老幼男婦女二十五名口，奪獲馬一匹、凶器四十五件，燒毀賊屋六十餘間，等因。解報到哨，審係真正，批差官目轉解到臣。隨據廣東監軍僉事王大用等稟報，大賊首高仲仁已該本省仁化縣於閏十二月初二日督兵擒獲是實。及先准提督南贛等處軍務左僉都御史王守仁咨稱，江西桶岡崟賊，已該江、廣二省官兵攻剿盡絕，等因。到臣。除將各哨陸續解到擒斬首從賊級、俘獲賊屬人口等項，俱該紀功御史王度逐一審驗真正，紀錄造册另行；并將有功漢、土官目人等，照依先後擬定賞格，犒給銀牌、銀兩、花紅；殺傷、陣亡目兵，量給棺木、湯藥之資，以示存恤；仍嚴督各該官兵，將攻破巢寨潛藏賊徒再會廣東官兵嚴行搜捕盡絕，候班師之日另奏外。臣等會同鎮守湖廣地方御馬監太監杜甫、巡按監察御史王度議照，有名大賊首龔福全、劉福興、李斌、高仲仁、黎穩、藍友貴等，本以梟獍之雄，嘯聚犬羊之衆。據山寨之險固，而僞稱大王、總兵；視法度如弁髦，而僭用黃傘、坐轎。殺官劫庫，猖[七]亂已非一年；破縣攻城，流毒遂連三省。雖招而梗過不悛，屢征而漏殄如故。窮凶極惡，天地之所不容；罪大貫盈，神人之所共憤。臣等奉命征討，彼猶負固拒敵。天戈一指，渠魁束手成擒；軍令再申，惡黨駢首就戮。凈洗千山之瘴霧，穴毀巢空；大雪萬姓之讎冤，村歌巷舞。是皆我皇上聖武神威、廟堂奇謀妙算及將士戮力用命所致，臣等方負瘝官之咎，敢言靖寇之功？及稱見在大賊首龔福全、劉福興等，惡既積乎滔天，罪豈容於待日？必須速正典刑，庶幾人心痛快。合無容令臣等就彼處決，銼屍梟首，以警地方，惟復獻俘解京，等因。

臣等議得，郴桂猺賊盤據山溪，四行抄掠，非時出沒，歲無寧日，數十年來三省之民受其荼毒，慘不忍言。官司畏罪而不以告，朝廷高遠而不及知。本部特因聽選官鄭泰熙奏發其事，議行撫巡等官追治欺隱，鎮巡官方為奏議撫剿。續該御史王度將前蒙蔽賊情及誤事官員勘奏前來，本部又奏將參將等官罷黜提問，罰治有差，人心方知警懼。都御史秦金因而首建必征之議，本部依擬覆奏，計處兵糧，剋期進攻，殄其醜類，覆其巢穴，一方安堵，萬姓謳吟，此皆仰仗天威、受成廟算之所致，而大小諸臣之功，亦所當錄。其中以身任事，為國靖寇，如都御史秦金；協謀贊助，事無沮撓，如太監杜甫；隨軍紀功，秉公持正，如御史王度：俱功當先錄。本部不敢擅擬，伏望斷自宸衷，乞照各年平定賊寇升錄事例，或升其職級，或量加祿米，或錄廕子侄，以酬其勞。其餘有功官軍人等王翰、陳璧等并土官彭世麒等，及陣亡之人，本部查照紀功文冊，另行議擬具奏升賞。內有先參有罪人員，今效有功勣者，亦合論其功罪多寡，應否准贖，奏請定奪。及照各官奏稱，見在大賊首龔福全、劉福興等容令臣等就彼處決，銼屍梟首，惟復解京獻俘一節。緣龔福全等係就陣生擒大賊首，比與緝獲賊犯不同，例當獻俘闕庭以彰天討，但恐路遠，或致疏虞，合無准奏，就彼行刑，不必解京，伏乞聖裁。

正德十三年二月二十九日具題，奉聖旨："是。各官既剿賊成功，地方有賴，杜甫歲加祿米十二石，秦金升俸一級，還各廕子侄一人做世襲百戶。王度也升俸一級，待有相應員缺升用他。其餘官軍人等并土官人員有功、陣亡等項，該升賞、准贖的，還查擬明白，具奏定奪。賊首龔福全等，便就彼決了。"欽此。

爲圖議邊方後患事

看得兵科給事中周文熙奏稱，湖廣、廣東、江西猺賊倡亂，會剿奏報捷音，已經半年之上，若不乘時處置，抑恐遺孽復滋，重貽後患。乞要查照剿平荊襄石和尚事例，推舉撫治憲臣一員前去，會同湖廣、廣東、江西鎮巡、三司等官，相度事宜，或置衛所，或設縣治，或立營戍，或添守備，或起墩堡，立爲經久不易之法，二三年後事定取回。或仍敕南贛汀漳都御史，每年春夏於贛州住札，整理責成。及稱廣西之平府江、貴州之平香爐寨，大創之餘，預處後患，宜亦無不然者。臣等議得，目前賊平，似可苟安；後患復生，勞費難處。臣等困於文繁，未遑遠慮，今給事中周文熙思患預防，議論剴切，宜急舉行，庶免後艱。查得成化七年，欽命右副都御史項忠提督軍務，剿平荊襄流賊石和尚等。其後流民復聚爲患，至成化十二年，朝廷納都御史李賓之奏，特敕左副都御史原傑前往撫治，編籍流民十二萬戶，男婦四十餘萬丁口，添設軍衛府縣等衙門，選除官吏以控制之，仍設都御史一員撫治，其地迄今寧靖。今奏要比此例，暫設撫治大臣一員，會同湖廣、廣東、江西三省鎮巡等官區處猺賊事情，或仍敕南贛汀漳都御史往來衡州住札整理。查得提督南贛等處軍務都御史王守仁，見奉敕兼制福建、江西、廣東、湖廣四省交界地方，宜命本官撫治整飭，事屬相應。合無請敕一道，賫付都御史王守仁，候南贛事寧，親詣郴、桂、衡州等處，訪察賊情，議處方略，或開設衛所、縣治，或建立營戍、城堡，查照御史王度、唐濂、僉事顧英等建言事理，從長議處，定立長治久安之法。應施行者，徑自會同各該鎮巡官從宜施行；事體重大者，奏請定奪。本部仍行巡撫廣東、貴州都御史，查勘府江、香爐山賊情，如果復出爲患，一體議處防禦，具奏處置。

正德十三年九月二十二日具題，奉聖旨："是。郴、桂、衡州等處應否開設衛所、縣治，著都御史王守仁會同議處施行，寫敕與他。府江、香爐山等處事宜，還着各該鎮巡官議處停當來說。"欽此。

爲乞恩比例榮身隨侍事

看得襄王奏稱，羽林前衛副千户靖弘，姐靖氏蒙宣宗皇帝選爲襄憲王正妃，改本府護衛帶俸。故，靖琰襲職。故，保送男靖餘慶襲職，革充總旗。本府正庶等妃之家馬英等，各以小旗、軍餘等役，俱蒙保升百户等職，累代冠裳不絕。始封襄憲王正妃靖氏，生襄定王，傳國至今。原以洪武年間軍功，將嫡親侄孫廕襲官舍，一旦革爲總旗，身役情苦不堪。乞望聖恩垂念骨肉至親，賜與靖餘慶官職及冠帶榮身一節。查得副千户靖弘，委由洪武年間軍功升授。及查舊制，侄孫相應承襲。今靖餘慶因遇弘治十八年新例，革充總旗。及詳奏內馬英等，俱以後封王妃之親，自小旗而保升百户；靖餘慶乃以始封王妃之親，自軍功千户而革爲總旗：委屬事理顛倒，輕重不倫。襄王奏要復與靖餘慶官職，深得尊祖敬宗之意，非徇私情。但恩典出自朝廷，本部不敢定奪，伏乞聖裁。

正德十四年三月十四日具題，奉聖旨："是。靖餘慶准襲副千户。”欽此。

校勘記

〔一〕“軍”後，據文意似脱一“匠”字。

〔二〕“大”，疑當作“犬”。

〔三〕“穎”，疑當作“隸”。

〔四〕“糜”，疑當作“縻”。

〔五〕“例”，疑當作“制”。

〔六〕“俱”，疑當作“具”。

〔七〕“猖”，疑當作“倡”。

晋溪本兵敷奏卷十

福建類

爲急報賊情事

看得巡按福建監察御史胡文静等奏稱，漳州地方今年二三月以來，盧溪等處流賊詹師富等聚衆數千，搶掠人財。又稱各賊巢穴根連二省，衆已幾萬，若非調兵撲滅，恐其爲患轉大。又恐廣東官兵不相策應，致賊遁入彼境，乞要轉行廣東鎮巡官，督令三司等官，與福建鎮巡等官會議夾攻，務期盡絶。及要嚴行巡撫都御史文森，親詣潮州等府，調度督促兩省領兵官員約議交攻，同時大舉，等因。查得先因福建、江西交界地方流賊出没爲患，特令分巡僉事領敕，專一在於汀漳地方整飭兵備。又慮各省交界地方不相統攝，特設都御史一員，專一巡撫福建汀、漳二府，及江西南安、贛州二府，廣東南雄、惠州、潮州、韶州四府，湖廣郴州地方，兼制四省，剿除盗賊，撫安軍民。今據地方失事，參照整飭汀漳兵備僉事胡璉守備不設，玩寇失機；都御史文森不思身膺重托，遷延久不赴任；漳州府衛縣官皆有守土之責，因循苟安，防禦失策；都、布、按三司官均受方岳之寄，諉於兵備、巡撫，備慮不周。前項流賊今年二月已在本地燒房殺人，被害者千有餘家，乃敢互相隱匿，不速奏聞，苟圖消滅，及至勢已滋蔓，自知事難終掩，方行申報。迹其欺罔誤事失機之罪，本當通行提解來京，俱送法司，依律從重問罪，以正國法，以泄被害軍民之憤。但賊勢正熾，緊關用人，合無請敕一道，差人馬上賫付都御史文森，切責其罪，令其與兵備僉事胡璉，并三司掌印、守巡，府衛縣官，俱戴罪管事，調集官兵，儧運糧餉。文森即便親詣近賊潮州等處住札，如賊情變動，隨賊向往，不拘定所，多方詢訪，用心區畫，調度各省軍馬相機撫捕。如有不用命及遲誤供軍者，照依原奉敕內事理，文職五品以下、武職三品以下徑自拿問。應與廣東、江西等處巡撫官計議者，公同計議而行，務要處置得宜，毋致激生他變。各官果能運謀殺賊，地方安靖，准贖前罪，若仍前失事，罪不輕貸。本部仍各鋪馬賚文交與兩廣總督軍務左都御史陳金、巡撫江西都御史孫燧，各嚴督南、贛、惠、潮等處該管守巡等官，整兵備糧，合剿前賊，務聽都御史文森調度節制約會，不許自分彼此，執拗誤事，如違，罪有所歸。中間調兵撫剿，係干事體重大者，仍須公同計議停當，保無後患，方許施行。其流賊止許殲厥渠魁及同惡之人，但係脅從餘黨，亦須撫恤安插，務令得所，不必盡為誅戮，以傷天地之和。應有處置事宜，候賊寧之日議奏定奪。及咨都察院，轉行福建巡按御史，候事寧通將各該隱匿失事官員分別情罪輕重，及有無功過准贖緣由，逐一查議明白，奏請定奪。仍行廣東、江西各該巡按御史一體查照，糾察施行。

正德十一年七月初五日具題，本月初七日奉聖旨："是。這地方賊情，便寫敕與都御史文森，着督同守巡、兵備、守備等官，相機撫剿。還行與兩廣、江西鎮巡官，遇警調兵，即便督發前去策應，不許推托誤事。其餘依擬行。"欽此。

為地方緊急賊情事

該巡按福建監察御史程昌等奏稱，福建南靖等處地方賊犯詹師富等據險負固，於兩省交界之區聚衆結黨，逞數年猖獗之勢，流劫鄉井，荼毒生靈，房屋、積聚被其焚燒，人財、牲畜為其屠虜，東追西竄，我去彼來，罪惡多端，亦非一日。仰仗天威遠加，官兵效謀奮勇，渠魁得以擒獲，巢穴俱以搗虛，妖氛就熄，民業復安，雖有未獲并一二漏殄餘俘，仍行各屬官兵督同聽撫人民分頭搜捕。除將擒獲賊犯會審明白，備開招由，并查對敵斬獲首級有功官兵人等，造册另行具奏，其原調官兵、民快聽其撤回差操、務農，俘獲賊屬估價變賣，及行存恤，等因。該本部參照蠻賊詹師富等據險爲巢，聚衆倡亂，劫掠居民而無忌，敵殺官軍而罔恤，地方被其殘害，情犯委屬深重。但查各賊已於去年二月內在於南靖等縣流劫，所在官司互相隱匿，巡撫官員又不時更換，事無統紀，以致滋蔓。本部先因巡按御史胡文静具奏，節次題奉欽依，通行福建、廣東、江西巡撫都御史，嚴督各該守巡等官，約會夾攻，及將兵備等官胡璉等住俸戴罪殺賊。又行巡按御史，查參隱匿官員。以此各官奉命，方知警懼，嚴督官兵，將賊犯詹師富等一千四百二十九名盡行擒斬。積年凶逆之徒一旦削平，兩省被害之民皆得安堵。先鎮守太監、今調南京守備崔安，巡按御史程昌，調度有方，委用得人，論其勞勩，實爲之最，合無俱請敕獎勵，量加禄俸賞賚；其先任巡按御史胡文静，舉察賊情，遂成底定，功亦難泯，亦合甄録：均乞聖明裁處。守巡等官，今去任右參政艾洪、見在僉事胡璉、革任都指揮僉事李胤，并經略紀驗左參政陳策、副使唐澤等，及官兵人等，悉皆效勞戮力，功俱可録。但各官奉有前項欽依，住俸戴罪殺賊，未經勘報，難便定奪。合無本部移咨都察院，轉行福建巡按御史，會同都、布、按三司掌印、守巡官，將生擒賊犯詹師富等會審明白，依律議擬，作急奏請，明正典刑，以示懲戒。中間如有脅從良民，悉與辯理，及凡聽撫之人尤須撫處得所，毋或疏漏，致有他虞。未獲賊犯設法防剿，毋令復起爲患。其獲功守巡官員人等作急覈實，仍照本部前項節次題准事理通并勘議，要見何官功罪相當應與准贖，何官功多過少相應升賞，何官有過無功應議提問，逐一明白，并其餘官兵人等斬獲賊級分別首從明白，通行造册奏繳，以憑查例議擬，速加升賞，以勵人心。

正德十二年六月初十日具題，本月十二日奉聖旨："是。這地方强賊詹師富等一千四百餘名，依阻山林，流劫三省，居民被禍十有餘年。今鎮守、巡按并三司守巡、兵備等官處置得宜，調度有方，兵不逾時，悉就擒戮，巢穴既已平蕩，脅從亦獲安撫，厥功良可嘉尚。崔安歲加禄米十二石，賞紵絲四表裏。程昌、胡文静各升俸一級，賞紵絲二表裏。原住俸戴罪殺賊的，都着照舊關支，還待查明功次，一併奏來升賞。其餘事宜各依擬行。"欽此。

爲捷音事

該巡撫南贛汀漳都御史王守仁奏稱，閩廣、南靖等處地方賊犯詹師富、温火燒等，恃險從逆，已將十年；黨惡聚徒，動以萬計。劫摽焚驅，數郡遭其荼毒；轉輸徵調，三省爲之騷然。臣等奉行誅剿，三月之内遂克殲取渠魁，掃蕩巢穴，百姓解倒懸之苦，列郡獲再生之安，此非朝廷威德、廟堂成算何以及此？及照福建領兵各官，始雖疏於警備，稍損軍威，終能戮力協謀，大致克捷，論過雖有，計功亦多。其間福建如僉事胡璉、參政陳策、副使唐澤、知府鍾湘，廣東如僉事顧應祥、都指揮楊懋、知縣張戬，才調俱優，勞勣尤著。伏乞俯從惟重之典，以作敢勇之風，除將二省兵快量留防守，其餘悉令歸農，及將功次另行勘報，等因。該本部查得，奏内開稱福建生擒并斬獲强賊首級共一千四百二十九名顆，與前巡按福建監察御史程昌奏内相同數外，廣東又斬獲賊首一千二百七十二名顆，二處共擒斬强賊首級二千七百一名顆。福建有功官太監崔安，御史程昌、胡文静，俱蒙聖恩加禄米、升俸，各賞紵絲表裏衣服。參政艾洪、陳策，副使唐澤，僉事胡璉，都指揮僉事李胤等，俱行巡按御史查明功次奏來升賞外，廣東有功官僉事顧應祥、楊戀，知縣張戬等，合無本部移咨都察院，轉行巡按廣東監察御史，將有功官顧應祥等并其餘有功官軍、民快人等作急查明，造册奏繳，與福建有功官員人等一體查議升賞，庶得恩典均平。再照都御史王守仁，兼制四省，才力優爲，到任之初即能申嚴號令，指授方略，三月之內擒斬强賊二千七百名顆，兵不重勞，財無妄費，賊害既除，良民安堵，揆厥功勤，似不在巡撫四川都御史馬昊之下。合無照例請敕獎勵，量加升賞，及差來報捷百户尹麟一體照例升賞，庶可激勸將來。但恩典出自朝廷，臣等不敢擅擬，伏乞聖明裁處。

正德十二年七月二十四日具題，本月二十八日奉聖旨："是。這地方强賊黨惡聚徒，動以萬計；恃險叛逆，已餘十年。先該兵部開具征剿事宜，奏請處置。王守仁到任未久，即能奉行成算，申嚴號令，指授方略，擒斬賊衆二千七百餘名。且兵不重勞，財不妄費，賊害既除，居民安堵，功勤良可嘉尚，升俸一級，賞銀二十兩、綵段二表裏，還寫敕獎勵。差來報捷官升一級，賞紵絲衣服一套、新鈔一千貫。顧應祥、楊戀等并其餘有功官軍、民快人等，着上緊查明奏來，與福建有功人員一體升賞。兵部尚書王瓊等累次運籌建議，致有成功，也寫敕獎勵。"欽此。

爲急報賊情事

看得福建南靖等處擒斬賊寇有功官軍人等，既該巡按福建監察御史程昌查勘明白，造册奏繳前來，相應照例升賞，以勵人心。除總理、調度等項都御史等官王守仁、胡文靜、程昌、陳策、唐澤、胡璉、鍾湘，及督哨、指揮、知縣等官施祥等，奉有欽依，升俸加禄并賞紵絲表裏，及遷官去任宥免者，各難再議；

及有過無功主簿等官劉纓等，已行提問，別無定奪；并立功贖罪民人林大俊等三十九名，各擒斬功次俱難升賞外。所據查無奏帶等項人員，必須查勘的係何人擒斬、首級下落明白。及查得有功應該升賞并陣亡等項官旗、義民、約正人等張憲等二千九百八十員名，合無各照後開款目升賞。該升數內升一級者，指揮使升都指揮僉事，指揮僉事升指揮同知，副千戶升正千戶，試署百戶俱升實授百戶，實授百戶升副千戶，署冠帶總旗升署百戶，冠帶舍人升冠帶總旗，舍人升小旗。陣亡該升者，行令該都司衛所查取應繼兒男，係官保送赴部襲升軍人，就彼升補隨征。陰陽生該升者，行移吏部定奪。中間若有原報職役、姓名差拗，并試署職級未比未併等項，聽其自首，該衛所查明具結，申報改正。該賞之數，行移禮部照依後開賞格定奪。及查無奏帶官旗舍王佐等二十八員名，要見緣何在彼報功，并冠帶舍人崔璋原奏帶係太監崔安下，今冒作錦衣衛，俱合移咨都察院，轉行巡按御史，通查明白，回報至日定奪。又照原係奏帶，今查所司名役不同王銘等二名，并不服水土，先告回後獲功官舍薛忠等三員名，俱合行移該衛查明，具結回報，改正升授。及照監生、吏典、省祭官、鄉民、鄉夫張瑤等一十二員名，既查本部原無奏准許令報效殺賊事例，所據各人獲有前功，應各給賞以酬其勞。再照督哨、領哨、分哨、隨哨、策應官徐麒等四十三員，內除有自報擒斬功次，例不該升外，其河頭等五哨項下共開報斬獲功次一千四百四十四名顆，內施祥、高偉、胡寧道、侯汴、龔震、顧繼宗、全瀚俱先已准贖，及各賞紵絲衣一表裏訖。其五哨督哨、領哨指揮等官徐麒等三十四員，先因調兵征剿，各能督軍奮勇，齊力夾攻，拒敵鏖戰，遂致成功，若不量加升賞，無以激勸人心。況查徐麒、劉欽等督哨、領哨，部下擒斬賊級數多，功亦頗優。內領哨指揮覃桓、分哨縣丞紀鏞又各陣亡，及該御史程昌奏稱，各官承調剿捕，奮勇當先，遂致殞身，忠義可尚，且各生前獲有功次數多，尤宜從厚錄廕一節，誠爲可憫，俱應議處。合無將督哨、領哨指揮等官徐麒等八員，內領哨有功陣亡覃桓量升二級，徐麒等七員各量升一級。分哨、隨哨、策應指揮、千百户、知縣、縣丞等官張鉞等二十六員，較之督哨、領哨官，部下功次稍微。合無將分哨陣亡縣丞紀鏞加賞，仍行吏部查照前例，奏請褒贈，及行取子孫一人，許令入監讀書。張鉞等二十五員俱加賞。及照分哨官民曹宏等二十七員名，雖部下不曾開有擒斬功次數目，緣與前項各官亦曾同事，分哨策應，亦合給賞，各酬其勞。又照巡按福建監察御史王應鵬，冊開總理、調度項下，應合量加賞賚。但前項議擬恩典俱出自朝廷，臣等未敢擅擬，均乞聖裁。

正德十三年八月二十五日具題，本年九月二十二日奉聖旨：“是。這有功等項人員張憲等，都准照例升賞。王佐等待查奏定奪。王銘等也待查明升授。張瑤等准給賞。覃桓并紀鏞，該升賞、贈廕的，各依擬行。王應鵬賞銀五兩、紵絲一表裏。”欽此。

爲根勘守臣釀成衆軍叛逆事

看得兵科給事中周文熙奏稱，福建福州衛軍人進貴、葉元保等造反，蓋由鎮守、三司、該衛各所官員罕得其人，乞將羅籥、盧宅仁、黃昭、張奎、劉鎮、崔灝、王奎、陳沂、孫傑，該所千百户等官提解來京，從重處治，以爲將來啓釁養亂之戒，仍查勘進貴等要殺鎮守等官來歷，及各官啓釁緣由，等因。及稱前代盜賊竊發，其初甚微，後來互相倣傚，縱橫難制，遂亂天下，皆由撫馭罕得其人，及姑息養亂，釋而不治，以成其事一節。議得唐時藩鎮軍亂，姑息不治，遂以亡唐。今福建軍亂，非賴宗廟神靈默佑，萬一鎮巡、三司官被其殺害，據守城池，稱號作亂，其餘江西、湖廣、四川等處窮困軍民，遠近聞風效尤而起，何術以彈？給事中周文熙所言，實爲深憂遠慮，合准施行。但福建去京僻遠，其中事情尚難遙度，各該官員未經交代，難便一概拿問。且治亂人如理亂絲，必須委任得人，整暇有序，方能穩當。合無將周文熙所言備行巡撫南贛汀漳都御史王守仁，查照本部會官推舉題奉欽依內事理，從公查究，斟酌處置，務使罰必當罪而無濫及，人知畏法而不縱弛，斯稱委任。如或乖違，咎有所歸。

正德十三年十月二十日具題，奉聖旨："是。着都御史王守仁從公查究明白來說。"欽此。

爲處置官員以安地方事

看得巡按福建監察御史程昌奏稱，福州左右中三衞軍人擁入布政司，打碎屏風，要將布政使伍符拿出殺了。邵武衞軍人將邵武府通判馮希哲，邵武縣知縣蕭泮、教諭洪罪拘拿九龍觀內圍住。建寧左右二衞軍人將建寧府通判張鴻圍繞毀罵，打傷跌死跟隨人役。延平衞軍人聚衆作亂，該府衞官隱匿不報。前項各衞軍人俱因缺糧作亂一節，係干軍人聚衆謀亂、謀害方面等官重情。合無本部移咨都察院，備行巡按福建監察御史，訪察造謀爲首倡亂人犯，着落都司掌印都指揮張奎密切拘提，送按察司收問，奏請定奪。干礙軍職，參奏提問。其餘軍士意在得糧，隨同擾攘，情有可原，況干礙人衆，不必追究，仍明白告示通知，毋致驚疑。其奏要將別省各衞謀勇忠義素著官員，於延平衞、福州左右中三衞每衞各選二員，前去掌印管操一節。查得各衞官犯罪，例該調衞，今要於別省選除，有礙難行。及查京衞官員願調外衞者，先年有例准調，以省京儲。合無本部通行在京各衞，除指揮數少者不准，但係指揮多餘衞分內，有情願改調福建福州三衞并延平衞者，聽其自奏，本部查無違礙，奏請改注，不拘員數，聽巡按御史、三司官會選相應官委用。及照奏內又稱福建地方實爲邊境，盜賊易生，軍衞糧額虧欠，百姓頑梗難徵，故軍飢餓攘亂迭起，事之難處，莫甚此時，必須大臣一員巡撫提督軍務，兼理糧儲，方克有濟一節。切緣三司不相統攝，今事出異常，若不從宜議處，將來誤事非輕，御史程昌所言似爲有見。合無本部會同各部、都察院、通政司、大理寺各堂上官并掌科掌道官，計議前官應否添設，奏請定奪。正德十三年八月初一日具題，九月十六日奉聖旨："是。便會官議處了來說，"欽此。臣等會同少保兼太子太保、吏部尚書陸完等議得，福建地方原無設置巡撫官員，但今地方有事，合無請敕一道，責付提督南贛汀漳等處軍務都御史王守仁，不妨原任，暫令巡撫福建地方，提督都、布、按三司以下官，將前奏內事情處置停當，應施行者許即從宜施行，應具奏者奏請定奪，一應事宜悉照巡撫官體統而行，候事畢之日，具奏定奪，照舊行事。

正德十四年二月二十三日具題，奉聖旨："是。福建原無巡撫官，王守仁只著暫去彼處地方，會同鎮守、巡按等官，將前奏事情議處停當，奏來定奪，事畢仍還原任，寫敕與他。"欽此。

爲捕獲背招逆賊撫靖地方事

看得巡按福建監察御史周鸜奏稱，已將逆賊凶黨葉元保等悉皆擒獲，一二餘孽期在目下督捕盡絕，其餘軍士俱係脅從，原非得已，用宜撫處以安人心，效力人役量爲賞勞一節。查得福建軍亂，已該本部會官議奏，請敕提督南贛等處軍務都御史王守仁前去處置，未奉明旨。今御史周鸜雖奏凶黨悉已擒獲，但福建離京僻遠，兵備素未修舉，猶恐不逞之徒心懷反側，驚疑靡定，若不急加撫處，後患難保必無。及照福建鎮巡、三司官受朝廷重托，制馭一方，平時不能撫處，臨事又失覺察，貽患一方，幾成大變，論法通當差人拿解來京，治以重罪。但中間責任有不同，情犯有輕重，況急在用人之時。合無速請敕書一道，錦衣衛差人齎捧星夜前去南贛，交與王守仁，令其運謀設法，委用官屬，調集兵馬，上緊前去福建地方擒捕渠魁，寬釋脅從，一應事宜悉聽便宜處置。軍衛有司官有犯，就便拿問，情重者差人解京，送都察院問理，干礙方面官參奏拿問。内有通同逆賊，故縱爲惡情重人犯，體勘得實，亦聽就便拿問，解京送問，俱奏請發落。事干鎮巡官，一體參奏施行。若内有撫捕逆賊，功迹堪以贖罪，及有功之人，明白論奏定奪。其南贛等處地方事情，王守仁既已離任，一時難以照管，合無本部行文兵備副使楊璋，暫代守仁管理，一應緊要賊情，悉聽楊璋徑自從宜施行，不許失誤。候處置福建事寧之日照舊。

正德十四年二月二十三日具題，奉聖旨：“是。這地方事情，照前旨寫敕與王守仁，着上緊前去彼處，依擬從宜處置。各該官員都着查勘明白，分別功罪，奏來定奪。南贛等處事情，着副使楊璋暫且管理。”欽此。

爲處置官軍以靖地方事

看得御史洪異所奏，大意謂福建軍人作亂，始必有以啓之，終必有以成之，要行巡撫都御史王守仁逐一處置。先因巡按御史周鴟等節次具奏，本部議得，福建之事必須委用得人，查究處置，以此會議推舉王守仁奉敕查處。今御史洪異所言明白剴切，查處之要殆不過此。合無本部備行都御史王守仁，照依奏内事理逐一施行。既須追究啓事成患之人，必治其罪；又須改復舊有已定之規，可行諸久。使國法昭布而遠近知戒，事體穩當而後患不生，斯稱委任。

正德十四年三月初五日具題，奉聖旨：“是。這所奏事情，還備行與巡視都御史王守仁，依擬查究處置。”欽此。

南贛類

　　江西之南贛、福建之汀漳、廣東之韶州、湖廣之郴桂，其間深山大谷，綿亘數千餘里，猺獞居焉，時出剽殺，民被慘害，故不得已而用兵，非喜功也。若北鄙匈奴，犬羊桀驁，非王化所易懷服，故先王置之度外，苟必事征誅，則有嫌於窮黷者矣。然自昔以來，處猺患者，初則姑息，專務招撫，及養成巨患，勢極侵凌，然後調兵聚糧，從而討之，往往勞費不貲，而貽禍無已，其於民生、政理，蓋漠如也。惟王公守仁，夙蘊忠誠，深得治猺之道，履任之初，圖上方略，朝廷從之，遂能威震百蠻，而恩及四鎮，厥後卒藉贛兵之力，以戡寧藩之亂。書生用兵如守仁者可多得哉？真天下之奇才也。使居司馬，統六師，必能運籌決勝以平四方，不但身親戰陣，立效一隅而已。

爲地方有事急缺巡撫官員事

　　照得先因南贛等處四省接境地方無官節制，以此添設巡撫都御史一員，專一禁防盜賊，安緝居民。今未及一年，凡升調都御史陳恪、公勉仁、文森、王守仁共四員。內文森遷延誤事，見奉敕切責，乃敢托疾避難，奏回養病。見今漳州盜賊縱橫，民遭荼毒，脫或王守仁亦見地方多故，假托辭免，或在途遷延，不無愈加誤事。合無早請寫敕，本部差人賫捧馳驛星夜前去南京，交與守仁，上緊前去南贛地方，查照本部節次題奉欽依內事理，逐一遵依施行，不許遲延。其文森既係奉敕切責官員，幸不加罪，合無以後不必起用，以爲推奸避事者之戒。及行吏部，今後但係本部議設邊方巡撫官員，務照近日户科給事中劉洙奏准事例，無故及在任日淺，不必更調遷轉。

正德十一年八月二十五日具題，奉聖旨："是。既地方有事，王守仁着上緊去，不許辭避遲誤。"欽此。

爲申明賞罰以勵人心事

看得巡撫南贛都御史王守仁奏，據兵備副使楊璋呈，要申明賞罰，今後領兵官不拘軍衛有司，所領兵衆有退縮不用命者，許領兵官軍前以軍法從事；領兵官不用命者，許總統官軍前以軍法從事。所統兵衆有能對敵擒斬功次，或赴敵陣亡，勘實奏聞，一體升賞。生擒賊徒鞫問明白，即時押赴市曹，斬首示衆。臣嘗深求其故，盜賊之日滋由於招撫之太濫，招撫之太濫由於兵力之不足，兵力之不足由於賞罰之不行。乞要俯采副使楊璋之議，亦如往者律例，再加申明，特假臣等令旗令牌，便宜行事，等因。照得近年各處盜賊生發，所在官司往往隱匿，不行奏報，以致滋蔓難制，却又倡爲招撫之説，長奸縱惡，莫有衰息。及乎招降復判[一]，乃至動調京、邊官軍，始克平定，勞師費財，不可勝計。今都御史王守仁反覆論辯，深切著明，具見本官有用之學、濟時之才。及照昔因江西南、贛二府，福建汀、漳二府，廣東南雄、惠州、潮州、韶州四府，并湖廣郴州，四境相接之處，素爲盜賊淵藪，數爲民患，不可盡除，比之尋常盜賊，迥然不同。以此議奏，特設都御史一員，兼治四省地方，雖以巡撫爲名，實則提督軍務，是以原奉敕旨，民情事務不必干預。然以巡撫爲名而不與民事，以禦盜爲職而不得兵權，故官雖設而職難盡，民受害而盜未息，不如不設此官，專責各省巡撫官之爲愈也。見今彼處盜賊幾至數萬，殘害地方，已調兵會剿，雖嘗擒殺，未必能盡，大兵一退，必又嘯聚，王守仁所奏前事皆有明驗。若不責成此官，假以兵權，申明賞罰，誠非久安長治之術也。合無請敕南贛等處都御史，假以提督軍務名目，照提督軍務文臣事例，給與旗牌應用，以振軍威。一應軍馬、錢糧事宜，照依原擬徑自便宜區畫。文職五品以下、武職三品以下，徑自拿問發落。如遇盜賊入境劫掠，即便調兵剿殺，不許踵襲舊弊，招撫蒙蔽，重爲民患。所部官軍，若在軍前違期逗遛退縮者，俱聽以軍法從事。生擒盜賊鞠問明白，亦聽斬首示衆。其升賞事宜，除征剿流賊事例先已奏革外，若南贛、郴桂等處斬獲賊級，聽本處兵備副使會同該道守巡官即時紀驗明白，備行江西按察司造冊奏繳，查照南方剿殺蠻賊見行舊例，議擬升賞。

正德十二年七月十六日具題，奉聖旨："是。王守仁着提督南贛汀漳等處軍務，換敕與他。其餘事宜各依擬行。"欽此。

爲地方緊急賊情事

該巡撫南贛都御史王守仁奏稱，前項盜賊惡貫已盈，神怒人怨，譬之疽癰之在人身，若不速加攻治，必至潰肺決腸，而攻治之方，亦有二說，等因。看得所奏二說，大意謂事權隆重，若無意於近功，而實足爲攻取之機[二]；徵調四集，雖可以分劄，而不免爲地方之累。窮究根本，辯析詳明，言雖兩端，意實有在。近年巡撫官論奏地方事情，本經術以濟時務，不以身謀而廢國是，如王守仁者誠不多見，臣等竊爲朝廷得人賀。合無本部行文，付差來人賫回，交與王守仁，悉依前項申明賞罰事理，便宜而行。惟在相機征剿，期於成功，不限時日。本官果踐其言，能令猛賊斂迹，居民安堵，財力不費，坐收成效，本部臨時議擬，奏請不次擢用，以彰奇才異能，爲諸巡撫官之勸。

正德十二年七月二十二日具題，奉聖旨："是。這申明賞罰事宜，還備行與王守仁知道。"欽此。

爲捷音事

該提督南贛汀漳等處軍務、都察院左僉都御史王守仁奏稱，調取官軍、兵快人等，約會剋期夾攻，把截剿殺，及咨巡撫江西都御史孫燧，并行巡按御史屠僑，各查照外。續據守把金坑等處地方領兵縣丞舒富等呈稱，即今各巢賊首聞知湖廣土兵將到，集衆據險，四出殺掠，猖熾日甚，乞爲急處，等因。到臣。當將進兵機宜，會同紀功御史屠僑，督同兵備副使楊璋、分守參議黃宏、統兵知府等官邢珣等議得，桶岡、橫水、左溪諸賊荼毒三省，其患雖同而事勢各異。以湖廣言之，則桶岡諸巢爲賊之咽喉，而橫水、左溪諸巢爲之腹心。以江西言之，則橫水、左溪諸巢爲賊之腹心，而桶岡諸巢爲之羽翼。今不先去橫水、左溪腹心之患，而欲與湖廣夾攻桶岡，進兵兩寇之間，腹背受敵，勢必不利。今議者紛紛，皆以爲必須先攻桶岡，而湖廣剋期乃在十一月初一日。賊見我兵未集，而師期尚遠，且以爲必先桶岡，勢必觀望未備。今若出其不意，進兵速擊，可以得志。已破橫水、左溪，移兵而臨桶岡，破竹之勢，蔑不濟矣。於是臣等乃決意先攻橫水、左溪，密切分布哨道，使都指揮僉事許清率兵千餘自南康縣新溪入，知府邢珣率兵千餘自上猶縣石人坑入，知縣王天與率兵千餘自上猶縣白面入，令其皆會橫水。使守備指揮郟文率兵千餘自大庾縣義安入，知府唐淳率兵千餘自大庾縣矗都入，知府季斅率兵千餘自大庾縣穩下入，縣丞舒富率兵千餘自上猶縣金坑入，令其皆會左溪。知府伍文定、知縣張戩候各兵齊集，令其亦從上猶、南康分入，以遏奔衝。臣亦親率千餘人，自南康進屯至坪，期直搗橫水，以與諸軍會。而使兵備副使楊璋、分守參議黃宏監督各營官兵，往來給餉，以促其後。

分布既定，乃於十月初七日夜各哨齊發。初九日，臣兵至南康。初十日，進屯至坪，使間諜四路分探，皆以爲諸賊不虞官兵率進，各巢皆鳴鑼聚衆，往來呼噪奔走，爲分投禦敵之狀，勢甚張皇。然已於各險隘皆設有衮木礧石，度此時賊已據險，勢未可近，臣兵乘夜遂進。十一日，小餉，未至賊巢三十里止舍，使人伐木立柵，開塹設堠，示以久屯之形。夜使報效聽選官雷濟、義官蕭庚分率鄉兵及樵豎善登山者四百人，各與一旗，賚銃炮、鉤鐮，使由間道攀崖緣壁而上，分列遠近極高山頂以覘賊，張立旗幟，爇茅爲數千竈，度我兵且至險，則舉炮燃火相應。十二日早，臣兵進至十八面隘。賊方據險迎敵，驟聞遠近山頂炮聲如雷，烟焰四起，我兵復呼噪奮逼，銃箭齊發，賊皆驚潰失措，以爲我兵已盡入破其巢穴，遂棄險退走。臣預遣千户陳偉、高睿分率壯士數十，緣崖上奪賊險，盡發其衮木礧石。我兵乘勝驟進，呼聲震天地。指揮謝炅、馮廷瑞率兵由間道先入，盡焚賊巢。賊退無所據，乃大敗奔潰，遂破長龍巢，破十八面隘巢，破仙鵝頭巢，破狗脚嶺巢，破庵背巢，破白、藍橫水大巢。先是，大賊首謝志山、蕭貴模等皆以橫水居衆險之中，倚以爲固，聞官兵四進，倉卒分衆扼險，出禦甚力，至是見橫水烟焰障天，銃炮之聲撼搖山谷，亦各失勢棄險走。各哨官兵乘之，皆奮勇戰而入。知府邢珣遂破磨刀坑巢，破茶坑巢，破茶潭巢，知縣王天與破樟木坑巢，破石玉巢，都指揮許清破雞湖巢，破新溪巢，破楊梅巢，俱至橫水。知府唐淳破羊牯腦巢，破上關巢，破下關巢，破左溪大巢，守備指揮郟文破獅子寨巢，破義安巢，破苦竹坑巢，指揮余恩破長流坑巢，破牛角窟巢，破鼉坑巢，縣丞舒富破箬坑巢，破赤坑巢，破竹壩巢，知府季斅破上西峰巢，破狐狸坑巢，破鉛廠巢，俱會左溪。守巡各官亦隨後督兵而至。是日擒斬首從賊人、賊級，并俘獲賊屬男婦，奪回被虜人口、牛馬、賊[三]仗數多，其餘自相蹂踐，墮崖填谷而死者，不可勝計。當是時，賊路所由入皆刊崖倒樹、設阱埋簽不可行。我兵晝夜涉深澗，蹈叢棘，遇險絕則掛繩崖樹，魚貫而上，猿臂而下，往往失足墮深谷，幸而不死，經數日始能出谷。兵已至橫水、左溪，皆困甚，不復能驅逐。會日已暮，遂令收兵屯札。

次早，大霧雨，咫尺不辨，連數日不開，乃令各營休兵享士，而使鄉導數十人分探潰賊所往并未破巢穴動静。十五日，各得鄉導報，謂諸賊分陣，預於各山絕險崖壁立有栅寨，爲退保之計，有復合聚於未破之巢者，俱不意我兵驟入，未及搬運糧穀，若分兵四散追擊，可以盡獲。臣等竊計，湖廣夾攻在十一月初一日，期已漸迫。此去桶岡尚百餘里，山路險峻，三日始能達。若此中之賊圍之不克，而移兵桶岡，勢分備多，前後顧瞻，非計之得。乃令各營皆分兵爲奇正二哨，一攻其前，一襲其後，冒霧速進，分投急擊。十六日，知府邢珣攻破旱坑巢、寫井巢，知府季斅、守備指揮郟文攻破穩下巢、李家坑巢。十七日，知府唐淳攻破絲第壩巢。十八日，都指揮許清攻破朱雀坑巢、村頭坑巢、黃竹坳巢、觀音山巢。十九日，指揮余恩攻破梅伏坑巢、石頭坑巢。二十日，知府邢珣又攻破白封龍巢、芒背巢，知縣王天與攻破黃泥坑巢、大富灣巢。二十二日，縣丞舒富攻破白水洞巢。本日，知府伍文定、知縣張戩兵亦至。二十四日，知府伍文定攻破寨下巢，知縣張戩攻破杞州坑巢。二十五日，知縣張戩又破朱坑巢，知府伍文定破楊家山巢。二十六日，知府季斅又破李坑巢，都指揮許清又破川坳巢。二十七日，守備指揮郟文又破長河洞巢。連日各擒斬首從賊人、賊級，并俘獲賊屬男婦，奪回被虜人口、牛馬、贓仗數多。

是日，各營官兵請乘勝進攻桶岡。臣復議得，桶岡天險四面，青壁萬仞，中盤百餘里，連峰參天，深林絕谷，不睹日月。中所產旱穀、薯蕷之類，足飽凶歲。往者亦常夾攻，坐困數月，

不能俘其一卒，竟以招撫爲名而罷。及詢訪鄉導，其所由入惟鎖
匙龍〔四〕、葫蘆洞、茶坑、十八磊、新地五處，然皆架棧梯壑，
夤緣絕壁而上。賊使數人於崖巔坐發礧石，可無執兵而禦我師。
惟上章一路稍平，然深入湖廣，遷回取道，半月始至。湖兵既從
彼入，而我師復往，事皆非便。今橫水、左溪餘賊皆已奔入其
中，固〔五〕難合勢，爲首必力。"善戰者，其勢險，其節短。"今
我欲乘全勝之鋒，兼三日之程，長驅百餘里而爭利，彼若拒而不
前，頓兵幽谷之底，所謂"強弩之末不能穿魯縞"矣。今若移
屯近地，休兵養銳，振揚威聲，先使人諭以禍福，彼必懼而請
服。及或有不從者，乘其猶豫，襲而擊之，乃可以逞。乃使素與
賊通戴罪義官李正巖、醫官劉福泰，釋其罪，并縱所獲桶岡賊鍾
景，於二十八日夜懸壁而入，期以初一日早，使人於鎖匙籠受
降。賊方甚恐，見三人至，皆喜，乃集衆會議，而橫水、左溪奔
入之賊果堅持不可，往復遲疑，不暇爲備。臣遣縣丞舒富率數百
人屯鎖匙籠，促使出降，而使知府邢珣入茶坑，知府伍文定入西
山界，知府唐淳入十八磊，知縣張戩入葫蘆洞，皆於三十日乘夜
各至分地，遇大雨不得進。初一日早，冒雨疾登，大賊首藍天鳳
方就鎖匙籠聚議，聞各兵已入險，皆驚愕散亂，猶驅其衆男婦千
餘人，據內隘絕壁，隔水爲障以拒。知府邢珣之兵渡水前擊，張
戩之兵衝其右，伍文定之兵自張戩右懸崖而下，遶賊傍擊。賊不
能支，且戰且郤，及午雨霽，各兵鼓奮而前，乃敗走。縣丞舒
富、知縣王天與所領兵聞前山兵已入，亦從鎖匙籠並登各嶂，乘
勝擒斬，賊悉奔十八磊。知府唐淳之兵復嚴陣迎擊，賊又敗，然
會日晚，猶扼險相持。次早，諸軍復合勢併擊，大戰良久，遂大
敗。知府邢珣破桶岡大巢，破梅伏巢，破烏池巢。知縣張戩破西
山界巢，破鎖匙籠巢，破黃竹坑巢。知府唐淳破十八磊巢。知府
伍文定破鐵木里巢，破上池巢，破葫蘆洞巢。知縣王天與破員分

巢，破背水坑巢。縣丞舒富破大王嶺巢。擒斬首從賊人、賊級，并俘獲賊屬男婦，奪回被虜人口、牛馬、賊[六]仗數多。

賊大勢雖破，結陣分遁者尚多。是日，湖廣土兵亦至。臣使知府邢珣屯葫蘆洞，知府唐淳屯十八磊，知府伍文定屯大水，守備指揮郊文屯下新地，知縣張戩屯磜頭，縣丞舒富屯茶坑，指揮姚璽、知縣王天與屯板嶺，而使副使楊璋巡行磜頭、茶坑諸營，監督進止，繼以糧餉。又使知府季斅分屯蠹都以防賊之南奔，都指揮許清留屯橫水，指揮余恩留屯左溪，以備腹心遺漏之賊，而使參議黃宏留札南安，給糧餉以爲蠹都之繼。臣亦自帥帳下屯茶寮，使各營分兵與湖兵相會，夾剿遁賊。初五日，知府邢珣又破上新地巢，破中新地巢，破下新地巢。初七日，知府唐淳又破杉木坳巢，破源陂巢，破果木里巢。十一日，知縣張戩破板嶺巢，破天台庵巢。十三日，又破東桃坑巢，破龍背巢。連日各擒斬、俘獲數多，其間巖谷溪壑之內，飢餓病疹，顛仆死者不以數計，於是桶岡之賊略盡。

臣以其暇親行相視形勢，據險立隘，使卒數百斬木棧崖，鑿山開道。又使典史梁儀領卒數百，相視橫水，創築土城，周圍千餘丈，亦設隘以奪其險，議以其地請建縣治，控制三省諸猺，斷其往來之路。方爾經營，十六日，據防遏推官徐文英呈稱，廣東魚黃等巢被湖兵攻破，賊黨男婦千餘突往雞湖、新地、穩下、朱雀坑等處。臣復遣知府季斅分兵趨朱雀坑等巢，知府伍文定趨穩下、雞湖等處，守備指揮郊文、知府邢珣趨上新地等處，各相機急剿。二十日，知府伍文定兵擊賊於穩下寨、西峰寨、苦竹坑寨、長河壩寨、黎坑寨。二十三日，守備指揮郊文、知府邢珣擊賊於上新地寨，知府伍文定又進擊於雞湖巢。十二月初三日，知府季斅擊賊於朱雀坑寨、狐狸坑寨。擒斬首從賊徒，俘獲賊屬，奪獲賊[七]仗數多，於是奔遁之賊始盡。

然以湖廣二省之兵方合，雖近境之賊悉已掃蕩，而四遠奔突之虞，難保必無。乃留兵二千餘，分屯茶寮、橫水等隘，而以是月初九日回軍近縣，以休息疲勞，候二省夾攻盡絕，然後班師。兩月之間，通計搗過巢穴八十餘處，擒斬大賊首謝志山、藍天鳳等八十六名顆，從賊首級三千一百六十八名顆，俘獲賊屬二千三百二十四名口，奪回被虜男婦八十三名口、牛馬騾六百八隻匹、贓仗二千一百三十一件、金銀一百一十三兩八錢一分，總計首從賊徒、賊屬、牛馬、贓仗共八千五百二十五名顆口隻件，俱經行令轉解紀功官處審驗紀錄外。參照大賊首藍天鳳、謝志山等，盤據千里，荼毒數郡，僭擬王號，圖謀不軌，基禍種惡，且將數十餘年，而虐焰之熾盛、毒流之慘極亦已數年於茲。前此亦常夾剿，曾不能損其一毛；屢加招撫，適足以長其桀驁。乃今驅卒不過萬餘，用費不滿三萬，兩月之間，俘斬六千有奇，破巢八十有四，渠魁授首，噍類無遺。此豈臣等賢能於昔人，是皆仰仗朝廷威德之被，廟堂處置得宜，既假臣以賞罰之權，復專臣以提督之任，故臣等得以伸縮自由，舉動如志，奉成算以行事，循方略而指揮，將士有用命之美，進止無掣肘之虞，則是追獲獸兔之捷，實由發縱指示之功，臣等偶叨任使，豈敢冒非其績？夫謀定於帷幄之中，而決勝於千里之外；命出於廟堂之上，而威行於百蠻之表。臣等敢爲朝廷國議有人賀，且自幸其所遭得以苟免覆餗之戮也。及照監軍副使楊璋，參議黃宏，領兵都指揮僉事許清，都指揮行事指揮使郊文，知府邢珣、季斅、伍文定、唐淳，知縣王天與、張戩，指揮余恩、馮翔，縣丞舒富，隨征參謀等官指揮謝昶、馮廷瑞、姚重[八]、明德，同知朱憲，推官危壽、徐文英，知縣陳允諧、黃文鸞、宋瑢、陸璹，千户陳偉、高睿等，以上各官，或監軍督餉，或領兵隨征，悉皆深歷危險，備嘗艱難，各效勤苦之力，共成克捷之功，俱合甄錄，以勵將來。伏願皇上丕彰廟堂之大賞，兼收行伍之微勞，激勸既行，功庸益集，自然賊盜寢息，百姓安生，則地方幸甚，臣等幸甚，等因。具奏，正德十三年三月二十八日奉聖旨："這賊首藍天鳳、謝志山等，盤據千百餘里，荼毒三省地方，基禍稔惡，已非一日。今王守仁等親臨巢穴，運籌調度，統卒不過萬餘，用費不滿三萬，而兩月之間，醜類悉已剿平，功可嘉尚。差來人升一級，賞紵絲衣服一套、新鈔一千貫。王守仁，先寫敕獎勵。有功官員人等，該升賞的，兵部都查擬了來説。"欽此。

　　臣等議得，前賊根連四省，累歲逋誅。本部因見巡撫都御史遷代不常，新任都御史王守仁未到，深念地方受害日久，議奏催令本官作急赴任。未幾，巡撫江西都御史孫燧果奏大庾縣等處盜賊攻劫城池，敵殺官軍。本部又經議奏，參究查提失事人員，及馬上差人督促都御史王守仁到任。彼時賊方猖獗，殺死義士，擄去職官，本官即能痛懲往事，極言招撫之非，圖上攻取之策。本部又見守仁勇於任事，規畫有方，故節經依擬覆奏，荷蒙聖明采納，既假以提督之任，又許以便宜之權。本官果能諳曉兵法，料敵取勝，兵分十哨，各自為戰，所向勢如破竹，巢穴盡空，種類殲滅，往年平寇未有用力如此之易而成功如此之速者。此皆仰賴皇上聖明英武，先機決斷，故臣等幸效一得之愚，而王守仁能收萬全之功也。臣等叨任本兵，俱係當盡職務，詎敢言功？王守仁躬督戰陳，獲有軍功，所當先錄。伏望聖明俯照節年平寇升廕有功官員事例，將守仁照例升職廕子，以酬其功。其巡撫江西都御史孫燧，同心協謀，區畫兵餉。巡按御史屠僑，振揚風紀，覈實功罪。及原任鎮守江西太監許滿，先與巡撫都御史計議行事，克有成功。所據各官俱有勞績，亦合普加恩典，以示激勸。其餘有功副使楊璋等，候御史屠僑紀功文册到日，即行議擬，奏請升賞。中間先參有罪人員，今既有功，亦論功罪多寡應否准贖緣由，具奏定奪。但賞罰出自朝廷，臣等俱不敢擅擬，伏乞聖裁。

正德十三年四月十八日具題，奉聖旨："是。各官既剿賊成功，地方有賴。王守仁升右副都御史，并許滿各廳他子侄一人做錦衣衛世襲百戶。畢真、孫燧各賞銀三十兩、紵絲二表裏，屠僑升俸一級。楊璋等，待功次文冊至日奏來升賞。先參有罪、今次有功的，也分別明白來說。爾兵部累次擬奏方略，指授得宜，功可嘉尚。王瓊通前寫敕獎勵，并陳玉、王憲各賞銀三十兩、紵絲二表裏。該司郎中銀八兩，員外郎、主事五兩。"欽此。

爲建立縣治以期久安長治事

看得提督南贛等處軍務都御史王守仁，會同巡撫都御史孫燧、巡按御史屠僑并布、按二司守巡官副使楊璋、左參議黃宏勘議得，上猶、大庾、南康三縣之中，東西南北相去三百餘里，號令不及，人迹罕到，大盜雖已剿平，中間聞風逃出者頗衆，誠恐日後復聚爲患。若於三縣適中地方橫水去處設立縣治，久安長治，民情順便。又稱橫水東去南康縣一百二十里地名長龍，西去湖廣桂陽二百餘里地名上保，南去大庾縣一百二十餘里地名鉛廠，俱係要害地方，相應各設巡檢司。及查見設上猶縣過步巡檢司路僻無用，合行改移上保，等因。臣等議得，勘亂於已發，固爲有功；弭亂於未然，尤爲有識。今都御史王守仁與巡撫、巡按及守巡官深謀遠慮，議建縣治、巡司，以控制無統之民，事體、民情俱各順便。及先已編僉隘夫，委官守把，事在必行，不可猶豫。但設官防盜雖由本部，而編置里甲、戶口、田糧係隸戶部掌行。合無本部將開設縣治一節移咨戶部，奏請定立縣名，速行遵守，仍依所奏，添設長龍、鉛廠二巡檢司，及將過步巡檢司改移爲上保巡檢司。行移吏、禮二部，選調官員，鑄換印記，并行江西布政司，查撥吏役，編僉弓兵。中間一應事宜，悉聽都御史王守仁會同巡撫都御史孫燧查照原擬從宜處置，務在事體穩便，賊害永除，斯副委任。

正德十三年四月十八日具題，奉聖旨："是。"欽此。

爲捷音事

該提督南贛等處軍務、都察院右副都御史王守仁奏稱，臣看得南贛盜賊，其在南安之橫水、桶岡諸巢則接境於湖、郴，在贛州之浰頭、岑岡諸巢則連界於閩、廣。接境於湖、郴者，賊衆而勢散，恃山溪之險以爲固；連界於閩、廣者，賊狡而勢聚，結黨與之助以相援。臣等遵奉敕諭，及查照兵部咨示方略，初議先攻橫水，次攻桶岡，而末乃與廣東會兵，徐圖浰頭，如攻堅木先其易者，後其節目。自正德十二年九月，臣等議將進兵橫水，恐浰賊乘虛出擾，思有以沮離其黨，臣乃自爲告諭，具述禍福利害，使報效生員黃表、義民周祥等往諭各賊，因皆賜以銀、布。一時賊黨亦多感動，各寨酋長黃金巢、劉遜、劉粗眉、溫仲秀等遂皆願從表等出投。惟大賊首池仲容，即池大鬢，獨憤然謂其衆曰："我等做罪[九]已非一年，官府來招亦非一次，此亦何足爲憑？待金巢等到官後果無他説，我等遣人出投，亦未爲晚。"其時臣等兵力既未能分，意且羈縻，令勿出爲患即已，故亦不復與較。金巢等既至，臣乃釋其罪，推誠厚撫，各願出力殺賊立效，於是藉其衆五百餘，悉以爲兵，使從征橫水。十月十二日，臣等已破橫水，仲容等聞之始懼，計臣等必且以次加兵，於是集其酋豪池仲寧、高飛甲等謀，使其弟池仲安率老弱二百餘徒，亦赴臣所投招，求隨衆立效，意在緩兵，因而窺覘虛實，乘間內應。臣逆知其謀，陽許之。及臣進攻桶岡，使領其衆截路於上新地，以遠其歸途，內嚴警禦之備以防其釁，外示寬假之形以安其心。陰使人分召鄰賊諸縣被賊害者，皆詣軍門計事，旬日之間，至者數十。問所以攻剿之策，皆以此賊狡詐凶悍，非他賊比，其出劫行摽，皆有深謀，人不能測。自知惡極罪大，國法難容，故其所以捍拒之備亦極險詐〔一○〕。前此兩經夾剿，皆狼兵二三萬，竟以不能大捷。後雖敗遁，所殺傷亦略相當。近年以來，奸謀愈熟，惡焰益熾，官府無可奈何，每以調狼兵恐之。彼輒謾曰："狼兵易與耳。縱調他來，也須半年；我縱避他，只消一月。"其意謂狼兵之來不能速，其留不能久也。是以益無忌憚，今已僭號設官，奸計逆謀，尤非昔比，必欲除之，非大調狼兵，事恐難濟。臣以爲兵無常勢，在因敵變化而制勝。今各賊狃於故常，且謂必待狼兵而後敢攻，此所以不必狼兵而可以攻之也。乃謂〔一一〕密畫方略，使數十人者各歸部集，候我兵有期，則據隘遏賊。十一月，賊聞臣等復破桶岡，益懼，爲戰守備。臣使人至賊所，賜各酋長牛酒以察其變。賊度不可隱，則詐稱龍川新民盧珂、鄭志高等將掩襲之，是以密爲之防，非敢虞官兵也。臣亦陽信其言，因復陽怒盧珂、鄭志高等擅兵讎殺，移檄龍川，使廉其實，且趨各賊伐木開道，將回兵自浰頭取道往討之。賊聞，以爲臣等實有爲之之意，又恐假道伐之，且喜且懼，因使人來謝，且請無勞官兵，當悉力自防禦之。盧珂、鄭志高、陳英者，皆龍川舊招新民，有衆三千餘，遠近皆爲仲容所脅，而三人者獨與之抗，故賊深讎忌之。十二月望，臣兵回至南康，盧珂、鄭志高等各來告變，謂池仲容等僭號設官，今已點集兵衆，號招遠近，各巢賊首授以總兵、都督等僞官，使候三省夾攻之兵一至，即同時並舉，行其不軌之謀，及以僞授盧珂等官爵"金龍霸王"印信文書一紙粘狀來首。臣先已諜知其事，及珂等來，即陽怒："以爲爾等擅兵讎殺投招之人，罪已當死，今又造此不根之言，乘機誣陷，且仲容等方遣其弟領兵報效，誠心向化，安得有此？"遂收縛珂等將斬之。時池仲安之屬方在營，見珂等入首，大驚懼，至是皆喜，羅拜歡呼，亦跪訴珂等罪惡。臣因亦陽令具狀，謂將并拘其黨屬盡斬之。於是遂械繫盧珂等，而使人密諭以陽怒之意，欲以誘致仲容諸賊，且使盧珂等先遣人歸集其衆，候珂等既還乃發。臣又使生員黄表、聽選官雷濟往諭仲容，使勿以此自疑，密購其所親信陰説之，使自來投訴。二十日，臣兵已還贛，乃張樂大享將士，下令城中，今南安賊巢皆已掃蕩，而洴頭新民又皆誠心向化，地方自此可以無虞，民久勞苦，亦宜暫休爲樂，遂散兵使各歸農，示不復用。而使池仲安亦領衆歸助其兄防守，且云盧珂等雖已繫於此，恐其黨致怨，或掩爾不虞。仲安歸，且言其故，賊衆皆喜，遂弛備。臣又使指揮余恩賚曆往賜仲容等，令毋撤備以防盧珂諸黨，賊衆益喜。黄表、雷濟因復説仲容：“今官府所以安撫勞來爾等甚厚，何可不親往一謝。況盧珂等日夜哀訴反狀，乞官府試拘爾等，若拘而不至者，即可以證反狀之實。今若不待拘而至，且面訴珂等罪惡，官府必益信爾無他，而謂珂等爲詐，殺之必矣。”所購親信者復從傍力贊，仲容然之，乃謂其衆曰：“若要申，先用屈。贛州伎倆，亦須親往勘破。”遂定議，率其麾下四十餘人自詣贛。臣使人探知仲容已就道，又密遣人先行屬縣，勒兵分定哨道，候報而發。又使千户孟俊先至龍川，督集盧珂、鄭志高、陳英等兵，然以道經洴巢，恐搖諸賊，則別賚一牌，以拘捕珂等黨屬爲名。各賊聞俊往，果遮迎問故，俊出牌示之，乃皆羅拜，爭相導送出境。俊已至龍川，始發牌部勒盧珂等兵衆。賊聞之，皆以爲拘捕其屬，不復爲意。閏十二月二十三日，仲容等至贛，見各營官兵皆以散歸，而街市多張燈設戲爲樂，信以爲不復用兵。密賂獄卒，私往覘盧珂等，又果械繫深圍中，乃大喜，遣人歸報其屬曰：“乃今吾事始得萬全矣。”臣乃夜釋盧珂、鄭志高等，使馳歸發兵，而令所屬官僚次設牛酒，日犒仲容等，以緩其歸。正月三日，度盧珂等已至家，所遣屬縣勒兵當已大集，臣乃設犒於庭，先伏甲士，引仲容入，并其黨悉擒之，出盧珂等所告狀訊鞫，皆伏，遂悉實於獄，而夜使人趨發屬縣兵，期以初七日同時入巢。於是知府陳祥兵從龍川縣和平都入，指揮姚璽兵從龍川縣烏虎鎮入，千戶孟俊兵從龍川縣平地水入，指揮余恩兵從龍南縣高沙堡入，推官危壽兵從龍南縣南平入，知府邢珣兵從龍南縣太平堡入，守備指揮郟文兵從龍南縣冷水逕入，知府季斅兵從信豐縣黃田岡入，縣丞舒富兵從信豐縣烏逕入，臣亦自率帳下官兵從龍南縣冷水逕直搗下湳大巢，而使兵備副使楊璋從後監督，各哨分路同時並進，會於三湳。先是，賊徒得池仲容報，謂贛州兵已罷歸，皆以弛備，散處各巢，至是驟聞官兵四路並進，皆驚懼失措，乃分投出禦，而悉其精銳千餘據險設伏，併勢迎敵於龍子嶺。我兵聚爲三衝，掎角而前。指揮余恩所領百長王受兵首與賊遇，大戰良久，賊敗却。王受等奮追里許，賊伏兵四起，奮擊王受後。推官危壽所領義官葉芳兵鼓噪而前，復奮擊賊伏兵後。千戶孟俊兵從傍繞出岡背，橫衝賊伏兵，與王受合兵，於是賊乃大敗奔潰，呼聲震山谷。我兵乘勝逐北，遂克上中下三湳。各哨官兵遙聞三湳大巢已破，皆奮勇齊進，各賊亦皆潰敗。知府陳祥兵遂破熱水巢、五花障巢，指揮姚璽兵遂破淡方巢、石門山巢、上下陵巢，知府邢珣兵遂破笏竹湖巢、白沙巢，守備指揮郟文兵遂破曲潭巢、赤唐巢，知府季斅兵遂破古坑巢、三坑巢。是日，擒斬首從賊人、賊級，俘獲賊屬男婦、牛馬、器仗數多，其餘墮崖填谷死者不可勝計。是夜，賊復奔聚未破巢穴。次日早，乃令各哨官兵探賊所往，分投急擊。初九日，知府陳祥兵破鐵石障巢、羊角山巢，獲賊首"金龍霸王"印信、旗袍。知府邢珣兵破黃田坳巢，指揮姚璽兵破岑岡巢，指揮余恩兵破塘舍洞巢、溪尾巢。初十日，千戶孟俊兵破大門山巢，推官危壽兵破鎮里寨巢。十一日，知府刑珣兵破中村巢，守備郟文兵破半逕巢、都坑巢、尺八嶺巢，知府季斅兵破新田逕巢、古地巢，指揮余恩兵破空背巢，縣丞舒富兵破旗嶺巢、頓岡巢。十三日，千户孟俊兵破狗脚坳巢、水晶洞巢、五洞巢、藍州巢。十六日，推官危壽兵破風盤巢、茶山巢。連日各擒斬首從賊人、賊級，并俘獲賊屬男婦、牛馬、器仗數多。然各巢奔散之賊，其精悍者尚八百餘徒，復哨聚於九連大山，扼險自固。當臣看得，九連山勢極高，橫亘數百餘里，四面斬絕。伐[一二]兵既不得進，而其内東接龍門山後諸處，賊巢以百數，若我兵進逼，此賊必奔往其間，誘激諸巢，相連而起，勢益難制。然彼中既無把截之兵，欲從傍縣潛軍斷其後路，必須半月始達，又緩不及事。止有賊所屯據崖壁之下一道可通，然賊已據險，自上發石衮木，我兵百無一全。於是乃選精鋭七百餘人，皆衣所得賊衣，俾若奔潰者，乘暮直衝賊所，據崖下澗道而過。賊以爲各巢敗散之黨，皆從崖上招呼。我兵亦佯與呼應，賊疑不敢擊。及已度險，遂扼斷其後路。次日，賊始知爲我兵，併勢衝敵。我兵已據險，從上下擊，賊不能支，乃退敗。臣度其必潰，預遣各哨官兵四路設伏以待，賊果分隊潛遁。二十五日，知府陳祥兵覆賊於五花障，知府刑珣兵覆賊於白沙，指揮余恩兵覆賊於銀坑水。二十七日，指揮姚璽兵覆賊於烏虎鎮，推官危壽兵覆賊於中村，知府季斆兵覆賊於北山，又戰於風門奥。其餘奔散殘黨尚三百餘徒，分逃上下坪、黃田坳諸處，各哨官兵復粘蹤會追。二月初二日，知府陳祥兵復與賊戰於和平。初五日，復戰於上坪、下坪。初八日，推官危壽、指揮余恩兵復與賊戰於黃田坳。十二日，知府陳祥兵復與賊戰於鐵障山。十四日，縣丞舒富兵復與賊戰於乾村，又戰於梨樹。十六日，知府邢珣、季斆兵復與賊戰於芳竹湖。二十三日，縣丞舒富兵與賊戰於北順，戰於和洞。二十六日，守備郊文兵復與賊戰於水源，戰於長吉，戰於天堂寨。連日擒斬首從賊人、賊級數多。三月初三日，據鄉導人等四路爪探，皆以爲各巢積惡凶狡之賊皆已擒斬略盡，惟餘黨張仲全等二百餘徒，其間多係老弱，及遠近村寨一時爲賊所驅脅從惡未久之人，今皆勢窮計迫，聚於九連谷口，呼號痛哭，誠心投招。臣遣有功生員黃表往驗虛實，果如所探，因引其首甲〔一三〕張仲全等數人前來投見，訴其被脅不得已之情。臣量加責治，隨遣知府邢珣往撫其眾，籍其名數，遂安插於白沙。初七日，據知府邢珣等呈稱，我兵自去歲二月從征閩寇，迄今一年有餘，未獲少休。今幸各巢賊已掃蕩，餘黨不多，又蒙撫順招安，況今陰雨連綿，人多疾疫，兼之農功已動，人懷耕作，合無俯順下情，還師息眾。及義官葉芳并各鄉村居民亦告前情。臣因親行相視險易，督同副使楊璋、知府陳祥等，經理立縣設隘、可以久安長治之策，留兵防守而歸。

蓋自本年正月初七日起，至三月初八日止，前後兩月之間，通共搗過巢穴三十八處，擒斬大賊首二十九名顆，次賊首三十八名顆，從賊二千零六名顆，俘獲賊屬男婦八百九十名口，奪獲牛馬一百二十二隻匹，器械、贓仗二千八百七十件把，贓銀七十兩六錢六分，總計擒斬、俘獲、奪獲共五千九百五十五名顆口隻匹件把，俱經行令兵備等官審驗紀錄，仍行紀功御史覈實去後。今據前因，臣等會同江西巡按御史屠僑、廣東巡按御史毛鳳，參照大賊首池仲容等荼毒萬民，騷擾三省，陰圖不軌，積有年歲，設官僭號，罪惡滔天，比之上猶諸賊，尤爲桀驁難制。蓋上猶諸賊，雖有僭竊不軌之名，而徒惟劫掠焚燒是嗜。至於浰頭諸賊，雖亦剽劫虜掠是資，而實懷僭擬割據之志，故其招致四方無籍，隱匿遠近妖邪，日夜窺圖，漸成奸計。兼之賊首池仲容、仲安等人皆力搏猛虎，捷競飛猱，凶惡之名，久已著聞，四方賊黨素所向服，是以負固恃頑，屢征益熾。前此知其無可奈何，亦惟苟且招安以幸無事，其實無救荼毒之慘，益養奸宄之謀。乃今臣等驅不練之兵，資缺乏之費，不逾兩月而破奸雄不制之虜，以除三省數十年之患，此非朝廷威德、廟堂成算何以及此？臣等切惟，天下之事成於責任之專一，而敗於職守之分撓。就今事而言，前此亦嘗夾攻二次，計剿數番，以兵則前者強而今者弱，前者數萬而今者數千；以時則前者期年而今者兩月；以費則前者再倍而今者什一，以任事之人，則前者多智謀老練之士，而今者乃若臣之迂疏淺劣。然而計功較績，顧反有加於昔者，何哉？實由朝廷之上明見萬聖[一四]，洞察往弊，處置得宜。既假臣以賞罰之權，復改臣以提督之任。既以兵忌遙制而重各省專征之責，又慮事或牽狃而抑守臣干預之請。授之方略而不拘以制，責其成功而不限以時。以故詔旨一頒而賊先破膽奪氣，咨文一布而人皆踴躍爭先。效謀者知無阻撓之患，而務竟其功；希賞者知無侵削之弊，而畢致其死。是乃所謂“得先勝之算於廟堂，收折衝之功於樽俎”，實用兵之要道、制事之良法也。事每如此，天下之治有不足成者矣。臣偶叨任使，何幸濫竽成功，敢於獻捷之餘拜首稽首以賀，伏願皇上推成功之所自，原發縱之有因，庶無僭賞以旌始謀。及照兵備副使楊璋，監軍給餉，多資贊畫，紀功督戰，備歷辛勤，十旬兩剿，功勞獨著，宜加顯擢，以勵功能。守備指揮郟文，知府陳祥、邢珣、季斆，推官危壽，指揮余恩、姚璽，千戶孟俊，縣丞舒富等，皆身親行陣，屢立戰功，俱合獎擢，以爲後勸。

巡按御史屠僑題稱，大賊首池仲容等盤據一方，歷有年歲，僭稱王號，偽設官職。廣東翁源、龍川、始興，江西龍南、信豐、安遠、會昌等縣，屢被攻圍城池，殺害官軍，焚燒村寨，虜殺男婦，歲無虛日，難以數計。猶且威逼良民，相濟爲惡，號召無賴，謀爲不軌，罪惡滔天，神怒人怨。又嘗與湖廣郴桂之賊陰相結黨橫行，比之上猶諸賊，猶爲桀驁難制。況賊首池仲容、仲安等又皆力勝猛虎，捷競飛猱，凶烈之名，久已著聞，四方賊黨素所畏服。故前此雖經狼兵夾攻數次，俱被負固恃頑，逞雄漏網。招安之計屢施，而荼毒之慘益熾；防噬之謀不決，而養虎之患日深。遷延玩愒，彼我相持，地方之患，誠有足虞者。乃今勢力不假於狼兵，兵數不登於萬計，軍帥不資於他助，財用不虧於濫費，僅兩月之間，而破積年不制之雄，以除三省蔓延之患。此雖提督都御史王守仁克遵成命之特俞，恪承責任之專一，親冒矢石，倡先敢勇之所為，而皆由皇上洞察於禍機，睿算允敷於臣屬，奮於籌議之當決，不限常格以責成，然後在下者得仗於天威之有憑，而乘會於奇功之克就，等因。

臣等議得，大賊首池仲容等陰圖不軌，僭號設官，三省軍民被其擾害。都御史王守仁統兵討賊，運謀如神，兩月而成克捷，皆皇上神威妙算所致，臣等何容贊頌？至於臣等始謀建議，職分當然，何敢言功？所據守仁勛迹茂著，宜加重賞，以示優崇。本官前此雖嘗因功受賞，今則荐立新功，前後實難相掩。及照御史屠僑，紀驗勤勞，既各降敕獎勵，亦合量加恩典，以示激勸。合無將守仁再加升擢，并於廕子百户職級之上量加廕叙。屠僑亦乞升俸，以酬其勞。再照副使楊璋，各官奏稱備歷艱辛，功勞獨著，宜加顯擢，以勵功能。查得楊璋功勞實多，合無將璋先升俸級，仍乞敕下吏部，待有員缺，不次擢用，庶協公論。其餘有功人員都指揮郟文等，候紀功文冊至日，本部即為議擬，奏請升賞。但王守仁等應得恩典出自朝廷，臣等不敢擅擬，伏乞聖裁。

正德十三年八月十一日具題，節該奉聖旨：「是。王守仁已因功升職了，還賞銀四十兩、紵絲二表裏。屠僑并楊璋再升俸一級，吏部還擬缺推用他。郟文等候紀功文冊至日升賞。」欽此。

為捷音事

該提督南贛汀漳等處軍務左僉都御史王守仁題，據廣東按察司等衙門整飭兵備監統僉事等官王大用等呈，據樂昌縣知縣李增報稱，地名岐田山賊犯龍貴等十一名、天塘賊犯陳滿等十名，挈家赴縣首，願擒獲同伴解官等情，稟蒙僉事王大用統督都指揮同知王英，准暫隨哨調用，待後班師另議遵依外。隨據知縣李增呈稱，起集兵壯夫款，督同龍貴等於本年十一月二十八日計誘賊犯蕭緣等六十名，陳滿等於十二月初二日計誘賊犯李廷茂等二十三名，等因。及據通判鄒級、仁化縣知縣李尊呈稱，大賊首高快馬帶從賊一十五名、賊婦二口，從小魚水等處潛往癩痢寨深坑，結巢藏住。隨統民壯兵夫談志澤、曹鸞等，於閏十二月初一日戌時進兵圍寨。至初二日早擒捕，本賊突出山頭迎敵，未克，賊遁。我兵粘蹤追至始興縣界山上，各兵奮勇向前，與賊交鋒對敵，當陣生擒大賊首高快馬，即高仲仁，從賊二名高二仔、朱俊養，新保賊婦一口葉氏，賊女一口朱長妹，及行凶器械，并被傷兵夫劉廷珍等緣由到道。行間節據知府、同知、指揮、知縣、千戶等官姚鵬等呈稱，月日不等，督率軍兵夫款，抵巢與賊交鋒，陸續擒斬首從賊人、賊級李萬珊、賴永達等，前後共獲一千三百二十名顆，俘獲賊屬男婦七十六名口，奪回被虜男婦一十三名口，奪回贓杖五十六件把、牛馬二十八隻匹。又據知縣李增呈，蒙監督僉事王大用明文行仰，務將殘黨設法剿滅以收全功，等因。本職思得，各兵退散，就行雇募驍勇鄉夫并原部打手，共四百餘名，日則督發搜扒各山巢穴，夜則掣回護守地方城池。及行密差新撫流民王俊等，緝得賊首李斌帶隨黨衆在於湖廣烏春山躲住，等因。飛報到職。當就五月二十一日申時發遣捕盜老人李孜瓚等，星夜潛至地名姜陽峒藏蹤，密切緝探，包圍三日，始擒本賊，餘黨俱各奔遁緣由，各開報到道。參稱賊首李斌，節與高快馬、龔福全等糾衆流毒三省，爲患有年，奏調軍兵征剿，乃敢深藏巖谷，意圖苟免偷生。但其罪惡已極，難逃朝廷殺伐之威，以致官兵遵奉軍門號令，窮追深入，一旦就擒。所據獲功人役，各照懸示重賞。而知縣李增，督兵設策，屢有奇功，亦合獎勞，以勵將來，等因。備由轉報到臣。

及據整飭兵備兼分巡嶺東道監統僉事等官顧應祥等呈，據領哨通判等官莫相等呈稱，統領漢達官軍、民壯、打手人等，照依尅期進剿上下橫溪、闕峒、深峒等巢。賊黨竪立排柵，統衆迎敵，殺傷兵夫。彼時軍兵協謀，奮勇鬥戰，當時〔一五〕各巢攻破，陸續擒斬賊人、賊級吳宣、鄧仲玉等共六百九十名顆，俘獲賊屬男婦三百九十五名口，奪回被虜男婦七口、賊牛六十五隻、器械六十九件仗、贓物七件，解送前來會審。間又據本官呈稱，遵依挈帶兵壯人等前往所指地方，起集熟知地利鄉夫、千百長人等，立營守把，相機發兵搜剿，斬獲賊級一十二顆，生擒賊人三名，并俘獲賊屬等項。隨據本官稟稱，橫溪大賊首吳玓招集各巢亡命，遁往地名東田村深山結巢。本賊係乳源諸巢之魁，節與樂昌平石、後寨、良坑等處賊首龔福全、高仲仁等攻城劫縣，非止一次。彼因湖廣失於開奏姓名，論其罪惡，不在龔福全等之下，相應撲剿。隨即稟蒙監督僉事顧應祥出給重賞，指示方略，密切發兵，本職親自帶領，前去東田村深山內，直抵賊首吳玓巢穴，四面攻圍，被吳玓等亂用藥弩射出拒敵。我兵冒傷奮勇進剿，先用銃箭將吳玓打倒，賊勢少却。我兵呼噪大進，將吳玓等首從并賊屬盡數擒斬，共六十三名顆，俘獲賊屬六口，奪回被虜婦女二口，陣亡兵夫六名緣由，呈解到道。看得賊首吳玓，係是稔惡巨寇，倚住巢穴嶇險，嘯聚黨與多衆，流劫兩省軍民財物，攻打縣堡，逼取銀兩，殺人放火，拒敵官兵，地方遭其荼毒，爲患已非一日。近該湖廣鎮巡衙門奏行三省，動調官軍夾剿，已將諸巢克破，黨類掃平。惟吳玓竊遁，敢肆招聚各巢漏刃亡命，據險偷生。幸而通判莫相多方設法防捕，致縛前凶，地方生靈不勝慶幸。及照各巢俱已克平，除另案議呈班師外，再照通判莫相獲有前功，應合獎勞，等因。備呈開報到臣。

查得先准兵部咨，爲地方緊急賊情事，該巡撫湖廣地方兼贊理軍務、都察院右副都御史秦金奏，該本部覆題，看得郴、桂等處地方與廣東、江西所轄猺峒密邇聯絡，若非三省會兵把截夾攻，賊必遁散他處，有損無益。合無請敕兩廣并南贛總督、巡撫等官，會同行事，剋期進兵，等因。具題，節該奉聖旨："是。都依擬行。"欽此。欽遵。續爲申明賞罰以勵人心事，臣節該欽奉敕諭："但有盜賊生發，即便嚴督各該兵備、守備、守巡并各軍衛有司，設法調兵剿殺。不許踵襲舊弊，招撫蒙蔽，重爲民患。其管領兵快人等官員，不問文職、武職，若在軍前違期并逗遛退縮者，俱聽以軍法從事。仍要選委廉能屬官，密切體訪，或斂所在大户，量加糧賞，或購令賊徒自相斬捕，皆聽爾隨宜處置。"欽此。欽遵。又准兵部咨，爲地方緊急賊情事，該臣奏，前事，内開節據廣東韶州府申，據樂昌縣知縣李增稟稱，正德十二年二月十七日，有東山賊首高快馬等八百餘徒，在地名櫃頭村行劫。又據乳源縣稟報，賊徒一起，約有千餘，見在州頭街等處打劫等情。及據湖廣郴州申備，致仕官朱存輔等連名呈稱，賊首龔福全、高仲仁等，雖蒙征剿，黨惡猶存。正德七年，兵備衙門計將龔福全招撫，給與冠帶，設爲猺官；高仲仁等給與衣巾，設爲老人。未及兩月，已出要路，劫殺軍民，動輒百千餘徒，號稱"高快馬"、"遊山虎"、"金錢豹"、"過天星"、"密地蜂"、"總兵"等名目。正德十一年七月内，流劫樂昌及江西南康等縣地方，拒敵官軍。後蒙撫諭，將賊首高仲仁、李斌給與冠帶，重設猺官。未寧半月，一起八百餘徒出劫樂昌，虜捉知縣韓宗堯，殺人劫獄劫庫；又一起七百餘徒，打劫生員譚明浩等家；一起六百餘徒，從老虎峒等處出劫；一起五百餘徒，從興寧等縣出劫。呈乞轉達，請軍夾剿，等因，各報到臣。看得前項盜賊，惡貫已盈，神怒人怨。譬之疽癰之在人身，若不速加攻治，必至潰肺決腸。而攻治之方，亦有二說，等因。該本部覆題，看得所奏攻治盜賊二說，大意謂事權隆重，若無意於近功，而實足爲攻取之幾；徵調四集，雖可以分咎，而不免爲地方之累。窮究根本，辯析詳明，言雖兩端，意實有在。合無本部行文，就令差來人賫回，交與都御史王守仁，悉依前項申明賞罰事理，便宜行事，期於成功，不限以時，相機攻剿，等因。具題，節該奉聖旨：“是。”欽此。欽遵。節經通行各省及各該道守巡、兵備等官一體欽遵勘處，調集兵糧，約會剋期，相機攻剿，以靖地方。

續據廣東布政司等衙門左布政使等官吳廷舉等會呈，奉臣并總督兩廣軍務兼理巡撫、太子太保、都察院左都御史陳金，鎮守兩廣地方總兵官、征蠻將軍、太保武定侯郭勛案驗，各准兵部咨，爲地方緊急賊情及流賊攻縣殺人燒屋虜官劫財事，備行欽遵查勘，計處呈報，等因。遵依，會同都、布、按三司掌印都指揮僉事等官歐儒等，并嶺南道兵備僉事等官王大用等議，將應剿賊巢，起調漢達官軍、土兵員名，分定大小哨道，監統把截進攻道路，及合用糧餉等項緣由，備開呈詳前來。參看所呈軍馬、錢糧事宜，悉皆區畫審當，已經批仰該司查照，仍候總督等衙門明文至日施行。隨據監督兵備僉事王大用等各將進兵機宜呈詳到臣。

參看得兩廣總督、總兵等官，雖已奉命行取回京，然軍馬、錢糧調度方略悉經區畫，會有成案。本院見督官兵征剿浰頭等處叛賊，未能親往督戰。除分兵設策，督令江西兵備副使楊璋等四路防截外，仰各官務在查照原議，上緊依期進剿，毋得遲疑參錯，致誤事機。一應臨敵制變，俱在各官相機順應。若賊勢難爲，兵力不逮，或先離散其黨與，或陰誘致其腹心，聲東擊西，陽背陰襲，勿拘一議，惟求萬全，軍門遙遠，不必一一呈稟，反成牽滯，又經牌仰上緊相機督剿去後。今據前因，除將各道呈報前項擒斬首從賊人、賊級共二千八十九名顆，俘獲賊屬并奪回被虜男婦五百四名口，奪獲器械、贓物一百三十二件把、牛馬八十三隻匹，總計二千八百八名顆口匹件把，行仰各道徑送巡按紀功御史審驗紀錄，造册奏繳外。參照大賊首高仲仁、李斌、吳玒等，荼毒三省，稔惡多年，敵殺官兵，攻劫郡縣。迹其奸計，雖亦不過妖狐黠鼠之謀；就其虐焰，乃已漸成封豕長蛇之勢。今其罪貫既盈，神怒人怨，數月之間，克遂殲殄，雪百姓之冤憤，解地方之倒懸。此皆仰仗天威，廟堂有先勝之算，帷幄授折衝之謀，賊徒破膽，將士用命之所致也。臣等獲睹成功，豈勝慶幸！及照巡按紀功御史毛鳳，振揚風紀，作勵將士，既盡紀驗之職，復多調度之方，比於常格，勞績尤異。僉事王大用、顧應祥等，監統督調，備效勤勞，懋著經營之略，共收克捷之功。其都指揮王英、歐儒，知府姚鵬，通判鄒級、莫相，知縣李增、李蕚等，或領兵督哨，或追剿防截，類皆身親行陣，具歷艱難，均合甄收，普加旌擢。伏望皇上既行大賞於朝，復沛覃恩於下，庶示激獎，以勸後功。臣以凡庸，兼復多病，繆膺地方之責，屬徵調四出，不能身親督戰。然賴總督都御史陳金、總兵官武定侯郭勛等先已布授方略，諸將得以遵照奉行，戮力效死，竟收完績，真所謂"碌碌因人成事"，雖無共濟之功，實切同舟之幸。除別行具本請罪，告病乞休外，等因。

　　看得都御史王守仁奏報征剿廣東樂昌等縣平賊捷音，內開擒斬首從賊人、賊級共二千八十九名顆，俘獲賊屬并奪回被虜男婦五百四名口，及奪獲器械、贓物、牛馬等項。奏稱巡按紀功御史毛鳳，振揚風紀，作勵將士，既盡紀驗之職，復多調度之方，比於常格，勞績尤異。僉事王大用、顧應祥等，監統督調，備效勤勞。都指揮王英、歐儒，知府姚鵬，通判鄒級、莫相，知縣李增、李蕚等，或領兵督哨，或追剿防截，類皆身親行陣，具歷艱難，均合甄收，普加旌擢。臣因徵調四出，不能身親督戰。賴總督都御史陳金、總兵官武定侯郭勛等布授方略，竟收完績。臣雖無共濟之功，實切同舟之幸，等因。除都御史陳金、武定侯郭勛及巡按御史毛鳳，功迹於廣東鎮巡官報捷本內議擬覆奏，及有功監督等官僉事王大用等，候紀功文冊奏繳至日另行查議覆奏外。查得今次廣東韶州等府樂昌等縣報捷，正係都御史王守仁該管地方。本官雖因南贛等處用兵，未曾親詣彼地，已經行文督調，及分兵設策，督令副使楊璋等四路防截，亦預有勞。況查王守仁前項本年三月內攻破曲潭等巢，擒斬、俘獲三千餘名顆，內大賊首池仲容等僭號設官，流毒三省，一旦剿平，厥功非細。本部原擬乞將守仁再加升擢，并於廕子百戶職級之上量加廕叙，以酬其勞。伏蒙聖旨："王守仁已因功升職了，還賞銀四十兩、紵絲二表裏。"臣等竊以守仁累建奇功，各不相掩，今止給賞，似未足酬其勞。若謂愛惜名器，恐不宜施於守仁一人也。今廣東又報前捷，通併論擬，前後擒斬六千餘級，恐難再泯其功。合無將王守仁量升俸級，於先廕子百戶之上量加升廕，庶乎賞當其功，人心悅服。但恩典出自朝廷，臣等不敢擅擬，伏乞聖裁。

　　正德十三年十二月二十六日具題，奉聖旨："是。王守仁累有成功，他男先廕職事上還加升一級。"欽此。

校勘記

　　〔一〕"判"，據（明）陳子龍《皇明經世文編》卷一百十一王瓊《爲申明賞罰以勵人心事》當作"叛"。

　　〔二〕"機"，明隆慶刻本《王陽明全集·三省夾剿捷音疏》、明萬表《皇明經濟文錄》卷二十王瓊《爲捷音事》作"幾"。

〔三〕"賊"，《王陽明全集·橫水桶岡捷音疏》、明萬曆刻本（明）周汝登《王門宗旨》卷三《橫水桶岡捷音疏》作"贓"。

〔四〕"龍"，本書本卷本文下文及明萬曆刻本（明）孫旬《皇明疏鈔》卷六十王瓊《南贛捷音疏》作"籠"。

〔五〕"固"，《王陽明全集·橫水桶岡捷音疏》、明萬曆刻本（明）王守仁《陽明先生道學鈔·南贛書》卷五《橫水桶岡捷音疏》作"同"，是。

〔六〕"賊"，《王陽明全集·橫水桶岡捷音疏》、（明）周汝登《王門宗旨》卷三《橫水桶岡捷音疏》作"贓"。

〔七〕"賊"，《王陽明全集·橫水桶岡捷音疏》、（明）周汝登《王門宗旨》卷三《橫水桶岡捷音疏》作"贓"。

〔八〕"姚重"，《王陽明全集·橫水桶岡捷音疏》、（明）周汝登《王門宗旨》卷三《橫水桶岡捷音疏》作"姚璽"。

〔九〕"罪"，（明）陳子龍等《皇明經世文編》卷一百三十王守仁《浰頭捷音疏》、（明）王守仁《陽明先生道學鈔·南贛書》卷五《浰頭捷音疏》作"賊"。

〔一〇〕"詐"，同上二文作"譎"。

〔一一〕"謂"，同上二文作"爲"。

〔一二〕"伐"，據（明）萬表《皇明經濟文錄》卷二十王瓊《平江西洞賊捷音議》當作"我"。

〔一三〕"首甲"，疑當作"甲首"。

〔一四〕"聖"，據（明）萬表《皇明經濟文錄》卷二十王瓊《平江西洞賊捷音議》當作"里"。

〔一五〕"時"，據《王陽明全集·三省夾剿捷音疏》當作"將"。

江西類

　　盜賊初起則易滅，勢已滋蔓則難圖，此必然之理也。正德間，江西姚源、華林諸處頑民恃險爲盜，有司專務姑息招撫，遂至釀成大患，殺死方面官，剽掠郡縣。朝廷命都御史陳金治之，調廣西狼兵，始得撲滅。後賊復起，命都御史俞諫同巡撫都御史任漢處置，或剿或撫，議持兩端，久而益熾，卒之遠調保定達軍及遼東邊兵往征，始克平定。江西用兵，前後連五六年，勞費無算，此勢已滋蔓難圖之明驗也。厥後，徐九齡賊起，兵部議奏，乘其勢未猖獗，急督捕之，不數月擒斬盡絕，此盜賊初起易滅之效也。然欲所司除患未然，非素假之以權，則亦不能成功。我太祖高皇帝親經百戰，深知兵機不可牽制遲緩，所以律條明載，若遇草賊生發，許乘機調兵襲捕，雖非統屬，亦許互相策應，及申報軍情。互相隱匿，不速奏聞，因而失誤軍機，坐以斬罪，皆謹始之法也。自徐九齡後，本部申明隱蔽之禁，假借便宜之權，江西盜賊遂得止息。及寧藩叛逆，不待天兵下臨，江西之兵自能平之，而禍不遠延，豈非申明律禁、兵權素得所托而能速致成功如此哉？

爲地方事

　　看得江西地方事情，先該給事中徐文溥奏，要查訪有無欺蔽，等因。本部於正德九年十二月內奏行鎮巡官嚴加備禦，一面行巡按御史徐讚查勘，作急具奏。又該巡按御史曹做奏稱，江西建昌縣老賊徐九齡，正德八年間帶同賊徒，撐駕大船數隻，經過蕪湖，不由抽分，放火燒船，徑往原籍，結聚日衆，約計一千。近聞九齡督領衆賊攻打奉新縣治，有城難入，將縣外房屋放火燒毀。建昌縣聞知，前來面諭，九齡退回，乞要馬上差人齎文密付巡撫都御史訪探，等因。該本部議照前項事情，江西鎮巡等官並不見奏報。但徐九齡係江西舊賊，本處各官不行處置，隱忍不言，今御史曹做特奏論之，深爲有見。移咨巡撫都御史俞諫等，密切查訪，用計擒捕，餘黨撫散，以安地方。近該巡按御史徐讚奏稱，訪得徐九齡自弘治十三年聚衆爲盜，拒殺官兵，流劫江湖。至正德八年，因乘招撫之機，率衆回鄉。上年節與民人宋禹三等家互相讎殺，焚屋掠財，展轉報害。官司畏怯，姑從撫處，冀圖苟安。乞責俞諫剿捕，密收成功。若復因循，聽伊糾劾，等因。本部又於今年閏四月內仍奏行俞諫計處外。今俞諫等奏稱，徐九齡節據該府縣并知縣周廣等申稱，招撫安插，不致爲非。又奏稱正德十年三月十二日，據同知汪穎〔一〕揭帖稟稱，徐九齡知風，於三月初八日夜，由水路潛遁。又奏稱醴源賊首顔曰春、范仕誠等，自恃丁多族大，與徐九齡夥合，助勢爲害，見今立寨負固，將有讎張雲明殺死祭旗，又將雷家數人殺害。又奏稱五月十八日申時，徐九齡等各穿紅莽〔二〕入醴源賊巢，鳴鑼，放銃，吶喊，殺豬祭賽，勢甚猖獗。除添調官兵，相機進剿，獲功另行具奏，等因。臣等參照江西巡撫都御史俞諫并都、布、按三司，府縣衛所經該官員，俱以凡庸濫膺委任。有地方之責者，猥瑣闒茸，而撫字不知；受總領之寄者，因循玩愒，而統叙無法。彼處賊情，給事中徐文溥奏稱，姚源之賊未嘗遭挫畏懼，衣食不繼，必思劫掠。乞要查訪劉暉功次有無欺蔽，將都御史俞諫仍留巡撫。巡按御史曹做奏，要密行訪探處置。本部自去年十二月至今，節次奏奉欽依行下剿捕，已過半年，而各官若罔聞知，直至今年五月徐九齡遁走，與醴源賊首顏曰春等合夥，殺人祭旗，勢甚猖獗，方纔奏來。及奏稱知縣周廣等與該府官申稱，徐九齡招撫安插，不致爲非，不見將各官拿問隱匿誤事情罪。所據各官俱係互相隱匿軍情重事，律該重治。及照近年以來，爲因所在官司隱蔽賊情，不早申奏捕滅，以致滋蔓，荼毒生靈，動調軍馬，耗損錢穀，糜費萬計。其隱蔽之人，因循姑息，未及查究，以致各處倣效，互相隱匿，恬不知懼。如徐九齡等，弘治年間爲盜至今，及攻打奉新縣，燒房，建昌縣聞知勸回，并去年讎殺民人宋禹三等事情，遠處之人尚且聞知，慮恐釀成大患，而江西官司並無奏達。迹其存心，惟欲延玩以逭己責，不爲忠謀以弭大患，罪狀已彰，實難輕貸。伏望皇上斷自宸衷，特敕巡按御史徐讚，先查該府縣原申鎮巡衙門申文内說稱徐九齡招撫安插不致爲非經該官吏，捉拿到官，差官牢固鎖押解京，送都察院收問。再將三司守備等官隱蔽徐九齡并醴源顏曰春等賊情經該官員查勘明白，分別情罪輕重，上緊具奏定奪，不許仍前遲延。仍請敕切責巡撫都御史俞諫、鎮守太監黎安等，俱受朝廷重托，鎮撫一方，不能宣布恩威，潛消奸宄，臨事寡謀，惟圖僥倖，優遊不斷，首鼠兩端，致盜崛起，猝難撲滅，論法即當械送京師，明正其罪。但係緊關用人之際，姑令戴罪，速會三司官計議，選委本省内謀勇官員，不拘文武職銜、官秩崇卑，或一二員，或三四員，調集堪用官軍、兵快，責令統領，會合剿捕。務要謀慮精審，計出萬全，罪人速得，地方早安。如或各賊奔逸出境，勢已窮促，聽其晝夜襲擊，毋致遠遁。亦不許輕率無備，致墮賊計。如有成功，不惟准贖前罪，尚有功賞別議。若或不自悔悟，致成大患，國典具在，噬臍難及。本部議擬未盡及干係重大事情，星馳具奏定奪。本部仍通行南京、湖廣、浙江、南直隸、兩廣等處鎮巡官員，嚴督三司守巡、兵備等官，但係通連江西水陸道路，嚴加把截，設法擒捕。遇有江西殺賊官軍到彼，會合策應，供給行糧、料草，不許自分彼此，以致徐九齡等越過逃走，一體參究，罪不輕貸。但遇賊到，隨即依律申奏，不許隱匿。

正德十年六月二十四日具題，本月二十六日奉聖旨："是。這地方隱匿誤事官員，着巡按御史查勘明白，指實參奏定奪。還行文書與鎮巡等官，嚴督所屬，將各賊上緊擒剿，務期盡絕。若再因循怠玩，釀成大患，重治不饒。江西接境地方把截、緝捕等項，都依擬行。"欽此。

爲剿平巨寇捷音事

該巡撫江西等處地方、都察院右都御史俞諫等奏，據兵備副使宗璽呈稱，督發官兵，設立民寨，四路把截。本年五月十九日，忽有大賊首徐九齡等張打"江西無敵大王"旗號，突入醴源，鳴鑼放銃，吶喊哨聚。至次日三更，徐九齡等兄弟黨與突來。迎敵出戰，將徐九齡戳傷墜馬，斬首碎尸，餘黨擒斬盡絕。內生擒三百六十五名，斬首一百一十六顆，俘獲賊屬妻男一百四十一名口，等因。該本部議照，逆賊徐九齡等，本以朝廷赤子，乃敢構亂逆天，僭稱王號，荼毒人民，久逭天誅，惡貫滿盈。今巡撫都御史俞諫乃能運謀設策，申嚴號令；鎮守太監黎安，同心協力，共圖安輯；巡按御史徐讚，激揚贊畫，督察有方：各官功迹，理宜甄錄。及照副使等官宗璽等，各督調有方，輸忠奮勇，不避艱危；并各該兵快、大户人等，用命效勞；及陣亡兵民，死戰遇害：俱合照例速加升賞，以勵人心。合無本部移咨都察院，轉行巡按御史徐讚，將紀驗過功次并查過陣亡兵民姓名上緊造冊奏繳。及行都御史俞諫，會同巡按御史，將副使等官宗璽等功迹逐一查議等第，一併具奏，本部查照議擬，上請定奪，通行升賞。及照直隸都御史鄧庠，先奏建昌縣老人劉祥十五帶領家丁擒斬徐九齡等情節，合無亦行巡按御史從公查勘，果係劉祥十五爲首擒斬徐九齡等盡絶，明白回奏，重加升賞，以服人心，等因。題奉聖旨："是。這有功并陣亡人等及劉祥十五功次，着巡按御史便查實奏來升賞。黎安歲加禄米十二石，俞諫、徐讚各升俸一級。宗璽等功迹，待查議至日來説。"欽此。續該巡按江西監察御史徐讚奏稱，會同巡撫都御史俞諫議得剿平逆賊徐九齡等功次：承委統督，設策調度，督兵剿截，副使宗璽之功居多。率衆當先，衝鋒破陣，斬獲首惡，同知汪穎之功爲最。其分布把截，捕獲功多，則知府嚴紘；提兵犯險，少挫前鋒，則知縣吳嘉聰；親冒矢石，協力追剿，則縣丞何永清，主簿蔣繡、鄭迪：各官功居其次。督兵防截，追擒餘黨，則分守左參政方璘、分巡僉事李淳、照磨楊汝和、通判林寬、縣丞楊宗明，各官功亦可録。内吳嘉聰、林寬、楊宗明，各有失誤事情，僅堪贖罪。乞要將宗璽、汪穎等速加升秩，其餘有功人員量加賞勞一節。切照逆賊徐九齡等積惡有年，虐焰方熾，今一旦根株盡絶，地方安靖，所據有功官員人等，既該巡按御史徐讚會同巡撫都御史俞諫查議明白，相應升賞，以勵人心。合無將功迹最多副使宗璽、同知汪穎各量升二級，功居其次知府嚴紘，縣丞何永清，主簿蔣繡、鄭迪各量升一級，功亦可録左參政方璘、僉事李淳、照磨楊汝和各升俸一級。知縣吳嘉聰、通判林寬、縣丞楊宗明，後雖有功，先曾失事，合無依其所奏，准令以功贖罪，俱免提問。但查副使宗璽等俱係文職，縱無殺賊之功，論其年勞，亦有轉升之理，前項擬升職級，尤恐不足以旌其異，合無於各升職級之外，再量加賞，以示甄録。各官又奏稱，主簿袁珤父子奮不顧身，同死戰陣，忠義尤爲可憫，要重爲旌録一節。竊惟袁珤係縣佐卑官，素無兵戎之寄，而能射傷數賊，乘勝追逐，没於戰陣，逆賊由此失利被擒。

比與近日參將陳乾縱放軍人收麥，損軍失事，未得虜一遺矢，而蒙被恩典，賜以祭葬者，事尤有間。合無將袁琺亦照陳乾事例，贈官廕子，以示優恤，庶服人心。

正德十一年二月十五日具題，奉聖旨："是。這有功并陣亡等項官員宗璽、汪穎，各准升二級，嚴絃等各一級，方璘等各升俸一級。吳嘉聰等既功可贖罪，免提問。袁琺贈知縣，還廕他一子，送監讀書。"欽此。

爲公務事

看得御馬監太監畢真奏稱，先年都御史俞諫巡撫南贛等處，一遇有警，會同鎮守太監黎安動調人馬。今都御史王守仁不行會同鎮守太監許滿，誠非舊規。乞要請敕前去會行所屬地方，凡遇征剿遵照舊例以便行事一節。先年爲因廣東、湖廣、福建、江西四省交界地方賊情，各該鎮巡官員不能遙制，以此議設都御史一員，專在汀、贛二府住札，凡事許徑自區畫，便於剿除盜賊也。其都御史俞諫巡撫南贛之時，爲因江西腹裏流賊生發，事有相干，以此會同江西鎮巡官計議行事。近日都御史王守仁征剿南贛地方强賊，以此不會江西鎮巡官。今若將南贛地方盜賊事情，又欲會同江西鎮守太監，方纔施行，彼此牽制，坐失事機，不如將提督南贛都御史革去，止令江西鎮巡官自行之爲愈也。況鎮守江西太監，原奉敕諭行事，自有舊規，並無另請敕書會同南贛都御史事例。若准所奏，鎮守山西太監該請敕會同巡撫大同都御史，鎮守陝西太監該請敕會同巡撫延、寧等處都御史，係干體統，決難輕准。合無本部行文提督軍務都御史王守仁，今後遇有江西、湖廣、廣東腹裏地方盜賊嘯聚，應該會合剿除，或動調腹裏府衛州縣軍兵、錢糧，應與各該鎮巡官會議者，仍照原奉敕旨計議而行。其南贛地方一應軍機事務，遵照節次題奉欽依事理，徑自區畫施行，不許推托，因而失誤軍機，罪有所歸。

正德十二年十二月二十六日具題，奉聖旨："是。今後南、贛二府，如有盜賊生發，還着調兵撫剿，仍馳報江西鎮巡官，隨宜策應施行；其江西報有別府賊情，南贛巡撫官亦要依期遣兵策應：俱毋得違誤，各寫敕與他。"欽此。

爲地方賊情事

看得巡撫都御史孫燧、巡按御史屠僑各題稱，强賊吳十三等在於鄱陽湖，駕船打劫公差人周詔及錦衣衛百戶張泰等，將周詔、童安、洪隆保及軍兵傅鼐謝、羅漢保殺死。及將南康府都昌縣民袁榴等家劫殺人財，燒毀房屋，奸污婦女。參稱都指揮葛江，指揮吳松，千戶楊永，通判陳旦，典史方汝實、楊儒，平日巡邏罔知勤謹，臨時撲捕又寡計謀，俱合提問。右參政程杲、副使許逵，職專巡守，督理欠嚴，亦合通究，等因。係干地方賊情，查有前例及先該本部議擬題奉欽依通行，今奏別難定奪。合無仍照本部原擬，行文巡撫江西都御史，將經該軍衛有司巡捕并都司捕盜官住俸，嚴督該道守巡官，運謀設法，定立限期，將前賊上緊挨拿，務要得獲。若過限不獲，參奏處治。仍行巡按御史，通查各該誤事及隱蔽賊情官員，應提問者徑自提問，應參奏者參奏施行。再照江西鄱陽湖，上通南直隸，下通湖廣、江西，追捕緊急，勢必他往。合無本部通行南直隸并湖廣各該巡撫都御史，各行通連湖水去處該管官司，設備把截，相機擒剿。如不用心，致賊入境搶掠，罪有所歸。

正德十三年七月三十日具題，奉聖旨："是。這軍衛有司并都司捕盜官，都照依前旨住了俸，着依限用心拿賊，務要及時盡絕。若過限不獲，并將各該失事官員都提問參究了來説。其餘事宜依擬行。」欽此。

爲嚴操備以固江防事

看得南京吏科給事中孫懋奏稱，修舉南京操江武備，在擇將領、揀兵卒、利器用、備船艦、浚河港、教水習六事，又在得其人，重其任，要將見管操江都御史任鑑罷黜，別選風力素著大臣，查照都御史王守仁提督事理，重加委任，修復舊規一節，議論切實，謀慮深遠。即今天下武備廢弛，急宜修舉，而南京尤所當先。今給事中孫懋所言，若不著實整理，見諸施行，萬一賊寇竊發，逼近南都，倉卒無備，必致誤事。合無本部移咨南京兵部，會同內外守備官并提督巡江、操江都御史等官，照依給事中孫懋所陳六事，逐一議處，著實舉行。仍查議巡江都御史，若欲照都御史王守仁事例，重其委任，加以事權，作何議處，方得事體穩當，并將舉行六事，各開前件，議擬明白，上緊回奏，本部再議，上請定奪。其都御史任鑑應否罷黜，移咨吏部查照，具奏施行。

正德十三年九月二十一日具題，奉聖旨：「是。這所陳事宜，著南京內外守備并操江、巡江官會議停當來説。」欽此。

爲地方賊情事

看得巡撫都御史孫燧等參稱，捕獲賊人葉喜六等三十九名口、窩主袁三五等三十八名口、分贓人葉松五等十名、寄贓人蔡召六等六名，俱係賊首吳十三等同行上盜人數，俱情犯真實，追有贓仗，明白別無異詞一節。參照强賊吳十三等，聚至百人以上，殺人劫財，拒敵官軍，已該本部議擬具題，奉旨督捕。今都御史孫燧等乃能嚴督守巡官參政程杲、副使許逵等，擒獲賊黨數多，具見用心。但賊首吳十三未獲，合無本部行文孫燧，嚴督守巡等官，務將吳十三擒獲奏報，准贖其罪。若仍懈怠，日久不獲，聽巡按御史參奏究治。

正德十三年九月二十四日具題，奉聖旨："是。這未獲賊首，還着鎮巡官嚴督守巡等官設法擒拿，務要得獲，不許怠玩。"欽此。

爲地方賊情事

看得建昌縣賊首吳十三等，統領强盜八十餘人，打破縣門，殺人放火，劫庫劫囚一節。查得前項賊情，已該本部節次具奏，奉欽依責限挨拿，及行巡按御史，將誤事人員查參具奏。今彼處官司雖已擒獲賊衆數多，其賊首吳十三尚未得獲，却又備慮不謹，以致吳十三復又聚衆，强劫庫獄，放火殺人，若不嚴行督捕，誠恐爲患益深。合無本部行文巡撫江西都御史孫燧等，嚴督該道守巡、捕盜等官，運謀設法，務將吳十三等日下得獲，以絶禍端。如果得獲，准贖前罪。若仍延玩，致賊滋蔓難圖，從重參究，決不輕貸。仍咨都察院，轉行巡按江西監察御史，通將前後誤事有罪人員查參明白，具奏處治。

正德十三年十月初八日具題，奉聖旨："是。這賊首未獲，又復聚衆行劫，該道守巡、捕盜等官好生誤事。便着巡撫都御史嚴督各該官員上緊用心緝拿，務在日下擒獲，以安地方。若仍前怠玩，從重治罪。前後誤事人員，還著巡按御史查參明白來説。"欽此。

爲嚴操備以固江防事

看得南京守備太監黃偉等，會同守備成國公朱輔、協同守備西寧侯宋愷、參贊機務兵部尚書喬宇，將給事中孫懋建言嚴操備以固江防六事開立前件，議擬明白。及稱給事中孫懋所奏查照都御史王守仁提督事例重加委任一節，未敢擅擬。伏蒙聖諭，令臣等還再看詳了來說。臣等謹將所議六事看詳明白，各又開立前件，議擬明白，合無行令各官逐一舉行，各另回奏，不許虛應故事。臣等又詳議得，都御史王守仁係差出在外官員，可以專制行事。南京操江都御史係在京官，已加有提督名目，同事者有武職大臣，比與王守仁事體不同。況有内外守備重臣并參贊機務本兵大臣總統留都重務，其操江都御史難以獨重其任。合無請敕一道，齎付南京内外守備黃偉等，并朱輔、宋愷及專管操江南和伯方壽祥、提督都御史劉玉，將各營軍馬整點揀選，如法操練。沿江上下一帶，專責方壽祥、劉玉，設法督委巡船，認定地方，輪流住泊，往來巡哨，遇有賊情，一面截殺，一面飛報黃偉等，量事輕重，斟酌隄備。巡船官軍，敢有失於哨報，以致失機，比擬望高守哨之人失於飛報以致陷城損軍者律，坐以斬罪。若所報聲息重大，先將原設操江官軍令方壽祥等統領，相度江津要害去處，設法拒守，隨行大小教場并神機營官軍，整點應援，務使南京内外軍民沿江屯堡保固無虞，斯副重託。仍將防禦方略預先會議停當，操演教習，大振軍威，臨期火速督發布置，不至張皇失措。如或故違，致有驚擾，國典具存，必不輕貸。

正德十四年六月初三日具題，奉聖旨："是。都准議行。"欽此。

計開：

一、擇將領。前件。查得南京衛分軍職數多，各營該用把總數少，似不乏人，況查無外衛官調注京衛聽用事體，擅難起例。合無行移南京兵部，查勘南京各營把總有缺，如果京衛官員缺人推用，不拘常例，訪舉外衛相應官員具奏行取，定委把總，聽於京倉分俸關支養贍，事故徑回原衛，不必注調。

一、揀兵卒。前件。合無照正德七年例，行移南京兵部，會同內外守備等官，再行揀選精壯官軍，先儘新江口官軍補足，以備調用，將選過軍數回奏查考。其要優恤官軍一節，緣軍人不得飽衣暖食，豈能殺賊，誠當優恤。但天下軍人應得月糧并賞賜冬衣布花，俱有定制，難便增添。合行南京戶部，將各軍月糧布花，務要依期支給，各沾實惠。及行巡倉御史，嚴加禁約，不許管隊人等冒支侵剋。如遇下教場比較弓馬，內有騎射精熟或武略過人者，聽提督操江都御史，公同操江武職大臣，量加賞犒，以來激勸。合用銀兩於南京兵部收貯無礙官錢內動支，造冊查考。其各軍住宿窩鋪，既稱舊有損壞，合行南京兵部委官，會同南京工部委官，依擬修理添蓋，亦要回奏查考，不許視爲虛文。

一、利器用。前件，依擬。驗看退換、回奏查考外，有江上應用火銃、弩弓等項，聽提督操江都御史等官從宜修置應用。

一、備船艦。前件。看得大戰船止有三百四十隻，又五年一修，十年一造，却額外添選主事一員，專管修造，未免官冗事少無用。況南京各部事簡，原設部屬官自可兼理。及造船不完，不在無官專管，多因缺少物料。及議得先年置造戰船，軍多船大，專爲江中迎遇大敵之用。今南京操江官軍數少，止可兼習水、步戰陣，把截江津要口，保障京城，斯爲得策。若多造大船，軍少不勾駕使，又不可離京遠巡，豈不徒費無用？所以近年會議，不必多造大船，多造巡船以便巡哨，誠爲有見。合無行移南京兵部，會同南京工部，各委屬官一員，先將巡哨船一百隻修理完備，撥定官軍，委官管領，操演水戰。仍定與地方，令其輪流住泊，往來巡哨。遇有賊情，一面飛報守備、參贊、操江等官會議，發兵沿江立寨拒守，一面相機截殺。若有前項巡船軍人不習駕船，將正德六年招募壯勇水手查取充補，照例給與口糧。事畢之日，將修過船隻數目，撥過軍人、水手姓名回奏查考。其大戰船待後有料，另議選補。

一、浚河港。前件。合無行移南京兵部，會同南京户、工二部計議。如前項應修巡船一百隻見缺物料，准於巡倉御史發下寄庫銀内量支，轇辦物料，修理完報。其餘依擬雇夫挑浚施行，工完之日，回奏查考。

一、教水習。前件。合無行移南京，照依前擬，查取正德六年奏准雇募壯勇水手應用。如已放回，行操江都御史依擬召募，收發教習，照例支給口糧、工價，回奏查考。

爲嚴謹門禁以杜不虞以固根本事

看得南京給事中易瓚奏稱，地方飢荒，奸謀不軌之流言日至，都内軍民驚惶，乞要從長計議，轉行南京六科十三道，選委素有風力給事中、御史各一員，不時點閘，關防奸細，每朔望日期取具結狀，守門官員賣放揵勒等弊，指實參奏問罪一節，無非思患預防之意，不爲無見。臣等議得，留都重務，責在内外守備、參贊重臣，防奸禦侮，當行事務不止嚴謹門禁一端。且京城十三門，亦非二三人不時巡點所能齊整。但事遇疑難，必須通變議處，庶使人知警策，有備無患。見今南京内外地方灾荒，人心委的驚惶，合無請敕内外守備、參贊等官黄偉、徐輔、喬宇等，遵守舊例，嚴謹關防，操練人馬，振揚威武。各門守把官軍，務要設法查點，令其常川在門，毋容寬縱，擅離職役。仍不爲常例，行南京科道，每月輪差給事中、御史各二員，同南京兵部委官，每月二次，出其不意，分投點閘。如有不到官軍，開行南京兵部拘提送問。干礙守門軍職，依律奏請取問。以後地方豐熟，軍民安業，照舊。其南京守備、參贊等官與科道官員，務在用心協力，共濟時艱，不可自分彼此，致生嫌隙。如或乖違，致有誤事，國法公議，必有所歸。

正德十四年六月初三日具題，奉聖旨：“便行與內外守備并參贊等官知道。”欽此。

爲地方賊情事

看得巡按江西監察御史王金奏稱，打劫建昌縣庫獄賊犯，陸續拿獲七十餘名，但賊首吳十三潛躲，尚未就擒，除嚴督守巡、捕盜等官統率兵快密切挨拿一節。緣吳十三率衆打破建昌縣門，殺人放火，劫庫劫囚，情犯深重，今奏雖稱嚴督緝捕，誠恐日久怠玩，致貽後患。合無本部行文江西巡撫都御史、巡按御史，會同三司官，督調軍兵，爪探蹤迹，設法擒捕，務要得獲。其得獲賊首吳十三之人，有官者升實授一級，仍賞銀二百兩；無官者，給授七品散官，賞銀三百兩。賊夥內有能擒斬送官者，照依常人一體升賞。數人共獲首賊，爲首者升授官職，爲從者賞銀均分。敢有將吳十三窩藏及指引躲避者，依律治以重罪。限半年以裏不獲，巡按御史照依原擬，將前後誤事有罪人員查參明白，具奏處治。

正德十四年六月初六日具題，奉聖旨：“是。這賊首吳十三率衆打破縣門，殺人放火，劫庫劫獄，情罪深重，便着鎮守、撫按、三司等官督調軍兵，設法擒捕。還出榜曉諭各該地方軍民人等，有能得獲首賊及夥賊內擒斬送官并數人共獲的，分別首從，各依擬升賞。敢有窩藏在家及指引躲避的，各依律治以重罪。如限外不獲，巡按御史通查前後誤事人員，參奏來說。”欽此。

爲緊急軍情等事

臣等會同太傅定國公臣徐光祚等議得，南京內外守備太監等官黃偉等奏，據九江守備署都指揮僉事楊銳呈，六月十六日，德化縣老人羅倫、民人汪鳳飛報，江西省城事變緊急。九江衛舍人喬達報稱，六月十四日，將孫都堂壞了。探報之人不敢進城，一面會差人員前去彼處密切體勘，至日另行具奏。又奏，據舍人武安等口報，六月十八日，在於安慶府地方探得，江西寧王船隻到於湖口，將彭澤等縣放火燒毀，大小船約有數百餘隻，上下行往，要來南京等情。詳其所奏，惟據羅倫、汪鳳、喬達、武安四人口報，不見九江、安慶府衛官及彭澤縣官印信文書。及稱體勘至日具奏，即今未見奏到。但既該南京守備、參贊官連奏十分緊急軍情，相應急爲議處。合無請命將官一員，掛平賊將軍印，充總兵官，關領符驗、旗牌，挑選各營精銳官軍三千員名，各給賞賜、銀兩、布疋，交兌正、駝馬匹，關給軍火、器械，上緊前去南京，相機戰守，再有的報，就便會合征進。再請敕一道，及關旗牌八面副，差人馬上賫與南和伯方壽祥，挑選南京各項堪用精銳官軍，專一統領，遇警相機截殺。應與內外守備、參贊官計議者，公同計議而行。再請敕一道，差人馬上賫與南京戶部尚書王鴻儒，專一整理南京并南直隸地方及征進官軍合用軍餉，或動支所在官司見在倉庫錢糧，或將起運糧米截留，務在處置得宜，軍餉不乏，凡事悉聽便宜而行。前項平賊將軍所領征進官軍，戶、工二部作急差官二員，先行沿途預備行糧、草料、槽鍘、鍋瓮等項，到彼應付。再各請敕都御史王守仁、秦金、李充嗣、叢蘭，各選調堪用官軍、民快，親自督領。王守仁於江西東南要路，秦金於長沙醴陵縣及黃州府、蘄州等處，李充嗣於鎮江等處，叢蘭於瓜洲、儀真、滁州沿江一帶地方，各住札把截，相機行事。王守仁仍委浙江布政司左參政閔楷選募處州民兵統領，定擬住札地方，聽調策應。各官所領敕內各備載前項遣將調兵事宜，彼此通知，如遇有警，互相傳報，會合策應，相機剿捕。再請簡命堪任南方將官一員，請敕一道，量帶參隨、官軍，星馳前去湖廣，會同鎮巡官挑選官軍，一同秦金前去通連江西要路住札，相機行事。事頗寧息，就令鎮守江西，換與制敕，齎付欽遵行事，事寧裁革。再請敕一道，齎付都御史王守仁，不妨提督軍務原任兼巡撫江西地方。前項所報江西軍情，如果南京守備差人體勘，再有的報，聽前項領軍官出給榜文告示，遍發江西地方張掛，傳說曉諭，但有能聚集義兵、擒殺反逆賊犯者，量其功迹大小，封拜侯相，及升授都指揮、指揮、千百戶等官世襲。賊夥內有能自相擒斬首官者，與免本罪，仍具奏定奪，量加恩典。不許乘機挾讎，妄殺平人。仍將前項事宜請敕一道，齎付南京內外守備、參贊官知會遵守。其都督李昂、馬澄，各給旗牌六面副應用。

正德十四年七月十三日具題，奉聖旨："這江西寧王謀爲不法，事情重大。你部裏既會官議處停當，朕當親統六師，奉天征討，不必命將。先差安邊伯朱泰領兵爲前哨，徑趨南京都城，相機剿殺。太監張忠、左都督朱暉領兵撲江西省城，搗其巢穴。王鴻儒着整理軍餉。其戶、工二部差官二員，已有旨差侍郎王憲并各部屬官，就令上緊先行前去，沿途預備行糧、料草、鍋瓮、槽鍘等項，到彼應付，前項官員不必再差。江西、湖廣、蘇松、廬鳳等處把截，還着太監、總兵、都御史協同，相機行事。其各官所領敕內各備載調兵事宜，互相馳報軍門。湖廣通連江西要路住札，仍着彼處鎮巡等官相機行事。其江西鎮守總兵官，待地方事頗寧息之日另行議處。王守仁暫且准行，其巡撫江西都御史另行推舉。南京防守事宜，并出給榜文，及方壽祥、李昂等事情，准議行，各寫制敕與他。"欽此。

爲傳奉事

正德十四年七月十三日酉時，該司禮監太監蕭敬等節該傳奉聖旨："一面前去浙江、湖廣，着落鎮巡等官差委的當人員，各於通行路口嚴加把截，預備官軍、水手、船隻，并調漢、土官軍，各相機應援進剿。一面前去河南，着落鎮巡等官選調汝寧府信陽州，光州，羅山、光山、商城、固始等縣久慣扒山精兵、民壯五千名，差委的當人員管領，取路前去，相機應援進剿。"欽此。除把截路口，預備官軍、水手、船隻并調漢軍另行外，其調土軍一節，未奉明旨調取何處土軍。查得湖廣永順、保靖等處土軍，自來征進猺、獞、苗賊方纔調取。正德七年，調廣西土軍征江西流賊，乘機搶劫，爲害地方。見今永順、保靖土官讎殺，勘問未結，今要調來江西，誠恐乘機生事，致有他虞。合無行令湖廣鎮巡等官，止將本處衛所官軍揀選徵調，把截策應。及汝寧府所屬州縣民壯，行巡撫都御史沈冬魁，督同守巡等官親詣地方，額設民壯數內量數選取，編成隊伍，委官管領，仍各給衣糧，加意撫恤，聽候明文調取，不許有司官吏一概編僉勾擾，致有激變，罪必有歸。

正德十四年七月十四日具題，奉聖旨："湖廣官軍依擬行。其揀選汝寧府民壯，務足五千之數，定擬住札去處，聽候調用。"欽此。

爲分理緊急公務事

看得左侍郎王憲奏，要乞敕各部選差能幹郎中各一員，與先差東魯等分投兩路整理，臣往來提調，水陸並進，所至不乏。又稱官軍征進，事情緊急，應否添官兩路整理，伏乞聖明定奪，等因。臣等議得，即今安邊伯朱泰等前哨人馬先發，必須陸路前去，庶不遲誤。合無令侍郎王憲先差東魯等三員由陸路前去整理，王憲亦從陸路隨後督理，再於戶、工二部堂上官內請旨簡命一員，請敕欽遵行事，仍隨帶部屬官三員，前去水路整理，庶各分責任，兩不妨誤。

正德十四年七月十五日具題，奉聖旨："是。戶、兵、工三部，各再差屬官一員，前去水路整理，只着王憲往來水陸提調。"欽此。

爲緊急賊情事

看得守備鳳陽太監丘得奏，據守備儀真都指揮馬昊呈，蒙南京內外守備稟帖，據舍人武安等口報江西省城事變等情，乞要簡命謀勇文武大臣，督調人馬，前去保障地方，及暫留秋班官軍協守一節。先該南京內外守備等官太監黃偉等奏，前事，已該本部會多官計議，請敕巡撫淮揚等處都御史叢蘭等調集官軍，前去瓜州、儀真等處沿江一帶地方把截防禦外，今奏別難再議。合無准其所奏，將鳳陽等八衛所今年秋班官軍暫留在彼防守，候事寧之日，仍發赴京操備。

正德十四年七月十五日具題，奉聖旨："是。"欽此。

爲十分緊急軍情事

照得江西地方節報事情緊急，已該本部會多官計議，命將征剿，及請敕湖廣、蘇松、南贛、淮揚等處都御史調兵防剿外。今照浙江地方與江西地界相連，先年江西流賊猖獗，曾差都御史陶琰在彼巡視。乞敕吏部照例會官推舉附近浙江素有才望、諳曉兵略官二員，請旨簡命一員，巡視浙江地方，兼管南直隸徽州一帶通賊去處，選調本省官軍、民快，并先擬參政閔楷所領處州民兵於要害地方住札，相機戰守。候命下之日請敕一道，差人馬上齎付本官，令其兼程前去，欽遵行事。合用符驗、關防并吏典、家人，俱照例關領撥給，事寧之日裁革。

正德十四年七月二十一日具題，奉聖旨："是。巡視浙江地方官，便上緊推素有才望的兩員來看。"欽此。

爲飛報軍情急缺官軍防守事

看得鎮守河南太監劉璟奏稱，會同巡撫都御史沈冬魁、巡按御史王以旂、喻茂堅議得，江西事情緊急，南京戒嚴，河南與南直隸接境，防範尤所當急，乞要將河南都司京營、宣府、大同秋班官軍暫且存留操守，聽臣等調度，保障地方一節。合無准其所奏，將河南都司原撥京營、宣府、大同秋班官軍俱暫且存留本處，定擬住札地方，各令原領班都指揮等官統領操練，嚴加鈐束點閱，聽候有警，從宜調用。仍須按月關與月糧，撫恤得所，不許故縱賣放，及科害不得安生逃走，以致臨期誤事，參究治罪。候事寧息，照舊各赴京、邊操備，不許違誤。

正德十四年七月二十二日具題，奉聖旨："是。"欽此。

爲飛報緊急軍情事

看得南和伯方壽祥、都御史劉玉各奏，江西九江府地方盜賊勢甚猖獗，乞要命將領兵星馳前去攻剿一節，與南京内外守備、太監等官黃偉等所奏大略相同。伏乞聖明速發前哨安邊伯朱泰人馬，上緊先去南京，相機戰守。及速降敕書，差人分投馬上齎送各該巡撫都御史王守仁等，作急徵調水陸軍兵、戰船、火器等項，會合策應，乘機剿捕。

正德十四年七月二十四日具題，奉聖旨："是。這地方賊勢猖獗，着前哨安邊伯朱泰人馬照前旨着上緊先去，相機戰守。還鋪馬賚文，着各該巡撫都御史徵調水陸軍兵、戰船等項，會合策應。"欽此。

爲黨惡劫虜官糧船隻事

看得湖廣巡撫都御史秦金、巡按御史毛伯温奏稱，據運糧千户蔣睿等呈，前事，江西吳城水次兑糧，六月十六日辰時分，忽有黑座船一隻，帶領小哨船百有餘隻，稱係寧王差來將帥熊内官，將各處運糧官綁打，虜至樵舍驛開放，分付各職十九日早領紅圓領帶軍朝見，給散軍器發哨等語。十八日二更時分，偷身逃命回衛。又據黃梅縣清江巡檢司飛報，江西强賊三四千名，船隻百號，馬匹數多，自稱寧府，各穿紅皂號衣，執持凶器，住札安營。又據蘄州申，六月十九日，承准九江府印信飛報，江西西山盗賊突起，聲勢猖獗。隨會案行委布政方璘、僉事汪玉、都指揮僉事劉璋，統領武左二衛官軍并起取民兵共一千員名前去蘄州，兼同本處民兵操備過守，及將正德十三年見在兑軍糧米搬入附近府州城内收貯，以備緊急支用。奏乞大彰天討，速賜施行，等因。查得先該南京内外守備太監黃偉等節奏江西事情，已該本部會多官計議，請命將官領兵前去南京，相機戰守，及請敕各該都御史李充嗣、叢蘭、秦金、王守仁等，調集官軍、民快，會合防禦剿捕等項事宜。節該題奉欽依："朕親統六師，奉天征討，不必命將。先差安邊伯朱泰領兵爲前哨，徑趨南京都城。太監張忠、左都督朱暉領兵撲江西省城，搗其巢穴。"欽此。隨該本部議擬，乞請欽定征進官軍數目，關給賞賜、盔甲、馬匹等項，上緊前去。今湖廣巡撫、巡按官亦奏前因，事情緊急，再不可緩。伏乞聖明大彰天討，速發朱泰前哨人馬先行，務在八月二十日以裹到於南京，傳播先聲，宣布威武，讋服奸宄，安定人心。張忠、朱暉相繼出兵，搗其巢穴。仍乞作急寫敕，差人馬上分投星夜賫送都御史李充嗣、叢蘭、秦金、王守仁、南和伯方壽祥等，各照會官原議題准及傳奉敕旨事理欽遵，防禦剿捕，一應用兵事宜，悉聽便宜施行。

正德十四年七月二十四日具題，奉聖旨："隨駕征討官軍，家將一千餘員名，宣府、延綏、遼東京操標下前鋒、神機營等項官軍共五千五百餘員名，京操參將楊玉營三千餘員名，宋贇營三千〔三〕員名，遊擊林睿營三千餘員名，河間、真保定達官軍餘三千餘員名，搗其巢穴，都着上緊前去剿捕。其餘俱依擬行。"欽此。

爲緊急軍情事

看得巡撫蘇松等處都御史李充嗣，巡按直隸監察御史胡潔、葉忠所奏，與南京内外守備等官太監黃偉等所奏，俱據楊鋭呈報，中間情節增減不同。李充嗣、胡潔、葉忠今奏内俱稱，據廣東客人張富、船户戚勝報稱，六月十六日，在鄱陽湖南康府地方，被賊船將客商劫去財物，殺傷人口。南京守備等官奏内俱無此情。今奏内又稱，據九江衛指揮使司申，六月十六日二更時分，據德化縣老人羅倫等飛報，江西省城事變緊急。南京内外守備等官奏内，止稱楊鋭據羅倫等口報，亦無據九江衛通申緣由。及南京内外守備等官前奏，内稱舍人武安口報，寧王船隻到於湖口，將彭澤等縣放火燒毁，要來南京。今李充嗣等奏内亦無此情。切緣各官會奏，俱據守備官楊鋭呈報，中間情節增減不一，事有可疑。及看李充嗣奏内，又稱今報前情干係緊急重務，但稱探報之人不敢近城，中間事體未審端的，一面差人前去彼處密切體勘，至日另行具奏，尤爲可疑。除防禦事宜，已該本部會多官計議，調發各路人馬，相機行事，再有的報，會合進剿，及欽奉聖旨："朕親統六師，奉天征討，不必命將。先差安邊伯朱泰領兵爲前哨，徑趨南京都城。太監張忠、左都督朱暉領兵撲江西省城，搗其巢穴。"欽此。欽遵通行外，今奏別無議處。但九江守備官楊銳告變，自六月十四日至今，已經一個月，都御史李充嗣當時差人前去江西密切體勘，至今日久，未見具奏，中間恐有別情。合無本部於在京各衛選取慣能走馬謀勇軍職官二員，給與火牌及雙馬、關文，令其晝夜前去，沿途直抵江西，探聽體察。途中遇有警報，審問的確，就令所在官司具印信本差人星馳具奏。本官到於江西地方，體勘的報，取具本處官司印信文書星馳回奏。不許止憑傳聞輕信，及在途遷延，失誤事機，如違，治以重罪。各該地方隱匿軍情官員，移咨都察院，通行各該巡按御史，候事稍寧，查勘明白，作急參奏，拿解來京，依律治以重罪，不許故縱姑息。

正德十四年七月二十四日具題，奉聖旨："是。"欽此。

爲緊急賊情事

仰惟皇上神謀睿算，周悉萬全，即今朱泰、張忠、朱暉等各遵指授方略上緊前去，各路進兵江西地方，腹背受敵，罪人不日就擒，大功可成矣。臣等又慮，即今秋高馬肥，北虜便於馳騁之時，京畿地方盜賊不時生發，皆當預防。況四方奏報事情，月無虛日，內有緊急事情，俱要速賜裁處。今朱泰等既已奉命，前哨先行，伏望皇上居中制外，持重馭輕。待後再有警報，另行議處。

正德十四年七月二十四日具題，奉聖旨："近該南京守臣節奏宸濠悖逆事情，朕當奉天討賊，已有旨行了。恁各官正宜發奮彰討，以安宗社，如何驟來諫阻不准？今後敢有犯顏奏擾的，朕必以大法治之。該行的事，恁部裏上緊發行，毋致再擾。"欽此。

爲十分緊急軍情等事

看得南京內外守備、太監等官黃偉等及巡撫都御史李充嗣各奏稱，正德十四年六月二十七日酉時，據守備九江都指揮楊鋭同安慶府知府張文錦呈，據爪探軍人陳璽報稱，江西吳城山有南直隸、湖廣、南京等衛糧船交兑，江西内官帶領賊徒，將前各衛糧船盡行邀趕省城。又有熊内官帶領賊船二百餘隻，賊徒約有二三千，在九江湖口等處江面分布，遇有官民糧食，捉邀江西，壯丁收留。差去爪探人役陳鸞止到吳城山，康鸞止到九江對岸，不得實信。又據客人魏玉報稱，賊徒叫言："我王府七月初四日啓行，先到安慶，次下南京。"又訪有小船六十餘隻，妝作買賣船，陸續徑至儀真相聚，要掘五壩。儀真、下關俱有王府吊船。江西亦無撫、按、三司行事，爪探人俱不得入境。南京兵仗等局内使陳宣等，曾在江西逃出，恐是先定之計。院中樂工與江西大小院樂户往來最厚，恐有奸細，通行查出，行令各該衙門收拘外。都御史李充嗣奏内又稱，傳聞江西三司等官多被殺害，其餘俱各囚禁，要行分兵取路徽州，水陸並進。及稱蓄謀既久，變詐多端，南北水陸，向往俱難逆料，乞要從長議處，保守安慶上流一帶，以固南京藩屏。先降榜文曉諭，仍行各巡撫官，如果各賊志在南京，則調廬鳳都御史所屬兵將，浙江處州等處官軍、民兵前來協同戰守。或固守巢穴，肆出虜掠，則調湖廣都御史秦金、南贛都御史王守仁，帶領荆楚、閩廣人馬，并行操江都御史劉玉，選帶南京、直隸兵將前去應援。仍行浙江調兵，徑赴廣信府地方守把，四面夾攻，等因。又稱探報之人俱是未曾親至江西省城目擊其事，其間奸謀情狀、向往進止消息，未委端的。除差的當人員體訪，至日另行，等因。臣等查得，先該太監黃偉等奏報江西事情，已該本部會同多官計議，請命將官領兵前去南京，相機戰守，及請敕各該都御史李充嗣、叢蘭、秦金、王守仁等，調集官軍、民快，會合防禦剿捕等項事宜。節該題奉欽依："朕親統六師，奉天征討，不必命將。先差安邊伯朱泰領兵爲前哨，徑趨南京都城。太監張忠、左都督朱暉領兵撲江西省城，搗其巢穴。"欽此。隨該本部議擬，乞請欽定征討官軍并先差朱泰、張忠、朱暉各領官軍數目，上緊前去具題外。今各官又奏前因，雖稱探報之人未曾親至江西省城，奸謀情狀未委端的，但湖口一帶賊勢縱橫，已有顯迹，必須及早發兵，庶不誤事。伏乞聖明大彰天討，速發朱泰前哨人馬先行，務在八月二十日以裹到於南京，傳播先聲，宣布威武，讋服奸宄，安定人心。張忠、朱暉相繼出兵，搗其巢穴。以後再有奏報，量事緩急，另行議處。仍乞作急寫敕，差人馬上分投星夜賷送都御史李充嗣、叢蘭、秦金、王守仁、南和伯方壽祥等，各照會官原議題准及傳奉敕旨事理欽遵，防禦剿捕。中間水陸戰守合用軍馬、船隻等項事宜，悉聽各官運謀區畫，便宜施行。其儀真、瓜洲閘壩，行都御史叢蘭催調守備石堅上緊前去，公同儀真守備，督同府衛等官，搜捉奸細，嚴加防守。

正德十四年七月二十四日具題，奉聖旨："是。湖口一帶地方賊勢縱橫，既有顯迹，朱泰前哨人馬上緊前去南京，防守剿殺。張忠、朱暉相繼出兵，搗其巢穴。其餘依擬行。"欽此。

爲十分緊急軍情事

看得巡撫河南地方右副都御史沈冬魁及巡按御史王以旂、喻茂堅各奏，據守備歸德署都指揮石堅呈稱，蒙守備鳳陽太監丘得牌仰整搠所部人馬并敢勇家丁人等，定限七月初六日前赴鳳陽衛護。乞要查照本官原擬責任，照舊守備，若果該調用，暫委本都司謀勇官一員提督控制一節。近該南京內外守備太監黃偉等奏報，江西事變，沿江一帶地方并儀真閘壩係干運河要津，乞要發軍防禦。已該本部會議，行都御史叢蘭等，徵調軍兵，沿江把截，及調歸德守備署都指揮石堅前去，專一防守儀真、瓜洲二壩外，今奏要留石堅照舊守備歸德，難准。合無令沈冬魁等上緊督發石堅前去儀真防守，不許時刻阻誤。其歸德地方，聽河南鎮巡官暫委相應官員代管。

正德十四年七月二十四日具題，奉聖旨："是。石堅着上緊督發，前去儀真地方，不許阻誤。"欽此。

爲傳奉事

正德十四年七月十三日酉時，該司禮監太監蕭敬等節該傳奉聖旨："仍着兵部馬上賚文，一面前去着落各該軍衛有司預備馬匹、船隻并一應利於水戰器具，及水陸熟知鄉道、水手等項人役，俱聽軍前應用。再於河南選取久慣會水水手二千名，調赴淮安，伺候聽用。"欽此。欲便遵依，馬上差人賚文前去，但未奉有明旨，經過何處水陸道路，着落何處軍衛有司各預備馬匹、船隻若干，及利於何處水戰器具，熟知何處水陸鄉導、水手等項人役，誠恐行文不明，臨期失誤。及訪得南北江河駕船水手，各習知本處水勢，若令河南黃河水手前去江面駕使船隻，恐難應用。況一時選取二千名，誠恐緩不及事。伏乞明旨，開示經過水陸道路，合用馬匹、船隻數目，以便通行遵守。其合用水手，裏河於沿河一帶取用，江上於鎮、蘇、常三府取用，俱量定數目，聽左侍郎王憲行委工部屬官預先處置聽用。

正德十四年七月二十四日具題，奉聖旨："裏河及江上水手，各依擬着王憲調取，務足二千之數應用。"欽此。

爲速出師以固重地慎選將以勘亂本事

看得御史蕭淮奏稱，近聞六月十三日叛軌已發，十四日首誅撫臣，十八日燒彭澤縣，乞要速爲命將出師，乞敕緝事衙門將潛住京師探報事務之人訪察擒拿，及行沿途水陸官司設法盤詰一節。近該南京内外守備等官太監黄偉等，據九江守備署都指揮楊銳呈，據德化縣老人羅倫等口報江西事情，正德十四年七月初十日節奉聖旨："這所奏事情，兵部便會多官議了來説。"欽此。當於本月十一日會同五府、六部、都察院、通政司、大理寺、六科、十三道官，將調兵征剿等項事宜計議明白具奏，奉有欽依及節該傳奉聖旨内事理，俱各欽遵通行外，今奏別無議處。其奏要行緝事衙門訪拿潛住之人，及行沿途盤詰一節，合無依其所奏施行。

正德十四年七月二十四日具題，奉聖旨："是。潛住探聽之人，着緝事衙門用心訪拿，并着沿途水陸官司設法盤詰。"欽此。

爲十分緊急軍情事

看得南京内外守備、司禮等監太監等官黄偉等奏稱，正德十四年六月二十六日，該巡按直隸監察御史胡潔呈，據安慶府呈報，本月二十一日據機兵白玘等，并二十二日據軍人張景各禀報，自九江地方回還，被虜走出，親見九江城破，賊人搜印與官，乞要命將率領邊軍兼程前來，仍催促行取官兵併力征討一節。近該南京内外守備、參贊等官太監黄偉等節次具奏，該本部會多官計議調兵征剿等項事宜具奏，奉有欽依及欽奉聖旨："朕親統六師，奉天征討，不必命將。先差安邊伯朱泰領兵爲前哨，徑趨南京都城，相機剿殺。太監張忠、左都督朱暉領兵撲江西省城，搗其巢穴。"欽此。欽遵通行外，今奏別無議處。

正德十四年七月二十四日具題，奉聖旨："是。"欽此。

爲緊急軍情等事

伏乞上裁，將征討官軍并先差朱泰、張忠、朱暉各領官軍數目，及征討官軍并前哨官軍各給與賞賜銀幾兩、布幾疋，俱乞早賜明示，轉行各該衙門上緊關領賞賜、軍器，及應付廩給、口糧、料草等項，庶不遲誤。合無再差給事中、御史各一員，請敕先同朱泰等前去紀功，仍聽左侍郎王憲總管紀驗。

正德十四年七月二十四日具題，奉聖旨：「隨駕征討官軍，家將一千餘員名，宣府、延綏、遼東京操標下前鋒、神機營等項官軍共五千五百餘員名，京操參將楊玉營三千餘員名，宋贇營三千餘員名。朱泰統領延綏副總兵朱巒營三千餘員名、參將瞿江營三千餘員名、大同參將陳鈺營三千餘員名爲前哨。張忠、朱暉統領遼東參將蕭淬營三千餘員名，遊擊林睿營三千餘員名，河間、真定達官軍餘三千餘員名，搗其巢穴。每人賞銀五兩、布二疋，都着上緊照數關領給散。其給事中、御史各差二員，隨同朱泰、張忠、朱暉前去紀功，仍聽王憲總管紀驗。」欽此。

爲調取京操人馬事

查得順天府所屬州縣寄養馬匹見在數少，及今年各處該解馬匹多未解到，爲因征進，見今各起官軍不時交兌馬匹，未有定數，相應急爲議處預備。合無本部行文太僕寺，將順天等府寄養好馬量數調取，及將保定等府所屬州縣原養種兒好馬先儘近京地方調取二千匹，行令點馬少卿并分管寺丞坐委管馬官，責限上緊解京，敢有遲誤，依律治以重罪。誠恐所在官司不聽寺丞催理，再行各該巡撫都御史，差人分投守催。其宣府調來缺馬官軍，若在居庸關交兌，誠恐兩相耽誤，合無待候到京之日交兌，伏乞聖裁。

正德十四年七月二十四日具題，奉聖旨：「是。」欽此。

爲預處兌軍馬匹事

查得先因左侍郎王憲咨，要本部行兩京太僕寺分管寺丞，將寄養并備用及種兒、騍馬先期調取經過府州縣伺候換補，開無經過道路，咨回查報。今侍郎王憲回咨，若由中路往高陽等處，直抵山東德州；若由西路往慶都等處，直抵臨清一帶。二路所由既未一定，若調往東必誤於西，若調往西必誤於東。況保定以南原無寄養馬匹，其備用馬匹又多嚴限解京，止有種兒、騍馬，又恐不堪騎征。況未定有日期，若不計議停當，開示明白，一概混行，分管寺丞催逼小民，分路牽趕，趁軍交兌，不惟負累民苦，抑恐耽誤軍期。及照各項征進官軍發行之時，俱已兌有正、駄馬匹，沿途不過恐有生病、倒死，數亦不多。合無行令侍郎王憲，會行領軍官，沿途遇有倒死馬匹，就令所在官司相視，收貯皮張，及有生病馬匹，亦就寄留所過官司喂養，各於所在官司取兌，不分備用、種馬及里甲馬，俱准兌換。若所過官司馬不勾兌，聽於鄰近州縣取兌。畢日各聽分管寺丞查明，備行兩京太僕寺，造冊繳部，查算開銷，仍將交兌過總數具奏。務要一馬兌換一馬，不許乘機混亂，抵換盜賣。如違，聽各該巡按御史舉奏究治。

正德十四年七月二十七日具題，奉聖旨："是。"欽此。

爲兌給馬匹事

查得安邊伯朱泰部下所統徑趨南京三營官軍共九千員名，在於保定府住札，候兌馬匹，未知缺少正馬若干。其駄馬若以三人一匹計之，該用駄馬三千匹。欲行太僕寺，查勘附近保定府州縣未起解備用馬匹，儘數存留，就彼交兌，大約以四千匹爲則。如不足數，於見解到備用馬及取到寄養等項馬內湊數撥發，前去交兌。仍行該管寺丞，督同府州縣掌印、管馬官查照兌給。前項官軍數內退下不堪馬匹，就發相應州縣寄養，聽候議處。事畢之日，備細造冊，呈部定奪。

正德十四年七月二十七日具題，奉聖旨："是。"欽此。

爲十分緊急軍情事

看得太監黃偉等奏，據守備都指揮楊鋭呈，六月二十七日，賊船到安慶府放火，攻圍府城，人少力孤，乞要督發京、邊官軍及各路民兵，各請敕一道，差人星馳催促前來，併力征剿一節。臣等料得賊船六月二十七日已到安慶，至今將及一月，若不急催京、邊官軍前去，誠恐賊到南京攻圍，豈不失誤軍機？伏望皇上急命朱泰前哨人馬三五日内啓行，仍乞速降敕書，差人分投星馳賫送各該巡撫都御史交割，調集各路民兵，會合擒剿，庶不誤事。

正德十四年七月二十七日具題，奉聖旨："是。着朱泰八月初三日起行，統領前哨人馬上緊前去，調集各路人馬，會合擒剿。"欽此。

爲緊急軍情等事

看得河間、真保定達官軍舍餘三千餘員名，合無馬上差人賫文交與巡撫保定等府都御史伍符，即便督同參將盧英并管達官都指揮柴鐺、安欽、孔璋等，將所管達官軍餘揀選精鋭堪戰三千餘員名，就令柴鐺、安欽、孔璋充爲千總，各分統領。合用馬匹就於附近州縣寄養及該解備用馬内取撥，如不足數，聽將種馬轉撥。盔甲、軍器亦於所在官司見收貯及該解京軍器内取用。本部仍行太僕寺，速行分管寺丞，會同都御史伍符查撥，及咨工部，行差去屬官并保定等府，各查照給撥，俱不許推托遲誤。如有故違，以致失誤軍期，聽領軍官參奏，治以重罪。前項真保定、河間達官軍餘合用賞賜、布疋，行文户部，交付差去屬官押運到彼給散。

正德十四年七月二十八日具題，奉聖旨："是。保定達官軍餘，着伍符、盧英整點齊備，待太監張忠、都督朱暉到彼挑選三千餘員名，就令柴鐘、安欽、孔璋充爲千總，統領前去征剿。馬匹、賞賜等項，俱依擬行。"欽此。

爲斷大義除大逆以安宗社事

看得南京六科給事中孫懋等、十三道御史熊允懋等各奏江西反逆事情，要本部會議推選憲臣、武將，及令附近南贛都御史王守仁，湖廣都御史秦金，江西、南直隸等處巡撫等官出榜召募義勇，寬釋脅從，等因，無非欲正大義、行天討、早除暴亂、奠安宗社之意，與本部會官議奏及節次議處題奉欽依事理相同，雖已次第施行，合再申明。合無本部將各官所言事理通行南京各衙門及南贛、湖廣、江西、江北、直隸各該巡撫、巡按等官，查照節次奉到敕旨及黃榜内事理欽遵，并今給事中孫懋等、御史熊允懋等所奏事理，依擬防剿施行。如有違慢失事，咎必有歸。

正德十四年八月初一日具題。

爲緊急軍情事

看得鎮守山東太監黎鑑等奏報江西寧府反逆事情，與南京内外守備太監黃偉等節次奏報相同。其征進事宜，已該本部會官議奏，節奉敕旨，統兵征討，及通行各該巡撫都御史調集官兵會合剿捕外，今鎮守山東太監黎鑑等亦奏，要議處人馬防禦，緣江西離山東雖遠，思患預防，未爲不宜。臣等仰惟我朝大封同姓，不許臣庶訐王過失，所以篤親親之誼，爲夾輔之圖。豈期寧王恃恩驕恣，多行不義，故違祖訓，招納叛亡，一旦舉兵北向，殺害守臣。都御史孫燧等守死不屈，安慶守備楊銳、知府張文錦拒敵固守，過其先鋒，饒州、廣信等府官員聞警設備，無一人肯從。都御史李充嗣、秦金、王守仁、叢蘭并太監丘得等各路調兵，把截防禦。南京守臣盡心區畫，設備防守，差人飛報，不止一次。今山東鎮守、巡撫、巡按官亦奏設備，天下臣民雲合響應，皆以討賊爲急。此皆聖祖神宗深仁厚澤在於人心，及我皇上德惠及民、神武布昭之所致也。今既恭行天討，大兵四集，僭亂削平，指日可待。合無本部通行南京、湖廣、江西、浙江、南直隸、河南、山東等處各該鎮巡、三司等官，調集官軍、兵快，相機戰守，務保無虞。一應事宜，雖當以供輸調發爲急，尤當以撫恤安輯爲先。事寧之日，各該巡按御史將死節忠臣、陣亡義士及運謀設策、保城殺賊有功官員具實奏請旌表，襃贈升賞；懷奸不忠、退縮誤事人員，指實劾奏究治。

正德十四年八月初一日具題，奉聖旨：「是。宸濠大逆不道，神人共怒。都御史孫燧、副使許逵等守死不屈，忠義可尚。南京守臣盡心區畫，協力防守。南直隸、湖廣、山東、河南各該鎮巡等官，或調兵把截，或先事預防。安慶守備、知府及江西各府縣官員，或遏其先鋒，或聞警設備，皆推誠體國，以討賊爲急，朕心嘉悅。你部裏便馬上差人，通行與他每知道，着相機戰守，務保無虞，尤要撫恤貧窮，安固邦本。待事寧之日，着各該巡按御史具實陳奏。死節、陣亡及運謀設策、保城殺賊有功的，旌表襃贈升賞，各依擬行。其懷奸不忠、退縮誤事的，從重治罪。」欽此。

爲添設官員以保安地方事

看得巡按直隸監察御史葉忠奏稱，蘇、松、常、鎮四府濱連江海，武備廢弛，先年曾設兵備副使謝琛住札太倉州。今據九江等處報稱，強賊吳十三等江上劫掠，勢甚猖獗，比之謝琛之時，尤爲可慮。乞從長議處，照舊添設兵備一員，前來鎮江府住札，整飭四府武備一節。查得蘇、松、常、鎮四府原無設有兵備副使，正德七年暫設謝琛兵備，不久都御史王縝具奏裁革。今江西事變，鎮江係是南北襟喉，相應設備。但要仍設副使，恐一時不能得用。如江西九江，見有兵備副使曹雷，九江城破，曹雷不知所在，是其明驗。查得添設漕運參將陳璠，平昔謀勇可用，近年都御史陶琰巡視浙江，調用陳璠，殺賊有功，奏保堪用。即今江南運道多梗，已過淮者自有參將王玉、王佐二員催儹整理。合無請敕一道，賚付參將陳璠，不妨原任，上緊前去，分守鎮、常、蘇、松地方，會同巡撫都御史，選調各府衛州縣官軍、民壯，處給口糧、器械，加意撫恤，如法操練，相視要害地方隨宜住札，相機戰守。務在設法運謀，保障地方，不許寡謀輕忽，致賊占據。合用符驗、旗牌，照例請給。事寧之日，具奏裁革。

正德十四年八月初一日具題，奉聖旨："是。陳璠着不妨原任，上緊前去分守鎮、常、蘇、松地方，寫敕與他。"欽此。

爲會議升賞則例事

查得正德五年八月內，太監張永督軍平定寧夏反逆寘鐇及奏誅逆賊劉瑾二功，兄張富、弟張容俱廕封伯爵。平定寧夏反逆寘鐇，副總兵仇鉞封伯爵，總兵官署都督僉事楊英升三級，都指揮鄭卿升二級。下手擒安化王寘鐇，爲首寧夏衛總甲姚幹升二級，爲從軍人雷志等三名俱升一級。下手斬獲與寘鐇首謀儀賓夏琳等，爲首寧夏衛正千户白鷺升二級，爲從總甲陳通等升一級。擒獲與寘鐇首謀何錦爲首靈州千户所百户馬聰，擒獲首謀丁廣爲首寧夏右屯衛左所總甲陸華，俱升二級，爲從軍人毛禮等七名、軍人李全等六名俱升一級。擒斬與寘鐇、何錦等共謀反逆一名顆者，爲首升一級，爲從加賞。又查得《大明會典》內開載：成化十四年申明升賞功次事例，內地反賊，一人擒斬六名顆升一級，至十八名顆升三級。驗係壯男與實授，幼男、婦女與十九名以上并不及數者俱給賞。其功次須驗不係一日一處者，方如前例。若係一日一處之數，止擬一級，其餘給賞。擅殺平人報功，依律處死。本管將官、頭目失於鈐束者問罪，輕則降級調衛，重則罷職充軍。正德六年會官計議征剿流賊事例，一人就陣擒斬從賊，一名顆者賞銀五兩，二名顆者賞銀十兩，爲從者俱量賞，三名顆者升實授一級世襲，六名顆以上止升實授二級世襲，不及三名顆并不及六名顆者除升一級外俱扣算賞銀。數內原無職役軍民人等不願升者，每三名顆該升一級不願者賞銀十五兩，六名顆該升二級不願者賞銀三十兩，爲從者俱給賞。緝獲者俱不在此例。一人爲首，二人、三人、四人、五人爲從，共斬賊級一顆者，共賞銀五兩均分。陣亡者升賞[四]授一級世襲，不願升者賞銀十兩。重傷回營身故者升署一級。當先被傷者給賞。臣等議得，寧夏實鐇與江西宸濠謀反雖同，實鐇初發即滅，未曾大舉；宸濠舉兵四出，攻燒郡邑，殺掠軍民，竊據江道，阻截糧運，震驚中原，動勞王師，罪大惡極，又非實鐇之比。今大軍征進，若不重懸賞格，無以速收成功。臣等謹遵欽奉敕旨，將獲功官軍升賞則例參酌前例，分別輕重等第，逐一議擬明白，伏乞聖明裁定。候命下之日，備行紀功官查照紀驗，造册奏繳，至日，兵部會官再議，奏請升賞。中間領軍等官有能運謀設策，擒斬首賊，解散餘黨，建立奇功，平定地方，今擬則例該載不盡者，臨時奏請，大加升賞，不拘此例。臣等又議得，此舉惟以滅賊爲主，若部下之人貪功妄殺，玉石不分，不惟傷天地之和，召致灾異，抑恐失百姓之心，又生反側。合無行令紀功巡按等官用心察訪，如有前弊，指實劾奏。及不在陣前擒斬，但係緝捕零賊，難以辯驗者，俱不許徇情，一概紀驗造册，冒濫爵賞，有虧公道。如違，聽臣等劾奏治罪。

計開：

一、領軍內官、將官并提督、巡撫等官，督領官軍擒斬宸濠者俱封侯。下手擒斬宸濠者，升五級，本管千總官升三級，把總官升二級，管隊官升一級。

一、領軍內官、將官并提督、巡撫等官，督領官軍擒斬隨從宸濠反叛宗室親王人等，及隨從宸濠反叛率衆主謀各項用事大首惡劇賊，每一名顆升一級，武官至左都督正一品而止，文官至從一品而止。原係伯者，五名顆以上進封侯。原係左都督者，五名顆以上進封伯。不及數者，每一名顆歲加本色俸米一百二十石。下手擒斬大首惡劇賊者，每名顆爲首者升三級，爲從者升二級。本管千總官每名顆升二級，把總官每名顆升一級，管隊官每名顆賞銀二十兩。二名顆、三名顆各加賞，四名顆以上各遞升一級。其擒斬大首惡劇賊，務查原係主謀用事有實迹者方准，不許將無名賊首一概充數紀錄。

一、領軍內官、將官并提督、巡撫等官，督領部下官軍擒斬反叛從賊，二百名顆以上升一級，四百名顆以上升二級。若部下有擒斬首謀劇賊者，從重論升。隨伍旗軍人等就陣擒斬從賊，三名顆爲首者升一級，六名顆升二級而止，爲從者俱給賞。須驗不係一日一處者方准。若係一日一處之數，止擬升一級，其餘給賞。就陣擒斬從賊，一名顆爲首者賞銀五兩，二名顆爲首者賞銀十兩，爲從者俱量賞。若一人爲首，二人、三人、四人爲從，共擒斬從賊一名顆者，不分首從，賞銀五兩均分。前項擒斬從賊務在陣前擒斬者方准，緝獲者量賞，不在此例。擒斬幼小賊級一名顆者量賞，二名顆以上俱加賞。

一、陣亡者升實授一級。軍民人等原無職役，不願升者，賞銀十五兩，優恤其家。

一、陣傷回營身故者升署一級。原無職役，不願升者，賞銀十兩。

一、奮勇當先被傷者驗實造册，照依舊例給賞。

一、前項軍功擬升官職俱世襲。

爲飛報地方謀反重情事

看得提督南贛等處軍務右副都御史王守仁奏，要將致仕都御史王懋中、見任知府伍文定授以緊要職任，責其拯溺救焚，及將副使羅循等從權委用。又稱江西寧府逆謀既著，若北趨不遂，必將還取兩浙，南擾湖湘。若不即爲控制，急遣重兵，必將噬臍無及。乞要於見任知府等官陳槐等數内推補本省方面知府、兵備等官，速令供職。有城守之責者，各量升職銜，重其權勢，使可展布。又奏照舊收取鹽商諸稅，及借支兩廣軍餉銀一十餘萬以資軍用，等因。臣等議得，王守仁正往福建處置軍亂事情，適遇宸濠事變，天助其順，住守吉安，調集兵糧，號召義勇。牽其舉動，使進不得前；擣其巢穴，使退無所據。臣等會官初議，請敕王守仁率兵自南而進正爲此意，今果然矣。除推補官員、借支軍餉，吏、户二部查覆外，其要將江西方面知府、兵備等官重其權勢，使可展布一節，除兵備官奉有敕書行事，其方面知府内有城守之責可以委用者，合無悉聽王守仁責委。或調集義勇，相機剿殺；或整點民兵，固守城池。但凡一應用兵事宜，從宜定委。事有相干大小衙門官員，不分軍衛有司，悉聽節制調遣。敢有故違不服，阻誤軍機，輕則量情責罰，重則具呈都御史王守仁處，文職五品以下、軍職指揮以下就便拿問，奏請發落。事寧之日俱照舊。其福建事情，行鎮巡官就彼勘處，王守仁不必前去。

正德十四年八月初三日具題，奉聖旨："是。"欽此。

爲請給兵糧以濟急務事

看得巡撫鳳陽等處右都御史叢蘭奏，要通將所屬京操官軍盡行存留，分撥沿江要害去處戰守，及要存留解京馬匹，本處官軍騎征一節。查得叢蘭巡撫地方京操秋班官軍二萬七千一百餘員名，內鳳陽等八衛一所秋班官軍共八千一百四十員名，已存留本處防守，今又奏要盡數存留，難以通准。合無再准將近滁州衛秋班官軍三百八十一員名、廬州衛秋班官軍四百五十七員名、儀真衛秋班官軍四百二十九員名、揚州衛秋班官軍一千三十七員名，共二千三百四員名，與鳳陽等八衛所先存秋班官軍八千一百四十員名，共一萬四百餘員名，俱暫存留本處，聽叢蘭等從長計議，以近就近，分撥沿江一帶把截防禦。如有不敷，查得鳳陽等衛所京操春班官軍止有一萬四千八百二十五員名，內有到京者，即今下班回衛，未到京逃回者數多，俱在原衛所冒支月糧，藏躲影射，節次奏行巡撫等官提解，因循不理，俱未解報。合無行令叢蘭，嚴督該管衛所，先將春班逃回及未到官軍拘點齊備，姑記其罪，各委謀勇官員統領，分撥沿江防禦，如獲有功，准贖前罪。如再逃躲失事，將領班官解京從重治罪，軍人解京送問補班。前項存留秋班官軍，但遇事寧，即便督發赴京操備，不許假此延緩，致誤京營差操重務。及照今年備用馬匹，見今征進官軍急缺馬匹交兌，難准存留。況江賊舍舟就陸，未必便有馬騎，沿江去處亦宜用步兵於通津道路防守。及查近該南京兵部將南直隸、滁州等處種馬調取三千前去應用，見在者又要預備京軍經過例[五]死馬匹交兌。今叢蘭等若用馬匹，合無聽本官於本處種馬或里甲馬匹內量取一二百匹，以爲探報、傳令之用。其該解京備用本、折色馬匹，務要催督上緊解京，以備緊急兌軍之用，不許假以奏留爲詞，延緩誤事，咎必有歸。其奏要將漕運米截留二千萬石，并將運司查盤及年例解京銀兩俱留本處，預備軍馬支用一節，合行戶部查議，覆奏定奪。

正德十四年八月初三日具題，奉聖旨："是。"欽此。

爲飛報賊情事

看得知府張文錦奏，要早爲命將出師則巢穴易平，多留援兵住札則喉吭易守，再乞將九江衛人船未到兌軍糧米本府倉收貯，聽候支銷，等因。查得江西叛逆賊情，見蒙皇上親統六師征討，及先命安邊伯朱泰前哨先行外，及查先該本部會官計議題准，合用軍餉聽將一應起運錢糧截留。今奏要存留九江府兌軍米供軍，相應依擬。合無戶部再行督理軍餉侍郎李充嗣，依其所奏，存留撥納，以備軍餉。及看所奏多留援兵住札、喉吭易守一節。查得九江、安慶等處地方，內拱南京，外控江右，切近江湖盜賊淵藪之地，所以近年議設兵備於九江，守備於安慶，專爲此故。奈何兵備副使所管原無兵馬，在外省九江尚不能行，在南直隸畿內豈能行事？及守備都指揮在於安慶駐札，江西地方軍衛有司俱不聽其約束，所以近日九江兵備副使曹雷監兌不在，致陷孤城；安慶守備署都指揮楊銳僅能竭力保守一城，不能迎遏九江賊鋒。今欲多留援兵住札，莫若添設參將、京職，重其事權，調兵集糧，大修武備，庶可壓服人心，絕除後患。及照守備署都指揮僉事楊銳、知府張文錦，平昔既有才名，屢經薦舉，臨事又能見於施爲，著有成效，必須就近委用，庶可速收成功。合無將楊銳量升實授都司官職，改充參將名目，令其分守安慶、池州、太平、徽州、寧國及交界江西九江、饒州，湖廣黃州、蘄州等處地方，提督軍衛掌印、巡捕等官，修理城池，整飭器具，操練官軍舍餘人等，緝捕沿江并鄱陽湖等處盜賊，保安軍民。再將知府張文錦照副使陳天祥事例，量升在京四品京職，提督前項安慶等處地方軍衛有司，修理城池，撥給軍器，操練官軍、民快，處置錢糧，禁革奸弊。所管軍衛有司官及軍民人等，有違慢不服調度誤事者，輕則文職六品以下就便拿送所在官司問罪，五品以上并軍職參奏施行。一應戰守事宜，楊鋭與張文錦公同計議停當而行，事體重大，具奏定奪。以後地方十分寧靜，議奏裁革。其楊鋭、張文錦保城拒賊功迹，候賊平之日，紀功等官查勘明白，另議升賞。

正德十四年八月初四日具題，奉聖旨："是。楊鋭升實授都指揮僉事充參將，張文錦升太僕寺少卿，各依擬分守、提督，都寫敕與他。其保城拒賊功迹并各該有功之人，待賊平之日查勘升賞。" 欽此。

爲緊急軍情事

看得巡按御史胡潔參奏九江兵備副使曹雷先期出城，九江衛指揮僉事許鸞、九江府知府汪穎棄城先走，失陷城池，要行提問一節。見今江西事情未寧，合無行令曹雷、汪穎、許鸞俱做爲事官，聽都御史李充嗣調遣，戴罪殺賊，果能建立奇功，准贖前罪。如事寧無功，就將各官差人解京，奏請送問。

正德十四年八月初五日具題，奉聖旨："是。曹雷、許鸞、汪穎且不提，都降做爲事官，戴罪殺賊，果有建立奇功，准贖前罪。如事寧無功，拿解來京，依律重治。" 欽此。

爲地方緊急重情事

看得江西吉安府知府伍文定奏稱，六月十七日，聞人傳説寧王將孫都御史、許副使斬首梟令。本月十八日，伍文定留回都御史王守仁至吉安，督同伍文定等，并約會致仕都御史王懋中等，集兵固守，俟釁而發一節。查得王守仁素知兵法，初任巡撫南贛汀漳等府地方，荷蒙朝廷假以提督軍務之權，遂能召募義勇，平定猺賊。今寧王反逆，内外遠近議者皆知王守仁提兵江西，足可倚恃，已蒙降敕本官率兵征剿，惟慮王守仁已去福建勘處軍亂事情，急不得回。今據伍文定所奏，江西事變五日之内，王守仁已在吉安，據江西上游住札，蓋是天意欲速滅反逆，有此機會。況伍文定素著才幹，王懋中忠鯁志節，足以表率鄉人。合無本部行文，就令差來人馬上賫回交與王守仁，遵照欽奉敕内事理欽遵進剿，仍約會王懋中等，遵照聖旨、榜文内事理，起集義兵，協助官軍，相機截殺，如獲有功，一體升賞。

正德十四年八月初五日具題，奉聖旨："是。王守仁已有旨，着照舊提督軍務，兼巡撫江西地方，還着約會都御史王懋中，督同知府伍文定等，起集義兵，協助官軍，相機截殺，有功一體升賞。"欽此。

爲緊急軍情添處官員以安地方事

看得巡撫都御史李充嗣等奏，要將浙江湖州府知府劉天和升用徽寧、廣德等處兵備，江西吉安府知府伍文定升用九江、安慶等處兵備，丁憂起復運使嚴紘升用池州、太平并應天等處兵備一節。臣等議得，吉安在賊上游，湖州與賊地方相鄰，知府伍文定、劉天和既有才識，托其保障吉安、湖州足矣。若遽改移別用，其吉安、湖州地方又將付之何人？及照九江見爲賊兵所據，原設副使曹雷不知所在，若非大兵克復，就便添設，兵備不能單騎赴任，何以責其成功？所據李充嗣前奏，事出愴惶，慮欠周悉，俱難准擬。及照池州、太平、應天等處，見該都御史李充嗣在彼督調軍兵防禦；徽州等處，近已添設都御史許庭光巡視浙江，兼管徽州；又擬奏參將陳瑤在鎮江一帶操守；況今朝廷統兵征討，平定有期。各該巡撫官員要在嚴督府衛等官操練兵馬，相機戰守，庶不紛擾。

正德十四年八月初五日具題，奉聖旨："是。"欽此。

爲飛報十分緊急軍情事

看得巡撫都御史李充嗣奏稱，量撥宣州、新安、徽州等府衛軍民、兵快，前去安慶防守救援，勢寡力弱，卒不能進，乞要早撥附近兵將星夜前去，併力救援一節。緣調附近安慶府衛軍民、兵快救援安慶，最爲得策，但又要摘撥附近兵將，星夜前去。查得附近安慶，莫如南京，留守爲重，既不可撥。其次北近廬州，西近黃州，各自爲守，亦難倉卒取調。見今安邊伯朱泰等領軍前哨先行，合無本部行文朱泰等到於南京，爪探賊情向往，酌量事勢緩急，相機進剿。仍行李充嗣，當此事變，務在深沉有謀，隨機應變，可戰則戰，可守則守，固不可坐視因循，亦不必張皇失措。

正德十四年八月初五日具題，奉聖旨："是。"欽此。

爲探報十分緊急軍情事

看得巡撫都御史李充嗣、巡按御史胡潔各奏，據新安衛指揮張璽揭帖開報江西寧府反逆事情，雖稱差人探訪得知，事必多實，未爲無據，除調兵征剿等項事宜節次議奏通行外。今報都御史王守仁領兵見在臨江府住札，及報廣信、饒州、進賢拒賊不從，九江賊兵敗衄事情，具見彼賊有日就窮蹙之勢，我兵有八面齊舉之威。合無本部分付賫送欽降黃榜人員，到於江西境界探聽。如果路阻不通，聽鄰省巡撫等官設法傳遞。若賊已縮伏，道路頗通，差去官徑送都御史王守仁及廣信、饒州等府交收，張貼曉諭。仍謄黃千百餘本，遍發鄉村鎮店，傳示捧讀，以安人心，共圖滅賊。

正德十四年八月初五日具題，奉聖旨："是。"欽此。

爲傳奉事

查得附近臨清并兖州地方州縣今年該解京備用馬匹不勾六千之數，又查得分管臨清寺丞簡佐見在東昌等處催儹馬匹，分管兖州寺丞張一夔未曾到任。合無本部差人馬上賫文交與巡撫都御史王珝，火速坐委東兖道分巡、分守、兵備官，會同見差在彼寺丞，嚴督東昌、兖州二府并所屬州縣各掌印、管馬等官，將原派今年備用馬匹，除已解京外，未解者俱截留兖州、臨清二處，聽候兌補。如備用馬不足數，聽將種馬取調，又不足數，於各州縣里甲馬內選取，或將民間馬匹報官，估定價值收買，務各足三千之數。不許將老病瘸瞎不堪馬匹充數，以致臨期誤事。再於太僕寺動支馬價銀三萬兩解兖州府，三萬兩解臨清州，本部差官押解前去交割，預備買馬。事畢之日，將兌補過各項馬匹數目并支過價銀行山東布政司，備細造册，送部查考，巡撫官仍具總數奏聞，俱不許遲誤。

正德十四年八月初五日具題，奉聖旨："是。"欽此。

爲緊急賊情等事

議得宸濠悖逆天道，得罪祖宗，謀爲不軌，反形已露，見蒙皇上大奮乾剛，統兵征討，所有宸濠封號、屬籍宜先削除。及照聖駕親征在邇，京師居守及防邊禦寇并各衙門題奏等項事宜均乞裁處，早降明旨，以便遵守。奉聖旨："是。宸濠大逆不道，謀爲不軌，朕不敢赦，上告天地、祖宗，削其封爵、屬籍，先命謀勇將臣統領各邊官軍前去征剿。朕今親統六師，往問其罪，仍詔告天下親王及鎮巡、三司官民人等，使知朝廷討賊安民不得已至意。其京師居守及防邊禦寇并各衙門題奏等項事宜，兵部還會多官議處停當來説。"欽此。欽遵。臣等會同太傅定國公臣徐光祚等，少保兼太子太保、吏部尚書臣陸完等，將京師居守、防邊禦寇并各衙門題奏等項事宜逐一議擬明白，伏乞上裁，早降明旨，以便遵守。

正德十四年八月初五日具題，奉聖旨："是。隨駕官不必用。九門守門官不必動，着嚴督軍丁用心守把，不許怠玩。吏、兵二部選官，照常具奏、引選、查奏，司禮監奏請定奪。其餘准議。"欽此。

計開：

一、聖駕親征，合用侍從翰林院、內閣官，五府、六部、都察院、通政司、大理寺、鴻臚寺，給事中、御史，及太醫院、欽天監、譯字等官，每衙門一員，或量定數員，伏乞聖裁。

一、在京在外各衙門題奏本，及各處王府并軍民人等奏本，照舊赴通政司、鴻臚寺及左順門投進。司禮監五日一次差官賷奏。內有緊急事情，不拘五日，隨即奏聞，伏乞速賜裁答。

一、常行事務，照舊傳奉聖旨，寫傳帖賷回，左順門遞出，該衙門抄行，補本送科備照。但調取軍馬，提取人犯，干繫處分軍國重事，俱降御寶聖旨、手敕，賷回左順門，交付該衙門官捧收開拆，以便遵守。

一、各處官員人等赴京朝見及辭回、謝恩等項，照舊鴻臚寺官引赴午門前叩頭。例該賞賜酒飯等項，引於左順門叩頭打發。鴻臚寺每月一次，將賞賜酒飯人員類總奏聞。

一、吏、兵二部選除官員，務要具本至御前批回，方赴奉天門請司禮監官用印子出榜除授。

一、皇城四門守衛、圍宿侯伯、都督等官，該直日期務要晝夜在直，整點官軍，嚴謹關防。一應閑雜人等不許穿朝出入，違者許守衛官軍并緝事旗校捉拿送問。仍乞命司禮監官管束各門官，早晚啓閉，嚴謹關防。

一、京城九門，官多軍少，軍民人等出入混雜，難以關防。合無將守門官暫爲裁省，退出役占軍人，責令常川在門守把。仍乞每門命文武大臣、科道官各一員，遇有警報，各赴該門關防守把。其科道官不時點閘。以後照舊。

一、遇有各邊及腹裏飛報聲息并賊情緊急，兵部即時赴左順門，會司禮監、內閣、緝事衙門、府部院寺科道官計議，遵照《欽定大明律例》，從便火速調撥軍馬，乘機剿捕，一面具本差人直至御前奏聞。

一、京城內外盜賊，除把總、巡捕官照常緝捕外，遇有報到勢衆凶惡强賊，兵部行都督朱洪、朱琮等量撥官軍剿捕，不許怠玩。

一、京城內外緝事衙門旗校緝獲奸細一名者，照例升一級，仍賞銀五十兩；緝獲强盜一名者，賞銀三十兩。一應人等緝獲者，一體升賞。前項所獲奸細、强盜，務要法司審問情真，方擬升賞。不許妄拿平人，希圖升賞。合用銀兩，不爲常例，於太僕寺收貯缺官、皂隸等項銀兩即時支取給賞，以勵人心，以後照舊。

爲調大兵伐叛臣以安人心事

看得左侍郎王憲題稱，江西寧王謀爲不軌，皇上親統六師，奉天征討，精選京、邊官軍數萬，風聲所至，兵威振揚。奈北人弓馬戰陣利於平地，南方土人慣於扒山水戰，各有所宜。查得先年征進貴州香爐山、湖廣郴州，俱調土兵，平定克捷。今奸臣謀逆，調征各路土兵，事在不疑。乞將廣東狼兵、湖廣土兵、處州土人贛州召募催調，上下進剿一節。除處州、贛州軍兵已經議奏調取外，查得廣東並無狼兵，止是廣西有狼兵。舊例調取狼兵、土兵，征剿猺、獞、苗賊，以夷攻夷，事體相應。近年調征江西姚源洞賊，被其賣放，乘機生變，搶奪財物，爲害地方，節經言官論奏，案卷具存。所以本部查議，節奉欽依："湖廣官軍依擬行。"欽此。今侍郎王憲奏要催調廣東狼兵、湖廣土兵，執稱事在不疑，必有定見。本官見今整理征進江西兵馬，合無依其所奏，就令王憲臨時斟酌，奏請調取。

正德十四年八月初七日具題，奉聖旨："是。"欽此。

爲緊急軍情事

議得大軍南征，糧餉爲急。即目前哨人馬二萬餘員名啓行，不日過江，到於南京并南直隸地方住札，相機取路進攻江西。原差尚書王鴻儒既已病故，合用糧餉無人償運，誤事非輕。合無照依原會議差委王鴻儒事理，請敕一道，馬上差人賷文交與巡撫南直隸都御史李充嗣欽遵，不妨巡撫，督理軍餉，仍照巡撫蘇松都御史張津、巡撫陝西都御史王憲事例，量改戶部堂上官職銜，兼左僉都御史行事。若以爲李充嗣巡撫事繁，不暇顧理，查得提督兩廣軍務右都御史蕭翀新推未去，合無先其所急，請敕一道，賷與蕭翀督理軍餉。其廣東見有楊旦在彼巡撫，待江西事寧之日，或令蕭翀仍去更替楊旦，或別爲議處，另行具奏定奪。臣等俱未敢定擬，伏乞聖明裁處。

正德十四年八月初七日具題，奉聖旨："是。李充嗣升戶部右侍郎，仍兼憲職，不妨巡撫，着督理軍餉，寫敕與他。"欽此。

爲十分緊急賊情事

看得安慶府知府張文錦、守備署都指揮楊銳各奏，六月二十七日，江西叛賊涂承奉、凌十一、吳十三等殺人劫財，放火燒屋，攻圍府城，七晝夜不退。城中有備，銃箭打死強賊數多。但恐日久計生，城孤援絕，乞要早發京、邊官軍三千員名，晝夜前去，會合剿捕。再發精兵三二萬，自湖廣、浙江、南直隸地方三路前進，等因。見蒙欽命，安邊伯朱泰前哨人馬八月初三日起程外，合無本部行文巡撫都御史李充嗣，調撥附近府州縣衛所軍兵，選委謀勇官員統領，前去安慶等處應援，務使前賊不得登岸攻城，以待天兵下臨進剿。仍乞將本部原擬南贛王守仁，湖廣秦金，南直隸李充嗣、叢蘭等敕書，上緊差人晝夜賫捧前去交割，欽遵行事。見蒙欽降黃榜，合無本部差官分投賫捧交與王守仁等，及新差巡視浙江都御史許庭光，各設法傳遞江西等處府州縣地方，張掛曉諭。及行文江西司府州縣衛所等官，固守城池，設謀會剿，功成之日，大加升賞，必不吝惜。再行許庭光，會同巡按浙江監察御史、三司官，上緊調取溫、處等處軍民、兵快二三千名，令參政閔楷，再委都司謀勇官一員，一同統領，上由嚴州通徽州路口，下由玉山通廣信路口，量其警報緩急，分布設伏，相機遏剿。再照安慶到京，陸路二千七百里，知府張文錦、署都指揮楊銳差總甲許永祥、舍人余順繞城，晝伏夜行，不過二十日到京，飛報軍情，頗效勞力。合無將許永祥、余順各量加賞賜，付與黃榜二十張，馳驛賫回，交與張文錦、楊銳，設法送江西境內曉諭施行。

正德十四年八月初八日具題，奉聖旨："張文錦、楊銳同心協謀，防守有備，反賊臨城，親領官軍、民快人等極力捍禦，打死賊眾數多，勞勤可念。差來人賞銀三兩。各處地方着用心防守。曉諭事宜，你部裏馬上差人，着各該鎮巡、巡視、巡按、三司等官依擬處置，功成之日，升賞不吝。"欽此。

爲緊急軍情事

看得守備九江等處署都指揮僉事楊銳奏，要將原任江西布政鄭岳起任江西巡撫都御史，原任江西副使胡世寧升任僉都御史，管理鄱陽湖、南康、湖口，及將賚捧檄諭，擁至城下，聲叫歸降王參政、潘僉事誅戮一節。查得先該本部會官議奏，已蒙降敕，都御史王守仁巡撫江西訖。本官素曉兵法，又見在江西近便，最爲相應，緊急之際，難再改用。及鄱陽湖并南康、湖口地方，必須大軍克平之日，方可差官管理。見該本部別本議擬，推用楊銳、張文錦就近分守其地，速收成功具題外，所奏鄭岳、胡世寧，平昔忠義，委當起用，但欲在江西，誠恐緩不及事。合無本部移咨吏部，待後別有相應員缺，具奏起用。其所奏王參政、潘僉事順從宸濠反逆事情，合候擒獲之日鞫問明白，檻送赴京，會官再審，明正典刑斬首。有功官軍，行紀功官查勘造册，奏繳升賞。

正德十四年八月初十日具題，奉聖旨："是。"欽此。

爲急處馬匹以備應用事

照得上年爲因各處地方灾傷，小民窮困，正德十四年分派取備用本色馬一萬七千餘匹，又有寄養馬三千九百餘匹，及有陸續銀買馬匹，共計二萬有餘，足勾緊急兑軍之用。不意今年有事，調軍用馬數多，以致交兑不敷，及寄養馬匹數內，多被官軍嫌瘦不肯領兑。緣舊例派馬有數，一時有事，用馬太多，委的計無所出。今太僕寺呈，要早爲議處，於團營等營內借撥兑用，陸續補還。但前項查出三大營見在馬匹俱各數少，難以動撥，惟團營有馬二千餘匹，亦難動撥。況中間貧難軍人因無料草餵養，多致瘦損，不堪騎征。合無本部通行各該巡撫都御史，嚴督二司分巡、分守及各府分管官，并行太僕寺各行分管寺丞，將遲誤起解今年備用馬州縣掌印官各取的本招伏，聽候參提；州縣管馬官各革去冠帶，鎖項戴罪，催徵起解，到京之日送問。内原擬存留臨清、兗州者，上緊解赴臨清、兗州，聽候補兑，不許失誤。該在臨清、兗州買補者，亦要上緊買完解用。仍行領軍官，分付把總、管隊官鈐束軍人，但係原寄養有印官馬，不係老病瘸瞎，即便領兑，不許勒要一色好馬，致馬不敷。以後再有添差官軍人等在京領兑馬匹，行太僕寺，將陸續解到備用馬交兑。若一時到少，起程緊急，從便於團營見在馬内轉撥，以後補還。

正德十四年八月初十日具題，奉聖旨："是。"欽此。

爲十分緊急軍情事

看得南京兵部尚書喬宇等奏稱，因安慶府被賊攻圍緊急，遵照敕内便宜事理，札付潁州、廬州、武平三衛，將京操官軍動調，前去安慶等處應援，乞要兵部差官督發，星夜前去防禦一節，不見於何年月日差何人賫文取調，曾否取有各衛發軍依准，及所調未知是何班次操軍。若調春班，見在京操未回。若調秋班，其軍四散屯住，恐難一時拘齊。況未見議處盔甲、馬匹、行糧，所調官軍有無起程、在途，無憑得知，難以定奪。合無本部備行該府，轉行安邊伯朱泰知會。如果前調京操官軍已到安慶等處，堪以調用，仍留調用。若未起程，不必調取過江，止照本部原擬，分撥沿江一帶防守。俱從宜施行，仍回奏查考。

正德十四年八月初十日具題，奉聖旨："是。"欽此。

爲捷音事

看得提督巡江都御史劉玉奏稱，七月十五日，安慶守備楊銳、知府張文錦督軍擒斬江西賊級五十三名顆，賊已遁回江西。及稱臣先已嚴督巡江御史蔣達、戚雄分督沿江守備、備倭并府衛等官，調集軍夫，防遏策應。蔣達原調桐城縣民兵四百七名，縣丞楊益領至安慶府十里鋪札營，見賊餘船二十七隻，趕殺追往九江去訖。又稱責委把總指揮范宣等從陸路，徐端等從水路，前去會剿。及聞江西吉安等府俱各舉義興師，乞要速行天討一節。詳其所奏，安慶退圍，雖楊銳、張文錦之功，其巡江都御史劉玉、御史蔣達等調兵應援，不爲無助。及督委把總指揮范宣、徐達[六]等水陸並進，尤爲得策。合無本部行文紀功官，候事寧班師之日，查勘奏內有功人員并劉玉等，通行具奏，議擬升賞。再行都御史劉玉，將前項原調各處民兵及水陸會剿官軍，務要處給衣糧、盔甲、器械，令其精銳，得以效用，仍授以攻守方略，明示賞罰，令其遵守，知所勸戒。至於戰船行動止宿，尤須相視水勢，謹備風火，毋惰[七]賊計，致損軍威。

正德十四年八月十三日具題，奉[八]。

爲急缺征操馬匹事

看得提督十二營新寧伯譚祐等議，行本部轉行太僕寺，即將州縣寄養民間并四戶等馬調取一二萬前來，星夜兌給官軍聽用一節。查得順天府所屬州縣人民，例該寄養馬二萬餘匹。近年宣府、大同并京營各項官軍節次兌過馬三萬五千餘匹，比之常年，數加十倍。見在寄養馬止有三千九百餘匹，見今俱發涿州等處，聽候遼東官軍補兌，再無寄養馬匹可以取調。其稱四戶馬，即係該年派取備用馬匹，已到者俱已隨即兌軍，未到者將司府州縣官節次奏行提問，住俸取招，鎖項催解，急於星火。中間多因地方災傷，小民貧難，不能一一完解。又因軍行儹糧運草、拽船擡扛等項差占，晝夜不得休息，以致前馬急不能到。若再催急，恐逼小民爲盜，益害地方。及查本部先因在京各營軍人貧難，撥與馬匹多致餓死。如正德十三年正月至今，各營軍人倒死馬九十餘匹，其不死者骨瘦如柴，十中無一可以騎征。以此本部近來不肯多撥各營馬匹，遇有用馬，就於太僕寺取兑，一者軍得新到膘壯好馬，二者不累各營軍人倒死追倍。本部又恐年例馬不勾用，預發銀兩收買，一年之間，共買過馬八千七百餘匹，俱已兑軍。所有馬政事宜，未爲無處，奈何徵派有數，取用無數，實是難爲會計。今該營欲要調取一二萬匹，送營聽用，委的無從調取。止查有種兒、騍馬，見在民間喂養，其馬專爲孳生之用，本難調取，但今急用，合無行令太僕寺，於附近永平、河間、真定三府調取種兒馬一千四百匹、種騍馬一千六百匹，共三千匹，上緊解京，照例印烙，兼搭交兑，不許領馬官軍故行刁蹬，勒要扇馬，逼迫人難。班師之日，查係馱馬及原無領馬人員領騎種馬者，俱退回該州縣領養。未退馬匹，每馬一匹支馬價銀十五兩，給與原養馬人户，自行買補作種，仍行印馬御史查點印烙，具奏查考。本部再行左侍郎王憲并各該領軍等官，如遇沿途馬匹生病及倒死，務要將原馬并皮張交付所在官司查收，一馬兑換一馬，畢日造册，奏繳查考，毋容一概搶兑，以致數目不清，虧損馬數。不係殺賊、參隨、護送等項人員該領馬匹，如遇太僕寺馬少，仍於團營就將取兑。中間有自願取便買馬騎坐者，每馬一匹，給與馬價銀十八兩，自買回日將馬送官，或送還原價，俱從其便。

正德十四年八月十二日具題，奉[九]。

爲地方事

看得都御史李充嗣、御史胡潔奏稱，池州府知府何紹正、同知張菜、通判喻珪、推官許濟時，協力固守，謀爲應援，遂使逆賊不敢順流而下，亦應擢用，以勵其餘一節，所言深爲有理。合無將何紹正等四員功迹紀録在部，先各量升一級，行都御史李充嗣差官以禮獎勞。待後事寧，紀功官通查各官先後功迹一併具奏，議擬超擢，以勸忠勤。

正德十四年八月十六日具題，奉聖旨："是。何紹正等協力固守，功勞可録，各升俸一級，以禮獎勞。等事寧之日，紀功官一併查議來説。"欽此。

爲請兵急救危急孤城以固
根本重地以保安宗社事

看得都御史李充嗣、御史胡潔奏稱，已調徽州、宣州等府衛軍兵、民快前去應援，但不閑武事，驅之於戰，恐非所長。乞先降敕諭，以解散脅從被虜之徒，及發附近軍兵解安慶之圍，隨即命將出師，殄此逆賊，等因。查得寬釋脅從及出師征討二事，俱先已有行外，都御史李充嗣等爲因巡歷地方，行文未到，故有此奏。其奏要發附近軍兵前去應援一節，緣附近安慶，莫如徽、池、太平、宣寧，今既稱彼地軍民素不知兵，難驅出戰，其江北軍兵又豈有素習戰陣之人可以調發？見該南京兵部尚書喬宇等調取淮、揚、廬、鳳四府民兵四千，前去南京應援，巡按御史成英等恐不堪用，致成激變，具奏阻止，已該本部依擬覆奏，不必調取。今李充嗣等所奏，正與喬宇等所見相同，仍難准行。合無本部行文，就令差來人賫回交與李充嗣，將原調徽州、宣州等府衛軍兵、民快，就於本府衛地方官內，不拘官職大小、致仕見任，推選素有謀勇堪以領兵官員，責委統領，應援截殺，有功不次升擢。仍須處給衣糧、盔甲、器械，指授方略，明示賞罰，收整散亂，變弱爲强，務得其用，功必有歸。

正德十四年八月十五日具題，奉聖旨："是。"欽此。

爲緊急軍情事

看得都御史李充嗣、御史胡潔各奏稱，除調蘇、常等府官兵、船隻，躬親統率，駐札安慶，一面前進收復九江，直擣賊巢，乞早命將出師，等因。除統兵征討已奉有敕旨，及有安邊伯朱泰等前哨官軍先行外，所言徵調蘇、常等府官兵、船隻，收復九江，進攻賊巢一節，其氣甚銳，誠爲可嘉。但不見開陳各調何等船隻、官兵，選委何等官員統領，中間行糧、器具作何供備，逆流水戰設何方法，猶恐爲謀或有疏略，難保萬全。但事已舉行，本部難以改議，合無行文本官，務要慎重，斟酌停當施行。

正德十四年八月十五日具題，奉聖旨："是。"欽此。

爲處置兌軍馬匹事

看得太僕寺卿汪舉等奏，要本部將見今緊急兌用不敷馬匹及以後再有兌用之數早爲計處一節。查得河南、山東、南北直隸地方，每年派取備用馬匹數目俱有舊例，去冬至今，爲因兌馬太多，以此數盡不敷。前項本部節次議奏，發銀收買，及將拖欠馬匹司府州縣官提問住俸，鎖項催徵，急於星火，又將民間孳生種兒、騍馬調取，應急兌用，此外委的別難計處。合無本部再行各該巡撫都御史并太僕寺分管寺丞，將今年未到備用馬五千九百餘匹星火催完，督令管馬官鎖項解京交割，畢日送法司問罪。及催原調種兒、騍馬三千匹解京聽兌。再行太僕寺，除在京照常收買外，在外查照舊例，斟酌地方有無出產，定擬馬數，共買馬一萬匹，行令各該分管寺丞，會同各該巡撫都御史，委官收買，陸續解送太僕寺，及轉發寄養聽用。若一時收買不出，將種兒馬驗看堪中解京，每種馬一匹，照依時估給與原養種馬人戶價銀，聽其隨便買補，送官印烙，領養作種。及照見今各地方馬少價貴，若拘每匹十五兩之例，不免百姓包陪，逼迫逃竄。合無不拘常例，每馬一匹定價十五兩以上、二十兩以下，庶不累民。亦不許高擡價直虧官。其合用馬價，就將各處該解京備用折色馬價銀兩存留在彼，買馬支用。如有不敷，太僕寺解發，轉數買補。畢日，太僕寺將買過馬匹、動支過銀兩總數具奏查考。仍行各司府備造印信文冊，送本部并太僕寺收照。

正德十四年八月十七日具題，奉〔一〇〕。

爲急請熟知戰陣將官以操練軍馬事

看得南京兵部尚書喬宇等奏，要推選曾經戰陣謀勇將官二員，前去南京大小教場并神機營操練官軍，遇警統率征剿一節。查得南京大小教場并神機營操練官軍，見有内守備官黃偉等及外守備成國公朱輔、協同守備西寧侯宋愷管理，并尚書喬宇參贊。今要另推將官二員管操，誠恐政權不一，難以行事，況臨敵易將亦非所宜。合無本部行文尚書喬宇，一面會同内外守備黃偉、朱輔等，照舊督委坐營等官，整搠官軍，申嚴號令，加謹防守，相機剿殺。如或視常因循，失機誤事，咎有所歸。一面會同南京守備、五府、各〔一一〕部、都察院、通政司、大理寺堂上官及六科、十三道官，從長計議。如果相應添設謀勇將官二員管操，就議應該定擬何等職掌名目，及與守備、參贊等官應否頡頏行事，務要事體停當，經久可行，開陳明白，具奏定奪。其各營坐營把總等官，内有不職應該更換者，照例推舉更換。守備等官，内有才不勝任者，聽其自陳，取自上裁，定奪去留。及照近日江西反逆警報，南京管軍官員内有束手無策、不能盡職者，聽南京科道官舉劾黜退。

正德十四年八月十九日具題，奉聖旨：“是。”欽此。

爲緊急軍情事

看得南京守備太監黃偉等奏稱，守備楊銳堅守孤城，使逆賊挫衄，不敢長驅，保障南都，厥功甚大，要將楊銳降敕褒獎。及稱賊勢今雖暫離，勢必復合，已於沿江一帶分布官軍，及催操江都御史劉玉統軍前進，尤望早賜命將，統領京、邊官軍星夜前來一節。合無本部行文，差人馬上賚送安邊伯朱泰、太監張忠、左都督朱暉等，上緊前去，隨賊向往，迎過截殺，務期成功，仍陸續差人奏報。

正德十四年八月十八日具題，奉聖旨："是。你部裏便差人馬上賚文，着朱泰、張忠、朱暉等上緊前去，隨賊向往，過截剿殺，早平逆賊，以安地方。"欽此。

爲十分緊急軍情添設憲臣以剿除叛賊事

看得南京兵部尚書喬宇等奏，要將南京太僕寺卿毛珵升都御史，督發廬、鳳、淮、揚等處一應取調官軍，及將應天府府丞許庭光升都御史職銜，經理京城各門防禦，等因。查得廬、鳳、淮、揚等處軍兵，已該都御史叢蘭、御史成英奏留本處，沿江守把，難再取調。及許庭光亦該吏部會推，升都御史，巡視浙江等處去訖。況江西反逆事情，先該本部會多官計議，調集各路官兵進剿，及節奉敕旨統兵征討，安邊伯朱泰等前哨人馬見今發行。其南京京城內外防禦事宜，亦先請敕南京內外守備、參贊、操江等官，嚴謹守把，設法防禦，俱已節次有行。今要旋設都御史一員，經理京城各門防禦，誠恐責委不一，反致誤事，亦難依擬。合無本部移咨南京兵部，遵照節次奉到敕旨及會官計議奏准事理欽遵施行，不必更改。

正德十四年八月十八日具題，奉聖旨："是。"欽此。

爲逆賊擁衆虜害守臣事

看得鎮守湖廣太監李鎮奏稱，會同總兵、巡撫、巡按等官議

得，湖廣官軍消耗，選募民兵亦多不教之徒，永、保等司土軍水
戰恐非所長，況聞國有屯難，其心又未可測，雖稱整搠聽調，不
敢令其啓行。乞要本部議處，分遣將領統率邊兵一枝，星夜前去
會合，搗虛夾攻，使大逆旦夕成擒一節。查得本年七月初十日，
南京内外守備等官奏報江西反逆事情，本部遵奉敕旨，隨即會同
多官議定征討事宜。十一日具題，十三日奉欽依，馬上差人通行
各該巡撫等官欽遵外。内一件再請簡命堪任南方將官一員，請敕
一道，星夜前去湖廣，會同鎮巡官挑選官軍，同秦金前去通連江
西要路相機行事，未蒙俞允。本日，又該太監蕭敬等節該傳奉聖
旨："一面前去浙江、湖廣，著落鎮巡等官并調漢、土官軍，各
相機應援進剿。"欽此。該本部議得，調土軍一節未奉明旨調取
何處土軍。查得正德七年調廣西土軍征江西流賊，乘機搶劫，爲
害地方。合無行令湖廣鎮巡等官，止將本處衛所官軍揀選徵調，
節奉欽依："湖廣官軍依擬行。"欽此。今太監李鎮等會議具奏，
正與本部前議相同，具見各官協力圖報，備慮周密。合無將李鎮
等請旨獎勵，本部行文，就令差來人賷回交與太監李鎮、秦金
等，查照節奉敕旨并本部節項題准事理欽遵施行。原議該載不盡
事理，悉聽便宜區處，務在防禦有備，進剿得宜。成功升賞不
吝，誤事責有所歸。

　　正德十四年八月十八日具題，奉聖旨："是。李鎮、秦金等
協心討賊，計慮周密，寫敕獎勵。其餘依擬行。"欽此。

爲留用官員事

　　看得提督南贛汀漳等處軍務都御史王守仁奏稱，江西寧府謀
叛，兩廣清軍御史謝源、刷卷御史伍希儒各赴京復命，經過江
西，不能前進，奮激效力殺賊以報朝廷。臣亦思軍務緊急，各官
俱有印敕，方便行事，遂留軍前，同心戮力，共濟大難。及謝

源、伍希儒奏同前情。臣等議得，江西地方宸濠既已反叛，鎮巡、三司官俱被囚禁，四路阻截。王守仁與兩廣公差御史謝源、伍希儒偶會吉安，留住效用，共圖滅賊，處常時雖似不可，遇事變深知其忠。合無本部移咨王守仁，依奏施行，并咨都察院，行御史謝源、伍希儒等，俱聽王守仁計議，分管戰守等項事宜，務在同心協力，共圖滅賊，不可各執一見，致有乖違。有功升賞不吝，誤事責有所歸。事寧之日，回京復命。

正德十四年八月十九日具題，奉聖旨：「謝源、伍希儒，着在江西軍前，與王守仁同心協謀，剿平逆賊。」欽此。

爲十分緊急賊情動調忠勇官軍以安地方事

看得南京兵部尚書喬宇等奏稱，致仕參將石璽謀略優長，迥出流輩；精神强健，渾如少年，乞要行文本官，督率官軍、家丁，徑趨安慶等處，相機截殺一節。查得前項正德七年爲因流賊猖獗，曾經舉用石璽充參將，領敕河南、直隸地方，統率官軍、民兵二千員名殺賊，月給米二石，賞賜銀兩、表裏。今要復用石璽，督率官軍、家丁前去殺賊，不見議定督率何處官軍若干員名緣由。今欲就聽石璽選調歸德、武平等處官軍，誠恐一時不能齊備，未免緩不及事。合無請敕一道，差人賫付石璽捧收，欽遵行事，令其量帶家丁，星夜前去南京，聽尚書喬宇，會同內外守備并提督操江和伯方壽祥、都御史劉玉計議。或於大小教場，或於操江，或於江南直隸府衛官軍、民兵內量選一二千員名，或處置馬匹，或用步戰，或用水戰，交與石璽統領。仍指授方略，或追隨逆賊向往，或把截江津要害，務得其用，期收實效，不可分布失宜，徒事紛擾，不得實用。仍行巡撫河南都御史沈冬魁，責委布政司分守官，督同歸德州官，起與石璽關文，應付馬匹、廩給，隨從家丁俱應付馬匹、口糧，不許遲誤。其馬匹就於歸德州并附近州縣官馬内撥給。如無官馬，或不堪騎征，火速動支官錢收買。若石璽自願買馬，照依時估給與馬價。其支用過馬匹、銀兩，俱候事寧之日查算，於河南所屬未解備用折色馬價銀内補還。

正德十四年八月二十日具題，奉聖旨："是。參將石璽寫敕與他，着帶領家丁上緊前去南京，統領官軍、民兵，依擬行事，務收實效，以安地方。"欽此。

爲藩王謀反事

看得江西南康府知府陳霖奏稱，六月十五日四更時分，反賊入城，統兵對敵，力不能支，不免潛形負印，山行草宿，與死爲鄰。臣府委無衛所，民兵不多，乞要命將出師，臣不職，罪當萬死一節。江西反逆，暴兵率至，南康失守，知府陳霖罪固難逃，但稱力不能支，未見順從，情似可原。合無本部行文都御史王守仁，將陳霖降做爲事官委用，戴罪殺賊。果能建立奇功，可准贖罪，或別有隱情，又無功可贖，俱候事寧之日查議明白，奏請定奪。

正德十四年八月二十日具題，奉聖旨："是。陳霖降做爲事官，戴罪殺賊，待事寧之日，着巡按御史查議明白，奏來定奪。"欽此。

爲預防邊患事

近該宣、大守臣節報，虜賊大營壓境住牧，長闊二三十里，時遣輕騎窺伺，除查議具題外。臣等切思，前年虜入應州，幸遇皇上駐驛陽和，揮戈一指，虜即退遁；去年皇上駐驛宣、大，虜賊不敢出套過河，東窺宣、大，却往極西臨鞏地方搶掠：此則北虜畏懼皇上威武之明驗也。今皇上深惟社稷大計，親統六師，殄除不庭，駕行未久，即有前報，誠恐一旦擁衆入境，邊兵數少，

調用不敷，有失防禦。其江西逆賊，天兵一臨，必就擒滅，前項
邊情亦當預防，伏乞聖明俯賜裁察。如果江西逆賊漸就削平，軍
不多用，合無將原調各邊官軍內量掣一二枝，急赴宣、大按伏應
援，及將遼東官軍量留通州等處住札，以待居庸東西二路關隘等
處有警，防守截殺。如此，則皇上神謀妙算超越千古，南征北伐
兩不妨誤。

正德十四年八月二十八日具題，奉〔一二〕。

爲飛報地方緊急事

看得巡按直隸監察御史胡潔奏報江西反逆事情，俱在本年七
月初十日以前，節經都御史李充嗣等奏報施行外。其七月十五日
賊圍安慶，被守備楊銳、知府張文錦拒敵退遁，擒斬賊人、賊級
緣由，奏內開無，蓋是御史胡潔出巡池州東流縣等處，未見安慶
捷報，故有此奏。及看奏內吉安府奉都御史王守仁批行江西各府
州縣，火速整備兵馬，共興除暴之師，不許觀望猶豫，自取罪
戮，即今義旅既集，不日東下，仍各轉行南直隸、廣、閩、湖、
浙各省知會一節，以前各官奏報未有此事。臣等因此推之，七月
十五日攻圍安慶賊船退回，固楊銳、張文錦等拒守之力，亦恐王
守仁義兵四集，聲震南昌，致賊掣回內顧，理或有之。果如今
料，南昌逆賊不自死滅，必西遁湖湘，東走瀛海。合無本部行
文，付順差人齎回南京，操江都御史劉玉并分守鎮江參將陳鐳，
運謀設法，晝夜防範，遇有賊船乘其昏夜及烟霧晦冥之時揚帆東
下，即便發兵追襲剿殺，或縱火乘風焚燒其舟。及行巡撫湖廣都
御史秦金等，嚴督地方官員，於蘄州等處及通連江西蹊徑小路用
心把截盤詰，遇有賊過捉獲，牢固枷釘解京。各該地方官員果能
得獲首惡劇賊，一體論功，大加升賞。如或防察欠周，致有逃
避，罪亦難辭。

正德十四年八月二十日具題，奉聖旨：“是。這追剿把截等項事情，你部裏便通行各該地方官員，着依擬行。”欽此。

爲調取緊急應用馬匹遲誤不到事

看得太僕寺卿汪舉等奏稱，調取各處種兒、騍馬五千餘匹，日久未到，及原派正德十四年備用馬未到六千五百餘匹。各該司府州縣掌印、管馬官員，不以軍務爲重，恣意遷延，累承催調，略不經心，以致遲誤軍務，法難輕貸。各該地方巡撫官員并分管寺丞，俱各催督欠嚴，亦難辭責。乞要本部分別等第，奏請處治。一應該解馬匹，務令即時解到，不許時刻遲延一節。臣等議得，調取種馬，事出非常，一時取解，急難齊備，猶爲可恕。其今年該解備用馬匹，係是去年預先派取，定有限期備用之數，乃敢違限，累催不到。若非州縣掌印、管馬官平素貪婪，號令不行，必是罷軟不職，難以輕恕。合無本部移咨各該巡撫都御史，并行太僕寺分管寺丞，各將起解備用馬違限至今年八月十五日以前，累催不到州縣管印并管馬官職名查明具奏，俱行吏部，查照罷軟事例，革職爲民。其司府分守、分管并管馬官，查其該管州縣所欠馬數多寡，分別輕重，參奏定奪。及拖欠備用馬匹人戶，該管府州徑自提問治罪。再照巡撫官并寺丞催督欠嚴，俱難辭責。合無俱候各官查奏至日，係巡撫官，本部查有故不催督坐視情由，奏請罰治。分管寺丞，仍依原擬送問。其遲誤起解種馬官吏，行太僕寺通查明白，回報本部，另行參究。

正德十四年八月二十六日具題，奉聖旨：“是。這起解馬匹遲誤人員，都依擬查究處治。”欽此。

爲預處兑軍馬匹以全馬政事

看得印馬御史虞守隨奏，要先行領軍官，班師之日俱由原領馬州縣回還，將先領種馬照換。原馬已死，給帖執照，到京查給，原養種馬人戶，給與銀兩幫買一節。查得兌軍馬匹，節經本部前項議處，畢日造冊奏繳查考外，今御史虞守隨又奏前因，正與本部前議大略相同。合准所言，本部通行太僕寺分管寺丞，及行本部左侍郎王憲，備行各該領軍官，班師之日各於原兌馬州縣依擬查照兌換，各馬倒死，驗有皮張、鬃尾，給帖執照查給。若官軍回還，不由原兌馬州縣經過，聽本部左侍郎王憲從長議處定奪。其餘事宜，悉照本部前項節次議處事理施行。

正德十四年十月初一日具題，奉〔一三〕。

爲年例派馬數少額外兌馬數多乞早議處事

查議得北直隸、河南、山東、南直隸百姓養馬，正統十四年以前，每年派取備用馬二萬匹。後因累民，弘治三年會官議准，每年止派一萬匹。因不勾用，又改每年派取本色、折色馬共二萬五千匹。去年至今，陸續兌過馬五萬八千七百餘匹，馬已兌盡。今欲比上年加數派取，緣上年派取馬二萬五千匹，百姓艱難，尚且追徵不完，今若再加，愈致拖欠，逼迫逃竄。欲差官四散收買，見今已發銀十八萬兩，各處收買未完，難以再買。況原收馬價銀兩陸續支給將盡，無銀可支。臣等若不查明舊例，撙節查考，實是計無所出。且如四衛勇士，舊例太僕寺關馬，倒死二次者不許重關，照京營例追陪。今四衛勇士前項節年陸續關過馬匹，中間豈無二次倒死之數，未見查算追陪。及照遼東地方，自有行太僕寺苑馬寺養馬，宣府自有團種地畝子粒銀兩，大同亦有地畝子粒銀兩，并各有樁朋銀兩，本處自買馬匹，俱係舊例，原無太僕寺領馬事例。今自去年至今，遼東、宣府、大同等處官軍共兌過太僕寺馬二萬四千一十三匹，其倒死馬匹及樁朋銀兩未見查明下落。及照在京各營官軍馬匹倒死，舊例俱是各營自行追收椿朋銀兩買補。後因團營官軍自買馬匹不便，將椿朋銀兩追完，送太僕寺兌與寄養馬匹。今查各營前項年分節次倒死馬一萬三千餘匹，兌過馬一萬三千五百六十七匹，其椿朋銀兩未見追完。似此各邊各營俱來太僕寺不時交兌馬匹，及至馬匹倒死却不查究追補，豈能以有限之馬供無窮之用？合無本部通行宣府、大同、遼東等邊，今後非遇動調軍馬遠出征進，務要遵守舊規，官軍缺馬，本邊自行處給，不許妄行奏討太僕寺馬匹補給，違者聽本部參究治罪。其各邊節年倒死馬匹，合無差太僕寺少卿，一員前去宣府、大同，一員前去遼東，各請敕會同各該巡撫都御史，將正德十二年正月起至今正德十四年十月止，各年官軍本處原領馬匹并出征兌領過太僕寺官馬逐一查勘。内有倒死者，如果曾經告官驗實，追完椿頭銀兩，在官見有文案可照，別無情弊，准令分豁。若未告官驗收皮張，亦無追收椿頭銀兩，又無文案存照，顯有盜賣、侵欺等弊，就便查究明白，依律問罪追陪，干礙領軍官員參奏提問。中間應該議處馬政事宜，應施行者就便從宜施行，事體重大，會議明白，奏請定奪，事完回京復命。及行騰驤四衛，查勘勇士軍人節年領過官馬，内有倒死二次者，回報本部，照例追陪，不許重復關馬，違者送法司問罪。再行團營、三大營并西官廳，查勘節年倒死等項馬匹，内有拖欠椿朋銀兩者，俱定限追陪，送太僕寺買馬支用，過限不完，亦送法司問罪。把總、管隊等官，照例住俸參提。其近日征進江西官軍，沿途倒死兌換馬匹，行本部左侍郎王憲，事畢之日查勘明白，具奏查考。以後如遇太僕寺原派馬及銀買馬兌盡，不係出征時月，官軍原領馬匹倒死，聽候陸續補給，不許逼取一齊交兌。

　　正德十四年十月十六日具題，奉聖旨："是。馬政係是重事，每年原派之數有限，都是小民膏血買補喂養。近來額外兌馬數多，領馬官軍又不用心愛養，重關倒死的不行追陪，拖欠椿朋銀兩的不行追完，累朝舊規，日見廢弛，若不撙節查考，委的計無所出。今後各邊缺馬，非遇動調征進，都着自行處給，不許妄意奏討。其節年倒死之數，還差太僕寺少卿前去，會同巡撫都御史，查勘明白來説。其餘俱依擬行。"欽此。

校勘記

〔一〕"汪穎"，一作"汪穎"。《四庫全書》本清毛奇齡《西河集》卷八十二《俞諫傳》："九齡奔湖廣，亡何復還醴源，副使宗璽及同知汪穎、知縣吳嘉聰合圍之，斬九齡等。"清同治刻本清夏燮《明通鑑》卷四十六："九齡引衆夜遁，副使宗璽扼之于青頭岡，會南昌同知汪穎兵合擊之。"本書本卷《爲緊急軍情事》："九江府知府汪穎棄城先走，失陷城池。"萬曆十六年刻本《（萬曆）新修南昌府志》卷十六載作"汪穎"，云"字秀夫"。據名、字意義，則當作"穎"。

〔二〕"莽"，疑當作"蟒"。明崇禎刻本明陳建《皇明通紀集要》卷四十四："茜以大紅蟒衣之，與驛一頭。"

〔三〕"三千"後，據文意似脱一"餘"字。

〔四〕"賞"，疑當作"實"。

〔五〕"例"，疑當作"倒"。

〔六〕"徐達"，一作"徐端"。明嘉靖刻本明劉玉《執齋先生文集》卷十《操江都御史題報捷音》："臣督把總指揮徐端、吕崇等領軍從水路會勦。"本書本卷本文："又稱責委把總指揮范宣等從陸路，徐端等從水路，前去會勦。"

〔七〕"惰"，疑當作"墮"。

〔八〕"奉"後據文意似有脱文，待考。

〔九〕"奉"後據文意似有脱文，待考。

〔一〇〕"奉"後據文意似有脱文，待考。

〔一一〕"各"，疑當作"六"。

〔一二〕"奉"後，據文意似有脱文，待考。

〔一三〕"奉"後據文意似有脱文，待考。

兩廣類

爲省冗員專委任以便地方事

看得巡按廣西監察御史朱昂題稱，廣西府江兵備副使住札平樂府，而桂林道又有分巡僉事一員，行事互相掣肘，乞將府江兵備比照右江事體，令兼管分巡桂林道，仍將多餘僉事一員革去一節。照得近日建議者失於考究，往往奏設兵備官，紊亂官制。今御史朱昂奏乞裁革歸一，既合唐虞"官不必備"之意，又無後世政出多門之患，獨爲有見。但桂林道分巡官，原自國初，定立道名，鑄給印信，一年更代，振肅風紀，禁革奸弊。及睹《憲綱》所載，凡軍馬、城池、捕盜等事皆其責任，與監察御史出巡憲體相同。其府江兵備官，係弘治九年奏添，原非舊額。若將兵備官存留，帶管分巡，却將分巡官革去，似非恪遵祖宗成憲之意，且右江革去分巡官已屬繆誤，今難再誤。合無將府江兵備官照例裁革，起送吏部別用，其桂林道分巡官仍舊設置。本部移咨都察院，行文廣西按察司，轉行該道分巡官，遵照《憲綱》內事理，往來巡歷，提督軍衛有司，修舉武備，禁捕盜賊。如或誤事，責有所歸。

正德十一年六月二十六日具題，奉聖旨："是。桂林道分巡官着兼管府江兵備事。"欽此。

爲急除地方久患以安生靈事

該總督兩廣都御史陳金等奏稱，府江東西兩岸大小桐江、洛口、仙回、古茂、田冲等處猺賊巢穴險遠，路道崎嶇，東北與富川、賀縣等縣，東南與懷集縣并東安、安平等巡司土壤相接，西北與荔浦、修仁等縣，三昧爽等巢，西南與五屯、永安等州所及斷藤峽、朦朧、三黃等處村巢唇齒相聯，聚衆糾合，劫船殺人，皆名爲府江之賊，俱久爲府江之患。正德二等年間，曾經二次具奏征剿，因兵力不足，延緩至今。近雖發兵刀剿一二，但黨類衆多，愈肆猖獗，搶劫舡隻，殺死官軍，廣西地方害之最大最急，當先除而不容少緩者。除會行廣西左右兩江各府州縣司所土官衙門整點目兵，并行兩廣都司各衛所整捌官軍及整備糧餉，聽候冬初瘴消時月催調各處土兵及漢、達官軍，到齊之日，分布哨道，行委副、參、三司等官統領，剋期抵巢撲剿。照例約會巡按廣西監察御史同行，糾察奸弊，紀驗功次。及委布、按二司公慎佐二官各一員，管理糧餉，總理犒賞銀兩，等因。該本部議得，會奏事情大意謂廣西府江苗賊積惡窮凶，流毒不已，急當征剿，已經會同兩廣鎮巡、三司等官計議相同，中間調兵、督餉等項事宜又各計處周悉，別無遺漏，相應依擬。但所奏要將湖廣歇班官軍五千員名，并暫存寧遠等所官軍七百員名，限本年十月以裏齊到廣西省城，聽其調度殺賊一節，未審與鎮守湖廣總兵官楊英等所奏用兵事情有無相礙。合無移文都御史陳金等，并通行各該地方官員，悉依各官會議內事理施行。其調取湖廣歇班等項官軍一事，聽都御史陳金酌量彼此賊勢緩急、事情輕重，或調或留，徑自從長定奪，務在審處合宜，毋致顧此失彼，成功升賞不吝，壞事責有攸歸。又議得兵凶戰危，事機最難逆料，進止不可遙制。前項用兵事宜，雖該各官詢謀僉同，本部依擬覆奏，若或臨期事情變動，時勢難爲，尤在相機隨宜，不可拘泥一法。伏乞天語叮嚀，戒飭各官慎重行事，不可少有輕忽，貽患地方，等因。

正德十一年七月二十八日具題，本月三十日奉聖旨："是。

這地方用兵事宜都依行，還寫敕與總鎮、總督等官，着慎重行事，毋致重貽民患。"欽此。

爲捷音事

該總督兩廣軍務、太子太保、都察院左都御史陳金等奏稱，節該欽奉敕："朕念兩廣地方連年用兵，人民困憊，供億艱難，爾等宜查照該部覆奏事理，仰思朝廷付托之重，俯念地方軍民之苦，相度機宜，酌量事勢，督同各該官員多方計議，設法撫剿，以靖地方。其調取湖廣歇班等項官軍一事，亦聽爾等臨時從長處置。務在同心協力，慎重行事，使凶殘殄除，地方安妥，斯稱委任至意。如或處置乖方，戮及無辜，重貽民患，責有所歸。"欽此。欽遵。隨據守備平樂等處地方都指揮僉事魯宗貴、兵備副使張祜呈，將密訪過荔浦、永安、修仁、平樂、府江、賀縣、五屯等處地方爲惡村巢、賊徒數目、地方遠近險易、合用軍兵多寡、該取鄉導姓名，及附近良善村寨該給旗榜安插等項緣由，開具明白，畫圖貼説，繳報前來。隨取副總兵、參將、三司等官親赴總府，面議停當。臣等議照，前項州縣地方廣闊，山路險遠，林箐叢密，巢穴星散，從長計議，將調到三廣漢達官軍、土兵分爲六大哨。一哨鎮守廣西副總兵房潤、廣西按察使宗璽同鎮守廣西太監傅倫統領，從陽翔、荔浦進；一哨分守潯梧等處地方左參將牛桓、廣東左布政使吳廷舉統領，從五屯、平南進；一哨分守柳慶等處地方右參將張祐、廣西兵備副使傅習統領，從象州取路過南隘，由沉沙口進：俱攻剿荔浦、修仁、永安、五屯等處賊巢。一哨廣西都指揮僉事魯宗貴、廣西兵備副使張祜統領，從平樂府水陸並進，攻剿荔浦縣朦朧、三峒、太平、古茂并平樂縣東岸魚狗、九峒，及府江東西兩岸昭平以上賊巢。一哨廣東都指揮同知王英、廣西左參議張九逵統領，從梧州府水路進剿府江昭平以下東西兩岸賊巢。一哨廣東都指揮同知鄭綏、廣東布政司左參政蔣曙統領，從封川縣文德等鄉取路，進剿賀縣樊家屯等山賊巢。及委廣東分守雷廉高肇地方左參將陳義、廣西都司都指揮僉事戴儀，統領續調到泗城州目兵并廣東左等衛官軍，前去各哨凶巢惡寨難克去處，併力協助。俱尅定正德十二年二月初五日寅、卯時分一齊抵剿，按圖撲剿。照例約會巡按廣西監察御史朱昂同行，糾察紀功。并行委廣西右參議黃偉管運糧餉，與按察司僉事俞緇總理軍前犒賞銀兩等項。內僉事俞緇，仍兼閱視紀功。廣東都指揮僉事甯漳中軍坐營管事。及照錢糧數多，支應浩繁，行委梧州府知府張元春分理出納。臣等親詣平樂府地方，居中調度進剿。會本具題外。續節據副總兵等官房潤等哨陸續將攻破巢寨，擒斬賊人、賊級并俘獲賊屬人口、器械等項解報前來。該巡按廣西監察御史朱昂，公同布、按二司官審閱紀驗。又該新差巡按廣西監察御史謝天錫前來接管。續照府江昭平以上東西兩岸，原分都指揮魯宗貴八小哨軍兵進剿，但地方廣闊，林箐深密，必須添官統領，方克有濟。隨會行左參將陳義統領指揮孟磐等哨官軍，并泗城州頭目班冕、班賢土兵六千名，往彼督捕搜剿，殺功解報，仍會合左參將牛桓官軍夾剿仙回峒。其都指揮戴儀督令千百户孫紹武等官軍，并泗城州頭目黃喜、李募目兵五千名，前去協助都指揮魯宗貴哨攻打白塔、觀音寺巖。及將湖廣備禦見班都指揮曹震與調來歇班都指揮姜山各領官軍前進，俱發副總兵房潤哨調用。續照都指揮鄭綏哨攻圍賀縣樊家屯，巖峒不下二十餘處，兵分勢寡，未易攻克。臣等行文，將原調鄰省把截湖廣守備永道署都指揮僉事王廷爵官軍移調前來，併力攻打。再照各哨包圍巖寨，日久不破，又經懸示重賞，差官齎執令旗、令牌，分投嚴限催督攻剿。續因原委總理糧餉右參議黃偉升任雲南按察司副使去訖，又經行委分守桂林道右參政宋愷，公同僉事俞緇管理。臣等見得副總兵房潤、都指揮鄭綬等哨包圍仙鵝、笋山、塘頭、鷄籠等巢，石古、吊巖、下黎、地巖、車田等巖，日久不能克破，蓋因各巢山巔高插於雲霄，巖口空懸於削壁，雖稱極險，勢豈容遲？大抵人不用命，不能效死出奇。隨於五月初六日明示賞罰嚴限，差官齎執令旗、令牌，齎帶鐵索、封棍，前去各哨催督官軍、土兵，限十日之內設法打破。限外不破，就將領哨指揮、千百戶、領兵土官頭目鎖項，責治攻克。再限十日不破，將監統官鎖項戴罪。至五月十七日限內，副總兵房潤哨督兵設計將仙鵝寨奮勇打破，都指揮鄭綬哨將車田等巖打破，俱獲有功次。及又會行，示以軍法，曉諭各土官軍，內有告給冠帶及未曾實授者，果能盡心效勞，打破巖寨，殺獲功次，告給冠帶者軍前准給冠帶，未實授者就與保勘，另行具奏定奪。以此人心激勵，奮勇效勞，又將笋山、塘頭、鷄籠等巢逐一設法打破。及行左參將陳義、都指揮王英，統領軍兵、民款，給發柴刀、斧鋸，將府江一帶賊行要路埔埠柴草砍[一]木盡行砍伐燒毀，以絕各賊藏伏之萌。各哨前後擒斬賊人、賊級，俱該巡按廣西監察御史謝天錫閱驗審問。其獲功官軍、目兵俱量給賞，陣亡、傷故、被傷者給與銀兩以爲營葬、湯藥之資。生擒首、從賊徒，俱發僉事俞緇等會審無冤，其餘有詞可矜者監候另議。奪回被虜人口，給親完聚。奪獲器械，發庫收貯。賊屬不堪婦女與牛馬俱變賣，價銀入官公用。幼男幼女，揀選堪中者，發仰所在官司收養，聽候類進外。今據前因，臣會同總鎮兩廣等處地方御馬監太監甯誠，鎮守兩廣地方總兵官、征蠻將軍、太保、武定侯郭勛，巡按廣西監察御史謝天錫議得，廣西平樂府江東西兩岸，崇山峻嶺，陰谷窮崖，接連朔[二]、修仁、荔浦等處，動經旬日之程，相去富、賀、永安、五屯地方，何下數十餘里？猺獞產生於內，種類繁多；賊徒擁衆於中，凶聲駭衆。鈎舡劫貨，江道被其阻截；殺人搶劫，村落爲之空虛。敵殺官軍，奸污婦女，肆凶强而靡所不爲；捉虜人牛，燒毀房屋，恃獷悍而略無畏忌。惡極罪深，神人共怒。臣等欽奉敕旨，躬統副、參等官，分定哨道，水陸並進，四個月餘，擒斬首從賊人、賊級共六千二十四名顆，内首賊一百零一名，俘獲賊屬男婦一千五百四十五名口，奪獲器械一千一百零一件、馬二十六疋、牛一百零七隻，奪回被虜男婦一十九名口。一矢無虧，金[三]師大捷。雖難言苗裔不留，亦頗覺軍威丕振。是皆仰仗皇上聖武弘敷，神威遠振，懾服邊夷之所致也。臣等籌畫指麾，雖少效涓埃之報；平蠻靖寇，則全無分寸之功。及照巡按廣西監察御史謝天錫，嚴明肅憲，端慎持身；録削惟公，勸懲有道。鎮守廣西太監傅倫，鎮靖一方，公勤在念；督兵攻寨，艱險罔辭。副使張祐、都指揮僉事魯宗貴、副使傅習、右參將張祐、左參議張九逵、都指揮同知王英、副總兵房潤、按察使宗璽、左布政使吳廷舉、左參將牛桓、左參政蔣曙、都指揮同知鄭綬、左參將陳義、都指揮僉事戴儀，分哨督兵，竭心調度，攻巖克寨，各致成功。都指揮僉事甯漳，督理中軍，克勤供事。右參政宋愷、僉事俞緇，錢糧慎於出納，紀録公於閱驗。内俞緇首動興兵之請，克成靖寇之功，推本求原，功尤可尚。再照梧州府知府張元春，分理出納，克盡厥心，用致事無小失，功克大成，均乞誕布優録，等因。又該巡按廣西監察御史謝天錫奏稱，總鎮、總督、總兵官員綜理戎務，調度有方；發蹤指示，算無遺策。運籌帷幄，而決勝千里之外；鼓舞將士，而掃平諸夷之境，等因。

臣等議得，廣西平樂府江一帶地方猺獞賊徒，賦性凶頑，住居險阻，蔓延將數千里，種類不下萬餘，時出剽劫，動輒殺人，撫之則面從心異，剿之則東逐西奔，官軍屢爲敵敗，江道因而不通，若不痛加剿除，地方豈勝罹害？先該兩廣總督都御史陳金奏要調兵征剿，本部依擬覆題，請敕各官相機隨宜，慎重行事。今乃數月之間，巢穴蕩平，賊黨授首，邊岷[四]宿怨庶幾少伸，天下傳聞爲之痛快。是皆皇上神謀睿算、威武大振、付托得人、將士用命之所致也。總督、總鎮、總兵、紀功、鎮守等官效勞宣力，其功俱不可泯，應合速加升賞，以勵將來。除各該有功官軍、民壯、目兵人等查照紀功文册另行具奏升賞外，今查得總督軍務、太子太保、左都御史陳金，總鎮太監甯誠，總兵官、太保、武定侯郭勛，經略周悉，賞罰嚴明，以致三軍效力，七哨收功，論其勛庸，實爲之最。巡按廣西監察御史謝天錫，隨軍紀功，公勤詳慎，功亦可録。鎮守廣西太監傅倫，督勵將士，不避艱險，功實難掩。副使張祐、都指揮僉事魯宗貴、副使傅習、右參將張祐、左參議張九逵、都指揮同知王英、副總兵房潤、按察使宗璽、原任左布政使今升右副都御史吳廷舉、左參將牛桓、左參政蔣曙、都指揮同知鄭綬、左參將陳義、都指揮僉事戴儀，俱有分哨督兵、攻巖破寨之勞。都指揮僉事甯漳，亦有管理中軍、協謀贊助之益。右參政宋愷，給足糧餉，用成大捷，比之各官，功亦不忝。僉事俞緇，謀議建於先幾，閱驗合乎輿論，推厥本源，功尤可尚。梧州府知府張元春，出納惟允，佐理惟勤。以上各項官員均有勞迹可述，俱合斷自宸衷，分別輕重，各加升賞，或升職級，或加禄俸，或進勛階，或賜賞賚，庶使人心知所激勸，將來樂於效用。但恩典出自朝廷，臣等不敢定擬，伏乞聖明裁處。

正德十二年十一月二十一日具題，奉聖旨："是。這府江一帶猺獞爲患日久，敵殺官兵，阻截江道。總鎮、總督、總兵等官同心經略，斬獲首級數多，地方安靖，功勞可嘉。陳金加少保，太子太保、左都御史仍舊，甯誠歲加禄米十二石，郭勛禄米四十石，還各廕子姪一人做錦衣衛世襲百户。傅倫歲與禄米十二石。房潤升一級。謝天錫、吳廷舉、宗璽、蔣曙、張祐、傅習、張九逵、宋愷、俞緇及張元春各升俸一級。張祐、牛桓、陳義、王英、鄭綬、魯宗貴、戴儀、甯漳各升一級。兵部議擬覆奏，切中機宜，成功有自。尚書王瓊加少傅兼太子太傅，賞銀三十兩、紵絲三表裏。侍郎陳玉、王憲各升俸一級，賞銀二十兩、紵絲二表裏。該司官各銀五兩、紵絲一表裏。其餘有功等項官軍，着查紀功文册升賞。”欽此。

爲擒斬海洋積年巨寇以靖地方事

參照廣東東莞、大鵬等澳擒斬海洋積年賊寇獲功官旗軍，并雇募驍勇、招撫向化船夫人等，既該巡按廣東監察御史毛鳳查勘明白，造册奏繳前來，相應照例擬議。合無將獲功并陣亡、被傷官軍、驍勇、向化人等濮禎等，各照後開款目加賞、給賞、量賞，行移禮部查照賞格事例施行。及照總理、調度等項官員都御史等官陳金等，既各有提督、設策、招募、統督、殺賊之功，内備倭署都指揮僉事盧英相應量加升級，副使汪鉉、僉事顧應祥、知府魏廷楫、提舉吳洪賜俱應升俸，都御史陳金、太監甯誠、總兵官郭勛、巡按御史毛鳳俱應重加賞賚。但恩典俱出自朝廷，臣等未敢定擬，伏乞聖裁。

正德十四年六月十五日具題，奉聖旨：“是。這陣亡及有功官軍人等，各依擬賞勞。盧英升一級，汪鉉等各升[五]一級，還各賞銀十兩、紵絲一表裏。陳金、甯誠、郭勛各賞銀二十兩、紵絲一表裏，毛鳳銀十兩、紵絲一表裏。”欽此。

爲亟黜奸貪武臣以安邊方事

看得兩廣清軍御史伍希儒奏稱，分守柳慶右參將甘霖，先任思恩守備，交結久廢土官，教唆謀復，近年分守柳慶，以剥軍爲能。柳慶地方與思恩混雜，不免透漏軍機，將來釀成大患，不可勝言，乞要將甘霖亟行罷黜，另選賢能分守一節。近該巡按兩廣監察御史曹珪奏稱，甘霖昔在思恩，則陰誘土官行事而罔利不貲，今在柳州，則攻發地方陰私而挾詐無端，相應降黜，等因。
該本部查得，正德十二年十二月內，御史潘湘奉敕閱視武職廉
貪，奏保甘霖練達夷情，事爲無謬，推升未久，事無指實，難以
輕黜，已於本年五月內題奉欽依外。今清軍御史伍希儒又奏甘霖
前事，要行黜退，似應依擬。但甘霖正德九年因都御史林廷選等
保舉推用守備，又因閱視武備御史潘湘奏保練達夷情，及查本官
守備年深，推升分守。及查巡按御史朱昴開報賢否揭帖，朱昴與
三司、知府等官俱報甘霖深達夷情，廉能有爲，蠻徼威名等語，
並無報有"奸貪"字樣。及查原添設甘霖思恩守備，專爲撫治
目款，防禦賊寇，本官任內不見鎮巡官參奏失事。其稱與土官岑
氏交通一節，查得土官岑猛節因總鎮兩廣等官徵調殺賊，獲功升
指揮同知，近日副總兵張祐又奏要徵調征剿修仁、荔浦等處猺
賊。今稱恐甘霖透漏軍機，釀成大患，不知岑猛有何異謀與甘霖
交通透漏。係干進退將官及機密軍情，通合從公勘議的實，方可
定奪。合無本部行文總鎮兩廣太監、總兵官、都御史，督同三司
官，將御史曹珪、伍希儒各奏甘霖奸貪事情從公體勘，果有實
迹，開款明白，作急具奏處治。若甘霖守備以來，地方別無失
事，御史潘湘、朱昴等奏報無私，今各官一時風聞論奏，查無實
迹，亦要明白回奏定奪。不許偏徇，致乖公議，責必有歸。

正德十四年六月十九日具題，奉聖旨："是。這所奏甘霖奸
貪事情，着鎮巡官督同三司等官從公體勘，務見明白來說。"
欽此。

爲軍務事

看得鎮守廣西太監傅倫等奏稱，廣西在城桂林中右二衛原額
旗軍一萬七千六百有餘，今實在止有三千六百八十七名。見今地
方多警，軍伍缺乏，點選舍餘潘智、方昇等五百名，今欲編入軍

伍，剿殺賊寇，若非資以糧賞，何以得其效力？乞要早賜施行一節。查得前項弘治九年題准招軍事例，係情願告投軍役者，方准收役。今奏要將點選過舍餘潘智等五百收充軍役，食糧聽調，比與前項情願招軍事體不同。合無本部移咨都察院，行巡按廣西監察御史，公同同[六]都司、布政司官計議，准將舍餘潘智等仍作舍餘名目，各於原衛所造册食糧，聽鎮守廣西副總兵管束，調用殺賊，止終本身，不許私役、雜差占用。內有單丁無倚，不願應役，及老弱不堪調用，或別有違礙，即與分豁。未選舍餘內，有情願投充殺賊，及一應人等有願投軍者，查無違礙，俱准陸續收補，不必拘數。畢日，廣西都司、布政司各將收過舍餘軍人造册備照，仍具奏查考。

正德十四年十月初五日具題，奉聖旨："是。"欽此。

爲地方緊急賊情事

看得提督兩廣軍務右都御史蕭翀等各奏稱，廣西岑溪縣、廣東德慶州等處猺賊輳合數千餘徒，在於長行鄉等處行劫，燒毀房倉，虜去耕牛。各猺俱被德慶州田主加收租糧，多方剥害，激變輳合猺人爲惡。節經通行廣東嶺西道、廣西蒼梧道守巡、參將等官查勘撫追一節。切詳兩廣猺人爲因德慶州田主多收租糧，激變爲盜，情非得已，似有可憫。但聚衆二千餘徒，流劫州縣，若不早爲議處，不無貽患地方。合無本部移咨提督軍務右都御史蕭翀，嚴督該道守巡、兵備等官，從長議處，設法隄備，務使居民得安，地方寧靖。其德慶州田主多收租糧，激變事情，如果可處，亦就從宜撫處施行。不可以廣西用兵，因而遂弛廣東兵備，貽患地方，責必有歸。

正德十五年七月初五日具題，奉聖旨："是。這猺賊聚衆流劫事情，着蕭翀嚴督所屬從長議處以安地方，不許怠玩。"欽此。

雲貴類

爲苗賊大肆猖獗燒毀屯堡急救生命等事

該巡撫貴州都御史曹祥等奏稱，都勻府清平縣車椀等寨反賊阿傍、阿皆等，糾拽多苗，燒劫站堡、關厢，擄掠財畜，攻圍城池，殺死人等，合就誅夷。但以香爐山崖石陡絕，有險可據，況都勻用兵，尚未寧定，事難並舉。除行分守右參議蔡潮、守備都指揮周吉，將前項調到土兵、官軍挾撫各賊。若革心向化，將首惡阿傍追究情罪，通將有功人員回奏。若果賊勢重大，另行議處上請，等因。該本部議得，既該曹祥等具奏前來，別無定奪。但兵凶戰危，況都勻苗賊尚未剿平，阿傍等乘隙生亂，恐鎮巡等官一時計議或未周悉，合無本部移咨都御史曹祥，會同太監、總兵、巡按等官，從長計議。如果參議蔡潮等挾撫，各苗革心向化，止將首惡阿傍等明正典刑，以示國法，其脅從之徒俱免究治，仍要安插停當，不致驚疑。若各賊執迷，恃險不服，應合添調漢、土官兵，一面照依本部題准事例相機徵調征剿，一面具奏。務要計出萬全，地方安妥，不可輕率寡謀，致生地〔七〕變。

正德十一年四月初六日具題，本月初八日奉聖旨："是。這撫剿事宜，着鎮巡等官從長計處，務要計出萬全，以安地方，毋得輕率貽患。"欽此。

爲十分緊急賊情叛苗數萬晝夜設計攻打城堡人命倒懸急請兵糧懸望解圍事

該巡按湖廣監察御史張翰等奏稱，湖廣偏橋等處苗賊聚衆劫掠，逼近清平衛，殺死指揮王杞，勢甚猖獗。要取辰、沅二衛靖州下班官軍一千員名，前去清浪協同防守，及永、保二宣慰司清平等所土兵一體整搠。及要本部查照景泰、弘治年間事例，移文四川、貴州鎮巡等官，與同整備兵糧，夾攻撫剿。該本部議得，貴州、湖廣交界地方，苗夷出没，自昔爲患，以故特設參將一員，協同鎮守貴州，兼提督清浪等處；又設都指揮一員守備，專一操練軍馬，以備苗寇。及湖廣、貴州各設總兵官一員鎮守其地，各又設都御史一員贊理軍務，雖爲統屬概省地方，所重實在防禦邊患。今參將洛忠等并各該鎮巡等官，平時玩愒不理，臨事倉卒失措。見今賊勢滋蔓，殺死指揮，荼毒生靈，阻隔道路，且前項苗賊自本年二月已時搶掠，其貴州鎮守官至今尚未奏到，通屬誤事，法難輕貸。合無各請敕一道，令湖廣、貴州鎮守太監杜甫、李鎮俱守省城，總兵官楊英、李景贊理軍務，都御史秦金、鄒文盛各親詣鄰近清浪等處相應地方住札，各提督參將、守備并都、布、按三司等官，整備兵糧，相機撫剿。再各請敕湖廣、貴州巡按御史張翰、李顯，各不妨原差，親詣軍前紀驗功次。其參將洛忠等俱令戴罪殺賊，勉圖後效。候事寧之日，通將失事并隱匿邊情有罪官員及有無獲功准贖緣由查勘明白，具奏定奪，等因。

正德十一年七月初二日具題，本月初六日奉聖旨："是。這地方苗賊猖獗，着湖廣總兵官楊英、都御史秦金前去湖廣接境去處，會同貴州鎮巡官，督同各該參將、守備、兵備、三司等官，整備兵糧，相機撫捕。如果事情重大，隨宜會調各省官軍、土兵，協力征剿。不許自分彼此，失誤事機。仍着貴州巡按御史隨軍紀驗功次。都寫敕與他。其餘事宜依擬行。"欽此。

爲十分緊急賊情事

該巡撫貴州都御史曹祥等奏稱，清平縣苗賊阿皆等爲亂，乞要調取各省官軍、土兵共五萬員名征剿。該本部議得，内除湖、貴本處官軍及四川土舍楊弘土兵聽各該鎮巡官行文調取外，其擬調永順土兵七千名、保靖土兵七千名、四川播州土兵未定有數、酉陽土兵六千名，合無照依弘治五年徵調土兵事例，各請敕宣慰使等官依數選調。内播州照先年例調取五千名。各要精銳堪用，如有不敷，量加原數，不必拘執，俱依鎮巡官約示日期并齊集處所剋期早到。務要諭以國法，嚴加管轄，令其恪遵約束，不許似前乘機混搶，擾害地方，有功重賞不吝，有罪亦必究問。其徵調土兵敕書，差人賷付總兵官楊英收捧，遵奉敕旨内“如果事情重大，隨宜會調”事理，會同各官斟酌計議，或先調湖廣土兵，或併調四川土兵，或全調，或量減，并住札之處、期會月日，務要一一停妥，方許差人賷付土官衙門調取，等因。

正德十一年七月十一日具題，本月十三日奉聖旨：“是。這處置用兵事宜，恁每既議處停當，都依着行。”欽此。

爲十分緊急賊情事

該鎮守貴州都御史鄒文盛等奏稱，近准湖廣總兵官楊英約會進兵日期，因錢糧無備，難以會調，誠恐苗賊糾拽日多，爲患日深，若再指開中等項以濟軍餉，緩不及事。乞要查照先今奏詞，轉行湖廣、四川、雲南巡撫、巡按官，督行各該布政司，湖廣查支原借貴州官銀一十萬兩，四川借支官銀三萬兩，雲南借支官銀五萬兩，各差官解赴貴州布政司交收，以備軍餉。其本布政司原收過吏農銀二千八百三十兩，亦乞存留本處支用，等因。該本部議得，貴州苗賊日漸猖獗，不免進兵，若錢糧苦於不敷，持疑不決，養寇殃民，誤事非淺。今都御史鄒文盛所奏錢糧缺乏，俱係户部掌行事理，合無本部移咨户部，逐一查照議擬，或依其所擬，請敕各該巡撫官照數督發應用，或別有長策，差官區畫償運，務使不失軍機，早平寇亂，等因。

正德十二年正月初二日具題，本月初四日奉聖旨：「是。這急缺軍餉，户部便隨宜議處了來説。」欽此。

爲十分緊急賊情事

看得巡撫貴州都御史鄒文盛等奏稱，都指揮僉事周吉自接管守備以來，失事頗多，爲謀[八]，當此賊情孔棘，若令仍舊守備，負乘憤[九]事，貽患非細。訪得先任守備都指揮邵鑑，謀勇可稱，賢能素著。除將邵鑑行令暫管守備，及將周吉行令原衛照舊帶俸，等因。臣等議得，國家訪察刺舉付之風憲，進退予奪出自朝廷，所以重公論而一政權也。今鄒文盛等擅將巡撫、巡按交章劾奏詐病失事、奉旨黜退都指揮邵鑑復委守備，及將巡撫、巡按公同考察操存謀勇、奉旨守備都指揮周吉徑行黜放，如此是朝廷能收公論於下，而鄒文盛等不能歸政權於上，易置自專，略無顧惜。縱使所處盡當，亦於政體非宜，倘使他處巡撫官一概倣傚，將守備官任情進退，不無有傷大體。況貴州苗夷反側無常，不知上下之分久矣。鄒文盛等不遵成命，擅專易置，則貴州軍民又豈肯遵鎮守巡官約束而不畔乎？所據鄒文盛等合當究問。但奏稱清平地方賊勢猖獗，急切用人，合無請旨切責，令將都指揮邵鑑照舊黜退，暫委都指揮權繼武代管都匀守備。如權繼武另有委任，再委相應無礙官代管。本部移咨都察院，轉行接管巡按御史，查勘周吉有無失事，情犯輕重，就彼提問明白，照例奏請定奪。如果周吉罪當黜退，本部另行推補，等因。

正德十二年二月十八日具題，本月二十日奉聖旨：「是。鄒文盛等姑免查究，邵鑑還照舊黜退。都匀守備，着權繼武或另委官暫且代管。周吉着巡按御史提了問。」欽此。

爲地方緊急賊情事

該巡撫湖廣都御史秦金等奏稱，郴桂與廣東、江西接境猺峒有名賊首龔福全等，先年用兵征剿遺漏，乞要改留總兵官楊英，在於本處統制漢、土官軍，督發剿賊。計開：一、動調漢、土官軍數目。先該貴州奏調永順、保靖各七千名，今合調永順五千名，如是貴州應用不敷，另於保靖添調補數。先該貴州奏調漢軍一萬六千員名不動，今調武岡等衛下班官軍二千六百員名，等因。該本部議得，閫外兵權，貴在專委；征伐事宜，切忌遥制。今郴桂猺賊爲患，既該湖廣鎮巡、三司官會議，兵不容已，要行刻期進剿，朝廷若復猶豫不決，必致誤事。但八月進兵，天氣尚炎，況今五月將半，八月進兵，兩月之間，期限太迫。及總兵官楊英見奉敕會兵貴州征剿，事未寧息。其原調貴州征進漢、土官軍三萬員名，今奏征進郴桂又稱照舊不動。若准改楊英征進郴桂，其征貴州官軍不再差官統領，萬一貴州約會進兵，必致失律憤[一〇]事。查得見任協守鄖陽副總兵李瑾，先該御史王相奏稱地方無事裁革，聽候有缺推用。本官謀勇素著，又見在湖廣，地里相近。合無悉依秦金等所議，請敕楊英不妨鎮守，專征郴桂猺賊，原領敕書差人奏繳。再請敕一道，馬上差人賚與李瑾，更代楊英，統領原調征貴州苗賊漢、土官軍，聽候征討，中間事宜悉照楊英原奉敕內事理欽遵施行，事寧具奏回京。

正德十二年五月十一日具題，節該奉聖旨："是。楊英着不妨鎮守，征剿郴桂猺賊。李瑾着仍充副總兵官，征剿貴州苗賊。"欽此。

爲十分緊急賊情事

看得巡撫貴州都御史鄒文盛等奏稱，香爐山賊首阿傍等罪惡貫盈，相應征剿，今糧儲粗備，時亦難違，已於本年五月十三日會行湖廣都御史秦金等，督調原擬官軍，俱到偏橋等衛所取齊，聽候分哨，刻期於八月初三日進剿。而湖廣郴桂亦適用兵，不能如期。況本省軍兵畢集，永、保二司土兵尚未到來，彼此牽制，未免糜費錢糧。除再行催促副總兵李瑾，督兵至日另行定擬兵期進剿，等因。查得正德十一年七月內，巡按湖廣監察御史張翰等奏，要行貴州、四川鎮巡官，整備兵糧，夾攻苗賊。隨該巡撫貴州都御史曹祥等奏，要調永順、保靖土兵各七千名。本部議得，徵調土兵敕書差人賫付總兵官楊英處收捧，遵奉欽依“如果事情重大，隨宜會調”事理，會同各官斟酌計議，住札地方、約會月日務要逐一停當，方許差人賫付土官衙門取調。正德十二年五月內，該湖廣巡撫都御史秦金等奏稱，郴桂賊情緊急，要改留總兵官楊英征進郴桂。本部議得，如准改楊英征進郴桂，其征進貴州官軍不更差官統領，萬一貴州約會進兵，必致失律憤[一]事，議將鄖陽副總兵李瑾就近改委，更代楊英，統領原調征剿貴州苗賊漢、土官軍，聽候征進，中間事宜悉照楊英原奉敕內事理欽遵施行，俱題奉欽依，即日通行各官遵守訖。臣等竊詳，湖廣、貴州雖兩處用兵，楊英、李瑾各分責任，其所統漢、土官軍，各據彼處鎮巡官原奏該調數目，各不相干，亦無掣肘。其郴桂進兵日期，彼處鎮巡官原定今年八月進兵，本部改擬九月，而貴州征進日期，因兵糧未集，聽彼處鎮巡官徑自約會，亦無牽制。今都御史鄒文盛等却奏本省八月初三日進剿苗賊，而郴桂亦適用兵，不能如期，且稱本省兵馬畢集，而永、保土兵未到，彼此牽制，未免糜費錢糧，顯是鄒文盛等不思兵機為重，玩忽原議，失於預約，以致愆期誤事，却乃朦朧具奏，意圖推托。合無本部移咨都察院，轉行巡按湖廣、貴州監察御史，備查本部節次議擬題奉欽依內事理，逐一查勘調兵征剿貴州苗賊事情的係何官玩忽，故違原擬，致有愆期失事緣由，務見明白，參奏定奪。

正德十二年十月二十二日具題，奉聖旨：“是。這愆期失事緣由，着各該巡按御史查明參究了來說。”欽此。

爲十分緊急賊情事

看得巡按貴州監察御史周文光奏稱，迤東都勻等衛守備都指揮權繼武被賊虜去，存亡未的，見今地方苗賊猖獗，缺官守備。訪得都指揮邵鑑、指揮狄遠，事體頗諳，夷民信服。但邵鑑曾經參問，於例有礙。乞要於内定委一員，暫署守備一節。查得都指揮邵鑑，先該貴州鎮巡官員交章劾奏托疾誤事，擅離信地，已經黜退，及本部題奉前項欽依，難便委用外，見今貴州都勻地方用兵有事，合無本部移咨巡撫都御史鄒文盛，行委指揮使狄遠□〔一二〕管守備。所勘事情，本年二月内奏行，延今八個月餘，尚未奏報，事屬稽遲。合無本部再咨都察院，行催巡按貴州監察御史，查照本部先題奉欽依内事理，將守備都指揮周吉上緊問結，具奏施行。

正德十二年十一月初五日具題，奉聖旨：“是。都勻地方着狄遠暫管守備。先勘周吉事情，還着巡按御史上緊問結具奏，不許似前遲誤。”欽此。

爲十分緊急賊情事

看得巡按貴州監察御史周文光奏，内稱都指揮潘勳、權繼武、王言、滿弼，管糧參政胡濂，參議蔡潮，不聽鎮巡官節制，輕犯賊巢。蔡潮又差人止住總兵官李昂，緩兵不進。以致殺虜都指揮權繼武、王言，殺死千户何宏、伍經，百户顧恒，死亡軍士五六百名。及稱潘勳、滿弼并遇敵退怯，都指揮金章等并參政胡濂、參議蔡潮俱律合提問一節。切照調兵殺賊，出自上命，鎮巡等官原奉敕內各有該載應行事宜，而潘勳行伍庸流，蔡潮、胡濂擅發官軍，失機誤事，情犯深重，合無差人拿解來京，惟復行令巡按御史就彼提問監候，奏請發落，伏乞聖裁。其餘奏內原參都指揮金章等，合行巡按御史提問，照依律例議擬發落。及照巡撫都御史鄒文盛、總兵官李昂素無約束，致令潘勳等擅弄兵權，又聽蔡潮阻止進兵，以致失事，亦難辭責。查得各官見令督兵征討苗賊，合無候班師之日，有功准贖前罪，無功一併參奏究問。

正德十二年十一月二十二日具題，奉聖旨："是。這地方用兵之際，潘勳等并金章等且都不提，待賊情稍寧，一併參了來說。"欽此。

爲捷音事

該巡撫貴州地方兼理軍務、都察院右副都御史鄒文盛題，臣節該欽奉敕："已命湖廣總兵官楊英、都御史秦金前去鄰近清浪等處相應地方住札，會同爾及貴州總兵官李昂，各提督參將、守備、三司等官，整理兵糧，相機撫剿。其貴州錢糧，照依該部奏准事理，隨宜督理軍餉。敕內該載未盡者，亦聽爾等便宜而行。事體重大者，奏請定奪。官軍人等斬獲功次，送巡按兼紀功御史處紀驗。"欽此。欽遵。查得接管卷內，正德十一年二月初四等日，節據清平衛申稱，本月初二等日，被車枕等寨反賊阿傍、阿皆、阿革等借[一三]稱苗王，糾拽苗眾，攻燒本衛關厢、屯堡、驛站，殺虜人財等情。該先任巡撫右副都御史曹祥等查照兵部題准事例，會同鎮巡衙門議調本省官、土義兵，行委守備都指揮周吉統領，及委分守右參議蔡潮調度，會同清平衛注[一四]俸都指揮王言等相機撫捕。本月初六日，都指揮王言率領家丁王昭、義兵顧惠等出城，與賊對敵，斬首一顆。凱里冠帶土舍楊弘見賊攻圍清平衛城，領兵迎敵。本月初八日，楊弘斬首二顆。初九日，土舍楊弘斬首一顆，頭目王玆斬首二顆。各賊退回香爐山札營。本月十四日，卜五寨熟苗阿頂等前去丹溪堡救護，與賊對敵，斬首一顆。本月十五日，土舍楊弘領兵哨捕香爐山下，苗賊敵殺，土兵阿陳、蘇慶、羅伏保等斬首一顆。本月二十四日，清平衛百戶顧恒領兵於接梁坡裝塘，遇賊迎敵，軍人鄭谷真斬首一顆。本年三月初二日，該參議蔡潮，都指揮周吉、王言，清平衛指揮周勛等，差木獠鄉導阿洪、羅成等反諜省諭，各賊輸情，當出木刻、牛隻，告退官軍，將虜去男婦袁保等放出給主，立石爲證，苗賊陸續下山安業。量留官軍守城，楊弘土兵掣回。續據參議蔡潮呈稱，平越衛楊義司管下葛洞寨反賊阿高等，糾拽香爐山賊首阿傍、阿皆、阿革、阿義等，於本年四月初二日夜復出，燒劫清平衛朱官屯一帶人家。初三日，攻燒平越衛楊老站關廂。本職當差清平、平越二衛指揮王濟、王武、王鵬、曹章，千百戶王昌、何璽等，率領官軍、義兵前去本堡截殺，斬首六顆，各賊稍退。本日於洛邦鋪遇賊敵殺，斬首五顆。本月初四日，於洛登鋪斬首一顆。本月初五日，各賊復來攻打楊老站，探知錦衣衛百戶丁文賚救經過，在於烟墩坡起塘，與護送官軍對敵，射傷苗賊十數人，陣亡指揮王杞，百戶李英、汪純、方桂及義兵胡裕等三十餘人。本月初九日，攻燒重安站。本職當令守哨興隆衛指揮鍾鼎、重安長官司土舍馮綸領兵截殺，斬首九顆，生擒苗賊一名阿犵，餘賊奔走，墮崖溺水死者不計其數。本日，僉事蔡中孚督行平越衛指揮劉懷，率領舍人劉通、義兵盧文成等，哨至麻哈江，遇賊對敵，斬首二顆。本月二十日，參議蔡潮督發義兵，前去怪石山裝塘，擒獲苗賊阿猴、阿容、阿北、阿辱四名。本月二十四日，本職調發苗義等兵剿殺尾捧反寨截路苗賊，斬首一十顆，生擒稱王賊首一名阿講、僭稱調軍旗牌苗賊一名阿肉，俘獲苗婦四口、水黃牛一十一隻、凶器四十件、米把二千餘擔，燒毀賊米倉四百五十餘間。又據守巡等官及清平等衛呈申，香爐山并都黎、都蘭、葛洞等寨賊首阿傍、阿皆、阿革、阿罕、阿高、阿葵、阿蜗等，終日聚衆，僭稱苗王，攻圍城堡，殺虜人財，阻塞道路，急請添兵剿殺，等因。該鎮巡、三司等官會議，一面奏請兵糧，一面量調本省官、土義兵并偏鎮等衛戍兵，行委參將洛忠、守備都指揮周吉、指揮楊仁等統領，及委分守右參議蔡潮、分巡僉事蔡中孚調度截殺。據參議蔡潮呈稱，本年五月初五日，會同守備都指揮周吉，督同貴州前衛千戶鄭裕，密切計設，伏兵清平衛東門外橋下，擒獲香爐山出劫稱王賊首阿罕、阿弄、阿頓、阿釀四名，劇賊阿旦、阿禮、阿噉、阿茶四名。本月初九日，會同分巡僉事蔡中孚、參將洛忠，督令指揮鍾鼎、土舍馮綸，率領義兵攻克新寨截路反賊，斬首一十八顆，生擒苗賊一名阿得，俘獲幼男婦女四名口、凶器二十八件、牛羊等畜六隻，餘賊奔潰落河，不計其數，被傷義兵五名。又據參議蔡潮、僉事蔡中孚、參將洛中〔一五〕呈稱，本月二十六日，各職會行都指揮周吉、史勇、權繼武，指揮楊仁等，將官軍、義兵分爲四哨，進剿葛洞反寨大小硬囤。本月二十七日至六月初二、初三、初四等日，與賊對敵，攻開硬囤，生擒稱王賊首阿高、阿仰、阿喇三名，從賊阿彪等二名，斬首七十五顆，俘獲賊屬男婦一十六名口、水黃牛一十一隻、米把一千五百餘擔、凶器一百七件、燒毀賊房、米倉八百餘間。餘賊奔崖投水死者數多，被傷義兵二名。彼因糧餉無備，量留軍兵防守城堡，及將尾捧等寨權爲撫安。又據貴州按察司開稱，守備都指揮周吉督令百戶顧恒，於本月二十六日擒獲苗賊阿計等二名，解司收問，等因。各呈報在卷。

右副都御史曹祥行取回京別用，本年八月十五日，臣到任接管。本月十六日，節據兵備副使李麟并都勻府衛各呈申，四川管下夭壩等處黑苗通虎仰等糾合羊落寨賊首阿貴等，統領三千餘徒攻打撒毛堡、麻哈州，見今圍住狗場堡城，乞發軍兵救援。臣會同鎮巡等官，議調龍里等衛官軍，會集原撥防守軍兵，行委副使李麟、僉事蔡中孚、都指揮周吉提調，相機遏截。續據各官呈稱，分布軍兵，於本月十七日辰時俱至狗場，放炮爲號，四路會合衝敵。賊見我軍勢勇，方纔起營掣走。當督軍兵追至地名計羊、坡谷、蘇隘口等處，斬首七顆，餘賊退散。又據副使李麟、參議蔡潮呈稱，賊首阿皆已於本年八月初八日在囚病故。該臣遵奉前項敕諭，公同貴州鎮巡、三司議得，賊黨眾多，據險負固，未及剿伐，先議困圍。及查倉庫錢糧缺乏，卒難舉兵，一面會給旗榜，差委都指揮等官王麟等權爲撫處，一面奏請措置糧餉。節准湖廣巡撫都御史秦金咨、總兵官楊英手本，約會進兵，隨將積糧圖備緣由回報。續據分巡等官僉事蔡中孚等呈，本年十月十六日，守備都指揮周吉隨帶官軍、義兵發哨，至地名洛邦鋪，苗賊起塘，截路對敵，被賊殺死軍人、家丁九名，搶去行李、卷廂，等因。臣等查得，周吉自接管守備以來，失事頗多，爲謀未見，會本參奏，及委緣事都指揮邵鑑暫代守備，戴罪殺賊。又添調安順等州司土兵兼同原調官軍，行委都指揮邵鑑、滿弼，指揮楊仁等統領。仍行守巡參議蔡潮、僉事蔡中孚、將材指揮佘大綸，計議調度，防守城堡，開通道路。續據僉事蔡中孚、都指揮邵鑑呈報，本年十二月二十八日，督兵裝塘，擒獲叛賊一名阿業、投苗軍人一名徐文明。又據參議蔡潮呈稱，會同邵鑑，於正德十二年正月十六日發兵哨至地名木岐坡，生擒香爐山出劫苗賊阿度、阿亞二名。本月十九日，發兵於平路河裝塘，斬首二顆。本年二月十六日，發兵裝塘卜五寨路口，斬首二顆。本年三月初五日，發兵木岐坡裝塘，生擒苗賊阿放、阿吾二名。本月初六日，發兵於萬潮山口，斬首一顆。又據按察司呈，准兵備副使李麟關稱，本月十一日夜，苗賊攻打高基寨，有民人普引等對敵，斬首一顆。

又據參議蔡潮呈稱，會同都指揮邵鑑、滿弼，將材指揮佘大綸，布置方略，差委千戶何宏，督令凱里土舍楊弘，率兵於本月十二日擒獲香爐山羊洛上寨稱王賊首一名阿貴。本月二十九日，發兵裝塘羅仲路口，斬首二顆。本日，土舍楊弘率兵埋伏翁鴉坡，與香爐山反賊對敵，斬首五十三顆。又據副使李麟開呈，本年四月初三日，督兵擒獲糾拽黑苗賊人普金、普奈二名，俘獲賊屬男婦九名口。本月十一日，苗賊攻打巴郎寨，發兵截殺，斬首二顆。參議蔡潮呈稱，本月十二日，發兵平路河埋伏，斬首一顆。本月二十四日，發兵於黃平地界，生擒反賊一名阿鵝。陸續開報在卷。

該臣公同貴州鎮巡官，督同三司、掌印等官查議得，措置軍需，粗有儲備，久守不免糜費，會委都司掌印等官都指揮潘勳親詣清平衛，會同守巡、兵備、守備等官參議蔡潮等再行撫處，以決進止。續據各官呈稱，前項苗賊自知罪大惡極，恃險負固，不聽撫化，熟審事勢，決宜進剿，及將善、惡苗寨畫圖貼說呈報前來。會行湖廣巡撫都御史秦金、總兵官楊英，督調原擬漢、土官軍，及分投差官起調貴州并四川播州、酉陽等衛司官軍、土兵，刻期本年八月初三日進剿。間又據參議蔡潮呈報，凱里土兵〔一六〕楊弘領兵，本年六月二十七日生擒香爐山苗賊阿孛、阿包、阿遮三名，斬獲門樓寨首惡阿播首級一顆。本年七月十七日，准協守湖廣鄖陽地方副總兵李瑾手本，開稱湖廣巡撫都御史秦金、總兵官楊英俱奉欽依征剿郴桂猺賊，本職更替楊英，統兵征剿貴州苗賊，等因。節經行催本官督兵前進。續據四川播州宣慰司申報，本月二十四日，本司土舍楊相差令家丁吳澄等在於羊皮虎場擒斬稱王首賊阿奚、阿泥二名。又據參議蔡潮呈稱，本年八月初八日，本職會同管糧右參政胡濂，都指揮潘勳、滿弼，將材指揮佘大綸等，設計伏兵炮木寨，生擒香爐山稱王首賊一名阿革。本月二十六日，參議蔡潮仍會各官督委百户邵剛等伏兵羅蔆寨，計擒香爐山稱王首賊一名阿義、僭稱調兵旗牌賊首一名阿黎。本年九月十二日，又據參議蔡潮、都指揮潘勳揭帖稟稱，本月初十日，守備都指揮權繼武，都指揮滿弼、王言、金章等，各率義兵、土兵出城，四處裝塘遏截。本月十一日巳時，果有香爐山反賊，約計三百餘人，各持標弩，突出木岐坡截路。我兵四面起塘，奮勇對敵，殺死五十餘賊，各因相持緊急，難斬首級。當有平越衛指揮丘漢親斬首級一顆。各賊奔回地名白崖，權繼武、王言等奮不顧身，追趕敵殺。不期各賊四面埋伏起塘，約有六百人。我軍鏖戰，又殺死二十餘賊。敵至申時，我兵飢困，被賊敵死百户顧恒并義兵十餘人。我軍遇晚掣回，守備權繼武、都指揮王言與賊對敵，至晚未回，不知存亡。乞發大軍，分布進剿，以紓危急。隨據義兵李永寬稟稱，王言被傷回還，等因。到臣。一面會行兵備副使李麟、分巡僉事詹源，查勘失事緣由，及會本題知；一面催兵分哨，刻期進剿。續准副總兵李瑾統領湖廣官軍并永、保二司土兵，及據貴州黃平、程番、安順，四川播州、西陽等衛所府州司官舍、目把各將擬調官軍、土兵統領前來。又恐軍兵數少，會給告示，召集一應官吏、監生、生員、旗軍、舍餘諸色人等，許令出力報效，隨軍殺賊。臣會同鎮巡等官，相度賊巢險易，將調到漢、土官軍配分五哨，定委參將洛忠，都指揮劉麟、陶霖、王璽、祝鎮、葉曇、楊淮、許詔等統領，仍差官賫執旗牌，分哨督戰。又委副使李麟，參議蔡潮，僉事許效廉、詹源監視，右參政胡濂管理錢糧。及行布政使趙文奎，總理儹運接濟。并委兵部咨送將材指揮佘大綸遍歷各哨，參謀督責；總兵官李昂、副總兵李瑾統領官軍、土兵，住札酌中處所，節制分哨，調度策應。臣公同太監李鎮居中調度，區畫指示。監察御史周文光糾察奸弊，紀驗功次。擇於本年九月二十一日進剿前項苗賊，已將用兵緣由會本具題，及行各哨督催攻剿。副總兵李瑾又於本月二十六日親臨營伍，指示督戰。節據監軍副使李麟，參議蔡潮，僉事許效廉、詹源各呈，奉臣等調度，監督各哨漢、土官兵，進抵香爐山囤下，立營五哨，會合夾攻。奈何賊囤四圍高險，懸崖削壁，止有陡隘路五處，苗賊堅築排柵，關防敵守，連日攻戰，衮放礧石、弩箭，軍兵難近。雖將軍火銃、爆毒飛槍放打，燃燒賊房，隨即用水潑滅。各職會同統軍參將洛忠、將材指揮佘大綸，設法製造鐵猫、爬山虎、麻索、長梯，督同都指揮祝鎮、王璽、陶霖、劉麟、葉曇、楊淮、許詔，領兵保靖宣慰彭九霄、永順宣慰彭明輔等，挑選精兵，於本年十月初三日寅時，先令乖覺土兵乘賊不防去處，沿崖猿攀，將鐵猫抓掛，拽兵上囤，攻開頭層排柵，放火燒毀賊房三十餘間，殺死苗賊百十餘人。參將洛忠督率官兵，斬首一顆，奪獲凶器二十件，陣亡土兵二名，被傷五名。都指揮祝鎮、王璽督率官兵，斬首七顆，俘獲男女二名口、水黃牛六隻、凶器一十七件，陣亡土兵一十九名，被傷一百名。都指揮陶霖、劉麟督率官兵，斬首六顆，奪獲凶器二十件，陣亡軍兵五名，被傷一十五名。都指揮葉曇、楊淮督率官兵，斬首一顆。苗賊恃險敵殺，收兵回還，未盡剿除。初七日，都指揮葉曇、楊淮督率領軍指揮張本，軍人趙喜生、龐文興等，在於香爐山前門生擒首惡一名阿朗，奪獲凶器二件。初八日，參將洛忠督率凱里土舍楊張[一七]，頭目馮珪、金良、蔡勛、羅寒、李龍等，於平茶寨生擒奔逃苗賊阿瓜、阿斗二名。本日，都指揮許詔會同將材指揮佘大綸、報效知州游潛、永順宣慰彭明輔等，生擒瓮稍寨稱王首賊一名阿傍。又據監軍副使李麟，參議蔡潮，僉事許效廉、詹源各呈稱，督兵連日攻山，苗賊據險，矢石交下，難以取勝。各職會同統軍參將洛忠、將材指揮佘大綸等計議，摘兵采打竹木，架搭揚橋，整造戰樓，接近賊巢排柵，約可攀登，督同五哨統軍都指揮

祝鎮、王璽、陶霖、劉麟、葉曇、楊淮、許詔，領兵宣慰彭明
輔、彭九霄，指揮密忠、趙銘、杜堅、崔鏞，播州宣慰司土舍羅
駿、楊杲，酉陽宣撫司土舍冉翰，凱里土舍楊張，報效知州游
潛，都指揮周吉，指揮張仁，生員李寶等，於本月十四日丑時
分，隨乘雷雨交作，覘賊不備去處，先令土兵沿崖上囤，殺死守
路苗賊，砍開排柵，齊聲舉號。當督各哨官、土義兵并報效人
員，猿攀蟻附，直搗巢穴，放火焚燒賊房、米倉，烟焰燭天，四
面夾攻。苗賊死戰，我兵奮勇，敵至卯時，賊衆勢敗。參將洛忠
督率官兵，斬首三十四顆，俘獲幼男婦女三名口、牛馬豬羊等畜
三十隻匹、凶器四十件，陣亡軍兵六名，被傷二十四名。都指揮
祝鎮、王璽督率官兵，生擒苗賊一名阿毋，斬首二十三顆，俘獲
婦女二口、牛豬等畜三十六隻、凶器三百九十三件。都指揮陶
霖、劉麟督率官兵，斬首二十三顆，俘獲幼男婦女五名口、牛馬
豬羊等畜三十隻匹、凶器三十件，陣亡軍兵四名，被傷二十名。
都指揮葉曇、楊淮督率官兵，生擒苗賊一名阿計，斬首六十四
顆，俘獲幼男婦女三十一名口、牛豬等畜三十隻、凶器二十四
件。都指揮許詔督率官兵，生擒苗賊一名阿榜，斬首七十二顆，
俘獲幼男婦女三十九名口、凶器二百三十一件、米把二千五百餘
石〔一八〕，陣亡土兵二十四名，被傷一十六名。火燒房倉約計萬有
餘間，燒死苗賊男婦并牲畜、糧食等項不計其數。餘賊奔登山
頂，我軍就占賊囤，札營攻圍。又據監軍僉事詹源呈，准統軍參
將洛忠手本開稱，本月十五日，會同僉事詹源、將材佘大綸計
議，督同保靖宣慰彭九霄，酉陽宣慰司舍人冉翰，凱里土舍楊
張，目把馮珪、楊升、蔡勛、莫羊保、丁三、楊阿美，報效冠帶
舍人李縉、羅福、許德輝、王準等，分布殺手埋伏山下，本職親
詣山頂崖畔，擒獲稱王賊首一名王阿肉。本日，都指揮陶霖、劉
麟督率官兵，斬首二顆。又據監軍副使李麟、參議蔡潮呈稱，本

月十六日，各職同將材佘大綸親登絕頂崖畔，督同都指揮王言，宣慰彭明輔，指揮朱衣、胡永遠、姜宣，千户金蘭，冠帶總旗王添仲，錦衣衛冠帶舍人夏孜、李淮、李鑑、甯寬等，擒獲僭稱總王車梘寨賊首一名阿傍。僉事詹源呈稱，本日參將洛忠督令土舍楊張，目把馮珪、莫羊保、蔡勛、楊阿美等，親登山頂崖畔，計擒惡賊一名阿蚌。僉事許效廉呈稱，本月十七日，都指揮祝鎮、王璽督率官兵，斬首一十一顆，奪獲凶器一十三件。又據監軍副使李麟，參議蔡潮，僉事許效廉、詹源開呈，本月二十二日，各職會同統軍參將、都指揮等官洛忠等，督同領兵宣慰、宣撫等官舍，密切伏兵崖下，先令都指揮王言帶同鄉導陳良等上至山頂半崖，與賊斷話，令其聽順投降。各賊反持標弩下山迎敵，隨即舉號，伏兵四起，與賊交戰。參將洛忠督令官兵，斬首四顆。都指揮陶霖、劉麟督率官兵，斬首五顆。都指揮葉曇、楊淮督率官兵，生擒首惡一名阿浪、從賊阿掌等二名，斬首十八顆，奪獲凶器八件。都指揮許詔督率官兵，生擒苗賊阿呀等二名，斬首一十三顆，得獲豬四隻、凶器四十三件。都指揮祝鎮、王璽督率官兵，斬首一十九顆，奪獲凶器一十七件。本月二十四日，參將洛忠督兵生擒苗賊阿歪、阿指等九名，俘獲幼男婦女三十一名。又據監軍副使李麟，參議蔡潮，僉事許效廉、詹源呈稱，餘賊奔據山頂，飛崖陡險，拒守益堅。連日雖已設計，陸續擒斬數多，未盡殄除。會同參將洛忠、將材指揮佘大綸，督同統軍都指揮陶霖、劉麟、祝鎮、王璽、葉曇、楊淮、許詔，領兵宣慰等官彭明輔、彭九霄等計議，於山半稍有樹木、藤蘿蔓延去處密架雲梯。本月二十八日，先令百户邵剛、土官吳隆帶領鄉導吳寬等，於山前誘賊打話，陽為招撫，出其不意，當督官、土義兵并報效人員俱於山後齊登，連用飛槍爆毒放打。苗賊男婦各持凶器迎戰，我軍奮不顧身，與賊敵殺，賊勢大敗，一鼓剿除。參將洛忠督率官兵，斬首五十八顆，俘獲幼男婦女八名口、凶器五十件，陣亡土軍一名，被傷二十四名。都指揮陶霖、劉麟督率官軍，生擒苗賊阿藏等二名，斬首五十四顆，俘獲幼男婦女三十名口、凶器五十件，陣亡土軍一名，被傷二十五名。都指揮祝鎮、王璽督率官兵，生擒苗賊一名阿梨，斬首五十五顆，俘獲幼男婦女一十名口、凶器一百四十七件。都指揮葉曇、楊淮督率官兵，生擒苗賊阿弟等六名，斬首五十三顆，俘獲幼男婦女一十八名口、凶器二十四件。都指揮許詔督率官兵，生擒苗賊阿狨等九名，斬首五十七顆，俘獲幼男婦女三十二名口、凶器七十件。苗賊投入崖洞死者不計其數。本月二十九日，搜捕山箐。參將洛忠督兵生擒苗賊阿改等七名，斬首六顆。都指揮陶霖、劉麟督率官兵，生擒苗賊一名阿穰，斬首一十二顆，得獲凶器七件。都指揮祝鎮、王璽督率官兵，生擒苗賊一名阿岳，斬首五顆。本年十一月初二日，都指揮祝鎮、王璽督兵俘獲幼男苗婦二名口。

又據監軍、統軍、副使、參將等官李麟等會呈，爐山搗覆，渠魁俱已得獲，餘黨擒斬無遺，欲行移兵，挾撫黑苗，進剿爲惡賊巢，等因。又經會行各官，督委署都指揮等官楊仁等前去漂塏等處撫處，及行參將洛忠兼督各哨移兵，相機撫剿龍頭、黎蘭等寨。節據監軍副使李麟，參議蔡潮，僉事許效廉、詹源開呈，本月十六日，參將洛忠督率官兵，攻克龍頭寨。苗賊見我軍兵將到，倚恃江水深險，沿崖迎敵。軍兵一面撐船擺渡，一面躍水過江，與賊對敵，直衝賊寨，放火焚燒賊房、米倉。苗賊勢敗奔走，我兵乘勝追殺，斬首三十五顆，得獲銅鼓五面、凶器一十六件，陣亡土兵二名，被傷一十名。都指揮劉麟、陶霖督率官兵，攻克翁牙寨，斬首一十四顆，奪獲凶器九件，陣亡土兵一名，被傷五名。都指揮祝鎮、王璽督率官兵，攻克龍頭上寨，生擒苗賊一名阿良，斬首二十六顆，俘獲幼男婦女六名口。本月十七日，攻克羅鬼、龍對等寨。參將洛忠督率官兵，斬首一十二顆，奪獲凶器一十五件，燒毀賊房、米倉九十餘間，陣亡土兵一名，被傷四名。都指揮祝鎮、王璽督兵生擒苗賊一名阿麥。本日，攻克米勇寨。都指揮葉曇、楊淮督率官兵，斬首一十九顆，俘獲苗婦幼女二口、牛馬豬畜一十隻匹、凶器二件，燒毀賊房四十餘間。都指揮許詔督率官兵，斬首二十三顆，俘獲苗婦幼女三口、凶器九十七件、米把一千餘石〔一九〕，燒毀賊房、米倉八百餘間，陣亡土兵一名，被傷五名。本月二十八日至十二月初七、八等日，統軍參將、都指揮等官洛忠等，連日督兵進剿都黎、都蘭、都蓬、重拜、密西、大支、尾捧、白蠟、酉二、鮓馬、羅果、重夢、賈董等寨囤。參將洛忠督率官兵，生擒苗賊阿茲等三名，斬首四十四顆，俘獲幼男婦女一十九名口、水牛六隻、苗衣十件、凶器四十二件，陣亡土兵二名，被傷六名。都指揮陶霖、劉麟督率官兵，生擒一名阿黨，斬首四十一顆，得獲水牛七隻、凶器三十件，陣亡土兵四名，被傷一十四名。都指揮祝鎮、王璽督率官兵，斬首八十七顆，俘獲苗婦一口、凶器三十九件。都指揮葉曇、楊淮督率官兵，生擒阿得、老受二名，斬首一百顆，俘獲婦女四名、牛馬豬畜六隻匹、凶器四十四件，燒毀賊房、米倉一百一十餘間。都指揮許詔督率官兵，生擒一名阿勒，斬首一百二十五顆，俘獲幼男婦女一十一名口、水黃牛一十九隻、凶器一百三十件、米把一千五百餘擔，燒毀賊房、米倉二千四百餘間。餘賊奔潰，山箐崖洞藏躲，督兵搜捕。本月初十日，僉事詹源呈稱，清平衛守把白賈山舍人甄章、闕惠督領守路寨把，俘獲奔逃賊屬幼男婦女二十三名口。本日，參將洛忠督率官兵，哨至都黎、都蘭寨山箐，內藏苗賊一夥在彼，隨即追捕。各賊披執凶器拒敵，我軍奮勇截殺，斬首一十七顆，奪獲凶器七件。本月十七日，參將洛忠督率官兵，哨捕都黎寨河邊，斬首五顆，奪獲凶器一件。都指揮陶霖、劉麟督率官兵，哨捕都蘭寨山箐，斬首二十五顆。又據監軍副使李麟，參議蔡潮，僉事許效廉、詹源各開呈，本月十二日，攻克翁夏、硬囤，苗賊對敵。參將洛忠督率官兵，斬首九顆，俘獲幼男婦女四名口。都指揮祝鎮、王璽督率官兵，斬首五顆。都指揮葉曇、楊淮督率官兵，斬首五顆，奪獲凶器三件。本月十三日，都指揮陶霖、劉麟督率官兵，哨捕西二寨山箐，斬首一十顆。本日，指揮狄遠率領軍兵，哨捕董丙山箐，生擒苗賊一名，斬首一顆。本月十四日，參將洛忠督率官兵，搜捕西二寨，斬首二顆。都指揮祝鎮、王璽督率官兵，哨至小層洞口，與賊敵殺，斬首三十七顆，奪獲凶器二十一件。都指揮陶霖、劉麟督率官兵，搜捕西二寨山箐，斬首四顆。本月十五日，參將洛忠督率官兵，搜捕都黎、都蘭、都蓬山箐，斬首一十一顆，俘獲婦女二口。本月十六日，播州凱里土舍楊張差委頭目馮珪，隨同委官指揮周勛、千戶沈俊等，前去截洞三寨撫理。各苗向化，願出銅鼓三面，并將香爐山先日逃在本寨賊人斬首二顆，送官贖罪。本月十七日，參將洛忠督率官兵，哨捕都黎、都蓬山箐，斬首四顆。本月十八日，搜捕董丙囤。參將洛忠督率官兵，斬首九顆。都指揮祝鎮、王璽督率官兵，斬首六顆。都指揮葉曇、楊淮督率官兵，斬首六顆，奪獲凶器三件。本月二十日，攻克乾溪山囤。參將洛忠督率官兵，斬首一十顆，俘獲幼男女二名口。都指揮祝鎮、王璽督率官兵，斬首六顆。都指揮葉曇、楊淮督率官兵，斬首三顆，奪獲凶器二件。及行據委官署都指揮楊仁，督同清平等衛指揮周勛、戴清、楊義，等司土官金洪、吳隆，四川播州宣慰司舍把楊杲等，并參議蔡潮，各將撫追過夭壩等處黑苗，殺占、舟溪等軍堡屯田，并招安過老軍、黎從、楊保等寨田土、戶口數目開呈到臣。

查得各哨前後生擒首惡阿傍、阿革等共二十名，餘黨阿狃等八十一名，斬首一千五百一十九顆，通計擒斬過首從賊級一千六百二十名顆、俘獲賊屬幼男婦女三百二十三名口、牛馬猪羊等畜二百一十二隻匹、凶器一千七百三十九件、銅鼓八面、米把八千五百餘擔、苗衣十件、燒毀賊房、米倉一萬四千七百二十餘間，陣亡軍兵七十三名，被傷二百八十名。撫過老軍、黎從、楊保等三百七十五寨，招回復業軍民三千八百二十七戶，男婦一萬三千九百九十八名口，追復屯口九百六十餘畝。前項功次，俱該先今巡按監察御史李顯、周文光紀驗明白，首級發屬梟掛，生擒賊犯解貴州按察司監候會問。俘獲人口，原係被虜者給親完聚，賊屬照例收養變賣。牲畜、米把充賞土兵人等，凶器發按察司改造刑具，銅鼓、苗衣發布政司貯庫，被傷、陣亡軍兵給與藥資、棺木調理、葬埋，夷寨屯堡招安軍民承種外。照得巡撫湖廣右副都御史秦金、總兵官楊英、巡按監察御史李顯，先同奉命剿賊、紀功、會處有差，各因改差、回京不在。會同鎮守貴州地方內官監太監李鎮、總兵官都督僉事李昂、巡按監察御史周文光、協守湖廣鄖陽地方副總兵李瑾，議照苗民逆命，自古為然；而恃險肆惡，於今獨甚。倡亂於阿傍、阿皆之桀酋，蠢動於車椀、門樓之諸寨。動稱六十年氣數皆然，輒以韋同烈故事藉口。呼吸之間，蟻聚蜂屯；奔跳之際，鴟張豕突。自清平、興隆以及偏頭諸衛，欲攻阻上京之路；由平越、新添以及龍貴諸鎮，欲據為己有之區。軍屯財畜，燒劫無遺；衛堡城池，攻圍不次。哨聚香爐巢穴，敵殺應捕官軍。若居民，若行旅，殘傷無算；若村市，若鎮店，搶掠一空。稱呼自為苗王，出入僭乘輿馬。惡焰重熾於遠邇，凶聲連絡於蠻夷。請兵討罪，湖廣交章；得旨會師，撫征並舉。蓋叛逆久錮於冥頑，顧招安適資乎玩侮。大兵壓境，猶戕殺軍職方面；厥罪滔[二〇]天，寔自絕生成覆育。神人共憤，征剿何疑？于是預分玉石，明示恩威。大會三省之兵，共圖萬全之計。

舍羽翼之群寨，先根本之香爐。四面圍繞，五哨夾攻。官軍、土
軍輪番攻擊，軍器、火器錯雜交施。厚賞激之於前，嚴罰懾之於
後。是以官兵各輸謀勇，共圖成功。或造樓接戰，或架梯攀登。
我攻之無間於晝夜，彼禦之莫救乎東西。覘其無備之處，密爲暗
取之謀。一登而戮其梟桀，銳鋒已挫；再登而斬其首從，巢穴盡
燔。種類盡於三登，根株不遺一縷。軍聲震地，烟焰燭天。數拾
尋巖嶠之山，一朝失險；千百年逋逃之寇，一旦誅夷。香爐摧
裂，夷寨震驚。舉此加彼，順若建瓴；圖易先難，勢如破竹。故
傳檄漂垻諸苗，輸誠納款，歸我侵疆；加兵黎蘭等寨，落膽飛
魂，以次授首。必渠魁之是誅，縱脅從而不問。師雖無敵，兵不
窮追。功幸有功，難歸破險。維兹賊巢，諸夷窺望，名爲香爐，
形如磨盤。之[二]下壁立四圍，堅若金城；盤之隅平衍十頃，穩
稱巢穴；而盤之上則突兀盤旋，可望而不可登也。賊據此以爲天
險，人望之以爲虎穴。先年賊衆哨聚，寔厪王師，以兵二十三
萬，連營數十餘里。圍之數月，竟至老師而費財；得一首賊，遽
爾班師而奏捷。是以賊未痛遭挫衄，心常狃於反叛。動因小忿弄
兵，每以前事藉口。今兵不滿五萬，未及三月，破先年不能破之
山，滅先年不能滅之賊，功高往昔，威震群夷，皆皇上聖武布昭
乎遐邇，英謀妙契乎神人；而本兵大臣與帷幄元老，又能運謀指
示，默中機宜，所謂"厲於廟廊之上，以誅其事"者。故將士
得以奮貔貅之勇，而臣等亦得以效犬馬之勞，以致有此克捷，地
方底寧，軍民胥慶。從事官僚，如參將洛忠，都指揮葉曇、楊
淮、許詔、陶霖、劉麟、祝鎮、王璽，專哨統軍，料敵制勝，而
參將洛忠與委官署都指揮楊仁，分布撫處，尤盡心力；副使李
麟，參議蔡潮，僉事許效廉、詹源，監軍紀驗，革弊籌畫，而參
議蔡潮先同緣事都指揮邵鑑，防禦撫捕，久著勞勣。督糧有措置
之方，供軍無缺乏之患，貴州參政胡濂之勞可録；給軍餉於經過

之時，防搔擾於必由之處，湖廣參政張天相、僉事汪玉之長可數。貴州布政司見任布政使趙文奎、升任布政使陳雍，綜理錢糧，區畫惟謹；都、按二司見任按察使林長繁、都指揮王麟、緣事都指揮潘勳，協贊戎務，幹理亦勤。至如將材、宣慰，與凡領征百執事漢、土官目，或參謀逐殺，或督責駿奔，亦皆宣力效勞而不敢有怠焉者也。臣等又恐大兵既摯，漏殄殘賊及新撫夷寨或至乘虛反側，議留本省并輪戍官軍，行委參將等官統領，於各該衛堡住札防守，會同兵備、守巡官，將殘破城池、關隘逐漸修理，以爲長久之圖。遇有殘賊出没，相機追捕，以靖地方。初附夷民，資助安插，使得生理。候至明年三四月間，苗夷歸農，地方無事，將前留官軍發回該衛所着伍差操。其四川管下夭漂、夭壩等處黑苗，雖經挾撫，退回巢穴，但性類犬羊，叛服不常。乞敕該部轉行彼處巡撫、巡按，督行該道守巡官，嚴督播州宣慰楊斌，責令該管舍目不時撫諭，不許仍前越境侵占，貽患地方。除官軍人等獲到功次，該巡按紀功御史查照造册，及將僭王首惡阿傍等會審明白，各另具奏。軍中用過錢糧等項，行布政司造册，徑繳該部查照，已於本年十二月二十一日班師外，緣係捷音事理，具本專差將材指揮佘大綸奏。正德十三年二月十二日奉聖旨："是。這苗賊恃險聚衆，攻圍城池，敵殺官軍，阻塞道路，累次不服招撫。鄒文盛等乃能督率將士，搗平巢穴，出師未久，即能成功，良可嘉尚，寫敕獎勵。差來人升一級，賞紵絲衣服一套、新鈔一千貫。各該有功等項官員人等該升賞的，兵部還看了來説。"欽此。

臣等議得，正德十一年，先任巡撫貴州都御史曹祥等，因未經奏請上命授以成算，輒調土兵剿賊，以致摯肘誤事。後該本部前項查議，節次具奏，荷蒙聖明洞見用兵機宜，屢降敕旨，指示方略，各官方知警策遵守，致此克捷。臣等不過奉行文書，修舉職業，豈敢言功？切照巡撫貴州右副都御史鄒文盛等，督理軍務，運籌調度，勞迹居多。鎮守貴州太監李鎮，協心議處，勤勞顯著。總兵官李昂、副總兵李瑾，統領官軍，躬親督戰，尤爲有功。巡按御史周文光，糾察奸弊，紀驗功次，秉公持正，事無沮撓，功亦可錄。合無先將李鎮、鄒文盛、李昂、李瑾、周文光照依各年平定賊寇升錄事例，或量升職級，或加增祿米，或錄廕子姪，以酬其功。及照巡撫湖廣都御史秦金，督調兵糧，依期征進，亦與有勞，合無亦加賞賚以酬其勞。但恩典出自朝廷，臣等俱不敢擅擬，伏乞聖裁。其餘有功官軍人等參將洛忠等并土官彭九霄、彭明輔等及陣亡之人，本部查照紀功文册，另行議擬具奏升賞。中間先參有罪人員，今次有功，亦論功罪多寡、應否准贖緣由，奏請定奪。再照各官奏稱，四川管下天漂、天壩等處黑苗，雖經挾撫，退回巢穴，但性類犬羊，叛服不常，乞行四川鎮巡官，嚴督播州宣慰楊斌，不時撫諭，不許仍前越境侵犯一節。合無本部馬上齎文交與四川鎮巡官，計議作何方略，督委宣慰楊斌管束黑苗，不得侵犯貴州境内。應施行者就便從宜施行，仍星馳回奏定奪。若别有應爲議處事宜，亦須作急陳奏，不許徒爲文具，因循坐視。以後黑苗侵犯貴州，其四川鎮巡官責必難辭。

正德十三年二月二十九日具題，奉聖旨："是。各官既剿賊成功，地方有賴，李鎮歲與祿米十二石，李昂、李瑾俱升一級，鄒文盛升俸一級，各廕子姪一人做世襲百户。周文光也升俸一級，待有相應員缺升用他。其餘官軍人等并土官人員有功、陣亡等項，該升賞、准贖的，還查擬明白，具奏定奪。爾兵部前後運謀制勝，指授有方，致令各該地方官員遵守成算，節次剿平盗賊，功尤可錄。尚書王瓊賞銀三十兩、紵絲三表裏，還照依前旨寫敕獎勵。侍郎陳玉、王憲各銀二十兩、紵絲二表裏。本司郎中銀十兩，員外、主事各五兩。"欽此。

爲懲不職以安地方事

　　看得巡按貴州監察御史周文光奏，勘得巡撫四川都御史馬昊調兵剿殺，僰蠻四散奔突，繼以芒部、烏撒夷羅烏合滋蔓，貴州發兵，川兵不至，水西土兵被傷，奔潰搶掠，致將貴州畢節等衛屯堡殘破。馬昊既不會兵遏截，又不發兵策應。四川參政彭傑、僉事石禄便安適己，緩於救援。乞要將馬昊提解來京，送法司明正其罪，彭傑、石禄行巡按御史提問一節。切詳馬昊調兵剿賊，不先會貴州鎮巡官遏截，誠爲有罪，本官已因僰蠻復亂被劾，請敕切責。其水西兵奔潰搶掠，事在貴州，非馬昊所能顧理。及彭傑、石禄緩於救援，亦恐別有妨礙，況四川巡按御史未曾勘明回奏。見今四川松潘、叙瀘兩處用兵，緊關用人，合無將馬昊、彭傑、石禄俱記其罪，待四川事寧及巡按御史勘奏至日，通查功過，具奏定奪。及勘得革退參將張泰，都指揮王楫，指揮夏忠、劉緯、陳武、張武，千戶龔勛、秦週，俱守禦無方，被賊攻圍屯堡，虜掠軍民，俱合提問。内王楫、陳武巡捕撫夷，各效微勞。四川芒部土舍隴壽、隴政挾軍讎殺，不早撲滅，烏撒府土舍安寧、女土官奢勿故縱部夷從亂，内隴壽斬獲首級，奢勿擒獲賊首，功雖可録，不足贖罪，要行各該鎮巡官從重處治一節。查得張泰先因巡撫都御史鄒文盛參奏，已行巡按御史提問未結。見今四川、貴州交界地方諸夷作亂，貴州畢節等處地方用人防禦，合無將都指揮王楫、指揮陳武、土舍隴壽、女土官奢勿俱准以功贖罪。指揮夏忠、劉緯、張武，千戶龔勛、秦週并土舍隴政、安寧俱令戴罪殺賊，通候賊寧之日巡按御史查奏，有功准贖前罪，無功提問究治。

　　正德十四年三月十六日具題，奉聖旨："是。王楫等准以功贖罪，夏忠等姑着戴罪殺賊，待賊情寧息之日，巡按御史再查他有無功次來説。"欽此。

爲十分緊急賊情事

看得巡按貴州監察御史周廷用奏稱,貴州迤西地方俱係四川所屬夷寨,該道守巡官員經年不行巡歷,所屬土官、目把得肆桀驁,夷苗頻年搆亂。凡遇行文催取各官前來會勘撫處,視爲泛常,執拗不聽。正德十三年十一月内,四川參議崔旻、僉事王芳、都指揮周爵方來貴州,各官因循推避,未見成功,夷羅反肆猖獗,官軍遂爲殺害,道路愈見阻塞。參稱崔旻、周爵托故先回,王芳妄稱夷賊與彼地方無干,擅調女土官奢爵夷兵二千餘名,行文赤水衛支給口糧,帶軍妻出城,及將奢爵帶送永寧,不肯放回等情,要將王芳罷黜提問,崔旻、周爵行令戴罪前來,會同貴州各該官員相機剿捕,事寧就彼提問一節。臣等議得,御史周廷用所奏不爲無見,但據貴州分守參政林茂達等所言,終係一面之詞。如前項巡按四川御史黎龍奏,據四川分守參議崔旻等所言,自指揮朱衣守備誤拿水西芒部結親白玀玀爲強盜監故,以致烏合蠻衆索要陪償人命等情,則是釁起貴州,不獨四川守巡官之責。緣事干兩省,各執一詞,若不差官查勘,不惟事不明白,各不輸服,抑恐處置不當,大壞地方。合無請敕差給事中并刑部郎中各一員,前去四川、貴州交界地方,吊取節次奏行案卷,從公體訪,設法查勘,要見各種蠻夷作亂果由何人造端啓釁,累次搶殺果係何人遲誤勘處,玩寇養患,何人處置乖方致失夷情,或自昔遠夷反側難定,兩省地方各因用兵多事,以致妨誤,并御史周廷用、黎龍各奏事情,逐一推詳,根究得實。務在事理不偏,情法兩盡,使有罪者不得倖免,無罪者不至濫及。軍衛有司應問人犯就便提問,干礙方面以上官奏請定奪。及所在官司隱匿卷案、占吝人犯、不服追問等項,亦聽就彼提問參究。事畢之日，回京復命，仍將處置兩省夷情事宜查議明白，另行具奏定奪。

正德十四年六月二十一日具題，奉聖旨："這地方事情關係重大，差刑部郎中、錦衣衛千户各一員前去，依擬從公查勘明白，議處停當，奏來定奪。"欽此。

爲十分緊急賊情事

看得巡撫貴州都御史鄒文盛、鎮守太監李鎮、巡按御史周廷用參奏，貴州布政司分守右參議蔡潮，惟欲僥倖於一試，不圖計慮於萬全，誤用群小之計，不惜垂成之功，賊以被誑而敗盟，兵亦有因而失利。都指揮王言、滿弼，既以分統官兵，自宜審度進止，共期以倖而成功，卒致損威而棄衆。指揮劉淮、姜宣、丘漢、王濟，千户楊鳳、馬武、曹廉、范清、褚經，百户彭芳、劉瑄、丁杲，發兵未聞向往，臨危亦欠敵愾。指揮金章，以公差而蹈危機，議發兵而無干預。管糧參政胡濂，會處一城，欠阻衆議。各官情犯不同，俱難免罪。又稱參議蔡潮先有撫捕保障功，後有監軍克敵功，與參政胡濂籌畫給餉，勞勘居多。都指揮王言雖稱功少，於夷賊攻圍之日奮勇退敵，保全孤城。及已故都指揮潘勳，生前調度、撫處俱有可録。要將蔡潮、胡濂并都指揮滿弼，指揮王濟、丘漢，百户劉瑄，原著功次准贖前罪，多餘之功仍量升賞。都指揮王言、金章，指揮劉淮、姜宣，千户楊鳳、馬武、曹濂、范清、褚經，百户彭芳、丁杲，各將功贖罪。陣亡都指揮權繼武，千户伍經、何宏，百户顧恒，病故都指揮潘勳，各令應襲兒男承襲原職。内權繼武、伍經、何宏、顧恒并義土兵死於行陣，似應量與恤典，等因。臣等參詳得，各官既稱蔡潮用群小之計，僥倖一試，以致失利，殺死都指揮權繼武等官軍一百六十五員名，難以免罪，却又稱蔡潮先有撫捕保障功，後有監軍克敵功，要准贖罪，多餘之功仍量升賞。緣查前項巡撫都御史曹祥等奏內，據蔡潮所呈，明開四川播州土舍楊弘率領土兵三千前去救護，斬獲賊級，前賊稍退。又稱參將洛忠領軍二千五百，奪過江口，開通道路，進抵清平，解圍蘇困，一城生靈幸得保全。顯是保障清平，乃楊弘、洛忠之功。蔡潮雖與金章發兵，斬獲首級，其指揮王玘[二二]等被賊殺死，及劫燒屯堡，殺虜人畜數多，皆係蔡潮分守地方，所斬首級尚不足以贖前罪。其後大軍征進香爐山，委用蔡潮監督左右哨，不過紀驗首級，別無功迹。彼時與蔡潮一時分哨紀驗功次僉事許效廉、詹源，該本部題奉欽依，各賞銀十兩、紵絲二表裏。其蔡潮監哨、紀驗功次，若不犯罪，亦不過如許效廉等擬賞，別無多餘之功。況查前項巡撫都御史鄒文盛奏稱，據右參議蔡潮稟報，香爐山苗賊要來大路劫糧，會議發兵，出城遏截，果遇苗賊對敵，殺死五十餘賊，都指揮權繼武等不知存亡，等因，顯是蔡潮誘殺苗賊，失事罪重，妄捏賊來大路劫糧，殺死五十餘賊，以欺都御史鄒文盛，掩蔽己罪，情弊顯然。又查前項御史周文光奏稱，該鎮守貴州總兵官都督僉事李昂案驗，正德十二年九月初一日出師，初四日抵平越。初五日，據參議蔡潮差吏劉曜稟稱，彼正在設謀計獲首惡，倘兵齊到清平，恐苗驚疑，必須住札，稍緩數日。初六日，又據千戶鄭裕賫到參政胡濂、參議蔡潮、都指揮潘勳等各稟前因相同，等因。緣大軍初四日已至平越，被蔡潮阻止，以致失機，罪尤昭著。今鄒文盛等將蔡潮前罪俱隱匿不勘，却稱別有餘功，要加升賞。伏睹《大明律》內："戲殺、誤殺各以鬥殺、故殺論，及告報軍期違限因而失誤軍機，望高巡哨之人失於飛報以致損軍，皆坐重罪。"今蔡潮明知總兵官李昂欽奉上命，統兵征進，已臨賊境，乃敢陰懷妬忌之心，公行阻止，欲自邀功，輕信間諜，誘殺住寨苗賊，擅調官軍，不備糧餉，以致殺軍失將，大損國威。又敢捏報苗賊下寨，前來大路劫糧，發兵截殺，斬首五十餘顆，故捏虛情，遮飾欺罔，原其罪犯深重，法難輕貸。及各官奏稱都指揮王言於夷賊攻圍之日奮勇退敵，保全孤城。今查紀功冊內，止開王言率家丁斬首一顆，同衆擒獲首賊一名。都指揮滿弼，奏內擒斬六名顆，冊內止開斬首一顆。指揮王濟，奏內斬首九顆，冊內止開斬首三顆。又先該巡按御史李顯參奏王濟地方失事，戴罪殺賊。指揮丘漢，奏內四顆，冊內止開三顆。都指揮金章，奏內擒斬二十二名顆，冊內俱開。無指揮劉准，係劉懷錯寫名字，斬首一顆。指揮姜宣斬首二顆，千戶馬武斬首一顆，曹廉斬首二顆。俱功微，又與都指揮王言、滿弼，指揮王濟、丘漢俱係領軍官，雖有斬獲首級，舊例不許報功。及千戶楊鳳、范清、褚經，百戶彭芳、丁杲，冊內俱無開有功次，俱難准贖前罪。合無本部移咨都察院，行接管巡按貴州監察御史熊蘭，將蔡潮、王言、滿弼、金章、王濟、丘漢、劉懷、姜宣、楊鳳、范清、褚經、彭芳、丁杲十三名通行提問，分別情罪輕重，依律議擬，奏請發落。干礙原勘問官，參奏定奪。其參政胡濂，既稱事起蔡潮等，胡濂止是欠阻衆議，後平賊寨督餉有功，并百戶劉宣〔二三〕，冊既開有斬首三顆，合無各准贖罪，俱免提問。再照都指揮權繼武、潘勳，千戶伍經、何宏臨陣先退，被賊殺死，百戶顧恒又克留官銀，致失事機，俱難優恤。其已勘明被賊殺死義土軍兵一百六十五名，并外有隱匿未報殺死軍兵，皆由蔡潮等故不設備，倉卒督調，以致殺死，委的情有可憫。合無亦行御史熊蘭，嚴督該管衛所官員盡數查出，行令布政司動支官錢，將各家屬量加賑給，以示優恤，畢日布政司造冊奏繳查考。及照原參都御史鄒文盛、總兵官李昂素無約束，致令潘勳、蔡潮等擅弄兵權，又聽蔡潮阻止進兵，以致失事，候班師之日，有功准贖前罪。今已班師，香爐山苗賊悉已剿平，鄒文盛、李昂合無俱免究問。

正德十四年六月二十三日具題，奉聖旨："是。蔡潮等提了問。被殺義士軍兵已勘明并未報的，各依擬優恤。胡濂及劉宣准贖罪。鄒文盛、李昂俱免究問。"欽此。

爲積年草賊嘯聚山林劫殺人財攻燒村寨事

看得雲南巡撫都御史何孟春等奏稱，十八寨强賊聚至數千，攻燒村寨，劫殺人財，地方受害，要調兵一萬，委官管領。及查支剩餘丁銀兩，備寧興賞犒之費。天道人事，既難猝舉；乘閑伺時，亦合早慮。除行三司等官查照，逐一議處，仍請鎮守衙門欽降旗牌，督催土兵，聽候相機撫捕。及將在逃知府張緝指以用兵科派銀兩情罪勘報另奏，等因。臣等議得，朝廷於額外臨安添設副使，奉敕專一整飭兵備，及雲南設置鎮巡官，其責莫大於防邊衛民。今弥勒州監生、百姓之家累被十八寨强賊攻劫殺虜，死徙過半，而副使吳便若罔聞知，縱容知府張緝假以調兵科斂財物，重爲民害，不惟風紀蕩然，亦恐通同作弊。合無本部移咨都察院，行巡按雲南監察御史，將副使吳便行提，并差人挨拿在逃知府張緝，依律問罪監候，奏請發落，以警將來。仍咨吏部，推舉附近雲南地方廉幹官員以代吳便，本部行文何孟春，將處置十八寨强賊事宜作急會議停當，應撫應剿，果斷施行，不必仍誘下司展轉疑議，含糊不決，致誤事機，養成大患。如或故違，聽巡按御史指實糾奏。

正德十五年七月初一日具題，奉聖旨："是。十八寨强賊聚集人衆，攻燒村寨，劫殺人財，地方十分受害。吳便、張緝，都着巡按御史提了問。何孟春等議奏地方事情，執持兩端，含糊不決，好生有負委托，着上緊會議停當，奏來定奪。如或仍前怠玩，致誤事機，罪有所歸。"欽此。

校勘記

〔一〕"砍"，據文意疑有誤，待考。

〔二〕"朔"前，據文意似脱一"陽"字。《宋史》卷三百九十二同《趙崇憲傳》："静江之屬邑十，地肥磽略等，而陽朔、修仁、荔浦之賦獨倍焉。"

〔三〕"金"，疑當作"全"。

〔四〕"岷"，疑當作"氓"。

〔五〕"升"後，據文意似脱一"俸"字。

〔六〕"同"，據文意似衍。

〔七〕"地"，疑當作"他"。

〔八〕"爲謀"後，據文意似脱"未見"二字。本書本卷《爲捷音事》："周吉自接管守備以來，失事頗多，爲謀未見。"

〔九〕"憤"，疑當作"債"。

〔一〇〕"憤"，疑當作"債"。

〔一一〕"憤"，疑當作"債"。

〔一二〕□，底本爲一空格，疑當作"暫"。

〔一三〕"借"，疑當作"僭"。

〔一四〕"注"，疑當作"住"。

〔一五〕"洛中"，一作"洛忠"。本書本卷本文："一面量調本省官、土義兵并偏鎮等衛戍兵，行委參將洛忠、守備都指揮周吉、指揮楊仁等統領。"本書本卷《爲十分緊急賊情叛苗數萬晝夜設計攻打城堡人命倒懸急請兵糧懸望解圍事》："其參將洛忠等俱令戴罪殺賊，勉圖後效。"

〔一六〕"兵"，疑當作"舍"。

〔一七〕"楊張"，疑當作"楊弘"。

〔一八〕"石"，疑當作"擔"。

〔一九〕"石"，疑當作"擔"。

〔二〇〕"洎"，據（明）孫旬《皇明疏鈔》卷六十王瓊《貴州捷音疏》當作"滔"。

〔二一〕"之"前，據上文有一"盤"字。

〔二二〕“王玘”，一作“王杞”。本書本卷《爲十分緊急賊情叛苗數萬晝夜設計攻打城堡人命倒懸急請兵糧懸望解圍事》：“湖廣偏橋等處苗賊聚衆劫掠，逼近清平衛，殺死指揮王杞，勢甚猖獗。”本書本卷《爲捷音事》：“陣亡指揮王杞，百户李英、汪純、方桂及義兵胡裕等三十餘人。”

〔二三〕“劉宣”，一作“劉瑄”。

清軍類

國初，乘大亂之後，民多流離，失恒産。然當是時，官皆畏法，不敢虐下，故建衛徙軍，多安其役。自後日漸承平，流罪者悉改充戍，故人有懷土之思，不能固守其新業，於是乎逃亡者十常八九，而清勾之令遂不勝其煩擾矣。以軍伍消耗爲憂者，務嚴其法，然法益嚴而民益擾，終不能使之安其業而不逃，此非法之不善，勢不能也。蓋民貧不自愛，始輕犯法，又遠徙爲軍，亦必不能自存，所至逃逸者，其勢則然耳。至於遠年故絶軍户，必使有以繼之，則其爲害滋甚，又惡乎其可乎？故今清軍之法，當以寬爲主，庶幾閭閻少得休息耳。況兵貴乎精，而按籍勾補者率多老弱疲羸，糧餉費而無用，是二者之事理又有不相當也。然則變通之道宜何如？亦曰募其土著之精鋭者，撫而用之，則兵亦不患其不足矣。

爲陳愚見以蘇民困事

看得御史馬録所奏清理軍伍，重複造册勾擾，貽累平民致死情弊，切實簡當，急當准行。今將所言開立前件，查議明白，伏乞聖裁。

正德十年七月初三日具題，奉聖旨：“是。”欽此。

一、清理軍伍，國家重務。前件。查得《軍政條例》内開：“所勾軍士，若有丁盡户絶，并山後等處人民，挨無名籍等項三次，有司保結回申，委無勾取，軍衛有司各另造冊，轉繳兵部開豁。"今照各處衛所官吏不行遵守，又將已經五次、十次保結無勾軍人一概造冊開勾。今後各處衛所將先曾三五次保結，并今次重行清審明白無勾者，俱且住勾，不許重複造冊勾擾。若有故違，查勘是實，照依奏准榜例，查問當該官吏。此係見行事例，奈何管軍官旗據案抄謄，求便一己之私，清軍官員欲逭己責，圖轆三分之數，多方捏故，頂名解補，冤抑平民，負累長解，誠有如御史馬録所言者。合無本部移咨都察院，通行各處清軍御史，如無清軍御史處行巡按御史，公同布、按二司清軍官，選委各府州縣賢能官員悉心查勘，以爲一勞永逸之計。取具各該官吏、里書、鄰佑人等重甘執結，果係丁絶户盡、累經保勘回申者，備細造冊，限一年以裏繳部，以憑轉行各該衛所開豁。其承行官吏人等，敢有以見作絶及將開豁軍名仍復造冊勾擾、冤抑平民、搪塞完號者，俱聽清軍御史參問，庶乎弊源永塞，而軍民安業矣。

爲修武備以振文教以隆治道事

看得御史吳華所奏，大意謂承平日久，武備廢弛，一遇盜起，倉卒失措，要照提調學校官員事例，專委清軍御史并兵備副使等官，選練官軍，料理民兵，責其成效。臣等伏睹國朝制度，民以供軍，軍以衛民，自分爲二。後因内地衛所官軍盡撥戍邊及分番宿衛，又漕運、京儲撥軍一十二萬，由此内地衛所行伍空虛，乃選官軍舍餘，操練守城。正統間，始令州縣僉選民兵自衛。自是兵困於調撥而離失屯守，民苦於差操而妨廢農業，兵制至是始變矣。近年山東、河南盜起，議者不思退還京操官軍，使得自衛，乃用邊軍入征内地，盜賊雖平，而百姓已深被害。所以御史吳華奏，要專委清軍御史及兵備副使等官，選練官軍，料理兵民[一]，無非鑒前失、防後患之意。但各處都御史巡撫原奉敕內，以操練軍馬、禁防盜賊爲首務，御史巡按嚴督衛所官軍守禦地方，亦載《憲綱》。至於三司守巡等官，俱係額設，各有地方防禦之責。其兵備副使多係後來添設，或有或無，隨設隨革，難爲定額。今若專委清軍御史、兵備副使等官選練官軍，料理民兵，其清軍御史未免與巡撫、巡按官計議，方可施行，誠恐互相掣肘，愈難責成。況本部先年奏差清軍御史，令其專清軍伍，三年交代，以責成效。今若又令兼理選練武備，恐地方廣遠，顧理不周，兩相妨誤。合無遵照舊例，通行各該巡撫、巡按官，嚴督三司守巡、兵備等官，將各衛所原選守城、捕盜官軍舍餘并各州縣原設民兵嚴加訓練，緝捕盜賊，處置供給，禁止科害，務使武備修舉，地方安靖。如遇草賊生發，務要依律火速奏聞，聽本部即時議奏，調撥軍馬剿捕撲滅。

正德十年十月二十八日具題，奉聖旨："是。"欽此。

爲清理軍伍事

查得先該本部奏，查得天下都司衛所每歲差去勾軍官旗不下一萬六七千名，較其所勾之軍，百無一二到衛。有自洪武、永樂年間差出，到今三十餘年，在外娶妻生子，住成家業，通同軍戶，窩藏不回。本部屢奏前弊，蒙敕各布政司、按察司并巡按監察御史挨捉奏報。然勾軍官旗多有懷奸挾詐，往往東潛西躲，以致奸弊不除，官府被其攪擾，百姓罹其苦害，徒有勾軍虛名，而無補伍實效。已經會議奏准，令在京在外都司衛所不許填給勘合，差人勾軍，止將遞年逃故等項軍丁姓名、貫址造冊送部，轉發清勾，合用監察御史十七員，分定地方清理。宣德十年十一月二十二日本部官奏，節該奉英宗皇帝聖旨："是。但近年水旱飢荒，百姓逃移，還未盡復業，待明年秋成後着去。"欽此。已經通行天下都司衛所，并浙江等布政司、直隸府州欽遵去後。今照天下都司衛所，遞年逃故等項軍士數多，遇警調用不敷。今內外衛所將該勾逃故軍名、貫址造册，陸續到部，即日秋成，欲照先奉欽依事理，將原保清軍監察御史陳穀等分定地方，請敕前去，着落各布政司、按察司、直隸府州各委官一員，分投嚴督所屬州縣，將册內坐去軍人照名勾軍補伍，庶爲允當。今將清軍合行事宜欲便備榜，就令監察御史齎去，通行曉諭禁約，未敢擅便開坐。內一件"清理軍政"，監察御史每歲八月終，照巡撫官事例，具清解過軍數回京。正統元年八月十二日，本部尚書王驥等於奉天門奏，奉英宗皇帝聖旨："是。着府州縣今年有災傷、人民缺食處，宜加優恤，待來年秋成後整理，不許急迫，重有擾害。"欽此。又查得該兵科左給事中郭鏜等奏內一款"清理軍伍"開稱，先該兵部尚書項忠等奏，差御史一十一員，前往江西等處清理軍伍，三年一次換清理。方今水旱災傷，無處無之，若又照舊清理，不過逼民逃竄耳。如蒙乞敕兵部計議，查照災傷去處，照依往年事例，暫且停清，等因。奏奉憲宗皇帝聖旨："該衙門看了來説。"欽此。該本部看得，所奏要將災傷去處照依往年事例暫且停清，若有先前清出軍丁，亦要存留，待候豐年解發，另行查勘，奏請定奪，等因。成化十三年十月初二日具題，節該奉憲宗皇帝聖旨："准擬。"欽此。又查得爲照例停免清軍官員以蘇民困事，該本部議得，各處地方見今盜賊充斥，災傷重大，各該清軍御史合暫停免。本部欲咨都察院，將山東、河南、江西、湖廣、四川、福建、浙江，并北直隸順天、保定等處，南直隸蘇松等處各清軍御史暫取回京。其見今該清軍士并各府州縣清軍官，候盜賊寧息、地方收成起解，地方可保無虞，等因。正德六年三月十二日具題，本月十三日奉聖旨："是。"欽此。又查得爲地方災異事，該本部題，該巡撫雲南右副都御史洪遠奏稱，雲南地方夷寇搶劫村屯，拒殺官兵。本省遞年該勾軍士多係夷羅，清查起解，比之別省，十無二三，乞將本省清軍御史暫且取回。又該巡撫貴州地方右副都御史蕭翀奏稱，貴州地方苗賊作亂，連年調征，屢歲旱荒，缺食貧難。況貴州二十衛所俱是充發軍人，比之雲南，軍數尤少，軍政清理相應暫停，將雲貴清軍御史暫且取回，等因。該本部議得，所奏俱應俯從，雲貴清軍御史暫取回京。該清軍伍，着落布、按二司并各府州縣清軍官員清查起解。正德十年三月十七日具題，本月十九日奉聖旨："是。"欽此。通行欽遵外。今查得，宣德十年原擬差御史十七員，每年八月終照巡撫官事例，具清過軍數回京。後止差一十四員，內兩廣、雲貴共二員，南直隸二員，北直隸一員。見今湖廣、雲貴、陝西、四川監察御史四員俱取回停止。又查得，福建實有軍士九千，四川七千，湖廣五千，陝西、廣東各二千，江西一千，廣西八百，雲南七百，貴州五十餘名，南直隸府分各不及萬，北直隸保定等七府并順天府共實有軍士七千餘名。前項各司府實有軍人數內，在逃該勾軍人，其數又少。臣等議得，前項本部節年奏行清軍事例，固是充實軍伍之意。但自宣德十年以來，朝廷慮清勾太急，逼迫逃移，初奏差官之時，即令待秋成方去，後因災傷、用兵屢爲停止，又因兩廣、雲貴軍少，俱二省併差一官，無非欲休息小民、保固邦本之意。及初議差官每年八月照巡撫官事例，具清過軍數回京，其後方議三年更換，亦非舊例。今查福建、四川、陝西、廣東、江西、湖廣六處併南北直隸各府，實有軍士各不過數千，廣西、雲南、貴州三處實有軍士不過百十，內有逃亡所當清勾者，責之司府官員自可理辦，似不必專差御史一員督理。雖稱雲貴、兩廣各共差一員，但地方廣闊，豈能遍歷？況今蘇、松、淮、揚等處災傷極重，并其餘無災地方催徵起運京、邊稅糧，及派辦營造等項工匠、物料，比常繁重，民不聊生。當此之時，若不從寬撫恤，逼迫逃竄，關繫匪輕。合無將湖廣、四川、陝西、福建、江西、兩廣、雲貴、南北直隸軍少去處，今後俱不必差。除湖廣、四川、陝西、雲貴見已停止外，其餘俱取回京。其該清軍伍，聽本部查照《軍政條例》，嚴督司府等官照舊清勾，及聽巡按御史、按察司分巡官遵照《憲綱》糾察查理。惟浙江、山東、山西、河南四處軍數頗多，照舊各差御史一員清理。務將應繼之人勾解補伍，不許將見在應役者妄解戶丁查理，及將遠年丁盡戶絕者一概勾擾，取足分數，逼民逃竄。及照正統元年，本部原擬清軍御史每年八月終回京，今合照巡按、巡鹽、巡關等項監察御史出差事例，扣滿一年，差官更代。

正德十四年二月十七日具題，奉聖旨："是。"欽此。

爲清理軍伍事

議得軍人在逃，必須造冊清勾，但遠年丁盡戶絕者重複造冊，徒爲勞擾，無益於事。及軍人在逃，懼爲原籍親鄰所識，往往逃於異鄉，潛住影射。是以正統年間本部議定《軍政條例》，但係曾經保勘丁盡戶絕并挨無名籍等項三次以上者，俱准開豁，不許重複造冊勾擾。及所造文冊，雖發原籍清勾，又令逃軍所在官司，許其捉拿取問，并將窩家發遣充軍。議處周詳，永宜遵守。奈何歷年以來奉行不至，無勾軍冊重複開造，動以百數，紙札、工食等費皆自軍民出辦，苦累不堪。及比較勾軍，止責有司務足分數，其別省得獲逃軍，不見追問窩家及地方官司故縱情由以治其罪，故文移雖繁，事無實效。見今內外營衛軍伍消乏，若不申明舊例，嚴加禁治，則勾補軍伍豈得充實？合無本部通行各都司衛所，先將天順八年以前開逃至今未解軍士俱與開豁，不許重造在冊。仍通行各布政司并直隸府州，今後不必另造回答文册，就於原發去各衛所勾軍册内前件項下，逐一注寫"回答"、"逃故"等項緣由明白，各用本司府州印信鈐蓋，照例差人賷送。本部行令委官主事督同清軍監生、當該吏典查對無誤，將保勘三次以上丁盡户絶并挨無名籍等項例該住勾者，亦就於原册前件上注寫"開豁"二字，用本司印蓋，轉發原造册衛所查照，以後造册不許重複開寫，仍將發去原册同新册繳回，再對無誤，收架備照。以後各司府州回答填注文册，本部收架，不必再行發去。其各衛所開逃文册，例該每年終一次開造，但到京地里遠近有差，今定與寬限，遠者不許過次年五月，各賷到部。違限者，係直隸者類行巡按御史，係各省者行按察司，將首領官吏查提。違限半年以上者，并將衛所掌印官參提治罪。若係賷册人役在路稽遲，一體送問。如本衛所無逃軍者，與之查照分豁。其各處司府州清勾逃軍回答文册亦照軍衛文册，限次年五月以裏送部，違限者亦照前例究問施行。及各衛所每年五月以裏造送清軍文册一樣二本到部，亦定限期，務在七月以裏查對完畢，一本本部存留備照，一本轉發各司府州，仍類總填給堪〔二〕合，交付公差并新選軍民職官順賷前去，明白交割。其賷册人員合用舡隻、車輛、馬匹、腳力并廩給、口糧俱照例應付，不得似前陸續給發，遺累驛遞。其限外到者，不必拘用此例。仍於武庫清吏司五府科當該吏内再改撥册科二名，與舊設二名共四名，專一收查清軍文册，役滿交代明白，方許離役。又通行各該巡撫、巡按、清軍御史等官，嚴督軍衛有司及守把關津官吏人等，但有來歷不明經過延住之人，不許容留縱放，就便拿送所在官司，審係逃軍，務要追治及審究歇家。如果知情窩藏，及地方官司容隱藏匿、不行舉首者，照依律例，問發充軍等項發落，不許輕縱。

正德十四年五月十一日具題，奉聖旨："是。清理軍伍係是重事，恁部裏既議處停當，今後都依這例行。"欽此。

驛傳類

爲乞恩俯念地方查照舊規處置
夫役以蘇貧軍困苦事

　　看得天津三衛指揮使司掌衛事都指揮同知賀勇等奏稱，各項公差舡隻南北經過天津俱是上水，每舡俱要撥夫二十名。各衛原無設立拽舡軍夫，止將概衛京操等項正軍月糧，每名扣除銅錢三十文，設立綱頭，責令雇覓沿河遊食之人拽送。其每月所收銅錢止折銀二百九十一兩五錢三分，不勾數日支用。不意今年二月以來，舡隻分外指以貢獻爲名，加倍索取。管進束香王監丞等，分外勒取銀兩數多。南京尚膳監康太監管運鮮筍，將指揮劉良墩鎖在舡，勒去貼夫銀五十五兩。比之先年，貼舡銀數加至一倍。即今三衛天旱月久，人民逃竄，地方驚惶。各項舡隻陸續將到，似此加倍科貼，各官俱被凌虐，辱如囚虜，賤如犬馬，情苦不能盡陳，奏行撫按衙門，徒爲虛文。乞敕本部會議，嚴加禁約，添撥民夫協濟，或將餘稅等項銀兩給發，或暫免一二年等情。係干激切困苦軍情，若不查究議處，恐生激變，關繫匪輕。合無本部移咨都察院，轉行兼管巡河御史，督同天津兵備副使，查勘所奏今年三月以來王監丞等勒要貼夫銀兩、墩鎖指揮劉良等項事情，如果是實，指實參奏。仍請敕南京守備太監黃偉等，戒諭[三]公差、進貢等項官員，今後務要鈐束下人，沿途經過不許分外逼勒，多取貼夫銀兩，致生激變。本部再行巡撫保定等處都御史，督同天津兵備副使并各衛掌印官，將天津三衛拽舡軍夫查照先年事例從長計議，或摘留軍餘，或別爲區處，俱聽從宜施行，務使事有定規，勿致遺累所司。其有應具奏者，具奏定奪。仍嚴加禁約，再有似前逼勒，多取貼夫銀兩害軍者，聽該衛官指實徑直奏聞區處。其例該應付夫役，照舊摘撥應付，不許遲誤。

正德十一年五月十八日具題，奉聖旨：“是。近來進貢等項舡隻，該管官員不能鈐束，縱容下人挾勢騷擾地方，若不查究，誠恐激成他變。便行與管河御史、郎中等官，將奏內有名官員分外勒要貼夫銀兩、凌虐職官等項事情備查明白，開具實迹，奏來定奪。餘税銀兩，准與幫貼雇夫應用。此外別有通融處置事宜，還着撫按等官查議了來説。”欽此。

爲定處廩餼以便公差事

看得廣東布政司右布政使吳廷舉奏，要會官計議，如臣言可取，流弊當更，則畫爲定規，鐫示各驛，但有犯者，依法施行，所貴寬其制以養有道君子之徒，嚴其令以懲過取小人之輩，等因。中間引用經典，推原律意，非達治體不能及此。先年本部議擬，公差官員廩給之外不許供饋鹽醬菜蔬，不惟立法過嚴，抑且官員到彼自買鹽醬蔬菜置辦飲食，亦於大體有所不宜。今吳廷舉奏稱，江西南浦驛庫子每年編銀二千餘兩，廣東五洋驛庫子每年編銀一千餘兩，先年議編，必有所用。況用法太刻，止妨君子，例外求索，其弊未除，誠有如吳廷舉所論者。合無本部通行廣東等處地方，凡各官公差在外，照依定例應付廩給，合用柴炭、油醬、鹽醋、菜蔬，俱照各處舊例措辦應用，從實銷算，此外不許饋送下程及折銀等項。如有故違，與者、受者俱照律例從重參究治罪。

正德十一年八月十八日具題，奉聖旨：“是。”欽此。

爲公務事

看得巡撫保定等府都御史臧鳳奏，乞於正德十二年重編驛傳，將銀限爲等則，上馬定銀一百四十兩，中馬一百三十兩，下馬一百二十兩，將各馬驢入站地畆通融均攤，集價發驛，止令一家應當，或令十戶輪當一節。查得馬驛論糧僉點馬戶，不論人戶多寡，乃洪武年間《欽定諸司職掌》事例。今要將銀限爲等則僉點馬戶，有礙舊例，擅難准擬。及前項各年事例通查明白，合無候本部奏行審編之期，其保定等府所屬馬驛，如果論地頃畆計其該納糧石不及原數者，照例幫僉；若原設糧僉馬頭及有充發市民年久消乏未曾解補者，俱臨時斟酌，議處補足。其餘幫差馬匹及分外費用，通行嚴加禁約，不許違例應付，多添價銀，貽累小民。

正德十一年九月二十四日具題，奉聖旨："是。"欽此。

爲懇乞天恩辯明重複差役
急救困苦免致逃移等事

照得先因南方馬價過期不解，負累土民，欽奉明旨："還起原籍馬頭前來應當。"欽此。臣等慮恐江南馬頭原無審編，一旦起取，人情不便，事體難行，議擬行各該巡撫、巡按等官從長議處，具奏定奪。題奉欽依："還着巡撫、巡按等官議處停當，奏來定奪。"欽此。今巡撫南直隸、江西都御史張津、孫燧，巡按御史孫樂、李潤俱奏，解人應當不便，要照舊徵銀，定限完解，雇人應役。其浙江、鳳陽等處巡撫、巡按官雖未奏到，事體相同，若候通奏到日議處，誠恐遲誤。合無俯從張津等所議，通行照舊徵銀完解，俱自正德十二年爲始，除南京會同館徑解南京兵部交納外，其餘係北方各驛夫役每年該徵馬價等項銀兩，各照原編則例，務在年裏追徵完足，煎銷成錠。係浙江、江西者俱經由本布政司，直隸等處經由各府，就令部運户部京邊錢糧委官照依原定限期帶解，俱於批文内分豁各該地方馬頭明白。南直隸解淮安府，山東、河南俱解臨清州，會同館、北直隸俱解順天府，各照數交收寄庫，出給實收公文，交付委官，赴本部查照明白，給與委官批迴銷繳。仍通行河南、山東等布政司并直隸各府，逕自照舊差官領回給散。若查出數内有違限三個月之上不解到部者，本部咨都察院，轉行巡按御史，將布政司分守官并所屬各府及直隸各府掌印官俱住俸，各州縣經該官吏俱提問住俸，完日方許收俸。若遲至次年限外不完，將布政司分守并各處掌印官俱參奏提問。其部運委官違限，行移户部一併參究施行。其正德十一年以來拖欠馬價銀兩，仍行見差郎中王崇獻查勘明白，應追徵者上緊督徵追解，應分豁者具奏定奪，務要事完方許回部，以後本部官不必再差。

正德十二年四月二十日具題，奉聖旨："是。都准擬行。"欽此。

爲急缺走遞馬匹事

看得榆河驛馬站百户高玉呈稱，本驛原額馬一百二十匹，陸續倒死，今止有馬三十一匹，答應不前，乞要關領原額馬數一節。查得該驛近該本部題准給與馬四十匹，并見在馬四十一匹，共八十一匹。今半年之間，又倒死五十匹，中間必有作踐致死情弊，欲候查明至日撥給，但本驛急缺馬匹，誠恐有誤應付。合無本部一面行移太僕寺，於寄養馬内量取四十匹，照例印烙給撥，該驛領回走遞。仍咨順天等府都御史，坐委公正官一員，親詣本驛，查勘原領馬匹，除五年之上倒死外，其未及五年倒死者，務要查究因何作踐致死，曾否告官相視保勘。如有剋減草料、作踐致死及盜賣等項情弊，依律參究治罪，仍照例追收樁頭銀兩送部，轉發太僕寺收貯，買馬支用。

正德德[四]十三年七月初八日具題，奉聖旨："是。這驛馬不拘常例，作急准給與他八十匹走遞應用。其餘照例行。"欽此。

爲計處驛傳以便官民事

看得巡撫都御史秦金奏，要比照浙江、蘇松原僉北方馬頭事例，將湖廣所屬各驛遞夫役，除原係先年免軍額充見在者難以更動，其餘糧僉者，隨糧帶徵銀兩，雇夫應役，著爲定例，永遠遵守，并開議"清夫役"、"定規則"、"均出辦"、"嚴稽考"四事，皆議處精詳，關防周密，事已施行，難以別議。但立法雖善，行之在人。先年巡撫河南都御史徐恪照蘇松事例，將河南驛傳夫銀隨糧帶徵，雇募應當。其後糧銀歲有逋欠，兼以災免，不能周給，所雇夫役率多逃亡，旋議復舊。今秦金奏稱每年限十二月終徵完，違限者，掌印、管糧官住俸提問，本官亦已預知必有此弊矣。合無本部移咨都御史秦金，督同布政司官，再將驛傳夫役每年合用銀兩通算其數，却將各該州縣田糧計算每年該徵銀兩若干，使一歲所入務足一歲所出之用，稍存贏餘，以備不虞。仍將驛傳銀兩另項徵收，不在蠲免之例。其所收銀兩，除雇夫、買馬、置買鋪陳事干驛傳者動支外，若修理公廨等項，不許動那。其餘事宜，悉依秦金所擬施行。

正德十三年七月十一日具題，奉聖旨："是。"欽此。

爲審編驛傳事

照得本部先於正德十一年九月內題准，通行天下審編驛傳，限六個月以裏編完奏繳。又於今年四月內題准，通行住俸，再限半年造完。豈期各司府州官吏闒茸不職，自前至今二年之上，尚未審編完結。即今各處驛傳，舊夫因滿十年，多有躲避，不行應役，新夫又未僉補，以致急缺應付，失誤傳報，所據各官通合究問。合無本部移咨都察院，通行各該巡按御史查勘，自文書到日爲始，凡驛傳文册未完奏繳者，將司府州掌印官通行提問，照舊住俸，督催完造。内有到任未及半年之上者免提，已遷官去任者參奏定奪，量加罰治。仍咨刑部，將順天府治中楊浩提問，行令該府作急别委官員審編完報。

正德十三年十二月十三日具題，奉聖旨："是。"欽此。

爲陳情乞恩分豁紊亂舊制册外新添驛傳逼民逃竄以蘇困苦等事

看得河間縣民人劉溙等奏稱，本府同知王汝翼審編驛傳，不查臣等各户黄册内原編地畝，額外添編馬驢數多。臣原額站地止是十畝，今增地五頃一十四畝。即今該驛拘拿家屬墩鎖，追要馬驢、什物等件，不得安生，乞要憐憫，分豁查處以復舊規一節。照得天下驛傳，馬驢、夫役論糧僉充，各有額數，十年一次查審，内有消乏者僉替，並無許令額外加增。今同知王汝翼乃敢擅改舊制，額外任意加增。如奏人劉溙原額站地止是十畝，今增五頃一十四畝，係干加賦害民重情，該府掌印并巡撫官俱不駁查改正。及爲東光、肅寧等縣民人劉旺等奏發，已經本部咨行巡撫都御史張嵩查勘，改正回報，却又坐視民患，日久不爲分理，通屬有違。合無本部移咨都察院，行巡按河間等處監察御史，選委别府廉幹官一員，會同河間府知府，吊查先年原額驛傳文册，與今同知王汝翼新編文册逐一磨對改正，遵復舊規。内有消乏者，照例僉替，另造文册，通行所屬州縣遵守應當，仍造册奏繳，送部查考。除同知王汝翼病故外，但係有罪應問人犯，就便提問，應參奏者參奏提問，干礙巡撫官員，奏請處治。及照各該驛遞馬驢、夫役數目原有定額，近年往往泛濫撥給，擾害多端，實無定數。合無行令巡撫、巡按官申明舊例，嚴加禁約，但有犯者，究問如律。

正德十三年十二月二十二日具題，奉聖旨："是。" 欽此。

馬政類

國朝馬政，其在陝西、遼東者畜於監苑，其數少。畿內及山東、河南者養於民間，其數多，至十二萬五千匹，每歲取駒五萬匹，以十歲計之，得馬五十萬匹。積多民不能養，遂多損耗，乃責令償補，而民始困矣。其給京營官軍騎操者，每年四月下場牧養，冬春給豆，三月後雖添支草兩月，然軍貧亦不能贍，故多羸瘦，且歲常病死者數千餘匹，軍民蓋兩病焉。正德初，御史王濟建議歲減科駒之半，民困稍蘇。然又惟取大馬，價復涌貴，民尚不堪，而騎軍不給荔豆，馬多餓死，尤可惜也。故議者欲量定京營之馬，以一萬爲率，月給料草，不必下場，每季終計其虧欠之數，於寄養馬內取補。其近京寄養之馬，亦以一萬爲率，每季終計其缺乏之數，於民間挨次取補，必使常滿一萬之數。又通計一歲所入之馬，除解發寄養外，餘皆折銀解京，折放料草，及備非時買馬之需，庶馬不虛耗，軍民兩便，而得變通之宜矣。

爲修舉馬政事

查得永樂年間，北直隸各府州縣俱養孳牧馬匹。至宣德四年，搭配成群，因順天等府別無空閑人户，將山東兗州、濟南、東昌三府所屬州縣人户給領牧養。至正統十一年，又將河南彰德、衛輝、開封三府所屬州縣人户給領牧養。正統十四年，因虜寇犯邊，缺馬騎操，將順天府所屬州縣寄養備用馬匹、原養、孳牧分散永平等府領養。弘治七年，又將保定府易州等七州縣、河間府靜海等三縣寄養、原養、孳牧另給滄州等處領養。弘治九年，該本部奏差給事中等官韓祐等，勘處過直隸保定等府舊例，論糧養馬，每免糧五十畝養兒馬一匹，一百畝養騍馬一匹。山東、河南濟南、開封等府舊例，論丁養馬，每有力人五丁養兒馬一匹，十丁養騍馬一匹。俱照舊例，每騍馬四匹搭配兒馬一匹，領養孳牧，科駒起俵。弘治十二年，又該本部奏差給事中等官王廷等，勘處過順天等府所屬霸等州，宛、大等縣，人户每免糧地五十畝，悉照舊例編養備用馬一匹。節經領養，遵行年久，事體已定。孳牧、寄養馬匹，論糧論丁，派養民間，俱係祖宗舊制。節該本部奏差給事中等官，將直隸、山東、河南孳牧種馬，及將順天等府寄養馬匹照例勘處，丁糧編派領養，遵行已久。今太僕寺卿楊廷儀建議更變，固是優恤畿內之民、修舉馬政之意，本部已經依擬具題，差官分派。荷蒙聖明慮恐擾民，還待下年豐收之時舉行。即今雖是秋深在邇，但各該地方尚有災傷，未見豐稔。況查登、青、萊等處極臨海隅，雖不養馬；易州山廠斫柴夫役所繫甚重，民不聊生；懷慶等處山多地少，水草不甚便利：先年議處，皆有深意。今若差官前去，拘集平民，分派養馬，不惟紛更舊制，抑且人心驚疑，逼迫流移，致生他變。合無本部仍行太僕寺，悉照節年題准事例遵守施行，不必更張，以成紛擾。

正德十年八月初六日具題，奉聖旨："是。只照節年題准事例行。"欽此。

爲清時弊以蘇民困事

看得南京工科給事中殷雲霄所言賦繁役重，民不聊生，思欲變通以捄其弊，誠爲有識之論。但中間事干規制，難擅定奪。今將所言開立前件，議擬明白，伏乞聖裁。

　　正德十一年五月十七日具題，奉聖旨：“是。准議。”欽此。

　　　一曰舉馬政。前件。查得各處養馬地方種馬科駒各有定額，近京地方寄養馬匹亦因其便，及兩京設立太僕寺官專管馬政，俱係祖宗舊制，遵行年久。今給事中殷雲霄奏，要於近京府城擇地蓋房以爲馬厩，買田除稅以牧馬匹，專設大臣一員總理其事，固是變通之意，但係干制度，擅難改議。其所言民間養馬愁苦勞費皆是實情，不可不處。查得今年該派馬匹，本部已因百姓艱難，從省派俵。及寄養馬匹不過二萬五千匹，亦比常年減去一萬五千匹。合無今後本部派馬務從減省，以蘇民困。如遇缺馬，差官收買。及各處節年拖欠馬匹，見該南京太僕寺寺丞牛綱建言，本部奏准查勘，今仍行文督催作急勘報。至日果係小民拖欠馬匹，艱難不能陪補，臨時奏請，通行蠲免。如此，則不必變法而民困亦得少蘇矣。

爲推行馬政事

　　看得太僕寺少卿何孟春所奏推行馬政三事，指陳利弊，切中事宜，合就開立前件，議擬明白，伏乞聖裁。

　　正德十一年五月十七日具題，奉聖旨：“是。准議。”欽此。

　　一、審分派。前件。查得弘治十二年五月内該本部議得，順天府所屬州縣寄養馬匹人户近年艱難，將地土轉賣，以致種地者多不養馬，養馬者多是無地。俵派馬匹之時，官司不行查審，概令照舊領養，不惟民不聊生，亦且馬多瘦損，因循既久，積弊滋深。奏准差給事中等官王廷等前去各該州縣，公同太僕寺分管寺丞，督令本府管馬通判及州縣掌印、管馬官員吊取先年免糧地土文册，逐一清查，將見種免糧地不曾養馬人户，不分陵户、等户、官員、監生、吏典之家，就將無地人户馬匹照例給與領養。如有多餘之地，造册在官，聽候領馬。敢有倚恃權豪势要、陵户等項不行養馬者，參送法司問罪，仍令領養。如有不願種地養馬者，將地退出，給與無地人户養馬。後該各官查勘得承種免糧地土人户，不分官吏、軍民人等，悉照舊例，每免糧地五十畝派養馬一匹。地畝不足前數，以十分爲率，量派分數，着令朋養。中間地土沙瘦等項，及承佃逃絶人户地畝，并丁少貧難者，量與減輕。丁多并附餘地多去處，及得過人户，量爲加重。其無地并馬多人户見養馬匹，又各照例量給種地不曾養馬之人領養，及搭配相應人户朋貼。共清出順天府所屬原額免糧養馬地二萬九千八百頃，成丁男子一十八萬九千四百二十四丁，編過寄養馬四萬三千九百九十八匹。今少卿何孟春奏稱，弘治十二年清審之後到今十有七年，人多死絶，册未除名；地已賣盡，馬猶在户。要差科道等官親詣審勘，誠爲有理。但即今荒旱，百姓艱難，又係農忙之月，若差官一出，清查州縣三十七處，势難親理，未免仍行州縣官先查，追呼勾擾，吏緣爲奸，督責嚴峻，民益受害。合無不必差官，本部備行該管少卿、寺丞，分投親詣寄養馬匹州縣，查勘養馬人户。除見種地五十畝及丁力相應人户照舊不動外，果有人多死絶、册未除名，地已賣盡、馬猶在户者，就便改派買種地土之人領養，敢有倚势不服者，拿問枷號問罪。若一縣之內地多馬少，相應加派；或地少馬多，相應減除；及雖有地，沙薄抛荒，無人承佃領馬，俱查明白，造册分豁。某州縣原額免糧地若干，應該養馬地若干，該養馬若干，應該除豁不養馬地若干，該除豁馬若干，逐一明白，造册奏繳，仍造青册一本，送部查照，奏請定奪。其各州縣務待太僕寺官親臨督同清查，不必求速紛擾，亦不許任意遷延。限至正德十一年終，不行完奏，本部參奏究問。

再照先年舊例，近京地方寄養馬匹，專備京、邊戰馬之用，每年寄養不過二萬匹，而又交兌有時，所以地力有餘，民不受累。後因加派備用馬匹數多，京、邊交兌數少，以致寄積馬多，民不堪命。由是觀之，清審編派，利弊雖係於有司；而通融斂散，得失全由于本部。臣等去年奏派寄養馬不過二萬五千匹，漸復舊規；又交兌京營，宣、大等邊數多，民力漸寬。合無今後每年奏派寄養馬不過二萬匹，緩急勾用。若各年寄養馬匹，除兌給京、邊之外，積有多餘，量再減派。務令馬少而膘壯得用，毋使馬多而羸瘦累民，庶幾政本得清，弊端自息。

一、嚴比較。前件。查得弘治十二年該太僕寺卿王霽奏，本部議擬題准，行分管寺丞，揀選寄養馬內老病瞎瘸不堪騎操，孳牧馬內年齒十八歲以上并漂沙等項不能孳生者，造冊奏請，或送光祿寺，或變賣銀兩，轉買馬匹，等因。本年又該太僕寺少卿唐章造冊開奏，本部議擬，行分管寺丞再行審實，果齒二十歲以上，并瘸瞎瘵癲等項不堪醫治，解寺奏請定奪，或送光祿寺，或變賣銀兩。續該少卿彭禮奏，前項不堪馬匹，每匹追銀二兩，逕送太僕寺，不必具奏。弘治三年，該少卿彭禮奏，本部查得各年倒失寄養馬共四十四萬餘匹，議擬成化二十三年以前者暫且停追，弘治三年三月以前者每匹追銀五兩，弘治三年四月以後者每匹追銀十兩，願陪本色者聽。又查得正德十年本部題准，起解陝西馬匹，若有剋減草料，故不用心餧飼，以致瘦損，沿途倒死者，著落牽馬夫陪償，送馬官提問，通行欽遵外。今少卿何孟春奏，要將寄養不堪馬匹，正德九年以前者照依舊例，揀選追罰，正德十年以後者責令變賣，添價買補，堪調治者責令調治，所言有理，合依所奏施行。及照各處解到備用馬匹，每匹賣銀三十餘兩，倒失止令陪銀十兩，不惟虧官，抑且使人不肯用心餧養，故令倒死，以圖納銀省便。況舊例作踐官馬致死，分外追罰馬一匹，今寄養馬倒死，止令賠銀十兩，委的失之太輕。先年少卿彭禮奏行此例，爲因拖欠馬四十餘萬，一時難以併徵，以此暫議從寬，實難經久。合無除正德十年以前寄養馬倒失照弘治三年例追補外，其正德十一年以後寄養馬匹倒失，仍照弘治三年以前舊例，倒失備用馬匹務要追補，不在宥免之例。其遼東并四衛勇士及陝西交兌退回馬匹，除遼東馬匹曾經官軍騎征追賊退回，難比常例，依擬量追一半，其四衛勇士并陝西兌軍退回馬匹，仍照舊例追補。

爲劾奏廢壞馬政耽誤軍機官員事

　　照得國家馬政最爲重務，所以歲派馬匹解送太僕寺，轉發民間寄養以備征戰之用。各府州縣除掌印官外，又各添設管馬通判、判官、縣丞，專理馬政。其兩京太僕寺衙門職列三品，各設卿一員，以綱維其事。在京太僕寺，差少卿一員奉敕專點各營騎操馬匹，一員奉敕專一比較寄養馬匹。南北各該地方，又各有寺丞一員分管。近年又添設寺丞一員，專管順天等府寄養馬匹。立法不爲不密，設官不爲不多。參照各該拖欠、倒失馬匹府州縣，掌印官員因循玩忽，馬政付之不問；管馬通判、判官、縣丞等官止知貪贓，不修馬政。分管寺丞，或才力不及，被其欺誑；或通同納賄，故縱爲奸。以致寄養馬匹倒失至一萬之多，見在數内老病瞎瘸有三四千匹之數。今年二運該解本色馬匹，見今八月，尚有一萬一千餘匹未曾解到，其以前各年拖欠馬匹尚不在内。本部按其所報籍册俱作見在調取，緊急兌軍，而有數無馬，不堪兌軍，乃至一萬。見今遊擊將軍金輔、陳珣統軍出征，該兌正、駄馬幾至一萬。都指揮袁傑等又於團營整點騎兵一萬五千，亦該用馬數多。似此各官不職，廢壞馬政，若不重加懲治，見今耽誤軍機，誠非細故。及照兩京太僕寺卿，職司總理，督察無方，亦合有罪。合無本部移咨都察院，轉行各該巡按御史，查勘拖欠并倒失馬匹各府州縣，掌印官俱住俸，管馬官俱取具招由，革去冠帶，住俸，督令作急買補，陸續起解，限至本年九月終，不行解完者俱提問。內拖欠數多及訪察平昔貪懦無爲官員，參奏罷黜監候，奏請定奪。再行兩京太僕寺，將各分管寺丞俱住俸，督令各照地方督催完解，候至九月終，通將催完馬匹該寺類總具奏。本部臨時查照數目多寡、情罪輕重，及查各掌印卿并少卿曾否用心督理緣由，逐一明白參奏，寺丞送法司問罪，卿及少卿取自上裁。其金輔、陳珣該兑馬匹，先儘團營見在之數交兑。袁傑等該兑馬匹，候解到馬匹陸續交兑應用。

正德十一年八月初十日具題，奉聖旨："是。金輔等并袁傑等該兑馬匹，各依擬交兑。府州縣掌印、管馬官并兩京太僕寺官，該住俸、提問、參奏的，都依擬行。"欽此。

爲換種馬以備寄養事

看得太僕寺卿王承裕等奏稱，明年該派之馬春末夏初始有解到，寄養馬匹調兑將盡，所餘之馬多係老病不堪，倘若不時兑給，未免稱乏誤事，要將保定等七府種兒馬調取七千匹，送寺發屬寄養，以備緊急與騍馬相兼兑給之用。着落各府掌印官，公同管馬通判，揀選身量高大、齒少力強者交付管馬通判，定限本年九月十五日以前，解寺俵發寄養。如有作踐成疾者，追陪好馬一匹。交兑之日，本寺即行給價，每兒馬一匹給銀十兩，責付管馬通判領回，給付原養人戶，各買兒馬，照舊搭配算駒，等因。權宜通變，誠爲有見。但既要揀選身量高大、齒少力強馬匹，又拘定七千匹之數，取足於原額種兒馬一萬七百九十五匹之中，誠恐各處見在種兒馬內堪中數少，不堪數多，難以足數。及馬每匹給價十兩，誠恐虧損小民。合無通行保定等七府掌印、管馬官從公揀選，見在種兒馬數內，但係身量高大、齒少力強堪以騎征者，不必拘數，盡數起解。不許將不堪馬匹一概混解，到京退回，徒勞小民。亦不許將堪中馬匹容隱不解，以圖省便。如違，分管寺丞查出參問。其交中馬匹，每匹給與價銀一十二兩。務要嚴限買完，不許遲誤。其餘事宜，悉依所奏施行。

正德十一年八月二十五日具題，奉聖旨："是。"欽此。

爲陳言馬政以安地方事

看得巡按直隸等處監察御史馬録所奏馬政三事，皆恤民革弊之意，合就議擬，開立前件，伏乞聖裁。

正德十一年九月二十四日具題，奉聖旨："是。准議。"欽此。

一、節愛備用官馬。前件。查得先爲軍務事，該撫寧侯朱永等奏，本部議擬，團營官軍騎操倒死馬匹，酌量馬隊官軍朋合出銀買補。每年止令六個月，按月都指揮出銀一錢，千百户、鎮撫出銀七分，旗軍出銀五分。倒死馬主，都指揮出銀三兩，指揮出銀二兩五錢，千百户、鎮撫出銀二兩，旗軍出銀一兩五錢。走失、被盜馬匹，各加銀五錢。照依年分，陸續買補，等因。成化十三年七月十八日題，奉憲宗皇帝聖旨："准擬。"欽此。又爲區畫馬政事，該本部議得，勇士關領馬匹，任情驅馳、裝馱重物等項倒死者，初關倒死照例免陪，二次倒死合照例追陪，等因。成化二年七月三十日題，奉憲宗皇帝聖旨："是。"欽此。續爲計處馬價銀兩以蘇軍困事，該右都督許泰奏，稱團營內選出西官廳官軍，見在領馬聽調征進，與別項操軍干繫頗重，難再令其朋貼出銀。勇士四衛二營原無朋銀之例，馬匹遞年倒失等項數多，措備銀兩買補，終非常行事例。要查空閒地土，科銀買馬領用。本部議得，今後西官廳倒死馬匹查勘是實，照例行太僕寺，於順天等府寄養馬內選取給領騎操，等因。正德十一年二月二十六日具題，節奉聖旨："西官廳馬匹倒失的，該營查明，照例追椿銀，送太僕寺收貯，寄養馬給與騎操，不必追收朋銀。"欽此。欽遵外。今御史馬錄奏，要將勇士官軍倒死馬匹行五城兵馬查勘，瘦損及作踐、雇覓等項致死者責令買補，似爲有理。但專委兵馬司官查勘，誠恐益生弊端。況中間軍士貧苦甚多，一一責令買補，亦恐理勢難行。合無照舊通行該營禁約，不許剋減草料、雇覓作踐，違者照例究治。

一、禁革比較馬駒。前件。查得先爲早正種馬以免廢弛馬政事，該雲南道監察御史王濟奏，稱種馬每年科駒，民情不便，乞將種馬補足原額，給與原戶領養，不必較其駒之有無，亦不必差官印烙。每年備用馬匹，止令一群之內各照丁田議和朋買大馬起解，每年季報、比較、印烙之煩，盡皆減省，等因。該本部依議，於正德二年閏正月二十六日題，奉聖旨"是。"欽此。欽遵外。但法久弊生，不才官員巧立名色，造册追銀，深爲擾害。今御史馬錄奏，要出榜禁革，相應依擬。合無本部通行兩京太僕寺，轉行各該分管寺丞，查照舊例，再行申明，出榜禁約，嚴加察訪。若管馬官吏敢有仍蹈前非害人者，就便參提究問施行。

一、責成分管寺丞。前件。查得各處管河、管倉并巡鹽、清軍御史各有住札地方，俱係輪流差委。今要將太僕寺分管官照依前例，或一年一換，或三年一換，常川住札，不許擅離地方。緣太僕寺寺丞已設有定員，彼此更換管理，並無空閒，若使常川在彼住札，以後再無回京之期，似有難行。合無行令各官照舊往來督理，如遇馬匹未完，務要清查督解，事完方許回寺。如有出巡怠惰、廢弛馬政者，指實參究。

爲開陳馬政便宜事

看得巡按監察御史周鵬所奏馬政便宜四事，皆深切時務，不爲空言。今將所言開立前件，議擬明白，伏乞聖裁，速賜施行，不勝幸甚。

正德十二年五月二十六日具題，奉聖旨："是。准議。"欽此。

一、比度時例以省冗濫之官。前件。看得所奏近年以來例不徵駒，惟令出納備用，要將六安等州、建平等縣管馬主簿一皆裁革，馬政悉統於掌印官，照滁州例，差該吏領解備用，等因，似爲相應。但奏內止開六安等州、建平等縣，不曾備開某州某縣共幾處，相應裁革管馬官共幾員，難便定奪。合無本部移咨巡撫廬鳳等處都御史，查勘六安等州、建平等縣原額馬數多寡，相應照依滁州事例，合令掌印官管理，將添設該管馬主簿裁革，共幾州縣，該革主簿幾員，查議明白，具奏定奪。

一、計量財力以均坐派之數。前件。查得弘治十二年以前舊例，每歲派取備用馬二萬匹。續爲修省事，該吏部等衙門太子太保、尚書等官王恕等會議得，順天府所屬人戶寄養備用，負累艱難，合無每歲暫取一萬匹。正德二年閏正月內，爲早正種馬以免廢弛馬政事，該雲南道監察御史王濟奏，要將種馬補足群數，每年一群之內，各照人丁、地畝議和朋納本色或折色大馬一匹，一年共取馬二萬五千匹，隨民買解。本部依擬覆題，奉欽依，正德二年以後年分俱派取二萬五千匹。正德九年，因各邊聲息警急，缺馬兌給，本部題准，加派三萬匹。正德十年分，本部前官失於照詳，增派馬四萬匹，委屬過多，使民受害。正德十一年，該本部議得，先年每歲派取備用馬二萬匹，猶恐百姓寄養艱難，每歲止取一萬匹。近年增至二萬五千匹，比舊已多。去歲增派四萬匹，不惟寄養之民被累，而小民買解尤甚艱難。已將本年備用馬匹，仍照御史王濟奏行事例派取二萬五千匹，太僕寺所屬取七分，俱本色，南京太僕寺所屬取三分，本色、折色中半徵解外。正德十二年亦照上年事例，題准派取二萬五千匹。以後寄養馬不勾撥用，另行議處，動支馬價銀兩，差官收買。今御史周鴟印烙馬匹，深知派馬利病，奏要將每年徵解備用馬匹立爲定例，悉照正德二年并正德十一年、十二年分數目坐派，每年積有餘馬，於內量減本色，扣加折色，積有餘銀，以待用馬數多年分作價收買，不致過濫多派，難於徵納一節，正與本部前議相同。但恐以後官員意見不同，仍復更張，致爲民害。合無本部將所奏案候，每年派馬之時，務要遵守前例，以爲定規。如有任意改添者，聽兵科論奏改正。其要照戶部寬免稅糧分數，將馬匹一體寬免一節，但馬匹終與稅糧不同，難論分數寬免。合無除輕災不論外，如遇十分凶荒，百姓艱難，不能買馬，臨時巡撫官具奏定奪。

一、清舊額以濟通融。前件。看得御史周鴟奏稱，鳳陽、清河、寶應等縣人戶消耗，不至如宣、徐等處之苦，要將宣城縣、徐州所屬四縣清查養馬丁田，出辦備用折色，馬價照例解部，或將極累縣分略與通融輕省一節，所言深爲有理，非究心民隱者未有此奏。查得先該南京太僕寺官反覆論議未定，本部又不果斷，含糊展轉，以致事久不決，俱難辭責。合無本部行文巡撫盧鳳并巡撫南直隸都御史，親自調查徐州并所屬四縣及宣城等縣戶口籍册，詢訪地方豐歉、人戶貧富，從輕計算應派備用馬若干，却查撫屬地方，如寶應、清河等縣衝要貧瘠應分豁買馬若干，照依御史周鴟原奏之意，通融派減，務得均平，查議明白，文書到彼，限三個月以裏具奏定奪。如仍似前含糊展轉，經年不決，誤事殃民，聽本部并該科參奏究問。

一、明新禁以懲欺玩。前件。依擬，本部查照《禁約切要》，略節事宜，通行出榜，及行太僕寺翻刊印本，徧發曉諭。

爲禁止借用馬價事

照得太僕寺見在寄養馬匹數少，各處缺馬取兌數多，況今北直隸等處地方水災重大，停免又多。太僕寺收貯馬價銀，每十萬兩止可買馬五千匹。近日軍餉缺乏，各衙門官往往奏要借支馬價銀兩，不思戰馬急缺，又借何項銀兩收買？若不預行禁止，臨期缺馬，誤事非輕。合無本部申明舊例，通行戶部并各邊巡撫都御史，今後遇有動支錢糧，不許擬奏借支馬價，及見在買馬價銀，不許擅便那移別用。如有故違律禁，擅自那移馬價別用，致誤軍機者，聽本部并兵科參奏究治。

正德十二年十一月十四日具題，奉聖旨："是。"欽此。

爲議處馬政大綱興革官民利病事

看得太僕寺卿何孟春所言馬政，根究事實，切中時弊，俱應采納。今將所言開立前件，議擬明白，伏乞聖裁。及照奏内事件，爲因查照前後事例，未免繁瑣重複，合無候命下之日，本部將應行事件撮取緊要略節，删繁就簡，列爲條件，再行奏請，刊印榜文，通行給發，以便遵守。

正德十三年五月二十五日具題，奉聖旨："是。這馬政利病興革的，恁每既議處停當，都依擬行。"欽此。

一、清戶籍。前件。馬出於民，清查丁由[五]以定養馬之數，誠務本之論。但舊法一變，未免紛擾；條例太繁，畢竟難行。況當灾傷，農忙之際差官清查，勢難遍歷，轉委官屬，未必得人。立限造册，追呼勾集，遠近繹騷，恐非民便。合無只行太僕寺，轉行分管寺丞，親詣該管州縣出給告示。但有地賣馬存、馬累丁乏者，許赴寺丞處陳告，查審是實，斷令承重[六]養馬地土及丁多有力之人替養。如有誣告者，抵罪。及照養馬與納糧事體攸同，不係雜差，例不優免，敢有勢豪之家不服寺丞斷理、阻壞馬政者，輕則拿送所在官司問罪發落，重則指實參奏處治。寺丞一年滿日，將查審改派過養馬人户緣由開報本寺，轉呈本部查照，以考賢否。

一、正課額。前件。查得先爲早正種馬以免廢弛馬政事，該雲南道監察御史王濟題稱，種馬地畝、人丁，歲取已有定額，但要種兒、騍馬揀選四尺以上，十歲以下，高大者存留，矮小老弱者賣價，區處買補，輳完原數，照額養在民間。府州縣官一年四次，太僕寺官一年二次，止是點視，務令膘壯。有病瘦者依律問罪，倒失者就令賠補，永爲定例，有警亦可調用。遞年有無孳生，不必追究。歲取備用大馬，止照種馬定額，派行各府州縣買解，等因。本部議得，合無亦依本官所擬，不必較其有無生駒，亦不必印烙。每年備用馬匹，止令一群之內各照丁田議和朋納本色或折〔七〕大馬一匹。倒失、虧欠、變賣之例悉行除免，每年季報、比較、印烙之煩盡皆減省，惟年終各府備將種馬數目造册，具奏查考。本部仍三年一次，奏差御史二員，請敕關領火烙，分投前去各該地方，公同寺丞，將見在并買補過兒、騍種馬通行查點印烙，造册奏繳，等因。正德二年閏正月二十四日具題，二十六日奉聖旨："是。"欽此。欽遵通行外。今太僕寺卿何孟春奏，要今後種兒、騍馬，州縣掌印并管馬官半月一點，該府管馬官三月一比較。立法固爲嚴密，殊不知法立弊生。州縣官下鄉點視，未免帶領跟隨人役，必生求索科擾之弊；拘取赴縣點視，未免勞擾伺候之苦。點視既密，貽害必多。即今民力已竭，民財已盡，不務安養休息，而更立新法揀選，誠恐馬數未及完，而民數先已減耗矣。合無仍照先年御史王濟奏准事例，府州縣官一年四次，太僕寺官一年二次點視。但係曾經官驗印烙馬匹，俱令照舊餋養。倒失追陪者，照例施行。所生馬駒，止聽本群自用，不許擅撥別群。

一、選備用。前件。查得先爲經理馬政事，該吏科等衙門右給事中等官韓祐等奏，內一件"慎起俵"，備用馬匹近來堪俵者少，不堪者多，往往朋合買補。況收買之際價值頗高，多者或十六七兩，次者或十三四兩。至於路途草料之資、馬戶往來之費，計馬一匹用銀二十餘兩。及其到京赴寺聽驗，十退四五，往來之程動以千計，弱民羸馬相向而泣，歸候來年再俵，勞費如前。若其齒歲稍過，終擯不用，又轉而求之他矣。民被俵馬之害，有何紀極？爲今之計，惟當精選於起俵之初，不當濫退於到寺之日。既到而退，在官則缺馬，在民則傷財，公私俱困，等因。本部議照，備用馬匹例該兩京太僕寺分管寺丞先期分投所屬州縣逐一驗看，身量高大、蹄腿端正堪中者方許起解，矮小病弱者不許解俵。各府州縣仍備造文冊，開寫人戶姓名并馬匹毛齒齎送赴部，轉發太僕寺，再驗堪中，方發寄養以備取用。此乃見行事例，但行之年久，各該分管寺丞不肯親詣所屬驗看，以致馬多不堪。及照起解備用馬匹，情弊非止一端，或因管馬官員聽受勢豪賄囑，將不堪馬匹朦朧收買解俵；或齎空白文冊到京，違例收買鑽渠老馬，意圖僥倖，致使看驗不中，負累馬戶。究其所以，皆因分管寺丞因循苟且，惟務偷安，不行親自揀選，以致如此。合無行令兩京太僕寺，轉行各該分管寺丞，每遇行取備用馬匹之時，務要預先親詣各該州縣，將孳生兒駒并買補馬內逐一揀選。堪中者照例造成小冊，備開人戶姓名、馬匹毛齒尺寸，責付管馬官員解赴本部，發寺驗收。不許將不堪馬匹一概濫解，往復人難。各該寺丞仍前不行親詣州縣用心揀選者，到寺之日，每一百匹揀退三十匹以上者，本寺開報本部，以憑參奏，拿問如律。若解到馬堪以收俵，毛齒、尺寸對冊無差，該寺聽信醫獸人等妄言，一概濫退，亦許該管寺丞或承委解馬人員將揀退馬匹送部看驗，以憑定奪，等因。弘治九年閏三月二十七日具題，本月三十日奉孝宗皇帝聖旨："准議。"欽此。欽遵外。但各該寺丞并管馬等官因循日久，不肯用心嚴選，及該寺掌印官每遇揀退馬匹數多，亦不行開報本部參究，以正[八]前弊益滋。今奏前因，合無准其所擬，行令該寺轉行分管寺丞，以後每年正月中出巡選取頭運馬匹，四月中出巡選取二運馬匹，務要徧歷各府州縣，督同各該掌印、管馬官員，將派到備用馬照依時價，及解俵草料、盤費，查照人丁、地畝會計，某戶該派銀若干，預先出給告示，使民遵守出辦。朋合收買馬匹，俱要三尺八寸以上，兒馬六歲以下，騸馬九歲以下，蹄腿周正，方准作數，就差管馬官員解俵。如無管馬官員，另差本縣相應官員管解，不許順差別縣官員帶解，以致責任不專，事有推調。申批內俱開寫寺丞某人，督同府州縣某官驗過。如有將不堪馬匹一概濫收解俵，到寺之日看驗不堪，先將解馬人員送問，馬匹發回換補，州縣原驗馬官提問。驗退五十匹以上，將該府管馬官提問；一百匹以上，將該府掌印官并分管寺丞俱住俸三個月；一百五十匹以上，該府掌印官并寺丞俱提問。若齒尺相應，止是在途瘦損，將管解之人送問。以上該提問官在京，寺丞奏行法司提問；在外官，行巡按御史提問。

一、責管解。前件。看得奏稱各府州縣遇有派取收買馬匹，買補完日解府，掌印官處照例看驗齒歲、尺寸，果係堪中好馬，價值相當，方准倒解。查得起俵備用馬，例該寺丞并本府管馬通判親詣州縣驗看起俵。若將馬匹又行解府，掌印官看驗，不惟重複勞擾，抑恐道路不便，往返艱難。合無俱不必解府，該州縣備將寺丞督同各官驗過堪中馬匹毛齒、尺寸造冊，送府倒文。該府備造印信文冊，責付管馬官賚部發寺驗收。其餘事宜，俱依擬施行。

一、平價值。前件。馬匹高下自有不齊，各地方馬價亦難一定。今定每馬一匹悉以二十兩爲率，恐有難行。合無行令分管寺丞，催買備用馬匹，務要查照原行年齒、尺寸相同，督同州縣掌印并各管馬官驗看相應，方准收買起解。其價值聽民隨時自便收買，不必官爲之制。如有包攬收買、侵剋原價情弊，事發照依律例從重治罪。

一、廣儲積。前件。合無本部通行南、北直隸并山東、河南巡撫都御史，選委廉幹官員，親詣各府州縣，將正德十年起至正德十二年止該徵草場租銀提調、經收人役及卷冊到官，要見已徵已解銀兩有無完獲批迴，未獲者就便追併批收銷照；已徵未解者見在何處收貯，即便督令起解；未徵者逐一查審，是何人戶拖欠，或應徵應免，查照原行明文施行。若有侵欺及那移等項情弊，應提問者徑自提問，應參究者參究治罪。事完之日，通行造冊奏繳，仍造青冊一本，送部查考。本部仍行兩京太僕寺，轉行分管寺丞，一體查照施行。

一、驗交納。前件。查得前項禁例不爲不嚴，但該寺醫獸人等多係積年久慣之徒，百計千方，瞞官作弊。本以一馬，今日關節未通，則稱老病不堪，以致退出；明日關節已通，則稱齒少無病，以致驗中。又有奸頑馬戶，齎價赴京，交通醫販人等，收買騎傷、攎膘、鑽渠、鞭花不堪馬匹，朦朧驗俵。該寺官又不行用心看驗，嚴加禁治，以致前弊益滋。合無行令該寺掌印官，如遇解到備用馬匹，即便查照原來文冊，逐一親自看驗，務要齒尺相應、蹄腿周正、膘壯好馬方與印俵。若是毛齒、尺寸不同，顯有抵換情弊，及揀退數多，具由呈部，以憑參究。其揀退馬匹，查照先年事例，就於鬃下用"退"字小印，以杜奸弊。其出榜禁約等項事宜，悉依所擬施行。

一、取兌給。前件。查得近爲失誤兌軍馬匹事，該本部主事王杲呈稱，宣府頭撥領馬官軍一千四十九員名到居庸關領兌馬匹，太僕寺寺丞李彥取到宛平縣寄養馬共二千五百二十匹，止兌馬五百零三匹，其餘馬匹俱各瘦損矮小不堪，宣府官軍不肯承領。及稱太僕寺原取馬二十五處，今解到者已將過半，兌中馬匹不能十分之一，恐妨邊務，等因。本部議得，寄養馬匹以備征戰急切兌領之用，最爲重務。弘治三年，請敕少卿一員，不時前去點閘比較。正德九年，又奏准額外添設寺丞一員，專管點視寄養馬匹。近日本部慮恐一時取兌馬匹，內有不堪誤事，又奏行寺丞李彥親詣各州縣，逐一看驗堪與不堪，限今年二月以裏造冊奏報。今年二月內，又因宣府鎮巡官奏討馬匹，本部因思往年居庸關兌馬地方窄隘，官軍并馬戶到有不齊，或馬不堪兌，致令官軍久住壅滯，兩不便益。又經議奏，定與寬限，及預先行文太僕寺掌印官，不必挨次，用心選取好馬六千一百八十四匹，差寺丞一員依限管解，赴居庸關交兌。前項兌馬事宜預處周悉，題奉欽依，通行遵守。豈期太僕寺寺丞李彥等尸位素餐，怠職誤事，以致官軍遠離信地，赴關兌馬，坐守困弊，百姓到關送馬，不得完結，盤費草料，妨誤農種，軍民兩受其害。寺丞李彥過違二月限期，不行造冊奏繳；少卿張玠奉敕點閘寄養馬匹，一年已滿，尚未造冊奏繳；及太僕寺卿何孟春，亦不用心查取堪中馬匹轉發交兌：通屬故違，俱各〔九〕究問。但今宣府官軍在關久住，守候兌馬，合無將各官姑記其罪，本部行文太僕寺，但遇見解到馬匹并買有新馬，儘數陸續押赴居庸關交兌。仍切責少卿張玠，作急親詣各該州縣驗看好馬，取數依限差官押發居庸關交兌，不許似前，再將不堪馬匹一概混解。兌完之日，該府州縣有罪管馬官員并寺丞李彥、少卿張玠等，本部通行查參明白，奏請定奪，庶使法足懲其既往，戒可垂於將來，倉卒軍機，不致失誤，等因。具題外，今奏前因。合無本部先咨都察院，轉行巡按御史，將寄養馬匹順天、保定、河間三府管馬通判并各州縣掌印、管馬官吏俸糧俱各住支。及行太僕寺，轉行提督少卿，督令各府將寄養馬匹逐一清查，要見某年月原發若干，見在若干，膘息幾分馬若干，兑給宣府官軍若干，倒失若干，限六月以裏備造文册，賫部查照，候各官兑軍回日查參明白，另行具奏定奪。其餘禁約、追罰等項事宜，悉依所擬施行。

一、預稽覈。前件。查得近年京營官軍關領馬匹，勘合既已廢格，文册亦不查造，該寺提督少卿又不行時常點閘比較，將見在倒失數目呈報本部查考，所以人心玩忽，馬匹倒死數多，日以數十計，月以數百計，年以數千計。今何孟春奏要嚴稽覈，誠爲有見。合無本部行移太僕寺，轉行提督京營少卿，親詣各營，督同坐營官員，查勘該營正德十年起至正德十三年四月終止，原有馬若干，節年新收馬若干，要見某年月日關領若干，係某官軍倒失、被盜、拐逃各若干，已徵已解某年樁朋銀若干，未徵某年銀若干。實在馬匹要見在營騎操若干，某年轉交出征若干。舊管、新收、開除、實在各項俱查對明白，限在本年七月以裏備細造册奏繳，及造青册送部查考。仍行各營，以後奏討馬匹，先將已出過樁頭銀兩官軍姓名造册二本，送〔一○〕本部，與該營按季解送樁朋銀册查對官軍有無相同；一本送太僕寺，提督少卿先行公同該營坐營官查審官軍有無丁力領養馬匹，具數回報，本部以憑具奏，調取馬匹前來，查照兑給。本部仍照舊例置立勘合，本部用印鈐記，交付兑馬，委官收領。每官軍關馬一匹，給勘合一道，公同該營坐營官員，將官軍姓名、馬匹毛齒填寫在内，給付收執。如有官軍事故轉交，將馬并勘合送部轉付應領官軍，明白填注勘合簿内。若倒失等項，責執原領勘合赴部陳告，轉行該營查勘，照例追收樁頭銀兩，完日備將倒失馬匹類總造册，連銀并勘合送部查算明白，應兑馬匹，本部具奏兑領。其馬匹相應挨次取撥，但係年歲、膘息強壯，別無殘傷老病等證，照例兌領，不許恃強揀選毛色，及專占好馬，或別項刁難。如違，領馬強軍聽本部委官量情懲治，坐營把總官員不行鈐束，參究處治。若遇征進調兌馬匹，或邊方急缺戰馬，不拘次序，選取好馬交兌，不在此例。

一、酌緩急。前件。查得京營官軍騎操馬匹倒失、被盜，先年俱令原領馬官軍買補馬匹，原不常支草料，官軍又多艱難，不能陪補，多累逃亡。成化十三年，始該撫寧侯朱永議奏，徵收樁朋銀兩。倒死馬主出銀，名曰樁頭。概營官軍出銀，名曰朋銀。其銀該營收貯，自行收買。弘治四年，保國公朱永奏稱，街市少馬，買補不及，要將奮勇等十二營見收樁朋銀兩盡數交送太僕寺收庫，兌給馬匹。本部題准，將前銀查盤明白，每馬一匹扣算銀十兩，送寺收庫，行取寄養馬匹兌給官軍騎操。蓋先年官軍倒死馬匹，自買陪補，不兌寄養馬匹，所以寄養馬日積月累，幾至數十餘萬，中間倒死、盜失馬匹至不可算，馬數耗於民間而虛數掛於籍冊，太僕寺官與寄養之民俱得安靜省事，固以為便，而京營官軍日剝月削，困於斂散，相繼逃亡，則不勝其疲敝矣。且官軍盜賣官馬，相應追陪，若老病倒死，貧軍豈能陪補？此不待智者而後知也。其後弘治四年，始令倒死馬匹者得兌寄養馬匹，雖未免出銀之苦，而得自脫買馬之難，又寄養馬亦得疏通取用，不至積滯虛耗，視前逼軍陪補之法頗為通便。至於近年本部為因流賊生發，虜寇犯邊，議奏發兵征討，若非取兌膘壯好馬，豈能追逐？其京、邊官軍率多貧困，不能自養，又積年倒死馬匹數多。若當急切用兵之際，必待追完官軍樁朋銀兩，收買然後兌軍，及取兌寄養馬匹，不論肥瘠，老壯必取，先發寄養舊馬交兌，然後交兌新馬，不免膠柱鼓瑟，失誤軍機。今太僕寺卿何孟春奏稱，順天等府寄養、調取之數，從後較前，歲常倍蓰；東俵西交，不聞空閒[一]。買馬價銀轉高，給軍勒要俵[一二]壯，新收不得存留，舊管不得發脫。奏要本部斟酌緩急，爲之可否，量分等第查奏，等因。今欲斟酌緩急，以每年俵馬二萬五千匹計之，五年之間，可得寄養馬十二萬五千匹。又以每年兌軍一萬五千匹計之，五年止該兌給七萬五千匹，尚餘五萬匹寄於民間，軍得領兌之便，民無多養之累。況又有不時發銀收買之馬，節其馬數之盈縮，以量出入之多寡，調停馬政，無有餘、不足之時，計無出於此者。然此責在本部隨時制宜，非寺苑官所得預也。其奏稱近年以來營、邊騎操倒失之數，自今視昔，日有甚焉，出銀之人不知何官，住俸之官不知何人一節。緣查京營并各邊倒死馬匹，追收樁朋銀兩買補不及八分，官員俱經本部節年奏行住俸，催徵買補，並無寬縱。近該巡撫山西都御史張檜奏稱，軍在漸少，馬死積多，軍官住俸，百年無可開之勘，是其明驗。其查考追補之法，已於前項所奏"預稽覈"項下議擬明白，別無定奪。及照三太[一三]營官軍該徵樁朋銀兩，自買馬匹，不送太僕寺交收，近因前銀徵收不完，不時奏討兌馬。合無亦行點馬少卿，照團營事例，查勘明白，具奏定奪。

爲減重併袪虛名以濟實用事

看得寺丞牛綱奏稱，順天等府所屬州縣倒失馬驢一萬七千有餘，冊有虛名，群無實數，乞行各該府州縣官，據冊備查拖欠貧難各[一四]戶，如倒失三匹者朋買一匹，倒死六匹者朋買二匹，量從遞減，眾輕易舉一節。查得前項正德十一年太僕寺卿何孟春奏，該本部議擬題准，正德十年以前倒失寄養馬，照弘治三年例，每匹追銀十兩；正德十一年以後倒失者，照弘治三年以前例，仍追馬匹。後該少卿楊一瑛奏准，將正德十年以前倒失馬，每匹該追銀十兩者，每三匹追納本色馬二匹，不必追銀。保定、河間二府倒失一匹該追補一匹者，每倒失十匹責令買補八匹。前項事例雖已從寬減免，未見遵行。正德十一年以前倒失馬七千餘匹既未完報，正德十二年、十三年新俵寄養馬匹又倒失一萬餘匹。今寺丞牛綱奏稱小民凍餓逃移，誅求不已，恐民窮盜起，要行據冊備查倒失馬匹，係貧難人戶，每三匹朋買一匹，固是優恤小民之意。即欲不准，嚴加追補，未免逼民逃竄；欲准寬減，又恐管馬官員并養馬人戶因見不時寬免，作踐盜賣，無所懲戒，將來官馬日見虛耗，失誤兌軍，關係非輕。況查先年寄養馬積至四十餘萬，喂養年久，老病消耗，戶少馬多，從宜寬減，理所當然。近年以來，原派發寄養馬不過二萬，又不時兌軍，在民間者常不過數千，又皆新解齒壯馬匹，今乃二年之間倒失一萬餘匹，究其所由，蓋是府州縣官不得其人，賣富差貧，以致累損。又法令不行，任其作踐盜賣，略無稽考。及太僕寺官止知建言以要虛名，全不奉行以求實效，馬政廢弛，俱難辭責。合無本部行文太僕寺專管寄養馬少卿并寺丞，將順天等府寄養馬匹州縣分定地方，各親詣州縣，督同該府州縣掌印、管馬官，將各年原發未兌寄養馬匹逐一清查點視。見在者，責令用心喂養聽兌。老病、瘸瞎、倒失等項，俱查照前項事例處置追陪。作弊人犯，依律問罪，儘其財產變賣陪補。干礙職官，六品以下就便提問，五品以上參奏定奪。中間該追倒失馬匹人戶，原有地糧轉賣與人，或被勢豪占種，就於見種地土之人名下追補。不服追陪者，參奏處治。若養馬人戶有因貧難不能養馬，以致倒死，別無作弊，見無產業可以追陪者，保勘是實，暫且停追，開奏定奪。事畢之日，各備造文冊，并將查處過緣由回京復命，各照舊施行。如或各官不行親詣查點，處置停當，似常虛應故事，以致馬數消耗，失誤兌軍，本部臨時參奏究問。

正德十五年正月二十五日具題，奉聖旨："是。近來馬政好生廢弛，着太僕寺專管寄養官親詣各該地方，督同掌印、管馬官依擬查點處置，不許虛應故事。"欽此。

校勘記

〔一〕"兵民"，疑當作"民兵"。

〔二〕"堪"，疑當作"勘"。

〔三〕"論"，據（明）萬表《皇明經濟文録》卷二十五王瓊《爲乞恩查照舊規處置夫役以蘇軍困事》當作"諭"。

〔四〕"德"，據文意此字似衍。

〔五〕"由"，疑當作"田"。

〔六〕"重"，疑當作"種"。

〔七〕"折"後，據文意似脱一"色"字。

〔八〕"正"，據（明）陳子龍《皇明經世文編》卷一百十一王瓊《爲議處馬政大綱興革官民利病事》當作"致"。

〔九〕"各"，疑當作"合"。

〔一〇〕"送"前，據文意似脱"一本"二字。（明）申時行《大明會典》卷三十四《鹽法三》："仍造青册二本，一本送户科注銷，一本送本部查考。"

〔一一〕"閒"，（明）陳子龍等《皇明經世文編》卷一百一十《爲議處馬政大綱興革官民利病事》作"闕"。

〔一二〕"俵"，據（明）何孟春《何文簡疏議》卷四《議馬政疏》當作"膘"。

〔一三〕"太"，疑當作"大"。

〔一四〕"各"，疑當作"人"。

雜行類

爲陳情乞恩分豁減革軍功以圖補報事

照得文武官品級、服色不同，故百户以上初升者職皆有署，總旗、小旗不離軍役，非有官秩，故初加者役皆無署，載在《會典》，係是舊例。成化十六年，安來住以小旗功升署一級。本部明白議擬，係官者升署，係軍人小旗該升署一級者俱升實授總小旗，正與《會典》所載舊例相合。近因安欽襲職，本部查得安欽父安寧即安來住歷升功次，查照新例，內小旗升署一級，不該升實授總旗，及將試百户并遇例實授百户共二級俱革去，止與總旗。以此安欽不服，累行奏辯。緣軍人小旗不升署職，係是舊例，成化十六年本部明白擬升具題，非是錯誤。況查各項題稿事例相同，一旦無故減革，有失人心。合無將安欽父安寧遇例實授百户一級革去，與襲試百户，仍以總旗食糧。今後但係先年本部擬升已定職級，不必牽引新例，追其既往，一概減革。

正德十年五月初五日具題，奉聖旨："是。安欽准襲試百户。"欽此。

爲舉異才明法令以備邊禦虜事

看得給事中徐之鸞所奏，大意謂近年巡邊憲臣不得其職，違心持禄，掣肘養奸，以致邊備廢弛，夷狄爲患，要令大臣、科道官各舉所知奇材異識，簡其尤者三二員，授以相應憲職，領敕分道而出，經略邊務。明年以後，近者秋出春歸，遠者在彼住札，各歲報行過事件，以驗其賢勞而覈其虛實，無非欲任人修舉邊備之意。但所奏經略事宜，俱係各邊巡撫都御史當行之事。其見任巡撫都御史俱係吏部推舉才望相應任用之人，各係在廷大臣奉敕分道而出，各管一鎮，整飭邊備，贊畫軍務，責任已專，委托已重，行之年久，規制已定。今若又用憲臣三二員前去經略，歲以爲常，誠恐政出多門，人難遵守，係干事體重大，臣等擅難改議。合無乞敕遼東、薊州、宣府、大同、三關、陝西、延綏、寧夏、甘肅各巡撫都御史，將給事中徐之鸞所奏經略事宜逐一修舉，申明法令，禁治貪殘，務便[一]邊備一新，宿弊盡革，夷虜不敢侵犯，内地藉以輯寧，斯稱委任，各將行過事迹回奏查考。如或因循顧忌，事無成效，聽本部并科道官糾劾罷回，另舉奇才異識官員前去更替。其巡撫都御史稱職者，務照給事中任忠近日題准事例，久任責成，不許數爲更易。其舉異才一節，本部仍咨吏部，覆奏定奪。

正德十年十一月初八日具題，奉聖旨："是。"欽此。

爲清時弊以蘇民困事

看得南京工科給事中殷雲霄所言賦繁役重，民不聊生，思欲變通，以捄其弊，誠爲有識之論。但中間事干規制，難擅定奪。今將所言開立前件，議擬明白，伏乞聖裁。

正德十一年五月十七日具題，奉聖旨："是。"欽此。

一曰修武備。前件。查得《問刑條例》内一款，軍職賣放并役占軍人，二罪俱發，其賣放已至十名以上，役占不及數者，依賣放甚者事例，罷職克[二]軍；役占已至十名以上，賣放不及數者，依役占甚者事例減降三級；賣放、役占俱至十名以上者，從重發落；不及十名者，併數通論降級；役占軍人五名，又占餘丁十名及包納月錢滿貫者，從重降級，發[三]立功，滿日照所降品級於原衛所帶俸差操。又一件：各衛所管軍人等，將關出官軍糧料、布花等物，若指以公用差使爲由，因而侵欺糧料一百石、大布一百匹、綿花一百斤，錢帛等物直銀三十兩以上者，問擬如律。軍職立功，五年滿日，降一級帶俸差操。旗軍人等枷號一個月，發極邊墩臺守哨，滿日疏放。又查得本部題准事例，天下軍官應襲舍人，有衛學處入衛學，無衛學處附入儒學，俱照京學事例，責以課程，一體考較。係兩直隸者，聽提學監察御史；係十三都司者，聽提學按察司官。比照在京則例考試，量爲賞罰，年終造册繳部，以憑查照。其父祖年老病故等項，本舍即該起送者，亦要照例送學，作養一年之後，俟其略知文義，粗能書寫，方許具結保送襲替。文理不通者，不准保送。俱係見行事例，但奉行未至，故弊未能除。今給事中殷雲霄奏，言武略廢弛由於役占數多，征科太橫，而養之無道；操練不時，器械不精，而教之無法。指陳事迹，切中時弊。又以興革利弊，惟在得人，故欲每省設一憲臣專領其事，亦爲有見。但一省地方廣闊，非一人所能兼理。見今各省設有按察司官分巡，并直隸地方俱設有都御史巡撫，御史巡按。若每省又添一憲臣，專領武備一事，切恐總理之名既於巡撫嫌於相同，分理之任又於分巡疑於掣肘。況係干官制，本部擅難議擬。合無通行各處巡撫、巡按、三司官，查照舊例，痛革前弊。鎮守等官役占科害軍人者，務要訪察禁治，指實劾奏。仍委用賢能官管軍，如法操練。應襲子孫選送入學，照例考試，量爲賞罰，務臻實效，毋事虛文。

爲軍職給憑事

查得《會典》一書，專以太祖高皇帝欽定諸司職掌爲主，類以頒降群書，附以歷年事例，皆不失乎皇祖之意，備載御製序文，伏讀可知。今《會典》書內明開兵部職掌，將引選過官員抄榜給憑，定限到任，仍行該府轉行所在衛所催任繳憑，等因，係是諸司職掌，原文並無刪改。其兵科項下開稱，凡兵部選過官員赴任，俱先赴本科畫字，其文憑定限給付，乃是附以事例纂集之言，不係原定制書，亦無明開“本科官定限給付”字樣。若以此爲據，文憑由本科定限，則亦由本科給付矣。其文憑年月尚未用印，亦未押字，豈得便給付乎？況自正德十一年八月以前，兵部選官給憑，經由本部并該科官數多俱是兵科摽點僉日，本部用印，定限給付，眾所共知，實非近年更變舛錯。近於本年八月內，兵科將選過軍職周隆等文憑定限不僉日，該吏領出，本部不敢擅便依從僉日，仍送兵科僉日訖，並無差官傳語到科，聽從定限，却又阻抑情由。後康英等文憑一十一道，兵科又止定限不行僉日。臣等爲照，此等事體俱係諸司職掌定制，遠年相傳舊規。一旦將文憑改在本部僉日，該科定限，不行奏請，恐有違礙，以此備查明白具題，節奉欽依“還照舊例行”，已行欽遵外。今兵科具題前因，緣軍職文憑係遵諸司職掌定制，遠年相傳舊規，不係因襲近日事例，臣等仍難擅便改議。至於六科事體，各有不同，俱年遠相傳舊規，似難比照。合無遵奉前旨，將軍職文憑仍照本年八月以前舊例，兵科摽點僉日，領回本部，定限印押，給付施行。

正德十一年十一月十七日具題，奉聖旨：“是。今後軍職文憑，兵科還照舊僉日，本部定限給付。”欽此。

爲武舉事

　　臣等竊聞《書》云："無稽之言勿聽，弗詢之謀勿庸。"又云："事不師古，以克永世，乃罔〔四〕攸聞。"正德二年，先任本部尚書劉宇等所議武舉條格，非有不備，乃因求備，致未穩當。若遵詔書事例，中間豈無應從查革改正者，而因襲未改。臣等深懼謬陋不可傳後，所以奏乞儒臣查議，蓋以大禮制度非綿蕞野外之人所能講定也。今奉聖諭，命臣等議處。緣武舉係干制度，本部不敢專擅，合無本部考據前代武舉制度，并查本朝節年奏行武舉事例，逐一明白，各開前件，會集多官計議應行應革緣由，定擬條格會奏，取自上裁。又恐各官會議，一時不得盡言，合無通行各衙門大小官員，但有所見，並聽直陳事理，奏下本部，參酌會議，庶事不苟簡，理無遺漏。

　　正德十二年七月初三日具題，奉聖旨："是。這武舉條格，比先議有未當，相應查革改正的，恁部裏還隨宜議處了來説。"欽此。

爲武舉事

　　查得今次各處起送應舉官生人等共八百七名，内遼東二百三十七名，其餘各有二三員者，有全無者，多寡不均。四月初九日試馬上箭，每人走馬三回，射九矢，共該走馬二千四百餘回，共射七千二百餘矢。本日射必不周，又於初十日試馬上箭，一日方畢。若遇風雨，又難拘日期。若不照鄉試事例，酌量地方南北，定數起送，不惟地方取人有偏，抑恐以後人漸加多，難於較射。況武舉之設，重在騎射。或有馬上中九箭，步下中四箭以上者，因論策不稱，不蒙收録。監生、省祭官、生員等項，已有出身正途，又應武舉中式，仍送吏部選用，未免紊亂選法。舊例，軍職官非親冒矢石，獲有軍功者不升。今以從容較射，偶中數矢，輒升二級、一級，似失之易。千户以下官員，徒在取中支米之列，終無出身效用之路。其得升試署鎮撫、知事，終身支米，亦無可用。又文武科舉自有不同，今武舉既倣文舉會試、殿試事例刊録文字，其馬、步數目不載録内，亦似欠缺。既稱答策論三道，馬上中四箭，步下又中二箭以上者，升署職二級；答策論三道，馬上中三箭，步下又中一箭以上者，升署職一級：則是專以騎射爲重。又稱所答策論參以弓馬俱優者列爲上等，弓馬稍次者列爲中等，則是又以策論爲主，以致主司難於去取。前項事件俱未穩當。臣等議得，漢制，武舉皆起布衣。至唐，開科亦有定議。我太祖高皇帝初定天下，召集海内名儒，酌古準今，議定制度。文職設科、貢二途以取士。武職世襲，故不設科，然又設流官，五府都督及方面都指揮俱不世襲，以待有功及賢能者升用。各衛指揮、千百户，五年一次，考選委用，蓋於世襲之中而寓選舉之意，則武舉之制已在其中矣。天順間，始議武舉。成化、弘治以來，間一舉行，猶取騎射大略而已。至正德三年，尚書劉宇議定今行條格，三年一次舉行，著爲定例。中間條格，如前項所查，既不取法于古，又不合宜于時，規制苟且，事體乖謬，誠未穩當。臣等先已查奏，不係洪武、永樂年間舊例，應否舉行，不敢擅議，奉欽依“照例行”。今若不備陳議處，誠恐紊亂舊章，取譏後世。伏望皇上念祖宗制度係干重事，非劉宇與臣等孤陋寡聞之人所可更定，遂足以爲遵守，乞敕翰林院儒臣考據古今，詳度事理。如果舉用將材，秪應遵照舊例，於武職中推舉考選賢能之人，及於功升官内酌量推用，則武舉一科不必另設。若世襲武職之外，恐有遺材，則參酌古今，定立武舉制度，務在事必師古，不礙今制。將前項見行條格未穩事件逐一改擬停當，開陳明白，徑自具奉，本部會集多官再議，上請定奪。其以前武舉中式官生人等，内都指揮果有行檢材能者，照例推用。千百户、鎮撫、總小旗及舍人、軍餘所升試署職級，内有情願赴各邊總兵等官處報效殺賊者，在京者具告本部，在外者具告該管官司轉行本部，各送所告地方總兵等官處參隨殺賊，該支米石就於彼處查照支給。仍聽巡按御史查點，不許寄帶空名，冒支食米。其生員、民庶人等所升試所鎮撫、知事及試巡檢，聽該管上司就委本處府州縣衛所專管巡捕。如有犯罪，依律問革。

正德十二年六月十九日具題，奉聖旨："是。今後武舉還照舊舉行，其間事宜有未備的，恁部裏還議處了來說。" 欽此。

爲武舉事

會同太傅定國公徐光祚等，少保兼太子太保、吏部尚書陸完等議得，兵部考據前代武舉制度并本朝節年奏行武舉事例，俱已明白，中間應行應革緣由，定擬條格，視前頗爲穩當。但係議處武舉事例，臣等俱未敢擅擬，伏乞聖明裁定。

正德十三年八月十五日具題，奉聖旨："是。翰林院考驗官，臨時再奏請定奪。其餘都依擬行。" 欽此。

計開：

一、每遇子、午、卯、酉年十月，武舉鄉試。預先於九月内各衛所起送都司，府州縣起送布政司，類送巡按御史，會同三司官考驗定數，仍行都司，起送兵部。兩京衛所俱送中軍都督府，候到齊之日，本府掌印官會同各都督府并錦衣衛各掌印官考驗定數，類送兵部。直隸衛所，留守司，大寧、萬全都司并各府州縣俱各送巡按御史考驗定數，仍行各都司、直隸府州縣衛所照例起送。其十月内考驗日期并選取之法，一做武舉會試例行。

一、武舉，天下軍職，兩京武學并各衛所各起送五十名，南北直隸衛所各起送三十名，大寧都司并中都留守司各起送十名，遼東、萬全二都司并山西行都司各起送三十名，陝西都司起送五十名，陝西行都司，山西、山東、河南、浙江、江西、湖廣、四川、廣東、廣西、雲南各都司各起送二十名，福建、貴州各都司各起送十五名，湖廣、四川、福建各行都司各起送十名。總小旗、舍人、舍餘、軍餘，兩京武學并各衛所及陝西都司各起送二十名，南北二直隸衛所，遼東、萬全二都司，山西行都司各起送十名，大寧都司，中都留守司，山西、山東、河南、浙江、江西、湖廣、四川、福建、廣東、廣西、雲南、貴州各都司并陝西、湖廣、四川、福建各行都司各起送五名。民人，南北二直隸各起送二十名，每布政司各起送十名。以上起送人員雖有定額，若堪應舉者少，儘數起送，不拘定額，但不許有過原額。

一、每遇辰、戌、丑、未年四月，兵部於團營教場内會集考驗。初九日試馬上箭，十二日試步下箭，十五日試策一道。内閣大學士、兵部尚書爲考驗官，提督各營官、兵部左右侍郎、錦衣衛官二員，給事中二員爲同考驗官，監察御史二員爲監試官，其餘執事官俱各照例定擬。

一、武舉會試中選，每科照正德三年例，取中選武官、舍人共六十名。官照品級爲次序，舍人序於見任武職之後。外取中選總小旗、舍餘、民人不拘名數，不得過二十名。

一、各處起送應武舉之人，務要詢訪素無過犯、操行端謹、言貌出衆、膂力過人，及考驗弓馬熟閑、答策通曉兵法者，各開注明白，方許以禮起送。不許求足額數，一概濫舉。

一、選取之法，凡有五等。以原報考語行檢實迹優劣叙爲一等，又以言貌膂力優劣叙爲一等，又以馬上中箭多寡叙爲一等，又以步下中箭多寡叙爲一等，又以答策優劣叙爲一等。五等俱在前列者，取在中式之列。或行檢才識高絶而膂力騎射未稱，或膂力過人、騎射精熟而答策未稱，或精通韜略而中箭數少，聽考驗官公同各官通融，參酌優劣，定擬去留。

一、團營考試畢，四月十六日，公定去取。十七日早，兵部門前掛榜。十八日，引赴御前叩頭。當日，中軍都督府赴宴。十九日早，謝恩。其《武舉錄》，待開榜畢日刊印進呈。中選官舍人等前三名，刊策三道。其《武舉錄》式，兵部臨時再擬停當，具奏定奪。

一、武舉中選官員，除都指揮使難以加升外，其都指揮同知、都指揮僉事、指揮使、指揮同知，及指揮僉事、正副千戶，俱升署一級。遇有推用，指揮使、同知、僉事俱加署都指揮僉事職銜。其武舉中選之人臨用所升官職，俱由武舉而升，止終本身，子孫並不得襲。

一、武舉中式官員，舊例常俸外上等給米三石，中等給米二石，有違太祖高皇帝欽定額制。今議中選武職於已定俸給該支折色米內准改五石支本色。

一、中選武職，屬都司、行都司者遇有本都司官員缺，及本都司地方備倭、守備、把總、運糧等項員缺，屬兩京衛所者遇有南北直隸地方都司、留守司官員缺，及備倭、守備、把總、運糧等項員缺，本部俱照升定職事挨次推用，或相兼未中選、曾經奏保者共舉二員，照例請旨簡用。本地方見有武舉中選官員，不得於別官內推舉。其各衛所軍政、掌印、僉書、管屯、巡捕等項遇有員缺，亦於武舉中選官內各照升定職事推用。

一、中式總小旗、舍餘、軍餘，兩京及各邊鎮者俱委管隊，在外者各於本衛所委管守城、操練、巡捕等項，民人委管本州縣民壯，俱與冠帶榮身。總小旗俱准支本色米，舍餘、軍餘、民人俱月支米一石。以後立有軍功，照例升用。

一、中式應襲舍人，俱待襲替後推用，職銜照舊加升。

爲議處功級以一法例事

參照各項事例原非祖宗舊制，俱係近年更定事件，中間不免偏廢之失。如署職之與實授，獲功則異，而止與實授則同。舍人之與千百戶，納銀則一，而至於加升各異。遇例者既已革其實授，而又併革其全級。犯堂者既已革充總旗，而又遞減其軍功。是皆輕重失宜，委於事體不當，相應議處。合無今後軍民、舍人、餘丁人等，獲功一級者與做小旗，二級者與做總旗。間有納銀冠帶者，照舊榮身。三級與做所鎮撫，四級與做實授百戶。其總旗功升署職者，與做試所鎮撫。試所鎮撫功升實授一級者，與做試百戶。及試署職役功升署級者，止與實授。其功升實授一級者，准於實授之外加升署職一級。內署百戶原係總旗功升署職，再獲軍功署級者，止升所鎮撫。如係所鎮撫功升署職，再獲軍功署級者，與做實授百戶。及軍職署職遇例實授之後，又獲功升署職者，襲替之日，革去遇例級數，再加所獲署級功次，准與實授。如獲功升實授一級者，革去遇例級數，准於實授之外加升署職。及犯堂、革旗之人，如親祖父立有軍功者，一體於總旗上照級加升。其試署職銜例前升授者不必更改，有具奏者，俱不准理。犯堂及遇例實授先已減革者，待後子孫襲替，一體扣算施行，庶法例適中，人心允服。

正德十二年十二月十七日具題，奉聖旨："不必更張，只照舊。"欽此。

爲輯人心以安地方以圖長治事

看得兵科給事中許復禮因福建福州等衛軍人倡亂之後，推言和人心以圖長治，乞要該部計議，轉行各該鎮巡等衙門，將軍衛有司之弊一一查處，裁革不急之工役、無名之歲辦、非分之科擾，當減免者量爲減免，當釐革者悉與釐革，等因，引用經旨，反覆論辯，雖若泛言，實關治道。考之前代，漢文帝與民休息而天下治安，漢武帝窮兵黷武而海內虛耗，末年遂有輪臺之悔，封田千秋爲富民侯。今天下民窮財盡，賦繁役重，而軍官方且扣除貧軍月糧，民官逼取貧民財賄。盜賊隨捕隨發，不畏法度，視死如歸，皆因官吏虐害，人不聊生以致然也。萬一遠近俱困，盜賊蜂起，土崩之勢，變生倉卒，兵財兩竭，計無所施。臣等平時既不能表率諸司，及言官論列，又不能申明法禁，誤國之罪，萬死莫贖。伏望聖明俯念軍民窮困已極，先當寬其差徭，急宜禁止科害，納許復禮私憂過計之言，特降敕旨，通行天下鎮巡等官，今後務要撫恤軍民，各令得所，非奉朝廷明文，一夫不許擅用，一錢不許擅科。敢有違者，聽巡撫都御史、巡按御史并按察司官指實劾奏，處以重罪。但係犯贓官吏，務要依法究治，不許似常姑息。庶幾可收人心，盜賊衰息，四方寧謐。

正德十三年九月十六日具題，奉聖旨：“是。寬差徭、禁科害等項事情，便通行與各處鎮巡等官知道。”欽此。

爲整應兵以制黠虜抑貪功以撫疲民事

看得兵科左給事中徐之鸞等所奏，大意謂北方之達賊當剿，南方之蠻賊當撫。陝西因無提督，以致達賊侵犯臨鞏地方。宣、大總兵官朱振、杭雄俱韜略不足，要設謀略具備大將一員往來提督。及要將見問犯人陳九疇赦其罪，復其任。及稱南方巡撫惟利加官廕子之榮，不顧荼毒生靈之禍；南方巡按惟存升級超用之望，絕無裁抑僥倖之心。要將原與馬昊官廕追奪。及行南方巡撫都御史，今後地方弗靖，務官曲爲撫處，果係勢犯大順，方許用兵。并行南方巡按御史，今後非奉旨紀驗功次，不許奏捷，希圖升賞。所言無非欲慎重爵賞、懲戒貪功妄殺之意，不爲無見。

　　但臣等竊議，北虜自來爲中國患，非兵力所能馴服。漢高帝滅强秦，驅除群盜，平定天下，不能免匈奴白登之圍，後與匈奴和親，方得息兵。自漢以後，中國分裂，五胡亂華，以至遼、金，迄於胡元，遂移宋祚，奄有萬方。賴我聖祖神宗，始能驅逐腥羶，光復華夏。近年北虜漸强，擁衆數萬，連年入寇，調兵防禦，月無虛日。加以内地饑饉，民困轉輸，流徙日甚，賑救無策。今年陝西防禦虜患事宜，已該本部於去年十月節次申明律例，請敕各該鎮巡官，遇有警報，雖非統屬，許其依律互相徵調，相機策應。奈何延綏騎兵不過二萬有奇，寧夏騎兵不滿二萬，陝西趙文所統固原騎兵不及五千，臨邊之地，東西相望三千餘里，前項各鎮軍馬分散按伏，勢孤援寡，不得聚集一處。及定邊營、花馬池等處虜賊出入之地，素無糧草積蓄，所調客兵不能久留。寧夏鎮巡官王時中、安國等，陝西鎮巡官鄭陽、趙文等，懼有失事，自春以來整搠軍馬，極力防禦，戰無虛月，屢奏兵糧缺乏，事下户部，無計區畫。本部議奏，掣回甘、凉備禦官軍三千，以爲趙文之助，亦難别處。達賊因見固原一帶有備，偵知臨鞏地方空虛，擁衆數萬，直入搶掠，得利而還，趙文、路瑛等方能邀截，奪獲被虜人畜。且賊既深入搶掠，陝西各鎮守臣難謂無罪，但虜衆我寡，勢不相敵，非因提督無人、自分彼此以致然也。近年都御史叢蘭總制宣府、太[五]同、寧武等關三邊，鄧璋總制延綏、寧夏、甘肅三邊，調度由於一人，各鎮不分彼此。山西則虜寇越過寧武等關，逼近太原，晉王奏警。陝西則虜寇越過固原，深入隴州，韓王告急。由此觀之，虜之深入固不在於總制無人也。爲今之計，若非輕徭薄賦，愛養民力，固邦本以制四夷，修内治以攘外患，乃不較賊勢强弱，數易將官，增兵添戍，加賦遠輸，遣將出師，不惜勞費，誠恐外患未除而内變將作，雖有智者，不能善其後矣。且本朝故事，沿邊各鎮俱設主將，掛印充總兵官，專主閫外征伐之事。若賊勢衆大，本鎮兵馬不能支持，方議命將，亦充總兵官，別統官軍前去，會合所在總兵官協力殺賊。如用文臣，加以參贊及提督軍務名目；用內臣，加以監督軍務名目。事寧即回，未聞平時用武職大臣充總兵官，又提督各鎮總兵官者也。今欲再用總兵官一員提督宣、大二鎮總兵官朱振、杭雄，又用却永充總兵官提督甘肅總兵官柳涌，俱領客兵前去，各鎮見乏糧草，何以供應？若只令二將獨往，緣軍無二帥，以一鎮之軍稟受二將之令，以主將受主將之節制，體統一或乖宜，軍機必致掣肘，非細故也。

及查見監犯人陳九疇，原任肅州兵備副使，專一分理肅州地方，以撫御番夷爲職。先該肅州寄住哈密衛夷人米兒馬黑麻賫奏赴京，直入長安門，伸訴九疇打死伊父都督失拜烟答、抄沒家財等項事情，見該法司會官審問外。其土魯番因彼送回金印不與賞賜，拘執夷使火者散者兒等不見放回，節次投遞番文，要來犯邊。及有附近肅州屬番節次走報，土魯番夷已過哈密，搶殺瓜州、赤斤、柴城兒等處，漸近肅州。九疇非不預知，却乃故不依律呈請鎮巡官添調人馬，早爲設備。十一月十一日，總兵官史鏞差人肅州爪探，九疇回稱肅州素無糧草，甘州軍馬且不必動。至十五日，賊已進嘉峪關方報，史鏞十七日始到甘州，以致土魯番賊攻陷城堡，殺虜軍民，數以萬計。揆之法律，九疇啓釁失機，豈得無罪？復何冤枉？至其以夷攻夷之説，止據番人綽骨之言，事在夷方，將何憑信？今欲將九疇免罪，并欲復其官職，國典具存，實難輕貸。

及查南方湖廣、雲南、福建、江西、四川、兩廣等處各種猺、獞、苗蠻等賊，先年遇有侵凌，朝廷即命公、侯、伯、都督等官佩征夷將軍印，統領京營官軍征討。正統年間，鄧茂七、葉宗留等賊在於福建、浙江地方作亂，朝廷亦命侯伯、都督等官統軍出剿，未聞以南方之賊威不必加，專事招撫，亦不聞待其勢犯大順，然後用兵者也。正德五六年間，中原盜起，初事招撫，尋復悖叛，主招撫者，朝廷罪之。山東等處則都御史馬中錫被收，死於獄中。四川則高崇熙逮繫，斃於道路。江西則吳廷舉銳意招降，祭賊首胡浩三之墓，至遣義男吳吉爲賊之婿。後賊復叛，劫殺方面等官，廷舉遭刼，僥倖得免。其後四川竟調延綏官軍，江西調遼東官軍，山東等處調宣、大等處邊軍，遠出征剿，逾年始平，供軍之費以億萬計，皆因撲滅不早，始事招降，以致滋蔓難圖耳。近於正德十一年間，巡撫四川都御史馬昊等奏稱，僰人雖邊夷種類，其間如阿田、阿羅、阿尚等，皆筠、高等縣版籍編民，始與流民有隙爭擾，不聽撫處，攻圍邊堡，戕殺戍軍，劫掠燒毀，無所忌憚。今欲急於進剿，恐濫及無辜，必傷和氣，又恐諸夷煽動，兵連禍結，不可輕舉，自取損威。奏要再加撫處，若果聽從，直宜隨俗處分；如執迷不返，方可調兵進剿。該本部議奏，務要先行設法撫處，如果向化，不必進剿。復該馬昊等安撫不從，將僰蠻普法惡等擒斬，降散盡絕。紀功御史熊相紀驗造册，奏稱四川流賊甫平，僰蠻突起，若非絕之於萌芽，未必不缺夫戕斧。今不及一年遂平劇賊，實由馬昊身自撫師，算無遺策。近該巡按四川御史盧雍亦奏，馬昊征剿僰蠻一事爲功之魁。及查松潘番賊近年不時侵犯，殺虜人民，守邊官員俱被參提監問重罪，地方見今不安。馬昊會同鎮巡、三司官議奏調兵防剿，本部已經議擬覆奏，請敕賫捧前去，欽遵行事。今要追奪馬昊前與官廕，以爲貪功生事之戒，但查四川原奏捷音，內稱僰蠻普法惡初起捏造妖言，統領蠻衆，殺死民人羅三祭旗，及殺死采木湯照磨、男湯文宗等，攻圍南溪、宜賓、富順、青神等縣，燒毀居民房屋，殺虜男婦三百餘名。各該官司報知，馬昊等差旗軍呂明等賫執火牌招降，三次不服，方議進剿。緣南溪、宜賓、富順、青神等縣俱係中國縣治，普法惡等肆行燒劫，向使馬昊坐視不理，玩寇殃民，罪又難逃。朝廷比照近年斬獲四川殘賊廖麻子事例，加官廕子，似不爲過，況成命已下，難以追奪。及查近年貴州香爐山、湖廣郴桂、兩廣府江、江西南贛、福建汀漳等處猺、獞、苗蠻等賊，攻圍城堡，阻截道路，殺害官吏，劫掠人民，招撫既不聽從，遠近深被其害。朝廷切責鎮巡等官，欲治其罪，特敕各官速爲征剿，授以方略，專其委任。又蒙敕旨戒諭，惟務殲其渠魁，不許妄殺良善。各該巡撫都御史鄒文盛、奏金[六]、王守仁等恪遵成命，調度有方，兵不逾時，遂報寧謐。朝廷論功行賞，以報勞勤，竊恐鄒文盛等原無希賞之心。又如往年都督陳友因征銅鼓、五開苗賊封武平伯，平江伯陳豫因征鄧茂七等賊封平江侯。文官如尚書王驥征麓川封靖遠伯，他如侍郎等官侯璡、白圭、程信、項忠等，非止一人，皆因征南功迹廕子加秩，未必因征北虜及征南方犯順之賊然後升賞也。近年都御史彭澤等因征內地流賊亦各加官廕子，不聞論列。今鄒文盛等不煩朝廷遣將出師，就彼剿平大盜，加官廕子，出自朝廷，恐不爲過。

及查先年紀功官員，隨軍殺賊，臨危蹈險，親冒矢石，所以論功必加錄用。近年剿殺內地流賊，紀功官皆不隨軍，所殺者多脅從之人，非蠻夷比。各官坐紀籍冊，又多容冒濫。給事中王萱、吳玉榮、黎奭俱升通政司參議，御史吳堂升大理寺寺丞，亦未聞有論其過者。今御史周文光之在貴州，王度之在湖廣，謝天錫之在廣西，屠僑之在江西，毛鳳之在廣東，皆奉敕紀功，中間多深入賊巢，親臨戰陣，秉公既多，勤勞特甚，朝廷雖有恩旨，尚未升用。若以爲各官惟存升級超用之望，絕無裁抑僥倖之心，亦恐非周文光等之本心也。至如御史毛鳳，初至廣東，見賊猖獗，其時總兵、巡撫等官俱新任未到，毛鳳奉敕紀功，即會鎮守太監及三司官調度兵糧，剿平大盜，奏報捷音，乃其職任當然，亦非希圖升賞。

臣等竊慮，即今四夷不靖，中原水旱相仍，民窮財盡，人心思亂，盜賊四起。所在官司因循玩愒，不肯任怨，早爲計處，遂至煩兵費財，公私俱困而後已。又觀前代奸人，以鼠竊狗偷爲不足慮，以山東盜起謂無能爲，卒之醸成大患，至亂天下，可勝嘆哉！臣等深鑒其弊，申明律禁，痛懲欺隱，啓釁失事者執法參究，玩寇殃民者必加罪罰。仰賴聖明俯賜采納，任之不疑，是以南方劇寇以次削平，其餘盜賊隨起隨滅。今臣等若懷顧忌而務雷同，一如議者之言，使各該巡撫、巡按官皆避貪功之嫌，爲姑息之計，弛已振之紀綱，廢已修之武備，盜賊無忌，嘯聚千萬，如近年劉六、劉七等之亂，夫豈國家之利哉？合無本部行文宣府、大同、山西各鎮巡官，撫恤軍士，及時操練。如遇今冬河凍，虜衆過河東行，預爲設備，相機戰守，候明年夏秋草長，勢將深入之時，加謹隄備。若果虜衆我寡，則固守城堡，勿或被其掩襲。或用火器出奇攻擊，或以步兵力戰拒敵，務在計出萬全，保無一失。仍須嚴謹哨探，料敵先知，果將深入，則火速奏聞區處，不許遲誤。本部仍行提督團營內外官，候明年春暖，即早議奏，挑選人馬，定委將官，關領賞賜、器械。遇有警報，照例請敕將官掛印充總兵官，統領官軍出關，會合各鎮官軍，併力截殺。仍行戶部差官供給軍餉，俱事寧回京。若所在將官遇賊衆寡相敵，任意逗遛退縮，或承調違期不至，失誤軍機，俱依律治以重罪。再行各該巡撫、巡按、三司等官，今後所在草寇竊發，及各邊寨苗夷侵犯州縣，殺害人民，務要依律火速申奏，量調官軍乘機剿捕。不許隱蔽坐視，以致滋蔓難圖，及因而失誤軍機。如或故違，究問明白，依律坐斬，決不輕貸。若一應邊夷本不犯邊，貪功生事，妄殺啓釁，聽巡按御史糾奏，亦治重罪。

正德十三年十一月十五日具題，未奉旨。

爲申明禁例以杜倖濫事

看得兵科左給事中徐之鸞等題，稱各該將官違例奏帶人員，冒濫升官，及併功、併廕等項，冗食萬員，大壞名器。乞要本部通行查出參奏，行令各該衙門裁革改正，以復舊規，仍申明舊例，今後再有如前陳乞，違例之人嚴加究治一節。查得自正德五年以來，山東、河南、四川、江西等處流賊作亂，官軍征剿，奏帶人多，紀驗造冊，照例擬升，又併功累升，遂致冗濫，弊端一開，末流難塞。今左給事中徐之鸞等舉以爲言，臣等職典武銓，因循踵襲，實難辭責。合無本部通將近年奏帶升職人員查開明白具奏，應存應革，伏乞上裁定奪。仍通行各處鎮守、分守、守備等官，各將原奏帶人員照例存留五名、三名應用，其餘盡數發回各原衛所供職着役。凡遇軍功，紀功御史務要查勘真實，方許紀驗，不許似前一概紀錄在冊，以致將來冒濫，無有紀極，自貽後患。今後奏帶有功人員，除千户以下照例擬升，但係指揮以上，即係領軍官員，所斬首級雖造在冊，俱遵舊例不許擬升。其因奏帶所升官員，止許累升至二級而止，不許累升都督、都指揮流官重職，致傷名器。伏乞聖明俯念爵賞重事，特賜允行，永爲遵守，不勝幸甚。

正德十三年十二月二十六日具題，奉聖旨："已有旨了。"欽此。

爲發明律例以便征戰事

看得給事中傅鑰所奏例不合律，以致將官顧忌畏怯，不肯殺賊，援古證今，欲會法司重爲議擬一節，深爲有理。合無依其所奏，本部會同刑部、都察院、大理寺各堂上官查議明白，奏請定奪。奉聖旨："是。"欽此。臣等會同太子少保、刑部尚書張子麟等查議得，先爲陳愚悃飭邊備以防虜患事，該監督軍務御馬監太監張忠題，一件：合無行令各邊主將，一面時常選差的當人員遠出境外，分番爪探賊營何往定止；一面嚴督沿邊哨守人役，一遇有警，烽炮分明，人知趨避，兵知趨戰。務在料敵先知，功可期成。若將領怯懦，無益邊備，撫按官員即時劾奏，速爲易置。若敵退大衆，縱有損傷，亦須不拘事例論功分賞，等因。該兵部會官議得依擬。其言敵退大衆，縱有損傷，亦須不拘事例論功分賞一節。切緣各邊失事，固由於將領之怯懦，亦由將官恐損官軍，不敢敵戰所致。太監張忠此議，尤爲有見。合無今後出兵，果係奮勇迎敵，但有追逐擒斬之功者，官軍陣亡，俱不以損折官軍論。若係輕率寡謀，被其襲誘追殺、敗散損折者，仍依律例治罪，不准分賞，等因。正德十一年十一月初九日會題，本月十一日節奉聖旨："是。"欽此。又爲陳言邊務預防虜患事，該巡撫大同都御史胡瓚、巡按御史賈啓會奏，一件：原情罪以責戰守。照得大同三路，將官則有總、副、參、遊之名；所領人馬，則有奇遊、與援之號，數多三千員名，俱係各城挑選精銳。而守備官操守，止餘老家守城官軍七八十人，或百十餘人。其兵力之强弱，責任之重輕，不待臣言可知矣。邇因虜衆在邊，各將領俱調發各城按伏戰守，守備官即其所統，進止機宜皆不得預。及至失事，將官得罪反輕，守備反重。此人心所以不平，而將領得以推奸避事也。合無着該部查擬，除臨陣與賊交鋒對敵失機，照依該部奏行事例問擬外，其被賊入境搶虜人畜，行勘是實，若係本城住有將領，畏縮不行截殺，問擬守備不設充軍罪名，取自上裁。本城守備官，止擬不應從重，照常發落。如是賊勢不重，守備官不能嚴謹烽墩，及將領於別城住札，一時赴援不及，守備官失於飛報，以致深入，搶虜人畜者，照舊問擬守備不設，將領則從輕參究發落。庶情法允當，而責任專一矣。該兵部議得，守邊將帥守備不設計，爲賊所掩襲，攻陷城寨，或被賊入境搶虜人民，俱有太祖高皇帝欽定律條，擅難異議。但中間有守備已設計，本城堡原設軍馬數少，止可固守城堡，不可輕出禦敵，以致地方被搶，其情與守備該設計而故不設計者委有不同。問刑衙門不論有無計策可設，一向俱引前律問擬充軍。又因事出不測，或所搶人畜數少，參稱律重情輕，奏請俱免充軍，降級發落。依律言之雖似減輕，以情原之猶似過重。所以都御史胡瓚等奏，要將各城堡軍少守備官被賊入境搶虜人畜者，止擬不應從重，照常發落，不爲無見。但賊勢重大，非守備官軍所能支持者，問擬不應，猶似虧枉。倘賊少勢輕，可備而不備，被其搶虜者，止問不應發落，不無以後守備官員益加玩忽，廢弛邊備。合無通行各邊巡撫、巡按、問刑衙門，今後各城堡守備等官，可以設計而故不設計，致有失事，俱依律問斷，不許寬縱。內有事出不測，及失事數少，情輕律重者，仍照例奏請定奪。若本城堡原有人馬數少，賊勢重大，力不能支，止可固守，及瞭高守哨并徵調鄰境兵馬等項俱無失誤，別無計策可設，地方雖被搶掠，力量不能支持，係干律內該載不盡事理，參詳明白，引律比附具奏，從法司再行議擬，奏請定奪。其調來各城堡按伏住札將領，往來不常，違期畏縮，失誤軍機，自有本律，難問守備不設充軍罪名，等因。正德十二年五月二十四日具題，本月二十六日奉聖旨：「是。胡瓚所陳邊務事宜，恁每既逐一查議明白，都着依擬行。」欽此。又查得《大明律》內一款：「凡守邊將帥被賊攻圍城寨，不行固守而輒棄去，及守備不設計，爲賊所掩襲，因而失陷城寨者，斬。若與賊臨境，其望高巡哨之人失於飛報，以致陷城損軍者，亦斬。若被賊侵入境內，虜掠人民者，杖一百，發邊遠充軍。」《問刑條例》內一款：「失誤軍機，除律有正條者議擬監候奏請外，若是賊擁大衆入寇，官軍卒遇交鋒，損傷被虜數十人之上，不曾虜去大衆，或被賊白晝貪夜突入境內，搶掠頭畜、衣糧數多，不曾殺虜軍民者，俱問守備不設。被賊侵入境內，虜掠人民，本律發邊遠充軍。若是交鋒入境，損傷虜殺四五人，搶去頭畜、衣糧不多者，亦問前罪。數內情輕律重，有礙發落者，仍備由奏請處置。”伏睹《大明律》內，“凡守邊將帥被賊攻圍城寨，不行固守而輒棄去，及守備不設計，爲賊所掩襲，因而失陷城寨者，斬。若與賊臨境，其望高巡哨之人失於飛報，以致陷城損軍者亦斬”。蓋棄城不守及可設計而故不設計，并責專望高巡哨而失於飛報，以致陷城損軍，罪坐所由，故皆處斬。若故不設計，被賊侵入境內，虜掠人民，比之失陷城寨，其情頗輕，故坐以杖一百，發邊遠充軍。原情定罪，誠萬世不刊之典也。若既與賊爲鄰，不能保其必不入境，既與賊交鋒，不能保其必不損傷，故律無守邊將帥致賊入境，及臨陣損傷官軍治罪之條。後因《問刑條例》開載賊衆入寇，官軍交鋒，損傷被虜數十人之上，及搶掠頭畜、衣糧數多，不曾殺虜軍民，俱問守備不設之罪，以此問刑衙門將臨陣對敵損傷官軍者俱問充軍降級罪名，實是有乖律意。前項兵部先已會官議擬題准，今後果係奮勇迎敵，官軍陣亡，俱不以損折官軍論通行外，但在外問刑衙門仍拘條例問擬，多不遵依。今給事中傅鑰又以爲言，考據精切，議擬明白，深合祖宗制律之本意，必須再行申明改正，庶使各邊將領勇於戰鬥，無所顧忌。合無通行內外問刑衙門，今後守邊將帥失誤軍機，除律有正條外，若賊寇入境，彼此衆寡相當，堪以出戰，將官故不設備，閉門不出，被虜人民者，依律問發邊遠充軍。若虜衆兵寡，勢難抵敵，止可固守，不可輕出，致彼搶掠人民者，查勘是實，奏請定奪。若止是搶掠牲畜，不曾虜掠人民，或殺虜沿邊哨探軍人及沿邊采打柴草軍民，不係境內人民者，俱坐以應得罪名，不許引用被賊入境虜掠人民律條，致失輕重。及望高守哨之人失於飛報，以致不備，損折官軍，依律坐罪外，其輕率寡謀，軍無紀律，以致損折官軍者，律無正條，引律比附，奏請定奪。若奮勇迎敵，殺敗虜賊，雖是斬獲賊級數少，官軍陣亡數多，仍須論功升賞，不許擇引律內"損軍"字樣，妄擬治罪。前項《問刑條例》與律意不合者，革去不用。

正德十四年四月初九日具題，奉聖旨："是。這會議事情明白詳盡，深合律意，都依擬行，還通行與內外問刑衙門知道。"欽此。

爲乞恩廕以圖補報事

看得兵科參論太監張得玉等乞恩升官太多，太倉米少，要本部查例酌處，上請定奪一節。本部查無事例，合無行查數內果係已故司禮監太監鄧敏親屬量准外，其餘不係親屬之人俱各照舊，仍通行禁約，以後不許違例奏乞，自取罪愆。

正德十四年六月二十二日具題，奉聖旨："朕憂念舊臣，已都升用了，你每如何一概奏革？本當查究，且饒這遭。"欽此。

校勘記

〔一〕"便"，疑當作"使"。

〔二〕"克"，疑當作"充"。

〔三〕"發"前，據文意似脫一"仍"字。明申時行《大明會典》卷一百十九《兵部二·降調》："又占餘丁十名及包納月錢滿貫者，從重降級，仍發立功，滿日照所降品級於原衛所帶俸差操。"

〔四〕"乃罔"，《書·說命下》作"匪說"。

〔五〕"太"，疑當作"大"。

〔六〕"奏金"，當作"秦金"。本書卷十三《爲計處驛傳以便官民事》："看得巡撫都御史秦金奏。"

《晉溪本兵敷奏》跋

正德末年，四方多事，時王恭襄公受簡，命主本兵。當權倖充斥、人心波靡之日，獨能內攄忠赤，外竭勤勞，毅然以輔翊匡持之力任諸己，於其職之當行而變析頹廢者，必倡率而振起之。或牖納巷遇於上以成其志，或拔茅推轂於下以終其道。不矯亢以干時名，而艱貞微宛以卒收忠濟之益。一時軍民蠻貊，莫不拱手以尊朝廷。上自藩鎮，下而郡邑，節鉞將帥之臣以及抱關執戟之士，莫不俛首恪遵王度而不敢紊，故鑾輿屢出而宗社宴然。北虜之疆，一遭挫衄，遂遁伏而不敢南嚮者，終公在位之日。至若閩、廣、湖、蜀、江、浙之區，深巖大箐，保險聚徒之寇，屢攻而不破，及有司畏難，苟且欺蔽而不以聞者，公籌畫於內，不動聲色，皆次第削平之。其著者若宸濠之勘定、吐番之畔降，功存社稷。嗚呼，偉矣！公雖橫罹，聲望愈隆。今皇洞察誣妄，旋與昭雪，光復名位，柄用未極，而公告終。九重悼念忠賢，每燕對廷臣，輒興拊髀之嘆。天下知公者感時觸事，咸願起公九京，以圖治理而不可得，則相與求公遺稿，思得考見安攘之迹。謂高辱婚公門，求者旁午，而愧無以應也。惟公踐揚中外垂五十年，文章、著述之外，若諸司奏疏，至不可勝載。其曰《本兵敷奏》十四卷者，則戎曹舊牘也。往歲屬司嘗刻棄於都下，其未成者尚四卷，且闕於校訂，因未及傳。嘉靖庚子，高承乏秦藩，斲材汧隴，將刊補以成全帙，而遄歸未果。甲辰，居太原，東雩先生廖公方綜學政于吾邦，崇正抑浮，以身迪于風教，蓋慕公勤且久，乃取京板以歸，又取四卷者，得高外舅內泉翁所校本，托太守山泉江公以其俸刻之。刻之工弗勞而成且亟，則其端勤精練之餘，惇厥盛美，有足相成者耳。工既訖，謂高宜紀其後。蓋嘗讀公之說，簡質嚴重，無一冗語，而意義炳然，如指諸掌，其與忠智不優而徒事詞藻者異矣。然此特公政術之糟粕，而當時廟謨之密，若論諫之大者，尚多散逸不具，於此又不能無遺情焉。惟慶是編之有傳，仰二公之德義，後將有取者，庶乎高得藉此而應之也。

是歲十月既望，賜同進士出身、陝西等處承宣布政使司左參議寧化潘高謹書